U0462933

北京博物馆年鉴

（2013—2018）

北京博物馆学会　编

北京燕山出版社

BEIJING YANSHAN PRESS

图书在版编目（CIP）数据

北京博物馆年鉴 . 2013—2018 / 北京博物馆学会编
.—北京：北京燕山出版社，2020.12

ISBN 978-7-5402-5913-6

Ⅰ . ①北⋯　Ⅱ . ①北⋯　Ⅲ . ①博物馆—北京 — 2013 -
2018 —年鉴　Ⅳ . ① G269.271 - 54

中国版本图书馆 CIP 数据核字（2021）第 016020 号

北京博物馆年鉴（2013—2018）

编　　　者：北京博物馆学会
责任编辑：刘占凤　赵　琼
助理编辑：张金彪　王亚妮
装帧设计：美信书装
出版发行：北京燕山出版社有限公司
社　　址：北京市丰台区东铁匠营苇子坑 138 号 C 座
邮　　编：100079
网　　址：http: //www.bjyspress.com
电话传真：010-65240430
印　　刷：北京富诚彩色印刷有限公司
开　　本：787 mm×1092 mm　　1/16
字　　数：1200 千字
印　　张：60.75
版　　次：2021 年 10 月第 1 版
印　　次：2021 年 10 月第 1 次印刷
书　　号：ISBN 978-7-5402-5913-6
定　　价：298.00 元

版权所有　盗版必究

2013 年 12 月第六届博物馆教育 · 北京论坛

2014年3月培训西藏牦牛博物馆工作人员，参观雍和宫

2014年5月参加"西藏牦牛博物馆开馆暨博物馆与民族地区城市发展"学术研讨会

2014年12月举办"非国有博物馆馆长培训班",内容为民办博物馆发展的成绩与问题

2014年召开的华北五省(区)市社教工作研讨会

北京博物馆学会成立三十周年纪念会暨学术座谈会留念 2015年12月16日

2015年北京博物馆学会成立30周年纪念会暨学术座谈会

2017年11月16日保管专业第十七届学术研讨会

2018年北京市级社会团体评估现场

2018年5月北京博物馆学会第六届会员代表大会新老班子成员合影

2018年11月18日京津冀博物馆优秀志愿者讲解邀请赛

《北京博物馆年鉴（2013—2018）》 编纂委员会名单

主　　　编：舒小峰　刘超英

顾　　　问：崔学谙　宋向光

执 行 主 编：祁庆国　姜舜源

编 辑 部：（以姓氏笔画为序）

尤炳霞　左远波　孙五一　李　阳　李学军

张　敏　张全礼　张蓉华　郑　智　哈　骏

覃　琛　彭晓云　焦晋林　楼锡祜

凡例

1. 本卷是继《北京博物馆年鉴》第一至第七卷（1912—1987；1988—1991；1992—1994；1995—1998；1999—2003；2004—2008；2009—2012）之后的第八卷，收录了2013—2018年6年间北京地区博物馆事业发展的资料，包括北京地区博物馆及相关单位共158家。

2. 本卷收录的博物馆（包括相关单位，下同），是截至2018年年底在北京市文物局登记注册的博物馆、纪念馆、文物管理处和文物保管所，以及北京博物馆学会及其团体会员单位。2018年年底之前经由北京市文物局登记注册的博物馆，或与其他博物馆合并或更名的博物馆，以2018年年底在北京市文物局登记注册的名称为准收入本书。已经在北京市文物局注销的博物馆，本卷不再收录。

3. 本卷中博物馆分类参照国内外博物馆界通常采用的分类方法，结合北京地区博物馆的具体情况，同时参考之前各卷的分类方法排序。

4. 本卷记录的是北京地区博物馆2013—2018年的情况，各馆的基本情况体现的是2018年年底的状况，工作概述、大事记及各项附表资料截止时间均为2018年年底。本卷中收录的各博物馆资料，由各馆编写，编辑部仅在体例、格式方面予以统一编辑。资料中如有缺项，系原提交文稿资料不全。

5. 《北京博物馆年鉴》自第四卷始，附有电子光盘。第五卷起，各馆的工作大事记和表格以电子文件形式收录。本卷延续这一做法。

6. 《北京博物馆年鉴》自第六卷始，收录北京博物馆学会企业会员的情况，本卷延续这一做法，并纳入分述篇。

7. 本卷附录中列"2013—2018年相关法规目录"，所收为2013—2018年间新颁布的博物馆相关法律法规条文存目，便于读者查询。

前言

　　中共十八大以来，以习近平总书记为核心的党中央，把文化建设提升到一个新的历史高度，把文化自信作为道路自信、理论自信、制度自信的基础，坚持社会主义核心价值观、价值体系，已成为新时代坚持和发展中国特色社会主义的基本方略。习近平总书记对博物馆的建设发展给予前所未有的高度重视，他不仅亲自视察、调研了遍布大江南北的数十座博物馆，更对博物馆事业、文物保护事业、考古事业等相关文博工作，做出了许多具体而明确的指示，这是我们事业发展的最重要的动力源泉。文博事业进入新的空前的发展机遇期。作为落实总书记重要指示的具体行动，北京提出建设博物馆之城的宏伟目标，为北京地区博物馆事业打开一个更加广阔的发展空间。博物馆不仅受到越来越多的社会关注，更成为新时期社会文化发展不可或缺的重要组成部分。充分依靠、利用这些有利条件，未来的文博事业一定更加大有可为。

　　2014年2月25日，习近平总书记在首都博物馆参观北京历史文化展览时强调：要在展览的同时高度重视修史修志。北京博物馆学会自《北京博物馆年鉴》第一卷（1912—1987）编辑出版以来，已经连续出版了第二卷（1988—1991），第三卷（1992—1994），第四卷（1995—1998），第五卷（1999—2003），第六卷（2004—2008），第七卷（2009—2012），本书为第八卷（2013—2018），是我国唯一一部连续出版的博物馆行业年鉴。这些成果既是对北京博物馆过去工作的总结，也是思考北京博物馆、乃至全国博物馆事业未来如何发展的重要参考资料和依据。这套年鉴不仅见证了北京地区博物馆事业从改革开放后的逐步恢复元气，到如今的生机勃勃、发展壮大全过程，同时也成为中国博物馆事业的一个有力见证和缩影。通过以往多卷的出版，它存在的价值，已不仅限于其丰富的史料价值，更为当下北京地区博物馆事业发展带来思考与借鉴，其作用也远超出了一本普通工具书的范畴。

　　截至2018年年底，北京共有注册博物馆181家。因为机构合并、新建展馆、维修暂停开放以及未上报材料，少数博物馆此次未收入此卷。

本卷的主体部分继承了以往各卷的优势，延续之前行之有效的做法。收录博物馆的分类，系参照国内外博物馆通用的分类方法，结合北京地区博物馆的具体情况，并参考前几卷的分类排序。2013—2018年各博物馆大事记及相关表格因数量较大，不在本卷书面体现，采用优盘存录的方式附于卷中，以保证资料的连贯和便于查检，方便业务联系。

本卷从筹划、编写到出版，得到了市文物局和各会员馆领导及广大同仁的关心、支持、帮助。各单位专人撰稿；学会通过各种方式对编写人员进行指导、联络，催交催办，保证了稿件如期交付。但因资金和疫情突发原因，出版拖延至今，敬请大家谅解。

衷心感谢多家企业会员资助出版经费（名单附后）。北京燕山出版社及时开展编辑和设计工作，才使本书能够出版，在此一并致以诚挚的谢意。

本书编委会

◎ 特别鸣谢

华协国际珍品货运服务有限公司

北京博华天工展览有限公司

武汉数文科技有限公司

北京华源彤达科技有限公司

上海万达信息股份有限公司

天津恒达文博科技股份有限公司

北京华尊环艺建筑设计院有限公司

天津森罗科技股份有限公司

北京玻名堂玻璃有限公司

国术科技（北京）有限公司

目录

综　述

新时代新思维，实现中华优秀传统文化创造性转化、创新性发展

刘超英[*]

一、拥抱新机遇，博物馆在创新中发展

中华文化发展繁荣是中华民族伟大复兴的重要条件，保护历史文物是传承中华优秀传统文化的必然要求，以习近平总书记为核心的党中央高度重视文化遗产保护和博物馆建设与发展。习近平总书记对博物馆更是情有独钟，每到一地参观博物馆几乎都是保留项目。党的十八大以来，习近平总书记频繁参观博物馆，以他对中华文明的深刻理解，先后多次就文物保护和博物馆工作做出重要指示和批示，对提升文物保护水平开展博物馆工作提出了更高要求，指明了新时代文博工作前进方向，极大鼓舞了文博工作者工作积极性。2014年2月25日，习近平总书记参观首都博物馆"北京历史文化陈列"时指出："搞历史博物馆展览，为的是见证历史，以史鉴今、启迪后人。要在展览的同时高度重视修史、修志，让文物说话，把历史智慧告诉人们，激发我们的民族自豪感和自信心。坚定全体人民振兴中华、实现中国梦的信心和决心。"2015年1月25日，习近平总书记参观西安博物院，强调要保管好文物，发挥文物的教育作用，让博物馆成为人民群众的终身课堂。2016年秋季，习近平总书记在给国际高级别博物馆论坛发出的贺信中指出："博物馆是连接过去、现在和未来的桥梁，中国各类博物馆不仅是中国历史的保存者和记录者，也是当代中国人民为实现中华民族伟大复兴的中国梦而奋斗的见证者和参与者。"2017年，习近平总书记在广西参观合浦县博物馆，指出博物馆要办出自己的特色，博物馆建设不要千馆一面。

2016年国务院发布了《关于进一步加强文物工作的指导意见》，2018年7月中共中央办公厅、国务院办公厅印发《关于实施革命文物保护利用工程（2018—2022年）的意见》，2018年10月中共中央办公厅、国务院办公厅印发《关于加强文物保护利用

---

[*] 刘超英，北京大学历史系考古学专业毕业，研究生学历，文物与博物馆专家，曾任北京市文物局分管博物馆工作的副局长，现任北京博物馆学会理事长。

改革的若干意见》，党和政府有关文件密集发布，为文物保护弘扬工作提供了指引。

在党的十九大报告中，习近平总书记又提出"经过长期努力，中国特色社会主义进入了新时代，这是我国发展新的历史方位"。这个新时代，是承前启后、继往开来，在新的历史条件下继续夺取中国特色社会主义伟大胜利的时代，是决胜全面建成小康社会，进而全面建设社会主义现代化强国的时代，在中华人民共和国发展史上、中华民族发展史上具有重大意义，在世界社会主义发展史上、人类社会发展史上具有重大意义。同时习近平总书记在中共十九大报告中提出"推动中华优秀传统文化创造性转化、创新性发展，继承革命文化，发展社会主义先进文化"，这是文博工作指导方针的一次飞跃。它超越了文物保护与利用关系的传统论述，给新时代文博工作开辟了更广阔的天地。

习总书记的指示和国务院一系列文件，对博物馆的历史使命、重大作用和工作方针，都做出了重要而具体的指示，将文博工作提升到了前所未有的高度。文博事业的发展已经上升成为国家战略总体布局中的重要组成部分，成为实现中华民族伟大复兴的文化支柱和思想支撑。博物馆事业迎来了前所未有的新的发展机遇，进入新时代的博物馆行业为"推动中华优秀传统文化创造性转化、创新性发展"不懈努力，取得了较为丰硕的成果。

北京地区博物馆学习贯彻习近平总书记关于文物博物馆的指示精神，迅速适应新形势，更新观念，创新思维，以习近平新时代中国特色社会主义思想为指引，围绕国家公共文化服务体系建设战略目标，以北京全国政治中心、文化中心、国际交往中心、科技创新中心四个中心城市战略定位为出发点，各馆积极创新发展方式，在场馆建设改造、藏品保管、展览策划、公众服务，博物馆数字化建设，文创产品研发等方面多有创新。生态博物馆、智慧博物馆等新形态、新趋势开始呈现，行业博物馆、社区博物馆、高校博物馆发展呈现上升势头，博物馆策展能力普遍提升，服务方式更加多样化，博物馆在公共文化服务体系中的作用更加凸显。

作为首善之区，北京市政府高度重视公共文化建设，早在2001年就率先颁行了全国第一部博物馆管理的地方法规《北京市博物馆条例》，使北京地区博物馆发展与管理有法可依、有章可循，保证了北京地区博物馆沿着规范化专业化的方向发展。同时不断加大博物馆建设和文物藏品征集与保护经费，依托首都的地缘优势，北京地区博物馆实现了跨越式发展。在国家投资建设大型骨干博物馆的同时，充分利用地上古建筑多，流散文物多，各行业、企业总部在京的优势，各型各类专业专题博物馆相继建立。北京地区博物馆类别上古今结合，社会科学与自然科学并重，一级博物馆数量居全国之首，国有大中型博物馆及国家级行业博物馆集中，红色文化及京味文化主题博物馆特色鲜明，非国有博物馆收藏门类广泛，形成了具有首都特色的博物馆体系。

　　党的十八大以来，以习近平总书记为核心的党中央对文化的重视达到了前所未有的高度，习近平总书记对博物馆工作的多次指示与批示成为全国博物馆建设的指引。随着各级政府对公共文化的投入大幅度增加，社会各界对中国传统文化的关注远超以往，北京地区博物馆建设速度明显加快，至2018年年末，北京地区备案博物馆已达181座。北京地区博物馆在数量与质量上均居于全国前列，部分博物馆硬件条件已接近或达到国外发达国家博物馆的平均水平。除每年新建博物馆外，已有博物馆各类服务设施逐年增加并不断完善，展览环境及藏品保管条件普遍得到改善，与此同步，博物馆的软实力也在不断提升。从业人员的专业意识、责任意识、服务意识和服务技能普遍提高，博物馆管理者与从业人员工作理念与观念的更新给博物馆带来了新的气象。基本陈列的展览内容引入最新的多学科学术研究成果，高新科技手段应用于展览形式设计，提高了展览的学术性和观赏性，跨国跨省市联合策展办展的新思路，使博物馆不断推出新展览，常看常新，博物馆成为社会热点，成了新一代观众的打卡圣地。博物馆与社会各界的联系和互动日益频繁，博物馆社会教育的工作理念从教育民众向服务大众转变，越来越多的博物馆开始注重培育本馆的社教活动品牌，北京地区的博物馆社教工作视角不断扩大，从内容到形式都在不断探索创新。社会力量的介入使博物馆教育角度和方式发生了变化，立足于各馆的不同特点，北京地区各博物馆普遍建立了自己的志愿者队伍，因其管理与运行规范，北京博物馆志愿者以群体形式成为在北京市志愿者总队注册的一个分支，无论是在馆内服务还是参与社会服务，都获得极高评价，形成了良好的社会影响力，受到了社会各界的高度关注。

　　北京地区博物馆比以往更注重围绕本馆藏品特点和办馆宗旨打造自身在公众面前的形象，一馆一品牌，各具特色。部分博物馆的展览系列品牌及宣传教育活动影响不仅远播国内其他省市自治区，还走出国门，在多个国家和地区产生了巨大反响。

　　综合性博物馆发挥藏品及人才优势，在联合办展、独立策展方面屡有创新，多项展览已经形成品牌，在国内多省市或境外巡回展出，彰显了首都文化中心的优势，同时对域内中小型博物馆及民办博物馆在专业培训、业务交流方面积极提供支持与帮助。作为文化遗产的主要收藏保管和研究展示机构，综合类博物馆在国民教育和对外文化交流、推动中华文化走向世界方面，发挥了其他部门和机构不可替代的优势。科技类博物馆注重将科学与美育结合，在开展科普教育方面创新了多种模式，还充分利用其场地、人才、藏品的优势，配合党和政府的中心工作策划展览，形成了科技类博物馆良好的人文与科技并重的文化氛围。中小博物馆和民办博物馆扬长避短、抱团取暖，以小型独到的展览和活动树立起自己的品牌，培养了自己的观众群。行业博物馆作为后起之秀，相比于此前由行政决策建立的博物馆，或由古建筑腾退后作为博物馆使用的馆，从筹建到运行都更规范，专业化程度更高，科技手段的运用更为恰当，这类博物馆将行业管理运行的特点与博物馆运行规律相结合，焕发出新的生机与活力，多家行业类专题博物馆屡获全国文博界各类表彰与奖励。作为国家双一流高校建设的重要组成部分，原已建成的高校博物馆不断充实改造提升，尚未建馆的多家高校已经将博物馆建设纳入建设规划之中。

博物馆主管部门依法管理，严把入门关，确保了博物馆质量及其公益属性，保证了北京地区每一座备案博物馆都达到能够向社会提供公共文化产品的基本条件，同时通过精心策划，把全市博物馆资源进行梳理整合，借助各类传播手段整体宣传，塑造了北京地区博物馆整体形象，形成了群体效益。北京博物馆学会作为行业组织，充分发挥了政府助手和服务属地博物馆、促进馆际交流平台的作用。年均组织各类博物馆专业培训及交流活动20余次，通过对不同岗位的人员开展培训，组织学术交流和研讨活动，对博物馆进行专业指导，提高了北京地区博物馆公共文化服务能力。

为进一步贯彻落实习近平总书记关于文物博物馆工作的指示精神，北京博物馆学会从2017年开始，以习近平总书记"让文物活起来"批示为总题目，结合博物馆专业特点，组织举办了一系列学习座谈和研讨活动，在国内博物馆界产生了较大影响。

其中，为落实党中央关于"京津冀一体化"战略，北京博物馆学会与《博物院》杂志一起倡议，联合京津冀三家省级博物馆，于2017年发起举办了首届京津冀、长三角、珠三角博物馆高峰论坛，现已连续举办了三届，成为中国博物馆界学术研讨的品牌项目。首届京津冀、长三角、珠三角博物馆高峰论坛，由中国园林博物馆承办，来自全国80家博物馆及相关单位200余位代表出席了会议，论坛就博物馆跨区域合作、博物馆文创产品研发、新时代文物在博物馆中的保护应用、如何激发文博事业新活力、馆校合作等博物馆在新时代面临的新问题进行了专题研讨。论坛开幕式上，首都博物馆、天津博物馆、河北博物院三家博物馆还共同签署了区域战略合作协议书，为京津冀联合服务国家战略大局、发挥文化资源优势奠定了基础。

此外，素有博物馆界"乌兰牧骑"之誉的北京地区8家博物馆联合组成的巡展小分队，自2000年成立以来，每年联合推出主题展览，巡展区域不断扩大，参加的博物馆也不断增加，自2018年开始，原北京的"八家"变成"8+"，吸收了河北乐亭李大钊纪念馆、广东红线女纪念馆、天津李叔同故居纪念馆、青岛康有为故居纪念馆等多家外地名人故居纪念馆参加，成立了名人故居博物馆纪念馆联盟，进一步扩大了馆际交流和博物馆的影响力。

为推动北京地区高校博物馆的发展，促进高校博物馆建设理论与实践创新，2015年开始，北京博物馆学会连续四年与北京市教委、北京市文物局、中国传媒大学联合举办高校博物馆论坛，就高校博物馆的定位、策展、运行、服务、保障、管理诸问题进行研究探讨，现已成为吸引全国高校博物馆参加的全国性博物馆学术研讨会品牌。

二、迎接新挑战，博物馆在探索中前行

党的十八大以来，以习近平总书记为核心的党中央对文化遗产工作高度重视，北京地区大多数博物馆普遍在专项业务工作中有突破和创新，再次实现了阶段性跨越式发展，有些博物馆的展览项目和品牌活动在国内产生了较大的影响，但作为公共文化服务体系的重要组成部分，北京地区博物馆群体水平与北京作为全国的文化中心的地位还有较大差距。自然科技类、美术类博物馆数量严重不足；博物馆专业人员数量与博物馆发展所需严重不匹配，相对于北京丰富的博物馆资源，及未来博物馆建设的趋势，人才储备严重不足，科研工作弱化影响了博物馆社会效益的发挥；面对近年来兴起的博物馆热、研学热等新问题，博物馆普遍准备不足，还未完全摸索出行之有效的应对办法；与博物馆的藏品数量相比，藏品使用率处于较低水平，与国家对博物馆的投入及社会公众对文化的需求相比，博物馆向社会提供的公共文化产品仍显不足；部分博物馆对高新技术的认识和了解存在偏差，博物馆展览片面追求高科技手段的应用，泛娱乐化的展览方式，造成博物馆核心内容传播的缺损；面对博物馆由小众关注到全民关注的新形势，博物馆人的观念理念更新转变的速度明显低于社会需求；在文旅融合发展的大趋势下，博物馆对服务内容及服务方式的研究探讨明显欠缺；与其他省市相比，对非国有博物馆的支持力度明显不足，亟待加大。

北京作为首善之区，博物馆理应始终成为全国的示范与标杆，但就目前而言，多种因素制约影响着北京地区博物馆持续在高位发展。

其一，对博物馆在北京城市发展与首都功能定位中的认识还有待提高。缺乏对全市博物馆发展的整体规划，文化资源在域内分布不均匀，博物馆资源难以形成完整的公共文化服务体系，造成珍贵文化资源的浪费。

其二，对博物馆的支持扶助力度与博物馆发展速度和趋势不匹配。与外省市相比，政策性引导资金投入明显不足，特别对非国有博物馆的认知，潜意识里仍区别于公立博物馆，不利于调动全社会力量参与文化建设。

其三，法规建设滞后。从行业管理角度而言，北京地区博物馆立法与依法管理博物馆，曾经领先全国，在相当一段时间里在全国起到了率先垂范作用。但随着时代进步，博物馆事业快速发展，许多新情况、新问题不断出现。行政管理及博物馆发展运行中遇到的一些问题没有法律支撑，处于盲区状态。奥运会前后市各有关部门先后提出了一些规范性要求，在一定程度上对博物馆工作有所约束和规范，但由于现有法律体系不健全，已公布的法规其法律效能低等原因，行业主管部门在实际管理工作中，遇到诸如博物馆理事会制度与现行行政事业单位管理体制的交叉问题；

民办博物馆的法律地位问题；博物馆注销后，馆藏文物处置问题；大批民办博物馆未经注册即以博物馆名义开放问题，等等，因目前无法可依，只能模糊处理，为博物馆事业发展埋下了隐患，也对博物馆整体形象带来了不利的负面影响。

其四，受现行体制制约，博物馆管理日趋行政化。博物馆作为专业的文化资源托管机构，各项工作均有其内在的运行规律和工作程序，对藏品的收藏、保管、研究、展示直至教育活动的设计都有其专门的业务工作流程及其规律，需要相关的专业人员来完成，博物馆从业人员不仅要有专业精神，还要有专业技能，按照专业的工作流程开展工作，才能有效地实现博物馆作为公共文化服务机构的社会教育职能。但目前北京地区有相当部分博物馆的管理者对博物馆的专业特性不甚了解，套用行政工作的思路和模式开展业务工作，博物馆难以按照自身特有的规律运行，造成博物馆专业人才流失情况严重，与快速发展提升的博物馆硬件设施相比，博物馆人才队伍建设滞后，专业人员匮乏，已成为北京地区博物馆发展和质量提升的软肋。北京地区博物馆各业务工作领域均缺少具有社会或行业影响力的领军人物，从业人员的职业素养和能力与岗位需求不符，群体专业化程度与博物馆应承担的社会职能存在较大差距，影响了博物馆公共文化服务职能的发挥。

其五，博物馆科研工作被弱化或被边缘化，博物馆发展缺乏支撑力。科研工作是博物馆各项工作的基础。但目前北京地区博物馆普遍存在科研工作弱化的趋势，舍不得对科研工作在人财物上投入，部分博物馆几乎没有开展科研工作，即使开展科研工作的博物馆，也多数停留在对藏品的研究方面，而对于与本馆宗旨性质相关学科的研究，对博物馆运行规律的研究，博物馆与公众关系的研究，博物馆传播方式的研究，等等，很少有博物馆予以充分的重视。由于没有科研成果支撑，展览不能反映出学界最新的研究成果，由于缺乏对博物馆展览特性的研究，展览没有特色；由于缺乏对博物馆教育理论的研究、对博物馆传播力的研究、对博物馆与观众关系的研究，博物馆花巨资举办的展览却未收到良好的社会效果，科研工作的弱化，严重制约了博物馆社会功能的发挥。

其六，片面追求高新技术在博物馆中应用，求新求异，忘记了博物馆存在的价值与使命。北京地区博物馆设备设施的现代化程度与速度，基本与技术发展同步，始终走在全国的前列。虚拟空间展示，多语种讲解，丰富了观众的参观体验，先进的影像技术及自动化的温湿度控制应用于藏品保管，高科技消防及各类防盗系统应用，提高了博物馆安全保障系数。但与此同时，部分博物馆片面追求高科技手段的大量应用，将技术手段这一展览形式的辅助手段作为吸引观众眼球的卖点，追求新奇特，忽视了博物馆以实物为基础进行传播的特殊属性，将博物馆等同于展示馆、展演馆，不仅造成资金浪费，更严重的是本末倒置，颠倒了博物馆要传达给观众信息的主次关系，影响到博物馆社会效能的发挥。对技术手段的过分依赖，还致使部分博物馆从业人员责任意识逐渐淡化，这种潜在因素，形成了博物馆藏品及展品安全的隐患。也成为制约博物馆发展的因素之一。

三、立足城市定位，在全国文化中心建设中做表率

党中央的高度重视，中国在世界影响力的不断提升，随着北京城市功能定位的重新调整，疏解整治促提升，被占用历史建筑陆续腾退，中轴线申遗，西山、长城大运河三个文化带建设，北京地区博物馆建设资源得到极大的丰富，迎来了新的发展空间和机遇。

文旅融合作为国家文化强国战略的重要举措，是博物馆面临的新机遇。有数千年历史的优秀的中国文化，与广袤大地上的自然山水，都是中国独具特色的宝贵资源，文旅融合从体制层面为两种优质资源的效益最大化奠定了强有力的基础。

新媒体的介入，使博物馆从高冷的教育场所成为全民关注的热点，随着《国家宝藏》《国宝档案》《我在故宫修文物》等一系列文化专题节目的播出，博物馆成为城市的热点，得到各级政府及市民的高度关注，更多的信息及资源向博物馆倾斜，成为博物馆发展又一个新机遇。

在新机遇面前，博物馆同样面临新的挑战。

其一，社会各界的高度关注，对博物馆各项工作提出了更高的要求。观众日益提高的文化水平、审美需求都对博物馆以往习惯的工作标准形成新的压力，观众不再满足于走马看花逛博物馆，或者是接受教育，他们需要在博物馆里获得美的享受和新的知识及体验，这就要求博物馆从展览内容的科学性、完整性、准确性，到展览设计制作的艺术表现形式，都有更高的标准。

其二，博物馆热及旅游热快速助推博物馆观众数量的倍数提升，以旅游为主要目的的观众与以参观为目的的观众同时拥入博物馆，对博物馆现有场地、人员、工作模式造成巨大冲击。热点博物馆工作人员加班成为常态，安保工作的压力使博物馆全员肩负安全责任，业务部门的工作人员难以集中精力专心进行学术研究，策展及筹展均难以按照博物馆常规工作时长开展，匆忙推出的展览，成为快餐文化，对藏品及展览蕴含文化内涵的深度发掘难以兼顾。

其三，在管理机构重组后，文化及旅游部门的行业管理部门对于博物馆、文化遗产管理者与旅游景区管理者因两个传统行业服务对象的目的性不同，工作模式不同等各自行业特质长期形成的传统思维，在观念、理念、认识以及未来发展路径的思考等方面尚未形成明晰的统一的认识。博物馆展览如何跳出传统思维，适应非传统观众的需求，即不是以学习为目的的观众需求，是博物馆从业者面临的最大挑战。

此外，不同资质的组织或机构以博物馆游学、研学名义带来观众，在博物馆空

间内开展名为学或研、实以营利为目的的活动，等等，都给博物馆提出了亟待破解的难题，而这些也是目前全国博物馆界普遍面临的共性问题。

北京地区博物馆经过百年发展，取得了令人瞩目的成果。北京地区博物馆的发展思路及运行管理模式曾对全国博物馆行业产生过极大影响。未来北京地区博物馆的发展仍要站在全国文化中心的高度，充分发挥地缘优势，整合资源，按照国际化标准建设和管理博物馆，让中华民族优秀传统文化的精粹以北京博物馆为舞台得到完美展示，并得以向世界传播。

其一，要坚持规划先行、科学发展。立足当前、着眼长远。长期以来，由于行政体制所限，北京地区博物馆的发展没有统一规划，一直处于自发建设状态，造成北京地区博物馆在区域配置上不合理，城市中心区面积狭小，而博物馆相对集中。从门类上看，80%以上是以古代文物为主的历史类博物馆。未来北京地区博物馆建设要以强化首都意识，坚持首善标准，突出北京特色，完善布局，补充门类为指导思想，开展博物馆潜在资源调查，深入挖掘并有效整合北京的博物馆及各类文化资源，系统梳理与展现城市文化脉络，充分发掘和展示北京3000多年的建城史和800多年建都史的深厚文化底蕴，将博物馆建设纳入城市及区域总体建设规划、区域建设规划等结合起来，把博物馆建设与北京老城保护、城市治理等结合起来，纳入整体规划进行科学布局，以进一步完善北京博物馆建设体系。围绕北京城市的战略定位，形成博物馆资源在北京市域内的合理配置。同时要多部门协同，上下联动，出台博物馆建设相关扶持政策，设立全市性博物馆发展专项资金，编制全市博物馆建设规划、建立相关项目库，为规划实施和目标任务完成提供有力的财政资金保障。坚持政府主导、倡导社会力量参与导向，以政策引领，吸纳社会资本，调动社会力量，鼓励社会力量共建博物馆，形成全民关注博物馆、全民参与博物馆建设的全国文化中心城市氛围。

其二，未来北京博物馆建设要立足现状，强化优势、弥补弱项，以促使北京地区博物馆质量明显提升、数量稳步增长为基本原则，以各项业务工作领先于全国其他省市，实现博物馆整体发展为目标。发挥博物馆在塑造北京城市品质、表现首都文化方面的重要作用，融古都文化、京味文化、红色文化、创新文化于一体，彰显北京作为世界历史文化名城的魅力与影响力。全面提升国有博物馆公共文化服务水平，用好非国有博物馆和社会各方资源，将博物馆更好地融入北京经济社会发展大局，强化首都特色，扶植发展老字号、街区胡同等北京地方文化特色鲜明的博物馆项目，构建具有新时代特色的博物馆公共文化服务体系，将北京打造成为独具特色的博物馆之城。

其三，完善培训、选拔、激励、人才流动等用人机制，出台激励与奖励政策，创新博物馆管理的机制体制，吸引博物馆相关各业务领域的领军人物、业务骨干，以及复合型经营管理人才进入博物馆。调动博物馆工作者的积极性、主动性，鼓励博物馆工作者创造性的发挥。通过建立现代博物馆制度，激发博物馆内在发展活力，同时研究探讨建立有效的事业发展保障机制与工作评价评估体系，以解决博物馆免费开放后普遍存在活力不足的问题。

其四，结合博物馆日常工作，通过围绕博物馆业务工作设计专项课题研究等方式，大力倡导推进博物馆各类学术研究。宏观层面要重视博物馆基础理论研究，推进博物馆应用理论体系化建设，重视新理论新成果引入，加强科研工作管理和成果转化；同时要探索在馆际之间，高校、科研院所与博物馆之间，与博物馆相关高新技术企业与博物馆之间建立广泛合作的机制。微观层面要从展览选题入手，不断提高博物馆服务社会的水平和效能。展览是博物馆最主要的文化产品，也是博物馆服务观众、传播文化的主要途径。在文旅融合的大背景下，博物馆首先要从转变策展思路开始，充分发挥文旅融合的优势，在运维规律、宣传组织模式等方面与旅游行业互相借鉴，要通过加强科研工作，提升策展能力和展览陈列水平。要发掘自身特色和优势，充分利用各类传统及新媒体平台，进行多角度、多途径宣传，进一步完善博物馆文化传播内容的形式和手段，完善博物馆的社会服务功能。要不断推出引领观众学习和思考的高质量文化产品，提升博物馆社会形象与文化传播力，树立有影响力的博物馆品牌。

其五，进一步加强博物馆专业化建设。主管部门及行业组织应根据北京地区博物馆建设需要，制定博物馆管理及从业人员培训规划，在调研基础上，开展博物馆各业务领域的领军人物、业务骨干，以及复合型经营管理人才梯队建设。要积极探索文博系统多层次专业人才教育和培训的有效途径，打造高素质人才队伍，为未来博物馆建设储备力量，为已建成博物馆提升专业化水平打基础。

立足新时代，展望未来，北京地区的博物馆对自身在公共文化服务体系中的地位和作用的认识更明确更清晰，要以更积极的姿态投身于城市文化建设中去。习近平总书记在视察首都博物馆时指出，历史文化是城市的灵魂，要像爱惜自己的生命一样保护好城市历史文化遗产。北京是世界著名古都，丰富的历史文化遗产是一张金名片，传承保护好这份宝贵的历史文化遗产是首都的职责，要本着对历史负责、对人民负责的精神，传承历史文脉，处理好城市改造开发和历史文化遗产保护利用的关系，切实做到在保护中发展、在发展中保护。展望未来北京博物馆建设大业，北京地区每一座博物馆都将是北京作为全国政治中心、文化中心、国际交往中心、科技创新中心城市功能定位核心功能的承载者。努力探索，不断创新，是北京博物馆人过去的努力，也是北京博物馆人今后的追求，我们将不懈努力，适应新时代要求，在全国文化中心建设中继续当先锋做表率。

分 述

综合类

故宫博物院
THE PALACE MUSEUM

通信地址： 北京市东城区景山前街4号

邮政编码： 100009

电　　话： 010-85007938　010-85007939

网　　址： www.dpm.org.cn

微　　博： http://weibo.com/gugongweb

微信公众号： 微故宫

博物馆类型： 综合性博物馆

隶　　属： 文化和旅游部

建立时间： 1925年10月10日

博物馆备案登记号： 001

建筑性质： 古代建筑（全国重点文物保护单位）

占地面积： 72万平方米

建筑面积： 170782.8平方米

展厅面积： 21572.95平方米

交　　通： 公交：故宫博物院实行单向参观，入口为午门。

　　　　1、120、2、52、59、82、99、夜1、夜2、夜17路到天安门东；1、5、52、99、夜1路到天安门西

　　　　地铁：1号线至天安门东或天安门西站。

旅游专线： 专1路、专2路公共汽车至天安门东或天安门西站。

开放时间： 4月1日—10月31日8：30—17：00

　　　　11月1日—次年3月31日8：30—16：30

　　　　除法定节假日外，周一闭馆。

服务设施：

无障碍参观	停车场	衣帽间	餐饮	茶座	纪念品商店	语音导览	其他
有	无	无	有	有	有	有	书店

概　述

　　故宫博物院成立于1925年，是建立在明清两代皇宫（紫禁城）的基础上，兼容建筑、藏品与蕴含其中的丰富的宫廷历史文化为一体的中国最大的博物馆，也是世界上极少数同时具备艺术博物馆、建筑博物馆、历史博物馆、宫廷文化博物馆等特色，并且符合国际公认的"原址保护""原状陈列"基本原则的著名博物馆。1961年被国务院公布为第一批全国重点文物保护单位，1987年被联合国教科文组织列入《世界遗产名录》，2007年被评为首批国家AAAAA级旅游景区，2008年被列为国家一级博物馆。故宫博物院属于文化和旅游部直属单位，宗旨为收藏展览宫廷文物，展示文化遗产。主要业务部门包括书画部、器物部、宫廷部、图书馆等，另有故宫学研究所、古书画研究所、藏传佛教文物研究所、古建筑保护研究所、古陶瓷研究所、明清档案研究所等科研机构。

　　故宫博物院通过"平安故宫"工程、古建筑整体维修保护工程等措施，保护故宫古建筑的安全。"平安故宫"工程于2013年4月16日被国务院批准立项，成为重大文化建设工程，实施"平安故宫"工程是促进故宫这一世界文化遗产可持续发展的紧迫要求，包括故宫博物院北院区建设、地下文物库房改造、基础设施改造、世界文化遗产监测、故宫安全防范新系统、院藏文物防震、院藏文物抢救性科技修复保护等七个子项目。故宫古建筑整体维修保护工程是近一百余年间规模最大、范围最广、时间最长的一次故宫古建筑维修保护，到2020年，历经18年的故宫古建筑整体维修保护工程将全面达成既定目标，故宫博物院将建立起科学的故宫古建筑维修保护机制，为紫禁城下一个600年的古建筑维修保护打下更加坚实的基础。2015年故宫博物院开创性地提出古建筑"研究性保护项目"的理念，故宫博物院选择了4项亟待维修保护的古建筑群，作为"研究性保护项目"的试点，即养心殿、乾隆花园、大高玄殿、紫禁城城墙，2015年年底，养心殿研究性保护项目启动。为消除安全隐患并维护故宫世界文化遗产的真实性和完整性，对被占用的古建筑、具有严重火灾隐患的现代彩钢房、影响紫禁城环境协调的花房进行整治。

故宫博物院严格藏品管理，典守珍护民族瑰宝。2013年至2018年，故宫藏品保护工作进入新阶段，完成了三年（2014—2016年）藏品清理工作，截止到2016年12月31日，故宫博物院的文物藏品总数由1807558件上升至1862690件，2017年召开三年藏品清理工作总结会，举办"大隐于朝——故宫博物院藏品三年清理核对成果展"。故宫博物院充分发挥陈列展览对传统文化传播的载体作用，丰富社会文化生活，在国内外博物馆举办故宫特色展览，加强与国内外博物馆等机构的交流合作。在2015年建院90周年之际，举办"石渠宝笈特展"吸引众多观众参观，在2017年9月，举办"千里江山——历代青绿山水画特展""赵孟頫书画特展"等，迎来观展高峰。此外，故宫博物院还举办多个影响较大的国际合作展览，2016年举办"梵天东土并蒂莲华：公元400—700年中印雕塑艺术展"，2017年举办"浴火重光——来自阿富汗国家博物馆的宝藏展"。加强与港澳台地区合作，2017年习近平主席在香港西九文化区出席《兴建香港故宫文化博物馆合作协议》签署仪式，2018年举行香港故宫文化博物馆动土仪式，2017年、2018年举办"故宫青年实习计划"项目。两岸故宫联合举办"十全乾隆——清高宗的艺术品味特展"。

故宫博物院通过观众限流、全网购票等措施，不断优化观众的参观环境。故宫博物院自2013年淡季开始试行周一半天闭馆，2014年正式改为实行周一全天闭馆，让"连轴转"的紫禁城和文物获得了难得的喘息时间；2014年12月起逐月举办针对教师、大专院校学生、现役军人和公安民警、医务人员、志愿者等人群的主题免费开放日活动；2015年4月1日起采取禁止旅行社导游在院内使用各种扩音设备；2015年6月13日，自第十个中国文化遗产日起试行每日限流8万人次，全面推行实名制售票；在2017年"十一"小长假期间，首次实现全网络售票，故宫博物院正式迈入"博物馆全网售票"时代；故宫博物院的开放面积不断扩大，2014年故宫的开放面积已经占到总区域的52%，2015年开放面积达到65%，2017年扩大为76%，2018年扩大为80%。

一 "平安故宫"工程

"平安故宫"工程于2013年4月16日经国务院批准立项，成为重大文化建设工程。该工程旨在全面提升故宫博物院的文化遗产保护、展示传播和观众服务能力，实现对故宫的完整保护和故宫博物院的可持续发展。其主要内容包括故宫博物院北院区建设、地下文物库房改造、基础设施改造、世界文化遗产监测、故宫安全防范新系统、院藏文物防震、院藏文物抢救性科技修复保护等七个子项目。工程已完成近期目标，即在2015年，故宫博物院成立90周年之时，有效缓解目前存在的防火、防盗、防雷、防震、防踩踏等方面的重大安全隐患，解除其中最紧迫、最危险的隐患点。中长期目标，是用8年时间，在2020年，即紫禁城建城600年之时，基本实现故宫博物院进入安全稳定的健康状态，全面提升管理和服务水平，迈进世界一流博物馆行列。

（一）故宫博物院北院区建设项目

故宫博物院北院区建设项目旨在解决故宫博物院家具、地毯、巨幅绘画、卤簿仪仗等大量大型珍贵文物因场地局限无法得到及时有效的科学保护及院藏文物展示空间不足的问题，同时传承、展示传统文物修复的技艺，也为腾退古建筑空间及对其及时保养、维修创造条件，在"平安故宫"工程子项目中优先考虑实施。项目建设内容包括文物修复用房、文物展厅、文物周转库房等方面。

北院区建设项目于2013年12月5日召开规划调整、编制协调会，进行北院区控制性详细规划设计，根据规划条件调整方案。2014年北院区建设项目建议书已经由文化部上报国家发改委。2015年举办项目启动仪式。2016年国务院已同意建设选址，进一步完善工程前期各项工作。2017年取得项目建议书批复、中央在京重点建设项目确认函、建设项目选址意见通知书，完成交通影响评价、环境影响评价、节能评估等前期咨询报告。2018年项目正式启动。

（二）地下文物库房改造

该项目旨在消除地下文物库房存在的安全隐患，增大地下文物库房储藏面积，腾退、保护故宫文物古建筑，扩大开放区域，整治内务府区域环境。2013年9月27日，取得北京市文物局同意该建设工程的意见。11月14日，取得北京市规划委员会办理的项目规划条件。2014年地库改造工程项目建议书获得国家发改委原则同意。2015年项目可行性研究报告已上报文化部。2016年项目初步设计已报文化部。2017年取得国家发改委对该项目立项、初步设计方案和投资概算的批复，以及建设项目备案通知书、规划许可证。2018年4月17日，"故宫博物院地下库房改造及通道工程"正式启动。

（三）基础设施改造

基础设施改造工程是在保证文物及文物建筑绝对安全的前提下，改善基础设施现状管线落后、管网布局混乱的局面，实现安全无间隙监控，消除安全隐患，是故宫防盗、防破坏、防火，加强对文物及文物建筑有效保护和管理的需要。一期（试点）工程位于故宫博物院西南热力区域，占地面积约为17万平方米。2013年完成了约8300平方米的考古勘探工作。2014年2月24日，国家发展和改革委员会原则同意该工程项目建议书。3月28日，召开专家论证会，研究确定综合管沟设置位置。2015年项目可行性研究报告由国家发改委进行评审。2016年基础设施维修改造一期（试点）工程开工。2017年一期（试点）工程持续推进，二期工程完成对所涉及区域的初步勘察及方案设计。2018年一期（试点）工程继续推进，二期工程设计方案上报国家文物局并获得相关批复，文物影响评估报告及项目建议书编制完成。

（四）世界文化遗产监测

根据故宫所面临的风险严重程度和监测实施技术的成熟程度，故宫世界文化遗产监测中心根据计划有序开展世界文化遗产监测工作。

2013年已开展的监测项目分为两类：一类是2013年新立项项目，包括观众动态监测系统、白蚁监测系统、防雷监测系统等的建设；另一类是于2013年前立项、年内继续开展工作的项目，包括室外陈设的基础信息采集、室外陈设材质检测与保存现状评估等。还进行文物建筑监测前期研究、室外陈设监测数据库需求研究。2014年在已有项目基础上又开启了新的项目。2015年为期五年的午门城台监测项目结项，观众动态监测系统开始二期建设。2016年完成木材材质状况勘查项目、中和殿变形监测、观众动态监测一期改造工程。2017年完成文物建筑监测系统建设、室外陈设基础信息采集项目、观众动态监测二期项目、故宫大气污染物源解析项目、午门城台监测二期年度监测任务等重点建设项目。2018年午门城台监测、养心殿环境监测工作持续推进，查清不可移动文物底账，厘清11类遗产要素，确定标准定名。

（五）故宫安全防范新系统

故宫安全防范新系统，继中心控制室竣工以后，2013年完成了文物藏品全时空技术防范工程方案设计，开展视频监控系统无缝隙加密工程。2014年故宫安防系统已经完成29个区域中12个区域的检测，消防系统已完成95%。2015年预警防控能力加强，安防、消防报警系统改造工程竣工并正式投入使用，文物藏品全时空技术防范项目在寿康宫进行运用，并通过初步验收。2016年视频监控系统无缝隙加密工程、门禁系统升级改造项目、立体安防喷雾器项目、消防报警系统改造工程、消防高压给水系统改造工程先后竣工并投入使用。2017年应急指挥平台建设项目完成综合应用系统开发，已基本具备上线试运行条件，文物藏品技术防范系统项目开启系统搭建工作。2018年应急指挥平台项目进入内部系统试运行，文物藏品技术防范系统进行联调测试，安防系统功能提升项目完成监控中心系统更新及部分前端施工。

（六）院藏文物防震

院藏文物防震，2013年完成第一期文物防震评估，开展了第二期文物防震应急能力评估前期调研；在陶瓷一级品库、雕塑库、玺印库、配饰库开展防震试点。2014年进行第二期文物防震评估工作。2015年开展钦安殿文物防震对策研究和故宫博物院防震应急预案编制研究的同时，继续推进西铜器库北库，钟表、盆景库房防震改造，此外还与国家相关部委、社会力量合作进行防震技术和防震设备研发。2016年完成陶瓷类、珐琅类大体量文物搬迁移库，完成钦安殿防震对策研究报告和故宫博物院防震应急预案报告的验收工作。2017年完成一批地下文物库房的密集柜改造，确定阻尼减震方案和钟表库、盆景库隔震方案，开启地面文物库房改造。2018年完成一批陶瓷库房的地面自流平改造及文物密集柜安装，进行阻尼器防震安装施工招标，完成宁寿门外西院库房内部改造施工招标。

（七）院藏文物抢救性科技修复保护

院藏文物抢救性科技修复保护，进行文物抢救性科技修复保护、文物保护科技工作、原状陈设文物清洁与保养，2013年与东城区人民政府、苏州王嘉良缂丝世家工作室合作，先后合作成立了宫廷家具文物、车马轿舆类文物、中和韶乐类文物、缂丝类文物、金属文物等5个文物修复工作室，开展了嵌珐琅漆器文物修复项目，文物保护综合业务用房工程12月24日举行工程启动仪式。修复文物200余件，复制近70件，人工临摹15件，制作画套和文物囊匣94件。善本方面，修复武英殿聚珍版书《春秋释例》14册和《嘉兴藏》12册。2014年已建立11个文物修复工作室，保护修复400余件文物，分别与17家企事业单位开展合作，共72位不同领域的专业人员在文保科技部修复工作室进行文物保护修复工作。2015年修复文物668件，合作修复文物76件/套，技术复制与人工临摹180件。2016年院内修复保护文物530件，合作修复保护文物171件，与意大利文物保护修复高级研究院、瑞士卡地亚、陕西历史博物馆等开展保护修复合作，"故宫文物医院"竣工并投入使用。2017年修复文物667件，支援其他单位修复文物116件，故宫文物医院正常运行，接待领导考察和参观1100余人次，在中国文化产业学院奖评选中荣获2017中国年度传统工艺振兴项目。2018年修复保养文物约757件，文物医院5人被评为国家级非遗传承人，公开招聘25名志愿者上岗服务。

二　藏品管理

（一）三年藏品清理

基于全国可移动文物普查的要求，并结合故宫博物院事业发展与学术研究的需要，故宫博物院决定于2014年至2016年，在七年文物藏品清理的基础上，开展三年藏品清理工作。对甲骨、乾隆御稿、明清尺牍、清代瓷片和窑址标本、旧存瓷器文物、石碑、文物箱柜架、旧有铺垫类文物、清宫老照片、古建文物资料、石刻构件等15类文物进行持续和深入的普查清理。三年间，故宫博物院分批将院藏文物数据上报国家文物局，累计提交影像504611张。截至2016年12月31日，故宫博物院文物总数达1862690件，其中珍贵文物1683336件，一般文物163969件，标本15385件。2017年，故宫博物院召开三年藏品清理工作总结会，并举办"大隐于朝——故宫博物院藏品三年清理核对成果展"，展览配套出版了图录，以便更好地向社会汇报故宫博物院三年藏品清理工作的情况，器物部获评国务院第一次文物普查工作先进集体。

（二）藏品管理

为尽守护之责，不断完善藏品管理规定。2013年制定了《藏品安全操作细则》《故宫博物院西玉河基地藏品库房管理规定（试行）》，向社会发布了《故宫博物院藏品总目》，这在国内博物馆界尚属首次。《故宫博物院藏品大系》在2013年出版9本，完成了24本的编辑工作。2014年对外公布22大类，共计1660791件藏品目录。2015年不断深化第五次文物清理工作，验收书画部碑帖、书法、绘画三类藏品中的一般文物，对第五次文物清理工作的"后清理阶段"进行总结，这也标志着故宫博物院可对外公布的12万余件一般资料藏品全部验收完毕。另外，2015年清理工作拟建立的"建"字号文物系统，框架已经基本确定，同时整理完成《国内礼品拟退出目录》，推进礼品退出院藏品系列，保持故宫博物院藏品结构的延续性和合理性。2018年强化可移动文物管理与保护工作，调整全院文物库房使用规划，开展全院业务培训。

（三）藏品更新

2013年接受捐赠藏品17件。其中，《元人张达善跋隋人书出师颂卷》的入藏，实现了卷、跋的合璧。2014年接收中国工艺美术大师毛正聪捐赠《青釉剔花枫叶纹洗》1件，接受著名雕塑艺术家、中国国家博物馆研究馆员郑于鹤捐赠个人雕塑作品5件/套。2015年接受浙江省越窑青瓷收藏家、中国浙东越窑青瓷博物馆馆长陈国桢捐赠古代越窑青釉瓷19件/套。2016年收购孟宪章藏《宋拓兰亭续帖》和《旧拓萧思亮墓志帖》2件，接受唐益年捐赠唐兰手稿121卷，以及其他捐赠39件/套。2017年，接受捐赠藏品58件/套，其中，世茂集团董事局主席许荣茂先生向故宫博物院捐赠《丝路山水地图》。收购碑帖3件、古籍1件。2018年，征集《清乾隆铜鎏金大威德金刚三连尊》1件。

三 古建修缮与研究

（一）古建修缮

故宫整体维修工程取得重大进展，古建筑日常保养工作常态化。2013年重点项目工程开工9项，其中慈宁花园修缮工程、东华门修缮工程等竣工，午门雁翅楼古建筑群维修工程、上驷院车房复建工程、南大库保护管理用房工程开工，完成古建零修工程共498项。2014年宁寿宫一区（符望阁）保护修复工程、上驷院车房修复工程、端门室内彩画除尘保养工程、端门城台建筑保养工程等4项工程竣工，午门雁翅楼古建筑群保护维修工程、南大库工程、宝蕴楼修缮工程、午门展厅改造工程、永寿宫修缮工程、毓庆宫建筑群修缮工程等6项工程顺利推进，慈宁花园、东华门、符望阁等8处的防雷工程完工，大高玄殿修缮工程文物建筑本体修缮设计方案获得国家文物局、北京市文物局批复。2015年永寿宫、午门雁翅楼、宝蕴楼等三处古建筑修缮工程竣工，将养心殿古建筑群保护修缮工程、宁寿宫花园古建筑群保护修缮工程、大高玄殿古建筑群保护修缮工程、紫禁城城墙保护修缮工程作为2020年故宫古建筑整体修缮工程竣工的标志性项目，这4项保护修缮工程中，有宫殿建筑、园林建筑、宗教建筑和防御建筑，均是故宫古建筑群的重要组成部分。工程以提升保护修缮质量为中心，采取传统保护修缮传承机制，延长每一项保护修缮工程的实施时间，组织杰出专家指导把关，加强保护修缮工程的学术支撑，加强保护修缮工程的社会公开，及时公开出版保护修缮报告，进一步推动古建修缮工程向古建保护研究项目转化。其中，大高玄殿古建筑群保护修缮工程已开工。

2016年城墙保护修缮工程开工，乾隆花园（遂初堂区、萃赏楼区、古华轩区）修缮工程准备开工。毓庆宫建筑群修缮工程竣工。2017年故宫西城墙修缮工程1月开工，完成试验段落的拆除及试验性砌筑。乾隆花园（遂初堂区、萃赏楼区、古华轩区）保护维修工程8月开工，依据研究性保护项目理念在施工期间对该区域进行了施工三维扫描数字化记录。大高玄殿研究型修缮保护工程（一期）竣工，该工程首次将建筑考古的研究方法运用到大高玄殿的修缮保护中。2018年养心殿研究性保护项目正式开工，阶段性研究成果向观众展出，城墙西北段、西南段修缮工程进行报批和设计，乾隆花园保护项目，进行建筑环境监测，完成丝毛织品、贴落等的仿制，以及假山监测和安全评估，大高玄殿油饰彩画修缮工程、长春宫前院修缮工程竣工。为储备下一个600年优质古建筑维修保护材料，将苏州陆慕御窑金砖厂、南京金陵金箔集团股份有限公司，设立为第一批"故宫官式古建筑材料基地"，并接受太湖世界文化论坛捐赠的金砖100块、金箔100万张。

故宫博物院为消除安全隐患并维护故宫世界文化遗产的真实性和完整性，对被占用的古建筑、具有严重火灾隐患的现代彩钢房、影响紫禁城环境协调的花房进行了整治。注重对古建筑的日常保养和维护及古建筑周围环境的治理，常态化的古建筑日常保养工作让故宫内的环境更加庄严、有序，也确保观众参观安全及拥有良好的参观体验。同时，加强对文物建筑、宫廷园林的日常维护保养和整治力度。

（二）古建研究与技艺传承

官式古建筑营造技艺在紫禁城修缮、保护过程中有至关重要的作用。2013年完成故宫官式古建筑营造技艺传承人培训，首次技艺操作展示工程——乾清门地面铺墁完工，乾隆花园项目完成木器保护培训第二期课程培训。2014年成立明清官式建筑保护研究国家文物局重点科研基地暨故宫研究院古建筑研究所，开展官式古建筑营造技艺瓦作、油作、画作培训工作。2015年举办了木作和裱糊作培训班。2016年，养心殿研究性保护项目顺利推进，已开展33项课题研究，开展养心殿研究性保护项目工匠培养考核的前期调研及筹备工作，形成木作、瓦作、油作、画作、石作、裱糊作六个培训研究小组。故宫博物院官式古建筑营造技艺石作培训班在故宫北院区举办，参加第二届京津冀非遗联展，展示国家级非物质文化遗产项目"官式古建筑营造技艺"，举办"明清官式建筑彩画艺术展"。2017年针对养心殿研究性保护项目，开展官式古建筑营造技艺木作、瓦作、石作工匠选拔及培训，该技艺还走进多所校园，作为一门专业必修课程，并在2017（上海）国际建筑遗产保护与修复博览会等亮相。2018年开展养心殿研究性保护项目油作、画作、裱糊作的工匠选拔和基础培训工作，共培训40余人，在全部六作工匠选拔和基础培训结束后，召开了"养心殿研究性保护项目工匠培训总结研讨会"。

四　陈列展览

（一）院内展览

故宫博物院充分发挥陈列展览对传统文化传播的载体作用，丰富社会文化生活。2013年故宫博物院院内举办临时展览7个，其中，"印度宫廷的辉煌——英国国立维多利亚与艾伯特博物馆珍藏展"为国外引进展览。另外，青铜器馆、"天子万年——清代万寿庆典展"在改造升级后重新面世，文渊阁原状陈列首次对外开放。完成西六宫区域相关宫殿窗户更换防砸玻璃工程，保障文物展陈安全。2014年故宫院内举办"清代碧玉器与玛纳斯展""故宫藏历代书画展（第八、九期）""欧斋墨缘——故宫藏萧山朱氏碑帖特展""魅力中国白——德化窑陶瓷精品展"等临时展览。2015年庆祝建院90周年之际，举办"石渠宝笈特展""普天同庆——清代万寿盛典展""清淡含蓄——故宫博物院汝窑瓷器展"等18项展览，端门数字馆试运行。

2016年举办"梵天东土 并蒂莲华：公元400—700年印度与中国雕塑艺术大展""明代御窑瓷器——景德镇御窑遗址出土与故宫博物院藏传世成化瓷器对比展"等10项高质量展览，点亮中轴线上六大宫殿室内照明，满足保护文物和优化参观效果的双重要求。2017年院内改陈、举办临时展览约20项，"紫禁城与'海上丝绸之路'展""浴火重光——来自阿富汗国家博物馆的宝藏展""千里江山——历代青绿山水画特展""赵孟𫖯书画特展""茜茜公主与匈牙利：17—19世纪匈牙利贵族生活展"等引发观展小高潮，畅音阁改造完成。2018年举办临时展览12项，新开设箭亭武备馆、南大库家具馆。

（二）赴院外展览及参展

2013年赴境内文博机构举办或参与展览21项，续借展览3项，完成援疆项目新疆伊犁将军府展览。2014年赴境内文博机构举办或参与的展览7项。2015年赴境内文博机构举办或参与的展览9项。2016年赴境内文博机构举办或参与的展览20项，在成都博物馆新馆举办"盛世天子：清高宗乾隆皇帝展"，头两日观众超8万人次，在首都博物馆举办"走进养心殿"展，观众踊跃参观。2017年赴境内文博机构举办或参与展览27项。"数字多宝阁"项目参与"砥砺奋进的五年"大型成就展，由故宫博

故宫博物院"千里江山——历代青绿山水画特展"

物院与厦门市政府合建的故宫鼓浪屿外国文物馆开馆。2018年赴境内文博机构举办或参与展览33项，与凤凰卫视合办"清明上河图3.0"高科技互动艺术展览，后引进到国家博物馆"伟大的变革——庆祝改革开放40周年大型展"中。

五　安保设备设施

（一）安全保障工作

强化安全意识，加强安全管理。2013年实施国宾车辆不再穿行开放区域的国宾接待新方案，故宫全面禁烟、禁带火种参观、安检社会化、引入社会安保机制等举措，大大增强了故宫的安全防范能力。举办消防培训班和义务消防队培训，开展防雷火演习4次，组织封门演习40次，不断提高安保能力。2014年在慈宁花园举行消防演习，举办第六届消防运动会，开展"119"消防宣传活动。2015年，为建立健全落实"平安故宫"工程的长效机制，故宫博物院成立非建制的安全部；在端门城楼进行消防实战演习，开展消防安全知识培训。

2016年10月10日，故宫博物院在太和殿举行消防实兵演习。2018年不断加强与公安、消防、武警之间的协调联动，依法严厉打击各种违法违规行为，共抓获黑导游、非法发放"一日游小广告"人员等2406人。新设无障碍坡道23处、标识牌166个，加强开放设施设备维护保养，及时消除安全隐患。加强应急管理和义务消防队建设，共进行应急演练6次，组织了第七届消防运动会，进一步提升了应急处置能力。严格电瓶车管理，完善充电场所，规范充电行为。

（二）安全整改

节假日和敏感时期，院领导带队对全院实施安全大检查，对重要施工现场和布展现场，院领导和主管部门随时到场检查。职能部门常年进行隐患排查治理，持续组织安全大检查和"拉网式"排查，实现了隐患排查治理工作常态化、制度化、规范化。2016年共组织联合大检查6次，查出安全隐患65起，填发火险隐患通知书27份，经济处罚7起，罚款9100元，对检查出的问题均责成相关单位（部门）及当事人进行整改。2017年针对"平安故宫"工程《消防评估论证报告》提出的建筑防火、消防设施、灭火及消防装备和消防管理等四个方面存在的260个风险或隐患，专门成立了整改工作组，下发安全自查记录本125本。2018年全年开具消防隐患通知单61份。2018年9月2日，巴西国家博物馆发生重大火灾，故宫博物院深刻汲取惨痛教训，立即召开专题会议，布置火灾隐患排查工作，成立了由三名副院长带队的办公室秩序整治、文物库房整治和施工现场隐患整治的三个检查组，实施全方位拉网式检查。借此机会，关停中轴线上耗电量大且有安全隐患的十多处店铺，对院内商业设施开始全面整治规划。

（三）开放管理

2013年端门区域服务设施进行了总体提升，具体包括安检由午门门洞内移至午门广场，安检通道由原来的"两机两门"增加到"六机十二门"，检票通道由原来的12条增加到20条，售票口移至端门西朝房，售票窗口增加到30个。改造后的观众服务中心再次启用，设立6处便民服务点。新设供1000人休息的路椅和树椅。2013年国庆前夕，通过媒体向公众提供了黄金周期间参观故宫的十条建议，在客流量最大的10月2日，安排350名志愿者对观众进行引导，并设立了3个观众义务咨询站，顺利完成国庆黄金周71.4万人次的观众接待任务。2014年采取试行限流分流方案、提升御花园景观环境、倡导理性出行等软硬件相结合的手段，尝试引导和调控观众流量。针对教师、大专院校学生、现役军人和公安民警、医务人员、志愿者等人群的主题免费开放日活动也于2014年12月起逐月举办。2014年，全年网络售票在2%左右。2015年6月13日，第十个中国文化遗产日，故宫博物院试行每日限流8万人次、推广网络预售和实名制售票。全天参观人数近5万，其中网络预售门票数量7506人次，网络售票为17.33%，宝蕴楼、慈宁宫—寿康宫区域、午门—雁翅楼区域、东华门区域等四大新区域开放，故宫博物院开放面积由52%增至65%。

2016年全年网络售票增长至41.14%。2017年7月1日，故宫博物院全面推进网络售票，开放网售当日票和现场手机扫码购票，2017年8月实现网售占比77%。2017年10月2日，首次实现全部网上售票，故宫博物院正式迈入"博物院全网售票"时代，10月10日，端门广场的故宫售票处正式摘牌，2017年故宫博物院开放面积扩大为76%。2018年持续推进网络售票，分时段控制客流，全年8万人限流天数76天，"清明上河图3.0"展出期间，实施了参观门票与大门票同步预约措施，为今后重要的特大展览摸索了经验。2018年故宫博物院开放面积扩大为80%，参观人数超过1750万人次。

六　学术与出版

（一）学术平台建设

2013年，故宫研究院、故宫学院先后成立。举办"色彩绚烂——故宫博物院钧窑瓷器展"国际学术研讨会、纪念孙瀛洲先生诞辰120周年座谈会、中国第十五届清史学术研讨会。2014年故宫研究院组织架构不断完善，先后建立博士后科研工作站、古建筑研究所、宫廷戏曲研究所，还聘请中国工程院院士傅熹年，英国牛津大学考古系教授、牛津大学前副校长杰西卡·罗森等4位学者为首批顾问。故宫学院强化与其他机构合作的力度，开展各项业务培训，并在苏州设立分院，受国家文物局委托，面向全国文博业界，开设明清瓷器鉴定培训班（提高班）、官式古建筑木构保护及木作营造技艺培训班、中德博物馆管理培训班和陶瓷藏品保护与修复培训班。2015年故宫研究院发展为一室十四所的机构规模，与德国考古研究院、德国海德堡大学分别签署战略合作协议。与卢浮宫学院、法国国家文化遗产学院、北京国际职业教育学校、北京联合大学等开展交流，探索培养博物馆亟需人才的多元化模式。举办"故宫博物院90年暨普天同庆——清代万寿盛典展学术研讨会"、宋代五大名窑科学技术国际学术讨论会等7项重要学术研讨会。

2016年故宫研究院成立中国书法研究所，在景德镇建立景德镇陶瓷考古研究所，对慈宁宫广场长信门西北侧基建勘探坑的考古调查，在紫禁城内首次发现明代大型宫殿建筑的墙基及建筑基槽遗迹。故宫学院在景德镇、西安、深圳成立分院。与卢浮宫学院、法国国立遗产学院等开展交流合作。面向文博业界举办清代书画鉴定培训班、明清瓷器鉴定培训班（扬州）等。2017年故宫研究院新成立钟表研究所、宫廷原状研究所、世界文明古国研究所、故宫文物南迁研究所、影视研究所等5个研究所，至此其下设研究所达20个。故宫学院在上海、黄山设立分院，与西北大学签署服务"一带一路"战略合作协议。2018年故宫研究院与太湖世界文化论坛合作成立中医药文化研究所，与吉林大学合作成立张忠培考古研究中心。举办第七届西藏考古与艺术国际学术讨论会、四王暨清前期书画研讨会等学术会议。考古队完成雄安新区阶段性考古任务，参加安徽凤阳明中都遗址、乌兹别克斯坦巴特遗址与塔吉克斯坦费希肯雅谷地考古调查。故宫学院在重庆、开封设立分院，截至2018年已在全国建成8个分院。

（二）故宫学建设

2013年编纂《故宫学研究报告（2013）》《故宫学十年》，举办故宫学十年学术研讨会、两岸故宫第四届学术研讨会等会议。南开大学开始招收"故宫学与明清宫廷研究"方向的博士研究生，与北京外国语大学合作成立故宫学与西方研究中心。2014年编纂《故宫学研究报告》（2014）与《故宫学十年（2003—2013）》。2015年编纂《故宫学研究报告（2015）》，继续对"民国时期的故宫博物院院史""故宫文物南迁史料长编""博物馆与认同之建构——以民国时期故宫博物院为中心""朱家溍年谱""建国后故宫学者群体研究"等各级各类课题进行研究。

2016年组织编纂《故宫学研究通讯（一）：故宫学初程》。2017年组织编纂《故宫学研究通讯（二）》，举办"明清宫廷典籍学术研讨会"等会议，为中国社科院研究生院故宫学方向硕士生开设"故宫学概论""故宫学专题研究"课程，为南开大学历史学院故宫学博士生、浙江大学故宫学研究生做"故宫学专题研究"讲座，在北京工业大学开设"故宫学"通选课。2018年出版《故宫学的视野》等著作11种，与深圳大学人文学院联合举办"国学新视野下的故宫学与人文教育"国际学术研讨会。

（三）科研管理

2013年完成14项国家级、省部级科研课题的申报工作，26个院级科研课题项目获得立项。2014年故宫博物院院内科研课题立项19项，为在研课题起草采购申请370余项，为"黄易金石学研究"等课题办理结项手续。2015年院内科研课题立项16项，为在研课题起草采购申请200余项，为"3D打印在古代残缺青铜器补配修复中的研究"等课题办理合同6项，完成院级科研出版项目出版手续。

2016年院内课题立项18项，开展故宫博物院"养心殿研究性保护项目科研课题"申报工作，33项课题获得立项。2017年，为院级课题"故宫太和殿斗拱力学性能研究""清代皇帝宗庙制度研究""《崇庆皇太后万寿庆典图》研究"等课题办理结项手续、发放结项通知书。2018年，收到各部门科研人员报送的申报材料29份，为"赵孟頫家族绘画的技法风格研究""乾隆西巡御制诗研究"等7项院课题办理结项手续，为养心殿研究性保护项目起草采购46项，为国家语委甲骨文研究与应用专项课题"殷商占卜思想文化再检讨"及国家社科基金项目"吐鲁番出土文书再整理与研究"子课题"吐鲁番出土高昌国文书再整理与研究"办理项目入库手续，编撰、印发《故宫博物院科研工作简报》。

（四）学术出版

2013年故宫出版社成书共计191种，其中新书143种，重印书48种，《米芾书法全集》《故宫博物院藏品大系·玉器编》获第四届中华优秀出版物奖，《兰亭展示纪实》获得2012年度文化遗产十佳图书，《文物保护理论与方法》《故宫博物院诉讼案例选编》获得2012年度文化遗产优秀图书。经国家新闻出版广电总局批复，故宫出版社获得音像、电子出版资质。2014年故宫出版社出版的《楷书结构八十四法》《兰亭的故事》《清明上河图的故事》《书法源流绝句》《故宫画谱系列》等25种图书入选中小学生图书馆（室）推荐书目，《瓷之纹》被新华网、《中国图书商报》评为"2013年度中国影响力图书"，《帝京景物略》被《南方都市报》评为"2013年度十大装帧设计图书"。2015年国家社科基金重大项目《新中国出土墓志》（二期工程）、《故宫藏殷墟甲骨文整理与研究》进展顺利，并有成果出版，《故宫博物院院刊》获中国国际图书贸易集团有限公司"2015年度中文报刊海外发行最受海外机构欢迎TOP50"。

2016年《故宫藏画的故事》获"第24届上海市中小学、幼儿园优秀图书评选活动"二等奖，《唐寅书画全集》被科学出版社东京株式会社引进，国家社科基金重大项目《新中国出土墓志》（二期工程）阶段性成果——陕西卷（叁）出版，《故宫博物院院刊》被中国期刊协会、《中国期刊年鉴》评选为"2016年度中国最美期刊"。2017年重大古建筑文献整理项目成果《北京城中轴线古建筑实测图集》出版,《故宫博物院院刊》入选"2017—2018《中文社会科学引文索引(CSSCI)》来源期刊",故宫出版社获得第四届中国出版政府奖先进出版单位奖,被评为2017中国图书海外馆藏影响力出版100强,《米芾书法全集》获第四届中国出版政府奖电子出版物奖,《故宫博物院藏明清家具全集》获第六届中华优秀出版物奖图书奖,《冷冰川》获第68届美国印刷大奖班尼金奖。2018年《紫禁城》被国家新闻出版广电总局推荐为第三届全国"百强报刊",被中国期刊协会评为2018年"中国最美期刊",《赵孟頫书画全集》获得第二十七届优秀美术图书"金牛杯"金奖,《满汉全席日历》《故宫如意日历》《故宫月历》等形成日历家族,受到社会好评,首部互动解谜游戏书《谜宫·如意琳琅图籍》很快达到2000多万元众筹金额,打破诸多领域众筹的世界纪录。

七 博物馆数字化

故宫博物院及时应用新技术更新在线数字展示内容,提升在线服务水平,2013年发布"受命于天——故宫博物院藏清代玺印展""故宫藏历代书画展"等4期虚拟展览,完成青少版网站卡通形象设计,发布首个iPad应用项目《雍亲王题书堂深居图屏》,完成《清明上河图》《韩熙载夜宴图》的线上多媒体互动展示、"梵华楼古建测量及虚拟漫游"等3项虚拟漫游项目,完成故宫官方微信公众账号的功能开发和内容策划。完成基于影像的古代书画研究系统V2.0升级、故宫博物院电子导览系统3.0系统开发工作,制作《古陶瓷之美》《从陶到瓷》视频片DVD光盘,完成《龙在故宫》《紫禁城里的运动会》两个互动节目的光盘版改造,完成第5部VR作品《灵沼轩》、"宁寿宫花园数字记录"项目第4期(遂初堂院落)、"故宫数字沙盘"项目2013版。

2014年故宫iPad应用形成系列,有《胤禛美人图》《紫禁城祥瑞》《皇帝的一天》等。《皇帝的一天》获得App Store十月最佳APP推荐,发布梵华楼、陶瓷馆、午门、古陶瓷中心展厅以及倦勤斋360度影像漫游,以及养心殿、坤宁宫360度全景交互式动态视频漫游。开展端门数字馆各项工作,启动《兰亭序》《韩熙载夜宴图》数字长卷、《写生珍禽图》、《三希堂》CAVE体验区、"宫廷织绣画"及"清代宫廷服饰"等八个交互节目的制作和VR剧场《天子的宫殿》节目的精编工作,完成"故宫陶瓷馆"App(V1.0)的开发。对第3部虚拟现实节目《养心殿》进行重新编排,对第4部虚拟现实节目《倦勤斋》的光影效果进行全面提升,对《灵沼轩》VR节目进行移动终端化试验。

2015年,"故宫出品"系列App全新发布上线了三部作品,分别是《韩熙载夜宴图》《每日故宫》《清代皇帝服饰》,《皇帝的一天》完成了安卓版本的开发并同步在多个安卓市场首发，《紫禁城祥瑞》也已经开始进行二期升级程序的全新设计，至此，"故宫出品"系列App发布作品已达7款。制作并发布"历代藏中国书画展第九期""石渠宝笈特展""清代万寿盛典展"网上展览。全新改版建设的青少版及英文版网站已完成所有开发工作并通过了在线测试，中文版主站建设项目也已经正式启动，新的数字文化展示资源管理系统已经完成测试工作并正式上线运行投入使用，针对青少年群体设计的《故宫大冒险》动态漫画项目上集制作已经完成。基于互联网的"故宫名画记"书画互动欣赏栏目已经发布上线，与中国知网及北京工业大学共同开展二期资源合作与开发工作。与腾讯公司合作的"故宫全景"开放路线拍摄项目已完成了中轴线及东西六宫部分区域的全景拍摄，同时进行了皇极殿及慈宁花园考古工地的倾斜摄影三维数据采集制作的试点工作。

2016年，新浪微博粉丝量223万，发布微博近千条，故宫博物院官方微博在新浪微博2016年政务V影响力峰会上荣获全国十大中央机构微博奖。官方微信公众号"微故宫"累计发布各类图文信息150余篇，关注人数29万余人，"微故宫"还设计制作完成了猴年主题H5游戏、《"数"说故宫院庆年》视频等节目，完成并发布"故宫大冒险"卡通表情包，发布上线"全景故宫"专题，完成了寿康宫区摇一摇试点和开放区域免费WiFi覆盖微信接入等工作。发布《故宫展览》App，《紫禁城祥瑞》《每日故宫》两款App全面改版提升，在第四届文化遗产保护与数字化国际论坛上，"故宫出品系列App+V故宫"荣获首届数字遗产最佳实践案例大赛最高奖——最佳实践奖。完成了"名画大观——《韩熙载夜宴图》数字艺术展"在厦门、北京、深圳三地的巡展。

2017年端门数字馆推出"发现·养心殿"数字体验展。新版中文网站及第9款App《故宫社区》发布。热门App《每日故宫》完成2.0版本升级后下载量突破100万次。"故宫出品"系列App应用全年新增下载量超过100万次，比上年增长22%。故宫博物院官方网站在2017年文化部政府网站群绩效评估中获"特色创新奖"。故宫博物院官方新浪微博被中国文物信息咨询中心、微博政府媒体事业部评为"2017年文博行业最具影响力官微"。故宫博物院新媒体团队在中国文物保护基金会主办的第九届"薪火相传——寻找中国文物故事杰出传播者"活动中，荣获"讲好中国文物故事杰出团队"称号。与腾讯合办主题为"传统文化 × 未来想象"的"文化＋科技"国际论坛，邀请国内外知名博物馆负责人、高校学者，联合国教科文组织驻华代表处、国际博物馆协会等机构代表，腾讯集团、英特尔、谷歌等互联网公司负责人进行学术研讨、业界交流和成果展示，为传统文化的数字化保护、研究、展示提供具有国际性和前瞻性的理论支撑和应用途径，推动传统文化的传承与发展。

2018年，"微故宫"获微信贡献力"十佳账号"称号，"故宫出品"系列App全年下载量超过120万，比上年增长16%，《紫禁城祥瑞》的姊妹篇《紫禁城祥瑞PRO》iPad应用程序于5月18日国际博物馆日当天全新发布上线，获得App Store官方推荐。

完成第七部虚拟现实节目《御花园》制作，与腾讯、网易、金山软件公司等就漫画、游戏、NEXT IDEA音乐创新大赛等开展合作。"发现·养心殿——主题数字体验展"于2018年4月3日—7月22日再次对外开放，开放期间，实现了现场手机预约功能，该展还获2018国际文化遗产视听与多媒体艺术节金奖、第二届国际数字遗产案例竞赛技术创新奖。

八　博物馆社会教育与服务

（一）宣教活动

故宫博物院宣传教育工作从"馆舍天地"走向"大千世界"，扩大群众接触和参与故宫文化的渠道。以"5·18"国际博物馆日、"中国文化遗产日"系列活动、"故宫知识课堂"、"永远的故宫"系列讲座、"故宫文化"志愿宣讲、"故宫讲坛"等品牌活动，向中小学生、高校师生、社区群众等不同群体传播故宫文化。2013年赴云南省保山市开展文博大讲堂活动，与秦皇岛市人民政府合力推出系列公益讲座"故宫大讲堂"。2014年协助举办北京市"市级中华文化小大使"走进故宫博物院活动，继续在北京市的社区、学校、机关、企业推广志愿者宣讲活动。2015年举办暑期"故宫知识课堂——马年说马"系列活动，"故宫知识课堂"走进贵州省万山区田坪小学，北京市"市级中华文化小大使"走进故宫博物院，举办暑假教育活动、主题日特别教育活动等。

2016年举办以"萌猴贺岁跃连年"为主题的故宫知识课堂活动，举办暑期"故宫知识课堂"活动，"故宫知识课堂"走进贵州省沙坪镇金山小学、小屯镇中心小学，继续与秦皇岛市文广新局联合举办"故宫文化大讲堂"活动，增设教育中心、故宫儿童文化创意体验馆，故宫宣教团队的教育项目还输送至马耳他和新加坡有关机构。2017年故宫博物院赴曼谷、悉尼执行12场教育课程，还被教育部列入第一批"全国中小学生研学实践教育基地"，被北京市建设学习型城市工作领导小组办公室评为首批"北京市民终身学习示范基地"，"故宫讲坛"荣获"特别受百姓喜爱的终身学习品牌项目"称号。2018年举办各类教育活动2299场，在北京市9所中小学开设了故宫课程，124场教育活动输送到厦门、济南、石狮等地，赴乌兰巴托、悉尼、马德里等举办海外教育活动10场。

（二）社会服务

文化产品是文化传播的重要载体，故宫博物院深入挖掘故宫所蕴含的历史信息和文化价值，加大文化产品研发力度。2013年故宫博物院主办"紫禁城杯"故宫文化产品创意设计大赛，共征集作品675件，评出了金银铜等奖项，还推出200余种故宫特色文化产品。在第六届海峡两岸（厦门）文化产品博览交易会的"海峡两岸文博创意产品精品展"上，故宫博物院在博物馆展区的综合评比中荣获一等奖，并被文博博览会组委会授予"组织最佳展会展示奖'银奖'"。2014年在"中国博物馆协会第六届会员代表大会暨2014博物馆及相关产品与技术博览会"上，"朝珠耳机"荣获"十佳文创产品奖"、故宫博物院研发的"花开见佛"文创产品荣获"文创产品优秀奖"、故宫博物院商店荣获"最佳文创商店奖"，故宫博物院展位也获得了此次大会颁发的"最佳展示组织奖"。2015年9月，故宫博物院文化创意体验馆在故宫东长房开馆，故宫微店于2015年12月正式上线。

2016年故宫博物院在中国文物交流中心驻香港历史博物馆、首都博物馆等地开设故宫文化产品专卖柜，在安徽省黄山市建立"故宫博物院驻安徽省黄山市徽州传统工艺工作站"，故宫文创参加"美国国际品牌授权博览会""2016东方文化元素国际特展"等展览。2017年故宫的文创产品"神骏水果叉"在第十届海峡两岸（厦门）义化产业博览会获得"最佳设计文创产品奖"；在北京国际图书博览会获"人气奖"。2018年故宫许多文创产品成为观众生活中的必需品，还多次亮相国内外展示平台，2018年5月在日本东京举办的"让文物活起来——故宫文创展"，李克强总理邀请日本首相安倍晋三前往参观。

九　对外交流

（一）对外交流与合作

1. 与港澳台合作

2013年两岸故宫博物院院长进行两次互访，就2013年至2015年合作交流的具体内容深入沟通，达成重要共识，为两岸故宫交流合作开启新篇章。2013年7月故宫博物院与澳门民政总署签署战略合作意向书，确定未来双方全方位的合作。2014年与香港中文大学等签订合作协议。2015年故宫博物院派6位学者赴台湾出席由台北故宫举办的九十周年院庆暨两岸故宫第五届学术研讨会，接收来自香港中文大学、岭南大学、香港浸会大学、澳门大学等10名实习生来故宫外事处等5个部门实习。2016年，香港特区政府康乐及文化事务署下辖博物馆馆长一行20人来故宫交流，台北故宫前任院长冯明珠女士来故宫进行两场演讲，故宫博物院聘请其为故宫研究院顾问，故宫博物院院长单霁翔赴澳门为特区政府高级官员做"国家事务系列讲座——文物保育与文化传承"专题演讲，为香港特区政府高级官员做"文化传承与文物保护"专题演讲。2017年7月，香港回归祖国20周年之际，故宫博物院和香港民政事务局及广东省青年联合会共同举办"故宫青年实习计划"项目。2017年6月29日，习近平主席在香港西九文化区出席《兴建香港故宫文化博物馆合作协议》签署仪式，香港政务司司长兼董事局主席张建宗与故宫博物院院长单霁翔签署了合作协议，2018年5月

28日，香港故宫文化博物馆正式破土动工。2018年，招收7名港澳大学生来故宫实习，执行第二届故宫青年实习计划，接收实习生48人。

2. 与国外博物馆等合作

拓展对外交往空间，创新交流方式，对外合作由以展览为主的阶段向多元化交流合作迈进，在保持与深化和发达国家博物馆的交流合作关系的同时，逐步拓展与发展中国家博物馆的合作关系。2013年邀请联合国各驻华系统机构的代表及官员参加第二届"使节进故宫"活动，派出赴外出访团组43个。2013年国际博物馆培训中心（英文简称ICOM-ITC）在故宫博物院成立，这是国际博协、中国博协和故宫博物院合作建立的国际博物馆专业培训机构，是目前国际博协在海外设立的唯一博物馆专业培训机构，在每年4月和11月举办两期常规培训班，每期培训班持续10天，截至2018年已举办11期，培训学员375人。2014年故宫博物院与印度喀拉拉邦历史研究委员会签署合作谅解备忘录，分别与白俄罗斯国家美术馆、俄罗斯克里姆林宫、美国博物馆联盟签署战略合作协议。举办第三届驻华使节进故宫活动，邀请俄驻华大使杰尼索夫等外交官来院感受故宫文化。2015年与印度喀拉拉邦历史研究委员会、印度国家博物馆、白俄罗斯国家美术馆、俄罗斯克里姆林宫、卡地亚制表工坊、美国博物馆联盟签署合作意向书。2015年9月20日国际文物修护学会培训中心在故宫博物院举行签约揭牌仪式，第一期培训班同日开班，这是国际文物修护学会第一个，也是该组织唯一的一个国际培训机构，从2015年起培训中心每年举办一期，截至2018年已举办4期培训班，培训学员91人。

2016年故宫博物院与希腊研究与技术基金会合建"文物激光技术联合实验室"，携手柏林国家博物馆成功举办"中德博物馆论坛"。鉴于为世界文物修复保护事业做出的贡献，在国际文物修护学会2016美国洛杉矶会议上，故宫博物院被授予"荣誉机构会员"证书。2017年与新加坡国家文物局合作在新加坡举办"中国—东盟博物馆高级管理人员交流项目"。文保科技团队参加"国际文物修护学会—故宫博物院2017香港研讨会"，并成功申办2020年第28届国际文物修护学会大会。故宫博物院与新加坡国家文物局签署谅解备忘录，分别与意大利文化遗产、活动和旅游部博物馆司，文化遗产、活动和旅游部研究司，意大利文物保护修复高级研究院签署三项合作协议。2018年与海外文化相关机构签署谅解备忘录3份。

（二）赴港澳台及出国展览

故宫博物院以涉外展览为载体，不断增强中华文化国际影响力。2013年赴港澳台及出国展览共6项，赴香港"清代宫廷服饰展"、赴台北"十全乾隆：清高宗的艺术品味展"、赴意大利"两宫藏藏传佛教及藏族文物珍品展"、赴英国国立维多利亚与艾伯特博物馆"中国古代绘画名品展"、赴土耳其和罗马尼亚"华夏瑰宝展"等。2014

年共6项，赴香港文化博物馆"卓椅非凡：穿梭时空看世界展"、赴澳门艺术博物馆
"梅影秘色——吴湖帆书画鉴赏精品展"、赴英国大英博物馆"明：皇朝盛世五十年
（1400—1450）"展、赴美国弗吉尼亚美术馆"紫禁城——北京故宫博物院皇家珍品
展"、赴加拿大皇家安大略博物馆和温哥华美术馆"紫垣撷珍——明清宫廷生活文物
展"等。2015年共8项，赴香港科技馆举办的"西洋奇器——清宫科技展"，赴台北
故宫参加"神笔丹青——郎世宁来华三百年特展"，赴澳大利亚维多利亚州国家美术
馆、美国大都会艺术博物馆分别举办展览，在加拿大皇家安大略博物馆和温哥华美
术馆举办"紫垣撷珍——明清宫廷生活文物展"等。

2016年共9项，赴智利"盛世繁华——紫禁城清代宫廷艺术展"、赴秘鲁"跨越
太平洋——中华文明集萃"、赴卡塔尔多哈伊斯兰艺术博物馆"华夏瑰宝展"、赴日
本"唯一的汉字，唯一的美——汉字的历史与美学"等。2017年赴境外办展9个，涉
及中国香港、中国澳门、美国、沙特阿拉伯、希腊、葡萄牙等地。在香港特别行政
区成立二十周年之际，"八代帝居——故宫养心殿文物展""万寿载德——清宫帝后
诞辰庆典"展在香港展出，吸引数十万香港市民和游客参观。赴芬兰坦佩雷市博物馆
"永膺福庆——清代宫廷的辉煌展"是习近平主席对芬兰成功进行国事访问之后举办
的一次大型文物精品展。2018年赴境外展览共9项，赴葡萄牙阿茹达宫举办"东风西
韵——紫禁城与海上丝绸之路"展，中国国家主席习近平和葡萄牙总统德索萨在文
化和旅游部部长雒树刚、故宫博物院院长单霁翔的陪同下共同参观了该展。赴美国
迪美博物馆、赛克勒博物馆举办"凤舞紫禁：清代皇后的艺术与生活展"等。

（三）重要国际论坛

2015年10月，故宫博物院主办"紫禁城论坛"，搭建国际博物馆大家庭平等对话
的舞台，33位国内外著名博物馆馆长及来宾围绕"博物馆的传统职能及未来使命"这
一主题深入交流，审议通过并发布了以"和谐互动、共享文化"为主题的《紫禁城宣
言》，同世界著名博物馆建立了长期稳定的合作关系，展示了国家级博物馆的良好形
象，增强中华文化的影响力感召力。

2016年10月19日，故宫博物院举办"世界古代文明保护论坛"，与70位中外代
表联合探讨人类文明可持续传承的有效途径，并共同发起了《太和宣言》。2017年9
月20日，故宫博物院再次举办"太和·世界古代文明保护论坛"，代表所在国从8个增
至21个，保护世界文明多样性的朋友圈不断扩大。闭幕时，故宫博物院与伊拉克共
和国文化、旅游和文物部，新卫城博物馆分别签署谅解备忘录，与国际博物馆协会
藏品保护委员会签署合作框架协议。2018年9月19日，举办第三届"太和·世界古代
文明保护论坛"，与叙利亚文化部古物和博物馆总局签署合作谅解备忘录，进一步扩
大交流范围，深化两国间文化交往。

2017年9月19日，故宫博物院作为世界艺术史大会协办单位，联合德国柏林国家博物馆，在故宫博物院举办"中德博物馆论坛"。2017年11月28日，故宫博物院与腾讯集团合办主题为"传统文化 × 未来想象"的"文化＋科技"国际论坛。

十　建设与管理

（一）制定发展规划

2015年6月23日，故宫博物院与中国建筑设计研究院建筑历史研究所合作编制的《故宫保护总体规划》正式面世，《故宫保护总体规划》的保护对象为世界文化遗产、全国重点文物保护单位故宫及其产权归属单位，包括紫禁城、端门、大高玄殿、皇史宬和稽查内务府御史衙门，共5处明清皇家建筑群，总占地面积为106公顷。规划范围与故宫的世界文化遗产缓冲区（即故宫周边区域）等同。

（二）健全规章制度

建立健全规章制度。2013年《故宫博物院规章制度汇编》出版，并发放给每一位职工进行学习，《故宫博物院禁止吸烟规定》也已全面实施。2014年修订了《故宫博物院会议管理办法》《故宫博物院公务接待管理办法》《故宫博物院差旅费管理办法》，制定发布了《故宫博物院非政府采购合同价款管理规定》等规章制度。2015年发布实施《故宫博物院预算项目审核管理办法》《故宫博物院指纹身份信息采集存储管理办法（试行）》等多项规章制度。2016年发布实施《故宫博物院公务接待管理办法》。2017年发布实施《故宫博物院安全工作"党政同责、一岗双责"实施细则》。2018年发布实施《故宫博物院公务用车管理办法》《藏品的征集和拨出》《故宫博物院公文处理办法》等多项规章制度。

中国国家博物馆
NATIONAL MUSEUM OF CHINA

通信地址： 北京市东城区东长安街16号天安门广场东侧

邮政编码： 100006

电　话： 010-65116400（参观票务咨询、团体参观订票热线，9:00—16:00）

网　址： http://www.chnmuseum.cn

微　博： http://weibo.com/chnmuseum

博物馆类型： 综合性博物馆

隶　属： 文化和旅游部

博物馆备案登记号： 002

建筑性质： 现代建筑

占地面积： 7万平方米

建筑面积： 20万平方米

展厅面积： 7万平方米

交　通： 公交：天安门东站：1路、2路、52路、82路、120路、观光2线、旅游公交1线、旅游公交2线。

地铁：地铁1号线天安门东站：C口、D口出站。

开放时间： 9:00—17:00（16:00停止入馆，16:30观众退场，17:00闭馆）

周六延长至21:00闭馆（17:00—20:00可入馆，当日20:00停止入馆，20:30观众退场，21:00闭馆）

周一闭馆（含国家法定节假日）

服务设施：

无障碍参观	停车场	母婴室	衣帽间	餐饮	茶座	文创商店	语音导览	其他
有	有	有	有	有	有	有	有	有

概　述

2012—2018年，中国国家博物馆馆藏文物普查工作取得历史性进展，全面掌握了馆藏藏品数量分布和保存情况，建立了完善的藏品管理体系。同时，"以人为本"的社会教育与公共服务体系、具有"国博特色"的陈列体系、稳定的安保系统以及多样性的文化产业格局也逐渐完善。随着各项业务活动有条不紊地开展，学术活动不断增加，对外文化交流活动日渐增多，国家博物馆的发展迈上了新的台阶。

一　基本情况

中国国家博物馆是代表国家收藏、研究、展示、阐释能够充分反映中华优秀传统文化、革命文化和社会主义先进文化代表性物证的最高机构，是国家最高历史文化艺术殿堂和文化客厅。隶属于中华人民共和国文化和旅游部。基本职能为文物和艺术品收藏、陈列展览、公共教育、历史和艺术研究、对外文化交流。国家博物馆始终坚持"以人为本"的科学发展理念，以把中华优秀传统文化、革命文化和社会主义先进文化保护好、传承好、展示好、发展好，延续民族血脉、弘扬民族精神作为光荣使命；展示世界优秀文明成果，成为我国最高历史文化艺术殿堂；为适应构建公共文化服务体系和建设学习型社会的需要，国家博物馆努力建设成为广大公众特别是青少年学习历史和文化知识、接受爱国主义教育和接受审美教育与文明熏陶的生动课堂；更好地发挥行业头雁作用，建设与世界大国地位相称、与中华民族悠久历史和灿烂文明相称、与蓬勃发展的中国特色社会主义事业相称、与人民群众日益增长的美好生活需要相称的世界一流大馆，努力成为具有世界影响的收藏中心、研究中心、展示中心、传播中心和交流中心。

国家博物馆下设馆长办公室、党群工作办公室、人力资源处、战略规划处、科研管理处、新闻传播处、预算财务处、审计与资产管理处、纪检监察处、离退休人员服务处、藏品征集与鉴定部、外国文物部、藏品保管部、文保院、研究院、考古院、书画院、陈列工作部、策展工作部、国际联络部、英模陈列馆、开放空间管理部、信息技术部、数据管理与分析中心、馆刊编辑部、图书资料部、社会教育部、培训部、公共关系部、观众服务部、经营开发部、后勤物业服务部、设备管理部、安全保卫部、分馆建设领导小组办公室。

2012年11月29日，习近平总书记率领十八届中央政治局常委来到中国国家博物馆参观"复兴之路"基本陈列，发出实现中华民族伟大复兴中国梦的伟大号召，中国特色社会主义新时代在这里扬帆启程。2018年11月13日，习近平总书记等中央领导同志来到中国国家博物馆参观"伟大的变革——庆祝改革开放40周年大型展览"，要求通过展览教育引导广大干部群众更加深刻地认识到中国共产党、中国人民和中国特色社会主义的伟大力量，更加深刻地认识到我们党的理论是正确的、党中央确定的改革开放路线方针是正确的、改革开放的一系列战略部署是正确的，更加深刻地认识到改革开放和社会主义现代化建设的光明前景，统一思想、凝聚共识、鼓舞斗志、团结奋斗，坚定跟党走中国特色社会主义道路、改革开放道路的信心和决心。

二 藏品征集

中国国家博物馆始终坚持"藏品立馆"方针，根据国家博物馆性质与任务，以构建科学的藏品体系为原则，有目的、有计划地开展藏品的征集工作。藏品征集旨在根据馆藏现状，通过多种渠道建立具有国家博物馆特色的收藏体系，重点征集馆藏体系缺项的藏品，历史、艺术、科学价值颇高的藏品，基本陈列、专题展览稀缺急需的藏品，具有重要科学研究价值的藏品以及海外流失文物、域外文物等藏品，从而使国家博物馆真正成为能够全面系统完整地展现中华优秀传统文化、革命文化和社会主义先进文化的综合性博物馆。为进一步充实馆藏，丰富藏品类型形态，国家博物馆还特设"国史文物抢救工程"，旨在面向全社会广泛开展征集工作，能够在一定时期内有计划、有选择、大规模地收藏反映这个伟大时代的代表性物证，每年平均征集古代文物50件/套左右，近现代文物、实物和艺术品1000余件/套。2018年，国家博物馆开始进行非正式出版物征集工作，累计征集2000余册。截至2018年12月底，年度入库文物为1618件/套。

2012年至2018年底，国家博物馆共征集40余万件/套文物，入藏包括错金银云纹鼎、纳西东巴经、"虎鎣"以及十二棱青铜尊缶等重要文物。截至2019年，国家博物馆藏品总量已达140余万件/套。其中，古代文物藏品81.5万件/套，近现代文物藏品34万件/套，图书古籍善本24万余件（册），共有一级文物近6000件/套，涵盖从远古时期到当代各个历史阶段社会发展变化不同方面的内容，具有高度的历史价值、科学价值和艺术价值，全面系统完整地展现中华优秀传统文化、革命文化和社会主义先进文化，是中华文明发展史的典藏宝库。

三　藏品管理与保护

作为国家级的博物馆，国家博物馆建立了一整套严格的藏品保管规章制度，形成国家博物馆科学严密的藏品保管体系。同时，加大藏品整理工作的力度，注重发掘藏品自身的内在价值，发挥其在展览陈列中的印证历史的独特作用。为满足社会公众对国家博物馆基本藏品信息查询和研究的需要，遵循"开门办馆"的理念，国家博物馆分期分批对社会公布馆藏藏品目录，主要包括藏品的名称、时代、普查编号、图像等信息。第一期公布藏品数据251523条306447件藏品。其中古代藏品数据198110条200272件藏品，含瓷器、钱币、考古发掘品及文留的铜佛、玉器等；近现代藏品数据49163条55384件藏品，含多种近现代历史类、艺术类藏品；图书藏品数据4250条50791件藏品，含善本古籍、普通古籍。发布数量占馆藏藏品总数的21.9%。启动数字资源建设，开展数据资源采集工作，完成图书和古籍采集量约20TB，备份各类数据约60TB。把各类藏品信息适时公布于众，顺应时代和社会发展的要求，实现社会共享博物馆的藏品资源，提升馆藏文物的认知度和社会价值，更大程度上满足公众参与文物研究、进行文物鉴赏的多元化需求，更好地为国家博物馆业务工作提供支撑，真正把习近平总书记"让文物活起来"的重要指示精神落到实处。

在藏品保护方面，国家博物馆在不断丰富收藏的同时，顺利完成馆藏文物移库、鉴选、整理、上架、入账等各项日常工作。2018年在原文物科技保护部与艺术品鉴定中心科技检测室的基础上组建的文保院，下设环境监测研究所、藏品检测与分析研究所、器物修复研究所、金属器物修复研究所、书画文献修复研究所、油画修复研究所，拥有30余名理论基础扎实、实践经验丰富的文物修复师，以"保护为主、抢救第一、合理利用、加强管理"的理念，负责馆藏文物的保护、修复和复制工作，定期开展文物库房环境监测活动，同时承担国家文物局金属文物保护重点科研基地工作，与国内外文物保护机构加强交流合作，为同行业技术进步提供支撑。

四　安保运行系统

文物与馆舍安全始终是国家博物馆工作的重点。为确保文物及馆舍安全，国家博物馆制定了较为完善的藏品保管制度、安防消防工作制度和应急工作预案，培养了一批专业的安保队伍，建成一套由安全管理机制、人防系统、技防系统、物防系统以及规章制度和应急预案系统五部分组成的国家博物馆安保运行系统。

一是有效的安全管理机制，明确规定馆长为第一责任人，任安全领导小组组长，相关部门主任为小组成员，全馆逐级签署安全责任书和安全奖惩办法，从管理组织架构上确保安全工作能够全面开展。二是人防系统，由国家博物馆保卫工作干部队伍和驻馆武警官兵共同组成。三是技防系统，主要包括安全监控报警系统、消防报警系统、消防水系统、安检防爆系统、租车防范系统、展柜报警系统等。四是物防系统。五是规章制度和应急预案系统。以上各项形成一个完整有效的整体，尤其是人防、技防、物防之间的联动形成强有力的整体效能，力保国家博物馆在安全上做到万无一失。

五　科研成果和活动

2012—2018年，国家博物馆在"研究立馆"的方针指导下，学术研究方面取得了丰硕的成果，全馆出现了"人人积极思考问题、人人自觉研究问题"的良好学术氛围，国内外学术交流活动日益增多。七年中，国家博物馆研究人员在收藏、展览、考古、科技、教育、交流、服务等各方面承担众多科研课题，撰写大量学术论著，不断突破难点，填补学界大量空白。

2012—2018年，国家博物馆举办众多学术活动，活跃馆内的学术氛围，规范馆内学术环境。其中，为提升国家博物馆科研水平，于2016年5月16日召开"中国国家博物馆学术工作大会"。这是建馆以来第一次专门召开全馆职工参加的学术工作大会，大会对2011至2015年全馆学术工作进行全面总结，并对下一步学术工作进行部署。2018年，国家博物馆为统筹规划、规范管理全馆科研工作，在工作格局重塑、流程再造和组织重构过程中专门设立科研管理处，专设研究院、文保院、考古院、书画院等部门，充分调动研究人员的积极性、主动性、创造性，使科研工作重点更加突出，流程更为顺畅。2019年3月22日，国家博物馆召开2019年科研工作大会，隆重表彰2014至2018年优秀科研成果，其中优秀著作奖17名，优秀论文奖54名，优秀展览奖13名，并出台《中国国家博物馆科研成果评奖办法》等相关办法。

在研究成果方面，国家博物馆也取得显著成绩，陆续出版了《中国国家博物馆馆藏文物研究丛书》《中国国家博物馆国际交流系列丛书》《中国国家博物馆国内交流系列丛书》《中国国家博物馆古代艺术系列丛书》《中国国家博物馆展览系列丛书》《中国国家博物馆20世纪中国美术名家系列丛书》等六大系列丛书，同时启动《海外藏品中国古代文物精粹》系列丛书的编辑出版工程，获得社会广泛好评。

为进一步加强馆内学术与科研的规划管理，国家博物馆陆续制定了《中国国家博物馆科研项目管理办法》《中国国家博物馆学术委员会章程》《中国国家博物馆学术会议举办流程》等15项关于学术工作的管理办法和工作流程，规范馆内学术工作的开展。

六　陈列展览

国家博物馆在"展览立馆"的方针指引下，倡导践行展览是最重要的服务产品、策展能力是核心能力等理念，整合部门资源、建章立制，从展览筹备、布撤展、展厅维护等多个方面提升工作质量。展览主要包括基本陈列、专题展览和临时展览的新展览体系，使展览结构更加优化均衡。

基本陈列包含"古代中国""复兴之路"和"复兴之路·新时代部分"，是国家博物馆弘扬中华优秀传统文化、革命文化、社会主义先进文化，培育和践行社会主义核心价值观的重要阵地。专题展览立足馆藏，针对多元化的观众群体和需求，包括中国古代青铜器、佛造像、玉器、瓷器、国礼、现代经典美术作品、非洲木雕等十余个专题展览，如"中国古代佛造像艺术""中国古代钱币""中国古代玉器艺术""中国古代瓷器艺术""友好往来　历史见证——党和国家领导人外交活动受赠礼品展"等多个专题展。同时，遵循"不求所藏、但求所展、开放合作、互利共赢"的原则，临时展览逐步形成重大主题系列、地方精品文物系列、考古发掘系列、经典美术作品系列、历史文化系列、地域文化系列、国际交流系列等展览系列，年均办展40余个。2018年，圆满完成中央交办的"复兴之路·新时代部分""真理的力量——纪念马克思诞辰200周年主题展览""伟大的变革——庆祝改革开放40周年大型主题展览"三个重大主题展览，在社会上引起强烈反响，接待观众达423万人次。

七　社会教育与公共服务

国家博物馆的社会教育工作是依托博物馆藏品与设施，对公众开展学制以外的有目的、有计划、有组织的教育活动并提供相关服务，同时也是博物馆为社会服务的重要方式，是博物馆联系公众的主要桥梁和纽带。为充分发挥博物馆传播文化、教育国民的重要作用，国家博物馆认真做好社会讲解工作，为青少年观众提供课程服务。七年来，国家博物馆社会教育部共举办教育活动213次，推出众多富有创意、形式多样的社会教育活动，如"稚趣学堂系列课程""阳光少年系列课程""小小讲解员""国博夏令营"等教育活动。

公共服务方面，国家博物馆按照"服务立馆"的方针，在安全有序的前提下，有计划、有步骤地推出系列公众服务项目。一是尽可能创造条件为观众提供方便快捷的门票预订服务。观众持身份证即可直接入馆，除此之外，非纸质临时身份证、老年证、户口本、户籍证明、社保卡、中小学生学生证、残疾证、军官证、士兵证、护照、港澳通行证、台胞证、驾照等有效证件也都可以作为入馆凭证，同时，观众也可以提前利用电话和官网进行预约。针对观众构成的不同，分别在西门北侧设立零散观众入口，西门南侧设立绿色通道，方便孕妇、老人、儿童、行动障碍者快速进馆参观，西门中部设立国宾通道，专门为国务外交活动使用，北门设立团体观众入口，集中安排团体观众进入。二是存包服务、安检服务、查询服务、标识信息提示和公共广播等系统努力做到有求必应，处处体现"以人为本"的理念。在北门设有存包处，入口检票处设有安检门、X光机和安检设备，西大厅和西门厅分别设有4个服务台，在公共区域设有标示牌，增设直饮水台和休息区，升级"温馨提示"大屏幕，为观众带来更好的参观体验。三是配备专职讲解员和志愿讲解员，设有语音导览和手机导览，为观众提供展览服务。公共教育手段多样，内容丰富。特别是设立了以青少年服务为核心的1500平方米观众体验区，青少年可以在美术、戏剧、音乐、影视、实验和制造六个方面进行娱乐体验活动。四是设有咖啡厅、茶座、自助餐等休憩服务项目，备有公益纪念品、出版物等文化产品，满足观众各类需求。

此外，国家博物馆还坚持探索新的公共服务方式，结合线上与线下双边服务模式，扩大国家博物馆公共服务发展规模。2018年，国家博物馆通过人民日报、新华社、中央电视台等主流媒体，结合官网、新媒体等多种渠道，采用丰富多样的方式，对国家博物馆藏品征集鉴定、展览展示、社会教育、文创开发、便民服务、员工风采等方面的新面貌新成果进行全方位报道，被评为2018年全球最受欢迎博物馆第二名；2018年国家博物馆官微粉丝量达到315万人次，连续获评2017、2018年文博新媒体创新传播总评榜年度最具影响力官微；微信公众号粉丝量达到79万人次，获评中国互联网发展基金会颁发的2017年度"两微一端"百佳。

八 对外交流与合作

2018年以来，中国国家博物馆深入贯彻落实以习近平同志为核心的党中央重大决策部署，全面深化改革，奋力开拓创新，按照"不求所藏、但求所展，开放合作、互利共赢"的原则，与中国社会科学院等科研机构、故宫博物院、京津冀博物馆以及山东、江苏、陕西、新疆各省博物馆等文博机构，清华大学、上海交通大学、兰州大学、吉林大学以及北京服装学院等高等院校签署一系列战略合作协议，联合开展学术研究，举办文物精品展览，召开研讨会，启动博士后科研工作站，牵头成立金砖国家博物馆联盟和丝绸之路博物馆联盟两个国际组织，努力在弘扬社会主义核心价值观、增强文化自信、促进中外文明交流互鉴、建设社会主义文化强国方面发挥更大作用，做出更大贡献。

同时还加大与国外博物馆的合作力度，推出"学院与沙龙——法国国家造型艺术中心巴黎国立高等美术学院珍藏展""无问西东——从丝绸之路到文艺复兴""创造的力量——美国19世纪专利模型展""大师：澳大利亚树皮画艺术家"等对外交流展览，初步形成开放合作的大格局，以此来促进藏品借展和重要展览巡展常态化、制度化、机制化，让文物充分流动起来。

九　文创产品

在文化与旅游融合发展的大背景下，为加强中国国家博物馆的延伸文化服务，更好地落实习近平总书记关于"让文物活起来"的重要指示和中央关于鼓励文化文物单位文创产品开发的要求，国家博物馆文创团队励精图治，依托馆藏资源，大力开发文创产品，创新发展模式，拓展营销渠道。截至目前，自主开发文创产品近5000款，涵盖创意家居、办公用品、文具、服装配饰、邮品、玩具、电子产品、商务礼品等十二个大类，可满足不同消费层次人群的需求。

同时，国家博物馆授权国博（北京）文化产业发展中心全权开拓文创板块的业务，自2016年1月开始进行博物馆"馆藏IP+互联网"的深度融合探索。2016年1月28日，以"中国国家博物馆旗舰店"入驻"天猫商城"为起点，国家博物馆与众多优质的社会力量开展合作，一方面深挖博物馆IP资源和文创产品设计开发的潜力，畅通从文物IP到原创设计、投资生产、线上销售的全产业渠道，形成文化资源与产业资源的无缝对接；另一方面，利用国家博物馆特有的馆藏文物资源、学术支撑，与众多行业领军品牌进行授权合作，为品牌赋能，在增强品牌文化附加值的同时，为古老的文化遗产走进大众生活提供了新的思路。产品开发与品牌授权，双头并举，开拓了博物馆文创产业合作发展的新模式。

首都博物馆
CAPITAL MUSEUM，CHINA

通信地址： 北京市西城区复兴门外大街 16 号

邮政编码： 100045

电　　话： 010-63370485

传　　真： 010-63370485

网　　址： http：//www.capitalmuseum.org.cn

电子信箱： sdbwgbgs408@163.com

微信公众号： capitalmuseum

博物馆类型： 综合性博物馆

隶　　属： 北京市文物局

批准建立时间： 1995 年 12 月 6 日

博物馆备案登记号： 020

建筑性质： 现代建筑

占地面积： 2.48 万平方米

建筑面积： 6.401 万平方米

展厅面积： 2.41 万平方米

交　　通： 地铁：乘坐 1 号线木樨地站，东南口（C 口）向东 500 米。

公交：乘坐 26 路、45 路、80 路、114 路、308 路公交车，白云路站下车，向北 100 米。乘坐 1 路、52 路公交车，工会大楼站下车，向西 200 米。

开放时间： 周二至周五、周日 9：00—17：00（16：00 停止入馆）

周六 9：00—20：00（19：00 停止入馆）；周一闭馆（法定节假日除外）。

服务设施：

停车场	纪念品商店	餐饮	语音导览	微信导览	无障碍设施	其他
有	有	有	有	有	有	便民服务（轮椅、拐杖、花镜等）

概　述

　　首都博物馆是北京市大型综合类博物馆，新馆于2005年12月开始试运行，2006年5月18日正式开馆。首博展示北京五十余万年人居史、三千年建城史、八百余年建都史及其丰厚的文化遗存，兼及收集、整理、保护、研究、保管北京地区的历史文化遗产，是首都与世界进行文化交流，面向公众和广大青少年传播爱国主义精神、历史及科学知识的基地，还是北京市举办礼仪和庆典活动的重要场所，也是人民群众旅游和休闲的理想场所。

　　首博实行党委领导下的馆长分工负责制，班子成员由党委书记、馆长、党委副书记、党委委员、副馆长和纪委书记组成。

　　2013年以来，由于工作任务的不断变化，博物馆内设机构也做出了相应的调整。2017年经北京市编办批复，内设机构最终确定为：办公室（包括学术委员会秘书处）、党建工作部、财务法务与招投标管理部、藏品管理与遗产调查部、保护科技与传统技艺研究部、国内合作与民族考古研究部、国际合作与历史文化研究部、陈列艺术与创意开发部、宣传教育与志愿者工作部、开放服务与安全保卫部、信息资源管理与出版部、物业与固定资产管理部12个部门。

　　2014年2月25日，习近平总书记在视察首博时指出："搞历史博物展览，为的是见证历史、以史鉴今、启迪后人。要在展览的同时高度重视修史修志，让文物说话，把历史智慧告诉人们，激发我们的民族自豪感和自信心，坚定全体人民振兴中华、实现中国梦的信心和决心。"此后，首博各项工作紧紧围绕总书记重要指示精神开展，在文物保护和收藏、科研、陈列展览、国际交往、社会教育、公众服务、安全保卫等工作方面取得了长足进步。

一 藏品管理和保护

2015年和2016年，首都博物馆根据国家文物局《第一次全国可移动文物普查工作手册》（以下简称《手册》）制定的普查标准对馆藏藏品进行全面梳理。特别针对馆藏登记建账欠完善的藏品，即有单据待规范建账藏品和点数藏品，进行了全面、系统的清点和整理。此次依照《手册》中规定的文物数量（计件）原则规范了统计方式，以"件/套"为单位进行统计，科学计件，截至2018年底，首博藏品共计120569件/套，另有点数钱币882334枚、纸币56张及残碎物39箱17小盒。包括：珍贵文物63215件/套（一级品236件/套、二级品1133件/套、三级品61846件/套）、参考品24848件/套、在账级外藏品32506件/套。首博充分利用信息化平台，多渠道落实习总书记"让文物活起来"的指示精神，通过严谨扎实的科研与数字化工作，2016年起每年通过首都博物馆官方网站向公众公开1万件/套首博文物的综合信息，对馆内外科研人员开放全部文物研究和资料调用。

首博文物修复保护工作由保护科技与传统技艺研究部（以下简称保护部）具体负责，该部门是北京市属文博单位中唯一具有专业资质的文物保护修复机构，承担北京地区文物保护及相关学术研究的重要任务。截至2018年底，首都博物馆文物保护区域总面积达到2000平方米，实验室仪器设备共57台，总价值超过4000万元，年均用于馆藏文物预防性保护工作的经费达50万元，已实现展厅和库房温湿度监测全覆盖，以及临时展览柜内微环境湿度精确调控。2015年，经过层层筛选及最终答辩，保护部实验室获评"北京文博文物科技保护研究与运用"北京市重点实验室，标志着首博文物保护科研工作迈上了更高的学术平台。2016年，建成大型低氧洁净库房，进一步改善了有机质文物的保存环境；完成书画文物修复室的改造工程。2017年，投入190余万元购置大幅面高清晰扫描仪，用于开展书画类文物的仿、复制工作；组建专业考古实验室，开展考古发掘文物的实验室清理和出土文物的现场保护工作。2018年，完成纺织品文物修复室改造工程。几年的发展为文物保护修复工作奠定了坚实基础。

二 科研工作

首都博物馆历来重视科研工作并提供相关的条件和支持，鼓励多出成果。2013年初，制定了2013—2015年科研发展规划，确定了有目标、有任务、有考核的科研发展方向，同时还制定了《首都博物馆科研管理办法》《首都博物馆学术委员会章程》《首都博物馆临时展览评估办法》等规章制度，使首博的科研工作有据可循，有章可依。2014年制定了五年科研规划，并配合制订了三年培训计划，推动首博科研工作不断发展。2016年以36件具有代表性的首博珍贵文物为研究方向，组织馆内相关研究方向的专业技术人员开展专题研究，初步形成了25万余字的研究成果。2017年2月成功创办《博物院》杂志，打造全国文博精品学术新平台。该杂志被中国期刊协会评为"2018中国最美期刊"，被中国社会科学院社会科学评价研究院遴选为"2018年度中国人文社会科学期刊AMI综合评价"新刊入库期刊。2018年专门召开全馆科研工作大会，对全馆科研工作做出规划部署，整合基于北京的国际学术资源，组建由23位馆内专家和35位馆外专家（含2位国际专家）组成的学术委员会，构建以北京史为龙头的学科体系。

2013—2018年间，全馆统筹科研任务，将其与科研人员志趣相结合，落实习总书记对首博提出的"修史修志"具体要求，形成了《极简北京史》《中国古玉无损科技检测与研究》《首都博物馆书画科学鉴定研究》等一批北京史和文博科研成果。五年来，首博业务人员完成学术论文695篇，出版个人专著14部，论著2本，完成展览图录36本，年鉴1册，年刊及期刊18本，申请并完成了74项课题研究。代表首博重点文物研究成果的《首都博物馆珍品集萃》（第一辑），代表首博青年学者北京史研究成果的《幽云十六州》，以及代表首博领军学术成果的《论中华民族》都已定稿交印，作为向新中国70华诞的献礼成果出版发行。

三　陈列展览

首都博物馆的陈列展览以北京地区的出土文物和历年收藏为基本素材，吸收北京地区历史、文物、考古及相关学科的最新研究成果，借鉴国内外博物馆的成功经验，形成了独具北京特色的现代化展陈。基本陈列有"古都北京·历史文化篇"和"京城旧事·老北京民俗展"；专题·艺术陈列有"古代瓷器艺术精品展""古代佛像艺术精品展""古代玉器艺术精品展"等。

在基本陈列与专题陈列相对稳定的前提下，为落实习总书记对首博提出的"解读历史智慧"具体指示精神，围绕"解读灿烂中华""品鉴智慧北京""世界文明互鉴"三大序列主题，首博每年推出独具特色的原创临时展览。2013—2018年首博共推出不同题材、不同规模的国内外各类展览近140个，并以"回望大明：走近万历朝"特展、"白山·黑水·海东青——纪念金中都建都860周年"特展、"呦呦鹿鸣——燕国公主眼里的霸国"和"王后·母亲·女将——纪念殷墟妇好墓考古发掘四十周年"特展分别获得2011—2012年度、2013年度、2014年度和2016年度全国博物馆十大陈列展览精品奖，"美·好·中华——近二十年考古成果展"荣获2017年度全国博物馆十大陈列展览精品推介优胜奖。"日内瓦：时光之芯——瑞士钟表文化之源展"，荣获2015

京城旧事·老北京民俗展

年度全国博物馆十大陈列展览精品推介国际及港澳台合作奖。随着连续获得全国博物馆十大陈列展览精品奖，首都博物馆的展览越来越受到国内外同行的关注和称许。首都博物馆的策展能力受到文博界和公众的好评，展览被市委主要领导评价为最具艺术创作活力，被刘延东同志归纳为形成了"故宫文创、首博展览"的全国文博领军格局，被《人民日报》等媒体称为"首博热"。

四　国际交流

加大国际交往，积极与国（境）外文博机构开展交流互动，是首都博物馆走向世界一流博物馆的必经之路。2013年以来，首博不断通过合作办展的方式，继续加强与国（境）外文博机构的交流，为首博的国际化打下良好基础，与此同时也为服务国家外交战略贡献首博力量。截至2018年，已与加拿大皇家安大略博物馆、美国弗吉尼亚博物馆、美国南加州大学博物馆、澳大利亚维多利亚博物馆等14家国外博物馆和机构签订了"战略合作备忘录"或"战略合作框架协议"，建立了良好的合作关系；与20余家博物馆签订战略合作协议，与18家博物馆合作推出文明互鉴展览。2016年、2017年连续两年在毛里求斯推出"老北京民俗展"，2018年春节前在中国驻美大使馆举办"欢乐春节——老北京的年俗"展，展览受到社会各界的广泛关注，两国的主流媒体都纷纷进行了报道，向国际社会展现了"首博展览"和首博品质，传播了中华文明、北京故事，服务了国家和北京外交大局和对台工作。

首都博物馆积极筹办2014年和2018年两场在首博举办的中日韩研讨会，并派研究人员参加在日本和韩国举办的国际研讨会，加强对共同关心和关注的议题的研讨。2014年研讨会的主题为"城市博物馆近现代藏品搭起与观众沟通的桥梁"，并重点讨论了"城市博物馆之间如何合作办展，以江户展为例"和"总结中日韩国际论坛博物馆的10年成就、商讨未来合作的规划"两个问题。此次研讨会为首博和北京地区博物馆的业务人员提供了学习和开拓视野的机会，通过三国四馆的交流，有效地沟通了不同文化背景下博物馆的发展方向和运营模式，成功交流了经验，增进了感情。2018年研讨会的主题为"资源共享与学术联合——首都学语境下的博物馆'超连通'"，并在研讨会主题之下设计了关于首都城市发展的相关分论题，目的就是将"首都学"纳入博物馆科研体系，为"十四五"期间构建以国际首都城市博物馆为纽带的国际合作组织进行布局。

五 社会教育与公众服务

2013年以来，首都博物馆社会教育工作在大社教的理念指导下，注重针对不同受众需求的分类研究，策划实施特色教育活动。不断扩大教育活动空间，让各类活动从馆舍天地走向大千世界。注重公众参与互动，形成博物馆各部门人员与所有社会人士一起做社会教育的工作格局。

在上述理念和实践的基础上，2014年首博开始将碎片化的社会教育活动逐步进行整合，打造了一个集连续性、立体化、综合性于一体的大型原创互动体验教育项目"读城"，它以博物馆教育为根本目的，以乡土文化教育为出发点，以青少年教育为突破口，以传统文化教育为核心，以展教一体为特色，包含系列主题展览、特色主题活动、数字体验及宣传推广等多种形式，覆盖馆内馆外、线上线下。经过几年发展，"读城"受众达到数百万，脚步逐渐走出北京，不仅实现了对青少年的精准施教，还满足了各年龄段、不同地域观众对普及北京历史文化知识的需求，应邀先后在新疆、甘肃、福建巡展，促进了城市间文化交流和各地博物馆社会教育理念与实践的发展，服务了国家对疆工作部署和"一带一路"战略。

首都博物馆的服务以完善先进的设备设施为基础，以人性化服务理念为原则，拥有残障人设施、轮椅和童车、物品寄存柜、婴儿室、公共饮水台、休息座椅、机动车和非机动车停车场等服务设施。馆内常年举办专题讲座、少儿主题活动、动手体验项目、互动多媒体项目等。休闲经营服务区的餐厅、茶室、纪念品商店、书店、自动取款机等设施对观众开放。

为强化以人民为中心的办馆理念，以新时代"人民满意不满意"作为一切工作的评价标准，抓"首博服务"品质和服务标准化、温馨化，2018年在全国博物馆界率先推出"周六开放到八点"的服务承诺，至今仍是全国博物馆界的唯一案例；坚持每周六晚场推出一场首博学者的学术讲座——"蓟下博谈"公众课堂，传播文博知识，讲授世界文明，为公众提供公共文化服务产品，服务首都全国文化中心建设。

2015年4月29日，首博迎来了新馆开放的第1000万名观众，标志着观众量突破1000万人次，既见证了首博走过的辉煌历程，同时也是一个新的起点。2013年观众人数119万，2014年126万，2015年131万，2016年172万，2017年150万，2018年158万，六年间，观众人数逐年递增，人们越来越多地走进首博，享受博物馆提供的文化产品与服务。

六 安全保卫工作

安全历来是博物馆工作的重中之重，是做好各项工作的前提和保障。多年来，首博的安全工作常抓不懈，取得了很好的成绩，但社会的发展和形势的变化，对安全工作也不断提出新的要求。首都博物馆始终坚持"安全第一、服务大局、服务中心、统筹保障"的原则；坚持以精细化管理为引领，以完善的制度促进首博安全文化建设，建立健全首博安保工作制度基础；坚持"服务"与"管理"两手抓，两手都要硬，下大力做好安全宣传、培训和指导等工作，把安全管理贯穿于安全服务之中，促进安全管理工作的全面深入开展，对难以解决的较大安全问题隐患采取超常规的管控措施，实施严格管理。同时，要求安保人员，特别是应急处置人员加快由事后管理向事前预防和事中控制的观念转变，通过全方位的提前预防，尽可能将安全隐患消除在萌芽状态，通过及早介入、跟进，采取有效控制措施，对各种突发事件进行事中控制，防止事态扩大和恶化。首博现有两套安全保障系统：一是消防系统，包括火灾自动报警、灭火设施、紧急广播、消防专用通信、信号指示避难设备以及消防联动控制装置等；针对首博文物和建筑特点设置了气体灭火系统、水炮系统、水喷雾系统、空气采样系统。二是安防系统，由入侵报警子系统、出入口控制子系统、巡更子系统、视频安防监控子系统、声音复核子系统、停车场管理子系统、专用通信系统、安检与防爆子系统、照明控制系统、基于计算机网络技术的集中管理中心控制系统以及供电系统等部分组成。首博安全防范系统已达先进技术水平，智能化程度高，可确保重点要害部位防范达到一级风险防护要求。

2016年针对首博监控室位于地下、紧邻市政行洪管线且到达开放区域路线曲折复杂的现实问题，馆领导在调查研究基础上大胆决策，调整首博办公区域空间布局，将一层东部区域改造为"首都博物馆安全保卫指挥中心"，且与驻馆武警监控指挥系统和西城公安监控指挥系统实现信息共享，保障了日常安全指挥，更确保了重大国事活动、全市重点工作在首博举办的安全。

七 基础设施建设

2013—2018年间，首都博物馆设备设施运行平稳。先后对三台冷水机组及冷冻泵、冷却泵做了变频改造，更换了冷却塔，完成锅炉低氮改造，为节约能源打下坚实基础；先后在北门及东门地上、地下一层加装热风幕，对馆南侧东西两门廊进行封堵、加装自动门，改善了开放与工作环境；改造地下一层自助餐厅及东平台、北平台空调系统，更换公共区域饮水台滤芯，保障了观众的饮食饮水环境舒适、安全；更新礼仪大厅LED显示屏及多媒体视听室数字影院播放系统，修缮馆西侧木质幕墙，维修多功能厅座椅及照明系统，改善了开放及外围形象；完成电梯大修，维修空调系统管道及阀门，整改水景庭院消防水管隐患等，保障了首博设备设施的正常运行。

八 信息化建设

首博信息化建设从新馆建成后逐步实施和应用。2013年以来，首博紧跟信息技术发展的步伐，不断完善和提升全馆信息建设水平，各方面均取得了长足的进展。

2015年启动首都博物馆计算机机房改造项目，实现弱电通信设备区与信息化系统设备区的分离；规范强电接口使用，增强了消防安全性；新增空调系统。同年完成首都博物馆信息系统基础架构升级改造项目，馆数据中心机房采用虚拟化技术，提升资源利用率，提高系统可靠性，降低能源消耗，为云数据中心运行提供基本保障。

2017年深入开展智慧博物馆调研项目，全面、系统地就博物馆信息化建设情况进行调研，走访多地博物馆，与行业专家、从业人员、相关领导进行交流，了解博物馆信息化部门的组织架构、项目建设情况、存在问题等内容。在此基础上，结合首博馆内需求调研的实际情况，整理形成包括"需求分析""技术框架""发展规划"等内容的《首都博物馆信息化规划报告》，明确了此后三到八年的工作发展方向。

2018年完成首博机房不间断电源应急供电系统改造项目，解决了首博数据中心自建馆以来十多年没有不间断供电系统的短板，为馆信息系统基础架构的稳定性、安全性提供了基础保障。同年，完成文物信息资源存储设备增容项目，实现存储空间扩容近100T，为文物数字信息资源的保存提供了先决条件。

2017年至2018年，开展综合业务系统升级与馆藏文物数据信息馆内共享工作，不仅对综合平台整体页面效果进行了优化、栏目结构进行了调整，还完成了首页自适应改造。目前馆内综合平台可供研究人员共享查询藏品33类，藏品数据共计11.6万件/套（完成总藏品量的97%）；检索功能也从单一模糊查询，增加到可按分类号、原名、年代、文物类别、文物级别、总登记号、名称、质地类别、文物来源、完残程度、完残状况11项进行组合查询。该项工作的完成极大地方便了馆内研究人员了解馆藏文物，开展相关研究，是首博文物信息数据共享的里程碑项目。

九　文创工作

首博文创产品的开发始终立足于馆藏文物及北京传统文化精髓的基础之上，遵循"把博物馆带回家"的宗旨，深入挖掘文化理念和艺术内涵。2013年以来新开发各类产品300余种，包括文具、生活用品、家居、饰品、服饰、电子产品、贵金属等种类，受到了业界的认可和观众的喜爱。每年参加北京文化创意产业博览会、北京旅游商品博览会、深圳文化创业产业博览会、中国博物馆及相关产品与技术博览会等展会，努力推广宣传首博文创产品。在国内各大旅游商品博览会及文化创意产品设计大赛中多次获奖，荣获各类奖项31个，曾获得"北京礼物"旅游商品大赛金奖、优秀奖和中国旅游特色产品大赛金奖等。今后首博文创还将秉承一贯宗旨，继续开发和设计博物馆及北京元素的文创产品。

由首都博物馆牵头成立的中国博物馆协会文创产品专业委员会，截至2018年底，入会单位涵盖全国省（自治区、直辖市）级博物馆（院）和部分市级博物馆及其他博物馆、企业，其中有副主任委员单位35家、会员单位85家。该专业委员会的成立不但为提升首博在博物馆业内的地位起到了积极作用，而且为国内博物馆之间文创产品的研发、设计、交流、宣传、销售等工作搭建了一个跨区域的专业化共享平台，对推动博物馆文化产业的发展将产生深远影响。首博也积极与成员单位共同探讨博物馆文创工作与国家政策的结合方式，推动博物馆文化创意产品开发试点工作，倡导成员单位合作共赢。

十　东馆筹建

首博东馆建设工作是北京城市副中心文化工程项目的重要组成部分，2017年5月份接到筹建任务后，馆党委高度重视，在市文物局的指导下，积极开展筹建准备工作。同年7月组建"首博东馆建设指挥部"，7—9月通过函调、组织召开专家座谈会、现场走访等方式，邀请全国知名博物馆专家和北京历史、地理方面专家及互联网、安技防、教育、艺术等相关领域专家，就首博东馆的功能定位、各博物馆建设情况和博物馆建设中涉及的新理念、新技术、新装备等听取意见、建议。在此基础上，积极与市规土委、市编办进行沟通、联系，按要求先后完成《首都博物馆东馆建筑设计方案征集文件——技术部分》《博物馆定位与设计原则》。2017年12月8日，《北京城市副中心城市绿心起步区详细规划方案及剧院、图书馆、博物馆（暂定名）建筑设计方案征集资格预审公告》由市规土委正式对社会公布，面向全球征集设计方案。

　　为确保首博东馆各项服务功能能够满足大众日益增长的文化需求，实现预定的博物馆建设目标，2018年首博着手开展多项研究，组织专家对博物馆10组建筑模型进行初步了解和分析研究，完成了《首都博物馆本馆、东馆展陈体系研究》《北京城市副中心博物馆文化文物资源评估报告》。根据城市绿心起步区内三大公共建筑建设工作的整体安排，为保证首博东馆建设过程中各项功能完备，于2018年11月1日、10日两次邀请文博界及建筑界12位专家到馆召开专家论证会，对《首都博物馆东馆功能设计表》及《首都博物馆东馆功能设计说明》提出意见，于11月14日邀请5位文博和北京史专家，对首博东馆定位进行深入研讨。同时，根据城市绿心工程建设分指挥部工作方案，首博积极与北京市工程咨询公司组建专项工作组，共同开展《项目建设可行性研究报告》研究、编制《博物馆建设专项课题任务书》、提出博物馆建设专项调研工作方案及预算，为首博东馆在副中心发挥重要城市功能作用以及博物馆建筑本身的合理设计与功能的发挥、确保2019年底开工做好准备。

社会科学类

大钟寺古钟博物馆
DAZHONGSI ANCIENT BELL MUSEUM

通信地址： 北京市海淀区北三环西路甲31号

邮政编码： 100098

电　话： 010-82139050　010-82132166

传　真： 010-82138623

电子信箱： dazhongsi@bjww.gov.cn

微信公众号： 古钟博物馆（guzhongbowuguan）

博物馆类型： 社会科学类（历史）

隶　属： 北京市文物局

批准建立时间： 1984年11月

博物馆备案登记号： 021

建筑性质： 古代建筑（全国重点文物保护单位）

占地面积： 约30000平方米

建筑面积： 约6059平方米

展览面积： 3388平方米

交　通： 公交：87路、88路、94路、运通101线、运通201线、300快车外环、367路、361路、425路、609路、658路、695路、614路、617路。

地铁：13号线大钟寺站。

开放时间： 每周二至周日上午9:00—16:30（16:00停止售票），每周一闭馆。

服务设施：

停车场	纪念品商店	餐饮	语音导览	微信导览	无障碍设施	其他
有	无	无	有	有	有	无

概　述

一　藏品保管

2013至2018年，大钟寺古钟博物馆扎实开展藏品管理工作，开展文物表面物理化学变化监测，按时维护文物库房温湿机，对温湿度监测系统进行日常保养，按时清理清洁库房。

在藏品征集方面，博物馆业务人员通过多种信息渠道征集钟、铃类文物信息线索，2013年征集觉生寺界桩文物1件，2014年从荷兰引进欧洲钟琴一套，2015年在对外交往活动中，接受一口尼泊尔友谊钟，丰富了本馆收藏。

2016年，完成本馆全国第一次可移动文物普查数据校核工作，并参加北京市文物局组织的第一次可移动文物普查馆际互检工作。

2017年，完成文物临时库房暂存文物的搬运工作，共计搬运文物52件/套。对九亭园文物进行保洁除尘，拆除钟架安全隐患设备，共计保洁文物23件。报送非文物藏品清单43件/套，制作分类表格，为专家鉴定打下了坚实的基础。根据北京市文物局2017〔1515〕号文件要求，将馆藏30件非文物藏品调整出文物总账序列。

2018年，配合文物库房改造，5月底完成对库房文物的妥善安置工作，12月初完成新库房文物运回与重新排架工作，共计往返搬运文物1000余件/套。4月初，在国家博物馆科技保护专家支持下，完成对馆藏铁狮子（ZB0381-1，ZB0381-2）的内外清理、封蜡保护。

二 陈列展览

大钟寺古钟博物馆依托清朝觉生寺建筑群而建，2014年10月，大钟寺古钟博物馆改陈后的基本陈列主题为"古韵钟声"，包括钟韵洪鸣、阅古钟林、礼乐回响、质器庄严、妙境梵音、敕建觉生、金火流光、永乐大钟、诗韵钟声、外国钟铃共十个展区。在展览内容上挖掘钟铃文化的内涵，突出展陈主题；形式上统一展陈风格，强化了各展厅内容之间的联系；注重研究公众和社会需求，突出精品意识，把专业性、学术性与知识性、趣味性结合起来，使传统文化通过古代钟铃这一载体向广大观众展示。

除基本陈列外，博物馆积极组织举办临时展览和巡回展览。2015年，从馆藏700余件古钟文物中甄选精品古钟进行拓印，设计制作了"梵声墨韵——北京古钟拓片艺术展"。该展览包含96幅古钟拓片，结合传拓真迹、视频演示、观众体验的方式进行展现，在弘扬中国古代传拓技艺的同时，让观众深入聚焦古钟文物的纹饰之美、书法之美、艺术之美，进而从一个全新的视角向观众阐释古钟文物所独具的文化魅力，展现钟铃文化。截至2018年底，该展览已成功在金上京遗址博物馆、丽江市博物院、扎赉诺尔博物馆、蚌埠市博物馆巡展，收到了良好的社会效益。2016年，举办了"宫廷艺术京秀展""'创意无限'北京市文物局工会文化产品创意设计比赛作品展"。2018年，举办了"清华大学馆藏和镜艺术展"。

在对外交流展览方面，2015年，大钟寺古钟博物馆与圣彼得堡历史博物馆签订友好馆际交流协议，积极推进互办展览项目；2016年6月，在圣彼得堡历史博物馆成功举办"北京古钟拓片艺术展"；2018年在大钟寺古钟博物馆成功举办了"俄罗斯钟楼图片艺术展"。

三 社会教育

大钟寺古钟博物馆是全国科普教育基地、北京市科普教育基地、北京市爱国主义教育基地、北京市青少年教育基地、首都学雷锋志愿服务站和北京市社会大课堂资源单位，围绕博物馆社会服务的职能开展社会教育工作。

2013—2018年，大钟寺古钟博物馆进一步完善各类教育基地管理制度，探索发展模式，结合馆藏资源，开展社教活动和巡展活动，接待观众近20万人次，完成2013—2014年度"键盘上的钟声"——钟琴车走社区进学校、2014—2015年度"律动钟琴"科普行、2016年度"钟铃文化科普行活动"三个北京市科学技术委员会科学技术普及专项工作。六年间，以"请进来"的方式，相继开展了编钟小乐师、"律·动"

体验项目、"助学 筑梦 铸人"寒假特别活动、"钟铃之声从这里响起"主题互动体验项目、"四月的足迹——爱国主义教育基地寻踪"等活动，来自史家小学、前进小学、窦店小学、海淀区民政局、海淀区上庄镇社区卫生服务中心等机构的5000余名师生、家长及观众参与活动。自2016年起，在博物馆原有社教活动的基础上，根据"古韵钟声"基本陈列特点以及观众特别是青少年日益增长的文化需求，博物馆工作人员将原有的零散社教活动进行了系统的整合，形成了以《钟铃文化活动手册》为依托的"钟铃之声"活动。该项活动从"看、听、写、思、创"五个角度，设置了11个参与环节，让学生们跟随博物馆的老师看展览、听讲解，了解历史，通过提出问题、绘画、智力游戏进行思考，从而发挥主观能动性，用自己的双手制作出富含古代智慧、文化的纪念品，最终将文化"带回家"。活动共开展60余场次，接待了来自香港教育局、四川省甘孜州丹巴县川主庙小学、中关村中学和八一中学等近40所学校组织的1500余名师生，受到了师生的欢迎。以"走出去"的方式，相继开展了"博物馆之春""博物馆走进社区·魅力北京志愿者百场讲述"以及"钟铃文化巡展、巡讲"等主题活动60余次，涉及东城区、丰台区、海淀区、房山区等7个区，接待观众3万余人次。2016—2018年，连续三年荣获"北京阳光少年活动"优秀组织奖。

历年"5·18"国际博物馆日活动和"文化和自然遗产日"期间，大钟寺古钟博物馆举办多场主题活动，包括"鸣钟祈福申冬奥 大钟寺里寻宝游"春节特别活动、"鸣钟祈福助冬奥 击磬纳祥待佳音"北京申办冬奥会倒计时100天活动以及第32至第37

大钟寺古钟博物馆2018年"茶语花香 闻钟赏月"中秋文化活动

届"辞旧迎新，鸣钟祈福"元旦活动。"大钟寺"因悬有永乐大钟而得名，钟声浑厚悠远、涤荡心灵，除了让观众在元旦撞钟时感受激动与喜悦，在静默的环境下"聆听"永乐大钟独特的钟声也是一种大胆的尝试。大钟寺古钟博物馆自建馆以来，素有举办中秋晚会的传统。2015年中秋节前夕，大钟寺古钟博物馆成功举办近年来首场中秋"闻钟赏月"晚会，并于2016年、2017年、2018年在成功举办首场活动的经验基础上，相继举办了三场不同特色的"闻钟赏月"文化活动，让广大观众以文化体验的方式来感受古钟、古乐的文化魅力，感受中国传统文化的和谐之美。

为了更好地发挥社教职能，积极培育和践行社会主义核心价值观，博物馆与北京交通大学、北京林业大学、北京联合大学、中央财经大学、北京邮电大学、北京科技大学、北京师范大学、中央民族大学多家高校开展志愿服务工作，逐渐开启了以"讲解岗"和"科普岗"为主体，以"社会实践"和"支部共建"为主题，以"志愿宣讲"为特色的志愿服务新模式。合作开展志愿服务的高等院校已达到10所，常年参与博物馆志愿服务的人数达到149人。2013—2018年，相继举办了以"纪念中国人民抗日战争暨世界反法西斯战争胜利70周年""探寻·聆听·感知——钟铃文化之美""古钟·故事"和"古钟新语"等为主题的"钟王杯"大学生志愿者讲解比赛。由"钟王杯"大学生志愿者讲解比赛衍生出的"钟铃文化宣讲团"与"钟铃文化"巡展进入社区和学校，丰富和拓展了校园及社区文化，让中华优秀传统文化更好更多地融入人们生活。

四 学术研究

六年来，大钟寺古钟博物馆一如既往地重视科研工作，本馆职工参与科研工作的热情得到尊重和释放，科研人员得到了锻炼，也取得了一些成绩。

在人才成长方面，科研人员共参加国家文物局、北京市文物局和行业协会等组织的各类业务培训，年人均培训时长均达到或超过专业技术人员继续教育要求。申报各级别专业技术职称4人次，新取得职称4人次。

在科研项目方面，大钟寺古钟博物馆及科研人员承担和参与了若干项科研项目，主要有"京津冀地区古代钟铃文物调查（一期）""博物馆社教活动中的文化创新探索""永乐大钟及钟架监测与保护""藏品锈蚀情况调查与修复"和北京市优秀人才培养资助青年骨干个人项目"北京古代铸钟工匠家族个案研究——以王氏家族为例"。通过各项课题的开展，取得了较为理想的科研成果。

在论文和图书出版方面，业务人员累计发表论文30余篇，完成的学术专著和各类科普出版物主要有《古韵钟声》《大钟寺古钟博物馆馆藏古钟拓片集》《摩诃庵铜钟铭文心经拓片》《古钟掌故》《诗韵钟声》《法治视野下的博物馆研究》《古钟博物馆营造旧闻》。其中，由大钟寺古钟博物馆编纂、北京燕山出版社出版的《古韵钟声》一书，被评为2015年度"中国最美的书"，并代表中国参加了2016年度的"世界最美的书"评选。

五 安全保卫

六年来，安全保卫重点工作情况如下：

（一）做好博物馆三大工程安全施工管理工作。2013年博物馆因三大工程（大修、改陈、电增容工程）施工闭馆，为确保施工期间安全无事故，博物馆成立了施工安全管理小组，提出了实现"人员安全、文物安全、施工质量"的总体目标，积极研究安全施工的各项措施。在施工过程中，及时与施工方进行沟通，协调配合，认真监督施工过程是否符合各项要求及操作规程，认真检查施工现场及过程，对违反规定及存在安全隐患的行为及时制止，即期改正。先后制定了《大钟寺古钟博物馆施工期间安全管理规定》《大钟寺古钟博物馆工程管理小组组成及责任分工》《工程安全检查职责及步骤》《电增容工程安全管理办法》，为确保安全施工提供了制度保障，在工程实际进展过程及安全检查中起到很好的指导作用。

（二）解决博物馆广场部分商户遗留的历史问题。2013年11月，博物馆开始广场整治工作，对东南侧十几户长期存在脏乱差问题的商户进行大力清理整顿，制定了严密预案措施，为规范化管理打好基础。

（三）做好博物馆开放安保工作。从加强职工安全教育入手，及时排除改陈后技防设施存在的各种故障和问题，按计划、有系统地对职工进行了反恐、防火培训，特别是加强对新进职工的培训，重新安排警卫值班力量，并进行了科学分工，衔接到位，确保博物馆开馆前后各项安全措施的落实。针对巡查中不能及时发现可疑物品及人员等现象，及时组织职工进行新形势下安全工作，特别是反恐工作相关的培训，提高职工安全防范意识，增强防范技能。坚持将元旦、春节、"两会"、"中非合作论坛"及夏季安全防汛工作、五一、国庆节期间作为重点时间段突出出来，始终将安全防范作为重中之重，严防死守，不遗余力确保博物馆的安全。

（四）完成博物馆消防报警系统及避雷系统的升级改造工作。在整个施工过程中，我们严把人员安全、文物安全及施工质量这三关，在不影响博物馆正常对外开放的前提下，加强对施工人员的管理监督，对施工中存在的高空作业不安全、地面埋线施工不规范、施工安排进度不合理等问题及时提出，限期整改，确保两项工程保质保量顺利完成。

（五）强化安全隐患的检查，消除日常安全隐患。切实做好博物馆安全防火工作，加强对博物馆用火用电如食堂、办公场所、配电室及相关设备与场所的管理力度，及时淘汰老旧电器，共清理老旧电视机三台、微波炉两台，不合格电源插线板二十余个，私接电线二十余米，整改了二十六处（办公室及展厅等地）不合格使用电源线路，消除用电安全隐患。加强食堂燃气使用管理，对燃气安全报警器每月进行一次性能测试。对用火用电情况指定专人负责管理。2017年9月对展区内两个高达十余米的锈蚀严重的幡杆进行了拆除，确保了博物馆参观游人及古建的安全。

六　文创开发

大钟寺古钟博物馆的文化创意产品开发的思路是：拓展服务功能、挖掘文物内涵，打造文化精品、传承传统文化，实现社会和经济效益双收。推动文化创意产品开发与经营遵循四条基本原则：一是要始终把社会效益放在首位，实现社会效益和经济效益相统一；二是做好文创的顶层规划，注重文物的合理开发利用；三是重视合作开发，互利共赢；四是依法合规开展工作。

大钟寺古钟博物馆的文化创意产品开发理念定位是："有特色、深内涵、高质量"。近年来，博物馆累计投入近80余万元自有资金用于文化创意商店建造和文化创意产品开发，设计制作了7大类20种文化创意产品，涉及办公用品、家居、玩具、图书、音像制品、服装和饰品等领域，产品包含文件夹、梵文化妆镜、吉祥物、《心经》折页、钟韵文化衫、文化手提袋以及各类文化创意丝巾等。

上宅文化陈列馆
EXHIBITION HALL OF SHANG ZHAI

通信地址： 北京市平谷区金海湖旅游区

邮政编码： 101201

电话/传真： 010-69991268　　010-69995608

电子信箱： shangzhaichlg@bjpg.gov.cn

博物馆类型： 社会科学类（历史）

隶　　属： 北京市平谷区文化委员会

批准建立时间： 1989年10月

博物馆备案登记号： 052

建筑性质： 现代建筑（北京市文物保护单位）

占地面积： 5653平方米

建筑面积： 1993平方米

展览面积： 1284平方米

交　　通： 平谷29路班车上宅村站

开放时间： 周二至周日免费开放，周一闭馆。

　　　　　　冬季：9:00—16:00（15:30停止入馆）

　　　　　　夏季：9:00—16:30（16:00停止入馆）

服务设施：

停车场	纪念品商店	餐饮	语音导览	微信导览	无障碍设施	其他
有（免费）	无	无	无	有	有	无

概　述

　　上宅文化陈列馆是北京地区第一座新石器文化陈列馆，也是中国第一所以考古学文化命名的专题馆。2001年12月被命名为"北京市爱国主义教育基地""北京市青少年校外活动基地"。

　　上宅文化陈列馆是平谷区文化委员会下属科级全额事业单位，人员编制10人。馆内设有办公室和社教部两个职能部门，办公室负责财务、档案管理、对外联络、安全保卫以及后勤等工作；社教部负责藏品保管、参观接待、对外宣传、组织联络、策划、开展各种爱国主义教育活动。

一　管理机制

　　上宅文化陈列馆自开馆以来，充分发挥博物馆在区域经济与文化建设等方面的作用，制定和完善各类应急预案、各项管理制度，并与每位工作人员签订责任书，以有效的措施保证博物馆各项工作有序开展。陈列馆结合社会发展现状和百姓需求，以及博物馆在当今社会教育中起到的重要作用，积极整合和改进管理体制，不断将现代化公共文化服务体系、社会教育机构体系与文物保护管理有效地融合。

二　安全管理

　　安全保卫工作是上宅文化陈列馆常规工作的重中之重，安全防范做到常抓不懈，警钟长鸣。

　　（一）针对陈列馆常年运行的监控系统设备易出现故障的问题，进行定期的专业维护、维修，及时更换故障设备。结合展陈改造，对展厅监控设备又进行重新调试，根据改造后的展览环境，新增监控探头11个，尽可能避免展厅盲区的出现，为重新开放做好准备。

（二）每年分两次邀请金海湖消防支队的官兵到馆进行消防知识培训，并结合培训开展消防安全应急演练，切实提高干部职工应对安全突发事件的应急能力。教育职工"四懂"：懂得本岗位的危险性、懂得预防火灾措施、懂得扑救方法、懂得逃生方法；做到"四会"：会报警、会组织紧急疏散、会使用灭火器、会扑救初期火灾。

（三）严格落实文物安全管理制度。实行严格的值班制度，按照值班、巡逻、安全检查等管理制度，强调安全纪律，落实安全值班、展厅管理、文物库房管理安全责任。除坚持日常安全检查、巡查外，还坚持对文物库房等重点部位进行不定期检查，确保了馆藏文物安全。在国家法定节假日，如元宵节、国庆节、元旦等节假日期间，制定陈列馆安全预案，并于节假日前由办公室主任带领全体人员进行全面检查工作，防止安全隐患的存在。

（四）年初即与全体在职人员签订各种责任书，并与文研所上宅考古工作站签订安全协议，使所有人员牢固树立安全防范意识。

三　展陈改造

上宅文化陈列馆展陈改造工程于2014年底开始。陈列馆对招标、大纲编写、方案设计、工程施工等各方面工作高度重视，在各项工作中力求做到精、细、准。为确保用少量的资金办出高质量、高水平的展览，多次召开专家论证会、专题碰头会，并结合专家、馆内及业内人士的意见，多次对大纲、内容设计方案、形式设计方案等进行修改。另外，还外聘监理为工程保驾护航。展览为了更加符合现代博物馆展示要求，符合观众的参观需求，将原有空旷的展厅格局进行重新规划，新增多处展墙，采取封闭式环绕型参观路线并分出独立展示空间，增加了多个互动项目和三维全息等科技展示手段。升级改造后的展览突出知识性、趣味性、科普性、参与性、互动性。改造后与改造前相比有几点变化。

（一）展览定位的改变。以往，展览受众主要的定位是专业人士、专家、考古爱好者，主要是服务并研究。改展后，以普通百姓为主要受众群体，用大量的图解和浅显的文字说明对照实物，让普通老百姓能够明白文物，看得懂展览。真正符合现代博物馆的要求——让大众看得懂展览。

（二）展线版面的改变。以往展览只有一个展线，不分主副展线，所有版面全部都是关于展览的内容介绍，无其他知识延伸。改展后，展览由一个展线改为两个，用两种不同颜色的版面反映出不同的展线内容。主展线（土黄色），围绕展览主旨，讲述展览的内容。副展线（蓝绿色）为知识延伸，包括科普知识普及、与主展览相关的介绍等内容。通过两条线的确立，两个版面的使用，让公众更好地了解展览，获得更多的知识，也更有利于根据自己需要进行取舍。

（三）知识获取途径和方式的改变。以往观众只有通过展板有限的介绍和讲解员一成不变的解说来获取展览相关的信息，枯燥、麻烦、不便、信息有误等问题不可避免地存在。改造后，馆内增加了多媒体演示、三维全息影像演示、触摸屏知识的延伸，观众可以根据喜好，进行选择，极大方便了观众。在此值得提出的是，"陶器产生"动画片和"陶器修复"演示以最直观的手段、最浅显的说明、最喜闻乐见的方法将复杂的过程呈现给普通参观者，甚至小朋友都可以轻松看懂。

（四）变无趣为有趣，获得最大的体验快乐。增加了陶艺制作、文物修复体验、考古勘探互动项目，让大家在玩中学，在快乐中掌握。改造后的陈列馆必将成为展示平谷深厚文化底蕴的精品窗口，作为国家提出的文化富民、文化惠民的有力执行者，继续为文化事业的发展做出应有的贡献。

四　宣传活动

将巡展活动和临时展览作为陈列馆工作的延伸，积极开展内容丰富的文化下乡，服务民众活动，受到百姓的欢迎，获得社会的认可。

展厅内景

（一）以博物馆日、文化遗产日为契机，积极开展教育宣传活动。

在国际博物馆日来临之际，重新制作60块"农耕文化展"展板，内容涵盖"中华农耕文化""精耕细作传统""桑蚕文化""古代茶事研究"等多种中华传统文化精彩内容。如在教工疗养院开展"博物馆致力于社会的可持续发展"巡展活动；将"中华农耕文化展"送到太和园社区进行巡展。活动以悬挂宣传条幅、发放宣传资料及宣品等形式，向群众宣传普及对"中华农耕文化"的传承与保护。活动中共发放宣传资料及纪念品20000余份。展出展板30块，展线35.6米，观展人数2万余人。

利用文化遗产日，组织馆内的全体工作人员，参加文委在轩辕黄帝陵遗址所在的山东庄镇举办的非物质文化遗产宣传活动。活动通过悬挂条幅、图片展示、文艺演出等精彩纷呈的表现形式，展示了我区丰富的非物质文化遗产资源，宣传了我区非物质文化遗产保护成果，参加活动的观众有上千人。通过此次活动，进一步宣传了我国"非物质文化遗产"的相关法律、法规内容，让非遗走入百姓生活，带动更多的人关心、支持和参与非物质文化遗产的保护，使文化遗产保护的成果和知识见之于众、惠及于民，营造了文化遗产保护的浓厚氛围。

（二）把握时代脉搏，抓好社会热点，抓住各种纪念日，开展教育宣传活动。

为响应国务院《关于举行中国人民抗日战争暨世界反法西斯战争胜利70周年纪念活动及其他有关活动的通知》精神，与社科院考古研究所、郭沫若纪念馆合作，制作"抗日战争时期的中国考古"特展，以此纪念中国人民抗日战争暨世界反法西斯战争胜利70周年。展览从抗战中的考古学家和考古活动两个视角，详尽记录了中国考古学人在民族生死存亡时刻的义举。突出体现因为他们的不懈努力有力保证了新诞生的中国考古学的薪火相传，为民族危亡关头"文化救国"贡献了力量。并把特展送到社区、部队、机关、农村、学校。

活动主要以悬挂宣传条幅，观看"抗日战争时期的中国考古"展，发放"文物保护法"、"博物馆管理办法"陈列馆简介宣传资料等形式，向群众宣传和普及考古发掘及文物保护知识。活动中共发放宣传资料千余份，展出展板35块，观展人数近万人。

（三）拓宽工作思路，发挥服务功能，延伸教育职能，开展送展进大集活动。

为让更多群众深入了解宋庆龄、李大钊、鲁迅、郭沫若、茅盾、老舍、徐悲鸿、梅兰芳这八位历史文化名人在那战火纷飞、风雨如晦的时代，为了中华崛起，寻求救国救民的真理，舍生取义和为抗战胜利而做出的巨大贡献，上宅文化陈列馆将"文化名人与民族精神"特展送到靠山集大集。展览共64块展板，以图文并茂的形式展现了宋庆龄等八位历史文化名人，在抗日战争中组织抗战宣传，推动文化统一战线，为抗战胜利做出的特殊贡献。通过一段段历史文字，一张张珍贵图片的展示，让广大群众在购物的同时感受先烈们为了中华民族的独立与自强而不懈奋斗的爱国情怀，在接受爱国主义教育的同时，享受到了公共文化服务带来的方便和实惠。

（四）加强宣传普及上宅文化力度，积极开展"六走进"宣教系列活动。

2018年，为了更好地发挥陈列馆公共文化服务机构和社会教育机构的作用，上宅文化陈列馆积极开展了"知家乡 爱家乡——认识上宅文化""六走进"系列宣教活动，走进乡镇街道、走进社区、走进公共场所、走进大集、走进部队和走进校园。主要形式有讲座、参观展板讲解、观看影音视频资料等。10月13日、27日分别在夏各庄镇、迎宾花园社区开展"知家乡 爱家乡——认识上宅文化"宣教讲座，受众百姓有160余人。10月15日、11月15日，"上宅文化"走进平谷中学、黄松峪中学，为孩子们在学习之余了解自己当地的历史文化提供了方便，受众师生300余人。

通过开展的一系列"上宅文化"宣教活动，上宅文化逐渐被大众认识，参观人数明显增多，从3月份至今共接待观众近3500人，接待团体34个。

山戎文化陈列馆
EXHIBITION HALL OF SHANRONG TOMB

通信地址： 北京市延庆区张山营镇玉皇庙村

邮政编码： 102100

电　　话： 010-69199534

博物馆类型： 社会科学类（历史）

隶　　属： 北京市延庆区文化委员会

批准建立时间： 1990年

博物馆备案登记号： 050

建筑性质： 现代建筑

占地面积： 9272平方米

建筑面积： 2100平方米

展览面积： 600平方米

交　　通： Y45路公共汽车西羊坊站下车，步行1.6千米。

开放时间： 10:00—16:00

服务设施：

停车场	纪念品商店	餐饮	语音导览	微信导览	无障碍设施	其他
无	无	无	无	无	无	无

概　述

　　山戎文化陈列馆位于北京市延庆区西北13千米的玉皇庙村，是国内第一座以古代部族文化命名的古墓群现场陈列馆。山戎墓葬发现于1984年，经北京市文物研究所山戎文化考古队近五年的调查与发掘，共发掘墓葬600座，出土金器、青铜器、陶器、蚌器、玛瑙等文物6万余件。

　　陈列馆于1990年正式开放，占地10余亩，展厅面积600平方米，分类展出各类文物近千件。厅内保存完好的山戎文化墓葬10余座，3座女性墓，7座男性墓，其中酋长墓2座，部族成员墓8座。酋长墓为一25岁的男性，腰配青铜剑和铜削刀，左置

戎祀春秋——玉皇庙文化陈列

青铜马具，右置箭簇，箭囊，耳饰黄金耳环，殉有众多马、牛、羊、狗祭牲群。玉皇庙山戎墓葬的发现是北京东周山戎文化考古的重大成果，是新中国成立以来北京先秦考古和中国北方地区青铜时代考古的一项重大发现和突破，引起中国考古界和中外诸多专家的关注。由原中共中央政治局委员李锡铭同志为陈列馆题写馆名。

2008年延庆区进行机构改革，撤销山戎文化陈列馆独立法人单位，工作职能并入延庆区文物管理所，成为延庆区文物管理所的一个下属部门。2014年，为纪念山戎文化发现30年，延庆区文物管理所投入资金30余万元，将山戎文化陈列馆进行了全面维修，并对展览内容进行了重新设计和布展，命名为"戎祀春秋——玉皇庙文化陈列"。除此之外，2013年馆内新建安技防管理系统，提高安全管理级别。2016年，按照节能环保要求，陈列馆停止使用燃煤锅炉，安装空气源环保节能供热系统。

山戎文化陈列馆因地处偏僻，游客相对较少，年接待观众约2000人。

中国人民抗日战争纪念馆
MUSEUM OF THE WAR OF CHINESE PEOPLE'S RESISTANCE AGAINST JAPANESE AGGRESSION

通信地址： 北京市丰台区宛平城内街 101 号

邮政编码： 100165

电　话： 总机 010-83892355　办公室 010-83893163
售票预约处 010-63777088/7188

传　真： 010-83896220

网　址： http://www.1937china.com

电子信箱： kangzhanguan@163.com

微信公众号： zgrmkrzzjng

博物馆类型： 社会科学类（历史）

隶　属： 中共北京市委宣传部

批准建立时间： 1984 年 10 月

博物馆备案登记号： 013

建筑性质： 现代建筑

占地面积： 35600 平方米

建筑面积： 21000 平方米

展览面积： 6700 平方米

交　通： 公交：77、301、309、310、313、329、339、452、458、459、624、661、662、693、715、843、917、952、971、978、983 路抗战雕塑园下车向北步行五分钟左右即到（宛平城内）
地铁：14 号线大瓦窑站 A 口出向西步行 50 米，张仪村路西换乘 339 路公交车

开放时间： 9:00—16:30（16:00 停止取票），周一闭馆，法定节日和重大抗战纪念日照常开放。

服务设施：

停车场	纪念品商店	餐饮	语音导览	微信导览	无障碍设施	其他
无	无	无	有	有	有	无

概　述

　　中国人民抗日战争纪念馆位于北京市丰台区卢沟桥畔宛平城内，距市中心约15千米。馆周边是以明清风格为主体的仿古建筑，正前方为修缮改造一新的和平广场，广场中央矗立着象征中华民族觉醒的"卢沟醒狮"，高达14米的国旗杆竖立在广场北侧。覆以乳白色大理石的展馆外墙与镶嵌着独立自由勋章图案的锻铜大门，使纪念馆尤显肃穆、庄严。在抗战馆二级平台上安放着质地为锻铜的独立自由勋章雕塑，在此设立这一永久性纪念设施，是让人们永远铭记那些为了中华民族的独立和自由而英勇献身的先烈，更好地传承和弘扬中国人民为了追求和平正义、捍卫民族独立自由不畏强暴、不怕牺牲的抗战精神，使人们牢记历史、缅怀先烈、勿忘国耻、圆梦中华。

　　中国人民抗日战争纪念馆（以下简称"抗战馆"）作为全国唯一一座全面反映中国人民伟大抗日战争历史的大型综合性专题纪念馆，近年来在北京市委宣传部直接领导下，紧紧围绕党和国家战略部署，紧贴时代发展和群众需求，切实发挥爱国主义教育示范基地作用，着力在弘扬抗战精神上下功夫求实效，不断挖掘社会资源，探索创新内容载体，力推精品展览，增强教育功能，先后推出"伟大胜利 历史贡献""台湾同胞抗日史实"等系列主题展览，持续推出"清明节的铭记"、民族精神大讲堂、大学生"忆抗战学党史强党性"、中小学生社会大课堂等系列品牌活动。同时，先后赴美国、俄罗斯等国家和地区举办抗战专题展览，与俄罗斯、乌克兰、韩国、波兰等国家二战类博物馆签订合作协议，加强国家和地区间交流合作，对外扩大了影响力，展示了中国和平形象。

一　坚持以习近平新时代中国特色社会主义思想为引领

党的十八大以来，以习近平同志为核心的党中央高度重视抗日战争纪念、研究和宣传工作。2014年2月27日，全国人大常委会以国家立法形式将9月3日确定为中国人民抗日战争胜利纪念日，将12月13日设立为侵华日军南京大屠杀死难者国家公祭日。同年5月31日，中共中央办公厅专门印发文件，对中国人民抗日战争暨世界反法西斯战争胜利纪念日、南京大屠杀死难者国家公祭日、"七·七"抗战纪念日、"九·一八"纪念日等国家纪念活动逢10周年、逢5周年和平年纪念作出规范。作为国家纪念活动的重要组成部分，中央数次在抗战馆举行纪念全民族抗战爆发和中国人民抗日战争胜利活动，习近平总书记先后3次出席，向全党全社会注入铭记历史、缅怀先烈、尊崇英雄的强大正能量。习近平总书记在抗战馆等不同场合发表关于弘扬抗战精神的系列重要讲话，提出了关于中国人民抗日战争和世界反法西斯战争的一系列新思想、新观点、新论断。抗战馆深入学习、系统把握、认真贯彻，作为学习研究展示抗战历史的行动指南，作为加强爱国主义教育基地建设管理的根本遵循。

一是注重力推精品展览，唱响弘扬抗战精神主旋律。紧紧围绕中央和首都宣传工作大局，以筹办国家抗战纪念活动为契机，整合优化资源，吸收最新研究成果和文物征集成果，力推精品展览，举办高品质主题展览。2014年，结合纪念抗日战争胜利69周年，推出"伟大胜利"主题展览。2015年，为纪念中国人民抗日战争暨世界反法西斯战争胜利70周年，由中央和北京市9家单位共同主办、抗战馆承办推出的基本陈列"伟大胜利 历史贡献"展览，客观真实全面地展示了中国人民抗日战争的伟大历程，全景式展现了全民族英勇抗击日本帝国主义侵略的光辉历史和巨大贡献。结合纪念全民族抗战爆发79周年、80周年、81周年，中央在抗战馆相继举办隆重纪念仪式，抗战馆推出"民族先锋 中流砥柱——中国共产党抗战英烈事迹展""全民抗战 伟大壮举""伟大抗战 伟大精神"等主题展览，通过生动的抗战故事和珍贵的历史物证，讴歌中国共产党在抗日战争中的中流砥柱作用，集中向世人展示抗战精神内涵，有力地表达了铭记历史、缅怀英烈、珍爱和平、开创未来的坚定意志。此外，2014年以来，还举办各种专题展览20余场次，对弘扬抗战精神和民族精神，发挥了重要作用。

二是坚守意识形态阵地，坚决批判历史虚无主义。以习近平总书记关于反对历史虚无主义重要论述为强大思想武器，牢牢把握抗战历史中党史国史军史的主题主线、主流本质，大力宣讲中国共产党在抗战中的中流砥柱作用，宣扬我党我军抗战英烈事迹，引导人们特别是青少年树立正确的国家观、民族观、历史观和文化观。针对近年来出现的诋毁"狼牙山五壮士"事件、恶搞《黄河大合唱》事件，利用基本陈列和专题展览进行重点展示，开展深度讲解，进行有力批驳。2017年初，教育部在

基本陈列

中小学教材中全面落实"十四年抗战"概念，抗战馆第一时间在新华社、《光明日报》等主流媒体发声，提出"应全面、完整理解中国人民长达十四年艰苦卓绝的抗日战争历史，不能将前六年的抗战与后八年的抗战随意割裂开来"。针对社会上出现的丑化贬损诋毁英雄烈士的恶劣行径和"精日"问题，全国人大法工委两次专题调研，抗战馆提出针对性建议。3月12日，主动联合侵华日军南京大屠杀遇难同胞纪念馆和沈阳"九·一八"历史博物馆共同发出《关于加强抗战历史教育的倡议》，呼吁不断完善法律，为违法行为划上一道明确的底线，同时全面开展包括抗战史在内的历史教育，此举在全国范围内产生了积极影响，532家媒体报道和转载，新华网、人民网等多家新媒体浏览量达330余万人次。

三是突出以物还原历史，让文物史料开口说话。深刻理解把握习近平总书记"让文物说话、把历史智慧告诉人们，激发我们的民族自豪感和自信心"重要指示精神，多渠道向全社会征集反映我党我军在抗日战争中发挥中流砥柱作用的革命历史文物及台湾同胞抗战文物史料。现有馆藏抗战文物3万多件/套，已经形成了比较完整的抗战文物史料体系。加强保护研究的同时，注重活化利用，挖掘文物史料背后感人故事，脉络清晰、完整严密地还原历史证据链；编辑出版《中国人民抗日战争纪念馆馆藏精品文物图录》《台湾民众抗日斗争史实文物图集》《抗战文物故事》等图书；融合历史精髓和现代生活，开发主题类文创产品；利用文物史料开展教育活动，普及文物知识、抗战历史和民族精神，真正让抗战文物史料开口说话，让历史发声，让抗战精神的生命力得到张扬和延续。

二 着力培育和践行社会主义核心价值观

紧扣培育和践行社会主义核心价值观这条主线，坚持以弘扬抗战精神为核心，注重分类施策，突出以史育人，努力推动观众在思想水平、爱国情怀、道德品质、精神状态等方面同步进入新时代。

一是区分不同对象育人。面向社会各界，结合"我们的节日"，连续10年开展"清明节的铭记"主题系列活动，年年都有新内容、新特色、新内涵，成为社会各界追思、缅怀、尊崇、传承抗战英烈精神的重要平台。针对机关干部、社会团体等成年人群体，邀请知名抗战学者、文博专家、抗战亲历者及其家属，推出"民族精神大讲堂"公益文化讲座，解读分析抗战热点问题，普及和鉴赏抗战文物知识，传承和弘扬中华民族精神。针对军人群体，与驻京部队联合举办"弘扬抗战精神，担当强军使命"主题教育活动，通过军人宣誓、党日活动等，培育战斗精神，砥砺战斗血性。针对大学生群体，着眼高校党建和思政工作需要，推出"忆抗战、学党史、强党性"党课活动，通过"看、听、悟、讲、研、行"，用抗战精神、红色基因、廉政文化加强大学生党员党性修养，至今已举办66场。针对中小学生等未成年群体，北京市2014年在中小学启动"四个一"活动，其中之一就是"培育和践行社会主义核心价值观走进抗战馆"主题教育大课堂。通过开展"爱我中华"升旗仪式、观看展览现场教学、学唱抗战歌曲和抗战生活互动体验，引导他们爱国、励志、求真、力行。活动开展以来，累计接待学生40余万人。此外，还注重加强宗教界人士、少数民族观众及台港澳同胞爱国主义教育，增强各民族同胞同呼吸、共命运的民族认同感，强化海峡两岸暨港澳同胞正确的历史观、国家观。

二是丰富教育资源育人。加强研究探索，努力将抗战教育资源转化为学生们的学习资源，编辑出版《铭记——中国人民抗日战争纪念馆课程学习绘本》《中国人民抗

2014年9月3日，纪念中国人民抗日战争暨世界反法西斯战争胜利69周年向抗战烈士敬献花篮仪式在中国人民抗日战争纪念馆举行

日战争纪念馆研究型学习手册》等学习资料。针对未成年人学习特点，组织人员利用漫画形式，编写《你知道吗：抗战历史的32问》《我是公共场所小模范》小册子，引导孩子们认识历史、文明参观。2018年初，为落实弘扬"红船精神"，按照市委宣传部"加强抗战精神研究、解读、阐释"的要求，策划编辑《北京市中小学"抗战精神"教育读本》，让广大中小学生在学习抗战诗词中更好地感悟领会伟大的抗战精神，增强爱党爱国的情感。2018年暑期，总结以往"四个一"活动现场教学经验，编辑出版北京市中小学培育和践行社会主义核心价值观《走进抗战馆专题学案》，开发出了具有抗战馆特色的学习课件。

三是志愿团队辐射育人。注重吸收退役军人、退休人员、中小学生等不同年龄、不同职业的有志之士，成立志愿者团队。历经10年，队伍不断壮大，形成由讲解志愿者、文物整理志愿者、抗战精神宣传志愿者、抗战精神传承志愿者和小小讲解志愿者共同组成的大家庭，组成老战士合唱团、阳光管乐团，在宣传抗战历史、服务宣传抗战历史事业中发挥了独特作用。2018年，立足卢沟桥地区文化特色，整合地区19所学校资源，成立卢沟桥教育集群抗战精神传承志愿服务团，组织优秀音乐、文史教师和学生小讲解员组成晓月艺教队、醒狮宣教队、红领巾讲解队。志愿服务队成员和抗战馆的讲解员合作，利用课余时间，向到抗战馆参加"四个一"活动的中学生，进行抗战史宣讲、抗战歌曲学唱和小讲解员讲解等活动，受到广泛好评。

三　注重增强抗战史的国际传播力和影响力

作为国际二战博物馆协会成立发起和秘书处单位，充分利用国际二战博物馆协会优势，注重加强国际合作交流，通过联合办展、学术研讨、会员互访、举办午会等，加强中国是世界反法西斯东方战场的传播，展示我国追求和平、维护和平、珍爱和平的良好形象。

一是积极搭建平台，壮大协会力量。在外交部、文化和旅游部、民政部、国家文物局和北京市委市政府大力支持下，国际二战博物馆协会于2015年9月7日在北京宣告成立后，抗战馆紧密团结国内外会员单位，围绕"搭建平台，促进交流与合作"的目标，秉承"发展会员、服务会员、依托会员"的宗旨，协会通过组织会员单位间开展展览互换、资料共享、藏品保护、人员交流、学术研究、业务培训、共同纪念等各层次、多方面的活动，推动各国二战博物馆之间建立更为密切的交流与合作，逐步扩大了二战博协的国际影响力，提高了协会的知名度，增强了国际二战博物馆间的互信与共识，吸引越来越多的国际知名二战博物馆加入协会大队伍。协会现有俄罗斯胜利纪念馆、美国休斯敦犹太人大屠杀纪念馆、韩国独立纪念馆、巴西二战烈士纪念馆、白俄罗斯卫国战争纪念馆、美国陈纳德航空军事博物馆、马来西亚槟城战争纪念馆、

2014年9月3日上午，党和国家领导人习近平、李克强、张德江、俞正声、刘云山、王岐山、张高丽等来到中国人民抗日战争纪念馆，与首都各界代表一起，向抗战烈士敬献花篮

乌克兰二战历史纪念馆、意大利军事航空历史博物馆、菲律宾国家博物馆、荷兰哈尔滕施泰因空军博物馆等15个国家48家会员单位。英国帝国战争博物馆、波兰格但斯克二战博物馆等不少国外知名二战类博物馆主动访问或联系秘书处，纷纷表达入会的积极意愿。

二是增进联络沟通，促进交流合作。以协会为平台，推动抗战馆与俄罗斯胜利纪念馆、沈阳"九·一八"历史博物馆、韩国独立纪念馆、侵华日军南京大屠杀遇难同胞纪念馆等多家会员单位开展展览互换项目。邀请会员单位马来西亚槟城战争博物馆、重庆红岩革命历史博物馆、广东东江纵队纪念馆、乌克兰二战历史纪念馆、俄罗斯鞑靼斯坦共和国民族博物馆等国内外二战类纪念馆相关人员，到秘书处进行为期3—6个月的交流活动，并按照秘书处制定的方案参加相关业务工作。通过人员互访，进一步加深了各馆间的联系，推动了更为深入的馆际合作。

三是联合办会办展，对外扩大影响。先后组织代表团参加国际博物馆协会米兰大会、联合国教科文组织博物馆高级别论坛、纪念中国全民族抗战爆发80周年国际学术研讨会暨国际二战博物馆馆长论坛、第三届人权文博国际研讨会，联合举办"二战抗日战场"国际展览群、"东方主战场"展览、"前线军人、画家谢尔盖·卡特科夫眼中的战争"展览。同时还在美国旧金山举办"事实与真相——二战时期发生在亚太地区的罪行"专题展览，深刻揭露日本军国主义在亚太地区的反人类、反和平罪行，得到国际社会的广泛认同。

中国人民革命军事博物馆
THE MILITARY MUSEUM OF THE CHINESE PEOPLE'S REVOLUTION

通信地址： 北京市海淀区复兴路9号

邮政编码： 100038

电　　话： 010-66866010

传　　真： 010-66866021

网　　址： www.jb.mil.cn

电子邮箱： jsbwgbgs@163.com

微信公众号： 微军博

博物馆类型： 社会科学类（历史）

隶　　属： 中央军委政治工作部

批准建立时间： 1958年10月12日

博物馆备案登记号： 016

建筑性质： 现代建筑

占地面积： 9.37万平方米

建筑面积： 15.9万平方米

展览面积： 6万平方米

交　　通： 地铁1号线、9号线军事博物馆站

公交1、21、32、52、65、68、78、94、308路军事博物馆站

开放时间： 9:00—17:00（周一闭馆，法定节假日正常开放）

服务设施：

停车场	纪念品商店	餐饮	语音导览	微信导览	无障碍设施	其他
有	待建	待建	有	有	有	无

概　述

中国人民革命军事博物馆是国家级综合性大型军事博物馆，位于北京市海淀区复兴路9号。展览大楼1958年10月兴建，1959年7月建成，1960年8月1日正式开放，是向国庆十周年献礼的首都十大建筑之一。2012年9月至2017年7月展览大楼加固改造后，建筑面积15.3万平方米，陈列面积约5.7万平方米，有40个展厅（区）。主体建筑高4层，建筑最高94.7米，南楼顶装有直径6米的八一军徽。

军事博物馆的基本职能：主要承担反映我党我军军事斗争和建设成就的文物、实物、文献、资料的收藏、研究、陈列任务。同时还围绕党、国家和军队的中心工作，举办各种主题性、时事性、纪念性展览；开展反映中华民族五千年军事历史和世界军事历史的文物、实物、文献、资料的收藏、研究和展陈工作；接待国内外来宾和观众的参观访问；组织开展相关学术研究和艺术创作；组织开展与国内外博物馆之间的业务交流；配合中央军委政治工作部机关指导全军各级军史场馆建设。

2018年调整改革后，下辖综合办公室、编辑研究室、宣传教育室、设计美术室、藏品征集保管室、文物保护室、信息资料室、安全保卫室、通州分馆、怀柔分馆10个中层单位，设学术委员会、艺术委员会、藏品鉴定评估委员会等。

一　陈列展览

根据国家级综合性军事博物馆的职能定位，结合展览大楼加固改造后新的展陈布局，军事博物馆重新调整完善陈列体系，同时承办大型主题展览。

展览大楼加固改造期间，同步展开新的陈列体系论证和建设。新的陈列体系以军事历史为主、军事科技和军事艺术为辅，重点是中国共产党领导的革命战争陈列、新

军博展览大楼一层兵器大厅

中国国防和军队建设陈列；同时设置兵器、中国历代军事两个军事历史类延伸陈列；新增"红色记忆——馆藏革命军事题材艺术作品陈列"，包含陆军轻武器和陆航、陆军重武器、海军、空军、导弹、核武器等6个技术展区的军事科技陈列。在以上陈列基础之上，预留一层西侧4个展厅约4800平方米的主题展览临时展区。

党的十八大以来，军事博物馆先后在博兴大厦和新的展览大楼承办了"用兵如神——毛泽东军事指挥艺术展览""历史不能忘记——近代以来中国人民抗日战争主题展""中流砥柱——中国共产党及其领导的人民军队抗日战争主题展""英雄史诗 不朽丰碑——纪念中国工农红军长征胜利80周年主题展""铭记光辉历史 开创强军伟业——庆祝中国人民解放军建军90周年主题展"等大型主题展览，同时承办了在北京展览馆和国家博物馆举办的"砥砺奋进的五年大型成就展""伟大的变革——庆祝改革开放40周年展览"的国防和军队建设展区，承办了福建古田的"古田会议——党和军队建设史上的里程碑陈列"、澳门驻澳部队史馆的"中国人民解放军军史陈列"，受到党中央、中央军委和社会各界的高度肯定，为传承红色基因、弘扬优良传统、增强军事文化软实力发挥了应有作用。

二 文物藏品征集、管理

近年来，军事博物馆围绕打造特色馆藏体系，不断加大藏品征集和文物保护基础建设力度。

藏品征集方面，坚持军内征集与社会征集相结合、鼓励捐赠与出资征购相结合的原则，通过与军委机关和部队密切联系，征集飞机、舰船等大型武器装备及轻武器；结合演习、训练、国际维和、阅兵等重大活动和典型人物的宣传，伴随征集亮点、热点、焦点文物；以开国将帅后代、东北老航校、守礁官兵、共和国女飞行员等为重点，持续开展群体性征集；紧跟军队改革进程，面向撤并降改部队进行集中征集；探索走开海外征集路子，征集了大批世界军事主题藏品；组织开展全军第一次国有可移动文物普查工作，拓展了军事博物馆文物征集的信息平台；采取举办捐赠仪式、捐赠文物展等，激发各方面捐赠积极性。2012年至2018年，新征集文物4万余件，馆藏数量达到18.3万件/套。

藏品管理方面，修订完善图片资料使用管理规定及图片捐赠和使用协议，调研论证藏品信息管理系统建设，推进文物数字化工程。购置仙娜相机等文物信息采集和复制系统的先进设备，规划建设文物摄影室；展开纸质文物和艺术品的复制，学习研究武器类为代表的铁质文物保护技术，建设专业的藏品消毒室，进一步提升文物管理保护水平。

展览大楼加固改造期间，圆满完成展厅文物撤出，将飞机、舰艇、坦克、装甲车、火炮、导弹、卫星等300余件大型武器装备安全搬迁至大楼前广场继续展出，组织专业团队进行保养维护，2017年重新搬迁回新的展览大楼布展。扎实推进展览大楼文物库房环境监测、温湿度调控等基础建设，进一步改善文物保管条件。

三　安全保卫

坚持"预防为主，确保重点"方针，以藏品安全、人员安全为中心，以防火、防文物被盗抢、防恐怖袭击、防群体性事件、防政治性问题为重点，大力加强安全技术防范建设，实现技防系统由模拟化向数字化的转变，建设集防盗入侵报警、消防报警、防爆安检、视频监控、电子巡更、门禁等多种技术手段复合支撑的安防体系。招标引入专业安保公司，发挥社会专业公司的优势，打造与安全工作发展相适应的安保队伍。

四　学术研究和艺术创作

完成全军课题"中国人民解放军历史陈列研究"。编辑出版《毛泽东军事指挥艺术》《军事博物馆系列陈列画册》《雷锋在军事博物馆》《中国人民革命军事博物馆藏品选》《军事博物馆典藏大型兵器装备解读》《军事博物馆解说员文集》。

为丰富馆藏艺术品数量，提升艺术水准和展陈质量，推动军事博物馆重大历史题材创作工程，组织创作美术作品61幅。积极组织参加全军美展及全国美展，2013年至2018年共计获得优秀奖12人次。结合公共空间主题氛围营造，展览大楼南迎宾大厅设置12幅汉白玉浮雕、二层悬挂8幅油画。先后有14人次受邀参加中宣部、文化部和全军重大题材创作。

1985年创刊的《军事史林》，凭借明确的定位、鲜明的特色、丰富的内容，成为普及国防知识、弘扬我军光荣传统的一个重要宣传阵地。2019年，《军事史林》改版，坚持学术性和普及性相结合原则，做"有趣的军史学术"，努力体现军博特色，成为与国家一级博物馆地位相适应的馆刊。

五　信息资料建设

2010年8月1日，军事博物馆门户网站在互联网正式上线。2012年、2017年，网站两次改版。现设关丁军博、资讯动态、展览陈列、参观服务、参与互动、馆藏文物、研究创作等7个一级栏目。

2012年至2016年，先后制作上线原基本陈列体系中的"古代战争馆""近代战争馆""土地革命战争馆""抗日战争馆""全国解放战争馆"等7个陈列，以及同期承办的6个主题展览的网上展厅。同时，将馆藏大型武器装备进行数字建模，实现网上三维立体展示。

2018年至2019年，充分利用数字化、虚拟化技术，推出"铭记光辉历史 开创强军伟业——中国人民解放军建军90周年主题展"数字展馆，把现基本陈列体系中的"兵器陈列""中国共产党领导的革命战争陈列""中国历代军事陈列""军事科技陈列""红色记忆　馆藏革命军事艺术作品陈列"等呈现在网上，为国内外观众和军队官兵提供远程服务。

为适应移动互联网的发展趋势，建设手机版网站、APP，开通微博、微信公众号，研发跨平台统一信息发布系统，构成新媒体传播平台，使观众通过手机终端可获取军事博物馆信息、预约门票、看网上展览、听语音讲解、赏馆藏精品。

军事博物馆藏有各类图书、资料、档案、古籍8万余册，报刊20余种，为承办展览陈列及学术研究等提供了资料支撑。

六　观众服务

展览大楼加固改造期间，大型武器装备在南广场展出，利用博兴大厦一层和负一层承办大型主题展览、社会文化艺术类展览等，继续接待观众。2013年1月1日至2016年7月30日，共接待观众7134101人次。2016年11月，全面闭馆。

2017年7月，在新展览大楼举办的"铭记光辉历史 开创强军伟业——中国人民解放军建军90周年主题展"开幕。同时，新的"兵器陈列"一层中央大厅对社会开放。2017年接待观众约200万人次，讲解2.4万余批次。2018年始，军事博物馆引进全国科技活动周展览、军民融合成就展等大型专题展览活动，在社会上引起了强烈反响，全年接待社会观众274万人次。

"英雄史诗　不朽丰碑"——纪念中国工农红军长征胜利80周年主题展览开幕式

为更好地服务观众，伴随展览大楼加固改造工程，推进陈列体系服务配套建设，通过票务管理、语音导览、公共信息导览、智能讲解、场馆智能控制等系统，构成信息时代的观众服务平台，实现自助取票、检票和自助导览听讲解等功能，为观众提供线上线下的精准服务打下良好的硬件基础。

解放军官兵参观展览

利用丰富的教育资源，组织开展"传承雷锋精神弘扬时代新风""蓝天之梦——人民空军故事"等系列有军事特色的社教服务活动，走进中小学校传播爱国主义，宣传社会主义核心价值观。2013年至2018年，设计制作展品展项参加每年的全国科技活动周，多次被评为最受观众欢迎奖。邀请专家为中小学生开展军事科普讲座300余场次。2017年，被国家教育部批准命名为首批全国中小学生研学实践教育基地。

2017年3月，启动志愿者招募工作，首批遴选招募26名志愿者。

中国人民大学博物馆
MUSEUM OF RENMIN UNIVERSITY OF CHINA

通信地址： 北京市海淀区中关村大街59号中国人民大学博物馆

邮政编码： 100872

电　话： 010-62515691

网　址： http://museum.ruc.edu.cn/

电子信箱： bwg@ruc.edu.cn

微信公众号： 中国人民大学博物馆

博物馆类型： 社会科学类（历史）

隶　属： 中国人民大学

批准建立时间： 2008年7月4日

博物馆备案登记号： 149

建筑性质： 现代建筑

建筑面积： 5000平方米

展览面积： 5000平方米

交　通： 地铁10号线苏州街站，C口出站前行800米即是；乘坐公共汽车26、320、332、361、653、697、717、808、814、944、运通105、运通106、运通205等到人民大学站下车即可。

开放时间： 周一至周五：校史展9:00—16:30，专题展14:00—16:30；
周末、法定节假日及寒暑假开馆时间另行通知。
临时展开放时间以海报或公告为准。

服务设施：

停车场	纪念品商店	餐饮	语音导览	微信导览	无障碍参观	其他
有	无	无	无	无	有	无

概　述

　　中国人民大学博物馆于2004年开始筹建，2008年正式成立，2009年经北京市文物局批准正式注册，是集收藏、展示、研究、教育于一体的综合性博物馆。中国人民大学博物馆于2014年正式迁入现馆址（原学校图书馆），京内有中国人民大学（中关村校区）博物馆，京外有陕西延安的陕北公学旧址纪念馆、河北正定的华北大学旧址展览馆两大分馆，形成了地跨京冀陕的博物馆群。

一　藏品及展览

　　中国人民大学博物馆是以历史文物、艺术作品和学校历史并举，集收藏、展示、研究、教育于一体的综合性博物馆。馆藏文物近9万件，展馆建筑面积5000多平方米，由校史展、馆藏专题展、临时展览三部分组成。

　　校史展反映了中国人民大学自1937年前身陕北公学发展至今的历史，于2017年中国人民大学80周年校庆之际进行改扩建，序厅与通史厅展陈面积达1200平方米，展览突出党办高等教育的红色主题，充分展示学校发展的最新成就，运用声光电等新技术手段，配以珍贵校史文物，形成了主题突出、动线明确流畅、空间利用充分的新的展厅布局，在高校校史馆中具有独树一帜的风格和特色。

　　馆藏专题展现有六大展览。"北国春秋——北方文物展"着眼中国北方地区出土的部分历史文物，以小见大，以点联面，使观众从古代中国北方灿烂的民族文化中，了解中原与边疆的密切关系，了解各民族在中华民族多元一体格局形成过程中的历史贡献。"尺翰之美——中国传统家书展"分为古代家书文化纵览、明清家书、民国家书、五十年代家书、六七十年代家书、改革开放以来家书、两岸家书、海外飞鸿、留住家书九个部分，按家书写作年代为序，以通信人为展览单元，共展示手写家书1000封，相关老照片500帧，勾勒出中国传统家书文化发展演变的历史轨迹。展品绝大多数是从民间征集而来，所选家书均为手写件，其中最早的写于明代，最晚的写于2011年，时间跨度达四五百年，是目前国内唯一的家书展览。"遥远的记忆——于阗文书展"展出数十件珍贵的唐代于阗地区（今新疆和田地区）文书，以汉文为主，同时包括少量汉文和于阗文双语的展品，从一个侧面反映了唐朝对于阗地区的有效管辖，同时也说明了于阗作为丝绸之路上的一个佛教重镇，在当时所发挥的宗教文化影响。"耕读传家——徽州文书展"从馆藏30000多份徽州文书中拣选150份，包括土地关系文书、赋役文书、宗族文书、教育文书、商业文书等，真实而细腻地反映了徽州社会、文化发展状况以及生产、劳动、社会交往、风俗习惯、宗教信仰等方方面面。"股海遗珍——中国百年股票展"展出150余枚老股票，年代上涵盖了自清朝末期中国股份制萌生至20世纪90年代纸质股票退出交易市场的全过程，勾勒出中国股份制企业百年沧桑，从一个侧面见证了中国近现代经济发展的历程。沈鹏书法作品展主要展出中国书法家协会名誉主席、中国当代著名行草书法大家沈鹏先生慷慨捐赠该馆的三十余幅书法作品，皆为其不同时期重要代表作，使广大书法爱好者不出校门即可观摩名家珍品。

临时展览曾成功举办"馆藏康有为、梁启超、陈独秀、李大钊、胡适书信展""形象的力量——李惠贞捐赠西南少数民族背扇精品展""吴玉章：一辈子做好

代表性藏品

事"等高水平展览，引起良好反响。

人民大学博物馆注重深挖自身馆藏，积极策划精品展览，同时开展多方合作，不断推出高水平临展。在扎实推进馆藏建设和文物整理研究的基础上，不断探索藏品利用的新途径，提高编研水平和成果数量。

二　宣教及科研

作为中国人民大学重要的教学辅助单位，博物馆不但是人民大学"读史读经典"课程的主要课堂，同时还面向全校师生举办各种讲座、毕业季留念及主题宣传活动。现已形成博物馆品牌的活动有"为母校留下笑脸"活动、"收藏青春，收藏记忆"毕业季活动、"5·18"世界博物馆日主题宣传活动等。参观博物馆已成为人民大学新生入校教育、校外来宾访问、校友返校活动的主要内容之一，每年接待校内外观众达2万人次，在弘扬校园文化、塑造学校形象上起到了不可或缺的作用。

博物馆与历史学院考古文博系相互依托，建立了紧密的教学实践与学术研究合作。作为考古文博专业的实践课堂之一，学生不但负责博物馆的部分开馆服务与讲解工作，还在博物馆工作人员的带领下参与藏品的整理编目及文物普查拍照工作。同时，考古文博系和博物馆还共同建立了考古标本室和文物摄影室，配备了专业的器材工具，不但可以作为考古文博系授课和研讨的课堂，也为博物馆工作人员进行专业性工作提供了科学、高效、优质的工作条件。

在社会服务方面，人民大学博物馆指导和孵化了三支学生志愿团队，一支离退志愿团队，年均接待观众2万余名，成为了校园和社区的文化枢纽。加强接待能力，博物馆不断完善志愿者讲解队伍，推动志愿者讲解团进行了校际交流，并进行了多次业务培训，可提供校史中英文双语讲解服务。推动第二课堂建设，积极服务于学校教育教学计划，参观校史展及一系列常设文物展成为新生入学教育和本科"读史读经典"项目的重要环节，成为本科及研究生教育的重要实践基地。博物馆还与相关学院合作，积极探索馆藏文物在教学科研和人才培养中的实践作用，将文物整理和文物研究与课堂教学和实践研究相结合，激发学生的创作灵感及研究兴趣，充分发挥育人作用。

中国人民大学博物馆以建设全国高校系统一流博物馆、全国文博系统特色博物馆为发展方向，致力于服务教学科研、服务学科建设，是学校人才培养体系改革路线图的重要一环，也是校园文化建设、对外交流的重要组成部分。

中国长城博物馆
GREAT WALL MUSEUM

通信地址：北京市延庆区八达岭长城景区

邮政编码：102112

电　　话：010-69121890

传　　真：010-69121890

网　　址：http://www.badaling.cn/

电子信箱：zgccbwg@163.com

微信公众号：GreatWall-badaling

博物馆类型：社会科学类（历史）

隶　　属：延庆区人民政府

批准时间：1994年

博物馆备案登记号：032

建筑性质：现代建筑

占地面积：10000平方米

建筑面积：4000平方米

展览面积：3200平方米

交　　通：公交：乘坐919路、877路公交车到八达岭站下车。

城际铁路：黄土店站乘坐S2线到八达岭站下车。

开放时间：旺季（3月—10月）9:00—16:30；

淡季（11月—次年2月）9:00—16:00（周一闭馆）。

服务设施：

停车场	纪念品商店	餐饮	语音导览	微信导览	无障碍设施	其他
有	有	无	有	无	有	触摸屏、液晶电视、幻影成像等电子服务设施

概　述

一　机构设置

中国长城博物馆为北京市编办批准成立的正处级事业单位，隶属于延庆区人民政府。处级领导职数4人，设馆长1名，副馆长3名。馆长由八达岭特区办事处党组书记兼任。

机构设置为五部一室，即办公室、财务部、业务部、社教部、人事部和保卫部。办公室负责文秘、文印、档案管理以及办公用品、车辆、水电、卫生等后勤保障工作。财务部负责日常财务收支合理使用，负责编制预算及执行预算完成情况。业务部负责文物的征集、保管、研究、陈列、修复、鉴定及临展的组织策划等工作。社教部负责观众参观接待、讲解及教育基地等工作。人事部负责人事劳资、社保、工青妇及考勤等工作。保卫部负责制定和落实安全生产、应急处置和综合治理相关工作；负责检票及游人统计工作。

二　藏品保管

中国长城博物馆现有藏品总数为2502件，其中一级文物1件，二级文物24件，三级文物236件，以铁器、砖石、陶瓷和钱币为主。藏品来源主要为征集、出土、捐赠等。为了更好地保护、利用文物，中国长城博物馆加强藏品管理制度建设，完善修改各项藏品管理制度，增设了符合藏品管理科学发展规律的内容；加强文物库房管理，对库房藏品定期维护和保养，展柜内的藏品定时检查，常年监测，发现问题及时处理，并注意改善防尘、防光、防热、防虫、防变质等保存条件。文物藏品实现了数字化管理，尤其是对新征集的文物进行消毒清理、分类、登记、拍照、建档、入库，做到账实相符，编目详明后入库排架，以便查验方便。文物管理工作做到制度健全，保管妥善，使之制度化和科学化。

三 陈列展览

中国长城博物馆是一座以长城为主题，全面反映长城的历史、军事、建筑、文学艺术和现状的专题性博物馆。2008年全面改陈后，陈列展览的主题为"世界奇迹·历史丰碑"。展览内容分四个部分，第一部分"两千余载·续建不绝"展示长城的历史沿革，展示了长城产生和发展的基本脉络。第二部分"恢弘巨制·绵亘万里"展示长城的军事防御功能及体系，历史上发生在长城内外的重大战役，长城的建筑结构与布局。第三部分"长城内外·同是一家"展示长城沿线地区经济开发与繁荣、文化艺术以及长城内外兄弟民族长期共同发展、相互交融的史实。第四部分"浩气长存·发扬光大"展示解放后长城作为中华民族的象征、世界文化遗产而受到世界人民的保护，以及长城在新中国外交史和旅游事业中的重要作用。

展览集中了全国各地长城沿线出土的文物、标本，辅以图表、照片、人文景观和模型，并采用触摸屏、投影仪等多媒体手段，对长城这一中华民族的象征进行全方位的展示。

四 社会教育

中国长城博物馆依靠自身优势，充分发挥社会教育职能，认真践行社会主义核心价值观，通过深入挖掘长城文化内涵，讲好长城故事，传播长城文化，弘扬民族精神，推动中国特色社会主义文化繁荣发展。在工作中，把对青少年爱国主义教育放在首位，找准与校内教育的切入点，以学生为主体，贴近实际、贴近生活。通过将常设展览和多媒体触摸屏、多媒体投影、征战幻影成像景观等科技手段有机地结合，为各类教育活动提供丰富的物质资源。以"六一""七一"等节日为契机，以举办青少年入队、入团、入党宣誓仪式为载体，开展各种庆祝纪念活动、知识讲座、演讲比赛和文艺演出。通过开展丰富多彩、生动活泼的主题教育活动，将社会教育工作不断引向深入。6年来，中国长城博物馆共接待中外观众395.16万人次，其中青少年学生56.81万人次。共举办各种形式的爱国主义教育活动190余场次，接待"知我家乡妫川之旅"社会大课堂参观活动110余场次，参与学生3.8万人次。中国长城博物馆采取"开门办馆"走进校园的形式，将"长城文化进校园"培育成品牌系列活动。通过小型展览与视频专题互动讲座相结合，讲解员走上讲台为同学们讲解展示长城在历史上的作用、长城的修筑过程、长城的建筑结构、有关长城的民间故事以及长城砖石拓片技艺实践等，使同学们了解长城历史，感悟长城精神，增强民族荣誉感和自豪感，提高保护文化遗产的意识。中国长城博物馆的社会教育工作得到了市、区相关部门的大力支持和肯定，2013年以来，中国长城博物馆先后被北京市科学技术委员会、北京市科学技术协会命名为"北京市科普基地"，被北京校外教育协会命名为"北京市青少年学生校外活动基地"，被延庆区纪委、延庆区委宣传部命名为"德蕴清风廉政教育基地"，被北京市教育委员会评为"北京市中小学生社会大课堂资源单位"，被延庆区委宣传部命名为"新时代文明实践基地"。2013—2018年连续6年荣获"北京阳光少年文化科普进校园活动"先进集体称号和"北京市阳光少年活动"优秀组织奖，2018年荣获北京市中小学生社会大课堂十周年展示活动"先进集体"称号。

五　学术研究

6年来，中国长城博物馆先后撰写上报各类学术论文和征文12篇。其中学术论文7篇，分别是在北京数字博物馆研讨会提交的《挖掘利用文化旅游价值与博物馆的可持续发展》《浅析长城博物馆的文化旅游价值》，同时这两篇论文被录入北京联合大学、北京数字科普协会编辑出版的《博物馆的数字化之路》一书；在北京博物馆学会提交的《在发展文化产业中如何保护好藏品——以中国长城博物馆为例》《博物馆数字化服务中的新成员》《浅谈中国长城博物馆基本陈列的形式设计》《浅析长城博物馆的文化旅游价值》等论文。征文3篇，包括在北京市文物局"纪念改革开放四十周年——我的博物馆记忆"征文活动中，上报《铁扣嵌锁石稳桥简》《关沟古道天险变通途》；在"北京廉政故事"征文活动中，上报《八达岭长城的规划师——吴一贯》，并荣获优秀奖。另外，在市文物局编辑出版的《文物背后的故事》书中刊登了《锁不住的关门锁》《肩扛人抬下山来的长城题名碑》2篇文章。

2013—2018年，中国长城博物馆与中国长城学会共同主编发行《中国长城博物馆》24期、《万里长城》24期；发行范围为上级行业主管部门、长城沿线同行业博物馆、相关省市文物局、长城保护研究所等单位。

六　安全保卫

中国长城博物馆始终严格按照相关法律法规和上级部门要求，认真落实安全生产责任制，切实把博物馆安全工作抓紧压实。按照"安全第一，预防为主"的原则，建立健全各项安全管理制度，完善各类方案预案，严格落实岗位责任制，层层签订责任书，加强日常检查巡查，排查整治各类安全隐患，同时还积极开展安全教育培训，不断提高职工的安防技能。此外，2016年和2018年对馆内监控系统和消防系统进行升级改造。目前，安防基础设施设置有安防系统综合管理平台，装配全程无死角的监控系统、极早期预警系统、烟感系统、自动喷淋系统、排烟风系统、电气火灾报警系统、红外报警系统及手动报警器等，馆内共配备灭火器89具、消防栓18个、应急灯50个、安全出口指示灯38个。馆内设有安检岗位，配备金属探测门、通道式X光安检机，并由专业安保人员进行安检。通过将人防、物防、技防等措施相结合，确保馆内文物展品和观众的安全。

中国体育博物馆
CHINA SPORTS MUSEUM

通信地址：北京市朝阳区安定路甲3号

邮政编码：100029

电　　话：010-67051530　010-64912167

传　　真：010-67051530　010-64912167

网　　址：http：//www.olympic.cn/museum/

博物馆类型：社会科学类（历史）

隶　　属：国家体育总局

批准建立时间：1989年批准，1990年9月开馆

博物馆备案登记号：007

建筑性质：现代建筑

占地面积：3464.6平方米

建筑面积：7399.8平方米

交　　通：乘18、108、328、387、803、850、快速公交3路，地铁5号线、8号线、10号线、15号线，均可到达，交通便利。

开放时间：暂不开放

服务设施：

停车场	纪念品商店	餐饮	语音导览	微信导览	无障碍设施	其他
无	无	无	无	无	无	无

概　述

中国体育博物馆隶属国家体育总局，与国家体育总局体育文化发展中心一个机构两块牌子。受中国奥林匹克委员会委托同时对外行使中国奥林匹克博物馆职能。下设办公室、人事保卫处、财务处、文物部、文化活动部、展览部、研究部、《体育文化导刊》编辑部、《中国体育年鉴》编辑部、国家体育总局档案馆、基建处11个处级机构，影视部暂挂靠在办公室。主要职责为：

1. 研究、制定体育文化发展的规划、计划和方针政策。

2. 组织开展体育文化研究，开展全国体育文化活动，促进国际体育文化学术交流。

3. 围绕健康中国建设，有效开展全民健身和全民健康深度融合的体育文化活动。

4. 打造体育贸易交易展示平台，办好中国体育文化博览会和中国体育旅游博览会。

5. 指导、协调和推动全国体育小镇、体育特色城市等体育载体的文化建设。

6. 推动体育文艺繁荣发展。组织、扶持体育文艺创作，鼓励和支持社会组织和艺术家进行体育文学、体育影视、体育音乐、体育摄影、体育美术、体育标识、体育文化创意和体育收藏等创作、展示和评选等活动。策划和制作符合国际传播语境的体育影视、体育艺术品及展览，传播中国体育文化。

7. 以大型体育活动为载体，挖掘运动项目文化内涵，推进以运动项目文化为核心的文化建设。以筹备2022年冬奥会为契机，大力推广冰雪运动文化。

8. 传承、发展中华优秀体育传统文化。加强民族体育、民间体育、民俗体育的推广，积极推动体育非物质文化遗产的传承与保护工作。指导协调各地，根据本地区、本民族的节令活动与传统庆典活动，大力发展具有民族特色与本地特色的体育文化活动。

9. 利用中国体育博物馆、中国奥林匹克博物馆和相关协会的资源，展示中国体育风貌，宣传中华体育精神和奥林匹克精神。负责体育文物（包括各种文献资料）的征集、整理、研究、陈列、管理和利用。

10.定期出版《体育文化导刊》《中国体育年鉴》等刊物。

11.负责接收、整理、保管、鉴定国家体育总局机关、直属企事业单位档案并提供利用。

2013—2018年，中国体育博物馆党政领导班子牢固树立改革创新的发展意识，积极谋划，锐意进取，坚持以党的十八大、十九大精神为指引，紧密结合当前新形势下体育文化工作实际，充分发挥体育文化在体育强国建设中的重要作用。在藏品保管与征集方面，圆满完成全国第一次可移动文物普查任务，并持续挖掘、整理体育文化实物资料，6年间，共征集文物藏品3600余件/套，在日常保管工作中，注重文物藏品安全维护，严格出入库制度；在展览教育工作中，克服闭馆困境，立足藏品特点，拓展展示形式，大力开展临展模式，利用国内外大型运动赛事契机，紧扣中国体育文化博览会等展示平台，推出种类多样、内容丰富的展览，内容涉及古代体育、奥林匹克文化、全民健身宣传、体育艺术等，获得了良好的社会影响力，并圆满完成了国家大型展览任务，组织承办"砥砺奋进的五年大型成就展""伟大的变革——纪念改革开放四十周年成就展"等体育部分的展览工作；在学术研究和专业推动方面，发起并

2017年9月，中国体育文化博览会期间，中国体育博物馆联盟联合展览在内蒙古包头市举办

成立中国体育博物馆联盟，举办系列学术研究活动，为体育文博事业打造了良好的业务交流平台，促进体育博物馆学科发展，充分发挥体育史、体育文化研究优势，组织举办了丰富的国际、国内学术交流活动，促进体育史、体育文化学术交流和发展；在社会教育方面，利用体育文化资源，大力开展各类社会教育活动，如体育文化进社区、奥运冠军进校园等，每年举办青少年健康成长夏令营活动，着眼体育文化在青少年教育中的重要作用，并开创性地创立了"体育六艺城市行"系列活动，开展"体育六艺文化节"等活动，融文化展示、趣味赛事、互动体验等于一体，教育辐射面广，取得了良好的效果；在对外交流方面，每年派团参加国际博物馆协会、国际奥林匹克博物馆联盟、国际体育遗产协会、北美体育史学会等举办的各类学术活动，开展交流，与国际学术组织保持良好的合作关系，推动体育文化走出去。

中国马文化博物馆
CHINA HORSE CULTURE MUSEUM

通信地址：北京市延庆区八达岭镇八达岭山庄

邮政编码：102102

电　　话：010-81182120

博物馆类型：专题博物馆

业务主管部门：北京阳光山谷马术俱乐部

博物馆登记备案文号：121

建筑性质：现代建筑

占地面积：8000平方米

展览面积：3000平方米

开放时间：9:00—16:30（全年无休）

服务设施：

停车场	纪念品商店	餐饮	语音导览	微信导览	无障碍设施	其他
无	无	无	有	无	有	无

概　述

　　中国马文化博物馆位于八达岭长城西侧北京阳光山谷马术俱乐部内，是国家马术协会、国家马业协会、国家文物学会、北京市延庆区人民政府和北京马语者文化艺术交流中心共同创办的马文化专题博物馆，是北京市爱国主义教育基地、延庆区中小学生社会大课堂基地。

　　自2003年开馆以来，博物馆始终将爱国主义教育活动放在各项工作的首位。目前，馆内收藏、展出的各类藏品、展品约5000余件。展厅内共分为：史料文字区、雕塑展区、临时展区、英美马文化展区、马具系列展区和蒙古风情展区六个主要区域。

　　史料文字区以大量真实的档案、著作和图片为依据，展版与展品相结合的模式，浓缩中华民族5000年文明史、文化史、养马史；专家雕塑区荟萃中外名家代表作品，以历史文物与现代化艺术雕塑作品的方式表达人们对马的躯体的欣赏与景仰；英美式展区设专柜展示以英美为代表的欧洲、美洲等世界典型马文化特色；马具系列展区以鞍镫为核心，以鎏金、镶嵌、景泰蓝、鳄鱼皮、玛瑙、琉璃等传统工艺，展现两千多年中国皇家御苑、佛道儒三家等典型鞍具，寓意着中华马文化源远流长；蒙古风情区全面介绍"一代天骄"成吉思汗及其子孙金戈铁马、驰骋万里的辉煌历史。

　　中国马文化博物馆和北京阳光山谷马术俱乐部共同创办的"零距离接触马"获2009年北京市委宣传部颁发的三等奖，是北京市非国有博物馆唯一的奖项，受到了全市中小学生和家长的好评，成为后来各种亲子活动的基地和范例。

　　近年来，中央电视台、北京电视台、湖北卫视、凤凰卫视等电视台对本馆进行过十余次专题报道和专题采访。白亚南、赵成民、蔡猛、谢宇等博物馆主要负责人先后接受采访。

　　创始人白亚南先生，获得了中国马业协会颁发的终身成就奖。

创始人蔡猛先生，获得了中国马业协会2018年颁发的文化大使奖。

赵成民馆长的雕塑先后赴东南亚和沙特阿拉伯做学术交流与展览。

谢宇先后在《金盾》《马术》等杂志上发表《成吉思汗军事战略初探》和《汗血宝马古今说》等文章。

为了确保中国马文化博物馆展品安全，自2008年开始实施24小时全天监控探头监控，防火季节和汛期24小时有专人巡逻保卫。

中国法院博物馆
CHINA COURTHOUSE MUSEUM

通信地址： 北京市东城区正义路4号

邮政编码： 100745

隶　　属： 最高人民法院办公厅

博物馆登记备案文号： 143

建筑性质： 近代建筑（全国重点文物保护单位）

建筑面积： 3000平方米

展厅面积： 600平方米

开放时间： 每周二至周日9:00—16:00，每周一闭馆。

服务设施：

停车场	纪念品商店	餐饮	语音导览	微信导览	无障碍设施	其他
无	有	无	有	有	无	无

概　述

中国法院博物馆为最高人民法院办公厅内设部门，主管单位为最高人民法院办公厅。博物馆共有馆长1名，副馆长2名，正式工作人员3名，聘用制工作人员9名。通过购买社会服务方式完成安技防值机任务。

近年来博物馆主要工作概况如下：

一　展陈策划

（一）2016年，中国法院博物馆举办了"最高人民法院接受监督工作展"和"党的十八大以来职务犯罪大要案专题展"。

同时，中国法院博物馆与最高人民法院国际合作局密切协作，共同举办了中东欧、葡萄牙、澳大利亚、英国及国际法院司法文化专题展，在法治影视放映厅布置了葡萄牙司法文化专题展，尝试探索开展多形式的中外司法文化宣传与交流活动。

此外，中国法院博物馆还配合最高人民法院新闻局，在博物馆举办新闻媒体信息专题展。

（二）2017年，中国法院博物馆完成了沈家本故居展陈项目，在沈家本故居布置了纪念沈家本的常设陈列。与最高人民法院司改办、民三庭、环境资源审判庭、执行局及北京高院合作推出了"人民法院司法改革专题展""中国法院知识产权司法保护成就展""人民法院环境资源审判成果展""北京法院首例案件专题展""向执行难宣战——人民法院基本解决执行难工作成果展"5个短期专题展；中国法院博物馆还与最高人民法院国际合作局共同在南宁举办了中国—东南亚—南亚国家司法文化专题展，在敦煌举办了丝绸之路（敦煌）司法文化专题展。

（三）2018年，中国法院博物馆成功举办纪念改革开放四十周年大型展览"改革开放中的人民法院"专题展，与最高人民法院国际合作局共同举办上海合作组织国家司法文化专题展，配合最高人民法院政治部、行政审判庭举办"方金刚同志先进事迹专题展""行政庭建庭30周年专题展"。

同时，中国法院博物馆还与最高人民法院国际合作局在广州举办了中国与葡语国家司法文化专题展。

二　参观接待

2016—2018年，中国法院博物馆接待参观人逾7万人次，包括中央、地方各机关团体，大中小学的老师和学生，国内各地的普通群众，也有来自世界各地的客人。

在参观接待工作中，中国法院博物馆根据不同的对象，不同的参观时间要求，选择不同的讲解方案，以契合不同群体的知识特点和需求，力求通过专业化、个性化讲解充分发挥博物馆的宣传效能，逐步形成了以古今大要案为主干的反腐倡廉警示教育线路，以四大公开平台等信息化建设、模拟法庭为亮点的审判公开公正的普法宣传线路，以中国古代审判史、法律古籍珍本、东交民巷历史、人民审判历程为支撑点的爱国主义教育线路，在介绍中华司法文明、宣传人民法院审判成就、开展普法教育的同时，帮助参观游客逐步建立道路自信、制度自信、文化自信。

三　文物征集

博物馆的文物征集工作重点包括历史文物征集和当今重大案件审判、司法改革举措等资料的搜集整理工作。

对于历史文物，博物馆采取征集购买与接受捐赠相结合的办法搜集。目前，在历史文物的征集和捐赠方面，已经呈现出博物馆社会影响与文物聚集效应相互促进的良性循环势头。

自博物馆开馆至今，博物馆先后接收了梁荫宗先生捐赠的黄克功案布告，朱小平女士捐赠的朱耀堂庭长审判日本战犯时特制的名章，香港华侨华人总商会捐赠的香港基本法书法拓片，甘肃、青海高级人民法院捐赠的汉藏双语法律词典和教材，沈厚铎教授捐赠的沈家本著述手稿及沈家本生前使用过的文具、印章等文物，《民主与法制》杂志社总编刘桂明捐赠的《民主与法制》创刊号以及包括最高人民法院成立65周年专刊的期刊，最高人民法院原副院长华联奎捐赠的上海市长宁区人民法院院长任命通知书等。

2018年10月30日，国家文物局正式将兽面纹铜鼎、铜盉、铜簋、目云纹铜尊、提梁铜卣、铜罘等6件商周时期青铜器划拨给中国法院博物馆作为永久馆藏。

此外，博物馆依托借调工作人员开展文物征集工作，开馆以来，共新增文物206件，其中国家2级文物1件，国家3级文物26件，进一步丰富馆藏。

四 文化研究

为加强对馆藏文物、中国司法文化的宣传，中国法院博物馆出版了文物画册，并在文物史料、审判制度、审判历史、司法文化交流等方面开展研究工作。2018年，中国法院博物馆馆刊第一集出版，2019年将陆续推出馆刊第二集、第三集。

五 普法宣传与社会教育

中国法院博物馆自开馆以来，不断组织中小学生进博物馆开展模拟法庭活动和宪法日宣誓活动，效果显著、反响良好，得到了东城区教委的重视。目前，中国法院博物馆已成为司法部全国法治宣传教育基地、北京市法制宣传教育基地、东城区青少年法制教育实践基地、东城区青少年法治学院成员单位。

此外，中国法院博物馆还组织东城区东交民巷小学开展校园安全模拟法庭活动，支持东交民巷小学编写《在法治的天空下——东交民巷小学法治教育读本》，与北京汇文中学开展"中学生领导力课程培养研究"项目合作，举办"学宪法讲宪法"展现少年风采—东城区中小学生演讲成果展示活动，并积极组织社会实践和志愿活动。

六 安全管理

博物馆与最高人民法院保卫处和机关服务中心天平物业公司顺利完成保安人员管理和安全、消防管理的移交工作，由保卫处负责博物馆的安全管理工作，通过购买社会服务保障博物馆安检、消防、安防设施值守的需求。

中国法院博物馆根据工作需要，并结合院里安排及北京市要求，及时对馆内废弃物品和易燃杂物等火灾隐患进行了排查清理，及时整改，消除安全隐患。

中国钱币博物馆
CHINA NUMISMATIC MUSEUM

通信地址： 北京市西城区西交民巷 17 号

邮政编码： 100031

电　　话： 010-66081385　010-66024178

传　　真： 010-66071393

网　　址： http://www.cnm.com.cn/

电子信箱： cnm92@163.com

微信公众号： 中国钱币博物馆

博物馆类型： 社会科学类（历史）

隶　　属： 中国人民银行总行

批准建立时间： 1992 年

博物馆备案登记号： 077

建筑性质： 近代建筑（全国重点文物保护单位）

占地面积： 5375 平方米

建筑面积： 15060.15 平方米

展览面积： 3000 平方米

交　　通： 公交：2 路、5 路、9 路、44 路、67 路等；地铁：2 号线前门站。

开放时间： 周二至周日 9:00—17:00（16:00 停止领票），周一闭馆。

服务设施：

停车场	纪念品商店	餐饮	语音导览	微信导览	无障碍设施	其他
无	有	无	有	有	无	无

概　述

一　整体状况

中国钱币博物馆隶属中国人民银行总行，为中国人民银行直属司局级事业单位。从1990年开始筹建，1992年7月29日，在北京复兴门中国人民银行大楼内建成，内部开放。1999年于天安门广场西南侧设特别展厅，向社会正式开放。中国钱币博物馆是国家级钱币专业博物馆，从事钱币、银行文物及相关实物的征集收藏、陈列展览，以及钱币学、货币史、金融史的研究，是中国钱币学会和中国博协钱币与银行博物馆委员会的挂靠单位，与中国钱币学会一道引领、推动全国相关领域学术研究与业务交流。博物馆内设办公室（党委办公室、纪委办公室、党委组织部、工会办公室）、陈列宣教部、征集保管部、开发服务部、研究信息部、行政保卫部、《中国钱币》编辑部、中国钱币学会秘书部。

二　特色工作

（一）基于三维实景虚拟现实的反假货币数字博物馆设计与实现

为进一步打击假币犯罪，提高公众的防范意识，结合全国反假货币工作形势发展的需要，遵照中国人民银行总行的要求，钱币博物馆在中国人民银行货币金银局暨国务院反假货币联席会议办公室的领导下，集中各方面的研究力量，联合相关部门推出了全新的"反假货币展"。"反假货币展"推出以后，得到了社会各界普遍的好评，大中小学校纷纷组织学生进行参观学习，银行界、金融界更是安排从业人员来观摩培训，许多博物馆也专门派展览研究人员前来观摩取经。鉴于此，时任中国人民银行副行长马德伦在视察后指示要将"反假货币展"做成长期展览，以便更好地服务央行、服务金融、服务社会。但是，由于场馆展览本身的局限，再加上展馆处于天安门广场周边，受制于多种因素，使得展览的受众面局限在一定的范围内。为扩大"反假货币展"的宣传普及力度，中国人民银行科技司在了解该馆的需求后，提出可以借助数字和网络技术，搞数字博物馆来实现。自此，在中国人民银行总行科技司的提议和支持下，启动了"基于三维实景虚拟现实的反假货币数字博物馆设计与实现"项目。

该项目首次以数字化虚拟实景方式再现了中国钱币博物馆2011年1月18日推出的"反假货币展"，充分体现了博物馆功能、钱币专业纵深和央行窗口部门作用，引导公众历史地、客观地看待假币现象，是反假货币知识宣传模式的创新；该项目将立体全景与个体实物、动漫场景有机结合起来，集图、文、音、像为一体，成功探索出真假货币特质展品的网络展示模式，完全数字化呈现了"反假货币展"实体展览。

该系统依托中国钱币博物馆实体反假货币展，结合网站建设、多媒体设计、多媒体光盘展示等多种手段和渠道，构建了国内首个全方位数字展示系统。以虚拟现实技术将北京钱币博物馆所有的实体展馆及反假币普及知识资源有机合理地搬到互联网上，用WEB3.0理念结合HTML5技术建设全新的网上反假币普及互动平台，并围绕此核心进行信息化改造，创造优异的社会效益。让专业人士和广大社会公众了解钱币历史，了解真、假货币，识破各种骗局，为更好地做好钱币的流通管理，促进金融体系的健康发展提供服务。该系统建设采用了全球最新的数字博物馆技术、实景三维展厅技术、Vicon运动捕捉技术、Flash VR全景实景三维虚拟展示技术、用户体验交互技术等数字多媒体技术，实现了集图、文、Flash、音频、视频、互动等媒体融为一体的数字博物馆，真实完美再现钱币博物馆反假货币展。

"基于三维实景虚拟现实的反假货币数字博物馆设计与实现"数字博物馆系统，已成功用于中国人民银行总行网站反假货币宣传，中国人民银行部分分支机构反假货币宣传，中国钱币博物馆、中国博物馆协会钱币与银行博物馆委员会、中国钱币学会各级分会反假货币宣传，公安、海关等相关部门的反假货币宣传。

"基于三维实景虚拟现实的反假货币数字博物馆设计与实现"获2013年度全国银行科技发展二等奖（中国人民银行部级奖励）。

（二）中国古代银锭铸造工艺

银锭是中国古代货币的重要门类，其发展过程蕴含着各个时期丰富的政治、经济、技术和文化内涵，在中国货币史和金融史上具有独特的意义，但长期以来，对银锭的铸造和加工工艺缺乏系统而深入的研究，许多技术问题因缺乏科学的阐释，导致以讹传讹。另外，随着文化艺术品收藏热的不断高涨，一些高仿假银锭层出不穷，给广大收藏及研究者带来很大困难，对历史文物的真实面貌和科学价值也产生了极为不利的负面影响。铸造工艺是辨识真假银锭的一个重要方面。出于学术研究和现实的需要，中国钱币博物馆由周卫荣馆长牵头，组织开展了《中国古代银锭铸造工艺》课题研究。

课题组系统查阅了与中国古代银锭有关的古今中外文献资料，对其中涉及银锭铸造工艺的相关内容进行了仔细的归纳、整理和分析，对中国钱币博物馆馆藏历代银锭实物，北京、山西、河南、陕西、四川等地出土的历代银锭实物，以及近几年拍卖会预展的银锭实物进行了广泛的调研，详细记录了重量、尺寸、形态、表面色泽、铭文戳记等重要信息，检测分析了大量馆藏银锭的金属成分。在文献和实物调研等学术准备基础上，课题组从铸锭范型（包括不同材质和不同形状的铸范：铁范、陶范、砂范、石范、铜范等）、浇铸温度（铸范温度、银液温度、环境温度）、白银纯度（不同的杂质含量）、浇注方式（直浇、斜浇）等方面进行了大量模拟试验，重点观察这些因素与银锭丝纹、蜂窝等外观形态的关系，以及铭文（戳记）制作方法。

该项目于2013年2月20日通过了人民银行的部级鉴定。鉴定委员会在听取了该项目的研制报告、技术报告和用户报告，审阅了有关技术文档并进行了质询后认为：

1.该项目在考古调查和技术工艺研究的基础上，结合大量馆藏和重要出土银锭实物的调查与统计，从冶铸技术史角度对银锭铸造工艺进行剖析，并用科学实验的方法进行研究，形成了古代银锭铸造工艺指标体系，达到了项目攻关目标要求。

2.该项目通过对历代银锭的形态观察、成分分析和模拟实验，在铁范、蜂窝、丝纹、戳印工艺、铸造工艺与银锭辨伪等方面进行了系统的研究，创新性地进行了铁范铸银锭工艺验证，研究探讨了丝纹和蜂窝的形成机理，为进一步研究奠定了良好基础。

3.该项目通过研究中国古代银锭的铸造工艺及其发展演变规律，为银锭真伪鉴别提供了科学依据。

该课题的研究结果，为河北钱币博物馆在馆藏品分拣、评级方面发挥了重要作用，特别是对目前高仿古代银锭的真假识别具有直接的指导意义，在很大程度上促进了钱币、金融等专业领域，以及金融类博物馆的藏品征集、科研等业务工作的开展。

《中国古代银锭铸造工艺》获2014年度全国银行科技发展一等奖（中国人民银行部级奖励）。

（三）文创开发

2013年

品泉系列之"五帝钱"："五帝钱"通常是指清朝顺治、康熙、雍正、乾隆、嘉庆皇帝在位时期的铸钱。五位皇帝先后统治的一百七十余年，是满清王朝的全盛时期，社会安定、经济繁荣、铸币精良。相传"五帝钱"具有扭转乾坤的能量，寓意吉祥、幸福、平安。

本品选用的"五帝钱"，即顺治通宝、康熙通宝、雍正通宝、乾隆通宝、嘉庆通宝，皆为真品实物，具有珍贵的文化内涵和收藏价值，限量装帧600套。

品泉系列之"五帝钱"

品泉系列之"崇宁宝钱"："崇宁宝钱"选用了宋徽宗赵佶崇宁年间（1102—1106年）所铸的崇宁通宝和崇宁重宝。崇宁是宋徽宗的第二个年号，取继承神宗常法熙宁之意。崇宁通宝，钱文为徽宗御书瘦金体，铁划银钩，骨秀格清，被世人评为"宋代第一泉"。徽宗在政治上是昏庸的，在生活上也是穷奢极欲的，但在艺术上他是能手。徽宗的铸币代表了北宋货币文化水平；崇宁重宝，钱文隶书，古朴方正，严谨庄重。这两枚古钱皆为真品实物，具有珍贵的欣赏价值和收藏意义，限量装帧600套。

2014年

福寿双至——十"泉"十美：中国的对钱，是指钱文、轮廓、大小、厚薄、铜质等相同，惟采用不同书体，但其字形笔势相互吻合，体现了珠联璧合的艺术效果，这是中国传统书法在钱币上的体现。"福寿双至十'泉'十美"以吉祥图案"蝙蝠、寿"与宋代对钱相融合，传承了中国历史悠久的货币文化。蝙蝠的"蝠"与"福"同音，将蝙蝠和寿字叠刻于一体，喻意幸福长寿。在古代"钱"与"泉"相通，"泉"与"全"又是谐音，集五对"对钱"与福寿在一起，寓意福寿双至，十全十美。

本品选用的对钱皆为真品实物，具有珍贵的文化内涵和收藏价值，限量装帧2000套。包括：

天圣元宝（楷篆对）始铸于宋仁宗天圣元年（1023年）

福寿双至——十"泉"十美

皇宋通宝（楷篆对）始铸于宋仁宗宝元二年（1039年）

熙宁元宝（楷篆对）始铸于宋神宗熙宁元年（1068年）

元丰通宝（行篆对）始铸于宋神宗元丰元年（1078年）

元祐通宝（行篆对）始铸于宋哲宗元祐元年（1086年）

2015—2016年

"喜庆开元"：开元通宝钱，俗称"开元钱"。唐高祖李渊为整顿币制，于武德四年（公元621年）废除五铢，改铸"开元通宝"钱，从此中国的钱币称通宝、元宝或重宝，不再以重量为名称。"开元通宝"钱，钱文系唐代大书法家欧阳询所书，书体得当，制作精致，历来被文人墨客和钱币收藏家所推崇。开元钱背大多有月纹，唐人称之为指甲纹、月牙纹，并有不少有关文德皇后、杨贵妃手掐进呈钱样所遗留的记载与传说。集盛唐时期的开元通宝钱，寓意喜庆吉祥。

本品选用的开元通宝钱皆为真品实物，具有珍贵的文化内涵和收藏价值，限量装帧2000套。

中国古钱币藏珍：《中国古钱币藏珍》是一部中国历代钱币实物真品集，包含了从夏商周到民国各个朝代4000余年历史中有代表性的钱币133枚，包括了铜、铁、镍、骨、石、天然贝等不同材质。这些钱币，皆为真品，具有珍贵的文化内涵和收藏价值。限量装帧600套。

"永通万国"书签、钥匙扣："永通万国"金属书签、钥匙扣是以中国钱币博物馆最具代表性的"北周三品"之首永通万国为素材，面文采用了书法华美的玉筋篆，"永通"意为永远通行，"万国"示天下万国可用。在原有图片的基础上，结合现代表现手法，保留藏品精神内涵的神韵，设计出具有艺术性和实用性的纪念品。融古钱文化与书法艺术元素于一体，精巧美观、质优价廉。

2017—2018年

中国古钱币鉴赏：《中国古钱币鉴赏》依中国历史大系为脉络，精选有代表性的钱币实物30枚。这些钱币，皆为真品，具有珍贵的文化内涵和收藏价值，限量装帧3000套。

"永通万国"——指尖陀螺："永通万国"指尖陀螺是以"北周三品"之首的"永通万国"古钱币为素材。钱文采用了书法华美的玉筋篆，"永通"意为永远通行，"万国"示天下万国可用。"永通万国"指尖陀螺，精巧美观，是融古钱文化和书法艺术于一体的纪念品。

指尖陀螺已成为时下畅销的解压玩物，用手捏着主轴轻轻一拨便可高速运转几分钟，当钱币遇上陀螺"赚钱"思路应运而生。

本品以"永通万国"为主体设计元素，采用浮雕工艺，更好地还原古钱原貌，便于在掌间近距离感受钱币文化的魅力。

"永通万国"冰箱贴：永通万国冰箱贴是以"北周三品"之首的"永通万国"古钱币为素材。钱文采用了书法华美的玉筋篆，"永通"意为永远通行，"万国"示天下万国可用。永通万国冰箱贴，精巧美观，是融古钱文化和书法艺术于一体的纪念品。

冰箱贴以"永通万国"为主体设计元素，以设计元素为正面图案，底部印有"中国钱币博物馆""CHINA NUMISMATIC MUSEUM"中英文。采用彩绘冷瓷材质，在视觉上更为美观醒目。冰箱贴内置有磁铁，不影响其观看的立体效果，可吸附于任意磁铁可吸附的家具用品上。

"平安吉庆"行李牌：在我国古代，货币流通领域正式流通的钱币称为正用钱，为皇室、民间铸造的、非正式流通的钱币统称为压胜钱。压胜钱主要用于馈赠、玩赏、配饰等，以达到压胜、襄灾和祈福的理想，其种类繁多，形制各异，是中国古代丰富多彩钱币宝库中的一朵奇葩。压胜钱上的文字、图案多涉及传统文化、宗教艺术、社会风俗等，文化内涵极其丰富，是传承中华文明的一个特殊载体，具有很高的收藏和鉴赏价值。

"平安吉庆"行李牌是以"平安吉庆"压胜钱为素材。钱文"平安吉庆"是对人们出行平安、诸事顺遂的良好祝愿和企盼。"平安吉庆"行李牌，设计精巧，是融古钱文化和民俗文化于一体的纪念品。

"见钱眼开"眼罩：当下睡眠问题已成为大多数人的困扰，减少光的影响是创造健康睡眠环境的必须步骤。在睡觉或需要短暂休息时佩戴一个遮光眼罩，可以营造一个单独幽暗的睡眠环境，便于入睡，并保证睡眠的延续性及稳定性。

优雅生活的仪式感，每位讲究质感的生活家都希望拥有时尚别致的小物，见钱眼开眼罩以"北周三品"之首的"永通万国"古钱币为主体设计元素。钱文采用了书法华美的玉筋篆，"永通"意为永远通行，"万国"示天下万国可用。见钱眼开眼罩是融古钱文化和书法艺术于一体，将金钱的诱惑生动地浮现在眼前。

三　其他

博物馆"三定"调整方案于2017年由中国人民银行"三定"办公室批复，内设8个部门，馆领导4职，其中党委书记1职，馆长1职，副馆长2职（其中1名副馆长兼任《中国钱币》杂志主编）；部（室）正副主任15职。

外事交流：每年派员参加国际博协钱币与银行博物馆委员会会议。

中国妇女儿童博物馆
CHINA NATIONAL MUSEUM OF WOMEN AND CHILDREN

通信地址：北京市东城区北极阁路9号

邮政编码：100005

电　　话：总　机：010-65126655

办公室：010-65275567　预约参观：010-65269678

传　　真：010-65275117

网　　址：http://ccwm.china.com.cn

微信公众号：中国妇女儿童博物馆

类　　型：社会科学类（历史类）

隶　　属：全国妇联

批准建立时间：2010年1月10日

博物馆备案登记号：157

建筑性质：现代建筑

占地面积：5944平方米

建筑面积：35841平方米

展览面积：6020平方米

交　　通：公交1、52、728、39、10、90内、90外、111、108、684、106、116、110路等在东单站下车往东；地铁1号线、5号线东单站下车往东（全国妇联大楼北侧）。

开放时间：9:00—17:00（16:00停止入馆，周一闭馆）

服务设施：

停车场	纪念品商店	餐饮	语音导览	微信导览	无障碍设施	其他
有	有	无	无	有	有	无

概　述

　　中国妇女儿童博物馆是我国首家以妇女儿童为主题的国家级博物馆，主要职能是围绕服务大局、服务社会、服务妇女儿童和家庭，收藏、保护、研究、展示不同历史时期中国妇女儿童具有历史、艺术、科学价值的见证物，传播中华民族妇女优秀传统文化，开展主题鲜明的社会教育活动，与妇联系统、博物馆行业开展合作，做好对外交流。

　　中国妇女儿童博物馆是展示全国妇联工作和中国妇女儿童事业发展成就的平台，它既是全国妇联的一张亮丽名片，也是全国妇联的对外交流的温馨会客厅，在展现中国妇女儿童风采和历史变革，体现中华文化底蕴、社会价值取向方面具有独特优势。作为全国妇联直属的行业博物馆，馆里的每一件文物都是中国妇女儿童故事的讲述者，它本身就是一个宣讲中国妇女儿童故事的大讲堂。讲好党和政府推动性别平等和妇女发展故事、中国妇女奋斗圆梦故事、凝聚女性力量共建人类命运共同体故事，让世界更好读懂中国和中国的妇女儿童。

　　中国妇女儿童博物馆内设6个基本陈列和3个专题展览。馆藏文物及各类资料3万余件，从不同侧面反映了各个历史时期中国妇女儿童的生存状态、地位变化、文化习俗、杰出人物和社会贡献。2010年1月10日开馆至今，共举办展览108个，开展社教活动1000余场，社会效益日渐突显。

一　管理体制·机构设置

　　中国妇女儿童博物馆隶属于全国妇联。领导班子由馆长、常务副馆长、副馆长组成，目前馆长（法定代表人）由全国妇联党组成员兼任。部门设置包括办公室、研究部、文物部、陈列部与信息部、社教部、财务部、安防部、开放服务部。

二　藏品保管

中国妇女儿童博物馆藏品管理严格遵守国家有关法律法规，各项制度健全，账目清晰，保管妥善。日常保管工作及藏品提用过程中，严格规范操作流程，确保藏品安全。近年来，进一步完善藏品征集制度，根据博物馆性质与任务，有目的、有计划地开展藏品征集工作，以逐步构建科学的藏品体系为根本原则，以反映不同历史时期与妇女儿童相关的历史文物及史志资料为重点开展文物征集工作。2013—2018年共征集藏品2243件/套，涉及妇女儿童服饰、女性绘画、玻璃画、瓷器、玉器、家具等多个门类。根据国家文物局及北京市文物局要求，完成该馆全国第一次可移动文物普查工作。完成《中国妇女儿童博物馆文物预防性保护》项目申报，并获国家文物局、财政部批准立项。完成文物库房恒温恒湿机组及库房风道的改造检查、维修。协同具有修复资质的专业单位，编制《中国妇女儿童博物馆馆藏玻璃画保护修复方案》，并完成项目申报。对藏品开展研究，陆续完成"风尚与变革——近代百年中国女性生活形态掠影展""指间经纬——馆藏少数民族织锦展""剪得春风入卷来——馆藏北方妇女剪纸展"等自办展览的策展及多次巡展工作。出版《诗韵风华——李岚清书法篆刻集》《她们的世界——中国当代优秀女艺术家展览作品集》。

三　陈列展览

中国妇女儿童博物馆设6个基本陈列和3个专题展览，另外，还设有标准化临展厅，定期举办各类展览。基本陈列有古代儿童馆、近代儿童馆、当代儿童馆、古代妇女馆、近代妇女馆、当代妇女馆，专题展览有国际友谊馆、"走进新时代——中国妇女发展成就展"、"家和万事兴——家教家风主题展"。中国妇女儿童博物馆在2015年和2018年分别对展厅三层、二层和六层进行改陈，将原来三层的儿童玩具馆和儿童体验馆改造成为临展厅，将原来六层的女性服饰馆改陈为"走进新时代——中国妇女发展成就展"，原来六层的女性艺术馆改陈为"家和万事兴——家教家风主题展"。2013年至2018年，共举办各类临时展览83个，并推出巡展12个，其中"家和万事兴——家教家风主题"展览在2018年全国十大精品展览评选中荣获十大精品展览优胜奖，并巡展至全国16个省60多个地区。

四 社会教育工作

中国妇女儿童博物馆社会教育工作以服务妇女、服务儿童、服务家庭为主旨，以妇女儿童在历史发展中的地位、贡献和当代妇女儿童工作成果为宣传内容，全面贯彻马克思主义妇女观，大力推进男女平等基本国策和儿童优先原则，紧跟时代步伐，吸收先进的教育理念，从自身特色出发，紧紧围绕讲解服务、活动策划、志愿者队伍建设、资源单位共建等几大块工作，挖掘馆藏资源，发挥平台优势，整合社会力量，开展一系列公益的展览和丰富多彩的教育活动。先后获得全国科普教育基地、教育部全国中小学生研学实践教育基地、北京市爱国主义教育基地等荣誉称号。

在讲解服务方面。中国妇女儿童博物馆共有专职讲解员2名，社会志愿者近100名，全年向观众提供免费讲解服务。2013年至2018年，讲解队伍除了承担博物馆基本陈列讲解外，还承担了"烽火中的中国女性——纪念抗日战争暨世界反法西斯战争胜利70周年""永远的女红军——王定国百年传奇展""家和万事兴——家教家风主题展""砥砺奋进——中国妇女儿童事业五年发展成就展"等大型主题展览以及近百个馆际合作交流文化展览的讲解接待工作，并为100余个外国政府首脑和女性领导人提供外事接待。在2017年中国博协举办的"中国故事——全国博物馆优秀讲解案例推介展示活动"中获得专业讲解组"优秀奖"、志愿者讲解组"第一名"和"优秀奖"等荣誉称号。

在活动策划方面。中国妇女儿童博物馆自开馆以来积极探索，勇于创新，逐步理清独具该馆特色的社会教育活动脉络。先后举办了"童心齐颂祭先辈 巾帼精神代代传"清明爱国主义教育活动、"家和万事兴"家教家风主题系列活动、"民族精神"大讲堂活动、"家庭科普周"活动、六一嘉年华、盛夏亲子音乐会、"共享蓝天 快乐成长"特殊困境儿童北京寻梦之旅等主题特色活动，与此同时该馆还以民族服饰文化为依托，开展了"民族风体验营"、传统手工技艺体验以及汉唐女性妆容等独具特色的文化活动；此外配合临时展览开展的"我与大师面对面"活动，涵盖了绘画、科普、手工制作等特色环节，寓教于乐，雅俗共赏，深受观众们喜爱。

在志愿者队伍建设方面。中国妇女儿童博物馆2012年开始正式招募志愿者，六年来，志愿者们在博物馆讲解接待、活动组织、新闻宣传等岗位发挥积极作用。在北京志愿者联合会网站"志愿北京"频道开辟了博物馆志愿者团专区，开始尝试志愿者网络化管理。先后被评为"北京市志愿服务示范站"和"北京市博物馆志愿服务站"。2018年，该馆1名志愿者获得北京市五星志愿者称号。

在基地建设方面，中国妇女儿童博物馆从2010年起连续获批全国科普教育基地；2014年获批东城区爱国主义教育基地；2017年获批首批中小学生研学教育实践基地；

2018年获批成为北京市爱国主义教育基地。

五　学术研究

中国妇女儿童博物馆制定了课题管理办法，每年度拨专款用于支持馆内专业技术人员开展课题研究工作；完成了十几位杰出女性人物的口述史访谈工作，收集整理了大量人物资料和信息；加强了学术研究用资料信息的收集储备工作，通过多种渠道采集女性人物、近现代妇女史料、博物馆学等资料信息，信息库建设已初具规模。根据国家的重大历史节点和全国妇联工作安排，完成了多个原创性展览策划及大纲的研究撰写工作。为深化展览效果和延伸宣传，配合展览与讲解编辑出版了一系列图书、画册等宣传品，如编辑了《砥砺奋进——中国妇女儿童事业发展5年成就》《童真的畅想——第二届全国儿童剪纸展作品集》《童心的叙事——第三届全国儿童剪纸展作品集》《走进中国妇女儿童博物馆》等。结合妇女儿童主题与馆藏特色，编辑出版了《论妇女解放与妇女干部的修养》。2013年以来，相继完成了关于"新中国百位女性第一与中国梦""烽火中的女性——中国人民抗日战争暨反法西斯战争胜利70周年纪念展""永远的女红军——中国工农红军长征胜利90周年纪念展"以及"为幸福而奋斗——纪念改革开放四十周年"等展览项目的策划、调研与申报工作。近年，中国妇女儿童博物馆专业技术人员参加各类论文征稿活动，撰写、提交、发表了近20篇学术论文。

六　安全工作

为了实现科学管理，确保各项工作安全顺利进行，中国妇女儿童博物馆根据实际情况制订了安全保卫工作管理制度及应急预案。为了增强各部门、各级人员的安全防范和责任意识，提高全体人员做好安全工作的自觉性，更有效地预防各类案件和事故的发生，每年在全馆范围内签订《安全管理责任书》，实行"谁主管、谁负责，谁在岗、谁负责"的安全责任制，将安全工作落实到每个部门、每个职工、每个岗位，努力打造博物馆安全工作"零死角"；认真落实安全检查制度，做到馆领导每月查，部室领导每周查、各岗位职工每日查，节假日前重点查，在检查的过程中做到逐级检查，对照安全责任区及岗位层层抓落实，并对检查中发现的问题立即处理和整改；对安全工作中的问题，做到"三随时"，即随时听取安防部汇报，随时提出意见，随时参与解决，坚决消除安全隐患；加强安全检查力度，认真落实警卫巡查制度，并对巡查情况进行记录；坚持每年组织干部职工开展消防技能培训和实操演练，做到全馆干部职工都能掌握灭火器的使用方法以及消防水带的快速接通技能；组织职工每年不少于一次的安全知识答题和安全知识讲座等，提高了全体职工的消防安全意识和技能。

七　文创开发

2013年，配合基本陈列和重要的历史展览，该馆启动开发具有本馆特色的文创商品工作。2016年年底，该馆入选国家文化文物单位文化创意产品开发试点单位名单。5年来，共计开发文创商品120余种，范围涵盖了文具、玩具、服饰、日用品等多个品类。在开发模式上，从最初的自主设计开发发展到与多家文创公司进行了良好的沟通与合作，并努力了解和启动版权授权方式的文创开发工作。同时，该馆注重在各个市级和国家级的行业展会中进行宣传、推广工作，多次参加中国北京国际文化创意产业博览会（文博会）、中国博物馆及相关产品与技术博览会（博博会）等展会。在全国文博单位文化创意产品联展相关评选活动中，"锦绣前程·油纸伞"获得文博传承奖。

文化和旅游部恭王府博物馆
PRINCE KUNG'S PALACE MUSEUM, MINISTRY OF CULTURE AND TOURISM

通信地址： 北京市西城区前海西街 17 号

邮政编码： 100009

电　　话： 010-83288149

网　　址： http://www.pgm.org.cn/

微信公众号： 恭王府、恭小福

博物馆类型： 社会科学类（历史）

隶　　属： 文化和旅游部

批准建立时间： 2007 年 8 月

博物馆备案登记号： 079

建筑性质： 古代建筑（全国重点文物保护单位）

占地面积： 61120 平方米

建筑面积： 17000 平方米

展厅面积： 2000 平方米

交　　通： 乘坐地铁 6 号线，北海北站下车，B 东北口出。线路 1：沿三座桥胡同前行 200 米；线路 2：沿龙头井街前行 300 米。

开放时间： 旺季（每年 4 月 1 日至 10 月 31 日）
售票时间：8:00—17:00　入馆时间：8:00—17:00　清场时间：18:30
淡季（每年 11 月 1 日至次年 3 月 31 日）
售票时间：9:00—16:00　入馆时间：9:00—16:00　清场时间：18:00
除法定节假日外，周一全天闭馆

服务设施：

停车场	纪念品商店	餐饮	语音导览	微信导览	无障碍设施	其他
无	有	无	有	有	无	无

概　述

文化和旅游部恭王府博物馆以弘扬、传承中华优秀传统文化为己任，以文物保护为各项工作的前提，以旅游开放、特色博物馆建设为履行公共服务职能的手段，以文化空间营造为弘扬中华优秀传统文化的平台，以文化产业发展作为各项事业的保障，通过深入挖掘恭王府资源，协调社会优质资源，丰富恭王府的内涵，扩大外延和影响力。

2017年，恭王府获评国家一级博物馆，开始以国家AAAAA级景区以及国家一级博物馆的双重要求作为博物馆建设的标准。

一　内部建设

2013年制定全方位文物保护规划：一是补充完善《恭王府文物保护总体规划》，为北京中轴线申遗和什刹海大遗址保护增添了一个新亮点。二是编制了《恭王府文化及空间发展总体策划书》，为恭王府文化产业发展提供了思路。三是编制了《恭王府府域图册》，重新测量核实了恭王府府邸花园的各种面积数据。四是编制了《恭王府总体建筑功能和展览规划》。

2013年初恭王府实现了办公区与开放区、办公区与古建区的分离，占用古建的情况得到改善；2013年文物库房改扩建工程面积达到400余平方米，集安全技防、恒温恒湿系统、防盗、防火、监控等功能于一体。文献库面积120多平方米，可解决周汝昌捐献物品保管、防潮等问题；2013年新建了图书阅览室，面积300余平方米，藏书2万余册。同时整理扫描了恭王府80年代以来的工程图纸千余份，保留了珍贵的工程资料；2013年集学术交流、举办讲座、业务咨询研究、外事接待等多种功能于一体的"王府书院"正式启用。

"消防、安防系统改造工程"从2015年11月底动工至2016年4月完工，历时137天。改造工程有效地消除消防、防盗方面的安全隐患，大大提升了文物保护安全防范工作的技防和物防水平。

二 景区建设

全面开放以来，游客数量持续增长，要求日益提高。恭王府对AAAAA级景区建设和维护工作从未懈怠，持续加大在基础设施、服务质量、生态环境等方面的投入，为观众提供舒适便利的参观环境和人性化服务。

2015年增设景区管理办公室，统筹国家级旅游景区建设工作。每天不定时巡视开放区域，及时纠正人员的不规范行为，报修服务设施问题。2015年初首次调整淡季开放时间，实行每周一全天闭馆整修，使景区得到修养。2015年首次核定恭王府景区承载量，2017年增加游客流量监测系统。

景区景观改造及升级。2013年，恭王府对花园进行了整改，实现了三季有花，四季常绿的目标。2014年与林业大学、园林科学研究院制订植物景观改造方案，恢复王府的园林景观。与北京植物园签订战略合作协议，为植物日常养护工作提供支持。自2015年起每年10月，恭王府联合北京市植物园、北京颐和园举办秋季菊花展和桂花展，填补了秋冬季节绿化工作的一处空白。

不断优化服务设施和服务内容。推进智慧化博物馆建设，启动电子票务系统升级改造方案；2015年恭王府将游客服务中心改造成游客服务大厅，集旅游咨询、行李寄存等一站式服务，设施更加完善、服务更加便捷。增设游览服务大厅，满足不同游客的需求。2018年，新改建的总值班室投入使用，24小时有人值守；增加自助讲解设备；推广手机二维码、手机导览等，为游客提供多种选择；安装了可供游客休息并可以防寒的木质座椅40余组；以优质标准做好"厕所革命"。2014—2017年的4年间，新改建旅游厕所6处，新增第三卫生间2处，改扩建面积达390平方米，总投资达400余万元。在满足观众需求和实用功能的同时，突出文化特色和节能环保；增加园区疏散通道，加强重点展厅、景点的布控；景区门前路段加装护栏，实现人车分流，确保游客安全；更新了景区高清违章停车自动检测系统，净化景区周边交通环境；优化验票程序，提升游客进园秩序。

规范旅游秩序。修订博物馆开放规定，打击逃票、窃票行为，推行导游窃票黑名单，定时约谈旅行社负责人；验票员、安全巡视员不定时分批换岗，避免熟面孔勾结；岗位负责人轮流盯岗，做到无监督死角。与景区属地公安、交通、城管、旅游等多部门加强联系，形成合力，对黑出租、黑导游、无证商店、游商小贩进行了集中打击，有效净化了恭王府周边的旅游秩序。

2014年信息化建设工作取得新突破。一是建成了涵盖行政管理、综合服务、资源管理及综合安防等多个信息化平台。二是完善了网络布局，使游客在各个角落都可以享受到便捷的无线网络服务，同时大大提高了员工工作效率。三是推进文献资料及文物信息电子化工作。四是完成了恭王府网站的改版，英文版网站上线。五是加强官方微博、微信建设，使之成为与公众交流互动的重要平台。六是"基于物联网和云计算技术的文物保护单位的管理系统研究与示范"课题成功入选了2014年度国家文化科技提升计划项目。

2017年"良辰美景·恭王府2017年非遗演出季"、恭王府与《红楼梦》系列讲座、海棠雅集等文化活动，首次运用包括VR直播技术在内的互联网视频直播手段，实现了线上线下的双重观演体验，让更多的观众共享活动盛况。

三　非物质文化遗产

2014年初成立综合业务处，负责非遗项目展览展示、学术研究等工作，同时成立"中国非物质文化遗产生产性保护系列活动组委会"。文化部批准恭王府为"国家非物质文化遗产展示保护基地"，主要负责国家非遗项目的定期展览展示活动。在府邸东二区建设了"中国非物质文化遗产——中华传统技艺精品馆"，2016年设立"传统工艺创意生活馆"，连同中华传统技艺精品长廊一起，形成"四点一线"的规模。

提高学术研究能力，提升非遗展览展示水平，形成独具特色的展览、展示、展演、展销和研讨、研究、研修的"四展三研"多位一体工作模式。坚持"以研带展、以展促研、四展三研"的工作定位，本着"进入生活、适度规模、提升空间、凝聚品牌"的方针，先后与江苏、河北等省合作，举办了木雕、年画等中华传统技艺的展览展示。2015年"中国非物质文化遗产——中华传统技艺分类保护研究标准"立项。

恭王府非遗展览把扎实的学术研究、深入的田野考察、生动的情景再现和系统的学术梳理结合起来，在展示非遗项目本体的同时，注重对非遗产生的山川地理、历史传统、风土人情和文化生态的挖掘，力求立体完整地展示给观众，从而诠释"非遗来源于生活，并终究回归生活"的理念。

广泛与院校、地方政府、各行业协会及文化机构开展合作，形成优势互补、资源共享，共同推进传统工艺振兴。先后与中国社会科学院研究生院、北京建筑大学、四川大学开展教学合作，共同培养非遗专业人才；与苏州高新技术开发区成立苏绣研培中心，共建苏绣协同创新中心；与中国民俗学会共建"中国二十四节气研究中心"，与中国纺织工业联合会共建传统纺织印染绣技艺协同创新中心，与中国工艺美术学会共建"传统工艺协同创新中心"，与忻州市人民政府成立文化部恭王府博物馆"驻山西忻州（静乐）传统工艺工作站"。

打造特色项目。配合"2017文化与自然遗产日"，恭王府策划举办了"锦绣中华——2017中国非物质文化遗产服饰秀"系列活动，举办8场服饰秀，5场静态展览展示，3场学术研讨会，共展出服饰400余套，演职人员1000人次，现场观众4000人次。这是恭王府首次举办大型活动，活动取得了空前成功，得到了社会各界的广泛认可。2018年"锦绣中华"品牌影响增强。以"多彩非遗，美好生活"为主题的2018"锦绣中华——中国非物质文化遗产服饰秀"系列活动，历经6天，14场以中国非遗为主题的"动态"服装服饰秀展演和3场以中国传统工艺振兴探索与实践为主题的学术研讨会，集中展示了苗绣、夏布等非物质文化遗产项目与现代设计的结合，将古老的非遗之美融合当下的摩登艺术，以时尚的服饰秀方式呈现在人们面前，展现了振兴中国传统工艺、非遗走进生活的盛况。"锦绣中华"品牌作为极具中国特色和中国风格的传统纺染织绣类非遗活动，成为我国非遗保护工作优秀实践成果之一。

以非遗展览展示为抓手，文化助力精准扶贫。2017年结合当地特色资源，利用恭王府平台，举办了"欣欣向荣 心灵之舟——山西忻州文化遗产精品展示月"系列活动，集中展示忻州的自然与历史文化遗产。山西忻州（静乐）传统工艺工作站于2017年10月13日挂牌成立。围绕"精准文化扶贫"和"振兴传统工艺"的要求，充分发挥脱贫攻坚中"扶志"和"扶智"作用。与忻州市政府签署战略合作协议，举办静乐剪纸传承与发展研讨会等学术活动，投入资金购买静乐剪纸作品，引入文化公司与静乐剪纸手艺人签约，帮助其逐步形成特色文化产业。在恭王府非遗长廊开设窗口进行非遗扶贫展销，通过恭王府的平台，已经有6种以上忻州农副产品进入北京市场销

非遗服饰秀现场

售。大力培养非遗传承人，2018年忻州上百名领导干部、从业人员在中央美术学院等得到了专业培训。

四　学术研究

搭建全方位的学术研究平台。2013年恭王府先后成立了古典家具研究中心、古建园林研究中心等研究保护中心。与中国红楼梦研究会、中国昆剧古琴研究会等建立了战略合作关系，为业务发展建立了学术交流平台。2014年与中国社科院研究生院等科研院校建立合作关系。2016年设立学术研究委员会，发挥专家的传帮带作用，重视专业人才的培养。

2013年恭王府以清代王府文化为主题，举办了"第十一届清宫史研讨会"。近年来开展了清史、展览、典藏、公共教育等多方面研究工作。

五　文物征集

恭王府依托清代王府遗址而建，古建筑基本保留原貌，但内部文物流失严重。恭王府的藏品征集工作遵循"突出藏品系列，优先用于展线"的原则，重点收藏与王府文化密切相关、有较高价值的藏品。同时利用举办展览和活动，进一步丰富馆藏。通过这些努力，文物馆藏实现了突破。

2012年之前，恭王府的文物藏品数量仅有800多件/套1000余件。2013年恭王府在文物征集工作中喜获丰收。北京海关于2013年7月将20世纪80年代以来罚没的走私文物艺术品正式移交恭王府。这批文物极大地丰富了恭王府的馆藏；恭王府接收了著名木器收藏家张德祥先生捐赠的25件明清时期中国古典家具和台湾收藏家卢钟雄先生捐赠的100部贝叶经；在周汝昌先生逝世一周年之际，其家人将周汝昌生前的全部著作、手稿等遗物捐赠给恭王府。这批文献的入藏使恭王府成为红学研究和近代文化史研究的重要基地。

2015年完成恭亲王溥伟"恭亲王""锡晋斋"双面芙蓉石印章的入藏。2016年是溥心畬先生诞辰120周年，征集溥儒书画作品和相关文物，极大地丰富了馆藏，使恭王府的溥心畬藏品无论是数量还是质量在国内居于前列。在此基础上，举办了溥心畬诞辰120周年特展。

2017年征集到恭王府旧藏清白玉鸟形盒（1对），是继清康熙郎窑红荸荠瓶和2014年征集翡翠苍龙教子纹双耳盖瓶之后，第三件回流的旧藏文物。由于搜集流失文物的线索十分艰难，因此这些文物的回归尤为珍贵，对丰富恭王府馆藏和研究清代王府文化具有重大意义。

六 展览

恭王府展览以王府生活场景、恭王府历史人物为主体,红楼梦、福文化、家具、老照片展览为辅助,文物、园林艺术展览为补充,对外交流展览为纽带,呈现出多样化的特点。基本陈列、专题展览、复原陈列、原状陈列、准复原陈列、临时展览、特展等不同类型的展览互为补充、交相辉映。在展览策划上始终坚持展览内容与恭王府传统建筑园林氛围相契合的原则,展品要求既能够反映传统艺术的时代发展,又可以表现优秀文化的传承脉络。

2013年,恭王府对"历史沿革展"与"博物馆建设成就展"进行了重新设计,以恭王府历代府主和珅、奕䜣等为主线组成的"历史沿革展",改变了王府内无历代府主展的状况。"馆史展"集中展示恭王府管理机构的历史沿革和奋斗历程。

2017年展览展示体系更加完善,特色更加鲜明。围绕"艺术展、文物展、非遗展、影像展、园林展"五大展览体系,恭王府秉持"专业水准、注重品质、加强学术"的展览理念,突出情境式展览和"精、雅、文"的办展特色,加强"以展代藏,以展促研"运作模式,提升"策展人负责制"的策划水平。展览内容形式愈加丰富多样,既注重展现艺术水准和丰厚人文内涵,又注重弘扬社会主义核心价值观和主旋律。

观众互动和亲身参与是2017年展览的一大特色,"普洱熟茶渥堆技艺精品展"让观众可以亲自制作茶饼,体验普洱茶的传统制作技艺;"青海热贡唐卡研究成果展""传统苏绣精品展"等展览特别聘请传承人和技师现场演示。

恭王府历史沿革展

2018年"恭王府中青年艺术季"项目为中青年艺术家提供平台，以"观照的理想"为主题，通过中青年艺术群体的艺术成果，弘扬当代中国奋发自强、创造进取的时代精神。

七　公共文化空间

围绕"打造活态文化空间弘扬中华传统文化"的主题，恭王府开展一系列精彩纷呈的文化活动。元旦欣唱、纳福迎祥过大年、春分祈福、海棠雅集、端午诗会、昆曲古琴演出季、梅香雅韵、中秋寄唱等相继登场，亮点不断，异彩纷呈，成为恭王府的一张张文化新名牌。

"活态文化空间"的成功打造，是恭王府因地制宜、因陋就简，用后天勤勉弥补先天资源短板的奋斗历程。恭王府将文化活动融入历史空间、将"游园"打造成为"文化之约"，自觉肩负文化担当，让6万平方米有限的空间变成无限，让宝贵的文化遗产活起来，让观众了解历史、感受文化。

举办"探究式非遗系列课程""快乐暑期——王府少年讲堂""魅力北京，魅力恭王府——文化志愿者讲述团走进社区"等公益活动。被北京市西城区文委推荐为"社会大课堂优秀资源单位"，被西城区旅游委推荐为"旅游服务进社区"典范。

发挥博物馆教育职能，联合中小学校实现资源共享。"王府课堂进行时——绚烂暑期"开办了国画、传拓技艺等主题活动，数百个家庭参与；年画、法琅制作技艺走进史家小学、厂桥小学；"游王府·学历史·品文化——馆校联盟"教育活动，聘请馆内王府专家为北京四中400名学生，讲解清代历史和古建规制，师生对"游学式"讲解特别赞同。

志愿者针对不同人群设计不同的讲解内容，实行"定制式"服务。志愿者每周六日演出自编自演的历史情景剧《恭王府的主人们》等剧目，使游客了解王府历史。志愿者新创的情景剧《和珅奉膳巧荐红楼梦》在"曹雪芹红楼梦演出季"活动，荣获"最佳组织奖"和"最佳节目奖"。2014年开辟了志愿者"恭王府传拓技艺坊"，为游客普及传拓技艺。恭王府志愿者服务示范站获评首批"首都学雷锋志愿服务示范站"，全市旅游单位仅有两家获此殊荣。自2015年起，志愿者队伍在五一、十一旅游等节假日高峰期为游客提供参观引导。

八　经营活动

2015年8月，成立恭王府文化创意办公室，负责文化创意组织协调等相关工作。

延伸品牌文化活动，打造恭王府文化新IP。对"海棠雅集""良辰美景""中秋寄唱"等一系列精彩纷呈又影响较大的文化活动进行梳理,在"恭王府""天下第一福"基础上形成了恭王府新IP品牌,并进行注册保护,配合活动研发配套衍生文创品的"文化活动+文创产品"模式,成为恭王府文创发展的新亮点。

重视知识产权和品牌保护工作,集中整合注册了一批商标,为文创产品开发、文化活动开展和经营活动打下良好基础。主动出击,加大对侵权的打击力度。100余家侵权商家受到了淘宝电商平台产品下架、封店等不同程度的惩罚。

加大文创产品研发力度。梳理恭王府"四张名片"蕴含的文化资源,采取文化授权及合作等方式,广泛利用社会资源,加大产品开发力度。先后与周大福珠宝金行有限公司等8家企业签署了授权开发协议,全年共推出十几个类别数百种文创新品。向文化部申报了《恭王府文创品牌提升计划2.0》项目,计划用时5年,总投资3000万元,以恭王府历史文化为基础,以福文化为依托,打造知名文化品牌,提升恭王府文创产品的品质。

确立了"创意是核心、模式是关键、市场是根本、管理是基础"的文创理念。进一步加强文创产业队伍的建设,通过成立"文创授权小组",与高校、机构合作,吸引社会力量,为恭王府文创发展储备人才;构建了一支拥有开发、营销能力的队伍,初步建立了开发设计师库、供应商库、合作机构库、衍生商品储备库,为文创产品的可持续发展提供了支撑保障。

恭王府制定了创意产品开发、人才共享、品牌建设以及吸引社会力量参与产品研发生产经营等四个方面的措施,采取引进、合作、授权等形式,加强与院校、企业及相关机构的合作,打开了恭王府文创工作新局面。2016年,被文化部批准为文创产品开发试点单位,并入选首批十个"全国博物馆文化创意示范单位"。

加大品牌宣传力度,提升恭王府总体形象。加大了对新媒体的运用。开启"内容+渠道"模式,将馆内"祈福大典""非遗演出周""红楼书院"等文化活动在"新浪""今日头条"等网络平台进行直播,吸引大量年轻观众的关注,对树立品牌形象起到了良好的作用。积极参与文化创意产业博览会等各类展会活动,展示恭王府文化及文化创意产品,进行市场调研,寻找合作伙伴,学习先进经验。

建立准入退出机制,采用末位淘汰制,确保了在售文创商品的良性循环,激发文创产品创新活力。

九 对外交流与合作

2013年8月,由恭王府策划主办的"2013恭王府论坛——中欧王府与古堡遗址博物馆发展之道"以"建立合作机制,规划合作项目,共同促进中欧遗址性博物馆的保护与利用"为主题,吸引了来自欧洲11个国家的18家王宫与古堡博物馆,以及中国9家知名历史文化遗址的代表和业内专家参加。大家共同就中国王府和欧洲城堡的历史、人文、遗产价值、保护利用、文化传播、旅游资源、合作模式等多方面展开深入的探讨与交流。此次论坛是恭王府首次举办的大型国际论坛活动，也是国内第一个以"中国王府与国外古堡发展"为主题的论坛活动。以全新的视角，为各国同行之间搭建了一个相互沟通、学习、展示的平台，促成中欧历史文化遗址合作。

园林之光国际项目自2013年8月启动至今，汇集了包括中国恭王府、波兰瓦津基博物馆、俄罗斯叶卡捷林娜宫、德国巴德穆斯考公园和法国吕内维尔城堡等多家国际博物馆，共同开展主题文化活动和合作交流项目，极大地推进各国博物馆在园林景观艺术方面的沟通与协作。

中波建交65周年之际，2014年8月由恭王府承建的"中国园"项目于在波兰华沙皇家瓦津基公园博物馆正式落成，扮靓了波兰古老的皇家园林，成为波兰人民了解中国文化的窗口。

2015年5月，由丹麦发起，北欧国家及英格兰等国的博物馆和美术馆参与的第五届"雅各布森"肖像艺术大展在丹麦首都举办，恭王府是这届活动的主宾国组织单位。很多作品斩获多项国际大奖。

建立和发展多边对外友好关系。2015年与美国博物馆联盟、加拿大皇家不列颠哥伦比亚博物馆、美国布莱恩特大学、新西兰基督城坎特伯雷博物馆等开展交流等。

除了"走出去"，恭王府还将西方文化"请进来"。由墨西哥外交部主办的"白银之国——墨西哥历史与未来"银器展在恭王府与中国观众见面。

恭王府的对外文化交流工作，建立和发展了双边及多边对外友好关系，增进了国际社会对中国文化的认识和理解。

孔庙和国子监博物馆
BEIJING CONFUCIAN TEMPLE AND THE IMPERIAL COLLEGE

通信地址： 北京市东城区国子监街13—15号

邮政编码： 100007

电　话： 010-64057214

网　址： http：//www.kmgzj.com/

电子邮箱： kmgzj@126.com

微信公众号： bjkmgzj

博物馆类型： 社会科学类（历史）

隶　属： 北京市文物局

批准成立时间： 2008年4月24日

博物馆备案登记号： 130

建筑性质： 古代建筑（全国重点文物保护单位）

占地面积： 5.2万平方米

建筑面积： 2万平方米

展览面积： 0.85万平方米

交　通： 地铁2号线或者5号线在雍和宫下车，从C口出，向南走，孔庙就在国子监街的马路上；公交乘104、108路到方家胡同站下车，往北走100米看到国子监街牌楼右拐直走。

开放时间： 旺季：8:30—18:00（5月—10月，17:00停止售票）；
淡季：8:30—17:00（11月—4月，16:30停止售票）；
周一闭馆。

服务设施：

停车场	纪念品商店	餐饮	语音导览	微信导览	无障碍设施	其他
无	有	无	有	有	有	无

概　述

　　孔庙和国子监博物馆位于北京东城区安定门内国子监街（原名成贤街），与雍和宫大街相邻。国子监街两侧槐荫夹道，街道东西两端和国子监大门两侧都筑有牌楼彩绘，是北京仅存的建有四座旧牌坊的古建街，国子监街形成于元代，历经明清延续至今，而元朝修建的用于宣扬教化，兴孔子文脉圣地的国家最高学府的孔庙和国子监博物馆正位于这一传统古街的中心位置。国子监街是北京城内现存不多的古老街道之一，有四通八达的便利交通，西端连着唐代大文学家韩愈的韩文公祠、始建于明代的火神庙、祀灶王爷的灶君庙等历史遗迹；东端连着雍和宫，历史文化遗产众多，文化气息浓厚，是一块充满经济潜力和文化魅力的价值地段；北端邻近中国现存的最大的祭地之坛——地坛公园，有着丰富的旅游价值和人文价值。

　　北京孔庙和国子监始建于元代，历史上曾是元明清三代教育教化的中心，是国家"行礼仪，宣教化，昭文明而流教泽"的重要场所。自2005年开始，经过修缮基本恢复了清初时期孔庙和国子监的规制和格局，这两座具有700多年历史的古建筑群已成为古都北京历史文化与教育的重要标志，其文物古建的价值堪与紫禁城媲美，成为中华民族文物宝库中的一朵奇葩，这里既是学习和弘扬中华传统文化，开展礼仪和道德建设的理想阵地，也是吸引中外宾客参观游览和促进中外文化交流的圣地。

　　一是打造五大文化品牌。依据北京市文物局的工作部署，结合市委市政府《关于大力推进首都功能核心区文化发展的意见》和孔庙国子监自身的历史文化内涵与博物馆的功能定位，大胆探索，勇于创新，紧密结合博物馆的实际，以突出举办特色文化活动为抓手，以"中国传统节日文化活动""孔庙国子监国学文化节""国子监国学大讲堂""大成礼乐展演"和"大美寻源"系列书画展等五大文化品牌为载体，开展博物馆展陈、社教和文化经营的创新，进一步提升博物馆环境设施，取得了社会效益和经济效益的双丰收。2015年，观众量115万人，观众接待量持续增长，到2018年底，观众量突破160万人，博物馆社会知名度显著提高。特别是一年一度在馆内举办的祭孔大典，引导人们缅怀先圣先贤，弘扬中华优秀传统文化，在继承中创新、从延续中开拓，提高民族素质、增强民族自信、振奋民族精神，引起了广泛的社会反响。2015年12月，孔庙和国子监博物馆推出了北京孔庙"中国礼乐文化进校园"展演活动，这是大成礼乐演出的升级版，是博物馆充分利用自身的资源优势和社会影响力，服务社会的又一重要举措，对于推广中国礼乐文化，让文物活起来，使之在更大范围宣传北京孔庙特有的文化内涵和儒家思想精髓，弘扬中国传统礼乐文化等方面都发挥了积极作用。

二是建设"四大基地"。孔庙和国子监博物馆是"北京市青少年科普教育基地""北京市爱国主义教育基地""北京市廉政教育基地""北京市社科普及试验基地"。抓好这"四大基地"建设，全力打造以孔庙、国子监为中心的国学文化展示区，充分发挥博物馆的教育传播功能，传承国学文化、发扬国学精粹、展示国学风貌，为加快首都功能核心区文化发展战略做出了积极贡献。特别是孔庙和国子监博物馆作为廉政教育基地推出的"中国古代官德文化展"，先后接待了中央、市区各级行政、企事业单位党员干部及各界群众910批、37934人次，开创了博物馆专题展览观展人数的历史之最，在全市范围内掀起了参观"官德展"的热潮。

博物馆先后荣获"全国文物系统先进集体""中国孔庙保护协会先进单位""北京市文物局综合考核优秀单位"等称号；连续三年获得"首都文明单位标兵"称号，获得北京市委评定的"思想政治工作优秀单位""安定门街道共驻共建优秀党组织""首都全民义务植树先进单位"等荣誉。

一 基本情况

孔庙和国子监博物馆秉承着"国学、博学、修身、修为"的博物馆宗旨，坚持"高效、严谨、安全、和谐"的工作理念，促进博物馆平稳顺利又好又快地发展，努力为北京文博事业添光彩。

孔庙原为首都博物馆馆址，国子监原为首都图书馆馆址，2005年，两单位先后迁出。同年3月25日，经北京市机构编制委员会办公室批准，成立了孔庙和国子监管理处。2008年4月24日，孔庙和国子监管理处更名为孔庙和国子监博物馆。2008年6月14日，孔庙和国子监博物馆挂牌并正式对外开放。如今，孔庙和国子监博物馆已成为宣扬中国文化和进行国学教育的重要阵地。孔庙和国子监博物馆现任领导为陈静书记（兼任馆长）、高树荣副馆长，下设形成了办公室、社教部、人事保卫部、财务物业部、研究部、文物保管部的"五部一室"办公体制，事业编制人数56名，共有工作人员123人。

二 陈列展览

北京孔庙和国子监以其悠久的历史、独特的建筑风貌、深厚的历史文化内涵闻名于世。在当前传统文化重回人们视野并越来越受到重视的大环境下，"重读经典""国学复兴"等都已成为流行的趋势和口号，孔子和儒学也得以重回人们的记忆之中，孔庙作为儒学重要载体的文化价值随之也被再度彰显出来。因此，博物馆在进行对孔子和教育制度研究的同时，充分利用现有馆藏资源和社会资源，不断发挥其功能，深入开展大型专题展览活动，为传统国学文化的弘扬与传承贡献力量。迄今为止，已经推出了"国子监辟雍复原陈列""国子监原状陈列展""中国古代科举展""大成殿复原陈列展""大哉孔子展""孔庙历史沿革展"等多个固定展览。通过实物、图片、视频、场景、人员讲解相结合的方式，介绍孔子及思想、儒家文化、古代教育、科举制度等，让观众真切地感受中国传统文化的魅力。此外还按照"文化自觉、文化自信、文化强国"的要求确定博物馆的发展思路、目标任务，积极开展各类临时展览工作，积极挖掘社会资源，通过政府、博物馆和文化公司合作，共同搭台唱戏，实现互利多赢之目标。2013—2018年，每一年都开展了大量的活动，相继举办了包括"金榜题名——中国古代科举展""精研·博取——中国传统书画小品展""喜迎党的十九大'琴心诗梦'古琴展""凝固的乐章——北戴河老别墅摄影作品展""千彩焕花神——传承宫廷珐琅彩、演绎十二花神杯特展""'漆彩生活'国家艺术基金成果展""'大美寻迹，翰墨薪传'曹子玉书法艺术展"等在内的30多场形式多样的展览活动，取得了社会效益和经济效益的双丰收。

三 社会教育、文创开发

2013年至2018年，社教工作依托博物馆资深悠久的历史和丰厚的文化资源优势，逐步优化整合，开拓创新，不断研究探求新途径、新方法，开展了许多独具博物馆特色的宣教文化活动，并逐步形成了一系列品牌活动。

为了能更好地为观众提供参观服务，博物馆于2013年起设立每日定时免费讲解服务。2015年又更新了多语种语音导览设备，可供不同语言需求的观众使用。与此同时，随着微信功能的普及，增设了微信语音自助导览功能。观众只需用微信扫描二维码后进入程序，就可获得免费的语音讲解介绍，便于观众自助参观。在保障日常讲解工作的同时，博物馆还顺利完成了各类重要接待任务，如2013年，"廉者仁心——北京古代廉政历史文化展"在国子监艺术展厅开展，展览历时两个月余，先后接待了中央、市区各级行政、企事业单位党员干部及各界群众140余批次，参观人数5000余人；孔庙和国子监博物馆作为市廉政教育基地于2014年3月开办了中国古代官德文化展，自官德开展以来，仅官德展展览讲解接待近千批次，约六万余人次，包括中央、市区各级行政、企事业单位党员干部及各界群众。此外博物馆还顺利完成"9·3阅兵""一带一路""非洲论坛"等各类会议期间的重要讲解等一系列重大的接待任务。

2013—2018年，孔庙和国子监博物馆的社教活动从单一的讲解参观到仪式和互动活动体验，活动形式不断创新发展。2017年为了更好地落实中央关于宣扬优秀传统文化的指示精神，丰富和创新传统的博物馆社教活动形式，增强传统文化对青少年群体的普及力度，博物馆申请到东城区科委专项资金开发《青少年互动教育课件开发》项目。课件内容是通过多媒体的动画技术展现博物馆特色文化内容，并通过教学终端进行多媒体互动操作。此后，博物馆还通过展板和多媒体形式将博物馆文化活动送进校园和社区。这些创新的社教活动形式都深受观众的喜爱，获得热烈反响，活动预约供不应求，博物馆的社教活动场次也是逐年增长。目前，社教活动已逐步品牌化，按不同主题划分系列，如：传统节日系列宣传活动；传统文化进校园进社区系列活动；巡展活动；以及其他类别的主题活动。

随着博物馆社会知名度的不断提升，越来越多的社会团体和个人自愿加入到志愿者队伍中来，宣传传统文化，服务社会。从2013年开始，孔庙和国子监博物馆与东城教委联合组织中学生开展双语导游志愿者讲解服务活动；2016年又与首都经济贸易大学外国语学院签订爱国主义教育实践基地的共建协议，由学校为博物馆输送热爱

国子监辟雍

传统文化，热心志愿服务的学生到博物馆参与志愿服务实践。2017年，北京外国语大学自强社的同学们也加入其中。此外，博物馆还通过社会组织招募社会志愿者，志愿者们经过严格的培训和考核后上岗服务。到了2018年，孔庙和国子监博物馆现有志愿者已达到52人，五年来累计服务时长约3700小时。志愿者队伍已成为博物馆一线服务的有力补充。

五年来，为积极响应和进一步落实党中央关于弘扬中华优秀传统文化的号召，更好地适应博物馆市场化发展的需要，孔庙和国子监博物馆经市场调研学习，深入挖掘博物馆文化底蕴，陆续推出了紫藤花系列、科举文化系列、儒学文化系列等10余种文创产品。这些文创产品立意新型、内涵深厚，用于配合博物馆日常宣传活动，获得了社会各界的喜爱。

四　藏品保管

孔庙和国子监博物馆领导班子高度重视文物藏品的保护工作，不断完善藏品管理和保护的相关制度，形成了一整套具有可行性、科学性的文物藏品保管规章制度。2013年1月至2016年12月，完成国家文物局第一次全国可移动文物普查工作。该项工作分为三个阶段：第一阶段为文物认定信息登录阶段，完成了馆藏等级文物和一般文物照片的拍摄工作，拍摄了约15000张、140GB的文物照片；第二阶段为资料整理汇总阶段；第三阶段为数据审核报送。最终圆满完成第一次全国可移动文物普查工作，共提交1847件/套文物藏品信息。2017年完成了11件/套藏品的鉴定、定级、登账、建卡、入库工作。截至2018年12月31日，馆藏一级文物18件/套，二级文物580件/套，三级文物469件/套。

博物馆藏品保护、管理基础工作稳步发展。2015—2017年，先后完成了乾隆石经《十三经》刻石测绘三维扫描，孔庙国子监御制碑三维扫描，以及进士题名碑（120通）三维数字化扫描采集等馆内刻石文物三维数据采集工作。2017年完成了馆藏参考品、资料、展品的清库工作。2018年完成了博物馆藏品总登记账电子化工作。2018年还为部分馆藏文物、藏品配置了囊匣、衬垫，达到了防尘、防潮、防光，减少损害，延长藏品寿命的效果。

五　学术研究

开展有关孔子和科举制度的研究与编辑工作是博物馆的一项重要职能，近年来，博物馆依托孔庙和国子监所拥有的文化、文物、场地等资源，积极组织博物馆专业技术人员开展与本馆历史传统相关的学术研究工作，取得了一系列成果。2013—2018

年以来，孔庙和国子监博物馆的学术研究主要集中在孔庙、国子监本身以及孔子、孔庙和科举制度方面。每年出版论文集《孔庙国子监论丛》一部，刊载有关儒学、博物馆学、古代教育等方面的研究成果。出版的相关科研著作有《北京孔庙国子监匾联考辨》《续修国子监志》和《新编国子监志》等。其中《孔庙国子监论丛》为馆内外研究人员提供了一个学术文化平台，日益成为博物馆展示优秀学术成果、拓展对外文化交流的重要窗口，同时也不断为博物馆推出的各项陈列展览及大型文化活动提供智力支持。

六　安全保卫

"安全工作是文物工作生命线"，孔庙和国子监博物馆领导对安全工作十分重视，深刻认识到安全工作是博物馆各项工作的基本保障，成立了安全领导小组，认真落实"党政同责、一岗双责"的安全工作制度，每年实行安全责任书层层签订，严格落实主体责任。突出抓好重大节日、活动期间的安全值班值守工作。2013—2018年间，博物馆对馆内的安保系统和设备进行了一系列的升级改造，其中对安防监控系统的完善和对视频监控系统电源线的改造，使馆内监控真正实现了全天候无死角；对防雷系统进行改造，为雷雨季节的文物安全提供了可靠保障；对视频防火报警设施和消防报警系统的改造，使消防预警体系更加快捷及时；对孔庙院配电线路系统改造，降低了电气火灾的隐患风险，确保了用电安全。同时，还完成了贵宾室的改造、装修，提升了博物馆贵宾的整体接待水平。

北京大学赛克勒考古与艺术博物馆
ARTHUR M. SACKLER MUSEUM OF ART AND ARCHAEOLOGY AT PEKING UNIVERSITY

通信地址： 北京大学赛克勒考古与艺术博物馆

邮政编码： 100871

电　　话： 010-62751667

传　　真： 010-62751667

网　　址： http : //amsm.pku.edu.cn/

微信公众号： 北京大学赛克勒考古与艺术博物馆

隶　　属： 北京大学考古文博学院

博物馆备案登记号： 038

性　　质： 社会科学类（历史）

建筑性质： 现代仿明建筑

占地面积： 4000平方米

建筑面积： 4000平方米

展厅面积： 2000平方米

开放时间： 全年开放（正月初一至初六休息）
　　　　　　9:00—17:00开放，16:30停止入馆

交　　通： 乘坐332路、584路、夜8路、运通106路、运通114路、运通118路、运通124路到北大西门站下即可。

服务设施：

停车场	纪念品商店	餐饮	语音导览	微信导览	无障碍设施	其他
有	无	无	无	有	无	无

概　述

北京大学赛克勒考古与艺术博物馆坐落在北京大学鸣鹤园中，作为中国高等院校中首座考古专题博物馆，该馆积极致力于教学、科研和为社会服务，为学习中国考古学和博物馆学的学生提供标本观摩和教学实习条件，积极协助中国考古学研究，展示中国考古学工作成果，宣传普及考古学知识，弘扬中国传统文化，积极开展文物、考古学和博物馆学领域的国际学术交流，增进世界人民的相互理解和友谊。

一　基本情况

北京大学赛克勒考古与艺术博物馆，系北京大学与美国友人阿瑟·赛克勒博士合作建立，于1986年9月奠基，1989年7月破土动工，1992年10月建成，1993年5月27日正式开馆。

现有藏品数万件，包括石器、铜器、甲骨、陶器、瓷器、书画、碑帖等几大类。其中多为中国考古学各时期的典型标本，如周口店北京猿人石器，新石器时代不同考古学文化的代表性器物，商代甲骨文，山西曲村西周古墓葬出土的铜器、玉器等，还有陶器、钱币、封泥和民俗文物等。这些藏品始于20世纪20年代北京大学考古研究所国学门考古学研究室，以后陆续汇集了北京大学博物馆和燕京大学史前博物馆的收藏。20世纪50年代后，陆续增添了北京大学考古学专业（系）从田野考古工作地点获得的教学标本，国内各文物、考古机构和博物馆调拨、赠送的物品，以及海内外文物收藏家捐赠的文物。2013—2018年，新增藏品1.3万件。

展厅面积约2000平方米，基本陈列分为：旧石器时代、新石器时代、夏商周时期、战国时期、秦汉时期、三国两晋南北朝隋唐时期、宋辽金元明时期7个部分。

现有在编从业人员6人。

二　陈列展览

北京大学赛克勒考古与艺术博物馆除基本陈列外，其他临时性展览多为与兄弟馆的合作进行。

（一）馆内展览

1. 2014年

"越地遗珍——绍兴文物精品展"：绍兴市人民政府、绍兴市博物馆与北京大学考古文博学院合作举办，展出了包括石器、青铜器、越窑瓷器等古越地区出土的百余件文物精品，为北京大学师生提供了一次难得的了解中华古越文明的机会。

"秦与戎——秦文化与西戎文化十年考古新成果展"：甘肃省文物局、陕西省文物局、国家博物馆、北京大学、西北大学联合主办。展出精美文物300多件（组），展示一群锲而不舍的考古工作者十年的探索与研究成果，为观众初步揭开了秦与戎的神秘面纱。

吉莉安·赛克勒女爵士国际艺术家展览项目的第二个展览"幻"：此项目旨在把国际上有才华的艺术家引荐到北京大学赛克勒考古与艺术博物馆，把具有不同背景的艺术家及其作品介绍给中国人民，促进跨文化的理解，增进人们之间长久的友好往来。

"华沙大学考古研究图片展"：展出波兰华沙大学在中亚、东亚、欧洲、非洲及南美等地区的考古工作与研究。与此同时，华沙大学考古学教授们还通过座谈、讲座，与北京大学考古文博学院师生进行了世界文明起源的探讨，对于培养学生的国际化视野有重要意义。

"毕加索时代：与西方版画大师同行——斯通教授捐赠版画展"：展出唐纳德·斯通教授新近捐赠北京大学的毕加索、马蒂斯、夏加尔等西方著名画家版画作品80余幅。

此外，还协助考古文博学院资料室举办"考古追梦人——苏秉琦考古生涯及捐赠图书展"，研究生们在老师的指导下自主策划了"鼎——被解读的图像、被看见的故事"展览。

2. 2015年

馆内展览包括"权利与信仰——良渚遗址群考古特展"、"基因：血统与人类家族"（吉莉安·赛克勒女爵士国际艺术家展览项目的第三个展览），以及"北京大学考古文博学院文物建筑专业本科生优秀作品展""英雄与神祇——西方艺术中的古典传统""犍陀罗艺术探源：意大利考古队斯瓦特考古项目60周年纪念展"。

3. 2016年

馆内展览有："英雄与神祇——西方艺术中的古典传统""犍陀罗艺术探源：意大利考古队斯瓦特考古项目60周年纪念展""闲事与雅器——宋元珍品展""庆阳香包民俗文化展""昔年茶事——河南巩义新出唐代茶器展""燕园记忆——毕业主题展""千年敦煌——敦煌壁画艺术精品巡展""华夏遗韵——中原古代音乐文物展""人与自然的瑰宝——从提香到伦勃朗——文艺复兴与17世纪版画——唐纳德·斯通教授捐赠版画展"，以及吉莉安·赛克勒女爵士国际艺术家展览项目的第四个展览"光"。

4. 2017年

馆内展览9项："看见桃花源——源流·首届高校学生文化遗产创意设计赛成果展""墙内外——北京大学平粮台考古队2016年社区考古展""寻找致远舰——2015年度全国十大考古新发现特展""高平壁画展""蔡元培与北大""未名·辞——北京大学2017届毕业生主题展""迷人的自然：森林砍伐与环境艺术展""对英国艺术家及印刷文化的礼赞——唐纳德斯通教授捐赠画展""另一个世界的想象——大同沙岭7号北魏墓葬壁画与云冈石窟艺术"。

5. 2018年

馆内展览9项："对英国艺术家和英国印刷文化的礼赞——从霍加斯到透纳""另一个世界的想象——大同沙岭7号北魏墓葬与云冈石窟艺术""解读帝国时代：伦敦大学学院罗马考古学研究成果图片展""寻真——北京大学考古教学与科研成果展""融汇：国际艺术与文化""无水涛涛——北京大学美术社回顾展""印记——馆藏版画12年回顾展""乐土瓷韵——福建将乐窑文物展""燕园聚珍——文明的曙光"。

博物馆展厅（燕园聚珍——文明的曙光）

（二）馆外展览

近年来，北京大学赛克勒考古与艺术博物馆还走出校园，赴各地与其他博物馆、图书馆等联合举办展览。2014年，"人民的米开朗基罗——北京大学赛克勒考古与艺术博物馆收藏版画展"在上海徐汇图书馆满庭芳展厅举办，展出该馆收藏的斯通教授捐赠的法国著名讽刺漫画家杜米埃的78幅珍贵版画作品。2015年，筹办"2015（上海）国际建筑遗产保护博览会"D05、D06展区展览，在中国美术馆"北京国际艺术双年展"中，该馆展品"幻"参展。2016年，与河南博物院联合举办的"毕加索时代：与西方版画大师同行——斯通教授捐赠版画展"在河南美术馆展出。

三　学术教学

北京大学赛克勒考古与艺术博物馆通过公益讲座、学术研讨，为北大师生及社会搭建交流平台。

2014年"毕加索时代：与西方版画大师同行——斯通教授捐赠版画展"开幕讲座，2017年"致远出海""高平壁画展"讲座，以及2014—2017年斯通教授的"艺术之都"系列讲座之"维也纳""纽约""巴黎""卢浮宫"等，都深受广大师生欢迎。

2017—2018年，组织或参与筹办学术研讨会5次，分别为"博物馆与博物馆学——新时代博物馆定义的再思考国际研讨会""第十四届中国高校博物馆学术研讨会""第十五届中国高校博物馆学术研讨会""文化遗产保护展示与公众教育研讨会"，以及"融汇：国际艺术与文化"国际研讨会。

同时还承担一定的教学工作，开设博物馆藏品管理课、博物馆实习课，指导学生馆内实习，并参与北京大学"博物馆运营与管理专业人才研修班"培训工作。

四　其他工作

在博物馆日常工作方面，2015—2016年参加全国第一次可移动文物普查，对本馆文物进行比较系统的整理。2016年，参加教育部国有资产文物类普查，基本完成博物馆网站建设。2017年，完成新入藏版画的数字扫描与档案整理，文物库房的预防性保护基础设备开始筹建，为3个月以上的展览制作微信语音导览及展览VR。2018年，应财务部门要求对本馆库房部分文物进行清点、核查登记。

博物馆志愿者每年四五十人，均接受相应的培训工作。博物馆每年接待近10万人，并于3—7月、9—12月，在周末固定时间为其提供免费讲解。

北京市大葆台西汉墓博物馆
THE BEIJING DABAOTAI WESTERN HAN DYNASTY MAUSOLEUM

通信地址： 北京市丰台区郭公庄707号

邮政编码： 100160

电话/传真： 010-83613073

电子信箱： dabaotaibgs@bjww.gov.cn

微信公众号： bjdabaotai

博物馆类型： 社会科学类（历史）

隶　　属： 北京市文物局

批准建立时间： 1979年11月21日

博物馆备案登记号： 037

建筑性质： 现代建筑（北京市文物保护单位）

占地面积： 23605平方米

建筑面积： 4255平方米

展览面积： 866平方米

交　　通： 地铁房山线大葆台站下，向东南走400米即到。公交480、840、913、967、969路地铁大葆台站下，向东南走400米即到；公交477、692路世界公园公交总站下，向西200米即到。

开放时间： 9:00—16:00（目前闭馆）

服务设施：

停车场	纪念品商店	餐饮	语音导览	微信导览	无障碍设施	其他
有	无	无	有	无	有	无

概　述

在2013年到2018年间，大葆台西汉墓博物馆处于对外闭馆状态，停止接待社会公众参观。在此期间，该馆在积极推进改扩建工作的同时，也同时在不断地进行业务研究，并推出了许多的临时展览，充分地发挥了博物馆的社会教育职能。在这六年的时间里，该馆也经历了领导班子的变更和管理制度、安全制度的修改和完善。

一　藏品的保管、修复及研究

由于该馆长期处于闭馆状态，为了保证文物安全，该馆于2013年5月将展厅文物全部撤回文物库房进行集中保存。由于该馆地势较低，馆内容易积水，为确保文物安全，局领导指示立即将文物转移到安全的地方，并建议将馆藏文物全部转移搬迁至房山琉璃河局文物库房与首都博物馆文物库房存放。该馆立即制定了《文物搬运方案》，并按工作计划，将藏品搬运至馆外库房。在搬运过程中，未发生任何安全事故，确保了文物安全。将藏品转移至馆外库房存放后，该馆每年定期到此两处库房检查藏品保存情况。并对琉璃河市文物局库房环境进行监测，确保藏品安全。目前藏品保存较好，未发现文物有变化的情况。

该馆还与北京大学考古文博学院合作开展了馆藏器物的保护修复及研究工作，对馆藏文物进行了保护性修复。并与北京大学考古文博学院合作开展了大葆台汉墓出土漆棺漆椁的保护与修复工作，对馆藏的棺椁漆板进行保护、修复和相关研究工作。对文物库房的恒温恒湿机组进行了维修，并定期进行保养与维护。持续与北京国电水利电力设计研究院合作开展车马遗址开裂与不均匀沉降的监测，为下一步开展车马坑遗址的保护提供基础依据。

2014年9月，该馆完成了周总理灵车的登录和定级工作。阮家新、肖贵洞、杨海峰三位专家到馆，对灵车进行了鉴定与定级。三位专家一致认为该灵车是"已故党和国家领导人使用过的灵车""与重大历史事件和重要历史人物相关的重要文物，且具有唯一性"，建议定为一级文物。2015年11月，灵车借展至淮安周恩来纪念馆，将于2016年1月周恩来总理逝世40周年之际展出。2017年10月，我们按法律规定的程序完成了"已故党和国家领导人使用过的灵车"的续借工作，以充分发挥该藏品的社会价值。

开展馆藏文物三维扫描、存档工作。请专业公司对馆藏10件藏品进行了三维立体扫描工作，掌握了藏品的3D数据，为开展藏品保护与展示积累了基础数据。完成了有关遗址的三维数字化扫描工作。为了进一步让"让文物活起来"，结合历史文化遗产的复原、虚拟漫游和动态展示，大葆台西汉墓博物馆委托专业机构，运用3D扫描技术，对大葆台汉墓遗址进行了数字扫描和高精度三维建模，完成了遗址的数字化工作。并借助虚拟现实技术和设备，实现了虚拟与现实的交互，带给观众沉浸式的体验。这一技术在遗址展示方面具有独特优势。博物馆工作人员可以把遗址装进口袋去巡展，全面、生动、逼真地展示遗址原貌，拓展参观体验。这有效地缓解了文物保护与利用的矛盾，从而为文物保护与合理利用提供高科技支撑。为博物馆的改扩建建立了全面、详细、准确的数字化档案。

二 临时展览与社会教育

由于该馆在闭馆期间无法接待观众参观，为发挥博物馆的社会教育职能，该馆积极推出汉文化特色展览，并深入学校和社区开展传统节日文化的讲座和展览。如："汉代漆器艺术展"科普知识展览、"传统佳节系列展览之春节民俗"科普知识展览、"京津冀地区汉代城址"展览、清明节"文明祭扫"系列展览、"汉代：那些让我们自信的文化"校园巡展活动、"汉代诸侯王墓之黄肠题凑墓"展览巡展等，受到了广大群众以及学校师生的欢迎和一致好评。

在社教工作中，该馆始终把传承弘扬中华优秀传统文化作为责任与担当。依托汉代文化资源和环境优势，提炼博物馆资源与学校教育的有机结合点，加强馆校合作，拓展了学校的教育课程和教学空间，促进了博物馆教育与中小学教育的相互结合与共同发展。通过与学校共同组织综合实践活动，举办专题教育活动，充分发挥了博物馆的社会教育职能。

三 学术研究及改扩建

在2013年到2018年间，该馆编辑出版了三本学术科普出版物，分别是：《大葆台汉墓文物》《大葆台汉墓考古发掘暨博物馆建设亲历者口述史》《大葆台汉墓黄肠题凑及棺椁的保护与研究》。其中，《大葆台汉墓出土文物》收录了一百多件大葆台汉墓出土文物，以图录的形式向读者介绍了大葆台汉墓出土的精品文物，是该馆继发掘报告《大葆台汉墓》之后，第二本全面反映大葆台汉墓的书籍。《大葆台汉墓考古发掘暨博物馆建设亲历者口述史》，是该馆《大葆台汉墓发掘暨博物馆建设亲历者访谈录》项目的研究成果。访谈录采访大葆台汉墓发掘和博物馆建设亲历者19名，全程进行了影像记录。这项成果将对完善馆史、丰富考古发掘报告内容、新馆改陈提供重要素材。

除上述研究课题外，该馆还开展了"京津冀地区汉代遗迹调研"工作，该项目调研重点在津冀地区的汉代城址调查上，对每座城址的城墙保存状况、城内外地势等数据进行了实地调查、测量与绘图，保留了完整、准确的城址资料，并编写城址保存状况报告。同时开展了《汉代诸侯王发历者口述史》项目，通过采访汉代诸侯王墓的发掘亲历者，用口述历史的方法记录了这些重大考古事件。

在改扩建工作方面，该馆通过对本馆与馆藏文物、墓葬遗址现状的分析，结合对其他各博物馆在博物馆建设、展览设计与日常运营管理等方面情况的了解，大量搜集

墓室复原陈列

资料与走访调查，已经完成了改扩建工作的前期调研工作。目前，正在积极推进新馆建设的工作。

四　安全保卫

该馆在安全保卫方面坚持"以防为主"的工作方针，克服了点多、面广、复杂等困难，确保了该馆文物、财产和人员的安全。设置完善了《大葆台博物馆安全规章制度》《大葆台博物馆安全保卫工作规定》《大葆台博物馆中控室值班制度》《大葆台博物馆突发事件应急预案》《大葆台博物馆防火防盗应急预案》，形成了一套行之有效的安全保卫制度和措施。经常性开展防火、防盗学习与培训工作，组织本单位职工学习如何使用消防设备，并进行实际操作演练。该馆在文物库房、展厅、墓室布置了32处火灾报警控制探测器，及时预报火警灾害，对消防器材按照年检要求适时地进行检测维修。墓室、展厅、财务室下班时设置成布防状态；周界天黑后设置成布防状态，防火防盗符合安全要求。在防汛工作方面，设置了应急方案并启动了相应的防汛方案，设立了防汛应急小组，针对该馆实际情况，组织并安排了相应的人员负责汛期24小时带班，馆内配沙袋650个，并将沙袋配置到相应的位置；雨具、应急灯、应急发电机、水泵等一系列的防汛必需用品也配置到位。同时，还检查并清理了雨水管道，制定了相应的培训、训练计划，提高人员应对汛情的能力。根据博物馆改扩建的需要，为了保证近几年内的遗址安全，该馆重新规划设计了博物馆周界报警系统项目和应急处置能力提升项目，为博物馆建设做好保驾护航工作。

五　文创开发

近几年，博物馆的文化创意产品逐渐被大众更多地关注，该馆也在文创产品开发方面投入了精力。在2018年，该馆设计开发出了"汉代六博棋复原创新玩法"，该文创产品以历史上真实存在的六博棋为出发点，结合现代棋类游戏特点，创新玩法，使其在拥有历史文化内涵的同时，也能符合现代人喜好，让人们可以在愉快游艺的同时，感受历史，了解古代六博的知识，将文化传播与游戏巧妙结合。这一项文创产品还参加了2018北京文化创意大赛文博产品设计大赛北京赛区，并获得了文博赛区第四名的好成绩，为该馆今后的文化创意产品开发推广打下了基础。

历代帝王庙博物馆

TEMPLE OF ANCIENT MONARCHS

通信地址： 北京市西城区阜成门内大街131号

邮政编码： 100034

电　　话： 010-66517739　010-66120186

传　　真： 010-66517739　010-66120186

网　　址： www.lddwmbwg.com

电子信箱： lddwmbwg@sina.com

微信公众号： lddwmbwg

博物馆类型： 社会科学类（历史）

隶　　属： 北京市西城区文化委员会

批准建立时间： 2007年7月25日

博物馆备案登记号： 139

建筑性质： 古代建筑（全国重点文物保护单位）

占地面积： 21500平方米

建筑面积： 6676平方米

展览面积： 2977平方米

交　　通： 公交7路、13路、42路、409路、612路、101路、102路、103路白塔寺站下车；地铁4号线西四站下车，地铁2号线阜成门站下车。

开放时间： 9:00—16:00（周一、周二闭馆）

服务设施：

停车场	纪念品商店	餐饮	语音导览	微信导览	无障碍设施	其他
无	有	无	无	无	有	无

概　述

北京历代帝王庙位于西城区阜成门内大街131号，占地21500平方米，古建筑面积6000余平方米，其古代建筑群规模宏大、保存完整，于1979年被列为北京市文物保护单位，1996年被提升为全国重点文物保护单位。

北京历代帝王庙始建于明代嘉靖十年（1531年），是明清两朝祭祀三皇五帝、历代杰出帝王和功臣名将的皇家庙宇。庙中祭祀帝王188位、功臣名将80位，在一庙之中群体祭祀人物数量是全国第一。

北京历代帝王庙其主体建筑为景德崇圣殿，三皇五帝供奉在正中显要位置，营造出天下万民共尊三皇五帝的宏大场面和浓重氛围。历代帝王庙彰显了中国统一多民族国家一脉相承的历史特点，寄托着民族情感和爱国主义情怀，满足人们崇祖敬宗、寻根问祖、祈福还愿的愿望。

2000年起，由北京市、西城区政府出面协调，用了四年时间搬迁占用该地的学校，修缮相关文物建筑，于2004年4月28日对社会开放。2007年7月北京历代帝王庙获得博物馆资质，现为公益性博物馆。

2003年经西城区政府常务会批准，组建成立"北京历代帝王庙管理处"，管理处是代表政府依法对文物进行保护，为全额拨款事业单位，隶属于北京市西城区文化委员会。北京历代帝王庙管理处现设有编制15人，设主任1名，副主任2名。内设机构为办公室、安全维修部、社教部、研究室。

北京历代帝王庙博物馆工作宗旨是遵守宪法、法律、法规和国家政策；遵守社会道德风尚，弘扬中华民族传统文化，增强民族凝聚力，保护、修缮、开放和利用历代帝王庙，对历代帝王庙的历史文化价值进行系统研究。

一 安全保卫

2013年至2018年期间，北京历代帝王庙博物馆着眼工作实际，把防火、防盗、防恐、防意外事故作为防范重点，定期进行消防安全检查和消防演练工作以及消防器材定期检修。经常性开展处理突发事件应急演练，有效地锻炼了队伍。

在元旦、春节、两会等重大节日和重要敏感时期，严格落实主要领导夜间住宿带班规定，值班期间采取抽查、巡查、突查等方法，进一步提升了夜间防范能力；定期对古建防雷接地检测、灭火器年度检测及室外变压器除尘和电气检测；每季度对中控室、配电室、财务室、文物库室进行安全卫生检查，提高了正规化安全管理水平。严格落实对外开放期间的人员清场等制度，指定专人对区域内的不可移动建筑文物每天进行一次巡查，填写《文物保护巡查记录表》，建立了电子与纸质档案。2014年完成了火灾报警系统和数字安防系统的建设。2015年进一步完善了历代帝王庙突发事件应急管理机制。2016年，进一步修订了"四防"应急演练方案。2017年10月份在庙内安装了红外线报警系统，进一步提高安全防范等级。2018年安装了历代帝王庙火灾监控系统。

二 陈列展览

2013年在"5·18"世界博物馆日期间，围绕"博物馆（记忆＋创造力）＝社会变革"这一主题相继推出了"历代帝王庙·建筑展""三皇五帝与百家姓·奇趣百家姓"和"清代皇帝服饰"展览。10月举办了"大地之美 悲鸿之美 成长之美——2013年徐悲鸿初中秋季画展"活动。

2014年举办了"观德——历代帝王庙'德'文化专题展"、"华夏礼典"祭祀文化专题展、"皇家气象在西城"摄影作品展。为庆祝建国65周年举办了"中国节 中国结"绳结艺术专题展和"庆祝建国六十五周年"书画展。

2015年，为了充分挖掘历代帝王庙的历史文化内涵，介绍历代帝王庙的从祀名臣的精忠报国的理想、立德于世的信念、廉洁奉公的操守，弘扬社会正能量，历代帝王庙博物馆花费数年心血，制作基本陈列"功在社稷 德协股肱——历代帝王庙从祀名臣"展览，并于"5·18"世界博物馆日当天展出，提高了博物馆展览的数量和质量，受到社会广泛关注。2015年还推出了弘扬中华传统文化的"华夏礼典·祭祀文化"展览、"三皇五帝道功崇——历代帝王庙入祀人物系列"专题展、"最美中国节——中国传统节日"、"净境探幽——马国庆2015年非遗文化遗产迎春专题展"和"中国传统文化之美——京绣"等专题展览。

"功在社稷 德协股肱——历代帝王庙从祀名臣"展

　　2016年，历代帝王庙举办"墨香西城——翰承书院迎春书画展""夏商周——历代帝王庙入祀人物系列""览胜西翼古迹""西四北地区胡同生活摄影展"。2016年7月20日，由北京市文物局主办，北京市各区文化委员会承办的"北京市文化遗产保护工作15周年成果展"在历代帝王庙展出，集中展示了北京市文化遗产保护工作的成果。

　　2017年依托博物馆资源优势，举办了"最美中国节——中国传统节日"展览、"德美西城"迎春书画展等文化展览。为丰富展览内容，加大观众对历代帝王庙入祀帝王的了解，利用室外橱窗推出"两汉及三国——历代帝王庙入祀人物系列"专题展。

　　2018年先后举办了"中华传统节日——小年民俗文化展""灵犬献瑞迎新春——狗年生肖文化展""不忘初心 美丽西城——迎春书画展"。在国际博物馆日期间推出"朕珍有瓷——图说明清帝王与宫廷瓷器"图片展。利用历代帝王庙的有限空间，举办了临时展览"东晋与南北朝——历代帝王庙入祀人物系列专题展""二十四节气文化展之秋冬篇"，受到观众喜爱。继续做好"三皇五帝与百家姓"展览的更新改陈的精心准备工作，开展展览文字内容设计工作。2018年11月，由北京历代帝王庙博物馆、古陶文明博物馆联合主办的"百家争鸣——战国时代瓦当文化展"，加强了区域馆际交流，提高文化服务能力，促进中小型博物馆共同发展。

三 特色活动

2013年至2018年期间，每年举办小年文化活动，除了为群众精心准备的年画、糖瓜等年俗纪念品之外，增加了群众喜闻乐见的活动。如，打福祈春等游艺活动，书法家现场书写的精美福字，邀请非物质文化遗产传承人现场展示非遗技艺等。小年庙会期间还举办了三届历代帝王庙水仙文化展，向观众介绍与水仙相关的诗词歌赋、名人轶事以及栽培技巧等。

2013年至2018年每年清明节期间，北京历代帝王庙博物馆先后以"癸巳年拜谒三皇五帝典礼""礼乐雅集——2015年清明节礼乐展演活动""礼敬先祖 追思先贤——2017（丁酉）年历代帝王庙清明文化展演"等为主题举办了4次清明节文化展演活动。

2013年举办百姓周末大舞台活动。5月18日历代帝王庙开展"国际博物馆日"文化宣传普及活动。5月，与北京市二龙路中学开展"践行华夏美德，传承文明礼仪——学礼仪、知礼仪、行礼仪"主题活动。6月，举办"文化遗产绽放——北京市中学生纸艺服装设计大赛"和"我的梦·中国梦"百姓宣讲活动。8月开展"我的中国梦"为主题的摄影活动。9月第二届"白塔新辉"社区太极拳个人邀请赛活动在历代帝王庙成功举办。11月开展了"学历史、习礼仪、赏佳作"社会大课堂活动。

2014年举办了"大学生眼中的历代帝王庙"主题活动和"传承文明，缅怀先祖"的爱国主义教育活动。为庆祝中华人民共和国成立65周年，在重阳节举办了《国乐盛典》大型交响民族音乐会。2014年还承办了第九届民族传统体育运动会太极拳表演赛以及第十二届中国国际合唱节新闻发布会活动。举办了"书行天下，圆梦中华"千米长卷千里行大型公益活动，各界人士对南水北调工程建设抒发自己的情怀，在收卷仪式上写诗作画。9月还举办了"秋季大射礼活动"。

2015年，开展了"观德——历代帝王庙'德'文化专题展"进社区活动。4月份开展了"书香西城，阅读春天"大型接力诵读活动。在母亲节当天推出"笑动悦读"沙龙活动。在端午、中秋等中华传统节日在历代帝王庙举办了《国乐盛典》民族交响乐。面向中小学生开展了"走进历代帝王庙，感知传统文化""追忆先贤，缅怀先祖""访历代帝王庙，观先贤与德"等一系列爱国主义教育活动。

2016年，以传统节日、纪念日为契机，举办对应主题内容的各类文化活动。举办了"与您同行"国际博物馆日系列活动；中秋节期间，与北京第一五九中学共同举办2016年中秋传统诗词朗诵会，引导学生认知传统、尊重传统、弘扬传统，感受中国传统文化独特内涵。还积极与教育机构展开合作，以历代帝王庙建筑特点为内容，开展摄影课程实践活动，让学生们发现中国古建之美。还举办了"我是小小讲解员"走进历代帝王庙——从入祀人物看中国传统道德"等活动。为庆祝第21个世界读书日的到来,北京历代帝王庙博物馆于世界读书日当天在庙内举办了以阅读为主题的系列活动,包括"走近图书 爱上阅读"派送图书以及"萧乾《文章皆岁月》新书分享会"两部分活动。2016年11月16日,为纪念孙中山先生诞辰150周年举办"振兴中华:孙中山与华侨"图片展及相关纪念活动。

2017年举办"书画诗礼,霜降雅集"主题活动。中国文化遗产日期间,举办了"纸上乾坤"非遗亲子体验活动。作为区级爱国主义教育基地,还积极配合区教委和周边学校开展爱国主义教育活动,充分发挥教育功能,在暑假期间开展题为"精彩纷呈 百绘含英"的泥塑彩绘活动,丰富孩子暑期文化生活,鼓励孩子走进博物馆。9月举办历代帝王庙中秋传统诗词朗诵会暨"明月寄相思"主题活动。2017年继续开展了"与您同行"博物馆日主题活动、"书香中国"、"弘扬太极 武动人生"等活动。

2018年组织开展了"如果我是诸葛亮"文化体验活动、"与您同行——2018年国际博物馆日义务讲解活动"、"面面相传 纷至拓来"非遗亲子体验活动、"月满京城 情系中华——2018年中秋诗词朗诵会"、"慎终追远 缅怀先贤——清明节主题文化活动"等活动,受益观众近千余人次。此外,还与金融街少年宫在庙内共同举办了题为"馨庙雅韵 立夏茗香"的传统文化活动;为丰富学生们的暑期生活开展了"传"古"拓"今——暑期亲子非遗体验活动;与复兴门外第一小学共同举办"走进历代帝王庙 感知传统文化"参观活动。2018年10月,北京历代帝王庙博物馆与故宫儿童体验馆联合策划推出的"学国史 习先贤"系列活动之"梦回大宋",来自东城区回民小学六年级的师生应邀参加了此次活动。为做好博物馆讲解服务工作,在以往义务讲解的基础上继续向社会招募志愿者,为参观群众提供义务讲解。

四 公益讲座

2013年至2018年期间,每月举办一期的历史公益讲座。通过定期开展讲座,提升了公众对博物馆藏品及相关历史文化的认知,将内涵丰富的博物馆文化更好地推介给社会公众。连续几年组织开展的"览胜古都风貌 品味皇家坛庙"系列活动,也深受广大群众欢迎。按照北京西城区委宣传部、西城区文明办的统一部署,北京历代帝王庙博物馆自2013年至2016年,每年举办了以"身边人讲身边事、身边人讲自己事、身边事教身边人"为形式的道德讲堂,以弘扬道德力量、传播正能量为主题,提升市民道德修养、文明素质。

2016年5月18日,围绕博物馆日主题"博物馆与文化景观"举办了题为"北京城脉——坛庙文化解读"的专题讲座,向广大听众介绍北京坛庙文化中敬天法祖、崇德尚贤的价值观,以及其中蕴含的建筑技术与建筑价值。2016年中秋节期间举办"千里共明月——中秋文化漫谈"文化讲座，北京民俗学会会长高巍从对中国传统节日传承等方面，深入浅出、图文并茂地为观众讲述中秋文化，趣谈中秋节俗。2018年，举办了"明清时期彩画断代"专题文化讲座。

2013年5月，历代帝王庙博物馆举办了"帝王庙的来龙去脉和文化内涵"讲座，还协助北京市文物考古学会举办多期历史文化讲座。2014年举办"坛庙文化之旅"讲座。2015年开展了"走进博物馆——拥有多彩人生"主题讲座。2017年，历代帝王庙博物馆还邀请文物古建及博物馆界知名专家、学者，开展了专题性较强、专业性较深的文物讲座。开展了"历代帝王庙名师讲堂暨历代帝王庙修缮和《曲阜宣言》"主题讲座，结合历代帝王庙修缮，讲解古建修复的知识。2018年5月开展了"大专家对话小听众"历代帝王庙主题文化讲座。10月举办了"历史建筑摄影知识和技巧"讲座，讲授如何拍摄历史建筑，并用摄影表达建筑的文物价值和历史面貌。

2013—2018年，历代帝王庙博物馆还编辑出版了《历代帝王庙从祀名臣》《历代帝王庙史脉》等书籍。

北京长辛店二七纪念馆
MEMORIAL HALL FOR FEBRUARY SEVENTH STRIKE IN CHANGXINDIAN

通信地址： 北京市丰台区长辛店花园南里甲15号

邮政编码： 100072

电　　话： 010-83305948

博物馆类型： 社会科学类（历史）

隶　　属： 中车北京二七机车有限公司

博物馆登记备案文号： 051

建筑性质： 现代建筑

占地面积： 6600平方米

建筑面积： 2384平方米

展览面积： 1000平方米

交　　通： 专33路公交长辛店公园西门站直接到达

开放时间： 周一至周五9：00—17：00

概　述

　　长辛店二七纪念馆坐落在京西卢沟桥畔，长辛店火车站西侧的长辛店公园内，离中车北京二七机车公司厂区仅一步之遥。纪念馆呈老北京四合院布局，四面各一中式门楼，顶部和房檐处金黄色的琉璃瓦装饰和整体仿古建筑风格，具有浓郁的北方特色。尤其是南面正门，钢筋水泥仿木结构的门廊，古脊明柱，水刷石镶衬，配以清水砖墙，在苍松翠柏中显得格外浑然大气，古朴典雅。

　　长辛店二七纪念馆馆藏了大量的五四时期和中国共产党建党初期，在长辛店铁路工人中开展工人运动、办劳动补习学校、成立工会组织、发展工人党员，把铁路工人组织起来，为争人权、争自由、不怕流血牺牲，向反动军阀开展英勇斗争的珍贵文物和史料。长辛店二七纪念馆和公司现有老厂房、多座法式建筑以及长辛店公园里的"二七烈士墓"、大街的"工人劳动补习学校"、"铁路工人俱乐部"、"娘娘宫"、"火神庙"、"留法勤工俭学预备班"等革命遗址，形成了一个完整的二七文化体系。是二七人一份不可多得的精神财富。

　　2013年是二七斗争90周年，该馆采取各种形式进行纪念活动。一是参加了在郑州二七纪念馆、江岸二七纪念馆共同主办的纪念二七90周年研读会。在会上专门发表了关于长辛店铁路工人在二七斗争中的作用的重点发言。二是参加北京市委党史研究会纪念二七斗争90周年座谈会，并与到会学者、专家一道座谈了二七斗争的历史及今天发扬二七的意义。三是与郑州二七纪念馆一道共同拍摄了《记忆二七》电视纪录片。并在公司报刊上发表纪念二七周年的长篇文章。这些纪念活动向社会、向职工讲述了长辛店铁路职工在1923年，在中国共产党领导下，不怕牺牲，向反动军阀，向帝国主义开展争民主，争自由的英雄事迹；宣传中国共产党在建党初期发动产业工人，开展工人运动，为工人阶级争取权利、利益的斗争历史。使我们更加深刻地理解和体会到今日政权的得来不易，以及工人阶级"听党的话，跟党走"的决心和意志。

为了保护文物和纪念馆的设施，纪念馆通过各种方式筹措资金，对纪念馆的顶部进行防水改造；同时对纪念馆周边的护坡和绿化带进行了改造和修缮，使展室环境和周边环境大有改观，受到参观者的好评。

2015年还对纪念馆的周边环境进行了彻底的整修，存在多年的荒树、杂草和门窗问题得到了解决。

2016年纪念馆被评为北京高校青年教师社会实践基地。另筹集了大量的资金，对纪念馆的墙体、电路及周边环境进行再次整修，既美化了环境又渲染了气氛，为今后的工作打下了良好的基础。

2017年4月20日，为配合北京市文物局普查全国馆藏文物普查定级工作，北京市文物局工作人员麻丽丽带领首都博物馆研究员、北京文物鉴定委员会顾问李铁虎，中国世家鉴定收藏网鉴定中心鉴定专家、古籍善本鉴定专家孟宪钧，首都博物馆研究员、北京市鉴定委员会委员、书画佛像鉴定专家叶渡，到纪念馆进行文物鉴定。纪念馆共上报文物31件，经鉴定7件文物被定为国家级文物，其中一级文物1件，二级文物2件，三级文物4件，其余为普通文物。

12月15日，陆军装甲兵学院一行120余人到二七纪念馆举行实践教学基地挂牌仪式。

党的十九大报告中明确提出开展"传承红色基因、担当强军重任"主题教育的政

2018年4月2日，长辛店一中学生参观北京长辛店二七纪念馆

治任务和形成军民融合深度发展格局的战略部署。"不忘初心、牢记使命"。相信百年二七厚重的革命历史一定能够强化官兵学员的革命教育，也一定能够使二七在军民融合的深度发展中实现新的更大的发展。

2018年配合北京大学、北京首都师范大学、北京理工大学、北京航天大学等4家高校开展红色之旅。

2018年以来，来此参观的人员比较多，截至10月底，共接待来自全市工业系统、银行金融系统、教育系统、园林系统、部队院校、中小学等集体参观单位198个，达2万余人；加上日常来自全市或全国的参观者近1万人，全年共接待3万余人。他们当中有全国劳模、省部级劳模，他们有的来自新疆，有的来自西藏、云南等少数民族和地区，其中还有全国人大和政协代表，等等。纪念馆的认真接待及详细讲解，受到了广大参观群众的欢迎和认可。今年纪念馆结合习主席十九大的精神，联合多家单位在馆内举行了主题党日活动，共同回顾"二七"历史，学习"英勇、团结、牺牲、奉献"的"二七"精神。

长辛店二七纪念馆在宣传党史、工运史，弘扬二七斗争精神的工作中，发挥着越来越重要的作用，受到各级领导和专家学者的高度重视。

北京文博交流馆
BEIJING CULTURAL EXCHANGE MUSEUM

通信地址： 北京市东城区禄米仓胡同5号

邮政编码： 100010

电　　话： 010-65135206（办公室）

传　　真： 010-65135206（办公室）

网　　址： www.zhihuatemple.com

电子信箱： zhihuasi@126.com

微信公众号： zhihuasi

博物馆类型： 社会科学类（历史）

隶　　属： 北京市文物局

批准成立时间： 1984年批准成立北京市智化寺文物保管所

1992年批准智化寺文物保管所加挂"北京文博交流馆"牌子

博物馆备案登记号： 060

建筑性质： 古代建筑（全国重点文物保护单位）

占地面积： 5098.77平方米

建筑面积： 2200.06平方米

展览面积： 886.76平方米

交　　通： 公交：乘坐44、58、139、特2、特12路到雅宝路站，24、674路到禄米仓站；

地铁：地铁建国门站出A口向北、朝阳门站出H口G口向南、灯市口站出C口向东。

开放时间： 8:30—16:30（周一闭馆）

服务设施：

停车场	纪念品商店	餐饮	语音导览	微信导览	无障碍设施	其他
无	无	无	有	无	有	有APP导览，京音乐展演

概　述

文博馆成立于1992年，承担着博物馆文化交流和智化寺古建筑保护研究的职能。其所在的智化寺古建筑是博物馆的镇馆之宝，该寺建成于明正统九年（1444年），由明英宗宠信的司礼监太监王振所建，是北京市内保存最完整的明代木结构建筑群，智化寺同时又是一处汇集古乐、造像、雕刻、彩绘等传统文化艺术的宝库，早在1961年，被国务院颁布为第一批全国重点文物保护单位。

一　藏品保管

文博馆藏文物共计561套，1445件，其中一级文物6套，6件；二级文物173套，742件，三级文物114套，262件；一般文物267套，433件，未定级文物1套，2件。文博馆文物利用的主要方式为开展科学研究、展览陈列和文物交流展览。部分藏品曾在文博馆举办的"梨园古匾——智化寺藏梨园牌匾展""馆藏精品　弥足珍贵——北京文博交流馆精品文物展"等展览中展出。目前，仍有部分藏品在首都博物馆戏曲展厅和文博馆历史沿革厅中"智化寺故事——智化寺历史沿革展"展出。

二　陈列展览

2013年，文博馆举办了"智化寺京音乐展""博物馆创意商品精品展"，与国家大剧院联合举办了"梨园古匾——智化寺藏梨园牌匾展"，并承办了北京市文物局"北京市文博系统职工摄影展"和"我看博物馆"摄影大赛获奖作品展。

2014年，文博馆举办了"梨园永固，艺界荣光——智化寺藏梨园牌匾展""智化寺京音乐展"，并承办了北京市文物局赴外展览"老北京的胡同四合院展"，该展览在泰国曼谷中国文化中心举办。

2016年，开展了"智化寺展览改陈前期调查研究"项目，为进行基本陈列改造做了充分的前期准备。

2017年，进行北京文博交流馆基本陈列改造，完成了"明式钟鼓 寓意深远——智化寺钟鼓展""智化寺故事——智化寺历史沿革展""奇工巧匠 艺术瑰宝——藏殿文化艺术展""古乐传奇 余音绕梁——智化寺京音乐文化艺术展""明承宋制 宝殿楼阁——如来殿原状陈列展""古建解码 营造之美——智化寺建筑展"等六个固定展览。此外，还开辟临时展厅，第一期展出"馆藏精品 弥足珍贵——北京文博交流馆精品文物展"临时展览。同时，开发制作了APP导览、语音导览等多媒体导览设施设备，进行了文创产品开发、开放环境整治等工作，通过该项目的实施，丰富了展览内容，延长了看展时间，规范了讲解内容，提高了服务质量，让观众能够更全面更舒适地参观北京文博交流馆。通过电增容及电缆更换改造工程，极大地改善了智化寺古建的夜间照明条件，让文物古建更加亮丽，也为博物馆夜间举办活动提供了足够的用电负荷和安全保障。

2018年，推出了"方寸票证见证百姓生活""古笙今世——笙文化艺术展"两个临时展览。

三　社会教育

2013年，文博馆举办了第十一届北京地区博物馆科普（文博科技）培训班；协助科普协会举办了"2013年北京数字博物馆研讨会"。

2014年，文博馆协办建国门街道举办第三届彩虹文化节。

2015年，与金宝街北社区合作在智化寺内举办了"大碗茶"活动；与北京风向乐动数字音乐文化传播有限公司合作，开展了3期"轻隐——博物馆午后漫时光"文化活动；举办传统文化讲座6场，由业务人员向社会公众讲解智化寺古建筑和智化寺京音乐。

2016年，举办"古建解码"系列讲座，邀请专家以智化寺古建为主题，进行了5场讲座。

2017年，举办了"第三届智化寺海棠诗会""科普理论创新与实践发展青年学术沙龙活动""世界读书日读书活动""骑行东城直播活动"等文化活动。

2018年，组织了四场"博物馆之夜"文化体验活动；举办了"海棠春晓"文化艺术节活动；举办了"端阳小花囊，菡萏结新香"端午节传统文化活动；与新浪微博"关爱特殊群体项目组"联合举办了一场"看听做"系列文化体验活动；配合北京

藏殿展厅（奇工巧匠 艺术瑰宝——藏殿文化艺术展）

市文物局宣传教育中心联合承办了"闻悟故事话重阳"夜场演出活动；配合"古笙今世——笙文化艺术展"展览，开展了与笙相关的专题讲座和展演活动。

"小小布艺，手工扎染"活动是文博馆主办的一项特色校外教育活动。2013年至2018年底，来自府学小学、和平里一小等学校以及北京市残疾人活动中心特殊群体共700余人参与了此项活动。2015年起，文博馆开发了针对青少年的"看古建、听古乐、做扎染"文化体验活动，截至2018年底共组织活动30次，参加人数共计1000余人次。

四　学术研究

2013年至2018年，文博馆陆续出版了《古刹智化寺（英文版）》《智化寺古建保护与研究》《智化寺京音乐〈料峭〉套曲》《智化寺京音乐》《从梨园牌匾看晚清民国的北京梨园界》等专著，再版了《梨园旧匾》一书，发行了《智化寺京音乐〈料峭〉套曲》的光盘。全馆业务人员撰写论文30余篇，完成了"智化寺明代建筑特点分析""智化寺明代彩画研究""礼乐制度下的智化寺京音乐""智化寺及北京周边地区古建筑藻井天花研究"和"智化寺京音乐笙簧与丝绸之路"五项科研课题。

2014年，文博馆与北京工业大学建筑与城市规划学院合作，对智化寺古建筑群进行了三维激光扫描和测绘工作，并制作了《智化寺建筑实录》。

2017年，文博馆与北京市历史建筑保护工程技术研究中心、中央美术学院人文学院、中国勘察设计协会传统建筑分会油饰彩画工作委员会、北京大禹工坊建筑科技有限公司、北京嘉元文博科技有限公司等单位联合开展了"智化寺如来殿天花彩画信息采集与仿真复原研究"课题研究，采用现代高科技手段与传统工艺的有效结合，仿真复原出一幅智化寺如来殿天花彩画；文博馆还与清华大学建筑学院合作，对智化寺藏殿进行三维激光精细测绘，并制作数字化档案；还积极参与了由中国人民大学、美国芝加哥大学北京中心主办的"北京智化寺：重建历史与展望未来"研讨会，为文博馆与国际博物馆开展科研合作奠定了基础。

五　安全保卫

安全工作是馆内各项工作的重中之重。2013—2018年，文博馆领导高度重视安全工作，按照"党政同责、一岗双责、齐抓共管"这一要求，建立起博物馆安全工作责任体系，成立了安全工作领导小组，建立了各项安全管理制度，制定了各岗位安全责任清单，确保安全责任落实到人。2016—2018年，通过政府购买服务建立了一支安保队伍，设立门岗、安检、中控值守、昼夜巡逻等安全岗位。

突出重点，抓好安全保卫工作。一是抓住重点时节，在做好节假日安全防范的同时，重点是做好春节、两会期间的安全防范工作，馆领导24小时不间断带班，加强安全巡逻，采取严防死守。在每一个重点时节前有安全形势分析、有干部职工安全教育、有安全隐患排查、节后有安全工作小结，确保实现了无火灾、无盗案、无治安和刑事案件、无政治责任事故的"五无"目标。二是抓住重点人员，首先是抓在职干部落实一岗双责，确保责任能够落实下去；其次是抓安保队伍和各个看殿人员，确保时时处处有人落实安全责任；再次是抓值班人员和保卫工作人员，确保安全监督到位，避免出现空档区。三是抓住重要部位，把文物古建消防作为博物馆安全工作的重中之重；把文物库房、财务室、行政库房等重要部位作为重点区域加以防范；把京音乐队宿舍作为重大隐患加强管理。

六　文创开发

文博馆充分利用馆内文化元素，设计开发出具有特色的文创产品。2013年，设计并制作了以青花瓷为图案的公交一卡通和旋子彩画U盘礼盒套装；以智化寺最具特色的如来殿六字真言天花为题材开发制作"万佛阁天花"纪念品，并设计制作博物馆纪念品包装袋来扩大博物馆商品的宣传。参加了"2013年度北京—台北两岸文化创意产业博览会"和"2013年第十届北京国际旅游博览会"，对馆内文创产品进行展示宣传。

2014年，研发制作了体现智化寺文化元素的纪念章10种。

2015年，参加了"2015北京·中国文物国际博览会"，展示了文博馆的文创产品。

2016年，与锐凯得国际影视文化（北京）有限公司合作进行文创产品设计开发，以智化寺京音乐乐器、工尺谱符号等为设计元素，开发设计了雨伞、文具、帆布袋、书签、茶具等15款纪念品和外包装。

2018年，文博馆参加了"流动的文化——大运河文化带非遗大展暨第四届京津冀非遗联展""2018创意在我手中·职工文创展示比赛""第八届中国博物馆及相关产品与技术博览会"和中国博物馆协会传媒专业委员会年会；文博馆作为"华夏银行杯·2018北京文化创意大赛"的文博产品设计赛区协作单位，为参赛的设计师们进行了智化寺文化元素的解读并提供相关素材，用于开发文创；为配合博物馆重新开馆，开发了数字文创"北京文博交流馆APP"，对文创产品进行宣传；配合举办的临时展览"古笙今世·笙文化艺术展"开发了"笙冰箱贴"。

七　古建修缮

智化寺作为国家级文物保护单位，2012年10月至2013年6月，进行了一系列古建修缮工程。

2015年，根据国家文物局《关于开展古建筑类全国重点文物保护单位重大险情排查工作的通知》，完成《智化寺古建筑重大隐情排查情况报告》。

2017年，完成了智化寺智化门抢险加固和白蚁防治工程。

2018年，完成了智化寺大悲堂修缮项目、智化寺保养维修工程，并对2020年智化寺古建修缮做好前期勘察工作。

八　其他工作

（一）参与北京市第一次全国可移动文物普查工作

2013年6月，根据北京市文物局安排，文博馆与市文物局博物馆处联合组成北京市文物局可移动文物普查办公室，开展北京市第一次全国可移动文物普查工作。2013年是普查的启动阶段，馆领导和业务人员参加了"全国可移动文物普查骨干培训班"，为第一次全国可移动文物普查数据采集与登录等工作的开展做好准备。2014年至2016年，组建普查工作领导小组，按照全国普查的工作步骤及北京市普查工作的时间安排，通过召开可移动文物普查部署会、推进会、技术培训会等各类会议，组织开展普查工作，完成了北京市各级包括党政机关和机构、各类国有企事业单位等在内的收藏国有可移动文物的国有单位普查；组织开展辖区内所有各级各类国有单位收藏文物的认定、信息采集、录入、审核、上报等工作。同时开展各类培训、宣传等工作，最终按照要求完成北京市第一次全国可移动文物普查工作。2017年，继续完成北京市第一次全国可移动文物普查资料整理、进行总结表彰等后续工作。

（二）北京市博物馆志愿者服务总队工作

文博馆作为北京市博物馆志愿者服务总队的办事机构，多年来承担着总队的具体事务。第一，负责"志愿北京"网站服务工作，进行博物馆志愿服务队注册和项目运行工作。第二，组织志愿者参加活动，如"国际志愿者日""邻里守望——2014年北京学雷锋志愿服务推动日"等专题活动。第三，北京博物馆志愿服务总队作为北京地区博物馆志愿组织的代表，参加"北京'学雷锋'志愿服务主题活动日"活动、首都文明办举办的"传承雷锋精神，微笑点亮北京"大型图片展览，参加了"爱满京城"——北京市2018年学雷锋志愿服务推动日活动。第四，配合北京市志愿者联合会进行博物馆调研工作。第五，发挥博物馆志愿服务总队的纽带作用，开展"首都学雷锋志愿服务站申报命名活动"系列活动，评选首都学雷锋志愿服务示范站（岗）、首都学雷锋志愿服务站（岗），并统一颁发标志牌。协助举办了"2018首都文博志愿者培训拓展活动"等。

（三）智化寺音乐文化节

2013年至2018年，文博馆共举办了五届（第四届至第八届）"智化寺音乐文化节"。每届音乐文化节均以展示我国优秀音乐类非物质文化遗产为主旨，邀请了台南孔庙雅乐十三音乐团、京津冀地区民间音乐等30余家代表乐社与智化寺京音乐同台演出。为观众增加了一个了解和欣赏古乐的渠道，让观众在节目中欣赏到不同地域不同风格的古乐，音乐文化节已成为国内音乐类非物质文化遗产的一个宣传展示、经验交流、技艺切磋的平台。

北京市古代钱币展览馆
BEIJING ANCIENT COINS MUSEUM

通信地址： 北京市西城区德胜门东大街9号（德胜门箭楼内）

邮编编码： 100120

电　　话： 010-62029863（咨询电话010-82808920）

传　　真： 010-62029863

网　　址： http://wwj.beijing.gov.cn/gbg/index.html

电子邮箱： bjsgdqbzlg@263.net

微信公众号： 北京市古代钱币展览馆

博物馆类型： 社会科学类（历史）

隶　　属： 北京市文物局

批准建立时间： 1993年4月5日

博物馆备案登记号： 034

建筑性质： 古代建筑（全国重点文物保护单位）

占地面积： 5326.4平方米

建筑面积： 2648平方米

展览面积： 938.7平方米

交　　通： 公交5、27、44、55、305、315、380、409、625、635、909、919、特12、特13路德胜门站下。
地铁2号线积水潭站C口向东200米即到。

开放时间： 9：00—16：00（周一闭馆）

服务设施：

停车场	纪念品商店	餐饮	语音导览	微信导览	无障碍设施	其他
无	无	无	有	无	有	无

概　述

北京市古代钱币展览馆是隶属于北京市文物局的正处级非营利性单位，在2017年岗位竞聘时，内设机构由原来的四部门，变更为办公室、业务部、创意产业部三个部门。现有工作人员总数为31人，其中在编人员18人。6年来，古币馆不断深化管理理念，重视各项业务活动的开展，始终本着保护文物资源的宗旨，开展各项工作。

整体上看，古币馆人员结构呈现具备较高学历、队伍年轻的特点，青年人员在人数上占有很大比例。人才引进渠道为应届毕业生、军转、社招、调动几类途径，并以毕业生招聘为主。人员机构日趋完善，队伍自身建设稳步推进，促进了古币馆整体工作的不断发展。

伴随着各项工作不断向前发展，古币馆也致力于建立健全各项规章制度，规范工作人员的日常工作行为、推动各项工作走向规范化。6年来，建立健全了藏品管理、文物安全、内控制度、职工规范、科普社教、科研等方面的多项管理制度，并认真落实。

一　藏品保管

2013—2018年，馆藏品无新增，藏品总数量为7960件，其中一级品3件，二级品32件，三级品35件，其余为一般文物。2015—2016年全面完成全国可移动文物普查工作，共完成7960件/套藏品照片的拍摄及几十项信息采集数据上报工作，为下一步建立藏品数据库打下了坚实的基础。

藏品得到科学有效保护。六年期间，陆续完成了馆藏修复项目维护和保养馆藏金属类钱币和布木质家具类共计500件/套的清洗、封护等工作，木质家具用保持原样进行维护，解决了长期在库房展出所受到的霉斑腐蚀影响等问题。

2015年通过实施"古币馆文物库房改造和设备更新"专项项目，文物库房面积由原有18平方米2间增加至90平方米4间，依据不同类别的藏品保管条件进行了有效区分，同时根据库房的保管需求，增加了空调、恒温恒湿设备、空气净化设备，定制了一批藏品无酸包装袋，使文物库房环境及藏品保管的微环境得到有效改善。2017年对所有展厅和文物库房进行了熏蒸消毒，这也是博物馆开馆以来首次实施的整体熏蒸消毒工程。通过消毒，消除了展厅和库房内的微生物及菌群对藏品的不利影响。2018年的展柜玻璃防护加固项目，通过加贴防护膜，彻底解决了原有坡面柜不耐冲击的安全隐患，并且增加了防紫外线的功能，使展柜内的藏品也同样得到了有效保护。

该馆不断完善相关的藏品管理制度，2013年配齐保管员，使藏品管理在人员配备上符合藏品管理规定的要求，为藏品保管工作的合理开展创造了条件。2015年实施本馆文物库房改造工程，通过项目改造，扩大了藏品库房面积、增加了缓冲区、增设了藏品保管的硬件设备，使藏品保管的整体环境进一步得到改善，还对文物库房进行了整体的灭菌熏蒸工作，保证了藏品的存放条件。

二　陈列展览

该馆固定陈列"中华货币四千年""流连方寸间——中国古代民俗钱币展"是2013年3月经过改陈后对外开放的。"中华货币四千年"展览以中华货币史发展为脉络主线，突出了北京地区的钱币类文化遗存、货币发行机构等历史信息的展示。"流连方寸间——中国古代民俗钱币展"也同时对外开放。该展览是目前北京地区唯一以压胜钱为内容的专题展览，共展出镂空钱、钱文钱、吉语钱、生肖钱、宗教钱、娱戏钱和异形钱七个类别的民俗钱币。位于德胜门箭楼一层展厅的基本陈列"德胜门军事城防文化展"，于2007年12月18日对外开放，该展览全面展示了明清北京城门城垣的历史与作用，特别是德胜门作为军门的历史作用。

近几年来，德胜门箭楼二至四层陆续开放为临时展厅。先后举办了"泉海撷珍——中国历代货币精品展""盛世京华之掠影——北京纸币八百年诞生展""筑起抗战的货币长城""戎刀燕币——尖首刀币起源的故事""古道遗珍——丝路沿线古国货币展""龙行天下——钱币上的中国龙"等近30项临时和巡回展览。此外，近年来该馆与团城演武厅管理处合作举办"中国古代盾牌文化展"和"刀剑魅力——中国古代刀剑文化展"古代军事题材的展览，充分发挥各自的资源优势，共同向社会推出特色的文化展览。

三　社会教育

北京市古代钱币展览馆以传承优秀历史文化为己任，充分发挥市级科普基地、爱国主义教育基地、中小学生社会大课堂资源单位的作用，努力构筑公民终身教育的课堂，努力发挥博物馆的社会教育职能，为不断提高人民群众的思想道德和科学文化素质、促进文化大发展大繁荣贡献力量。

坚持对中小学生、大学生、研究生、老人、军人、残疾人及周三前200名观众实施各种免票或其他优惠措施。每年"5·18"国际博物馆日实行免费向公众开放，并举办科普讲座，发放纪念品，开展免费钱币鉴定，鼓励更多的观众走进博物馆。近几年来先后增加了7种语言的语音导览设备，更新了观众留言簿、宣传折页，改版博物馆门票，不断改进展厅的内部环境和博物馆外部环境。

把社教工作贯穿在博物馆各项业务工作中。几年来，依托本馆资源优势，先后开发了"我是小小造币工匠"、"厉害了！我的武器"和中华传统非遗等三个系列的教育课程，受到亲子家庭的一致好评。2016年起牵头组织了北京地区部分博物馆联合组队的"中国古代科技系列课程"走进北京史家小学330课堂，已持续3年。依托北京市钱币学会，在2013—2018年这六年间开展公益性的钱币知识科普讲座72期，线下受众达5040人次，线上受众达3526人次。不断改变策展思路，以青少年为主要目标观众，先后制作完成"戎刀燕币——尖首刀币起源的故事"临时展览和"钱币的故事"巡回展板，同时在历年的临时展览中，开发多媒体小游戏、线下互动体验项目已经成为常态，通过展览、讲座、教育课程等多种形式，吸引观众深入了解中华传统文化。

四　学术研究

2013—2018年间，本馆业务人员共撰写专业论文10篇，分别发表在《北京地区博物馆第六次学术会议论文集》《博物馆与法律论文集》《学习 实践 继承 发展》《文物背后的故事》《北京文博》《文物背后的法律故事》《博物馆发展论坛》《南通博物苑》《中国收藏·钱币》等专业学术刊物上。2013年度"公务法视野下的博物馆法律地位研究"课题申请北京市社会科学基金立项。几年来配合举办各项临时展览出版的展览图录有《泉海撷珍——中国历代钱币精品集》《筑起抗战的货币长城》《戎刀燕币——尖首刀币溯源》和青少年版《戎刀燕币尖首刀币起源的故事》。举办科普讲座并出版《聚德揽胜话方圆——北京市古代钱币展览馆钱币知识讲座论丛（一）》。2018年完成北京市文物局科研课题"清末民国时期北京地区钱庄研究"。

积极探索文物建筑监测保护方法，为高台类文物建筑的保护修缮提供有效的技术依据。开展对德胜门箭楼及真武庙的安全性监测工作，采用国内先进的非接触文物本体的地基Insar技术和遥感技术进行监测，截至2018年已经完成2年期外部环境影响等大量数据分析成果。

加强科研队伍建设，提高业务人员素质，是该馆在科研工作中一贯坚持的要求。通过对业务人员在日常工作中的学术科研意识的培养，提高科研工作的主动性。积极参加有关业务培训，不断丰富业务知识结构，做好继续教育工作，以提高该馆整体科研水平。

五　安全保卫

安全是文物工作的生命线，安全工作是博物馆生存和发展的永恒主题。博物馆领导充分认识到，作为第六批全国重点文物保护单位，地处二环主路的重要地理位置，又是向社会公众开放的场所，在人与物的安全上绝不能出现任何问题。为此，该馆的安全工作着重在夯实安全工作基础，探索安全工作的长效机制上做文章。

首先，不断加强单位的安保力量，加强安全保卫队伍的建设。在机构改革调整、行政部门合并的情况下依然配备了2名专职保卫干部和1名保卫工作负责人。2016年开始，博物馆安保队伍彻底摆脱了自行招募的松散式模式，全部改为由北京市财政资金支持向社会购买服务的方式，引进正规安保公司的23名专业安保人员，成立了专门的安保队伍，取代了原来由临时工负责的出入口安检、箭楼和城台巡视、中控室值班等岗位的安全和接待服务工作。对人员进行安全培训，做到持证上岗。

其次，进一步加大安全工作的资金投入。在北京市文物局的大力支持下，先后完成了德胜门箭楼及真武庙防雷工程、德胜门箭楼外围护栏修筑工程、德胜门箭楼城台防护栏工程、德胜门箭楼内部配电线路改造等一批安防设施改造升级工程，累计投入专项资金224.34万元。同时组织实施"真武庙展厅、文物库房防盗门窗及安防智能化改造""古币馆文物库房改造和设备更新""古币馆展柜玻璃防护加固"等项目，有效地提升了藏品安全的管理水平。尤其是"德胜门箭楼抢险修缮工程"将多年布设在箭楼城台下部的露天电缆线等强弱电线混合线缆盒全部改为入地，同时将强电、弱电分开，彻底解决了雨天电缆盒积水漏电的安全隐患。此外，博物馆还利用本馆财政公用经费，优先确保日常安全设备维修维护、物资采买等。2013—2018年6年间累计投入资金65.83万元，年均超过10万元。

最后，加强博物馆的日常安全管理工作。成立了博物馆安全工作领导小组，每年逐级签订安全责任书，不断完善各项安全管理制度和应急预案。注重实战演练，对职工进行经常性的培训教育，增强职工的安全意识和责任心，提高他们处理突发事件的能力。坚持定期安全隐患排查和整改落实制度，发现问题限期整改。加强安保队伍的建设和日常管理，严格出入口管理、日常巡查、带班值班制度。

这些行之有效的措施，使该馆安全工作整体有序，保证了文物古建和人员的全面安全。该馆也多次被评为西城区安全生产先进单位、社会治安综合治理先进单位。

六　文创开发

文创工作以扩展博物馆服务群体，提高博物馆服务能力为目标，挖掘自身的文化资源，利用博物馆特色开发文创产品。近年来，该馆配合"盛世京华之掠影——北京纸币诞生八百年展""戎刀燕币——尖首刀币起源的故事""古道遗珍——丝路沿线古国钱币""百年回首——喜仁龙眼中的北京城墙和城门""龙行天下——钱币上的中国龙"等多项临时展览，开发了笔记本、文件夹、U盘、手提袋、围巾、磁贴、明信片等以古钱币、老北京城门城墙为元素系列文创产品，利用德胜门的"军门"特色开发完成了弩机、炮车、云梯车和抛石机四款以攻守城器械为元素的古兵器系列模型。另外，还结合资源特色，开发了纸币雕版印刷、套色财神雕版印刷、钱币铸造技术之巧克力铸币等既是课程资源又是课程资源形成的活体文创产品。

北京辽金城垣博物馆

BEIJING LIAO AND JIN CITY WALL MUSEUM

通信地址： 北京市丰台区右安门外玉林小区甲40号

邮政编码： 100069

电　　话： 010-63054991（社会服务电话）　010-63054992（参观预约电话）

传　　真： 010-63054991

博物馆网站： http://wwj.beijing.gov.cn/ljcybwg/index.html

电子邮箱： bjljcybwg@bjww.gov.cn

博物馆微博： https://weibo.com/u/2714959527

微信公众号： 北京辽金城垣博物馆

博物馆类型： 社会科学类（历史）

隶　　属： 北京市文物局

批准建立时间： 1993年8月3日

博物馆备案登记号： 036

建筑性质： 现代（全国重点文物保护单位）

占地面积： 2100平方米

建筑面积： 2500平方米

展览面积： 遗址1000平方米、展厅500平方米、石刻展区120平方米

交　　通： 公车59、122、717路大观园站下车，向南走；48、19、88、377、454、474路右安门外站下车，向西400米。

开放时间： 9:00—16:00（周一闭馆）

服务设施：

停车场	纪念品商店	餐饮	语音导览	微信导航	无障碍设施	其他
有	无	无	有	有	有	无

概　述

　　北京辽金城垣博物馆位于丰台区右安门外玉林小区。1990年在建造北京市园林局住宅楼时发现了金中都南城垣水关遗址。该遗址的披露被评为当年全国十大考古发现之一。1991年北京市文物研究所对该遗址进行挖掘，同年北京市政府决定，建立辽金城垣博物馆对遗址进行保护。1995年4月23日正式对外开放。2001年6月25日金中都水关遗址被评为全国重点文物保护单位。该馆建筑整体呈不规则多边形，青灰色的外墙，南侧正中半圆形券洞上饰一兽头，远远望去仿佛金代北京城又重现眼前。该遗址是我国目前已发现的古代水关遗址中规模最大的一处，是确定金中都城址和研究我国古代建筑和水利设施的重要实物。

　　北京辽金城垣博物馆是一座古文化遗址与文物陈列相结合的博物馆。办馆宗旨是：保护中都遗韵，传承历史文化，让中国人了解自己的首都，让北京人了解自己的北京，对广大群众进行爱国主义教育和历史、科普知识宣传。以辽金两代王朝三百年的历史文化为背景，以辽南京和金中都（今北京）二百多年的历史遗存为底蕴，以丰富的馆藏文物为材料，在科学、认真保护水关遗址的基础上，作为国内唯一的一处集中收藏、展示辽金两代历史文物的场所，北京辽金城垣博物馆，既是今天人们学习历史知识、了解历史文化的窗口，也是对青少年进行爱国主义教育的重要场所，并逐渐成为一些科研院所研究辽金历史和北方民族史的科研基地。现博物馆机构设置为一部两室，即：宣教部、办公室、研究室。办公室负责日常行政管理、信息汇总、安全保卫等工作，宣教部负责展览讲解、参观接待、文化交流、文化旅游活动的策划、组织、对外宣传、藏品的征集保管、库房管理等工作，研究室负责文物研究、文史研究和文物保护等工作。部室之间职责明确，分工清晰，使北京辽金城垣博物馆的各项工作都能平稳进行，而且蓬勃发展。

2013年到2018年的6年间，北京辽金城垣博物馆各项工作都有了进一步的发展。总体看来，博物馆的公益性质得到突出和强化，博物馆经营理念得到认可，博物馆工作方针更加贴近实际、贴近生活、贴近百姓。

一　管理和保护

（一）藏品管理

北京辽金城垣博物馆领导高度重视文物藏品的保护工作，把文物安全放在了首位。保管员严格遵守《中华人民共和国文物保护法》《中华人民共和国文物保护法实施条例》《博物馆藏品管理办法》，执行保管法规，履行保管手续，坚持保管原则，加强藏品的保护与管理工作，定期检查文物库房，认真做好出入库记录，切实保证了文物的安全。而且按照《博物馆库房管理条例》《库房保管员日常工作守则与义务》及《非库房人员进出管理制度》等的相关规定，做好文物库房出入、文物进出库、文物提用等相关记录，确保文物安全。

2013年度对存放于库房的各类文物进行了加固、包装，以确保文物安全。完成了金中都水关遗址的文物保护规划的编制工作。结合"文物调查及数据库建设"项目成果，完成了北京辽金城垣博物馆一般文物的电子账目建设工作，并将对一般文物的数码照片采集工作纳入明年的工作计划。2013年9月16日、10月23日顺利完成了与辽宁省朝阳市北塔博物馆的97件/套的文物交接工作。

2014年根据市普查办的统一安排，积极进行第一次全国可移动文物普查，完成文物信息录入、称重、拍照等工作，普查工作进展顺利。此外，还完成文物藏品借展交接工作：2014年9月与11月顺利完成与山西博物院合办的"金戏砖影——金代山西戏曲砖雕艺术展"78件/套文物交接工作；2014年9月24日，北京辽金城垣博物馆为配合首都博物馆陈列展览需要，借给对方藏品三件（陶水管、铁银锭椁、砖银锭椁各一件），使用情况良好。

2015年根据文物局、市普查办的统一安排，积极配合进行第一次全国可移动文物普查，完成了北京辽金城垣博物馆文物数据的补充、校对工作，可移动文物普查工作进展顺利。积极利用有效资源，建立健全藏品征集渠道，将文物征集工作列入北京辽金城垣博物馆三年滚动计划，为博物馆长远发展打好基础。为配合"梦落华枕——金代瓷器展"的举办，完成常规展厅撤展、展品入库工作；顺利完成广州南越王博物馆及辽宁北票市博物馆83件/套、80件/套文物的交接工作。首都博物馆2014年借展的砖银锭椁、铁银锭椁、辽代陶水管3件展品归还入库。完成新老文物保管员工作交接。

2016年根据市普查办的统一安排，积极参加第一次全国可移动文物普查培训工作，并根据培训要求完成北京辽金城垣博物馆的数据校对、修改及重新上传，按要求完成了可移动文物普查的相关工作并接受市文物局博物馆处组织的验收工作。为配合"大辽遗珍——辽代文物展"的举办，分别在2016年3月和5月顺利完成与大同博物馆的20件文物借展交接工作。

2017年，为做好基础设施改造工程和展陈改造工程期间的文物保护工作，将博物馆展厅文物全部进行登记入库封存，石刻文物进行原地封存保护，确保施工期间的文物安全。按要求完成了北京辽金城垣博物馆的藏品数据校对、修改及上传工作。

2018年8月10日，北京辽金城垣博物馆的文物库房及藏品接受了北京市委第六巡视组的检查，并针对反馈意见，认真落实文物库房的整改任务。

2005年，北京辽金城垣博物馆为配合首都博物馆陈列展览需要，借给对方一件二级文物，目前仍在该馆瓷器展厅中陈列，使用情况良好。北京辽金城垣博物馆的现有文物藏品，分别用于本馆的基本陈列、临时展览和其他博物馆借展，使用率占藏品总数的31%，文物保存状况良好。

（二）藏品保护

继续加大对文物库房以及展厅文物的监测力度，对文物的存放、归类、保存等状况进行了检查，排除了安全隐患，确保文物安全。认真监控库房温湿度情况，保证加湿器、除湿机等设备正常运行，使库房全年温度维持在20—24摄氏度之间，湿度维持在45%—55%之间。

二 陈列展览

基本陈列展览为"金中都历史展"。

展馆建筑面积近2500平方米，地上二层，地下一层。地上一层为展览大厅，共分两部分。第一部分以照片、线图以及出土文物为主，介绍了金代中都城水关的发掘、研究及水关价值，并就我国历史上水关的演变作了简明介绍。第二部分是以北京建城发展史为主线，介绍了北京三千多年的建城历史，并重点介绍了女真人及辉煌的金中都、金陵。展陈中的典型代表文物有金代水关遗址中出土的文物、金代壁画、金代宫城附近出土的琉璃鸱吻和铜辟邪，以及王光英先生捐赠的金代家具，等等。共展出文物、图片、图表、沙盘、模型200多件。整个展出以实物为主体，以图表文字为辅助，第一次向观众形象而真切地展示了距今800多年前一代帝都的风貌。特别是通过金代坐龙、吕君墓表等重点文物，向人们展示了北京成为首都的历史。

地下一层即为被保护的金中都南城垣水关遗址。它是现在北京除部分金代城墙外所仅存的金中都城建筑遗迹。水关是古代流经城墙下进出河水的水道建筑。金中都水关遗址残存基础部分，平面呈形，正南正北，南距今凉水河（金中都护城河）50米，金中都城内的河水即通过此水关流入南护城河。遗址全长43.4米，过水涵洞长度是21.35米，宽7.7米，水关建筑整体为木石结构，与宋《营造法式》规定一致。

在院外的石刻展区中，较为集中地展现了辽、金时期的石刻文物十余件。有辽代契丹文墓志、金代石虎、石佛、金陵石雕、东不压桥石雕以及金代墓表等有代表性的石刻文物。

2013年9月17日，"碧彩云天——辽代陶瓷展"在北京辽金城垣博物馆正式开展。此次展览是在北京辽金城垣博物馆去年推出的"大辽遗珍——辽代文物展"的基础上继续推出的辽代系列展览之一，旨在通过专题化、系统化的形式，将辽代文化的精髓传递给广大观众。本次展览所展出的100余件展品形制独特、奔放，纹饰釉色精美、浓烈，展现出在北方游牧民族皮制品和当时中原文化的共同影响下创造出的契丹民族所特有的艺术风格。开展当天，辽宁朝阳北塔博物馆、北京市文物局局属各博物馆以及丰台区科委的有关领导到场参观了展览并给予了较高的评价。同时，北京电视台、北京晚报等多家新闻媒体的记者到场对展览进行了采访报道。

2014年5月6日至5月22日，北京辽金城垣博物馆举办了"馆藏辽金元拓片精品展（二）"。该展览是继北京辽金城垣博物馆2011年底"馆藏辽金元拓片精品展"之后推出的第二期展览，继续选取在北京地区收集到的辽、金、元时期的大量珍贵石刻拓片进行展出，共30余幅。

展厅基本陈列

2014年9月16日至11月16日，"金戏砖影——金代山西戏曲砖雕艺术展"在北京辽金城垣博物馆正式开展。本次展览是由北京市文物局和山西省文物局主办、北京辽金城垣博物馆和山西博物院共同承办的专题性展览，展出的所有展品均为山西博物院馆藏精品的一部分。展览共分为四个部分，通过精心遴选出的78件（组）戏曲砖雕，以展示出土文物、复原场景以及播放视频资料等手段，还原历史，再现金代戏曲艺术在三晋地区的繁盛景象，为观众带来一场跨越时空的艺术体验，加深对我国戏曲根源的认识和理解。开展当天，山西博物院、北京市文物局、局属各博物馆以及丰台区科委的有关领导到场参观了展览。新华社、北京晚报、北京电视台等多家新闻媒体的记者到场对展览进行了采访报道。

2015年9月1日至10月31日，"门券上的抗战展"在北京辽金城垣博物馆举办。展览内容为各抗战纪念馆、革命事件纪念馆及名将故居等的门票，共300余张，旨在从一个特殊的视角带领观众重温爱国主义教育，牢记抗战历史。

2015年8月18日至11月15日，金代瓷器展之"梦落华枕——金代瓷枕艺术展"在北京辽金城垣博物馆正式开展。本次展览是由北京市文物局主办，北京辽金城垣博物馆和广州西汉南越王博物馆共同承办的专题性展览，展出的所有展品均为广州西汉南越王博物馆馆藏精品的一部分。展览持续结束。展览共分四部分，通过精心遴选的83件金代陶瓷枕，从造型、纹饰、工艺等角度再现中国古代瓷枕发展繁盛期的辉煌，带领观众感受金代瓷枕的雅致、灵动及深厚的文化内涵，领略瓷枕作为金代陶瓷艺术发展的时代见证所展现出的艺术魅力。

2015年11月17日至2016年1月17日，金代瓷器展之"质朴生活——北方金代民用瓷器展"在北京辽金城垣博物馆正式开展。展览依据器类的不同分为四个部分，通过70余件金代民间生活用瓷，从器形、釉色、装饰等角度，阐释了金代北方陶瓷器的时代特点。

2016年4月2日至5月27日，北京辽金城垣博物馆与大同市博物馆、辽宁省朝阳市北塔博物馆共同举办的"大辽遗珍——辽代文物展"在大同市博物馆展出。展出的各类珍贵文物中，包括北京辽金城垣博物馆借展的20件辽代瓷器。此次展览收到了很好的社会反响。大同广播电视台公共频道、中国社会科学网、大同新闻网以及中国网等新闻媒体均对展览进行了报道。

2016年5月17日至6月5日，北京辽金城垣博物馆推出了"墨拓千秋——馆藏辽金精品拓片展"。该展览是继北京辽金城垣博物馆2011年、2014年两届"馆藏辽金元精品拓片展"之后推出的后续展览，继续选取在北京地区收集到的辽、金时期的大量珍贵石刻拓片进行展出，共40余幅，其中包括本馆收藏并展出的重点文物金代吕君墓表拓片。

2016年8月23日至11月20日，北京辽金城垣博物馆推出了"西京印迹——大同辽金文物展"。本次展览是由北京市文物局主办，北京辽金城垣博物馆和山西大同市博物馆共同承办的专题性展览。展览展出了大同市博物馆的90余件馆藏精品，涵盖了从日常生活至冥世丧葬的各个方面，器类丰富，材质多样，展现了辽金时期西京大同多个方面的生活印迹。通过展览引领观众加深对西京大同的认识和理解，领略这座"民族融合之都"的文化艺术魅力。

2017年1月22日至2月16日，北京辽金城垣博物馆推出的新春临展："十二生肖与文物——馆藏生肖墓志盖拓片展"。展览以十二生肖为线索，充分利用图片、文字、拓片等多种形式展现中国传统文化中十二生肖的各种形象，介绍其渊源、典故及背后所蕴含的文化内涵，让广大观众在观展的过程中学习知识、感受传统。

2017年5月18日至6月17日，由北京辽金城垣博物馆主办、深圳市龙岗区文体旅游局文物管理办公室合办的"北京辽金元佛塔图片展"专题图片巡展，在广东省深圳市龙岗区龙岗街道客家民俗博物馆正式面向公众开放。展览通过40块展板，以图片及文字介绍的形式向观众展现了北京地区不同时期内塔式建筑的特点，让更多的观众得以领略佛教建筑艺术的魅力，唤醒公众的文物保护意识。

2018年12月6日，由北京市文物局主办，北京辽金城垣博物馆和沈阳故宫博物院、辽阳博物馆、沈阳市考古所共同承办的"铁凤风鸣——辽金东京地区文物展"，在北京辽金城垣博物馆正式面向公众开放。本次精选了153件/套东京道（路）中辽阳、沈阳两地以及周边出土的辽金文物，旨在多方面展现辽金东京道（路）地区的生活。观众直观辽金历史，感受北方民族固有的文化特色，同时也领略到其与中原地区文化交流、民族融合和共同发展的辉煌一面。

三　社会教育

在社教工作方面，北京辽金城垣博物馆转变工作方式，发挥馆小办事灵活的特点，立足于所在的右安门街道，为当地居民提供优质的博物馆参观服务。在日常工作中将街道内的社区、学校、消防中队等多家单位纳入我们的共建网络，拓展博物馆社教工作的辐射面。作为北京市的爱国主义教育基地，博物馆紧贴时代主题，坚决贯彻始终代表先进文化发展方向，坚持发挥博物馆文化教育功能和社会主义精神文明建设窗口阵地作用，坚持以社会效益为中心的指导思想。充分发挥北京辽金城垣博物馆员工的主观能动性，克服了馆小、人员少的困难，加强基础配套设施建设，较好地发挥了爱国主义教育基地的作用。

近年来，北京辽金城垣博物馆逐步将推送优秀展览进校园确立为博物馆一项常态化的宣传教育内容，同时为配合展览还举办了一系列的科普讲座和互动活动。这些内容丰富的主题巡展活动，不仅加强了与学校的沟通、联系，借助自身的资源优势为学校开展素质教育发挥力所能及的作用，同时也较好地履行了科普基地、校外教育基地的教育职能，向广大学生宣扬优秀传统文化。2013—2018年度，与周边学校共进行了图片巡展活动5次、科普讲座10次、讲解员培训5次，受到了广大师生的一致好评。

作为博物馆类社会大课堂资源单位之一，北京辽金城垣博物馆积极响应市教委、市文物局的号召，保持与社会大课堂的联系，完成了寒暑假中小学生课外活动接待等相关工作，在2014年被评为"北京市丰台区中小学生社会大课堂建设先进集体"。

为丰富地区群众文化生活、北京辽金城垣博物馆协助街道、社区开展多项文化活动，为培育和促进地区文化创意产业发展贡献力量，2013—2018年度，与周边街道社区合作，共成功举办书画展4次、摄影展6次、书画交流会3次。

四　学术研究

科研工作是博物馆的一项很重要的工作。辽金城垣博物馆工作人员除了开展一系列的展览活动外，还积极参加各种学术研讨活动，加强学术交流，并举办各种学术讲座。2013年至2018年，共进行讲座4次，发表文章37篇，出版著作5种。

北京辽金城垣博物馆配合展览于2013年编辑出版了《碧彩云天——辽代陶瓷》，2014年出版了《金戏砖影——金代山西戏曲砖雕》，2015年出版了《梦落华枕——金代瓷枕艺术》，2016年出版了《西京印迹——大同辽金文物》，2018年出版了《铁凤风鸣——辽金东京地区文物》，这些特色读物受到了广大历史爱好者和学术人士的一致好评。

作为遗址型博物馆，保护遗址的安全也是北京辽金城垣博物馆的重点工作之一。做好遗址文物的温湿度监测工作，定时开启除湿设备使遗址的温湿度基本维持在正常的水平。及时将温湿度监测数据进行汇总、存档，发现问题及时与有关专家进行沟通协调。2010年4月启动了金中都水关遗址进行沉降监测工作，通过两年时间对遗址的沉降实施监测，发现遗址沉降幅度较大，因而2013年继续对遗址进行了沉降监测，并配合考古部门对遗址沉降进行局部发掘，找出沉降原因，做好文字、照片记录。2014年完成对水关遗址的局部探查工作，制订遗址保护修复方案。2015年实施水关遗址监测工程，完成有关协议复核、存档，监督项目实施，监测结果汇总等工作。针对水关遗址现状，联系古研所、设计院等相关单位，对有关问题进行论证，提出解决建议，完成《金中都水关遗址保护及展示提升方案》，准备立项工作。继续与国家文物局和市文物局沟通，积极开展对水关遗址保护修复方案的制定及论证。2015年上报的《金中都水关遗址保护工程立项》于2016年4月得到国家文物局的批复，同意立项，拟定修复方案。2017年度针对2012年底遗址发生的局部塌陷问题，继续进行遗址保护修复方案的制定和论证。配合古研所进行遗址保护方案的前期准备和探测相关资料和预算编制等工作。2018年度完成了水关遗址监测工程项目，完成了监测报告编制并归档管理。2018年8月17日，北京辽金城垣博物馆邀请相关领域专家召开了金中都水关遗址保护方案论证会，完成了遗址保护方案，并报送上级单位。

2013年配合北京建工建筑设计研究院完成《金中都水关文物保护规划》初稿，提供大量原始资料，进行实地考查。2014年针对北京辽金城垣博物馆的常规展览改陈工作，立足本馆开展社会调研，完成了可行性报告和展陈大纲的撰写，年终上报调研工作报告。2017年度开展"北京辽金城垣博物馆陈列改造项目"的相关大纲及方案论证等工作。2018年完成了市文物局布置的文博大调研工作，汇总历年数据，提交了《北京辽金城垣博物馆发展中的难点》调研报告。

五　安全保卫

博物馆安全保卫工作，是博物馆工作的生命线。北京辽金城垣博物馆对文物安全工作一贯重视，深刻认识到安全工作是博物馆各项工作的基本保障。该馆以《北京市文物安全管理责任制度》《北京市文物局安全保卫工作规范化管理规定》以及《文物安全工作长效机制》为原则，时刻绷紧文物安全这根弦。一是抓重要时间节点。北京辽金城垣博物馆领导在两会期间及重要节假日前，都会召开节前安全教育会，传达局安全工作会议的精神，并在全馆范围内组织开展安全隐患排查。二是抓重点部位。针对馆内重点部位、监控设备运行情况、消防设施完好性等安全情况进行彻底检查。三是抓制度落实。按照二级防控方案要求，严格执行馆领导带班制度，及时上报北京辽金城垣博物馆的安全工作相关情况。

此外，北京辽金城垣博物馆坚持做好经常性的安全检查，做到每天上班后和下班前例行巡查，并做好检查记录。对办公室的电器设施及用电设备进行检查，做到人走灯灭，切断电源。对本单位夜间、节假日值班、警卫的情况进行检查，发现问题及时处理。坚持和加强对职工的安全教育，强化员工安全意识，每月对工作人员思想状况进行分析，及时掌握职工思想动态，积极预防各类事故发生。积极组织开展"119"消防安全日宣传教育活动，有针对性地组织开展了群众性安全防火、防盗、防暴工作教育。完善各项应急预案，组织员工进行"应知应会素质培训"和全馆职工消防安全等消防灭火演练、各类应急预案的演练，使员工掌握在紧急情况下的自救能力，熟练掌握消防器材的使用。严格落实文物安全长效机制和三级防控方案，按照"点位图"、安全"零死角"要求，严格落实安全责任制，完善安全工作长效机制。加强对出租单位人员的防盗防火安全管理，积极做好新进安保人员培训工作。认真落实烟花爆竹安全管理工作。

2013年完成馆内消防报警系统的升级改造，并通过消防验收。2014年对馆内安全技防设施进行升级改造；完成避雷系统升级改造工程，完成配电室及中控室整体迁移改造工程；完成"金代戏曲砖雕展"文物押运及展览安全工作；完成安全设备台账建立工作。2015年1月初北京辽金城垣博物馆三次开展全面检查，开展安全隐患排查整治工作；对展厅内安全标识进行规范，位置不明显的整改，重点部位没有标识的增加；完成避雷升级改造工程的绩效评价工作。2016年对安技防设备进行保养和维护，并做好避雷设施的年检工作；新增干粉灭火器40具，监控摄像头更新15个；完成安全隐患排查治理台账周记、月记工作；完成了"西京印迹——大同辽金文物展"的文物押运、布展工作。2017年对院落内传达室、库房、保安人员宿舍的彩钢房顶进行整改；设置电动车充电处，安排专人负责看管；对施工现场内的安全隐患开展经常性排查。2018年完成了消防安全升级改造工程，同时对博物馆防雷设备进行了升级改造，使博物馆的安全环境得到了较大的提升。

六　文创开发

2013年北京辽金城垣博物馆结合"碧彩云天——辽代陶瓷展"推出参观纪念品"青花瓷纪念茶具"一套。2014年结合"金戏砖影——金代山西戏曲砖雕艺术展"推出展览纪念品"金代兽面纹澄泥砚"一套。2015年结合"梦落华枕——金代瓷枕艺术展"推出展览纪念品"皮枕套"一套。2018年开发了文创产品"铜坐龙倒流香炉"一套。

北京市西周燕都遗址博物馆
THE MUSEUM OF WESTERN ZHOU YAN CAPITAL SITE

通信地址： 北京市房山区琉璃河镇董家林村

邮政编码： 102403

电　　话： 010-61393049　010-61393475

传　　真： 010-61393412

网　　址： www.yanduyizhi.com

电子信箱： xizhouguan@sina.com

微信公众号： 守望燕都

博物馆类型： 社会科学类（历史）

隶　　属： 北京市文物局

批准建立时间： 1990年9月17日

博物馆备案登记号： 035

建筑性质： 现代建筑（全国重点文物保护单位）

占地面积： 19533平方米

建筑面积： 5601平方米

展览面积： 2624平方米

交　　通： 乘坐835路公交车商周遗址站下车，沿董家林路口步行1.5千米即到；或自驾车G4京港澳高速窦店出口下，沿107国道（京深路）南行3千米至商周遗址，沿路口驶入。

开放时间： 9:00—16:30（周一闭馆，节假日除外）

服务设施：

停车场	纪念品商店	餐饮	语音导览	微信导览	无障碍设施	其他
有	无	无	无	无	有	无

概 述

北京西周燕都遗址因其发现地也称为琉璃河遗址，位于北京市西南43千米处的房山区琉璃河镇。遗址东西长3.5千米，南北宽1.5千米，面积5.25平方千米，是中国迄今为止已知的唯一一处时代明确且城址、居住区和墓葬区都具备的西周初期的封国都城遗址，它对于研究周初的分封制度、宗法制度、国野制度以及周文化的形成与演变，都有着特别重要的学术价值。该遗址的发现不仅把伟大首都建城的历史推进到3000多年前，并且也为现代北京开放、多元和兼容并蓄的城市文化品格找到了历史的源头。

北京市西周燕都遗址博物馆建于遗址之上，是一个古文化遗址与文物陈列相结合的考古专业性博物馆。1990年开始筹建，1995年8月21日正式开馆。馆区占地19533平方米，展馆建筑面积3000平方米。

2013年至2017年，西周馆机构设置为办公室、文化产业部、社教部和保卫部。2017年5月，根据博物馆发展的需要，机构设置调整为办公室、文化产业部、社教部和业务保管部，该馆各项工作在平稳推进中呈现出蓬勃发展的新局面。

一 陈列展览

从2013年开始，该馆陆续对固定陈列展厅进行展陈升级，使展厅环境得到了很大的提升。在展览策划中，该馆特地加入了与网络媒体的合作内容，与"弘博网"共同开辟了"弘博看点"与"弘博问答"板块，让观众带着问题看展览，使观展更有针对性，看展效果大大提升。在展览设计上，整个展厅以灰色调为主，显得更加庄重、素雅。

除了固定陈列外，该馆还积极地举办临展和巡展。2013年以来，为满足大众对精神文化生活的需求，该馆发挥自身优势、发掘地方资源，与其他展馆和文化单位合作，举办了一系列主题鲜明的展览，并主动"走出去"巡展，把我们的展览带到京津冀地区。

2014年举办了"受命北疆——青铜器背后的燕国故事"展览。该展览分为四个单元，共展出展品51件，运用国君、大臣、武士和公主等不同身份的历史人物，讲述三千多年前燕国的那些人、那些事，使观众对青铜器有了更加清晰的认知。与房山文保所联合举办"文化之韵 智慧之光——房山文保所铜器展"，第一次面向公众展出房山文保所收藏的55件青铜器。展览主题结合所展文物铜镜、铜佛、铜灯等关联"光"的特点，以光芒为引，将器物之光和文化之光相结合。同年联系涿州、易县的文物专家，研究京、冀一体化发展思路，集中镇江营、琉璃河、涿州等地出土的燕式陶器，举办"创新的智慧——燕地出土陶器展"，该展览以人类生活中最简单朴素的物品，展示先辈们的智慧结晶。2015年为配合纪念北京建城3060年举办了"回望燕都"的临时展览。同年恰逢西周馆建馆20周年，为纪念这个特殊的日子，特在"回望燕都"展中独立开辟了一个展区，举办了"守望与传承——从3040到3060"回顾展。同年还在首都博物馆举办"鼎天鬲地——北京从这里开始"的主题展览，本展览从主题策划、大纲编写到场外加工、现场布展等诸多环节，都由馆领导亲自执笔、把关，展厅琉璃河燕都古城为复原场景，以都城选址、营建、经营、古城人物等为段落章节，还原三千年前的燕都古城及当时人们的城市生活。同时为规避展品少、场馆大的矛盾，特在展厅中央搭建了燕都古城的场景复原，并将古城设计成可供观众休息并观看宣传短片的视频播放区，巧妙地与首博的京津冀文物展和周边参观环境形成了良性互补的效果。

2016年完成临展"鼎天鬲地——北京从这里开始"，本次展览为优化游客参观线路，增加展示面积，使展区风格更和谐流畅，在布局上对墓葬区及楼梯间进行大面积改造。在展览内容设计上，打破以往考古成果展的模式，借助墓葬主人、车马坑引出燕国家族故事、西周车马制度。2017年在该馆二楼展厅举办了"燕国瓦当展"，展览以古陶文明博物馆提供的65件战国燕瓦当为主要展品，向观众展示燕国宫殿建筑的艺术文化成就，让观众了解瓦当背后的燕国历史与文化。

2015年至2018年为响应国家京津冀协同发展的战略，作为西周燕国初都所在地、燕文化的发源地之一，该馆连续四年举办京津冀历史文化巡展，率先在京津冀地区宣传燕国历史文化。2015年在石家庄市博物馆、廊坊博物馆、涿州博物馆以及西周馆四地举办主题展览，分别为"纵横之间——崎岖的燕国外交""受命北疆——青铜器背后的燕国故事""燕都宴飨——舌尖上的燕国"，这次巡展的成功举办也使京津冀古代历史文化的研究与交流迈出了新的一步。2016年在天津、廊坊、沧州和邯郸四地举办不同主题的展览，分别为"讲给孩子们的燕国故事""燕都宴飨""燕国历史文化展""鼎天鬲地——北京从这里开始"。2017年在涿州博物馆、河北博物院、天津博物馆和秦皇岛市玻璃博物馆四地举办了"燕都宴飨——舌尖上的燕国"展览，展览紧紧围绕"文化一体、地域一脉、京津冀协同发展"的主题，通过图文并茂的展板和复原场景等形式，将燕国宴飨中的"礼"文化进行全面深刻的解读，展现燕文化作为京津冀历史文化起源之一的深厚渊源。2018年巡展地是蔚州博物馆、沧州博物院、天津武清区图书馆和武清区博物馆，展览的主题也是"燕都宴飨——舌尖上的燕国"。

2018年底，该馆还参加了由北京市文物局主办在安徽蚌埠市博物馆展出的"撷彩京华"文物局博物馆联展。本次联展由北京市文物局六家博物馆打造的各具特色的展览组成，该馆带去了展览"受命北疆——青铜器背后的燕国故事"。展览以琉璃河遗址出土的青铜器及其铭文为载体，向观众展示了西周初年受命于此的燕国君臣、武士们的传奇故事，使观众感受到他们对家国的责任和守望。

此外该馆以各种活动为契机，举办了大量的展览进社区、进学校等活动，扩大该馆的影响力。如："燕国历史文化""环境变迁与城市兴衰""鼎天鬲地文化展""北京都城起源""北京城开始的地方""敬德保民——古代先贤的群众路线""讲给孩子们的燕国故事"等。

二　藏品保管

（一）墓葬、车马坑保护

2013年，为了对馆内的墓葬和车马坑实施有效保护，针对四座墓葬和车马坑中的土体、马骨、微生物、青铜器锈蚀等情况，采用成分分析、离子色谱分析及显微结构分析等多种科学分析方法进行取样分析，找到适宜的保护材料和保护方式。对马骨和人骨的保护主要是脱盐和加固处理；对于生锈的铜器，主要采取表面清洗、缓蚀和表面封护的保护处理手段；采用药剂对土壤进行加固处理；使用药液对土体表面及深部进行杀菌处理。为了更好地解决遗址较为严重的环境潮湿问题，2017年完成了墓葬区及车马坑检测工程，对西周馆内及其周边道路区域进行了地质雷达探测工作，安装了水位测试仪和温湿度监测仪采集数据。利用大场景扫描仪对4个墓坑进行单独扫描，输出独立三维数据。

（二）藏品保护

2014年开始建立燕国出土器物档案。完成了青铜器数据信息收集建档工作，已建档各时期燕国青铜器数据信息资料近500件，并着手其他出土器物的信息整理工作，以后不断地完善藏品档案信息，确定归属文物明细，建立藏品大账。

博物馆展览内景

2015年在市文物局统一安排与部署下，完成了全国第一次可移动文物普查工作，对馆内文物的尺寸、重量、完残情况及照片等数据重新进行测量与采集，总计344件。其中326件属北京市文物研究所，18件属首都博物馆。为改变博物馆零藏品的尴尬现状，借"普查"机会，向市文物局申请，将文研所326件文物调拨给西周馆。同年为文物库房定制了全新的金属货架，方便将器物按类别、出土地等顺序摆放，做到查用方便。2018年北京市文物鉴定委员会专家对西周馆馆藏254件陶器、原始瓷器、青铜器、玉石器和骨角器等文物进行了鉴定，确定了馆藏文物级别：其中二级文物6件，三级文物43件/套，一般文物205件/套。

三　社教工作

为了充分发挥博物馆社会宣传教育的职能，在做好馆内讲解服务接待工作的基础上，充分利用春节、元宵节、清明节、端午节等为游客精心策划了丰富多彩的互动活动，传播传统文化知识；同时也积极地走出去，配合该馆的展览开展形式多样的科普活动，以提升该馆的社会影响力。

该馆充分利用节假日开展丰富多彩的活动。2014年马年春节，该馆利用原地保留的3000多年车马遗址，策划了"马年看马送福"活动，精心订制了"福"字和马年窗花，为来馆游客"送福送吉祥"。元宵节该馆准备了车马拓片模具，供来馆游客自己动手制作"马上有福"拓片；端午节恰逢遇到儿童节，该馆为小朋友设计了"赠送五彩丝"和"DIY午彩香囊"活动。2015年羊年成功策划了"羊年送福""博物馆里的动物园""迎春纳福""3060走进您身边""清明节文化赶大集"等活动,这些活动提升了该馆的服务能力与水平,也将博物馆为大众服务的理念真正落地生根。

该馆积极地"走出去",组织了多个系列的科普活动。2013年专为学生设计了"鼎天鬲地"爱国主义教育之旅,大兴金海中学初一年级学生、房山区黑古台小学、良乡五小三四年级学生、北京十二中科丰校区初一年级学生先后在该馆举办了"博物馆之春""我的中国梦"主题教育实践活动,以此培养同学们的实践能力和创新精神及爱祖国、爱人民、爱家乡的品质。2015年为配合该馆"纪念北京建城3060"活动,举办了系列科普活动"鼎天鬲地·厚德育人——3060进高校""科普游园会——3060走进颐和园""走近博物馆·爱上博物馆——学科实践活动"。2016年该馆创新活动形式,推出了"穿越之旅——握手历史与科技活动",由西周馆、长安汽车北京基地和窦店清真寺三家房山区爱国主义教育基地组成,有效整合了周边资源。同年也推出了"燕国达人"研学活动,组织燕文化的爱好者到京津冀范围内的燕文化遗存进行实地研究学习,此活动已成功举办了三年,受到燕文化爱好者的喜爱。

四　文创开发

该馆高度重视文创产品的开发工作,在深入挖掘遗址内涵的基础上,从2013年开始陆续开发了"鼎天鬲地"和"燕国达人"两个系列的文创产品,深受人们的喜爱,在业内享有很高的知名度,而且该馆已经将"鼎天鬲地""燕国达人"两个品牌进行了商标注册。此外利用3D打印技术开发的克盉、克罍造型的加湿器和台灯,兼具美观和实用性。随着该馆文创产品种类的不断丰富,也为了更好地将其进行展示,该馆在2017年将序厅的一部分改造成了"燕国达人"文创产品展示和互动活动区,将该馆近几年开发的文创产品进行了更全面的展示。

北京焦庄户地道战遗址纪念馆

MEMORIAL HALL OF FOEMER SITE OF TUNNEL WARFARE IN JIAOZHUANGHU BEIJING

通信地址： 北京市顺义区龙湾屯镇焦庄户村纪念馆路 38 号

邮政编码： 101306

电　　话： 010-60461906

网　　址： www.bjjzhdd.com

电子邮箱： jzhddz@163.com

博物馆类型： 社会科学类（历史）

隶　　属： 北京市顺义区文化和旅游局

博物馆备案登记号： 042

建筑性质： 现代（全国重点文物保护单位）

占地面积： 48598.88 平方米

建筑面积： 3574 平方米

展馆面积： 1893 平方米

交　　通： 公交：乘 915 或 970 路到顺义东大桥环岛换乘 31 路，终点站即到（焦庄户村）。

开放时间： 开放时间为每周三至周日 9：00—17：00（16：00 停止发票），周一和周二闭馆。

服务设施：

停车场	纪念品商店	餐饮	语音导览	微信导览	无障碍设施	其他
有	有	无	有	无	有	无

概　述

　　北京焦庄户地道战遗址纪念馆位于北京市顺义区东北方向，地处燕山余脉、歪坨山下，距北京市区60千米，距顺义城区30千米。位于龙湾屯镇焦庄户村纪念馆路38号。北至村级路、东至村内胡同、西至村级路、南至木邵路。曾用名是"焦庄户民兵斗争史陈列室"。

　　为了缅怀革命先烈的英雄业绩，对广大群众进行革命传统教育，展馆以翔实的资料、珍贵的文物及真实的地道战遗址，再现了焦庄户人民在党的领导下同国内外敌人进行英勇斗争的历史画面。现在供观众参观的地道战遗址还保留着650多米，地道内有休息室和指挥所，有单人掩体、陷阱、碾盘和庙台暗堡等战斗设施，还有水缸、炕洞、墙柜、锅台、猪圈、驴槽等较隐蔽的出入口和瞭望楼。根据北京焦庄户地道战遗址纪念馆的真实历史事迹和坐落位置，1979年北京市政府决定将该遗址确定为市级重点文物保护单位，并改名为"北京焦庄户地道战遗址纪念馆"。

　　北京焦庄户地道战遗址纪念馆年接待游客人数36万人。占地面积为48598.88平方米。展馆采用中国北方农村传统的四合院设计风格，以青色为主色调，共两层。纪念馆分为三个展区，分别是展馆参观区、地道参观区、抗战民兵参观区。展馆参观区是2005年8月14日正式落成对外开放的，占地近9000平方米，建筑面积2000余平方米，馆内展出面积1000平方米。展厅共分为三个部分，分别是"冀东抗战燃烽火""人民战争建奇功""今日顺义更美好"。展陈内容以照片、图片和实物为主，馆内还修建了以抗战历史人物为造型的浮雕群以及大型立体三维沙盘。地道是焦庄户人民在与敌人斗争的战争实践中逐步完善起来的。他们把初期简单的隐蔽单口洞连接起来，在地道内设计和安装了单人掩体、会议室、水缸存放处、陷阱、翻板、碾盘射击孔、地道射击孔、猪圈射击孔等生活设施和战斗设施，最后挖成户户相连、村村相通、四通八达、上下呼应，形成了南到龙湾屯、唐洞，北到大北坞的长达23华里的地道网。现在供游客参观的地道为830米。为更好地展示当年的战争历史场景，焦庄户地道战遗址恢复了30米原始地道，该段地道再现了当时地道的原始风貌，并采用声光电等现代化高科技手段真实反映历史。地道平均高度1.49米，最低处仅高60厘米，此段地道采用国内首创的玻璃钢与环保粘合剂技术，既起到保护地道的作用，又可以让游客看到当时地道的历史痕迹。抗战民居参观区：焦庄户在抗日战争时期曾是区公所、十四军分区司令部和卫生处第二卫生所等历史遗迹的所在地，为展示当年的历史风貌，从2003年开始，对这几处有纪念意义的抗战民居进行了重新修复，截止到目前已修复抗战民居23处，修复面积15000平方米。该馆曾获多项殊荣：1947年11月顺义县人民政府授予焦庄户村"人民第一堡垒"的光荣称号，使焦庄户村成为冀东西部对敌斗争的一面红旗。1964年秋，成立"焦庄户民兵斗争史陈列室"。1979年8月，被北京市革命委员会公布为"北京市重点文物保护单位"。1987年10月，更名为"北京焦庄户地道战遗址纪念馆"。1994年，被北京市政府评为"北京市爱国主义教育基地"。1996年，被国家六部委定为"全国爱国主义教育基地"。2001年，被中宣部评为"全国十大爱国主义教育示范基地"之一。2004年，被北京市评为"北京第二批历史文化保护区之一"。2004年9月，被国家发改委评为"北京红色旅游景区之一"。2013年5月，被评为全国重点文物保护单位。2015年8月，被评为"国家级抗战纪念遗址"。

北京民俗博物馆
BEIJING FOLK MUSEUM

通信地址： 北京朝阳门外大街 141 号

邮政编码： 100020

电　话： 010-65510151

网　址： www.dym.com.cn

电子邮箱： bjmsbwg@126.com

微信公众号： 北京民俗博物馆

博物馆类型： 社会科学类（历史）

隶　属： 北京市朝阳区文化委员会

批准建立时间： 1996 年

博物馆备案登记号： 102

建筑性质： 古代建筑（全国重点文物保护单位）

占地面积： 19940 平方米

建筑面积： 8093 平方米（已开放）

展览面积： 1700 平方米（已开放）

交　通： 公交：乘坐 750、75、420、电车 101、109、110、112 路神路街站下车即到；
地铁：地铁 2 号线朝阳门站 A 口东行 800 米即到，地铁 6 号线东大桥站 A 口西行 500 米即到。

开放时间： 8：30—16：30

服务设施：

停车场	纪念品商店	餐饮	语音导览	微信导览	无障碍设施	其他
无	无	无	无	无	有	无

概　述

　　北京民俗博物馆是北京市文物局批准建立的北京地区唯一一座国办民俗类专题博物馆，1999年正式向社会开放，主馆址是集元、明、清古建为一体的全国重点文物保护单位——北京东岳庙，分馆址是明代皇家庙宇市级文物保护单位——北顶娘娘庙。

　　北京民俗博物馆、东岳庙管理处是一组人员、两个机构的副处级全额拨款事业单位，隶属于朝阳区文化委员会管理，主要有八个部门：展览陈列部、社教部、东岳书院、信息中心、安保部、保管部、办公室及分馆管理部。北京民俗博物馆利用馆、庙结合的方式，立足首都的文化功能定位，加强优秀传统文化传承及地区文化资源整合，以我们的节日、二十四节气为重点开展全馆的各项业务工作。

一　陈列展览

　　北京民俗博物馆的固定展览区坐落在东岳庙中路的后罩楼一层，展厅直接依托古建筑，在确保古建完好的基础上，建造落地展柜。共有11个常年开放的展厅，总面积约1700平方米，每年推出1—2个主题展览，在春节期间开展。2013—2018年间，先后策划举办了"以广招徕——传统民间行业招幌精品文物展""童年恩物——中国民间传统玩具展""降以瑞祥，吾在其中——十二生肖文展""中国道教文化展"四个主题展。2013—2018年，北京民俗博物馆共举办展览39个，累计展出藏品共计3067件次，其中包括出境展出文物200件。北京民俗博物馆馆内展览27个，分馆北顶娘娘庙展览3个，与外省市博物馆联合展览4个，在朝阳区各街乡、社区馆外展览4个，2013年应韩国国立民俗博物馆邀请出席"亚洲婚礼展"，北京民俗博物馆精选了200件/套精品文物，用于展示中国传统婚礼习俗。

二　文物保护

北京民俗博物馆现有国家一级文物15件/套,国家三级文物5件/套,民俗文物近8000件/套。这些文物上至汉唐、下至近现代,既有金银饰品、陶瓷玉器,又有生产生活、教育娱乐用品,多方位地反映出民间民俗活动。北京民俗博物馆的文物库房位于东岳庙后罩楼二层,总面积约500平方米,库房内文物储藏设施主要有铁皮柜、文物架、锦盒等。文物库房按照文物部门规定,配备专职文物保管员,制定《文物工作人员守则》及《文物库房管理办法》。文物管理严格按照《北京民俗博物馆藏品管理办法》各项细则,对文物藏品进行分类、编号,严格遵循文物藏品出入库流程,做好文物出入库登记,认真填写库房日志与出入库人员登记,确保文物不发生人为损坏与丢失现象;对库房内文物及古建筑、古建筑内的文物认真做好日常监护与巡察,定期检查展厅,做到防患于未然;按照《全国重点文物保护单位记录档案工作规范》认真制定藏品档案。

三　社会教育

北京民俗博物馆作为公益性社会文化教育机构,是国家公共文化服务体系的重要组成部分。北京民俗博物馆将社会教育工作作为核心工作之一,作为北京市、朝阳区

基本陈列

爱国主义教育基地及北京社会资源大课堂，长年举办了各种适合青少年学生参与的民俗活动。与北京地区各高校及中小学校、社团组织以举办传统节日活动的方式，联合开展一系列社教活动，如"北京民俗文化节""清明踏青节""二月二龙抬头节"，以及"5·18"国际博物馆日、"非遗嘉年华"、"欢乐暑期·体味民俗"青少年夏令营等活动。北京民俗博物馆坚持开展"民俗文化进校园"系列活动，博物馆的社教功能进一步延伸到北京地区大中小学校园，如"民俗展览进校园""民俗讲座进校园"，与学校共同举办文化节等活动，以充分发挥北京民俗博物馆社教职能。北京民俗博物馆注重对传统节日文化的传承和弘扬，每逢春节、二月二、清明节、端午节、七夕节、中秋节和重阳节等中国传统节日期间，都会开展群众广泛参与的传统节日文化活动，并成功地在社区、公园、养老院培育出相关节日的基地，2013—2018年底，北京民俗博物馆在朝阳区各街乡建立了19个传统文化基地，形成"我们的节日系列文化活动"品牌，其中北京民俗文化节、七夕节文化活动被北京市委宣传部列为向市民重点推荐的活动之一。博物馆还充分注意对非物质文化遗产的宣传和保护，北京民俗博物馆现有"东岳庙庙会"这一国家级非物质文化遗产项目，"幡鼓齐动十三档""东岳庙行业祖师信仰习俗"两个北京市非遗项目。2018年8月被北京市社会科学界联合会评为"北京社会科学普及基地"，同年11月被北京市教育委员会评为"北京市民终身学习示范基地"。

作为被列入国家级非物质文化遗产名录的东岳庙庙会，2013—2018年期间，共举办了6届东岳庙春节文化庙会暨北京民俗文化节。通过"中国传统节日文化展""北京东岳庙传统庙会老照片展""和合祥瑞——民间盒文化展""十二生肖话民俗展"等专题展览，以及"祈福迎祥·戴福还家"的福文化活动、"幡鼓齐动十三档"花会表演、儿童游艺体验活动、非物质文化遗产项目展示、民俗文化公益讲座等内容，突出文化性、公益性和参与性，旨在为丰富节日文化市场，支撑传统文化传承体系。

同时北京民俗博物馆重视自身和社会力量的双重优势结合，引入了社会力量参与文化建设。一是作为博物馆与社会力量长期合作首次尝试的东岳雅集，依托东岳庙文化内涵，结合中国传统二十四节气，每年开展二十四场多种形式的文化雅集活动，在清明、谷雨、立夏、小满等节气，开展了汉服展演、舞乐欣赏、讲座沙龙、诗书笔画等传统文化活动。二是定位于国际文化交流平台的东岳美术馆，其在北京东岳庙建筑之一九天普化宫的基础之上修建而成，建筑高约10米、占地约700平方米、展线长约100米，自2014年开馆以来力求在现有的空间为公众呈献中外艺术家的精品力作，把世界优秀的文化艺术吸纳进来，促进国际交流，形成文化多元融合发展的局面。

四　学术研究

在科学研究方面，北京民俗博物馆的科研工作紧密围绕着民俗文化、东岳文化的相关研究展开。2013—2018年，共出版了《北京民俗论丛》第一至五辑、《华香文化论坛学术论文集》、《中国匾额保护与文化传承论文集》、《观瓷——华夏遗珍古瓷文明展珍品集》、《北京东岳庙楹联荟萃》、《朝阳门外》、《全国原创春联大赛获奖作品集》、《丝绸之路——精品文物展》、《草原丝路内蒙古明博草原文化博物馆精品文物展》等15部著作和图录。

截至2018年底，北京民俗博物馆"东岳书院"已挂牌成立6年，它是北京民俗博物馆以服务社区、共建共享为宗旨所推出的文化品牌。依托全国重点文保单位北京东岳庙浓厚的传统文化内涵和身处使馆区的地利之便，同时继承清代以来北京东岳庙设立义学的传统，东岳书院旨在通过国学为主的公益性学术研究、培训、交流、展示活动，建设成为优秀传统文化教育和对外文化交流的窗口，重点打造"一十百千"传统文化传承推广工程。与街道、社区文化中心合作，举办针对社区百姓、国学爱好者的道德讲堂、国学讲堂，2013年6月被朝阳区文明办定为"朝阳区道德讲堂总堂"，同年10月被同时评选为市级及区级"市民学习品牌"。2018年东岳书院推出的传统文化系列讲座广受好评，至今已举办20余场，邀请故宫博物院、首都博物馆、北京古代建筑博物馆、中国艺术研究院、中国艺术研究院非遗中心、孔庙和国子监博物馆、中国传统文化促进会、北京石刻艺术博物馆等的知名专家走进书院，为广大市民举办清宫旧藏漆器鉴赏、文物专业知识、古代建筑、非遗传承、卫生健康、二十四节气等系列的传统文化讲座。

五　古建修复

2013—2018年间，北京民俗博物馆逐步完善博物馆硬件设施，改善庙区环境。确定"岁修"理念，在定期清除古建房顶杂草的同时，更换自然损毁的砖瓦；对国家一级文物张公碑和存在安全隐患的旗杆进行重新修葺；对全院流散石刻进行统一整理展示；对后罩楼戏台升级改造；打通中路和西廊间的通道，为安全疏散和西廊开放创造条件；增加西廊岳帅殿、西路门口、民国警察署办公区仿古式宣传栏；对西廊的延寿宝殿院进行装修改造，辟为"东岳艺术馆"，与东岳书院、东岳美术馆成品字形结构；完成对景区井盖检查和更换，消除游客磕碰摔伤问题的隐患；完成全庙和北顶古树树体的复壮工程，共修复40棵树（东岳庙38棵，北顶2棵）；2017年底完成了覆盖整个东岳庙区域的无线网络工程，对室内室外进行无线网络全覆盖。

昌平区博物馆
CHANGPING MUSEUM

通信地址： 北京市昌平区府学路东段南侧

邮政编码： 102200

电　　话： 010-69741095

电子信箱： cpqbwg@163.com

博物馆类型： 社会科学类（历史）

隶　　属： 北京市昌平区文化委员会

批准建立时间： 1988年

博物馆备案登记号： 048

建筑性质： 现代建筑

建筑面积： 没有独立建馆

占地面积： 1300平方米

展览面积： 600平方米

交　　通： 公交乘357、345、314路昌平南环中路站下车南行，昌平区图书馆2层即是。

开放时间： 全天开放，每周一闭馆。

服务设施：

停车场	纪念品商店	餐饮	语音导览	微信导览	无障碍设施	其他
有	无	无	无	无	有	无

概　述

　　昌平区博物馆隶属昌平区文化委员会，是全面展示昌平区历史文化、民俗风情及建设成就的综合场馆，全面服务于昌平区的各项建设，向公众提供文化产品，同时负责全区的文物普查、史料整理，集收藏、展示与研究为一体，是昌平区一处对外开放的公共文化场所，也是青少年社会实践基地。

　　昌平区博物馆采用文物管理所与博物馆两块牌子一套机构，负责全区的文物保护、文物执法、田野调查、藏品征集、对外展出、古建修缮等方面的综合业务工作。文物管理所是法人机构，博物馆从之。基本陈列是以昌平地区出土文物为主要展出内容。

　　"古代昌平文物展"是以昌平区出土的文物为线索，导引观众认识昌平的历史发展脉络。展览以区域内出土的古代文物为见证，较为全面地展示了山、水、关、城。以文明源雪山、汉置昌平县、融合辽金元、畿辅立重镇四个单元共同讲述了古代昌平不同历史时期在政治、经济、文化、社会生活等方面的发展状况。

海淀区博物馆
HAIDIAN MUSEUM

通信地址： 北京市海淀区中关村大街28-1号

邮政编码： 1000086

电　　话： 010-82886800　010-82886900

传　　真： 010-82886800

网　　址： http：//www.haidianmuseum.org

电子信箱： hd126@sina.com

微信公众号： gh_bb35b363ada1（海淀博物馆）

博物馆类型： 社会科学类（历史）

隶　　属： 北京市海淀区文化委员会

批准建立时间： 2003年5月

博物馆备案登记号： 126

建筑性质： 现代建筑

建筑面积： 1631平方米

展览面积： 754平方米

交　　通： 公交302、307、320、332、355、365、584、614、681、运通105、运通106路海淀黄庄北站下车；地铁4号线、10号线海淀黄庄站下车即到。

开放时间： 周二至周日9：00—16：30，16：15停止入馆；周一闭馆（国家法定节假日逢周一亦闭馆）。

服务设施：

停车场	纪念品商店	餐饮	语音导览	微信导览	无障碍设施	其他
有	有	无	有	无	无	免票、个人免预约参观

概　述

　　海淀区博物馆于2003年5月经海淀区机构编制委员会批准成立，性质为全额拨款事业单位，编制8人，隶属海淀区文化委员会。2004年5月12日，北京市文物局正式批复同意建立海淀区博物馆。2013年11月，经海淀区机构编制委员会批准，在海淀区博物馆的基础上成立海淀区文物保护中心，加挂海淀区博物馆牌子。设置馆长1名，副馆长3名，设有6个部：信息综合部、调查研究部、修缮利用部、社教展览部、保管陈列部、产权管理部，按照北京市文物局下发的《北京市博物馆条例》开展博物馆的各项工作，各部门及个人按照岗位职责完成博物馆的各项工作任务。

　　主要业务部门：

　　（1）信息综合部：负责公文收发、信息发布、网站管理、党群工作、工会工作、财务工作、人事工作、行政档案管理。

　　（2）调查研究部：负责文保单位的勘察认证、建档、研究，以及文物普查，协助开展文物认定、考古发掘，开展学术研究。

　　（3）修缮利用部：负责不可移动文物的监测、修缮、应急处置，文物保护技术推广，以及流散文物管理。

　　（4）社教展览部：负责展览策划推广、校外教育、科普宣传、志愿者工作、集体参观接待、海淀区博物馆安全等。

　　（5）保管陈列部：负责文物建账、藏品管理、文物征集、文物修复、业务研究、文物交流展等。

　　（6）产权管理部：负责大慧寺、永山宅院及萨利宅院、黄庄双关帝庙等区文化委产权文物保护单位的日常管理工作。

一　藏品保管

博物馆藏品是海淀区博物馆开展业务活动的物质基础，必须具有历史价值、艺术价值和一定的科学价值。海淀区博物馆对藏品按等级、材质分类管理；保管工作制度健全，并设专职藏品保管员、账册保管员，分别管理藏品及账册；所有经鉴选符合入藏标准的藏品，经过消毒，与其捐赠证明（含公证书）、拨交清单、价购清单等原始单据、凭证一起入藏。

海淀区博物馆设立固定专用的库房，由专人管理，库房设置3名保管员，同出入同工作，负责库房及库存藏品保管方面的一切工作和安全，其中1人为责任保管员。保管部负责人经常检查库房，发现问题及时报告。非保管人员因公进入库房，需经馆长同意，由责任保管员陪同进库。未经允许任何人不准私自进入库房。藏品库房一般不接待参观。

海淀区博物馆主要采用电脑储存文物账目，包括《藏品总登记账》《藏品分类登记账》《参考品登记账》《复制品登记账》及其他辅助账册。藏品拨出或因损坏、合并等原因须注销，均根据北京市文物局的批文，在《藏品总登记账》及《藏品分类登记账》上逐件注销。

海淀区博物馆积极开展藏品保护科学技术研究活动，运用传统保护方法和现代科学技术、设备防止自然因素（温度、湿度、光线、虫害、污染等）对藏品的损害。海淀区博物馆努力培养专门技术人员，逐步加强藏品保护科技力量。凡采用新的藏品保护、修复技术，均经过实验，通过主管文物行政管理部门组织有关技术人员和专家评审鉴定后推广运用。未经过实验和评审鉴定证明可确保藏品安全的新技术，海淀区博物馆不随意采用。修复文物由保管部提出，并经馆长批准，由有关专家和技术人员制订修复方案并付诸实施。修复工作完成后，这些资料均归入藏品档案，并在编目卡片上注明。

为了丰富海淀区博物馆藏品的种类和数量，海淀区博物馆面向社会征集文物。海淀区博物馆藏品的征集工作，由馆内专业技术人员组成藏品征集小组（藏品征集部），有序开展日常征集以及临时的特殊征集工作。经馆长同意征集的征集品，由藏品征集小组（藏品征集部）联系鉴定委员（两人以上）进行鉴定。经鉴定委员鉴定，有收藏价值并建议征集的征集品，由藏品征集小组（藏品征集部）负责征集。征集对象的入藏标准参照文化部2001年4月9日发布施行的《文物藏品定级标准》和专家组综合鉴定报告执行。

二　陈列展览

海淀区博物馆通过举办基本陈列、专题陈列、各类艺术展览,向国内外公众全面地展示与宣传中华民族的伟大历史进程与辉煌文化,介绍世界文明与优秀文化,以满足人民群众日益增长的高品位精神文化需求。

(一)基本陈列:"沉香越千年——海淀历史文物展"

展览精选馆藏文物445件,采取以物证史的方式,以大量历史文物配以图片、媒体展示,生动讲述了海淀区自新石器时代至明清漫长的历史进程。展览按历史年代分为史前时期的海淀、夏商周时期的海淀、秦汉时期的海淀、魏晋北朝时期的海淀、隋唐五代时期的海淀、辽宋金时期的海淀、元朝时期的海淀、明朝时期的海淀、清朝时期的海淀等九个板块,展品类别涉及瓷器、玉器、金银器、陶器、雕塑等多个类别。从史前时期反映古人类生产方式、生存环境的石斧、石磨盘、古动物化石,商周秦汉数量众多的各类陶器,唐代精美的壁画、铜镜,宋代闻名古今的瓷器,直至明清留存众多、工艺完备的玉器、金银器,等等,都可以见到。海淀区博物馆展出的文物不仅美观流畅,具有较高的文物艺术价值,且多数为海淀区境内出土,具有明确的出土报告及墓志等资料,能够佐证历史,清晰地串联起海淀历史的发展脉络。

(二)临时展览

海淀区博物馆根据广大观众的要求,定期举办各类精品临时展览,宣传海淀悠久历史,弘扬中华传统文化。2013—2018年期间,海淀区博物馆共举办临时展览38

沉香越千年——海淀历史文物展

次，并多次与首都博物馆、北京古代建筑博物馆、颐和园管理处、圆明园管理处、香山公园等单位联合举办展览，满足了首都群众丰富多样的文化需求。

三 社会教育

海淀区博物馆结合博物馆特点开展形式多样、生动活泼的社会教育和服务活动，发挥社会教育功能，传播有益于社会进步的思想、道德、科学技术和文化知识，弘扬优秀文化和科学精神，丰富人民的精神文化生活，提高公众素质，促进国际交流。除了通过博物馆各类展览陈列发挥社会教育职能外，海淀区博物馆还通过以下途径发挥社会教育功用，开展社会服务活动：

（一）校外教育

作为北京校外教育协会会员单位、北京市科普教育基地、海淀区青少年校外教育实践基地、海淀区中小学生校外教育首批资源单位、海淀校外教育协会首批会员单位、中关村博物馆与艺术品行业联盟首批会员单位，海淀区博物馆一直致力于充分利用海淀区博物馆资源开展校外教育，积累了一定的经验。海淀区博物馆校外教育形式多样，多次送展览到学校，并根据在校师生的实际需要举办专场讲座，举行主题活动，受到广大师生的肯定。目前，海淀区博物馆已与北京师范大学、首都师范大学、中央财经大学、中国人民大学、北京科技大学、北大附中、人大附中等多所院校建立了长期联系，校外教育取得阶段性成果。其中，海淀区博物馆与北京大学附属中学联合开展的社会实践基地共建活动成果突出，取得了良好的社会效益。

（二）社会服务

为丰富海淀区居民的精神文化生活，活跃企事业单位、社区和农村文化，同时扩大海淀区博物馆的影响，使更多的海淀居民了解海淀区博物馆，进而走进海淀区博物馆，海淀区博物馆积极参与公共服务活动，定期将精品展览送到企事业单位、社区和农村。通过推送展览，向广大职工和居民宣传了海淀历史，普及了文物知识。展览期间，海淀区博物馆还利用展览间隙发放海淀区博物馆宣传册，使更多的人了解海淀区博物馆，促使他们走进海淀区博物馆，了解海淀区悠久的历史，灿烂的文化，激发他们热爱家乡之情。同时，进一步扩大博物馆的社会影响力，进一步发挥博物馆的社会教育职能。

（三）专题讲座

为满足海淀区人民群众日益增长的精神文化需要，以及广大文物爱好者对文物知识的渴求，海淀区博物馆定期举办高水平的专场讲座，邀请故宫博物院、北京石刻艺术博物馆、大钟寺古钟博物馆、海淀区邮协九九集藏联谊会等单位的著名专家、学者开办讲座，讲授文物保护、国学文化、海淀历史等方面的知识，受到广大观众欢迎。通过举办讲座，不仅普及了文化保护知识，弘扬了传统文化，而且进一步扩大了海淀区博物馆的社会影响，提升了海淀区博物馆的社会教育职能。

（四）志愿者服务

为了推进博物馆建设，提升社会服务功能，传播科学文化知识，发挥海淀区博物馆公共教育职能，同时弘扬志愿者精神，向志愿者提供实现社会价值和个人价值的多元舞台，为精神文明建设的全面进步做出贡献，海淀区博物馆面向社会招募志愿者。经过培训考核，本着宁缺勿滥的原则，最终招募到的志愿者包括北京师范大学、首都师范大学、中央财经大学、中国人民大学、北京科技大学、北大附中、人大附中等院校的学生团体志愿者，以及以个人身份报名的社会热心人士。志愿讲解员的服务受到了观众的积极肯定。为规范管理，海淀区博物馆还修订了《海淀区博物馆志愿者章程》，对志愿服务活动认真记录和总结。此外，海淀区博物馆还通过志愿北京服务平台、北京校外教育协会、海淀校外教育协会等平台广泛宣传志愿精神，组织志愿公益活动。

四 学术研究

学术研究在博物馆的发展中起着基础性、关键性的重要作用。博物馆的学术研究不同于专门从事研究工作的机关，它有自身特点：必须侧重于博物馆工作实际，一方面结合文物藏品进行研究，另一方面理论指导实践。只有做好学术研究工作，才能有效提高展览的科学性和思想性。在这方面，海淀区博物馆也做了有益的尝试。

2014年，由海淀区博物馆编著的《海淀文物精选集》出版。该著收录馆藏珍贵文物270件/套，附有中英文双语说明。它不仅是馆藏珍贵文物的一次集中展示，同时因所收录文物多为海淀区境内出土，具有明确的出土报告及墓志等资料，能够清晰地串联起海淀历史的发展脉络，该著也是海淀出土文物工作成果的一个阶段性总结和展示。

五 安全保卫

海淀区博物馆装有现代化监控系统，全天24小时不间断地对博物馆各部位进行监控，提供入侵报警、录像查询等支持，为博物馆安全保驾护航；装有先进的门禁系统，防止无关人员未经许可进入文物库房等关键部位；消防系统可在发生火险时第一时间发出警报，降下安全卷帘门，馆内灭火设备充足并定期检查更新；防暴盾牌、头盔、防刺服、防暴叉等配备齐全。同时，定期举办消防、反恐等各类安全演练。多年来，海淀区博物馆将人防、物防、技防有机结合，充分保障了文物和人员安全，未发生任何安全事故。

怀柔区博物馆
HUAIROU MUSEUM

通信地址： 北京市怀柔区府前街9号院12号楼府前官邸南门

邮政编码： 101400

电　　话： 010-69695699-801（办公室） 010-69695699-811（咨询台）

传　　真： 010-60686624

电子信箱： huairoubowuguan@126.com

博物馆类型： 社会科学类（历史）

隶　　属： 怀柔区文化委员会

批准建立时间： 2009年5月5日

博物馆备案登记号： 151

建筑性质： 现代

占地面积： 4000平方米

建筑面积： 2036平方米

展览面积： 1800平方米

交　　通： 地处府前街，乘坐916路汽车明珠广场下车向北步行100米右转，向东步行300米可到达。

开放时间： 周二至周六，上午8：30—11：30，下午13：30—16：30（全年周日、周一闭馆）

服务设施：

停车场	纪念品商店	餐饮	语音导览	微信导览	无障碍设施	其他
无	无	无	无	无	有	无

概　述

　　怀柔区博物馆是2008年投资400余万元由区原怀柔图书馆改建而成的一座综合性博物馆，于2009年3月18日开馆免费接待观众。同年经北京市文物局登记在册备案。怀柔区博物馆是区文委下属财政全额拨款科级事业单位，现有工作人员16名，其中在编人员7名，编外人员5名，临时工4名。设置部门机构人员：馆长1人、副馆长1人、宣教部7人、办公室3人、财务室2人、非遗办2人。

　　怀柔区博物馆的办馆宗旨是：介绍怀柔历史变迁和历史发展，挖掘、展示怀柔深厚历史文化和民俗文化底蕴，弘扬优秀的历史文化和爱国主义教育。开展了藏品保管、陈列展览、社会教育、安全保卫、梳理本区民俗文化等工作。

　　2013年，博物馆针对日常工作中存在的漏洞并参照文委新修订的《规范管理手册》，整理完善了《怀柔博物馆馆内管理制度》《怀柔博物馆业务工作制度》《怀柔博物馆安全保卫制度》。根据区委、区政府统一规划部署，对博物馆进行搬迁。经文委批准，于2013年6月1日起博物馆闭馆，全面打包文物，针对文物特点定做包装箱及相关工具。因新地址原单位未完成搬迁，博物馆无法施工。经区领导协调，确定把博物馆文物暂时存放在区民政局物资储备中心（库房）。在完成搬迁内的文物安置后，考虑到临时文物库房的安全性，文委系统召开紧急会议，决定包括文委主管主任、文物执法队长、文物管理所长在内的领导每天轮流带班。文物所、博物馆全体员工安排值班，24小时不空岗。

　　2013年，为了使怀柔区的非遗项目得到更好的保护、继承、推广，特地从怀柔区非物质文化遗产名录中挑选精品项目雕漆技艺、高两河陶瓷彩绘技术两项非遗项目作为依托，以长城文化、山水文化、雁栖湖地标建筑"凯宾斯基酒店"为主题内容，设计制作一批具有怀柔地方特色，彰显继承与发扬精神的文化创意产品。

2013年12月25日，北京市人民政府印发《关于开展可移动文物普查的通知》(京政2013第41号)，正式启动北京市可移动文物普查工作。怀柔区人民政府办公室向全区各国有单位转发了《关于怀柔区第一次可移动文物普查工作实施方案的通知》，并在一周后组织了第一次可移动文物普查工作的全区动员大会，怀柔区博物馆作为区普查办公室参加了此次大会。

2014年1月，怀柔区博物馆牵头的普查办公室组织全区各国有单位的工作人员学习填写《国有单位文物收藏情况调查登记表》，并针对如何填写调查编号以及普查国有可移动文物具体的范围做了说明，这次培训主要以普查工作人员讲解和各国有单位现场提问的方式进行。此次摸底共普查全区国有单位141家，普查率100%，经申报审核共有9家单位有文物收藏。

2014年10月中旬，怀柔普查办博物馆工作人员开始正式进行国有单位的文物现场认定和现场信息采集工作。利用15天的时间，先后去了渤海镇、北房镇、慕田峪旅游开发公司、区档案局、怀柔三小、桥梓镇等六家单位，现场认定文物500余件，并现场测量了所有文物的基础信息例如长、宽、高等。怀柔喇叭沟门满族乡民俗博物馆267件文物，全部为末代皇帝溥仪侄子爱新觉罗·毓岚先生无偿捐赠，这类文物的认定相对难度较大，怀柔博物馆普查办到市局说明情况，市专家组专家来到喇叭沟门博物馆进行文物认定工作，两名专家和怀柔区普查办工作人员逐一进行文物真伪、定名、年代的认定，一共进行了三天，完成全部267件文物的认定工作。

2015年3月，怀柔区博物馆监督指导全区9家国有单位共完成1814件国有可移动文物的上报工作。本次普查怀柔区共投入普查工作人员70人，其中普查工作组人员15人，专家组人员4人(市级专家指导组5人)，收藏单位人员48人，志愿者3人。非文博系统专家数量为2人。

2016年，经过专家评审及同年7月25日区级非物质文化遗产保护领导小组联席会讨论通过，怀柔区"炮腿拳""怀柔张生铁匠炉传统锻造技术""小罗山祖传接骨通络膏药制作技艺"3项入选怀柔区第五批区级非物质文化遗产名录。

2016年，怀柔区博物馆主要推出了"览怀柔山水 赏书法艺术""怀柔老照片展""北京的世界文化遗产保护成果展""文明润心 创城惠民"等展览，展出书法作品41幅，绘画作品55幅，怀柔老照片45幅，创城展板70余块。

2017年怀柔区博物馆业务学习形式内容丰富多彩，组织职工参加"北京市博物馆展陈业务培训班"和"北京市文博行专业技术人员和管理人员培训班"，提高职工的专业素养。组织职工学习文物鉴定设备"手持光谱仪"的操作，让职工学会使用光谱仪进行文物检测的方法。同年还组织"进学校、走社区、下基层"历史文化巡展，走遍全区2个街道，14个镇乡，为偏远山区孩子们带来便利，进一步增强了群众对文化遗产保护传承的认知度，提高了人民对非物质文化遗产保护意识、传承的责任感和使命感。

2018年怀柔区博物馆的工作重点是"强服务"，重点围绕学习《博物馆服务规范》这个博物馆行业标准来开展博物馆工作。这一年"5·18"国际博物馆日活动的主题是"心手相牵送文化"。通过非遗项目开创表演、观众"你答我奖"、发送宣传品、第三届观众免费"鉴宝"、"艰苦卓绝的峥嵘岁月——怀柔革命历史史实展"正式开展等一系列文化活动，为观众献上"文化大餐"；六一儿童节的活动也有所创新，讲解员的讲解逐渐摸索尝试面向"低幼儿童"3—5岁，以他们听得懂的语言来讲解文物历史。讲解员们通过虚拟小朋友"阳阳"生活在两千多年前的汉代怀柔渔阳城，通过描述古代小朋友的吃、穿、住情景串联起当时的五铢钱、饮酒器耳杯、盛食物兼顾祭祀的青铜鼎等重要文物，这样贴近儿童生活的讲解，更容易引起孩子们的兴趣，也更容易记住；首次开展"指尖上的手工技艺"——北京沙燕风筝文化分享会，来开启非遗文化的普及宣传教育活动，通过有趣的讲解和现场的实操让更多的家庭和小朋友了解喜欢传统的技艺。

这一年，怀柔区博物馆还积极参加第四届京津冀非遗联展。为纪念马克思诞辰200周年，"魅力北京"主题文化展于2018年7月初在马克思故乡——德国特里尔市古罗马遗址展厅举办。怀柔区选送的二魁摔跤、陶瓷彩绘、灯笼制作、漆雕等非遗项目在活动的开幕式上进行展示展演。独特的演出形式、精湛的表演技艺受到了德国观众的热烈欢迎。此次非遗展演展示交流活动，得到了中宣部领导的肯定。积极推荐非遗项目杨门浆水豆腐制作技术和雕漆技艺参加首届怀柔文创大赛，在此次比赛中杨门浆水豆腐制作技术获得优秀奖。

总之，这六年来作为远郊区的小型博物馆，怀柔区博物馆一直在条件允许的情况下，摸索着适合的发展道路，除了认真完成国家和市区的重点项目"全国第一次可移动文物普查工作"，还立足于自身进行策划展览、组织教育活动、流动展览下乡、本地历史文化挖掘等一系列的有意义的工作。

北京宣南文化博物馆
BEIJING XUANNAN CULTURE MUSEUM

通信地址：北京市西城区长椿街9号

邮政编码：100053

电　　话：010-83167249　010-63015413

传　　真：010-63015413

电子信箱：xuannanbowuguan@126.com

博物馆类型：社会科学类（历史）

隶　　属：北京市西城区文化委员会

批准建立时间：2012年12月31日

博物馆备案登记号：128

建筑性质：古代建筑（北京市重点文物保护单位）

占地面积：4694平方米

建筑面积：2032平方米

展览面积：1820平方米

交　　通：公交10、38、88、477路宣武医院站下车，5、6、57、109、381、
613、715、717路牛街路口西站下车。
地铁2号线长椿街站C出口，向南500米；7号线广安门内站B出口，向东北1000米。

开放时间：9：00—16：30　16：00停止入馆（星期一闭馆）

服务设施：

停车场	纪念品商店	餐饮	语音导览	微信导览	无障碍设施	其他
无	无	无	有	无	有	无

概　述

北京宣南文化博物馆于2005年11月30日正式对外开放，以展示宣南文化为主题，属社会科学（历史）类博物馆，也是AAA国家级旅游景区和北京市爱国主义教育基地。

北京宣南文化博物馆的所在地为北京市级文物保护单位长椿寺。长椿寺，始建于明万历二十年（1592年），清代多次重修。现存主体建筑由东向西依次有山门、天王殿、大雄宝殿、藏经阁等主体建筑，两侧有配殿，并有北路跨院。博物馆依托长椿寺建筑布置陈列，并对外开放。现设有"悠悠宣南""宣南士乡""革命先驱""梨园胜景""老天桥情景模拟""城南乐园""百年兴商""民族团结"八个展厅和一个多功能厅。

北京宣南文化博物馆隶属北京市西城区文化委员会。设有宣传教育部和办公室两个部门，宣传教育部是主要业务部门，负责社会教育、对外宣传、参观接待、藏品征集、景区管理等工作；办公室负责安全保障及后勤工作。

一　藏品保管

为规范、强化藏品的管理与保护，2012年按照西城区文化委统一部署，博物馆将原有馆藏文物全部移交西城区文物管理处统一管理，并将实物移至文化委集中库房保存。

二　陈列展览

北京宣南文化博物馆展览由基本陈列和临时专题展览构成。基本陈列"宣南历史文化展览"以弘扬宣南文化为主题，布置展陈面积近1800平方米，设有"悠悠宣南""宣南士乡""先驱足迹""梨园胜景""老天桥情景模拟""城南乐园""百年兴商""民族团结"八个常设展厅。在做好基本陈列的同时，博物馆在每年的"5·18"国际博物馆日和中国文化遗产日以及重要纪念日，还适时推出重点精品特展：2013年"走进尘封的记忆"专题展，向观众展示古都北京厚重的历史文化积淀，感受老北京的风土人情；"追寻中国梦 翰墨寄衷情"马铁汉先生书法作品展，展现宣南书法名家优秀作品数十幅。2014年"弘扬中华文脉之精髓 展示千年科举之遗风——中国科举匾额实物、拓片展"，展出科举匾额精品拓片和相关实物近百件；"百年记忆——甲午战争至抗战胜利文物收藏展"，展出258件与抗战有关的珍贵、有代表性的文物、实物，回顾甲午战争至抗战胜利的历史进程；"继往开来 民族复兴——庆祝建国65周年精品报刊展"，庆祝中华人民共和国六十五年华诞。2015年"弘扬传统民俗文化 传承民间剪纸艺术"专题展，以北京萱草苑剪纸爱好者的优秀作品为题材，展现当今社会积极向上的价值理念；"指尖上的老北京绝活"专题展，介绍西城区特色非物质文化遗产保护项目，让更多观众了解非遗项目的文化和艺术价值，增强对传统技艺的保护；"我们的胜利——纪念中国人民抗日战争暨世界反法西斯战争胜利70周年"专题展，结合西城区抗战遗迹、事件、做出的贡献，展出文物（实物）400余件及210幅珍贵图片，着力阐释中国人民抗日战争在世界反法西斯战争中的重要地位，以及中国共产党在领导中国人民取得抗战胜利中发挥的中流砥柱作用。2016年"门风·家训·继事长"专题展，以老北京院门上的门联为视角，展现中国人笃信千年的道理和主张家风传承；"匠人匠心见精神——京城百业之木匠行"专题展览，以传统工匠——木工为例，从源流、分工、行业精神等方面讲述木匠这一行业，展现匠心之作和工匠精神；"孝行天下——二十四孝文化发展与现实意义主题展览"，以二十四孝故事及演变传播为主要内容，宣扬孝道，传播社会正能量。2017年"京艺·京韵·京绝——西城区非物质文化遗产（传统工艺美术）展"，选取27项西城区传统工艺美术类非物质文化遗产项目，详列项目介绍、传承人以及历史渊源。同时，博物馆还坚持开展"宣南历史文化巡回展"，将博物馆的展览送到百姓身边，并在春节、元宵、清明、端午、中秋等民俗节日期间举办民俗知识展览。2018年着力推进博物馆展陈改造提升项目，开展展览大纲专题研究，并完成第一阶段学术线索研究和第二阶段内在精神线索整理，目前第三阶段博物馆陈列大纲的学术研究及展陈设计正在进行中。

三　社会教育

北京宣南文化博物馆自开馆之初便实行免费开放，截至2018年底共接待观众近19万人次。为进一步深化免费开放工作，在传统节日、纪念日期间，博物馆紧密围绕节日活动主题组织不同形式的文化活动，展示宣南文化和中华传统文化的独特魅

2015年8月26日至11月30日，北京宣南文化博物馆组织开展"我们的胜利——纪念中国人民抗日战争暨世界反法西斯战争胜利70周年专题展"

力。2013年至2016年博物馆以"我们的节日"为主题，在春节、清明节、端午节、中秋节、重阳节期间开展了"迎春纳福"系列文化活动、端午节民俗体验活动、春秋养生文化活动、重阳节尊老爱老慰问活动等服务周边百姓，营造节日氛围。在重点节日、纪念日开展了纪念北京建都860周年征文活动、庆七一"中国梦 宣南情"诗歌朗诵会。组织开展宣南文化专题讲座："传承京味文化——与您共叙天桥民俗""纪晓岚与四库全书""北京建都从宣南开始"、西城区道德讲堂等。开展宣南文化主题活动：祭先农文明礼仪展示活动、"暑期非遗项目互动体验课程"、"巧绘纸鸢 追梦传承"、美术写生课等。针对青少年编写《宣南文化参观辅导手册》，并与北师大附中开展"爱心志愿讲解"活动。

四 学术研究

作为北京地域文化的典型代表，宣南文化有着极其丰富的内涵。结合展厅陈列的基本内容，博物馆对宣南文化的主要方面进行了深入研究，整理、编写《北京宣南文化博物馆》，全面介绍博物馆展示内容及社教活动。2013年深化"先农坛祭祀"课题研究项目，整理清代先农祭祀史实资料，组织人员对《大清会典》《御制律吕正义后编》等资料进行梳理，对清代祭祀先农的仪式、祭乐、祭舞、陈设等内容进行研究，并在资料研究和实地走访、调研的基础上，组织开展了"祭先农文明礼仪"展示活动。2015年启动长椿寺课题研究，并组织人员到国家图书馆、十三陵特区管理处、云居寺等地实地调研，搜集、整理相关资料，历时两年完成《长椿寺》一书的编著及出版工作。

五　安全保卫及基础设施建设

2013年对展厅门外的无障碍通道进行更新，安装10个无障碍通道。2014年更新周界报警系统，更换21对红外报警探测器，更换报警主机；更新视频监控系统，安装43个监控探头，更新电源保持系统不断电，更新硬盘录像保留30天，做到全馆监控覆盖；火灾报警系统进行全面改造，替换老旧设备，安装前端探测采集设备以及机房主机系统。2015年完成地面修缮，对长椿寺南院建筑散水、院落地面、甬路及院内地下管线特别是雨水管线周围地面进行彻底全开挖并再次回填处理，对已有沉降塌陷区进行开挖处理，更新雨水管线，更换长椿寺南北两院地下暖气管线，加装展厅暖气地下管线，预留展厅暖气接口。2016年安装电动自行车充电桩。2018年增设窗口服务岗位，实行凭有效证件登记入馆制度。

北京警察博物馆
BEIJING POLICE MUSEUM

通信地址： 北京市东城区东交民巷36号

邮政编码： 100006

电　　话： 010-85225018

传　　真： 010-65285908

网　　址： http://www.bjgaj.gov.cn/jcbwg/museum/

博物馆类型： 社会科学类（历史）

隶　　属： 北京市公安局

批准建立时间： 2001年7月

博物馆备案登记号： 113

建筑性质： 近代建筑（全国重点文物保护单位）

占地面积： 1500平方米

建筑面积： 2500平方米

展厅面积： 2000平方米

交　　通： 地铁线路2号线前门站或5号线崇文门站，公交线路41、60路正义路南口站或8、9、20、599、622、141路正义路站。

开放时间： 周一闭馆，周二至周日每天9:00—16:00免费向公众开放（15:30停止入馆）。

服务设施：

无障碍参观	停车场	衣帽间	餐饮	茶座	纪念品商店	语音导览	其他（请说明）
无	无	无	无	无	有	无	设有存包处、卫生间、免费饮用水、休息座椅、团体预约免费讲解

概　述

　　北京警察博物馆位于北京市东城区东交民巷36号，馆址为美国花旗银行北京分行旧址（建于1914年，2001年被国务院公布为国家重点文物保护单位）。北京警察博物馆作为北京市公安局主办的行业博物馆，于1999年筹建，2001年7月1日开馆，建筑面积2500余平方米，展出面积2000余平方米。馆藏自汉代至今，与警察职业相关的中外藏品1.2万余件，其中纸质藏品近7000件，实物4000余件；等级文物49件，其中一级文物21件，二级文物12件，三级文物16件。此外，藏有自16世纪至20世纪的多种世界名枪和新中国成立后各时期中国警察专用枪760支。

　　馆内陈列展出藏品2000余件，展线分为四部分：一层为首都公安史展厅，以编年史方式再现首都公安机关保卫党中央、保卫首都，出色地完成各个历史时期保卫工作任务的光辉历程；二层为古代治安、户政管理、出入境管理、刑事侦查、监所管理等展厅，以专题的形式介绍不同历史阶段警察的主要职能；三层为交通、消防、治安等警种展厅和英烈纪念墙活动区，是开展各种主题活动的主要区域；四层为警械装备、警用服装、警务交流及临展区，展出枪支238支、近现代中国警服及首都公安机关在历次国际、国内警务交流中获赠的纪念品。馆内设办公室和业务部两个部门，办公室负责日常行政管理、接待等工作；业务部负责文物征集、保管和展陈调整等工作。

　　北京警察博物馆每年接待数万名参观者，是社会各界了解首都公安事业的重要窗口，是密切警民关系的良好纽带和桥梁，是宣传爱国主义、革命传统、普及法律知识的教育基地。先后被命名为北京市和东城区爱国主义教育基地、北京市青少年学生校外活动基地、北京市中小学生社会大课堂资源单位、首都文明服务示范窗口和北京市公安局公共关系活动基地。

2013年以来，北京警察博物馆深入学习贯彻习近平总书记关于公安工作及有关文博工作的重要指示批示精神，大力推进北京警察博物馆建设，通过调整展厅展陈、举办专题展览等方式，持续宣传北京市公安局在维护首都政治稳定、保障人民群众安居乐业、服务社会经济发展工作中取得的突出成绩；大力弘扬首都公安民警顽强拼搏、奋勇争先、不怕牺牲的职业精神和良好形象，努力在社会各界宣传首都公安工作和警察文化建设成果，普及法律知识，增强人民群众对公安工作的了解、理解和支持，不断提高广大市民自我防范的能力。

坚持围绕中心工作，切实讲好警察故事，不断挖掘馆藏资源，优化、补充常设展线，增加特警、警务航空等新警种展示，特别是突出首都作为新中国公安警卫工作奠基地的特点，增设"新中国警卫工作"展区，彰显了首都公安特色。为满足参观群众需要，使博物馆"常逛常新"，以举办临时展为抓手，举办"馆藏荣誉证、章"展、庆祝建党90周年"党旗下的首都公安"展、"上合组织首都警务执法合作会议回顾展"、多期"首都公安民警书画摄影展"等反映首都公安发展历程和民警文化生活的专题临时展，进一步丰富了展陈。充分发挥"北京市青少年学生校外活动基地"作用，建立完善中小学生参观学习长效机制，与北京四中、六十五中合作，为中学生提供志愿服务平台，让学生参与馆内讲解、引导等服务。开展对外交流，增进了解，密切联系，先后有俄罗斯、韩国、巴基斯坦、德国等国警方代表团，广东、湖北、深圳等省（市）公安机关代表团来馆参观考察。积极开展警察文化创意产品开发，以文创产品为载体，扩大对外宣传途径，开发完成了卡通T恤、卡通马克杯、警用钱包及重新设计制作警察帽徽礼盒等文化产品，受到观众的欢迎，部分文创产品还提供作为警务交流纪念品，走出北京、走出国门。

北京警察博物馆在做好日常接待服务工作的同时，以确保全馆安全为核心，认真做好文物管理和保护工作。始终坚持国家文物局提出的"保护为主、抢救第一、合理利用、加强管理"的工作方针，确定专人负责馆藏文物管理，建立文物管理台账，更新硬件设备、升级软件系统，搭建局域网，依托科技手段和可移动文物普查工作，规范藏品管理，核对、补充、修改20大类3600余条基础数据，全面完善藏品信息及影像数据。全面启动馆藏纸质藏品修复工作，发挥档案部门裱糊、修复专业优势，对79件严重破损的纸质藏品重新托裱，其中2件已进入展线向观众展示。针对博物馆本身就是国家重点保护文物的情况，强化对博物馆的维护保养，坚持每月召开安全例会、节日和重大活动安保前夕召开安全教育会，定期开展安全大检查，严格使用电器设备，经常组织物业人员对建筑进行日常检查，发现问题及时报修，2013年以来，先后完成了安防监控改造、楼顶防水、弧形屋檐及地下室防渗漏等修复工程，确保了文物建筑的安全。

北京奥运博物馆
BEIJING OLYMPIC MUSEUM

通信地址： 北京市朝阳区国家体育场南路一号

邮政编码： 100101

电　　话： 010-84378778

传　　真： 010-84374298

网　　址： www.bjaybwg.com（未上线）

电子信箱： bjaybwg2008@bjww.gov.cn

微信公众号： 北京奥运博物馆

博物馆类型： 社会科学类（历史）

隶　　属： 北京市文物局

批准建立时间： 2011年9月

博物馆备案登记号： 165

建筑性质： 现代建筑

占地面积： 34521平方米

建筑面积： 34500平方米

展览面积： 19700平方米

交　　通： 坐地铁8号线奥体中心站下，由奥林匹克公园3号入口进入；
乘坐公交82、538、611路国家体育场东站下，由奥林匹克公园2号入口进入。

开放时间： 团体预约参观9:00—16:30；周一闭馆

服务设施：

停车场	纪念品商店	餐饮	语音导览	微信导览	无障碍设施	其他
无	无	无	有	无	有	无

概　述

北京奥运博物馆是由北京市政府委托北京市文物局筹建的官方唯一以奥运为主题的永久性专题博物馆,其主要职责是:承担奥运博物馆的布展和运行管理工作,承担奥运文物征集、保管、研究和爱国主义教育基地建设相关工作。

北京奥运博物馆坐落于北京奥林匹克中心区国家体育场(鸟巢)南侧地下零层和负一层,以"国内领先,国际一流"为宗旨,全面展现了2008年北京奥运会、残奥会从申办筹办到成功举办的辉煌历程。与国家体育场(鸟巢)、国家游泳中心(水立方)毗邻相依,共同构成了2008年北京奥运会重要的文化遗存和历史记录,成为首都北京新的文化地标。

一　藏品征集

为了进一步弘扬奥运精神,宣传助力北京冬奥,丰富奥运藏品体系,2018年策划启动全球奥运藏品征集活动。北京奥运博物馆利用市文物局网站发布《征集公告》,向社会公开征集内容及参与办法;多举并措宣传北京奥运博物馆,推广此次征集活动,包括设计编辑了北京奥运博物馆宣传片《双奥之城的荣耀——全球奥运藏品征集》《奥运记忆的珍藏者——走进北京奥运博物馆》;结合北京冬奥会"绿色环保"的申办理念,配以北京奥运博物馆logo及夏奥会和冬奥会的体育项目等元素,设计制作了"环保手提袋"和"木骨折扇";利用北京新闻电视媒体、北京日报、人民网、人民日报海外版等传统媒体,微博、微信等自媒体宣传推广本次征集活动,传承奥运精神。

除了一系列的宣传铺垫,北京奥运博物馆以本次征集活动为契机,跟踪联系已捐赠的机构和个人，开展定向征集。经过专家组的评审，征集成果显著。截至2018年12月已征集到"北京1979"冰球队签名服装、北京2022年冬奥会特许商品冰雪记忆徽章、《1924—2014冰雪奥林匹克之城》等相关冬奥物品，1954年中华人民共和国解放军体育大会的参与徽章，1984年洛杉矶奥运会和1988年汉城奥运会签名明信片，1990年北京亚运会纪念盘，2008年奥运祥云火炬，前北京奥组委新闻宣传部部长王惠女士的北京奥运会申办服及奥运徽章，北京奥运会贵金属特许商品等珍贵奥运藏品共计87件/套205件。其中2008年以前的奥运藏品很大程度上弥补了北京奥运博物馆早期中国的奥运体育相关藏品的缺项，具有不错的展示价值和研究价值。北京奥运博物馆举办的全球奥运藏品征集活动，得到相关领导及捐赠人的高度评价和肯定。

2013年至2018年共计征集奥运藏品1171件/套，并为相关捐赠机构及个人颁发了捐赠证书。

二 藏品管理

2014年至2018年北京奥运博物馆开展文物库房整理及文物定级工作。在库房藏品整理过程中，同步做好基础信息采集登记工作，按照国家文物普查藏品信息采集规范要求，对每件藏品性质、照片、定名、年代、类别、质地、数量、质量、尺寸、完残状况等数据进行了翔实采集和记录。截至2018年12月31日，奥运博物馆共有藏品1698879件/套，其中：一级文物15件/套（24件）；二级文物24件/套（113件）；三级文物36件/套（2440件）。根据《博物馆藏品保管试行办法》的具体要求，在已经完成一级文物《藏品档案》的基础上继续对二级、三级文物建立《藏品档案》，按照名称、时代、作者、制作时间、数量、质地、色泽、用途、作者小传、来源、尺寸、重量、入藏时间、内容描述、征集经过、鉴定意见、现状记录、照片等内容填写。随着此项工作的完成，北京奥运博物馆具备了完整的电子化《藏品档案》，利于开展藏品后续的保管和研究工作。

三 科研工作

2013年制定《北京奥运博物馆科学研究项目管理规定》并筹建了"北京奥运博物馆学术专家顾问委员会"。撰写《中国书法专题研究》论文，在首都博物馆馆刊发表了《博物馆科技展陈展示研究》论文。

2017年在《北京文博文丛》《北京文化创意》《中国文物报》《青年时代》等刊物发表《"石景山"古遗迹考察报告》《奥运说科普行与史家小学的三次约会》《博物馆儿童互动类文创产品设计初探》《打造双奥之城文化新名片》等4篇论文。

2018年在国家核心杂志《中国博物馆》等期刊上发表《新方法与新公众——基于北京奥运博物馆"我的运动日记"展览的思考》《博物馆免费后如何实现可持续发展——以北京奥运博物馆为例》《新形势下博物馆社会教育职能的发挥研究》《博物馆如何打造社教活动品牌——以北京奥运博物馆为例》《北京奥运博物馆奥林匹克教育的实践和思考》《新媒体在博物馆教育中的作用探析——以北京奥运博物馆为例》等6篇论文。

四 陈列展览

北京奥运博物馆固定陈列由五个部分组成，即"百年奥运中华圆梦""科学发展统领筹办""无与伦比世界同欢""两个奥运同样精彩"和"奥运之城世界之城"。北京奥运博物馆以固定陈列为基础，以北京冬奥会为契机，围绕"双奥之城"丰富展览内容。随着平昌冬奥会的结束，2022年冬奥会开启了北京周期。结合北京冬奥会筹办进程，北京奥运博物馆成立项目小组，定期关注冬奥会筹办进展情况，加强与冬奥组委相关部门及社会各界的沟通与合作，广泛收集资料，经过深入讨论、调研，系统整理出2018年冬奥会筹办的信息资料。同时，从"双奥之城"这个角度出发，依据现有固定陈列大纲内容，从现代奥林匹历史、2008年北京夏奥会、2022年北京冬奥会、中国体育发展史等几个方面着手，深入挖掘奥运文化背后的故事，重点反映中华体育健儿在历届夏奥会、冬奥会、残奥会所取得的优异成绩以及民众在践行体育强国梦方面所做出的努力。

2014—2018年北京奥运博物馆先后策划推出了"百年奥运历史图片展""记恋2008——北京奥运会服装展""奥运之路，和平相伴""炫彩里约相聚奥运——2016年

馆藏北京奥运会会旗

里约热内卢奥运会纪实展""奥运文化景观和城市发展""新长征奥运梦""跃动京津冀携手冬奥情""情系奥运携手共赢""奥运城中国梦""我的运动日记摄影展""荣耀十年——我们共同的奥运记忆""一带一路 圣火相传""中华同梦 共襄奥运"等多个临展及巡展，展览走进北京、河北、内蒙古、西藏等多个省市的博物馆、学校、社区，宣传奥运文化，传递奥运精神。

五 开放社教

北京奥运博物馆2014年开始试运行，采取团体预约参观的方式对社会公众免费开放。近年来，接待工作持逐年上升的趋势。2014年接待各级机关、企事业单位及社会团体参观50余次，3000余人。2015年接待机关单位、社会团体、各大央企国企、高校、中学和小学，台湾高校以及国外高校等90个参观单位，9377人。2016年，全年接待团队149次，18625人参观。2017年，共接待171个单位52460名观众的参观。2018年共接待127613名观众参观。随着北京奥运博物馆开放接待工作的不断开展，许多学校、企事业单位已把奥运博物馆作为爱国主义教育的培训基地，在这里举行入队仪式、团建活动。

在举办巡展的同时，根据受众群体的不同需求，以奥运文化为契机打造了"奥运说"系列科普活动，举办了"我的家，在北京，奥运就在身边""同一个世界同一个梦想——回顾北京奥运会"等多个主题的科普讲座。与学生、社区居民联谊、互动，并邀请社区人员有组织性地参观。2015年是2022北京冬奥会成功申办之年，北京奥运博物馆特别策划了"重温08奥运之旅，集万人申冬奥签名"主题系列活动，活动期间数千名学生、体育爱好者、党派人士、社会团体在北京奥运博物馆留下了对冬奥会的期盼与祝福。

六 安保设施

北京奥运博物馆安全防范系统及设备设施共包括以下子系统：1.入侵报警系统；2.出入口控制系统；3.音频监控系统；4.音频复核系统；5.电子巡查系统；6.专用通信对讲系统；7.安全防范集成管理平台；8.防爆桶；9.防爆毯；10.安检机；11.手持安检仪；12.防暴装备等。北京奥运博物馆消防系统共包括火灾报警主机、应急广播、烟感、喷淋、消火栓、消防蓄水池、消防水泵、灭火器等。

平西抗日战争纪念馆
PING XI ANTI-JAPANESE WAR MUSEUM

通信地址： 北京市房山区十渡西庄路口8号

邮政编码： 102411

电　　话： 010-61340702

传　　真： 010-61340814

隶　　属： 房山区民政局

博物馆备案登记号： 088

占地面积： 13000平方米

建筑面积： 4350平方米

展厅面积： 2500平方米

开放时间： 8:30—16:00(周一闭馆)

交　　通： 公交917路十渡站下车即到，火车十渡站下车1千米。

　　　　　　自驾：六里桥—京石高速—琉璃河出口—韩村河—云居寺—十渡。

服务设施：

停车场	纪念品商店	餐饮	语音导览	微信导览	无障碍设施	其他
无	无	无	无	无	有	无

概　述

平西抗日战争纪念馆坐落在北京市房山区十渡，这里青山野渡、白里画廊、山明水净、风景秀丽，是闻名中外的世界地质公园风景游览区，著名的红色旅游圣地。

1985年，根据曾长期在平西战斗过的萧克、杨成武、肖文玖等老将军们的倡议，在十渡建立了平西抗日烈士纪念碑，以缅怀先烈、教育后人。纪念园的建设注重凸显历史和文化的承载功能，以彰显褒扬烈士精神主题。形成了以平西"一馆三园"为主体（平西抗日战争纪念馆、平西抗日烈士陵园、平西无名烈士陵园、平西烈士陵园）辐射老帽山六壮士、王家台烈士陵园的连片红色爱国教育基地。

平西抗日战争纪念馆陈列着实物、照片、文字等珍贵的史料，集中反映了抗日战争时期平西军民在党的领导下不屈不挠、英勇斗争的伟大精神和众志成城、前赴后继的革命气概，向世界展示着一幅幅血与火的历史画卷。

平西抗日战争纪念馆近几年来每年接待来自全国各地的参观群众约20万人次，被国务院、民政部、北京市人民政府授予"全国重点烈士纪念建筑物保护单位""全国爱国主义教育基地""国防教育基地"和"青少年教育基地"等荣誉称号。

一　基本情况

平西抗日战争纪念馆是享誉全国的红色教育基地，1992年建馆以来，由于主体展陈简陋单一，与平西的历史战略地位和时代发展要求存在一定差距。按照民政部办公厅、财政部办公厅《关于申报2012年度全国重点烈士纪念设施和优抚事业单位维修改造项目有关问题的通知》（民办函〔2012〕93号）精神，2012年我们启动了平西抗日战争纪念馆改陈项目。纪念馆建筑面积达4350平方米，其中展馆面积2500平方米，新展馆共分6个部分，充分借鉴吸收国内各大展馆成功经验，引入了多媒体音效、人物全景雕塑、艺术品创作等立体化的展陈手段。其最大的特点是致力于改变以往的固定思路，变灌输式教育观众为感染式、启发式，使观众从内心深处产生情感上的共鸣。在色调处理上，整体以灰色和黄色为主色调，突出战争的残酷与胜利来之不易，整个展厅给人以恢弘、悲怆、厚重的视觉效果。2013年9月对外开放。

2013年4月启动房山圣水烈士陵园建设工程。陵园凿山而建，施工总面积9473平方米。新建主体纪念碑一座、烈士墓380座、英烈墙4座、青石板甬路6793平方米，园区种植苍松翠柏，象征英烈精神万古常青。目前工程已经完工，2014年向社会开放。

二　开放管理

平西抗日战争纪念馆作为全国爱国主义教育、国防教育基地，肩负着宣传、教育的历史使命，该馆积极主动采取措施。第一，制定了工作预案，成立组织。分为：协调组、登记组、疏导组、巡查组等。第二，落实岗位责任制。做到定人、定岗、定责，流动岗和固定岗相结合，做到事事有人问、处处有人管，确保每个环节不出纰漏。第三，抓好预约关。统筹安排参观人员的客流量，做到分时段、分批量进行参观，达到便捷、有序、畅通。第四，抓好安全关。一是在高峰日到来之前，纪念馆按照工作突发事件应急处置预案对现场发生火灾、突发疾病等突发事件时，人员疏散、参观途中，病危人员紧急施救和现场发生突发事件的自救等内容进行演练。二是在明显处安放安全指示牌，明确逃生路线。三是在参观高峰期与当地卫生院、派出所积极协调，在纪念馆院内设置临时救援点。四是在纪念馆外围进行安全巡视排查，做好突发性应急事件的处置工作。平西抗日战争纪念馆2013—2018年共接待参观人员95万人次，日接待参观人数最高达到4900人次。

三　安全工作

为确保纪念馆展览文物设施的安全，有效预防和妥善处置各种突发事件，最大限度地减少损失，为完成好各项接待任务，做好特大活动的接待和举办，纪念馆特制定了活动接待工作的方案和突发应急预案。

加强安全警示教育，提高全体职工的安全意识，突出安全工作的落实性，重点学习防火、防盗、防突发事件的应急措施和防范措施的安全知识培训，提高安全责任意识，并根据培训内容进行了考试，以理论联系实际的方式，筑牢了安全第一的管理思想理念。

严格落实自查制度，做到细心查找及时整改，确保安全管理措施落实到位。同时开展定期性常规检查、季节性检查或不定期抽查，做到了检查留痕，有记录、有台账，使安全隐患得到即时的排除。

安全制度落实到各岗位，落实到头。提高员工自我保护及遵章守纪的自觉性。

四　社教工作

纪念馆每年在重大节日和时间节点，开展了有内容、有主题的活动，大大提高了基地教育基地扩大延伸教育辐射面。

纪念馆每年组织"5·18"国际博物馆日赠书活动。5月18日纪念馆利用当地旅游资源走进景区，在景区内开展"5·18"博物馆日赠书活动，向景区内的游客发放平西抗日战争纪念馆宣传册和赠书《平西烽火》《平西儿女》，通过该活动，让游客们了解平西的历史，从而主动走进纪念馆来了解这段历史。活动收到社会各界人士的一度好评，并收到良好的社会效应。

纪念馆每年在"抗日战争胜利纪念日"举行公祭活动。通过活动让人们铭记中国人民反抗日本帝国主义侵略的艰苦卓绝的斗争，缅怀在中国人民抗日战争中英勇献身的英烈和所有为中国人民抗日战争胜利做出贡献的人们。参加活动人员有抗日老战士、将军后代和军烈属代表，以及平西十二县的学生代表参加。活动在电视台，各大媒体、报社进行报道，每次活动都受到了各界人士的好评。

老帽山六烈士雕塑

平西抗日战争纪念馆为前来参观的各界人士讲述平西军民在中国共产党的领导下，夺取抗日战争全面胜利做出的卓越贡献，此活动得到了社会各界人士的认可，也让学生们在心灵上受到洗礼，更加懂得现在美好生活的来之不易，在以后的学习中更加努力，将来为国家的繁荣昌盛做出贡献。

平北抗日烈士纪念园管理处
PINGBEI ANTI-JAPANESE MEMORIAL

通信地址：北京市延庆区龙庆峡路口平北抗日烈士纪念园管理处

邮政编码：102109

预约电话：010-69191619

传　　真：010-69191298

电子信箱：1937pingbei@163.com

博物馆类型：社会科学类（历史）

隶　　属：北京市延庆区民政局

批准建立时间：1989年

博物馆备案登记号：089

建筑性质：现代建筑

占地面积：2.4万平方米

建筑面积：3500平方米

展览面积：3000平方米

开放时间：8：30—16：30（全年无休，有重大活动除外）

交　　通：公交40路、43路韩郝庄下车，步行十分钟即到。

服务设施：

停车场	纪念品商店	餐饮	语音导览	微信导览	无障碍设施	其他
有	无	无	有	无	有	无

概　述

　　平北抗日烈士纪念园管理处坐落在京郊龙庆峡入口处，占地面积2.4万平方米，由烈士纪念碑和纪念馆、专题馆三部分组成，是市级烈士纪念建筑物保护单位、爱国主义教育基地、全国百家爱国主义教育基地、全国爱国主义教育示范基地。2005年11月被中宣部列为全国第三批爱国主义教育示范基地。2009年3月被国务院批准为第五批全国重点烈士纪念建筑物保护单位。2014年9月经党中央、国务院批准，入选第一批80处国家级抗战纪念设施、遗址。

　　纪念碑于1989年落成，碑文"平北抗日战争烈士纪念碑"由聂荣臻元帅题写。平北抗日烈士纪念园管理处主展馆——平北抗日战争纪念馆，始建于1997年7月，2007年6月改扩建后纪念馆建筑面积达到3000平方米，展线达到了500米延长线，分为上下两层9个部分展示了1933年3月至1945年9月，平北军民反抗日军侵略的史实。

　　专题展——"法宝"，由组宣纪联合策展，平北抗日烈士纪念园管理处负责具体实施，首展以全面从严治党为主题。用"红色"说党建、用"红色"说党风廉政建设，同时以党建、党风廉政建设来反映红色教育，使平北成为广大党员教育的一块重要阵地。进而实现红色文化教育与党校教育、社会教育的有机结合。

永定河文化博物馆
YONGDING RIVER CULTURAL MUSEUM

通信地址： 门头沟区门头沟路8号

邮政编码： 102300

电　　话： 010-69844601-2001

传　　真： 010-69844601　010-69839148

电子信箱： mtgbwg@126.com

微信公众号： 永定河文化博物馆

博物馆类型： 社会科学类（历史）

隶　　属： 门头沟区文化委员会

批准建立时间： 1981年

博物馆备案登记号： 065

建筑性质： 现代建筑

占地面积： 5553平方米

建筑面积： 10120平方米

展览面积： 4000平方米

交　　通： 苹果园1号线换乘370、992河滩下车，运通112、116到城子大街南口下车。

开放时间： 每周二至周日9:00—16:00

服务设施：

停车场	纪念品商店	餐饮	语音导览	微信导览	无障碍设施	其他
有	无	无	无	无	有	无

概　述

2013—2018年，永定河文化博物馆按照区委、区政府和文化主管部门的工作部署，以中心业务工作为重点，深入开展群众性文化活动，加强文化遗产保护利用，充分发挥博物馆的社会服务功能。

一　基本情况

永定河文化博物馆是以收藏、研究、展示永定河流域内历史、革命史和民俗文物、自然标本，传播科学知识，介绍推广新技术、学术新发现等科学成果，服务社会和广大群众为主要内容的公益性文化教育机构。其前身为门头沟区博物馆，1984年9月正式建成开放接待观众，2011年8月正式更名为永定河文化博物馆。现馆址占地面积5330平方米，展厅面积4000多平方米。馆长、副馆长各1名，下设保管部、征集部、展览陈列部、宣教部、行政后勤部、办公室。

二　展览宣教

一是着力打造特色文化展览，呈现精品荟萃。迁入新馆后，先后推出了3个基本陈列，分别是"从历史走来的门头沟""龙泉务窑考古发掘成果展""平西抗日斗争史陈列"。在完善基本陈列的同时做好专题展览，2013—2018年，推出的重点专题展览有"京西风情图""北京抗战纪实""杵臼文化与社会生活"等34个专题展览，充分利用博物馆场地优势、文物优势，采取区域联合、单位联合、活动联办、基地联办等形式，举办专题报告会、讲座、小制作巡回展览等多种活动。

二是扶持乡镇博物馆建设，助力打造"红色门头沟"党建品牌。五年来，永定河文化博物馆充分利用资源优势，大力扶持乡镇博物馆建设，帮扶推出了"八路军冀热察挺进军的足迹"、"平西抗战铁流展"、"京西星火"、"黄安坨村毛主席题词纪念馆陈列"、东辛房办事处党建活动中心"党史陈列"展等10余个专题陈列展，围绕革命老区"一腔血"积极传承红色基因，深挖红色资源，助力打造"红色门头沟"党建品牌。这些乡镇博物馆的建立，形成了爱国主义的红色磁场，构筑了党性教育的红色矩阵，成为区委组织部、区委党校党员干部教育的主阵地。

三　文物征集与保管

近五年来，根据门头沟区的发展规划，永定河文化博物馆将文物征集工作的重点放在了抢救棚户区文物和丰富永定河流域文物上面，共征集文物1700余件/套。针对2017年群众多次反映的院内石刻文物保护的问题，博物馆高度重视，及时与群众沟通说明情况，召开专题会有针对性地研讨、咨询相关专业人员，制订了石刻文物数字化保护提升方案，得到了区文委的大力支持，于2018年4月至8月开展了数字化采集项目，对馆内275平方米的石碑石刻文物进行了扫描采集和多光影拍摄，进一步推动了博物馆文物数字化保护工作，改善了石刻文物的保护现状，通过这种技术手段在今后的展览展示中为观众提供更清晰、更准确的文物信息。

四　研究与出版

近五年来，永定河文化博物馆整理出版了《平西抗战史诗》《永定河文化博物馆三十年》及《(乾隆)永定河志》《(嘉庆)永定河志》《(光绪)永定河志》《北京煤业大事记》等专业图书，每年出版四期《文博探索》，刊发专业论文百余篇，作为内部交流资料。同时还组织专家学者对永定河流域进行了多次实地考察，建立永定河流域相关单位的联系网络，开辟了广泛的永定河研究合作渠道。

延庆博物馆
YANQING MUSEUM

通信地址： 北京市延庆区妫水北街 24 号

邮政编码： 102100

电　　话： 010-69143788-8008

传　　真： 010-69181330

微信公众号： 延庆文博

手机APP： 延庆文博

博物馆类型： 社会科学类（历史）

隶　　属： 北京市延庆区文化委员会

批准建立时间： 2008 年 11 月 27 日

博物馆备案登记号： 147

建筑性质： 现代建筑

占地面积： 2000 平方米

建筑面积： 6100 平方米

展览面积： 2400 平方米

交　　通： 德胜门乘 919 路公共汽车，到延庆东关下车，北行 1200 米即到。

开放时间： 每周二至周日 9:00—17:00，16:30 停止入场。每周一闭馆。

服务设施：

停车场	纪念品商店	餐饮	语音导览	微信导览	无障碍参观	其他
无	无	无	有	有	有	免费讲解，免费无线网络（限团体参观）

概　述

延庆博物馆位于北京市延庆区妫水北街24号，延庆文化中心最南端，2008年9月30日正式对外开放，是目前北京郊区规模最大、功能最全的区级博物馆，也是延庆地区第一座综合性博物馆。延庆博物馆隶属于北京市延庆区文物管理所，现有职工10人，负责参观接待、社会教育、展陈设计、宣传策划、展区安全保卫、文物普查、地方文史研究、库房管理等工作。

为了更好地为群众提供公共文化服务，迎接世园、冬奥两大盛会，2016年至2018年延庆博物馆对原有展览和服务设施进行了升级改造，于2018年11月1日重新开馆。改造后的延庆博物馆展陈面积为2400平方米，展出文物1000余件/套、珍贵图片600余张，全面展示了延庆地区的历史文化特色与发展脉络。另外，改造后的延庆博物馆合理规划了公开空间，增设临展区、休息区、阅读区、互动区等，还设置了报告厅、会议室、贵宾接待室等，使博物馆的功能更加完备，参观环境更加人性化。

延庆博物馆共有文物库房7个，库存文物6000余件，内部安装有恒温恒湿机等现代化文物库房保管设备。所有库房安有监控器、烟感报警器和电磁门禁。库房管理员定期检查库房文物和设备的安全情况，按照库房管理制度做好检查和记录。

一　陈列展览

延庆博物馆展陈以"长城内外是故乡"为主题，分列"延庆山川地貌展""延庆通史陈列"和"延庆民间风俗陈列"三大主题展览，展出藏品近千件、珍贵图片600余幅，并全程佐以数字化互动展示系统，全面展示了延庆的历史文化、地质文化、生态文化、民俗文化和当代建设发展成果，为世人展开了一幅隽永绵长的妫川历史文化长卷。

"延庆山川地貌展"，是以延庆山川地貌制作的大型沙盘模型，该模型设置在玻璃地台下，并配以灯光设计，观众可步行于上，观看延庆的山川地貌。沙盘两侧墙壁上设计了反映延庆作为古代军事屏障和现代生态屏障的主题壁画，从历史和现代两个角度归纳表现延庆的发展。

"延庆通史陈列"，是延庆博物馆核心陈列，展览以通史的形式全面演绎了延庆古今的变迁。整个展陈以长城内外是故乡为主轴，结合森林文化、草原文化、农耕文化之间的历史融合，把延庆地区的沿革建制、历史遗存、民族融合进行深刻的展示。同时，延续了新中国成立后，延庆社会主义革命建设和改革开放的辉煌成就，以及对2019年世界园艺博览会、2022年冬奥会的内容阐述及展望。该展览展陈面积1000平方米，主展线在展厅四壁进行，以文物为载体，使用情景沙盘、通体展柜和独立展柜相结合的形式展示延庆整个古代历史发展进程。展厅内展陈了从新石器时代到清末的各类文物634件，三级以上文物达200余件，其中金贝、金代石狮、青铜坊、三彩陶罐等文物均属文物精品。

"延庆民间风俗陈列"，展厅面积500平方米，展陈内容包含延庆人民生活的衣食住行、农耕生产、民间工艺美术、民间活动和婚嫁等主题板块。通过展示民间征集的衣物、生产生活用具和非物质文化遗产等实物，展示了延庆地区的民俗风情。

临时展厅，约100平方米，可以灵活地适应不同容量、不同内容的展陈需求，2013年至2016年共设计制作各色历史展览8期。

二　数字化建设

（一）科技互动导览系统（APP+PAD）

延庆文博APP为一款功能强大的手机随身智能导览APP。首先，安装并打开APP，使用图像识别、二维码扫描识别技术，可轻松查看文物展品信息；而在馆内全程参观时，可通过APP获得主展陈和数字化延伸展陈的讲解信息。其次，在游览延庆区境内的遗址景区时，通过事先部署的蓝牙感应装置，均可在延庆文博APP上实现智能感应、智能激发、精准推送，使之成为延庆旅游的随身导游。

数字导览互动系统知识PAD为各个板块主展陈的数字化延展内容，通过文字、图片、动画、视频、360全景、超清3D文物等形式，拓展、补充主展板知识点内容，以供参观者自主查看。视频操控PAD系统通过程序开发，将PAD设置为视频播放的可视化操控设备，观众可点选PAD中的视频，在电视机上观看。

（二）"全景延庆"沙盘体系

根据延庆的地貌特征，选取至高点进行高分辨率360度超级全景动态矩阵的千亿像素采集，制作千亿像素360度全景延庆矩阵漫游平台，配以超大LED拼接融合展示屏和灯光音响系统，与92个遗址和景区实现互动，进行千亿像素看延庆的视觉体验。

（三）长城防御互动展示系统

通过文字、语音、视频的梳理，将长城防御系统的历史沿革、知识点及长城沙盘信息进行梳理，通过数字导览互动系统PAD进行呈现，形成一套完整、联动的长城防御互动展示系统。

（四）3D文物展示系统

对博物馆内353件文物进行工业毫米级三维激光扫描，并进行文物三维模型重建，制作44件文物的3D文物展示系统（PAD版、手机版、PC版、拼接屏版、一体机版、游戏版等多版本），在可触摸旋转的模型上加载热点文字、语音，供参观者互动观赏。

延庆博物馆主展陈——延庆通史陈列

（五）360全景平台系统

采集制作延庆重要遗址景区及博物馆内部的360全景，完成360度全景漫游平台，让用户足不出户即可游览领略延庆各地的景观。

（六）团队讲解智能音频系统

设置了团队讲解智能音频系统，通过分区应用智能切换，实现同一场馆、多团队、多区域同时讲解、互不干扰，且方便讲解员操作佩戴，并使参观者获得最佳体验。同时设置自动语音讲解功能，实现中英文双语自动讲解，使团队参观更加灵活。

（七）互动体验设备

开发了互动游戏、360度全景虚拟漫游地图等互动体验软件，以青龙桥火车站和古崖居为内容开发了VR讲解交互系统虚拟体验软件，增强观众参与性。

三 安保设施

延庆博物馆监控系统共有78个探头、36个双监报警器、2套红外线对射、14个玻璃破碎、12个门磁开关和2套门禁。延庆博物馆库房内安装有七氟丙烷自动灭火系统，地下及三层展厅内安装有消防烟感报警及联动控制系统、室内消火栓系统和室外消火栓系统（室内消火栓29个，室外2个），以及应急照明及疏散系统。同时，延庆博物馆采取独立的常高压给水系统，直接由市政管线供水，分别从文化中心市政管线引入，大大提升了博物馆的安全级别。

明十三陵博物馆
MING TOMBS MUSEUM

通信地址： 北京市昌平区十三陵特区办事处

邮政编码： 102213

电　　话： 010-60761422

传　　真： 010-60761422

网　　址： www.mingtombs.com

电子信箱： bjsslwwk@sina.com

微信公众号： 明十三陵

博物馆类型： 社会科学类（历史）

隶　　属： 北京市昌平区十三陵特区办事处

批准建立时间： 1995年12月6日

博物馆备案登记号： 027

建筑性质： 古代建筑（全国重点文物保护单位）

占地面积： 37万平方米

建筑面积： 2万平方米

展厅面积： 4000平方米

开放时间： 旺季（4—10月）8:00—17:30
淡季（11月至次年3月）8:30—17:00

交　　通： 德胜门乘872或879路公交车直达定陵；德胜门西乘345路到昌平东关站
换乘314路、昌67路到达定陵；前门乘坐游1路直达定陵；生命科学园东
站乘坐878路到达定陵，地铁昌平线到西山口站再换乘摆渡车至定陵。

服务设施：

停车场	纪念品商店	餐饮	语音导览	微信导览	无障碍设施	其他
有	有	有	有	有	有	无

概　述

明十三陵是明朝迁都北京后13位皇帝陵墓的总称。从1409年开始营建长陵，到清初建造思陵，十三陵经历了200余年的建设。其陵寝建筑规模宏大、体系完备，保存较为完整。陵区内共计葬有皇帝13人、皇后23人、皇贵妃1人以及数十名殉葬皇妃。除皇帝陵外，陵区内还有明朝皇妃墓7座，太监墓1座，以及行宫、神宫监、祠祭署等若干附属建筑。十三陵具有陵区建筑整体性突出、陵寝建筑独具风貌、自然环境幽雅壮观、保存较完好等特点。其历史遗存不仅是研究明朝陵寝制度，丧葬典制，祭祀礼仪，职官体制和建筑技术，工艺乃至政治、经济、文化等方面的绝好实物资料，还记录着清朝和民国年间的沧桑历史。十三陵不仅是中国帝陵建筑的典型范例，也是中国悠久历史文明的见证。

一　机构沿革

1961年，明十三陵被国务院批准为全国重点文物保护单位。2003年，明十三陵被列入世界文化遗产名录。1981年6月，经北京市人民政府批准，成立了昌平十三陵特区办事处，是昌平区人民政府的派出机构。其职责是保护辖区内的文物古迹和自然环境。范围包括十三陵景区、居庸关景区、银山塔林景区。1995年，经北京文物局批准，成立了明十三陵博物馆，负责十三陵范围内的文物安全、管理和参观游览等事项。下设4个分馆，即长陵博物馆、定陵博物馆、昭陵博物馆和神道博物馆，开展业务工作。2000年初，在定陵大门外广场动工兴建了一座陈列馆，内有十三陵历史陈列，全面介绍明十三陵历史、建筑、墓主及定陵出土文物。2001年4月29日正式对外开放，现十三陵博物馆陈列馆由定陵博物馆管理。

多年来，明十三陵博物馆在十三陵特区办事处领导下，始终坚持"保护为主、抢救第一、合理利用、加强管理"的文物工作方针，不断完善文物保护措施，加强文物保护的力度，加大资金的投入，在文物保护、管理，文物安全，博物馆建设及科研、宣传等方面均取得了很大成绩。

二　文物保管

加强陵寝抢修工作是十三陵对联合国世界文化遗产组织做出的郑重承诺，在国家文物局，北京市政府、市文物局、市园林绿化局、昌平区委区政府以及相关部门的大力支持下，十三陵从2002年开始全面启动了明陵抢修工程，2013年9月又完成悼陵修缮；2014年12月完成石牌坊加固；2015年1月完成修缮明十三陵昭陵碑亭及明楼匾额；2015年6月完成大红门及神路神功圣德碑亭修缮；2015年6月完成长陵祾恩殿栏板望柱加固保护；2018年10月完成昭陵祾恩门、祾恩殿、三座门、棂星门、明楼、琉璃照壁、东配殿、西配殿、宰牲亭、神厨、神库及院落地面铺装的修缮。

为了加大可移动文物的保护力度，十三陵特区2013年3月成立文保部。按照国家文物局和北京市文物局的统一部署，文保部2015年4月在北京市文物局的大力支持下，在国家文物局中国文物信息咨询中心的帮助下，按照要求顺利完成了2000多套件藏品的数据登录，完成全国第一次可移动文物普查的登录工作。2015年至2016年，十三陵特区办事处又委托南京云锦研究所复制9件丝织衣物。2015年4—7月，十三陵特区办事处委托北京东方明艺工艺品有限公司将文物复制品71套件（包括金冠、金酒注、金爵杯、二龙戏珠金盆以及首饰等）重新修复镀金。2015年，文保部配合首都博物馆完成无损检测定陵部分出土玉器的检测工作，此次检测属于首都博物馆和多家单位共同合作承担的"基于无损检测技术的中国古玉鉴定研究"课题组成部分。定陵出土的玉壶、玉爵、玉耳杯、玉佩、玉带等21套件出土玉器被列入研究内容，这是第一次运用高科技手段对定陵出土的明代标准器、高级别的皇家御用玉器进行"全身体检"，通过此次检测，不仅有新的发现，对出土文物的质地、做工也有了再认识，对十三陵今后的文物科研工作起到促进作用。2016年11月，为了保证文物的绝对安全，文物库又重新加装监控探头40个；2018年7月，文物库更换4个新防盗门，加装12个防盗窗；2018年11月，神路石像生部分坏损部位粘结，2018年底，定陵二展室展柜安技防提升改造。

2015年3月27日，明十三陵文物搬家工作正式启动，11月10日基本完成，历时七个多月，共搬运藏品5000余件，已经将藏品全部、安全地搬运到了新建文物库房，重回地下，在宽敞舒适的环境里永久保存；十三陵馆藏品基本做到文物"三固定"：固定库房、固定位置、固定囊匣。但文物整理仍在继续，合理摆放、科学排架以及填写文物卡片、完善文物信息、整理文物照片等工作仍在紧张进行中。馆藏文物的保护环境，因为有温湿度的控制，文物安全得到有效保证。

按照国家文物局对文物四有工作的新要求，根据市文物局关于对馆藏文物进行清仓查库的工作部署，十三陵特区办事处组成了专题工作小组，认真开展对本馆馆藏文物的清仓查库、文物定级、建档立账工作。

三　陈列展览

为进一步宣传、弘扬优秀传统文化，加强公共文化服务体系建设和发展，在展示陵寝文化的同时，十三陵特区不断推出各种展览，以满足人们的不同需求。展览分为固定陈列、联展。其中，固定陈列有：定陵玄宫原状陈列、定陵地下宫殿出土文物陈列、明十三陵历史陈列、神道原状陈列、定陵出土文物精品展、昭陵秋祭复原陈列、昭陵"明镜昭廉"明代廉政文化展等。联展有长陵祾恩殿"明清皇家玉器精品展"等。

积极参与每年北京市文物局举办的博物馆日、世界文化遗产日宣传活动。十三陵博物馆各分馆在博物馆日、世界文化遗产日的庆祝活动中，出专题宣传板报、设咨询服务台、挂横幅、贴宣传海报、发放各种宣传材料、接受游人咨询，达到了对中国文化遗产的普及与宣传效果。积极参加国家文物局、北京市文物局、北京博物馆学会、北京市文保协会、中国紫禁城学会举办的各种学习讲座，积极参加北京市文物局举办的可移动文物普查培训、博物馆管理与业务培训及文物鉴定培训。

四　安全保卫

2003年，明十三陵列入《世界遗产名录》后，成立了明十三陵世界文化遗产管理办公室，2018年7月明史协会和遗产办合并，整合力量，加大对明十三陵世界文化遗产的保护、管理与监测工作力度。十三陵镇还组建了相应队伍，负责十三陵地区的环境整治工作。在文物及文物环境保护方面，一是做好保护性修缮，加强文物日常养护和预防性保护。先后完成了德陵、康陵、庆陵、泰陵、茂陵、裕陵、石牌坊的抢修及定陵地宫入口和大红门改造，定陵地下文物库房投入使用，建立10座未开放陵寝石刻文物精细化档案，完成未开放陵寝石刻文物构件清理。完成可移动文物和古树名木普查，与专业公司合作实施古树复壮工程，制订中长期保护方案，加强古树名木保护。积极推进安技防提升改造，提升安全防护水平。成立消防站，在未开放陵寝及"三陵一路"景区参照微型消防站标准配备设备设施和防暴装置。设立十三陵特区文物安全管理中心，组建文物安全巡查大队，建立领导班子、保卫科及文物安全巡查大队和各景区三级文物安全巡查机制。加强护陵员队伍建设，护陵员从38人增加到114人，累计培训462人次，2018年11月特区所有在职监控人员上岗培训，提升专业素养，强化责任意识。

专门成立了以特区办事处领导，保卫科、文物科、文保部、绿化基建科人员组成的"十三陵特区办事处文物保护与安全考核领导小组"，具体负责全特区的文物安全工作的日常巡查、定期季度评定、年终工作考核等。目前，长陵、定陵、昭陵、神道4个开放景区，均有一名副主任负责文物安全保卫工作并设有治安保卫组，对景区进行24小时轮岗值班和监控。未开放陵寝各处每班均设有3位专职护陵人员，24小时轮流值守，负责陵区的文物保护工作。同时，特区保卫科配备专车、设有专职巡陵员，每天对各陵区进行巡视检查，并听取护陵员的工作汇报。

为做好文物安全工作，特制定了一系列文物安全工作规章制度。制定《应对突发事件九大应急预案》《文物景区拍摄管理办法》及《文物安全保卫工作考核办法》，建立健全文物安全工作责任制，做好防火、防盗等多项预防工作。每年年初，十三陵特区办事处同长陵、定陵、昭陵、神道4个承包单位，及文物科、保卫科、绿化基建科签订《文物保护责任书》《治安保卫责任书》《安全防火责任书》《绿化美化、古树名木保护责任书》《禁止燃放烟花爆竹协议书》。特区保卫科与护陵员还签订《护陵员岗位责任书》。特区指派文物科、保卫科、文保部、绿化基建科以月查、季度考核、节前巡检和随时抽查的方式，对相关单位和个人进行考核，发现问题及时解决。

在科技创安方面，近年来、十三陵特区办事处投入巨资，购置各种安防设施、设备及相关器材，不断完善和加强文物安全工作的硬件设施建设。购置专业消防车，2017年成立消防站，建立专业的消防队伍。辖区内所有文物建筑均按要求配齐避雷针、消防栓及水龙带、灭火器和烟感探头。长陵、定陵、昭陵和神道4个开放景区，已建成景区监控系统，实施24小时无缝隙电视监控。在未开放的陵寝，安装侵入报警及电视监控系统。

五　学术研究与宣传文创

在学术研究方面，加强与中国明史学会、北京古代建筑研究所、北京建筑大学的合作，修编了《十三陵志》，先后举办了两届明代帝王陵寝学术研讨会，2009年成立了十三陵特区明代帝陵研究会，2016年和中国明史学会合作共建"中国明文化研究中心"，通过学术研讨，编撰史志，出版论文专著、图册典籍，做好明文化资源挖掘与研究工作。

2016年8月22—24日，由中国明史学会与北京市昌平区十三陵特区办事处联合主办的"第十七届明史国际学术研讨会暨纪念定陵发掘六十周年国际学术研讨会"在北京昌平明十三陵隆重召开。来自中国社会科学院、清华大学、复旦大学、南开大学、武汉大学、台湾大学、香港理工大学、日本京都大学、韩国庆北大学校师范大学等海内外高校、科研机构的专家学者，赣州市和福泉市领导，十三陵特区友好单位故宫博物院、首都博物馆、明孝陵、明祖陵、明皇陵、南京云锦研究所领导，定陵发掘亲历者以及昌平区委宣传部、区旅游委、区文化委、十三陵特区办事处的领导共计180余人参加了会议。本次研讨会为期3天，收到学术论文120篇，与会专家围绕明代政治与军事、经济与社会、思想与文化、明帝陵与北边防务四大专题进行深入而广泛的研讨和交流。

十三陵特区自成立以来始终把保护文物、合理利用文物和文物研究、宣传放在首位，2013—2018年先后出版了《明十三陵研究》《明朝帝王陵》《明朝二十帝》，十三陵特区明代帝陵研究会编写了《明昭陵》《明代的贪腐与反贪腐》《明代军人司法制度研究》《明代清官故事》《明代职官制度与官员服饰》，十三陵特区、中国明史学会编写了《明史学家说明史》《第十七届明史国际学术研讨会暨纪念明定陵发掘六十周年国际学术研讨会论文集》。

逢重大节点如博物馆日、清明节、五一、端午、中秋、国庆期间向游客推出主题旅游宣传、景区与游客互动和"明长陵皇家祭祀祈福大典"表演活动。祭祀祈福表演生动地再现了明代祭祀礼仪、服饰和文化，受到游客的喜爱，不仅丰富了景区游览内容，还传播了知识和文化，并逐渐成为景区的特色文化展示项目。

为了宣传明代历史文化，提升旅游品牌，2015年建十三陵微信公众号；2018年5月十三陵特区研究员胡汉生参加北京电台节目；2018年6月参加南京云锦"十三陵丝织文物历年复制成果展"。十三陵特区还积极参加每年的国内外大型旅游交易会，积极开发与明文化关联的旅游纪念品。定制了"永乐通宝"纯铜高仿铜钱和各色中国结手工制作的五福临门中国结挂件；设计了"永乐"logo等，寓意美好、彰显明文化特点，受到游客喜爱；根据游客需要开发特色商品，推出了"永乐通宝"铜币纪念品，丰富了十三陵旅游商品种类。长陵博物馆还针对性地对景区的金丝楠木衍生品进行宣传，先后在北京电视台、京华时报、昌平周刊等主要媒体和报刊上进行了专门宣传和报道。

居庸关长城博物馆
JUYONGGUAN GREAT WALL MUSEUM

通信地址： 北京市昌平区南口镇居庸关长城

邮政编码： 102202

电　　话： 010-69771665

传　　真： 010-69771665

电子信箱： changcheng1665@163.com

隶　　属： 北京市昌平区十三陵特区办事处

博物馆性质： 社会科学类（历史）

博物馆备案登记号： 127

建筑性质： 古代建筑（全国重点文物保护单位）

占地面积： 70000平方米

建筑面积： 30000平方米

展厅面积： 300平方米

交　　通： G6（京藏）高速公路南北贯通居庸关与北京市，自市区乘883路公交车至南口转乘昌20路公交车至居庸关，或自昌平区乘357、376路公交车至南口转乘昌20路公交车至居庸关。

开放时间： 旺季（4—10月）8:30—16:30
淡季（11月至次年3月）8:30—16:00

服务设施：

停车场	纪念品商店	餐饮	语音导览	微信导览	无障碍设施	其他
有	有	有	有	有	有	无

概　述

居庸关长城博物馆位于北京市昌平区内，距市区约60千米。关城设置在长约20千米的关沟峡谷中，由南北两座城门控扼谷中道路，城垣东达翠屏山脊，西驶金柜山巅，与两座城门连接成圆周封闭状军事要塞。自然环境十分优美。

一　基本情况

居庸关，是京北长城沿线上的著名古关城。所在的峡谷，属太行余脉军都山地，地形极为险要。始建于明洪武元年（1368年），明景泰初年（1450—1454年）及其后屡经缮治。城垣周长4000余米，南北月城及城楼、敌楼等配套设施齐备。关城内外还有衙署、庙宇、儒学等各种相关建筑设施。清末以后，居庸关关城建筑逐渐荒废。金明昌年间（1190—1196年）"居庸叠翠"之名即已列入"燕山八景"。1992年，昌平县十三陵特区办事处对关城建筑进行全面修复。1998年3月正式对外开放。2004年被北京市文物局批准成立居庸关长城博物馆。

多年来，居庸关长城管理处，紧紧围绕十三陵特区总体工作部署，牢固树立景区整体形象，增强班子整体合作能力，岗位上涌现骨干，职工中形成互动，景区建设和经济发展不断创新，旅游接待呈现良好态势。

二　管理工作

居庸关长城博物馆根据调查研究发展对策，结合实际工作，完善运营管理制度，加强组织力度，加强工作监督，狠抓关键，落实标准化管理；不折不扣地落实十三陵特区的各项改革措施，建立相互协调、相互配合的有效管理机制，有利地推动了景区整体工作的有序发展。

发挥自身优势，形成新的旅游态势。在日常工作中继续发挥自身优势，积极挖掘潜力，提高居庸关长城这一旅游品牌的知名度。努力寻求利于景区发展的新途径，促使景区健康、有序、稳定发展。

每年都有数十家国家部委、单位、企业在景区内，开展各类大中小型活动，如：2013年、2014年连续举办两届"居庸关长城国际文化音乐节"；2014年举办"十六届北京国际旅游文化节"；2015年举办"纪念中国人民抗日战争暨世界反法西斯战争胜利70周年庆祝活动"；2014年至2018年，每年一度的"善行者公益徒步活动"；2018年举办"和平号角——上海合作组织第五届音乐节"以及"长城婚礼""长城宴会"等具有相当影响力的活动。通过这些活动，向外界进行宣传，使居庸关长城景区的对外影响力达到了统一化、完整化。

居庸关长城在重点抓经济效益的同时，景区的基础设施也在同时进行，如云台周边环境整洁、景区绿化美化扩大工程、水管道改造、景区标识规范整改等工作。在文物保护方面，专门成立了文物安全巡护队，昼夜进行安全巡视。定期进行安全综合检查，发现问题及时整改，同时对相关部门、人员进行文保、安全培训和消防演练，为做好文物安全工作打下坚实的基础。

居庸关云台券门内看南关城楼

三　安全工作

　　"责任重于泰山"，这是多年来居庸关长城博物馆对自己和全体职工的要求，始终把安全工作放在首位，根据自身实际，严格制定各项预防措施，形成了适合景区特点的较强的安全防范体系。在工作中，紧抓两个方面：一是外树形象，为游客提供良好的旅游环境；二是内练素质，加大对员工的培训，提高自身素质。积极组织员工参加特区、昌平区及市级各种服务礼仪比赛，并在比赛中均获得了好的成绩。在职工队伍建设方面，积极组织职工利用冬季时间开展职工技能培训，提高职工窗口服务水平，不断展示长城员工的精神风貌。多年以来，居庸关长城博物馆不仅圆满地完成了各项旅游服务接待任务，还使队伍得到了很好的锻炼，同时，也为长城景区文物保护和经济建设工作起到了很好的促进作用。

香山双清别墅
SHUANGQING VILLA

通信地址： 北京市海淀区买卖街 40 号

邮政编码： 100093

电　　话： 010-62591264

传　　真： 010-62599886

网　　址： http://www.xiangshanpark.com/cn/

微信公众号： 香山公园

隶　　属： 北京市香山公园管理处

建立时间： 1998 年

博物馆备案登记号： 094

建筑性质： 现代（北京市文保单位）

占地面积： 7861.9 平方米

建筑面积： 457.88 平方米

展厅面积： 457.88 平方米

交　　通： 公交车 318、331、360、563、698、696、630 均可到达
地铁：10 号线巴沟站换乘西郊线
自驾车路线：从五环路到香山：由香山路出口下五环，由香泉环岛向西北方向（有指路牌）再行驶大约 5 分钟便可到。从四环路到香山：由四海桥出口下四环，向西北方向（有指路牌），经过闵庄路，到旱河路路口向北行，由香泉环岛向西北方向（有指路牌），再行驶大约 5 分钟便可到。从香山南路到香山：向北行驶经过红旗村，到卧佛寺路口向西（有指路牌），再行驶大约 5 分钟便可到。从颐和园到香山：从青龙桥向西行驶，经过厢红旗、娘娘府，到香泉环岛向西北方向（有指路牌）再行驶大约 5 分钟便可到。

开放时间： 8：30—16：00

服务设施：

停车场	纪念品商店	餐饮	语音导览	微信导览	无障碍设施	其他
无	无	无	有	无	有	无

概　述

　　双清别墅位于香山公园南麓，北临香山寺景区，南靠公园南侧围墙，是一座南倚层岩、前瞰远岫的清爽庭院。院内西侧山石上有清乾隆御笔"双清"刻石，院中立有明代石经幢、水池等。毛泽东当年居住的室内仍保存旧观，展出毛泽东的多幅生活照片和电文手迹、诗文手稿等供游人参观凭吊。院中池旁的六角小亭，朴旧自然，是当年毛泽东茶余饭后与友闲谈、读书阅报之所。

　　双清别墅隶属于北京市香山公园管理处服务一队，属班组级建制单位，编制12人，设班长一名、副班长一名，班员10人。

　　双清别墅纪念馆馆藏品共六类，322件，均为复仿制品且未定级，由双清班组负责保管。其中包括家具、衣帽、餐具、地图、线装书等161册、书籍60本。"毛泽东在双清活动"陈列，共分三个部分。其中史料照片41张，毛泽东手稿22件。同时为弘扬革命历史传统，传承爱国主义精神，双清别墅不断推出一系列展览，自2013年至2018年，双清别墅连续举办了"重走红色进京路""毛泽东宣传画珍藏展""赶考永远在路上""五大书记珍藏图片展"。同时为加强与京津冀的协同发展，加大与各省市红色纪念地之间的横向联系，赴河北省西柏坡纪念馆举办"1949中共中央在香山"专题展览及"铭记历史 圆梦中华"京津冀三地红色文化展览。

　　2013年至2018年，双清别墅共举办社会教育活动5场，其中每年推出面向广大中小学生的"六个一"主题活动，即：穿一次军装、听一回讲解、站一班岗、唱一首红歌、做一件好事、拍一张照片。并由双清别墅发放"双清小卫士"徽章一枚（大学生及成人参与活动，发放"学雷锋"徽章一枚），为中小学生上了一节生动的爱国主义教育课；在开展党的群众路线教育实践活动过程中，充分利用全国爱国主义教育示范基地——双清别墅开展服务社会党的群众路线教育实践活动。在双清别墅开展听一次讲解、站一班岗、做一件好事、唱一首红歌、拍一张照片、穿一次军装为内容的"六个一"互动活动。同时根据群众路线教育实践活动，调整完善适合教育实践活动的讲解词，突出香山双清别墅的革命历史意义，传播中共革命历史，更好的服务广大游客，提升红色旅游资源服务社会、服务游客的综合能力。

为深入挖掘双清别墅红色文化资源，发挥其作为全国爱国主义教育示范基地的作用，与石家庄、西柏坡、天津周邓纪念馆三地联手，自2014年至今，深入开展红色学术交流研讨会，分享红色文化资源和研究成果。并经过史料收集、编纂整理，印制出版《一九四九年中共中央在香山》画册。

双清别墅安全设施主要有监控设备、灭火器等，院内及展室内均设有监控设备，并有专人24小时值守，实行24小时轮流值班制度，院内还配有保安人员，每日对馆内各处进行巡视排查，及时发现存在隐患。双清别墅一直坚持一把手为第一责任人负总责、具体抓，每年层层签订安全工作责任书，使干部、职工明确各自的责任和义务。建立健全各项规章制度，制订了一系列行之有效的安全保卫制度和措施。

香山双清别墅以红色文化为重点开发了文具系列、茶具系列产品：依托毛主席1949年写给养病中的任弼时的信函内容"送上红鱼一群，以供观览。敬祝健康"为设计元素，开发"一群红鱼"系列文创产品，展示了老一辈革命家间朴素而深厚的革命友情；而以双清别墅标志性建筑为主要元素，以传播毛主席革命精神为出发点设计开

双清别墅

发出茶杯、笔记本、钢笔、书签等实用型产品，受到来此参观的党员、团员的欢迎。

多年来，香山公园高度重视对双清别墅的整体建设及日常维护等工作。其中包括：中央财政投资29万元，完成双清别墅南山坡环境整治工程；公园投资40.88万元完成双清别墅院景观改造及养护工程及投资49.34万元新建50平方米木屋作为"红色书屋"用房；充分利用双清别墅的红色资源优势，引导游客了解中国革命历史和毛泽东等领导人的卓越成就是公园服务理念之一，公园对红色游线做了标识，不定期向游客发放双清别墅爱国主义教育宣传材料；积极发挥传统教育基地优势，为学校、单位、社会团体提供入党、入团、入队宣誓和旗帜，为主题班会提供场地等服务，定期与共建单位、社会团体开展互动式爱国主义教育活动，并结合相关的纪念日举办相关纪念活动；加强与京津冀三地红色纪念地的横向联系，自2015年与三地联手推出相关红色文化巡展5场；为发挥全国爱国主义教育基地作用，双清别墅班组全体成员列入北京陆军预备役高射炮兵第四团，并举行了授衔仪式，双清别墅讲解员正式入编预备役，身着军装上岗，成为市属公园第一个入编预备役的服务讲解班组。讲解员成为预备役官兵后，一方面可以提升讲解员的精神面貌，产生自豪感，对双清别墅的历史文化有更好的理解；另一方面，游客看到身着军装的讲解员，会更好地融入到讲解员对那一段红色历史的讲述中去。

北京晋商博物馆
BEIJING JIN MERCHANTS MUSEUM

通信地址： 朝阳区建国路 58 号

邮政编码： 100025

电　话： 010-65581268

传　真： 010-67376868

网　址： www.bjjsbwg.com

微信公众号： 北京晋商博物馆

博物馆类型： 社会科学类（历史）

隶　属： 北京市文物局

批准建立时间： 2007 年

博物馆备案登记号： 133

建筑性质： 现代建筑

占地面积： 3 万平方米

建筑面积： 1.68 万平方米

展览面积： 8600 平方米

交　通： 地铁四惠站下车，往东 300 米路南即到。公交 666、468、475、363、运通 121 路陈家林下车。

开放时间： 每日 9:00—16:00，周一闭馆。

服务设施：

停车场	纪念品商店	餐饮	语音导览	微信导览	无障碍设施	其他
有	无	无	有	有	有	无

概　述

　　北京晋商博物馆，位于北京长安街东延长线建国路58号，占地约3万平方米，为仿古建筑群落，西邻CBD国际商务区及国贸中心，交通便利，地理优越。博物馆始终秉承"展现晋商恢弘气势，传承华夏商业文明"的宗旨，以"收藏保管、科学研究、宣传教育、服务社会"为发展目标，厚积薄发，开拓创新，致力于打造商人及商业文化交流平台及研究重镇。

一　基本情况

　　北京晋商博物馆是目前我国最大的关于展示晋商发展历程的博物馆，馆内收藏的晋商各个历史发展时期的图章、印钞版、文书、银票、契约、合同、账本、书信、票贴、印章、簿记、老照片等藏品超过4万件。目前，馆内的基本陈列为"华夏巨擘，风云晋商"展览，以晋商的崛起、晋商与万里茶道、晋商著名商号及票号的创立与发展、晋商成功的原因、晋商建筑的文化韵味等为主线展开描绘晋商成长发展的全过程，全面而深刻地展现出晋商"纵横欧亚大陆两万里、雄踞商界五百年"的财富故事。

二　管理工作

　　北京晋商博物馆理事会共有成员5名，理事会成员始终关注博物馆内外部环境的变化，把博物馆的发展、愿景、使命、战略目标作为重中之重统一考量。对地方政府、来宾、员工等相关利益方进行综合考虑，致力于创建主动、创新、反应快速的内外部环境，致力于形成博物馆文化和员工凝聚力，致力于形成博物馆自身的发展模式。建馆至今，聘请常年法律顾问，律师专业团队为企业服务，致力于实现依法管理、依法经营的良好氛围。本馆制定有中长期发展规划，按单位中长期发展规划同时结合单位实际情况制定有年度工作计划；通过会议等形式及时调整和总结，保证规划落实到位。

建立了完善的工作人员聘用和管理制度，奖惩制度，培训制度，薪酬管理制度等，对员工定期开展业务培训，有专人负责监督、指导博物馆各科室及各分支机构的教育培训工作及参加社会组织管理知识培训工作。

三 科研工作

在对该馆藏品进行科学整理的基础上，与国内相关的科研与教学机构合作，采取多学科相结合的方式，就一些重要课题展开集中而深入的研究，共同把晋商学研究水平提升到一个新的高度。通过举办各类文化活动，博物馆的业内影响力以及知名度得到了显著提高。近年，该馆注重文化软实力的培养与提升，积极合作，开拓创新。2014年，参与河北大学刘秋根教授申报国家社科基金项目，课题为"山西民间契约文书的搜集、整理与研究"（批准号14ZDB036），并且成功立项。该项目的申报与执行都将对该馆专业人员业务能力有极大的帮助，使博物馆成为真正的学术文化交流基地。2015年1月24日，参加河北大学宋史研究中心、河北大学中国社会经济史研究所在河北大学举办的"新材料与中国商业金融史研究"学术研讨会。2015年，与中华

灵石德顺号钞版

文化促进会"万里茶道"协作体接洽，共同参与"万里茶道"跨国交流活动。在园区内设立"万里茶道"文化交流中心，旨在为该项目提供交流基地，打造"大通道、大交流、大开放、大融合、大联盟"横跨欧亚的国际合作平台。作为一带一路战略的重要组成部分，万里茶道作用独特，而晋商又是其中不可或缺的一部分，博物馆将全力支持与投入到"万里茶道"之中。此外，博物馆长期以来一直致力于为民服务，积极开展各项公益项目及活动，充分发挥博物馆社会职能。

四 社教工作

利用馆生动有趣的基本陈列和受众互动活动，与北京市各级宣传文化部门、教育行政主管部门和各大中小学校合作，贯彻《公民道德建设纲要》精神，同时配合"课改"和第二课堂等教学任务，免费为青少年提供思想道德教育、人文素质教育和传统文化教育。响应北京市地区青少年"四个一"工程要求，加强青少年的爱国主义教育，展开各项活动。

博物馆始终坚持传承晋商文化，弘扬晋商精神经营宗旨，将文化推广与商业运作相结合，不断规范内部的行政管理，加强对外宣传交流，各项工作稳步进行，博物馆整体发展取得了一定的成绩。今后将继续改革创新经营思路与发展战略，把博物馆打造成为国内高端的并具中国特色的商业文化交流平台。不断提升博物馆内在软实力，加强合作，努力成为晋商历史文化研究的交流平台。以国家相关政策法规为指导，勇于创新，跟紧时代的步伐。

自2008年对外开放以来，北京晋商博物馆作为晋商文化的重要研究和发展基地，受到了国家及省市各级领导的高度关注，多次莅临博物馆参观指导。同时，来自世界各国的重要使节、知名学者、企业家等也纷纷到馆参观学习、开展文化交流活动，已成为传播华夏晋商文化和开展交流活动的重要窗口。

圆明园展览馆
YUAN MING YUAN EXHIBITION

通信地址： 北京市海淀区清华西路28号

邮政编码： 100084

电　　话： 010-62543673

传　　真： 010-62657910

网　　址： www.yuanmingyuanpark.com

电子信箱： yuanmingyuanpark@sina.com

微信公众号： 圆明园遗址公园

博物馆类型： 社会科学类（历史）

隶　　属： 北京市海淀区政府

批准建立时间： 1976年11月17日

博物馆备案登记号： 069

建筑性质： 古代建筑（全国重点文物保护单位）

占地面积： 346万余平方米；水域面积140万平方米

展览面积： 1500平方米

交　　通： 地铁4号线圆明园站；公交320等路圆明园南门站，664等路圆明园东门站

开放时间： 1月—3月15日、10月16日—12月
　　　　　　售票时间：7:00—17:30　开、闭园时间：7:00—19:30
　　　　　　3月16日—4月、9月—10月15日
　　　　　　售票时间：7:00—18:00　开、闭园时间：7:00—20:00
　　　　　　5月—8月
　　　　　　售票时间：7:00—19:00　开、闭园时间：7:00—21:00

服务设施：

停车场	纪念品商店	餐饮	语音导览	微信导览	无障碍设施	其他
有	有	有	有	有	有	无

概　述

　　圆明园始建于康熙四十六年（1707年），历经清朝六代帝王150余年的不断营建，面积达5200余亩（346万余平方米）。1860年遭英法联军劫掠并焚毁，逐步沦为一片废墟。1976年11月，圆明园管理处成立，为海淀区区属差额拨款事业单位，是圆明园遗址公园的日常管理单位。2010年10月9日，圆明园遗址公园被国家文物局评为全国首批国家考古遗址公园之一。现已形成以古典皇家园林遗址为基础、以自然山水框架为依托、以爱国主义教育为主题，以遗址展示、自然景观为特色的供游客观光游览、休憩娱乐的遗址公园。

　　截至2018年底，圆明园管理处设有行政办公室、党委办公室、纪检办公室、组织人事科、财务科、法务办公室、档案馆、宣传科、保卫科、公园管理科、后勤科、资产管理科、工青妇办公室、文物考古科、工程监督科、遗址展示规划科、园林生态科、基础设施科、绮春园管理部、长春园管理部、圆明园管理部、花卉基地、经营管理科、票务中心、展览馆、游客服务中心、圆明园研究院、文创科、信息中心、基金会办公室、教育培训科、爱国主义教育办公室共32个科室、部门。

一　文物保护

　　2013—2018年间，圆明园管理处稳步推进重点文物保护工程，圆明园遗址西洋楼海晏堂蓄水楼遗迹本体加固和西洋楼片区游线调整工程、圆明园遗址（黄花阵）维修工程、圆明园碧澜桥玻璃栏板工程竣工；大宫门遗址四期、紫碧山房遗址一期、如园遗址二期考古发掘工作完成验收；圆明园盛世全景模型展厅改造完工并向社会开放。加强流散文物调查与征收工作，2013年散落在海淀区田村山南路17号8件文物（柱子及柱角石）回归圆明园；2016年回收社会捐赠清代石质文物3件；2017年获捐有"圆明园"三字戳记砖四件、青砖和砖雕约500块，启动文物核查，完成9415件27箱文物的档案核对，完成37件石刻文物修复和铜鎏金象首的3D扫描。完成正觉寺古树测龄工作，经测定，正觉寺现有古树110株，其中一级古树7株，二级古树103株，最大树龄466岁。

二　展陈与社教

在国内外举办多次具有影响力的展览活动。2013年8月31日—9月20日，中国对外文化交流协会、莫斯科中国文化中心主办，圆明园管理处承办的"圆明重光"莫斯科展在莫斯科中国文化中心举办。此次展览共设13个展厅，展出了包括风物、建筑、艺术、科技在内的所有圆明园与中华传统文化精粹。2014年9月8日，"圆明重光——圆明园文化法国展"在巴黎新华影廊开幕，中国驻法使馆、北京市外宣办、法国国家图书馆、枫丹白露宫等各界中外代表百余人出席开幕式。在福建省博物院、海南省博物院举办"圆明重光"圆明园文化巡展。2017年7月19日，圆明园文化巡展走进老、少、边、穷地区的第一站——福建展结束，本展览于1月19日在福建省清流县林畲乡桂花园开幕。此次展览由圆明园管理处、福建省清流县林畲乡、北京圆明园遗址保护基金会联合主办。此次展览通过丰富的图文资料、建筑模型、数字多媒体技术以及珍贵的圆明园馆藏文物，用虚实结合的手法向前来参观的人们展示了圆明园鼎盛、蒙尘与重华的历程，让参观者重温圆明园盛景，感受"万园之园"的无限魅力。2018年又相继在云南省红河州博物馆、十堰市博物馆、丹江口市博物馆举办3场"圆明重光——圆明园历史文化展"。2013年8月至今，在圆明园展览馆布置"圆明园历史变革常规展"，展品数量252件，接待观众2000多万人次；2017年5月1日至今，在展览馆展出"圆明园考古展"，展品数量268件，接待观众600多万人次。

开展形式多样的爱国主义教育活动。与海淀区教委联合编制教科书《走进圆明园》（小学卷、中学卷），2015年9月免费发放100万套，该书被纳入海淀中小学教育课程体系，旨在让爱国主义教育深入地走进课堂，其中设计对圆明园的探寻，既丰富知识又锻炼课外实践能力；2016年开发模拟考古实践课程，在微博、微信、直播软件等新媒体上直播考古实况，直接向公众展示西洋楼遗址区的远瀛观等考古现场，让更多的人可以在网络上"近距离"观看并了解考古工作。首次与电视节目合作进行考古直播三期，直播收视人数达到228万人。每年如期举办新春游园会、踏青节、荷花节和金秋游等旅游文化活动。

三　科研工作

2014年9月10日，北京市民政局正式审批、核准北京圆明园研究会成立。2015年10月18日，为纪念圆明园罹劫155周年，北京圆明园研究会与圆明园管理处联合举行了"纪念圆明园罹劫155周年学术报告会暨北京圆明园研究会2015年度会员大会"，旨在通过学术报告的形式，推进对圆明园历史文化和多元价值的挖掘、阐释、传播和弘扬。与中西书局合作出版多部有关圆明园的翻译作品，每年出版一期内部研究性刊物《圆明园学刊》，搭建圆明园学术研究的良好平台。2014年5月8日，时任国务院副总理刘延东同志到圆明园考察，2015年5月23日提出圆明园考古遗址公园要"打造国家考古遗址公园样板"。

通州区博物馆
BEIJING TONGZHOU DISTRICT MUSEUM

通信地址： 北京市通州区西大街九号

邮政编码： 101100

电　　话： 010-69515255

传　　真： 010-69515255

电子信箱： bwg5255@sina.com

微信公众号： 通州区博物馆

博物馆类型： 社会科学类（历史）

隶　　属： 北京市通州区文化委员会

批准建立时间： 1991年8月

博物馆备案登记号： 049

建筑性质： 近代建筑（通州区文物保护单位）

建筑面积： 1908平方米

展览面积： 576平方米

交　　通： 乘坐322路、342路、435路、666路、667路、804路、806路、808路、夜27路、通19路、通46路、通6路等到新华大街站。

开放时间： 每日9:00—17:00（周一闭馆）

服务设施：

停车场	纪念品商店	餐饮	语音导览	微信导览	无障碍设施	其他
无	无	无	有	有	有	无

概　述

通州区博物馆坐落于通州区中心、新华大街南侧，总占地面积2000余平方米，是一座保存完好的清代二进四合套院，典型的北京建筑风格，颇具地方特色。馆址地处繁华地段、人口密集、位置交通便利。通州区博物馆馆址原为三官庙（供奉赐予福寿之天官、赦免罪恶之地官、外除困厄之水官等神像），清康熙十二年（1673年）修。1923年，北京万国道德会通州分会在三官庙废墟上重建二进四合院作为会址，会标"卍"。故在大厅、前厅、后厅的墀头上都雕刻此字，俗称"万字会"。1935年12月，汉奸殷汝耕组建伪冀东防共自治政府，通州"万字会"会址又成为汉奸活动据点。1964年予以重修，改为"东颐饭店"，不久关闭。1978年后为原通县老干部局使用。1991年经重修改建为通州博物馆。1992年1月正式对外开放。现为通州区文物保护单位。2013年3月闭馆修缮，2016年4月18日以崭新的面貌悄然呈现在观众面前。

通州区博物馆作为通州区历史文化的宣传窗口，肩负着社会教育的责任，为了有效推进博物馆工作开展，全面为副中心建设服务，在文委的领导和支持下，博物馆认真学习习总书记关于文化遗产保护系列重要讲话精神，深入领会"让沉睡在博物馆的文物活起来"内涵，认真落实《博物馆条例》，采取科学管理，有效提升服务质量和水准，扩大社会影响力，深入开展社会教育工作，积极宣传通州历史及运河文化，着实为社会、为观众，为副中心建设服务。主要开展以下工作：

一　基本情况

从博物馆的功能来说，教育是一项非常重要的工作，是博物馆对外开放交流的窗口，也是博物馆为公众服务的重要平台。所以博物馆工作的科学管理尤为重要，主要对讲解员队伍建设、健全与完善工作管理制度以及全面提升为公众服务综合能力和水平上下功夫。

（一）全力搞好讲解员队伍建设，全面提高宣教队伍的综合素质。讲解员队伍是博物馆对外宣传工作的主力军，是沟通博物馆与观众的桥梁和纽带。工作中，加大培训力度。包括文博知识、旅游知识、主题文化知识、讲解和礼仪服务常识等，既可以请专家来馆举办专题讲座，也可以选派优秀讲解员去兄弟博物馆观摩学习，使得讲解员开阔了视野，增长了见识，并在工作实践中摸索与锻炼，对全面提高宣教队伍的综合素质，必将起到很大的推动作用。

（二）进一步健全与完善工作管理制度。要想搞好博物馆工作重在管理。根据博物馆的特殊功能，健全与完善工作管理制度，重点包括纪律考勤制度、例会制度、学习培训制度、示范讲解制度、外出宣传制度和业务测评考核等制度。严格执行各项管理制度，为搞好博物馆服务的工作做好坚实的保障。

（三）提升博物馆综合管理业务工作。在提升讲解员管理工作的同时，进一步规范展馆内其他的管理人员及维修人员、安保人员、保洁人员的综合管理。全面提升博物馆面向社会的综合服务素质，以达到所有人员齐心协力、配合默契，共同推动了博物馆事业的蓬勃发展。

二　陈列展览

为了能给观众提供丰富多彩的展陈内容，已将博物馆东侧楼房开辟为临展区，承接一些中小型的展览。先后举办了"纪念香港回归二十周年集报展"，迎接十九大前夕举办了"幸福通州摄影展"、"北京城市副中心百诗百品书法作品邀请展"、京东老张"春喜百鸟摄影展"、"古韵寻芳"通州文物摄影展、"不忘初心 不负韶光少儿创意展"、"博翰墨香书画展"、"留住记忆摄影展"、"水色情缘李金焕大运河诗画展"、庆祝改革开放四十周年"紧跟新时代、讴歌副中心诗书合璧书法作品邀请展"等20多个观众喜闻乐见的临时展览，并印刷了精美的画册，来满足不同观众的参观需求，取得了很好的社会效益。

三　社会教育

博物馆的主要功能之一就是开展社会教育工作，特别是青少年教育工作。为了能够沉下心，将社会教育工作做实，该馆召开相应的专家座谈会，探讨适合青少年德育发展及不同阶层人群的教育内容和方式，推出"通州历史文化名人展""漕运与通州""通州文化遗产图片展"一系列的适合不同阶层的展览，深入到相关学校、机关、

2018年10月10日，通州区南关小学在博物馆举办重阳节活动

乡镇村、企业等进行巡回展出，着实将历史文化送到基层，受众达万余人次，着实为观众服务、为群众服务，最大程度地发挥博物馆教育的功能作用。

目前，北京市已经公布了多家中小学生校外教育基地，通州区多家单位已被列入到名录中，各自根据自己的优势开展相关的校外教育工作。针对这一资源平台，为了面向区外青少年开展通州历史及运河文化的宣传，博物馆拓展思路，开创新的教育模式，来宣传通州特有的地域文化，今年年初，博物馆已开始尝试这种方式，以合作的方式，在运河瓷画馆设立了"通州运河文化展厅"，制作了展板和展柜，向参观的中小学生展示通州运河文化演变，每天都有来自不同区县、不同学校的学生参观，反响相当热烈。

根据区财政资金安排，继续开展博物馆免费开放补助工作，扶持那些免费开放的博物馆、艺术馆、村史馆更好地为副中心文化建设服务。联络通州范围内各场馆，发挥通州博物馆的领头作用，为他们提供、联系资源，使各场馆能够健康、均衡发展和进步。发挥平台作用，对一些个人收藏爱好者、收藏机构、各协会免费提供场所，特别是针对有潜质的年轻的书、画专业人士提供平台，推出个人专题展览，在增加文化活动的同时，繁荣文化市场的发展。

四　科研出版

该馆将相关资源进行深入挖掘和整理，先后编辑了《潞阳遗韵》《周良文史选》《漕帮秘笈——道德真经注解》学术论著，这些书籍为深入挖掘以大运河为核心的历史文化资源具有现实和深远的意义。

五 文物征集

文物是博物馆的灵魂与生命。一个博物馆的馆藏文物丰富与否，直接反映该地区的文化内涵和文物保护情况。随着区委、区政府对文物博物馆工作的重视，每年拨付专款进行文物征集工作，近年来征集到了很多反映通州历史和运河文化的有较高价值的文物，增加了一定的馆藏数量和质量。随着北京城市副中心的建设，与副中心相匹配的博物馆建设也是迫在眉睫，目前，该馆馆藏文物2200余件/套，这样的馆藏量，远远达不到新建博物馆所需文物的数量，所以，下一步要广开渠道，发动宣传，全力开展文物征集工作，不仅要从数量上，更要从质量上下功夫，全力为新馆建设储备展陈文物。

在文物征集的基础上，严格执行《文物保护法》，搞好库存文物和展览文物的科学管理；增加科技含量，实现馆藏文物的数字化管理和保护机制。

六 文物保护

为了有效地保护好全区的地上、地下文物安全，避免安全事故发生，将各种事故消灭在萌芽状态，力保全区文物的安全。我们采取多种有效的措施，加强全区文物的安全管理，第一，和各文物保护单位层层签订文物保护安全责任书，明确责任制；第二，加强对我区建设施工单位的宣传，最大限度地避免施工过程中对文物的破坏，杜绝出现哄抢现象；第三，通过广播、电视、报纸等媒体形式宣传报道文物保护工作，还利用文化遗产日、世界博物馆日等重要纪念日举办活动，继续提高广大群众对文物保护的认知度；第四，继续充分发挥文物保护热线的作用。

密云区博物馆
MIYUN MUSEUM

通信地址： 北京市密云区西门外大街2号

邮政编码： 101500

电　　话： 010-69053677

博物馆类型： 社会科学类（历史）

隶　　属： 密云区文化委员会

批准建立时间： 1991年

博物馆备案登记号： 047

建筑性质： 近代建筑（密云区文物保护单位）

建筑面积： 1150平方米

展览面积： 800平方米

交　　通： 东直门乘坐980路公交车，密云果园站下车，超市发商场对面100米处

开放时间： 周一至周五上午8:30—11:30　下午13:30—17:30

服务设施：

停车场	纪念商店品	餐饮	语音导览	微信导览	无障碍设施	其他
有	无	无	无	无	有	无

概 述

密云区博物馆于1991年由县政府正式批准建制，性质为社会科学类地志性综合博物馆，现有员工10人。自建制后至2002年底，密云县委、县政府在大力实施生态精品卫星城建设的同时，为更好地发挥博物馆的功能，投资在密虹公园北侧建了密云博物馆。博物馆大楼外观为圆柱形，室内分上下两层共设两个展厅，展厅总面积800平方米。2003年1月，密云区博物馆正式向社会开放。

一 展陈工作

密云博物馆新馆开馆后，在二层展厅举办了三个固定展陈，分别是"密云历史文化陈列""杵臼文化陈列""刘祯祥捐献文物陈列"。一层展厅为临时陈列厅，2009—2014年年底，在该展厅一直陈列民俗文物。

2015年1月，密云博物馆与密云县文物管理所正式分割。2015—2018年，在该展厅共举办13个展览，每期展览都是按照当今社会的发展趋势，牢牢把握正确的意识形态，以弘扬民族文化、红色文化为宗旨，让学生和更多观众了解和认知密云博物馆而举办的。

2015年2月15日—2015年6月底，密云博物馆以"实现中国梦"为主题，由密云县文化委员会、北京艺术博物馆、北京市古建总公司合作主办，在密云博物馆举办了"守望红旗渠，辉煌中国梦"的展览。本次展览以梦想为线索贯穿，分为：旱灾频仍，世代梦想；规划远景，勇追梦想；自力更生，践行梦想；艰苦奋斗，成就梦想；平凡伟大，铭记梦想，续航梦想等。展览共使用图片100余幅，8000文字说明，12分钟音像视频和7分钟图片视频。展览本着身先士卒、无私奉献、自力更生、艰苦奋斗体现红旗渠精神。

同年暑期，密云县文化委员会、密云博物馆，联合北京市古代建筑博物馆共同举办了"雕梁画栋溢彩流光——中华古建彩画展"。此次展览本着"克服困难 传承历史文化"的理念，秉承北京市教委提出的"四个一"工程——让学生走进博物馆，在社会课堂中学习语文、学习传统文化的理念而推出的，目的是让密云观众近距离接触传统的文化知识。

本次展览以古建彩画艺术为贯穿线索，分为：彩画匠心、彩画流光、彩画叠韵、彩画遗珍四部分。展览共使用50余幅展板，每个时期都有几百字的文字描述，实物彩绘展出10余件。此次展览主要体现了中华古建彩画的辉煌成就，感受中华民族自古对美的追求和所特有的美学思想，进而以其文化内涵来诠释中华古建彩画的精神意蕴，将这一独特的艺术瑰宝完整地传承和发扬下去。

2015年8月24日—2015年10月下旬，展期两个月的"纪念中国人民抗日战争胜利70周年——文化名人与民族精神"的展览在密云博物馆展出。此次展览由中共北京市委宣传部、北京市文物局、首都博物馆联盟主办；宋庆龄故居、李大钊故居、鲁迅博物馆、郭沫若纪念馆、茅盾故居、老舍纪念馆、徐悲鸿纪念馆、梅兰芳纪念馆共同承办。在抗战胜利70年之际，密云博物馆引进这次展览，是让密云人民，特别是中小学生，近距离了解我国的民族文化英雄，传承以爱国主义为核心的民族精神，激励学生勿忘历史、发愤图强，为实现中华民族伟大复兴"中国梦"而努力奋斗。

2016年3月，密云博物馆举办"密云历史文化陈列"。展览按历史顺序共分史前文化、夏商周战国、秦汉、隋唐、宋辽金、元代、明清七个部分。该陈列展示由更新世晚期时期到原始社会至明清各时期的文物共70余件，其中不乏精品，如：史前的原始野牛角化石及新、旧石器时代的石器；商周的陶乳鬲、高足罐；战国的青铜剑、红陶炉（火锅）；唐代的三彩凤杯、三彩炉；冶仙塔出土的宋代绿釉净水瓶；辽三彩盘、三彩马蹬壶；元代的内府梅瓶、龙泉窑、均窑、彭城窑瓷器；明代的大铁炮、大铁钟等。

2016年5月18日，是第40个国际博物馆日。为了弘扬密云的悠久历史和红色文化，密云博物馆在密云大剧院广场举办了以"您应该知道的密云"为主题的历史宣传活动。活动通过发放宣传手册、摆放解说展板的形式，向群众宣传密云历史的建制多变、县域变迁、英雄人物的介绍和参观过密云水库的历届国家领导人，让群众了解密云悠久的历史和璀璨的文化。活动共接待群众4000余人，发放宣传手册4000余本。

2016年7月28日，由密云博物馆和新北路社区党支部联合，在果园街道新北路社区进行一次走出博物馆、走进百姓的惠民举措："您应该知道的密云"宣传活动。活动通过发放宣传手册、摆放解说展板的形式，向群众宣传密云历史的建制多变、县域变迁、英雄人物的介绍和参观过密云水库的历届国家领导人，让群众了解密云悠久

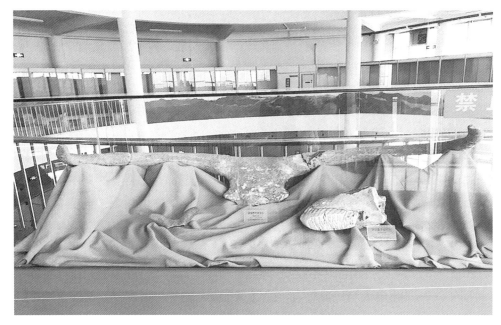

密云博物馆代表性藏品：镇馆之宝"原始野牛角化石"

的历史和璀璨的文化。参与此次活动的百姓达1500余人，发放宣传手袋1000余个，发放宣传手册1000余本。

2016年9月，密云博物馆举办"门墩文化展"。门墩是门楼中比较有特色的一个组成部件，门墩上通常雕刻一些中国传统的吉祥图案，是承载中国传统文化的石刻艺术品。门墩不但有它的实用价值，在中国历史上还体现了身份等级。皇族用狮子型门墩；高级文官用抱鼓型或箱子型有狮子门墩；低级武官用抱鼓型有兽吻头门墩；低级文官用箱子型有雕饰门墩；富豪用箱子型尤雕饰门墩；富家市民用门枕石；普通市民只能用门枕木。密云博物馆展出的20余个门墩，就是让观众了解到：门墩不仅可以美化门庭，这些美妙的石雕艺术更映刻着历史与文化的意蕴，饱含着人们对美好与幸福的希冀。

同月，密云博物馆举办"砚台文化展"。砚台亦称为研，是中国传统手工艺品之一，与笔、墨、纸合称为中国传统的文房四宝，是中国书法的必备用具。澄泥砚与端、歙、临洮，并列为中国四大名砚。密云博物馆展出的砚台主要有澄泥砚、紫石砚、端砚10余件。通过展出这几件砚台，让观众体会到砚台具有独特的民族风格和传统的艺术造型，它不但是实用品，而且还是工艺品。

"缅怀革命先烈·弘扬红色文化"，9月30日是烈士纪念日，密云博物馆利用党员活动日携手密云三小共同举办"追寻红色密云足迹，高举革命先辈旗帜"为主题的文化活动。活动以展板、宣传册及现场讲解的方式宣传了设立烈士纪念日的意义，密云地区涌现出的著名革命先辈白乙化、邓玉芬的光辉事迹。并简略地介绍了密云地区发展简史和革命简史。活动现场向同学们发放了近千份宣传品和纪念品。

2016年10月8日，密云博物馆举办"24节气展"。此次展览主要介绍24节气的来历、民间习俗和节气歌。在前的为节气，在后的为中气，后人就把节气和中气统称为节气。节气的交替各历时15天。

同月，密云博物馆举办"杵臼文化"展。展览共展出中外各式杵臼30余件。杵臼具有悠久历史，自古至今一直陪伴人类生活。杵臼产生于新石器时期，杵臼的结构分为杵、臼两部分。臼，主要起到盛、放作用；杵，则是使用杵臼的动力工具。密云展陈中，大多是工艺杵臼。

2016年11月7日至14日，北京市文物局宣教中心统一安排部署，密云博物馆积极配合，与市文物局宣教中心联合开展了"中国文化遗产日——专家进校园主题讲座"活动。此次活动邀请专家：原密云区档案局局长、原密云区党史办主任、调研员林振洪进行现场讲授。采用几十名学生到现场，师生以录播的形式听取讲座。在讲授结束后，密云博物馆工作人员向密云区南菜园小学的师生赠送宣传手册。

2016年12月6日，密云博物馆举办"2016北京国际摄影周"密云特展。北京国际摄影周是由中华人民共和国文化部、北京市人民政府主办，中国艺术摄影学会、中国摄影家协会、新华通讯社图片中心、北京歌华文化发展集团承办的大型摄影主题的公共文化活动。

特展分为两个专题："记录崇高精神 凝聚闪光力量"和"影像·关爱老人"。"记录崇高精神 凝聚闪光力量"纪念中国共产党建党95周年和长征胜利80周年主题摄影展，是回顾中国共产党团结带领中国人民不懈奋斗的光辉历程，展望党和人民事业发展的光明前景。通过这种方式，让我们大家在伟大的中国共产党的带领下，续写长征的崇高理想和坚定信念，弘扬红色文化，实现中华民族伟大复兴的中国梦，不忘初心，继续前进。

"影像·关爱老人"这一专题作品均为手机摄影。手机摄影如今已成为大数据时代的一种大众文化现象，其最易上手和最接地气的特点，使普通群众能用最简单的拍摄手法记录老百姓身边的喜怒哀乐。"影像·关爱老人"手机摄影与公益活动相结合，号召广大手机摄影爱好者用纪实手法反映老年人"老有所养，老有所依，老有所乐，老有所学，老有所为"的状况，弘扬社会主义核心价值观，呼吁全社会更加关爱老人，永言孝思，思孝唯则。

2017年1月5日，密云博物馆举办"手绘布艺"展。以布为纸，以纺织颜料为墨。在布上表现，赋予传统布艺新的活力和内涵。看似简单，却独具匠心，一幅幅精美的画作，蕴含着创作者对美学文化、民俗文化、传统文化的执着与热爱；更是传承和弘扬非物质文化遗产。

密云三小是唯一代表北京市参加"全国第五届中小学生艺术展演活动（艺术工作坊）"的学校。此次展览就采用密云三小"布衣坊"的学生们，手工制作布艺品180余件（如：钱袋、布书、布鞋、布画，等等），内容丰富多彩，将国粹发挥到淋漓尽致，一个个经典故事，历史人物，将不同寻常的展现在观众眼前。

通过举办此次展览，向密云区广大人民群众（特别是中、小学生）广泛宣传中华民俗知识、非物质文化遗产的珍贵性。密云博物馆举办此展览，就是要进行一次中华民族传统文化教育和社会实践活动，让密云优秀的"非物质文化遗产"真正的活起来、传下去。北京电视台《这里是北京》栏目专为此展览拍摄了专题片，这是京郊区属博物馆第一次登上北京电视台的专题文化栏目。

2017年4月26日，"'家·榜样'家教家风主题展"在密云博物馆拉开帷幕。展览根据家教家风的形成与特点，分为四个部分："密云区部分家庭事迹"、"让文物活起来"、"古今名人"系列家教故事、"部分《二十四孝》故事"。展览通过对我国古代家教家风的回顾、对《二十四孝》的学习、对"家"的理解，以及密云地区典型家庭案例的浏览，娓娓讲述家教家风的故事，让观众增进了对传统家教家风的理解，感受历史的厚重和辉煌，体会家教家风穿越时空的无形力量，从而引发切身的共鸣。密云区博物馆举办此展览，就是让更多人传承和发扬家教家风的优良传统，学习密云地的感人事迹。市纪委网站专门介绍密云博物馆的这一展览，市委宣传部与市纪委共同主办的杂志《是与非》也发表文章宣传此展览。

5月18日是第41个国际博物馆日，其活动主题是"博物馆与有争议的历史"。为进一步宣传博物馆，密云博物馆走进密云大剧院广场举办宣传活动。活动通过发放"您应该知道的密云"宣传手册、摆放"您应该知道的密云"展板，以及现场解说的形式，向群众宣传密云历史的建制多变、县域变迁、英雄人物的介绍和参观过密云水库的历届国家领导人，让群众了解密云悠久的历史和璀璨的文化。发放宣传手册700余本。

2017年9月27日，由密云区职业学校、密云博物馆共同举办的"弘扬民族精神 传承红色文化"主题教育活动，在密云区职业学校拉开序幕。全校师生近1000人参与了此次活动。活动以展板流动展的形式，在学校操场摆放密云博物馆制作好的60余块展板，共分为四个展览内容："'家·榜样'家教家风主题展""您应该知道的密云展""密云珍贵文物展""24节气文化展"，以及现场解说的形式，让学生分四组进行参观。重点以"'家·榜样'家教家风主题展"，密云英雄人物白乙化、邓玉芬等向学生讲解，以更好地弘扬民族精神、传承密云红色文化。

2017年11月10日—2017年12月3日，密云博物馆引进并推出"国外文创精品展"。此次展览是郭沫若纪念馆暨"8+"名人纪念馆联盟于2017年在京城推出的。密云博物馆举办此展览，共展出"一带一路"沿线、五大洲、五十多个国家的三百余件文创精品。又分为非洲、亚洲、欧洲、美洲及大洋洲四个展览部分，包括手工类产品如编织、刺绣、雕塑、黏土、布艺、陶艺、创意DIY等。这些是文创产品的主要表现形式，通过作者自己的创意让产品变得不一样，变得独特，也是文创的魅力。密云博物馆举办此次展览，期盼能够为密云区旅游文创产品的创意性思维带来启发，推动密云区旅游文化进一步发展。

2017年11月，密云博物馆与密云区第五小学党支部联合开展"红色1+1"进校园宣传活动，成功地将临时展览拓展至校园。活动主要内容包括："十九大"精神摘要、宣传口号展板以及"您应该知道的密云""密云抗日英雄人物""'家·榜样'家教家风"临时展览等60余块展板，并向密云区第五小学党支部70余名老党员赠送了学习用具。"三进红色1+1活动"活动形式新、内容丰富，受到社区、乡镇群众及学生们的好评。

2018年1月3日"镜头中的美丽——大师带您看世界：顾莹野生动物摄影作品展"在密云博物馆开展。该展览选用40余幅我国著名摄影大师顾莹的三极野生动物摄影作品。顾莹女士是我国在国际享有盛誉的摄影师之一，她在摄影实践活动中长期关注生命与自然。她的作品"北极熊和幼崽"获得2017年世界自然摄影年度大奖、"帝企鹅"获得2017年世界自然摄影高度荣誉奖，这两幅作品均被美国华盛顿史密森尼国家自然历史博物馆永久收藏并将在2018年展出一年。此次在密云博物馆展出的作品包含顾莹女士获得2017世界自然摄影年度大奖及高度荣誉奖作品。

密云博物馆于2018年5月8日，举办"密云长城摄影"展。此展览由中共密云区委宣传部、密云区文化委员会、密云区文学艺术界联合会主办，密云博物馆承办的大型长城摄影主题的公共文化活动。

此次"密云长城摄影"展，精选了三位摄影家近百幅长城摄影作品。他们是密云本土的摄影家，对这条历史文化长廊投入了更多的爱。这次摄影的三位作者高和平、李如升、魏建国是其中杰出的代表，是名气很响的事业有成者，作品已达到国内顶级水平。密云博物馆举办此次展览，就是要弘扬长城文化，是为举办更高水平长城摄影节的初探，最主要的是把美丽的密云长城推向世界，让密云名扬海内外。

2018年11月28日，密云博物馆"走进校园"活动，在密云区第五小学拉开序幕。此次活动以照片展板的形式，在密云区第五小学的地下一层体育馆内，共展出"密云长城摄影"作品12幅，以及"'家·榜样'家教家风主题展"。长城展览作品的创作者于当日特邀至现场解说，向学生介绍密云雄伟的长城历史。参加此次活动的师生1100余人，发放"'家·榜样'家教家风主题展"宣传手册1100余本，并向学生赠送文具。

2018年1月，北京市教育委员会把密云博物馆誉为"北京市中小学生社会大课堂资源单位"。密云博物馆作为传播历史文化的重要基地，同时也为学生讲述了密云县高岭镇的黄土梁、太师屯镇的松树峪、溪翁庄镇的东智北等处，发现旧石器时期古人类活动地点；讲述了西周时期的陶罐、折肩陶罐，大、小不等的三个陶乳鬲；鬲是用于煮食物的一种器具，造型拟人化，富有美味之感；还有战国时期的红陶炉、青铜剑、钱币等；以及水库区内，凤凰山商墓现场的图片。尤其是战国时期的红陶炉，是火锅的前身。还有战国时期的燕明刀币、赵甘丹刀币，都富有历史价值。

主要针对中学生，联系所学历史课：讲述西汉时期，刚刚结束诸侯争战和秦王朝的横征暴敛，人们穷困潦倒，需要修养生息的历史文化知识。给学生讲述杨继业带领杨家将在一次与辽国交战中，被奸臣陷害，战事不利，最后舍生取义的故事。为激发守边将士们的爱国激情，辽国就在边关古北口镇修建了杨令公祠，启发学生学习杨令公视死如归的爱国精神，将来为保卫祖国做出自己的贡献。

二　安全保管

密云博物馆文物保管地点分为"文物库房"和"展览大厅"及"铁炮、石刻库外存放"三处；展览部负责人负责博物馆全部馆藏品的账务管理，按照馆里规定：有两名展厅讲解人员、两名库管拿钥匙、一名保管员管卡，库房组长管大账的明确制度，对文物库房实物保管员和展厅讲解员进行监督、协助管理；严格执行文物出入库领导审批制度。

密云博物馆按照文物安全保卫工作要求，结合单位实际，制定了《密云博物馆安全规章制度》《密云博物馆安全保卫工作制度》《密云博物馆中控室值班制度》《密云博物馆防火、防盗应急预案》《密云博物馆防汛应急预案》等切实可行的文物安全保卫制度，并不断完善，逐步形成了一套行之有效的安全保卫制度和措施。

2015年以来，密云博物馆按照上级部门要求，不定期进行突发事件演练，按照馆内制定的应急预案明确分工，组成灭火、抢救、疏散小组，对模拟火灾现场进行实际演练，通过实际操作，达到对职工安全教育的目的，通过演练明确各自岗位安全责任，明确在突发事件中所担负的角色以及如何发挥作用，牢固树立起安全第一的意识。

文物库房实物库管员，按照文物科学管理要求：进行科学分类，轻拿轻放，合理摆放、便于查用，夏季适时打开库房大门通风防潮，随时检查有无虫蛀鼠咬、自然质变现象。定期检测报警设施和消防设施，确保安全设施灵敏有效。由两人掌管库房门钥匙，同进同出，钥匙不准交与他人代劳，库房内无人时要立即切断电源。

保管员负责对一般文物的登记、分类、造册、编目、制卡、建档等。建卡时要认真填写文物分类号、名称、年代、件数、实际数量、质地、长、宽、高、厚、径、完残情况、来源、入库日期、存放位置、拓片号、经手人、鉴定人、实物描述，这一完整登记。按卡号分别登记入账，重要文物还要登记大账。与此同时还要做到账、物分开。凡此业务手续均需领导签字、双方经手人签字盖章有效。

展厅文物保管由两名讲解员负责，每天巡视、清点展品数量，每天检测报警设施和消防设施是否灵敏有效，下班锁门要锁牢固。警卫安保人员岗位是机房重地，禁止与本岗无关人员在警卫室长时间逗留或留宿，按照"谁在岗，谁负责"原则，对展厅文物安全和讲解员人身安全承担保卫职责。

馆内安保设备有消防栓、灭火器、摄像头、内置红外报警器和外围红外报警器，有独立的安全警卫监控室：室内有烟感器、密云博物馆摄像机分布示意图和电脑视频监控及红外线警报。

慈悲庵

MERCY TEMPLE

通信地址： 北京市西城区太平街19号

邮政编码： 100050

电　　话： 010-63511596

传　　真： 010-63531130

网　　址： www.trtpark.com

微信公众号： 北京市陶然亭公园

博物馆类型： 社会科学类（历史）

隶　　属： 北京市公园管理中心

博物馆备案登记号： 084

建筑性质： 近代建筑（北京市文物保护单位）

占地面积： 3000平方米

建筑面积： 885平方米

展览面积： 651平方米

交　　通： 陶然亭公园地处北京市南二环陶然桥北侧，慈悲庵位于公园中央到西南侧。

开放时间： 每日9:00—17:00

服务设施：

停车场	纪念品商店	餐饮	语音导览	微信导览	无障碍设施	其他
无	无	无	无	无	有	无

概　述

　　慈悲庵系肇始于元代的禅院，距今已有700余年历史。据辽幢所载，慈悲庵所处
为高僧墓，地在"京东"，即"辽南京城东郊"。元、明、清三代均于此设官窑，烧制
砖瓦，名"黑窑厂"，因取土制坯，垒台筑窑形成洼地和窑台，后洼地积水成湖，窑
台上兴建寺观，"慈悲庵"便是其中之一。可见，慈悲庵基地形成原因很独特，由其
特殊的历史原因演变而成。它不仅是北京城重要的名胜古迹，而且也是反映北京"士
子"的典型载体，是北京古都文化的有机组成部分。

一　基本情况

　　慈悲庵位于陶然亭公园湖心岛西南端台地上，范围东西53米，南北47米，院落
建于高台之上，采用比较灵活的布局，建筑包括东山门、观音殿（北殿）、准提殿（南
殿）、准提殿东配房、文昌阁、南厅、西厅、北厅、陶然亭、游廊等，被五道院墙分
隔为前院、后院、东跨院和北院四个部分。建筑全部砖木结构，整体一层，局部二
层。文物建筑总面积约为885平方米。庵内保存有金代和辽代的石经幢，距今已有
900余年的历史，它是考证北京历史的珍贵文物。

　　近代，慈悲庵、陶然亭又成为一处重要的革命圣地。"戊戌变法"的发起人康有
为、梁启超等人也在此处留有足迹。20世纪20年代初期，李大钊、毛泽东、邓中夏
等革命先驱也曾来此进行过革命活动。周恩来领导的天津觉悟社与李大钊领导的少年
中国学会，也曾在陶然亭内共同讨论中国革命的前途问题。它见证了我国近代革命的
早期历程，也是北京重要的革命遗迹。

　　慈悲庵的艺术价值主要体现在建筑，它是清代、民国时期北京民居建筑和寺庙建

筑的典型实例。慈悲庵占地虽小，但院落布局紧凑，张弛有度，更有陶然亭在内风景优美，可谓一小园佳作。

寺内西偏为世人皆知清康熙三十四年（1695年）工部郎中江藻所建的"陶然亭"。《光绪顺天府志》称："陶然亭，康熙三十四年工部郎中监督厂事江藻建。亭坐对西山，莲花亭亭，阴晴万态，亭之下菰蒲十倾，新水浅绿，凉风拂之，坐卧皆爽，软红尘中清凉世界也。"陶然亭名取自白居易诗"更待菊黄家酿熟，与居一醉一陶然"。从此"陶然亭"闻名遐迩。随着时间的推移及各历史人物不断交错地游息唱吟，这里也成为一处极为珍贵的景观遗址。

此外，庵内还现存有辽寿昌五年慈智大师和金天会九年经幢各一、"陶然亭吟"石刻、"陶然亭记"石刻、"陶然"匾额、"陶然亭小集"诗刻等。金代经幢，始建于金太宗完颜（日成）天会九年（1131年）4月19日，重修于清康熙六年（1667年）11月，至今有800余年。经幢四面的字为经文咒语；辽代经幢，建于辽寿昌五年（1099年），经幢上的刻字是用汉字谐音表示的佛语经咒，记载着慈智大师的简历；位于陶然亭南墙上的石刻"西江月重上陶然亭望西山祠"是齐白石的作品，陶然亭小集由清代王昶所作，"城南思旧茗并叙"为谭嗣同作、现代梁正江手书；"陶然亭记"由江皋所作。这些都是重要的历史遗存，同时亦具有珍贵的艺术价值。

二　展览工作

1979年10月，陶然亭慈悲庵重修竣工后，辟为小型博物馆，共有五个展室。主要介绍陶然亭的历史及革命先辈以陶然亭为活动地点进行的革命活动。现在，这里已经成为了进行爱国主义教育的重要基地。

2015年，"红色梦——慈悲庵革命事迹展"开幕，展览面积320平方米，占地1200余平方米。通过五个展室、两处革命历史场景、两间殿阁的历史背景还原、近百幅珍贵图片，呈现了1920—1921年间，以毛泽东、周恩来、李大钊为代表的中国共产党早期革命家，在慈悲庵思考与探索中国发展前途、开展秘密革命活动的历史。

冀热察挺进军司令部旧址陈列馆
MEMORIAL HALL OF JI-RE-CHA HEADQUARTERS SITE

通信地址： 门头沟区斋堂镇马兰村

邮政编码： 102309

电　　话： 010-69819995

隶　　属： 马栏村村委会

博物馆类型： 社会科学类（历史）

批准建立时间： 1997年7月7日

博物馆备案登记号： 090

建筑性质： 近代建筑（北京市文物保护单位）

占地面积： 920平方米

建筑面积： 240平方米

展厅面积： 240平方米

交　　通： 乘坐公交892路直达

开放时间： 全年开放，具体时间为9:00—17:00，节假日不休息

服务设施：

无障碍参观	停车场	衣帽间	餐饮	茶座	纪念品商店	语音导览	其他
是	有	无	无	无	无	有	无

概 述

由马栏村党支部发起，筹资70万元，率先在全国范围内成立了第一家由村民自己出资筹建的村级抗战题材纪念馆，该旧址于1981年被区政府列为第一批文物保护单位。1995年，被北京市政府列为第五批文物保护单位，经市文化文物局批准，1997年7月7日陈列馆落成。1997年9月6日陈列馆被北京市政府公布为爱国主义教育基地，9月23日注册为博物馆，2000年10月被列为北京市国防教育基地。2008年3月28日陈列馆又被列为北京市33家免费开放博物馆之一。通过多年来不断的宣传和建设，马栏已经成为北京市青少年教育基地、红色旅游景区、党员廉政教育基地、国防教育基地，并且还成为很多大专院校及国家机关红色教育基地，每年接待近10万人次，产生了深远的社会影响力。

陈列馆设在村中一套两进四合院内，院落坐北朝南，大门在东南角，墙体均磨砖对缝，影壁装饰精美，为民国初年建筑，实物103件，图片175幅，再现了挺进军当年的战斗历程。陈列馆共五个展室，分别为挺进军成立前后、挺进军的足迹、英雄的马栏村和挺进军中的共和国将军等部分。

展馆有工作人员8人，其中在编制内5人，编制外3人，主管领导为村党支部书记宋孟杰同志。

陈列馆大门

中国华侨历史博物馆
OVERSEAS CHINESE HISTORY MUSEUM OF CHINA

通信地址： 中国北京东城区北新桥三条东口

邮政编码： 100007

电　　话： 010-64070942

传　　真： 010-64070942

网　　址： www.ocmuseum.cn

电子信箱： huaqiaobwg@126.com

微信公众号： 中国华侨历史博物馆

博物馆类型： 社会科学类（历史）

隶　　属： 中华全国归国华侨联合会

博物馆批准建立时间： 1996年2月27日

博物馆备案登记号： 备字08-177

建筑性质： 仿古四合院与现代建筑组成（东南边是仿古建筑和现代的主体建筑）

占地面积： 5082.498平方米

建筑面积： 12802.58平方米

展览面积： 5619.79平方米

交　　通： 地铁5号线北新桥站，地铁2号线、13号线东直门站，公交612路、674路、特16路东直门北小街南口站，公交24路、106路、107路、117路、635路东内小街站。

开放时间： 每日9:00—17:00，16:00停止入馆，逢星期一闭馆，遇节假日另行通知。

服务设施：

停车场	纪念品商店	餐饮	语音导览	微信导览	无障碍设施	其他
有	无	无	无	有	有	无

概　述

　　中国华侨历史博物馆是首家全面展示中国移民史、移民现状的国家专题博物馆，现有藏品25518件/套。

　　1960年，著名爱国侨领、中国侨联首任主席陈嘉庚先生倡议在首都北京兴建中国华侨历史博物馆。2011年9月，博物馆奠基建设，2014年10月落成，位于北京市东城区东直门内北小街。馆舍外观由仿古四合院与现代建筑组成，主体建筑高18米，分为地上3层，地下2层，建筑面积12802.58平方米。

　　博物馆共有七个展厅，一个报告厅。常设的华侨华人历史文化展，分为中国人移民海外历史、华侨华人海外生活篇和贡献篇、华侨华人与中国发展、中国侨务等四部分，展出文物千余件/套，图片千余张。展览以历史传统与现代观念相结合、庄重大方与生动活泼相结合的理念，使用图文结合、场景复原、艺术品创作、多媒体展示等手法辅助文物展示，帮助观众了解中国海外移民的历史变迁和社会生活，华侨华人在世界各地开拓、创业和贡献的历史，展示近代以来华侨华人对于中国革命和建设的支持以及中国侨务机构的沿革发展。

　　中国华侨历史博物馆是公益一类财政补助事业单位，宗旨是为侨服务、为社会服务、为国家服务。发挥海内外联系广泛的优势开展文物征集工作，收藏保护华侨华人历史文物和文化遗产；举办展览宣传展示华侨华人发展历史和精神文化，组织开展社会教育活动；将文化事业与文化产业相结合，为社会公众提供丰富的文化产品和文化服务，充分利用中国博物馆协会华侨博物馆专业委员会的这一平台开展研究交流工作。

一　基本工作

办公室是博物馆工作的枢纽，行使承上启下、协调左右、沟通内外的职能。工作政治性、政策性强，协助馆领导做好人、财、物等资源管理与配置工作，做好安全保卫和服务业务部门各项保障工作。为博物馆逐步实行制度化、规范化的管理机制。根据博物馆的实际，2013年以来，制定规章制度30多个，2018年，制定了中国华侨历史博物馆内部控制制度，包括：人事管理风险内部控制办法、机关运转风险管理办法、资产管理风险内部控制办法、藏品管理风险内部控制办法、展出服务风险内部控制办法、物业管理风险内部控制办法、研究课题管理风险内部控制办法、信息系统风险内部控制办法等20个覆盖到各个岗位内部控制办法。

2016年，制订绩效考核方案并试行绩效工资考核办法，2017年绩效考核及绩效工资相关工作全面展开，初步建立了奖优罚劣、优胜劣汰的管理机制与制度，有效调动博物馆工作人员积极性和主动性，推动博物馆事业良性发展。

2016年，《关于公布全国博物馆文化创意产品开发试点单位的通知》（文物博函〔2016〕1799号）中，中国华侨历史博物馆入选全国博物馆文化创意产品开发92家试点单位，博物馆以此为契机做好文创产品的开发工作。

二　藏品保管

藏品部主要负责藏品的征集和管理，以保护华侨历史文化遗产为核心任务，坚持"有效保护，合理利用，加强管理"的原则，为华侨历史文化遗产保护工作的科学化、规范化、制度化而努力。自2005年起，开始藏品征集工作，在海内外侨界及社会各方面热心支持下，截至2018年12月20日，博物馆登记入册藏品共计25518件/套，其中文物13119件/套；图书3965种，共9147册；口述采访234人，时长664小时。2014年编辑出版《中国华侨历史博物馆藏品图录开馆专辑》。

三　陈列展览

展出部负责博物馆展陈设计制作与规划，承担本馆基本陈列大纲撰写及展陈设计制作的组织与管理工作，负责对外宣传、临时或专题展览承接、观众接待、志愿者管理等工作，满足侨界群众和社会各界需求，不断提高社会效益。

为进一步发挥博物馆教育功能，为社会提供优质公共文化服务，自2017年3月起，博物馆于每月第二个周六举办一期专题公益文化讲座，本着课堂没有、社会需要的原则确定讲座主题，截至2018年12月共举办公益文化讲座22期，内容涉及历史、艺术、外交、自然、民俗等方面。

四　科研与其他

自2014年以来，先后编辑出版《中国华侨历史博物馆开馆纪念特刊》《中国人民抗日战争暨世界反法西斯战争中的华侨华人》《华侨博物馆与华侨华人研究》《异彩与变幻——侨风侨情装饰画创作集锦》《烟画背后的爱国史——金正琥先生捐涉侨烟画图鉴》等书刊。每年组织专委会成员单位研讨交流等活动。

数据信息中心主要负责网络、音响灯光及弱电机房设备等的日常检查维护工作；严格按照合同约定及相关规范标准，督促物业及各维保单位完成设备的日常检查及维护保养工作，做到时间、内容、质量落实，确保各设备运行正常。

2006年成立中国华侨历史博物馆理事会（以下简称"理事会"）。理事会由两方面人士组成。一是，为华侨博物馆捐赠建设资金达100万元人民币以上者为理事，捐赠资金达500万元人民币以上者担任副理事长。二是，中国侨联主席和专职副主席。其中，中国侨联主席担任理事长，中国侨联副主席担任副理事长。

为更加广泛地联系海内外侨界人士，扩大华侨博物馆的影响，设名誉理事长。名誉理事长任职的条件是：曾经担任中国侨联主席，或德高望重的侨务部门原领导同志。

2011年，经中国博物馆协会批准，中国华侨历史博物馆倡导，广东华侨博物馆、江门五邑华侨华人博物馆、厦门华侨博物院、泉州华侨历史博物馆等国内十余家华侨类博物馆发起，成立了中国博物馆协会华侨博物馆专业委员会（以下简称"专委会"）。专委会由国内外华侨博物馆以及专业工作者、学者和社会热心人士组成，秘书处设在中国华侨历史博物馆。目前，已有成员单位16个，分布在广东、福建、上海、江苏、北京、黑龙江。博物馆每年组织专业委员会成员单位召开年会，通过专委会组织的业务交流与合作，推动更多的社会力量投入到华侨文化遗产保护工作中，按照科学保护、有效利用的原则，促进华侨文博事业健康发展。

北京税务博物馆
BEIJING TAXATION MUSEUM

通信地址： 北京市北四环东路临1号

邮政编码： 100028

电　　话： 010-84299713

传　　真： 010-84299223

网　　址： bowuguan.bjsat.gov.cn

公 众 号： 北京税务博物馆

博物馆类型： 社会科学类（历史）

隶　　属： 国家税务总局北京市税务局

批准建立时间： 2014年8月25日

博物馆备案登记号： 备字03-174

建筑性质： 现代建筑

建筑面积： 2700平方米

展览面积： 1390平方米

交　　通： 地铁芍药居站（E口）步行1.2千米；

公交361路、408路、594路、660路、740路内环、944路、运通101线、运通113线，望京桥西站下车步行500米。

开放时间： 周二至周六9:30—16:30（节假日闭馆）

服务设施：

停车场	纪念品商店	餐饮	语音导览	微信导览	无障碍设施	其他
有	有	无	有	有	有	无

概　述

一　基本情况

北京税务博物馆始建于2005年，是全国第一家省级税务部门筹建的专业性博物馆，2009年因原址普度寺文物保护需要暂停展览。2013年，经原北京市地方税务局倡议，原北京市国家税务局、北京市朝阳区政府和中央财经大学响应，四家单位历时两年完成复建。2015年9月，北京税务博物馆复建开馆，2016年5月正式面向社会公众免费开放参观。场馆建筑面积约2700平方米，现有展厅面积1390平方米，共展出青铜器、陶器、铁器、货币、票据、契约等各类文物史料3000余件。

北京税务博物馆的主要职责是承担本馆的运行管理以及税收文物的征集、鉴定等工作。

博物馆现共有干部22人，其中有在编干部20人，借调干部2人。

目前，北京税务博物馆设置有办公室、征集保管组、编研组。其中办公室主要负责日常行政、参观接待、对外宣传等事务性工作；征集保管组主要负责税收文物史料的征集、建账、归档、入库保管，以及负责场馆安全保卫工作；编研组主要负责编写展陈大纲、调整展陈、开展税史研究、举办税史论坛活动等工作。

二　开放社教

自对公众开放以来，北京税务博物馆共接待来自社会各界的参观总计约2.8万人次，全国已有28个省的财税部门来北京税务博物馆参观交流。

复建开馆以来，陆续接待了部分国家驻华使馆税务和经济官员及日本国税厅长官一行、第十届税收征管论坛（FTA）大会全球20多个国家与国际组织的税务官员，2017年完成了"一带一路"国际合作高峰论坛部分与会财税代表，澳大利亚、荷兰、美国、加拿大、南非税务官员等重大外事接待任务。截至2018年底，已接待来自全球34个国家的财税官员来馆参观交流。

税务博物馆在被北京市朝阳区授予"爱国主义教育基地"和"中小学生社会大课堂资源单位"的基础上，2016年被确立为"密云区少年税校税收实践基地"，2017年9月，被国家税务总局、国家司法部评为"全国税收普法教育示范基地"，2018年1月，被评为北京市"中小学生社会大课堂资源单位"，2018年中国人民大学、中央财经大学、首都经济贸易大学、中国财政科学研究院在博物馆完成了实践基地挂牌事宜，2018年6月，被全国普法办评为首批"全国法治宣传教育基地"，12月被北京市委宣传部评为"北京市爱国主义教育基地"。

三　科研工作

撰写出版《北京税务博物馆馆藏鉴赏》，撰写完成了《中国税收历史之最——中国最早的农业税之初税亩》《北京崇文门税关系列研究》《文物背后的故事》《明代白银货币化与赋役改革》《中国古代财税管理机构沿革》等系列研究成果，先后发表于《北京地税》和《调查与研究》等刊物，为当前税收改革的推进和领导科学决策提供重要参考。

铁道兵纪念馆
MEMORIAL HALL OF THE RAILWAY CORPS

通信地址： 北京市海淀区复兴路40号中国铁建大厦B座5—6层

邮政编码： 100855

电　话： 010-52688418

传　真： 010-52688420

网　址： www.crcc.cn

电子信箱： TDB@crcc.cn

博物馆类型： 社会科学类（历史）

隶　属： 中国铁道建筑集团有限公司

批准建立时间： 2013年7月11日

博物馆备案登记号： 166

建筑性质： 现代建筑

建筑面积： 4700平方米

展览面积： 2590平方米

交　通： 地铁：1号线到玉泉路站C口出；公交：乘坐941路快车、370路、76路到玉泉路口东或乘坐610路、644路到玉泉路口北。

开放时间： 周二至周五9:00—11:30，14:00—16:30

服务设施：

停车场	纪念品商店	餐饮	语音导览	微信导览	无障碍设施	其他
有	无	无	有	无	无	无

概　述

一　基本情况

铁道兵纪念馆以铁道兵和中国铁道建筑集团有限公司发展为线索,纵跨了70多年历史维度,以大量历史图片和实物及现代化电子技术全面展现了铁道兵的辉煌历程和中国铁建的不凡业绩,展示了这支英雄队伍建设祖国、修筑祖国铁路大动脉、在新时期蜕变为现代化企业引领中国建筑行业走向世界的历史征程,不仅反映了百万大裁军后铁道兵队伍的发展史,也再现了中华人民共和国的铁路建设史。展馆分为两层,由中国铁道建筑集团有限公司(简称中国铁建)建设,建筑面积4700平方米。是中国博物馆协会、中国自然科学博物馆协会、中国铁道学会文博委员会、北京市博物馆学会、北京科学教育馆协会和北京市校外教育协会会员单位、全国中小学生研学实践教育基地。

铁道兵是中国人民解放军陆军的一大兵种,1948年组建,1984年成建制转业。铁道兵在解放战争中"野战军打到哪里,铁路就修到哪里",是我军建设现代化军队的标志;参加抗美援朝战争,铸就了"打不烂、炸不断的钢铁运输线";社会主义建设时期,在高原、高寒、边疆、复杂地质地区等为祖国修筑了四通八达的铁路网,被誉为"铁道建设的突击队"。铁道兵转业后发展为中国铁道建筑集团有限公司。中国铁建位列"世界500强"企业第58位,是中国建筑业当之无愧的主力军,推动了中国铁路标准走向世界,是建筑企业"走出去"的引领者。

在铁道兵纪念馆参观者不仅可以了解到新中国铁路的发展史,铁道兵这一兵种在共和国建立与经济发展当中所起到的独特作用,还可以体验到中国现代化铁路特别是高速铁路的建造技术,比如桥梁建设技术,隧道施工技术,路基施工技术,电气化施工技术等，还可以看到中国铁路装备技术的发展，比如盾构机、大型养路机械、高速道岔、电气化零部件等。场馆大量运用声光电技术和沙盘、模型的运用，展览把史实和故事相结合，能让参观者更加深刻地了解中央企业在国民经济中发挥的作用。2014年1月16日开馆以来，累计接待112个国家的政商界团体和48个媒体代表团以及全国34个省、市、自治区、特别行政区各级政府人员及商业团体，开馆以来总参观人数逾11万人。

二 管理体制和机构建设

铁道兵纪念馆隶属中国铁道建筑集团有限公司，经过北京市文物局批准，是中央企业主办的纪念馆（中央企业总部部门级建制），实行馆长负责制。铁道兵纪念馆由馆长直接负责，各二级单位人员助勤的方式，分别处理日常接待、讲解、场馆管理维护、文物管理与研究、铁道兵文化研究、宣传教育、展览展示和安全保卫等工作。设综合办公室、讲解部、藏品管理部、文创部。

2018年改善了管理流程。一是参观预约、讲解排班、日常办公进一步流程化，提高了工作效率。二是加强了业余讲解员队伍的培训和利用。要求所属40多家二级机构委派业余讲解员，纪念馆分年初、年中两个时段，举办了五期培训班，培训人员65人。参加培训的合格者采用排班制，并定期组织讲解业务培训和制定相关制度，使业余讲解员队伍的管理规范化。三是针对国外参观团体越来越多的现状，注重培育有一定稳定性的各语种讲解员队伍。中国铁建有两家外经公司，企业海外业务逐步扩大，海外经营参观团队越来越多。特别是小语种讲解员的需求增加，经过多方努力，目前已经有英语、法语、俄语、西班牙语、阿拉伯语等语种的外语讲解团队。各语种讲解员都不属于纪念馆管理，协调工作比较困难，必须不断加强协调和动员。这些措施，大大缓解了讲解人员不足的紧张状况，保证了纪念馆工作的连续性和专业性。

三 藏品征集与保管

铁道兵纪念馆坚持将文物藏品的征集、管理、保护、研究和使用作为一项重要的基础工作，五年来不断征集藏品，新增藏品1768件。铁道兵纪念馆立足本馆实际，通过接收社会各界捐赠、到所属单位及相关单位征集等途径，能体现铁道兵历史以及中国铁建发展历史的藏品进行收藏。一是在继续丰富藏品类型、增加藏品数量的基础上，纪念馆开始有的放矢地弥补前期物品收集工作中的不足，对一些珍贵物品进行系统挖掘，按图索骥式地搜寻。搜集了一批如护路军时期文件、出版物，成昆铁路老钢轨等珍贵物品。二是借鉴2012年、2013年两次捐赠仪式的成功经验，举办以"高铁之根"为主题的第三次捐赠仪式，以此次仪式为契机，吸引了一些媒体人士和大批群众的关注，捐赠更多有价值的物品。

藏品日常工作不放松。不断提高藏品仓库保存条件，藏品仓库内抽屉部分使用樟木制成，其他的是铁皮货架。其他展架和箱子里都放着防虫的樟木和防虫药，对于部分珍贵绘画和书法作品装裱存放，每周定时检查藏品仓库一次，查看是否生虫、发霉，以便及时发现，及早处理。铁道兵纪念馆对新增藏品的筛选和鉴别也非常严格，藏品的数量和质量都明显提高。

2015年根据北京市文物局要求，系统开展可移动文物普查工作，对馆藏物品进行了电子化信息采集并完成了数据上报。及时完成捐赠证书制作与发放工作。三是持续加强藏品标准化管理。早先的两年，铁道兵纪念馆按照国家文物局"第一次全国可移动文物普查"工作要求，初步建立了藏品管理体系。铁道兵纪念馆严格按照分类、拍照、测量、登记等标准化流程开展藏品的收集和管理工作，强化了账目清晰、管理规范、调用便捷的藏品管理体系建设，为藏品保护和利用打下了坚实的基础。

四　陈列展览

铁道兵纪念馆包括五个展厅和一个临时书画展厅。

第一展厅——解放战争时期：野战军打到哪里，铁路就修到哪里

第二展厅——抗美援朝时期：铸就"打不烂、炸不断的钢铁运输线"

第三展厅——社会主义建设时期：被祖国人民誉为"铁道建设突击队"

第四展厅——军队全面建设：建设"人民铁军"

第五展厅——告别军旗：接受祖国和人民的检阅

中国铁建展览馆包括四个部分和一个临时书画展厅。

第一部分——中国铁建发展篇：伴随改革开放成长壮大

第二部分——中国铁建业绩篇：投身经济建设再铸辉煌

第三部分——中国铁建力量篇：发挥政治优势保驾护航

第四部分——中国铁建未来篇：建设最具价值创造力的综合建筑产业集团

场馆内有大量声光电技术的沙盘运用，例如杨连第大桥、成昆铁路、青藏铁路、京沪高铁站场施工模型、郑西C3列控系统、甘海子特大桥、贵阳国际城、莱基自由贸易区、中钢大厦等多个沙盘模型形象生动地还原真实，增强展览效果。馆内还有土压平衡盾构机、泥水平衡盾构机、DWL-48连续行走捣固稳定车、铺轨机、架桥机等大型模型操作展示，这些展览方式将会使参观者更加深刻地建筑行业的专业知识。

在做好陈列展览的同时，铁道兵纪念馆积极"走出去"，先后参展布展了渝洽会、中阿博览会、国际产能博览会、中国轨道交通成就展、中国首届进出口博览会等。根

铁道兵纪念馆基本陈列

据不同展览的特点，精心策划具有极强针对性的展览方案，积极协调参展单位，认真组织布展、参观接待、新闻报道，在专业展览的竞技场上充分展示了中国铁建的品牌形象和铁道兵精神。

五　社会教育

铁道兵纪念馆是中组部、交通部、外交部、商务部等13个国家部委及20多个企事业机关举行党团日活动的基地，也是发改委对"一带一路"沿线国家介绍铁路建设的重要窗口。2018年被教育部命名为"全国中小学生研学实践教育基地"。

铁道兵纪念馆是红色文化的传播基地、中央企业爱岗爱企爱国的教育平台。2014—2018年先后获得的授牌有：北京十一学校社会实践基地、万寿路学区学生社会实践教育基地、北京交通大学经济管理学院校外实习实践基地、对外经济贸易大学校外实践基地、石家庄铁道大学文化寻根教育实践基地、海淀区中关村学院校外教育基地、国资委青年干部学习教育基地、中央军委后勤保障部运输投送局优良传统教育基地、总政治部玉泉路老干部管理局传统教育基地等。

铁道兵纪念馆参观独有特点。一是参观群体国际化、社会影响高层化、业务拓展多元化的新趋势。接待商务性参观活动很多，外国参观者来自美国、德国、英国、俄罗斯、澳大利亚、法国、印度、委内瑞拉、马来西亚、新加坡、乌干达等多个国家，充分发挥铁道兵纪念馆的经营平台作用。二是外部参观主动化。2014年是开馆之年，纪念馆知名度有限，来参观的外部单位多为邀请参观。随着知名度、美誉度的提升，政协委员、总政治部、航天部二院、海淀区中关村学院、工商银行总行、南车集团、中国中铁、海子铁路网、石家庄铁道大学、国防大学研究生院、哈尔滨铁路局博物馆筹备组、山东胶济铁路陈列馆、石景山区团委等外部单位和个人主动联系纪念馆。还有一些单位如中共中央对外联络部、国家知识产权局、新华社参编部等单位领导在参观时，即决定组织本单位人员来参观学习。这些单位在馆内开展了学习、党团、廉政教育、博物馆建设研究等以参观为主的活动。三是内部参观全面化。纪念馆立足历史和现实，致力于深度挖掘历史故事和及时更新企业业绩，为员工教育编纂了一份形象生动的"塑魂"教材。四是回头率高。首都师范大学、对外经贸大学、北方交通大学、北京外国语大学、国务院国资委、国家知识产权局、对外交流协会等单位将铁道兵纪念馆作为学习交流的基地，多次在铁道兵纪念馆开展活动。

六　学术研究和文创开发

铁道兵纪念馆在做好藏品整理、登记、造册、证书发放等数字化建档工作的同时，充分利用藏品及相关资料进行历史文化研究。《铁道兵，热血铸就钢铁大动脉》等研究文章先后刊载《解放军报》等重要报刊，《第一版在朝鲜铅字印刷的〈人民铁军〉》《铁道军运暂行条例》《铁道运输司令部司令员刘居英的特别通行证》《铁道兵成立时间考》《浅谈企业博物馆对企业文化形成与发展的作用》等文献研究文章先后发表在《人民铁道报》或在中国铁道学会年会结集出版。配合中央电视台等进行《大三线》《大山里的共和国建设者》《国家记忆》《难忘铁道兵》等相关节目和纪录片拍摄和相关人员采访，再现了铁道兵的历史渊源和发展现状等，获得社会各界强烈反响和一致好评。协助中央电视台《国家记忆》栏目组制作《抢修鹰厦铁路》纪录片，走进中央人民广播电台文艺之声直播间介绍铁道兵的历史渊源和发展现状等工作。

七　安全保卫

铁道兵纪念馆拥有比较完善的安全保卫机制，始终把安全作为重要工作来抓，不断强化安全意识。制定并完善了《铁道兵纪念馆安全管理规定》《铁道兵纪念馆消防安全管理规定》等规章制度，每季度举办全馆安全大会，强化员工安全意识，责任落实到具体人，建立日常展区巡查制度，有水、电、空调机房、设备机房等维修专业技术人员，防止一切事故和危险情况发生。

平谷区博物馆
PINGGU MUSEUM

通信地址：北京市平谷区洳河大桥及顺平路交叉口往西200米路北

邮政编码：101200

电　　话：010-52802210

网　　址：www.pgbwg.cn

电子信箱：pgqbwg@163.com

微信公众号：平谷区博物馆

博物馆类型：社会科学类（历史）

隶　　属：平谷区文化委员会

批准建立时间：2015年

博物馆备案登记号：备字01-172

建筑性质：现代建筑

占地面积：25753平方米

建筑面积：20780平方米

展览面积：4800平方米

交　　通：公交852路、918路、平37、平20、平14、平15、平19等多条线路可达

开放时间：周一至周五9:00—11:00，14:00—16:30

服务设施：

停车场	纪念品商店	餐饮	语音导览	微信导览	无障碍设施	其他
有	无	无	有	无	有	无

概　述

　　平谷历史悠久，源远流长。早在旧石器时代便有人类在这里繁衍生息，几千年民族交流融合，积淀下深厚的文化遗存，是北京历史文化的重要组成部分。平谷博物馆坐落于平谷迎宾环岛西部，顺平路与洳河大桥相交的西北侧，占地面积25753平方米，建筑面积20780平方米，于2007年筹建，2010年经区委区政府批准，2011年5月正式奠基兴建，2015年布展完成并于12月开始试运行。馆内设有"平谷通史""平谷民俗""世纪阅报""平谷规划"4个常设陈列及2个临时展厅。是集收藏、保管、修复、展示，举办学术报告、科普宣传、文化交流于一体的综合性博物馆，全面展示平谷悠久的历史文化、光荣的革命传统、独具特色的民俗文化、自然地理以及各类艺术作品。设办公室、陈列展示部、宣传教育部、藏品保管部4个内设机构。

　　自2015年12月试运行以来，平谷博物馆不断完善各项展览、服务设备设施，丰富展陈内容，深入开展馆藏文物保护与研究，充分利用馆藏文物资源和我区丰厚的历史文化资源，不断拓展社会教育功能。承办各类临时展览20余次，接待各类视察、参观200余次，共接待观众49757人次。圆满完成40个国家驻华使节、社科院专家、首都师范大学师生、区政协、区人大代表等到馆视察、参观工作及区内中小学生的社会大课堂活动的组织接待工作。

　　平谷博物馆由清华设计院设计，主体建筑设计与体育馆相呼应，形成拱形合抱的"门"式立面形象，宏伟的门式构图与柱廊相结合，象征着文体中心对市民的欢迎姿态，突出博物馆所在的平谷区门户地段的重要作用。平谷博物馆的建筑为地上五层，地下局部一层，总体分布为：地下一层为藏品库和设备用房；一层南侧为临时展厅，北侧一二层为会议区，共有大小会议室26个，中间部分为可容纳550人的报告厅，东侧大厅可以举办展览开幕式及中小型文化活动；三层南侧为阅报展厅，北侧为临时展厅；四层南侧为民俗展厅，北侧为通史展厅，东侧为规划展厅；五层为办公区。

一　展陈工作

平谷博物馆展览陈列以平谷地区出土文物及馆藏珍贵报刊为基本素材，借鉴京津冀博物馆的成功经验，形成具有平谷特色的现代化展陈——"平谷通史""平谷民俗""世纪阅报""平谷规划"4个基本陈列及2个临时展厅，共展出馆藏文物1273件/套。

"平谷历史文化陈列"位于平谷博物馆四层北侧，展览面积800平方米。展览以平谷地区地上、地下文物遗存，史书记载和目前历史研究成果为依据，采用复原场景、图表、雕塑、重点文物展示、影音播放等展示手法，全面展现平谷历史文化产生、发展、繁荣的历史进程。主要包括史前时期、商周时期、汉元时期、明清时期、近现代历史时期五个部分，共陈列平谷各个历史时期文物516件。

"平谷民俗文化陈列"位于平谷博物馆四层南侧，展览面积800平方米。展览以清末民初平谷百姓生产生活为背景，采用复原场景、展板、动画、模型、雕塑，以及现代声像技术等展示手法，全面展示平谷独特的民风民俗、语言文化、民间艺术等。分为生产民俗、生活民俗、民间艺术、桃俗文化四个部分，共陈列民俗文物409件。

"世纪阅报馆"位于平谷博物馆三层南侧，展览面积800平方米。展览采用重点文物展示、雕塑、多媒体演示等展示手法，全面展示康熙三年以来至新中国建设时期三百年间的主流报刊及珍闻拾萃，内容包括：政治、军事、经济、交通、宗教、艺

洵河文明　辉煌平谷——平谷历史文化陈列

术等多个领域。再现中国近现代社会发展史，展示中国新闻报业发展历程，主要包括清代报刊、民国报刊、抗战报刊、新中国报业四个部分，共展出各历史时期报刊原件348件。

"平谷规划展"位于平谷博物馆四层东侧，展览面积1000平方米。展览通过展板、沙盘、投影、触摸一体机以及L屏激光笔互动、3D环视导览等展示手法，展现平谷美丽的山水风光、行政区划分、交通网络、平谷城乡建设成就及宏伟的发展蓝图。共分序厅、平谷概况、总体规划、绿谷新城宣传影片、城乡统筹、专项规划、重点项目、尾厅等8个展区。

为满足广大观众的精神文化需求，丰富人民群众的文化生活，提升博物馆的社会形象，充分发挥博物馆在精神文明建设中的作用，试运行以来，平谷博物馆成功举办了"牢记使命 砥砺前行——中国红色文献珍品展"、"古木陈香 良工匠心"中国古典家具展、"时光留影 岁月留痕——平谷记忆展"等临展活动；协助区委宣传部、区文联、区书法工程推进办公室等部门举办大美平谷·中国书法之乡上元雅集"友谊奖"书法展、水墨周庄大美平谷第六届书画展、"津梁古韵"平谷民间艺术品精品展、"不忘初心 奋勇前行"中国革命领袖诗词书法展、"桃源境界 休闲之都"魅力平谷摄影展、庆国庆——徐悲鸿学派书画作品展、幽燕丹青·创森林城市建美丽家园——平谷古树长卷展、平谷区乡贤书法展、翰墨薪传——首届平谷中小学生师生书法作品展等二十余次临时展览；展览受到了广泛的关注，得到了领导以及观众们的肯定和好评。

二　社会教育

社会教育是博物馆的重要社会职能之一，是博物馆与公众联系的纽带和桥梁。试运行以来，平谷博物馆以"5·18"国际博物馆日、文化遗产宣传日和中华传统节日为契机开展送展进校园、送展进社区等宣传、巡展活动，举办文物保护法和文物保护知识咨询活动，不断拓展服务领域、方式和手段，提供更加人性化的服务设施和服务项目，打造公众喜闻乐见的文化活动。一是发挥教育职能，打造学生"第二课堂"。平谷博物馆充分发挥社会化教育职能，全面贯彻文物工作方针和教育方针，推动博物馆创新教育形式，做好博物馆教育尤其是青少年教育工作。设计打造了以"探索思考+视觉感悟+现场互动体验"为模式的综合实践课程，与区内中小学联合举办了"走进博物馆 感受家乡历史文化"博物馆见学之旅活动。通过活动让博物馆成为学生学习历史文化的"第二课堂"，培养青少年学生的民族自信心、文化自信和爱国主义精神，共接待中小学生各类参观活动22751人次。二是打造社教品牌，推进传统文化教育工作。策划组织"传统文化讲堂"系列活动，成功举办"俊犬献瑞 印新祈福"——年画拓印体验、"画京剧脸谱 感受国粹魅力"趣味体验、"笔墨凝书香 新年送万福"——

春联书写体验、"让新年更近 让年味更浓"——传统剪纸体验等系列活动，通过生动的教学和动手制作等互动体验项目，引领青少年观众认识中华文化精华，使青少年感受中国传统文化的博大精深，了解其独特的艺术魅力。

三　藏品保护与研究

文物藏品是立馆之本，博物馆的一切业务活动都是围绕藏品开展的，藏品的保护与研究是博物馆业务工作中一项基础性工作。试运行以来，平谷博物馆不断完善馆藏品征集、保管、保护、修复、建账、统计、扫描等藏品管理工作，建立博物馆馆藏文物数字化信息平台。一是完善馆藏文物的编目制档，针对馆内藏品，特别是建馆初期征集、调拨的藏品档案不完善的情况，集中人力物力分批次对藏品基础资料进行编目、拍照、资料补充、制档和系统录入，截至目前，完成7597件馆藏文物的统计、分类、拍照等藏品管理的基础工作。二是对馆藏文物的保护、修复与研究，完成馆藏137件/套残损文物的修复工作；完成馆藏567件清代老报刊的脱酸和修复工作；完成《平谷博物馆》《故纸如金——中国老报刊珍品鉴赏》编辑出版工作。

四　文物征集

博物馆的陈列展览、科学研究，都是在一定数量和质量的文物、资料、标本基础上展开的，陈列展览内容的调整、充实、更新，需要藏品征集工作为之不断地提供更多、更好的文物、标本和资料。为继续丰富馆藏、提高展陈质量，平谷博物馆不断完善文物征集制度，修订《平谷区博物馆文物征集实施办法》，对文物征集标准、征集方式、预算支出项目管理与工作程序做出了规定，建立了博物馆征集需求、专家鉴定评估、重大征集事项报请上级主管部门决策的管理程序。常年对老报刊、地方文献和流散在民间的具有代表性的珍贵文物进行征集。截至2018年12月底，共征集了《京报》《申报》《时事月报》《西行漫记》《抗日战争实录》等一批清代、民国及抗战时期的珍贵报刊藏品，共2483件，民俗文物134件，历史文物8件，并对其进行扫描、分类、入账等初步整理。

五　数字博物馆建设

平谷博物馆在展陈设计上充分运用数字化多媒体展示技术，通过多点触摸、360度全息影像、多媒体故事墙、多媒体互动游戏等形式增强博物馆展陈的趣味性和互动体验，使观众在较短时间内直观、全面地了解平谷的文化、历史、风土人情、城市发展状况等方方面面。试运行以来，平谷博物馆不断完善各类展览设备设施，以互联网为主要传播依托，以馆藏数字文化资源为基础，以网络媒介为传播平台，集区内馆藏珍贵文物为主要内容，建立面向全体社会公众共享的公共数字博物馆。创建馆藏文物信息化管理系统，包括馆藏基础信息系统、系统馆藏图片管理（媒资管理）系统、采集加工管理系统、馆藏检索浏览系统、馆藏统计分析系统、馆藏后台管理等软硬件系统，建立博物馆数字化信息平台，实现藏品管理的科学化、规范化、信息化；利用多媒体导览手机导览APP、网站及微信平台等形式，使观众在较短时间内直观、全面地了解平谷的历史文化，广泛地宣传平谷、宣传平谷特色文化。

馆藏唐代天王造像（残高105厘米，2002年安固村东大寺出土）

六　安全保卫

安全工作是博物馆一切工作的前提和基础，平谷博物馆确定了一切以安全为先的工作原则，不断完善各项安全管理制度，不断完善安防、消防设备设施；完善馆藏文物的保护条件，逐步建立了人防、物防、技防三位一体的安全防范体系；加强安全防范队伍建设，实行逐级安全责任制，做到了人员到位、职责到位、督查到位、工作到位；认真落实博物馆安全保障措施，定期进行安全检查，对博物馆的各项设施设备进行检查维修，及时地排除安全隐患，确保文物安全及参观安全。

平谷博物馆作为展示平谷历史文化的平台，对外文化交流的窗口和爱国主义教育的基地，将继续提升服务社会、文明共享的理念，充分利用馆藏文物资源和平谷区丰厚的历史文化资源，深入研究馆藏，创新服务方式，发挥自身的优势与特色，不断拓展社会教育功能，拓宽社教领域，最大限度地发挥博物馆的社会教育职能，将博物馆真正建设成为国民教育的重要课堂。

中国电影博物馆
CHINA NATIONAL FILM MUSEUM

通信地址： 北京市朝阳区南影路9号

邮政编码： 100015

电　话： 010-84355959

传　真： 010-64311588

网　址： http://www.cnfm.org.cn

电子信箱： cnfm2018@163.com

微信公众号： cnfm2005

类　型： 行业博物馆

隶　属： 北京市政府

批准建立时间： 2005年11月

博物馆备案登记号： 135

建筑性质： 现代建筑

建筑面积： 38000平方米

展览面积： 9348平方米

交　通： 公交418路、973路在南皋西站或黑桥西站下车

开放时间： 周二至周日9：00—16：30开放

服务设施：

停车场	纪念品商店	餐饮	语音导览	微信导览	无障碍设施	其他
有	有	有	有	无	有	影院

概　述

中国电影博物馆是纪念中国电影诞生100周年的标志性建筑，于2005年底落成。2007年2月10日正式对外开放，2008年3月28日起免费向社会开放。2010年创下日迎观众7000余人，全年78万人次的接待纪录。2018年2月11日，中国电影博物馆暂时闭馆，对设备设施进行改造。

一　展陈工作

（一）固定展览

固定展览现为"百年历程世纪辉煌：中国电影1905—2005"介绍中国电影百年发展历程以及电影科技博览，共有20个展厅，展线长近2970米，展示了40余万文字、4686幅图片，涉及电影1500余部，介绍电影工作者450余位，91组模型和场景、3组幻影成像、34个互动项目、4幅大型绘画、8组雕塑、57尊蜡像和164尊彩塑，还有273块显示屏，滚动播出58个特制的视频节目和826部影片片段。展厅内有27台多媒体点播器，可以点播608首电影歌曲及原片画面，点播378位大陆与港澳台影星简介。2013—2018年接待观众1842058人次，提供讲解服务8642场。

（二）临时展览

中国电影博物馆"影博·影人专题展"自2011年开始举办，旨在为对中国电影做出过重要贡献的影人及艺术家举办个人和作品专题展，介绍中国杰出电影人和艺术家的卓越成就及对社会产生的深远影响。"影博，影人专题展"以"扩大电影影响"和"推动影响电影"为创意主旨，以主题展览、作品展映、座谈研讨、电影大讲堂等形式，创造浓厚的学术交流氛围，展示中国电影成果。2013—2018年先后举办了"银幕诗人丁荫楠"主题展览（2013年）、影博·影人专题展三：在大海里航行——于洋和他的"电影之家"（2015年）、影博·影人专题展四：尹光中造型艺术作品展（2015年）、影博·影人专题展五：燃烧的汪洋（2016年）、影博·影人专题展六：我是一个兵，王晓棠专题展（2017年）、影博·影人专题展七："邮票中的电影世界"——吴凡电影艺术邮票藏品捐赠展（2017年）。影博·影人专题展2013—2018年共接待观众424388人次。

二　重点活动

中国电影博物馆学术活动：为了更好地发挥中国电影博物馆电影学术功能，在国家新闻出版广电总局电影局和北京市委宣传部的大力支持下，2013—2015年先后举办的学术活动有：以"新生代：'轻'电影与思想能量"为主题举办的2013中国（北京）电影学术午会、以"'网生代'与中国电影产业发展"为主题举办了2014中国电影博物馆学术活动、以"电影的历史与未来——纪念中国电影诞生110周年"为主题的2015中国电影博物馆学术活动。

少年儿童电影配音大赛：从2010年起，该馆每年举办少年儿童电影配音大赛。这项少年儿童公益品牌活动在中国关心下一代工作委员会办公室、北京市委宣传部和北京市教育委员会的指导下，由中国电影博物馆联合中国电影家协会主办，多家社会公益性机构支持和协办。配音大赛始终坚持"关注少儿成长，启迪少儿心智，丰富少儿生活，繁荣少儿电影"宗旨，少年儿童免费报名、参赛，免费参加在京举办的电影

中国电影博物馆内景

文化夏令营活动，让各地区孩子们通过电影才艺展示的方式进行交流和学习，创新素质教育形式。

电影大讲堂：2007年开办"电影大讲堂"，从面向高校学生的"前沿讲坛"，发展为面向全社会电影爱好者的电影教育活动。郑洞天、陈山、戴锦华、尹鸿、李道新、周铁东、赵宁宇、贾磊磊等电影学者，翟俊杰、顾长卫、蒋雯丽、娜仁花、王竞、颜丙燕、刘杰、陈力等电影人，都曾在"电影大讲堂"讲座。电影大讲堂2013—2018年共组织103期，观众参与共9233人次。

光影知识乐园：是该馆面向中小学生群体的社会教育系列活动的统称。"光影知识乐园"活动形式多样，包括课程实践活动、家庭日活动、主题日活动、"佳片赏析"影人交流活动以及走进山区和打工子弟校园活动等。光影知识乐园2013—2018年共组织214期，观众参与共40916人次。

探寻电影之美高峰论坛："探寻电影之美高峰论坛"原为"中国电影博物馆青年电影论坛"，是该馆每年举办的两大学术活动之一。2013年获北京国际电影节组委会批准，纳入电影节相关活动，2013年列入北京国际电影节主论坛。2013—2018年先后以国际化装造型、动画电影的艺术与技术、剪辑的力量、喜剧电影的魅力、"一带一路"电影发展与全球电影新格局、配音之魅为主题举办了探寻电影之美论坛。化装师王希钟、白丽君，北京电影学院副院长孙立军，北京新影联影业有限公司总经理周铁东，剪辑师刘淼淼、廖庆松，中国电影家协会秘书长饶曙光，导演、制片人黄百鸣，北京电影学院党委书记侯光明，北京电影学院表演学院副院长王劲松，配音演员童自荣、晏积瑄等先后参与了论坛，发表了演讲。

中国邮政邮票博物馆
CHINA NATIONAL POST AND POSTAGE STAMP MUSEUM

通信地址： 北京市东城区贡院西街6号D座

邮政编码： 100005

电　话： 010-65185511

传　真： 010-65185511

网　址： www.chnppmuseum.com

博物馆类型： 社会科学类（文化艺术）

隶　属： 中国邮政集团公司

批准建立时间： 2007年7月25日

博物馆备案登记号： 140

建筑性质： 现代建筑

占地面积： 2000平方米

建筑面积： 23708平方米

展览面积： 5500平方米

交　通： 乘公交1、52、120、126、142路北京站口东下车，地铁1号线、2号线建国门站A口出站。

开放时间： 9:00—16:00（15:00停止入场，周一闭馆）

服务设施：

停车场	纪念品商店	餐饮	语音导览	微信导览	无障碍设施	其他
无	无	无	有	无	有	邮局、存包处

概　述

中国邮政邮票博物馆隶属于中国邮政集团公司，于2007年8月22日正式对社会开放，是收藏和利用邮政、邮票文物进行学术研究与交流的国家级专业博物馆。博物馆拥有5500平方米的展览大厅和3000平方米的文物库房。馆内藏有丰富的邮政文物和清代以来中国各历史时期邮政主管部门发行的邮资票品以及世界200多个国家和地区发行的邮票。

中国邮政邮票博物馆坚定文化自信，求实进取，开拓创新，努力打造邮政学术研究重镇，全力建设邮政文化传播基地，积极融入新时代文博事业发展的新征程。

博物馆展厅分别设有"书信文化展厅""邮票展厅""邮政展厅""特展厅"和"珍宝馆"。基本陈列以大量的实物、图表、景观、模型回顾了中国邮政源远流长的发展历史，向观众展示了中国一百多年来邮票发行的历史和异彩纷呈的世界各国邮票。特展厅与珍宝馆根据不同主题，不断更新邮票专题展览，轮换展出馆藏邮票原图和各历史时期的珍贵邮票等文物。

博物馆以撰写《中国邮政通史》为龙头，加大学术纵深研究，自觉打造文化历史研究重镇。《中国邮政通史》文字卷共5卷，已完成200万字初稿的撰写，同时完成了《图片卷》的素材筛选。推进《中国邮政集团公司年鉴》编写工作，完成了2016年、2017年的编辑出版及2018年的编辑工作。完成了《中国邮政集团公司文献汇编（2008—2014）》第一辑、第二辑共计130万字的编辑工作。博物馆充分发挥学术平台交流作用，积极开展邮政学术大讲堂活动，完成了中国邮政集团公司党校《大国邮政500年》精品课程编制；开展直属单位新入职员工的邮政历史普及与培训工作。

博物馆为建设学术重镇积极培养人才，全面提高干部队伍素质，加强对管理干部和专业人才培训的针对性。组织全体员工进行能力提升培训，切实增强了员工沟通协作的能力，有效提高综合素质。同时，支持员工参加各专业领域的业务交流培训。先后派送人员参加保管专业交流会议、学术前沿论坛、北京市文物局举办的社教工作经验交流会和文物局举办的讲解员培训班、司法部举办的"司法鉴定培训班"等。每年多次邀请馆内外专家举办相关学术讲座。这些活动都有力地促进了馆内人员的学习热情，提高了队伍的业务素质。

中国邮政邮票博物馆的主要业务部门设有：研究保管部、展览陈列部、社会教育部和中国邮政邮票博物馆邮票司法鉴定室。

一　研究保管

根据收藏的文物不同，研究保管部下设四个组：历史票组、新中国邮票组、外国邮票组和邮政文物组。博物馆对各类藏品实行分库保管，不断健全岗位责任制和各项库房保管规章制度，库房的科学化管理水平得到极大提升。

研保部在藏品的鉴选、管理、入藏、建档等基础工作上有条不紊、逐步推进。为展览、研究和邮票鉴定提供了及时有效的利用服务。同时，每年按期完成了新入藏邮政文物和最新发行的中外邮票的整理、入藏工作；完成了1949年以前万国邮联交换票的清点建账工作；清代、民国、解放区部分邮票实寄封的整理工作；以及邮票原图的分类、核对、登记等工作。

研保部重视文物保护工作。对馆内收藏的邮票绘制手稿分批进行装裱修复，展藏一体的装裱形式很好地解决了文物的展出与收藏问题。各组坚持每日对库房的温湿度进行登记，每年根据记录制作库房温湿度变化曲线图，并从中寻找规律，对如何更好地保护邮票文物进行深入研究。

研保部以管理的科学化和服务的规范化为具体工作要求，结合新时代博物馆建设目标，大力推进"中国邮政邮票博物馆藏品信息管理系统"建设进程。完成了初版原型设计、需求规格说明书以及技术架构设计。同时，认真梳理藏品信息化的工作流程，并大力完善馆藏基础数据。2017年，研保部配合中国邮政集团公司审计局、邮票发行部、邮票印制局等单位，历时8个多月时间，完成近4000多万枚邮票的清点和账簿审核工作，为博物馆馆藏数字化管理奠定了扎实的基础。

二　展览陈列

博物馆重要的社会职责之一，就是通过藏品对社会公众进行教育，传播科学文化知识。展陈部秉承"让文物活起来"的理念，打造博物馆精品展览。博物馆展厅里不仅有邮政邮票历史的固定陈列，还有丰富多彩的专题展览。

2018年，二层邮票主展厅进行了改造，以更加新颖的形式，展现了"国家名片"的发展历程，彰显了集邮文化的永恒魅力，增强了观众的参观体验。邮票主展厅展出的是中国邮政邮票博物馆的基本陈列，分为"海关邮政时期邮票""清代国家邮政时期邮票""中华民国时期邮票""人民革命战争时期邮票""中华人民共和国邮票""外国异形异质邮票"和"邮票印刷工艺和防伪技术"七个部分，全面展示了中外邮票的发展历程。

　　特展厅交替展出馆藏中国当代名家、邮票设计家设计与绘制的邮票原图等，并不定期举办小型专题展览。邮政展厅回顾了中国邮政发展的历史，分为原始通信、古代邮驿、近代邮政和当代邮政展厅。珍宝馆交替展出馆藏各历史时期发行的珍罕邮票、邮票图稿等。书信文化展厅展出了从近代至当代多位在学术、政治、文化等领域具有极大影响力的名人书信，并不定期展出与书信相关的小型专题邮集。

　　博物馆的专题邮票展览在国内的集邮领域里颇具影响。展陈部本着绿色办展的原则，做精常规展陈的同时，创新展览形式，采用了电子展览、巡回展览、视频展示等多种方式办展。2018年，展陈部高质量完成了在国家博物馆举办的"伟大的变革——庆祝改革开放40年大型展览"中"中国邮票"部分的展览。同时，在馆内举办了"不忘初心　筑梦前行——庆祝改革开放40周年邮票展览"。并配合中国邮政集团公司集邮文化巡回活动，制作了同主题的电子邮集。博物馆遴选珍贵藏品，联合8家文博单位，赴五地举办了"龙行华夏　国脉传承——大龙邮票诞生140周年文物珍品巡展"。结合社会热点策划完成了"毛泽东诞辰120周年纪念展""铁血铸军魂　方寸映

2017年8月22日，中国邮政邮票博物馆开馆十周年馆日活动启动仪式

丹心——纪念中国人民解放军建军90周年邮票展""周令钊馆藏邮票原图及生肖邮票展"等专题展览。均获得圆满成功，得到各界观众的好评。博物馆多次携珍品参加了海峡两岸珍邮特展，以历史珍贵票品为纽带，增进了两岸文化交流。

每年不断推新的展览，多元化的展览形式提升了博物馆的影响力和传播力。吸引了更多的观众走进中国邮政邮票博物馆，了解中国邮政。

三　社会教育

社会教育部承担着博物馆社会宣传教育功能，也是博物馆面向社会的一个展示窗口。社教部坚持强调"以人为本"的服务理念，为大众提供优质的服务。承担了馆内各展厅日常讲解和外出展览讲解任务及向观众免费发放博物馆简介等各类宣传彩页、填写调查问卷，引导观众等展厅服务。除了接待普通观众，社教部通过积极对外联系合作，先后与外交部、文物局、北京市东城区教育局、北京市邮政公司、集邮协会、部队、大学等单位联系，邮寄宣传信函，组织团体参观。社教部的接待讲解工作耐心细致，讲解场次和讲解质量逐年提高，做到了零投诉。同时，负责各种媒体上的新闻宣传和专题报道，接待报社、电视台记者采访，多次参与中央电视台、北京电视台的节目录制，提高了博物馆的知名度。

社教部积极探索社教形式，自觉践行"无边界博物馆"理念，组织开展了丰富多样的青少年主题活动。"小小讲解员""青少年邮票绘画比赛"等精品项目不断做细、做实、做精。同时，走进校园，举办邮政邮票专题讲座，丰富了青少年的集邮知识。2017年，创办"青少年书信屋"，充分激发了青少年的集邮热情。2018年，在东城区少年宫举办主题活动；赴灯市口小学、北京市三帆附小举办邮票讲座和现场邮票绘画活动；邀请北京小学通州分校的小学生参加"绿色邮政伴你行"活动。2014年，社教部荣获中国邮政集团公司直属机关团委授予的"2013—2014年度直属机关青年文明号"荣誉称号。2015年，荣获中国科学技术协会授予的"2015—2019年全国科普教育基地"称号。2016年，被北京校外教育协会授予"第十届（2015）北京阳光少年——文化科普进校园活动先进集体"称号。2017年，荣获"第十二届（2017）北京阳光少年活动"优秀组织奖。

四　鉴定征集

中国邮政邮票博物馆邮票司法鉴定室是国内权威性的邮票鉴定机构，具有邮票司法鉴定职能。鉴定室利用丰富的馆藏资源和具有实力的邮票鉴定专家，运用先进的科学技术检测设备，从事免费的邮票司法鉴定活动，为公、检、法、邮政等部门提供了及时、科学、准确的邮票鉴定服务。

鉴定室管理机构职责明确，鉴定人员做到持证上岗；鉴定结论科学、客观、准确；邮票鉴定工作做到了无差错、零投诉。2015年完成了鉴定室质量管理的内部审核和管理评审。2016年向北京市质量技术监督局提交复评审申请并顺利通过。鉴定室重视业务培训。2015年派4人次参加了国家认证认可监督委员会举办的司法鉴定内审员培训班。2016年，完成了中国邮政集团公司举办的"邮票辨伪培训班"；参加了北京司法局举办的《司法鉴定程序通则》专题培训等。

鉴定室充分发挥邮票司法鉴定职能，积极探索邮票鉴定服务范围，提升邮票鉴定的权威性和社会影响力。一是配合中国邮政集团公司开展邮票打假工作。2016—2017年以来配合中国邮政集团公司在全国范围内开展"打击假冒 净化市场 维护权益"专项整治活动，为中国邮政集团公司打假工作组提供了公检法和各省市邮政分公司约40余件、上万枚邮票的相关信息和分析。二是为河北省监察委员会、浙江省邮政管理局等17家单位提供了约10万余枚邮票的司法鉴定服务。2017年，配合北京市司法局在司法鉴定行业开展大梳理、大检查、大整改活动。2018年，建立邮票鉴定方面的研究性课题，树立邮票文物鉴定品牌，培养鉴定专家型人才，全面提升了邮票司法鉴定质量和服务水平。

文物征集是博物馆丰富馆藏的有效途径之一，博物馆始终把文物征集工作放在重要位置，积极抓好文物征集入馆工作，注重做好对珍罕邮品及文物的重点征集工作。2015年，博物馆面向全社会开展了"邮政老物件"征集活动，丰富了邮政服装、老照片、邮政生产用具等类别的藏品。2016—2018年完成了21.5万套57万枚资料票入馆、3442套6847枚万国邮政联盟资料邮票入馆。随着博物馆的影响不断扩大，社会捐赠也越来越多。博物馆通过多种渠道接收了集邮家、邮票设计家和爱国人士的捐献，以及相关单位的移交，从而使博物馆藏品不断得到补充，保障了博物馆事业可持续发展。

中国现代文学馆

NATIONAL MUSEUM OF MODERN CHINESE LITERATURE

通信地址： 北京市朝阳区芍药居文学馆路 45 号

邮政编码： 100029

咨询电话： 010-57311800

传　　真： 010-57311886

网　　址： http://www.wxg.org.cn

微信公众号： 中国现代文学馆

博物馆类型： 社会科学类（文化艺术）

隶　　属： 中国作家协会

成立时间： 1985 年

博物馆备案登记号： 080

建筑性质： 现代建筑

占地面积： 3 万余平方米

建筑面积： 3 万余平方米

展览面积： 3656 平方米

交　　通： 公交：119、125、409、567、专 22 路在文学馆站下车即到；
地铁：2 号线安定门站，5 号线惠新西街南口站，10 号线、13 号线芍药居站。

开放时间： 9:00—16:30，周一闭馆
星期日公益讲座：隔周星期日上午 9:00—12:00

服务设施：

停车场	纪念品商店	餐饮	语音导览	微信导览	无障碍设施	其他
有	无	无	有	无	有	无

概　述

　　中国现代文学馆位于北京市朝阳区芍药居文学馆路45号，东临芍药居小区，南临对外经贸大学，是一组园林式的现代建筑群。外观以红墙蓝瓦为主，墙外的百花浮雕，各显神韵，体现出百花齐放的意境。馆内的玻璃壁画、主厅油画、园林雕像、石头馆徽等都有别致的安排，整个建筑布局构思巧妙；在建筑特色上，结合了传统的民族风格与现代技术，显示了建筑美学的新动向。中国现代文学馆以其独特的文化韵味为北京增添了新的风景。是国家级公益类博物馆，是目前世界最大的文学博物馆，属公益一类事业单位，是北京市爱国主义教育基地。文学馆是中国现代文学的资料中心，集文学展览馆、文学图书馆、文学档案馆以及文学理论研究、文学交流功能于一身，其主要任务是展示中国现当代文学发展历史以及重要作家、文学流派的文学成就，以助益民族文化品位提升；收集、保管、整理、研究中国现当代作家的著作、手稿、译本、书信、日记、录音、录像、照片、文物等文学档案资料和有关的著作评论，以及现当代文学书籍、期刊等，以助益先进文化薪传。

　　1981年2月14日，巴金先生在为香港《文汇报》写的《创作回忆录》之十一《关于"寒夜"》和《创作回忆录·后记》中最早倡议建立中国现代文学资料馆。同年4月20日，中国作家协会主席团扩大会议讨论通过，决定筹建文学馆，并报中央批准。1981年10月13日，成立建馆筹备委员会。1985年1月5日，文学馆在中国作协第四次全国代表大会上正式宣告成立。同年3月26日，时任中国作协主席的巴金先生在临时馆址万寿寺亲自主持了开馆典礼，并出任名誉馆长。2000年5月23日，正值毛泽东同志《在延安文艺座谈会上的讲话》发表58周年纪念日，坐落于北京市朝阳区文学馆路的文学馆新馆正式对外开放。

　　文学馆设有九个业务部门，分别为办公室、保管阅览部、征集编目部、编联部、研究部、网络信息部、展览部、后勤部、茅盾故居。

一　藏品保管

藏品分类保管，设有文物库、手稿书信字画库、照片库、特藏库、图书库、报刊库、作家文库。藏品登记、整理、编目分类及保管利用均实行计算机管理。库房恒温恒湿，能防尘、防虫、防紫外线。

文学馆共有藏品70余万件，其中书籍约40万册、报刊约17万件、手稿约3万件、照片约2.4万件、书信约3.4万封、字画约2000余幅、实物约1万件，档案（视频，音频等）约4900件。对作家整批捐赠的文学资料，建立了以其姓名命名的文库，目前已经建立的有巴金、冰心、唐弢、张天翼、周扬、俞平伯、丁玲、夏衍、阿英、萧军、姚雪垠、萧乾、张光年、刘白羽、柏杨、李辉英、林海音和卜少夫等中国大陆、港澳台及海外华人作家的文库共100余座。

二　陈列展览

"中国现当代文学展"是文学馆的常设展览。展览时间跨度从19世纪末一直延伸到新时代，分为"20世纪文学革命的前奏""五四文学革命""左翼和进步文学的崛起""战火洗礼中的文学""社会主义新中国文学""新时期文学的繁荣发展""迈进新时代的中国文学"七大主题展区，全面、生动、立体地展示了百年中国文学波澜壮阔的发展历史，特别是毛泽东同志《在延安文艺座谈会上的讲话》发表以来中国文学的光辉历程，再现了中国现当代重要作家、文学流派的创作实绩和其背后感人至深的故事，以实证的方式呈现和还原了中国现当代文学"百花齐放"的辉煌成就。展览规模大，创意新，史料丰富珍贵，700多位作家、600件手稿和初版本图书、4000多张图片以及北大红楼、鲁迅的老虎尾巴书房、郭沫若和茅盾书房、左联成立会议室等场景的还原复制都令人印象深刻、流连忘返。而影视、多媒体以及高科技展陈手段的大量运用，更是使静态的展览具有了动感和声、光、电相融合的艺术效果，极大地增强了展览的吸引力与震撼力。

三　科研与社教

文学馆与中国现代文学研究会合编的《中国现代文学研究丛刊》，是中国现代文学研究会会刊，是全国中文核心期刊。《丛刊》创刊于1979年11月，2005年起由季刊改为双月刊，2011年起改为月刊，并倡导现代文学和当代文学打通研究，刊发当代文学的研究文章。《丛刊》首任主编由这一学科的奠基人之一王瑶先生担任，第二任由樊骏先生担任，第三任由吴福辉、钱理群共同担任，第四任由吴福辉、温儒敏共同担任，第五任由吴义勤、温儒敏共同担任，现任主编为李敬泽和丁帆。2009年12月28日，"中国博物馆协会文学专业委员会"在文学馆正式成立，是中国博物馆协会下属的专业委员会之一。

文学馆设立客座研究员制度，服务文学批评和学术研究实践，培养青年学术人才。现已聘任七届客座研究员，共聘任69位"70后""80后"青年评论家，既促进了青年批评家群体的成长，也在文学界、学术界产生了正面的引导作用。

文学馆积极推进社会公益服务，每两周举办一次"文学馆义务讲座"，邀请著名作家、学者、文化名人等，对现当代文学作品、文学现象进行评析，内容涵盖面广，方式深入浅出、通俗易懂，得到了社会各界的认同，成为北京地区乃至全国最有影响力的文化平台之一。

文学馆努力推动博物馆志愿者服务活动，起用志愿者讲解员，是北京市最早开始实行志愿者服务的博物馆之一，所招募的志愿者基本为副高级及以上职称，具有高学历、高素质、高知识水平的"专家级"志愿者。北京交通广播电台《我爱北京》栏目还就文学馆志愿者对文学的热爱和无私奉献，采访了张秋萍、李秀英、何学海等三位文学馆义务讲解员。

文学馆采用人防、物防、技防等多种手段全面保障场馆安全，不断对库房安防设备进行更新换代和定期升级。严格审查库房施工中安保设施的落实情况，在各库房加装气体灭火设备，确保火险情况下文物安全。同时，成立安全工作委员会和应急指挥小组，制定详尽周密的《中国现代文学馆消防安全管理制度》及多套应急预案确保安保工作有据可循。定期对全体工作人员开展安防知识培训，使每位场馆工作人员都树立起良好的安全保障意识。

中国紫檀博物馆
CHINA RED SANDALWOOD MUSEUM

通信地址： 北京市朝阳区兴隆西街9号

邮政编码： 100123

电　　话： 010-85752818

网　　址： www.redsandalwood.com

隶　　属： 北京市民政局

博物馆类型： 社会科学类（文化艺术）

博物馆备案登记号： 105

占地面积： 25000平方米

建筑面积： 27348.85平方米

展厅面积： 9569平方米

交　　通： 公交：乘728、666、312、475、397、506、649路公交车至高碑店站下车，路北向西200米；乘115、112、263、95路至康家沟站下车，往南步行至高速路口往东200米；382、846、859、908路公交车至太平庄站下车往南400米；

地铁：乘1号线地铁到终点站四惠东站，出站后向东步行1000米；乘八通线城铁在高碑店站下车向西300米；

自驾车：京通快速路高碑店出口北侧。

开放时间： 9:00—17:00（周一闭馆）

腊月每年除日（除夕）、正月初一、初二、初三休息，其他节假日无休

服务设施：

无障碍参观	停车场	衣帽间	餐饮	茶座	纪念品商店	语音导览	其他（请说明）
有	有	无	无	无	有	有	游客自助储物柜、医务室、开放式影视厅

概　述

　　北京中国紫檀博物馆顺应时代潮流，在过去十五年的发展历程中始终秉持"继承、发展、创新"的经营理念，传承古典明清宫廷家具制作工艺，传播中国传统紫檀文化。

　　中国紫檀博物馆于1999年9月19日正式对外开放，是国内规模最大，集收藏研究、陈列展示紫檀艺术，鉴赏中国传统古典家具于一体的专题类民办非国有博物馆，与国有博物馆一样，同样承担着教育民众传承文化的使命。

　　中国紫檀博物馆由全国政协委员、富华国际集团主席、美国萨凡那艺术设计学院荣誉人文博士陈丽华女士投资创办，坐落于北京市朝阳区京通快速高碑店出口北侧，建筑面积27348.85平方米，展厅面积为9569平方米，展出919件由紫檀、黄花梨、乌木等珍贵木材制成的极富东方神韵的艺术珍品，其中包括：古建筑微缩景观艺术品；明清家具陈列展示；按故宫原件量身定制的传统家具精品展示；传统家具材料、造型、结构展示及雕刻艺术品展示。

一　积极推进"老北京城门"计划的实施

　　该项目自2010年底开始，经过一年多的资料搜集和技术原料的研究与准备，由中国紫檀博物馆馆长陈丽华女士亲自监制，聘请王仲杰、刘大可、万永海等著名古建专家组成项目实施团队，组织百名工匠，以1：10的比例重塑内九外七老北京城门楼。该项目得到了北京市文物局、北京故宫博物院的大力支持与协助。整个设计制作过程，从建筑构件的尺度比例是否符合古建规矩做法，到细部造型花饰是否准确精致，采用何种工艺表现形式等，专家及工厂的师傅们深入研究，力求由表及里的真实再现。例如对于翼角的冲翘、瓦面的囊度等曲面，采用计算机控制的方法，从而改变了古建传统制作方法的不确定性；在缺少参考资料的条件下，研究复原出了神秘的城门千斤闸；屋脊兽头、套兽和小兽等采用数控技术辅助手工制作的方法，做成后与传统实物分毫不差；每一块砖每一块瓦都要严丝合缝，且通体没有一根铁钉，运用榫卯结构，偌大的体量均可以拆装自如。

可以说，这一项目在完成了一件精美的大型紫檀工艺品的同时，既让观众了解明清时期永定门城楼原貌，也给国家留下了完整的永定门等建筑的实物资料，是一项老北京城建规划历史研究的重要学术成果。

该项目于2014年底已完成了包括永定门、安定门、德胜门、朝阳门等在内的九座城门的制作。

二　加强博物馆经营与管理

北京中国紫檀博物馆的行政关系隶属于北京市民政局，上级主管部门为北京市文物局，另外，作为国家级AAAA旅游景区，北京中国紫檀博物馆的部分业务工作同时也接受北京市旅游委的监管和指导。2011年北京中国紫檀博物馆申报的"紫檀雕刻技艺"入选第三批国家级非物质文化遗产项目名录；2012年被定为北京市非物质文化遗产生产保护性示范基地。

2014年是北京中国紫檀博物馆建馆十五周年纪念，为营造更好的参观环境，博物馆从2013年初开始着手改造各项硬件设施。

中英文指示牌的更新，在原有基础上，增加更多的可读内容；

为适应新形式的需要，馆内展品均增加二维码，便于参观的游客手机扫描，扩大博物馆的宣传；

对馆内八个洗手间的升级改造，增加了专门针对老年人、妇幼等特殊群体的相关设备；

重新更换馆内窗帘，并增加遮光帘，这样对展品起到了一定的保护作用；

馆内灯光全部改为LED冷光源，并相应调整了灯光的布局。在2015年，重新设计并更换了博物馆外延灯光；

2018年，博物馆在朝阳区旅游委的支持下进行了博物馆改造升级，更换馆内标识标牌，休息座椅，垃圾桶，以及进行信息化改造，增加了无线网络服务，为游客提供更好的参观体验。

三 开拓文化传播渠道

作为北京市一处重要的人文景观，中国紫檀博物馆以自身资源优势积极开展各类活动，拓宽文化传播渠道。2013—2018年，北京中国紫檀博物馆积极组织各类活动，本着"引进来，走出去"的原则，不断拓宽各类传统文化的传播渠道。

1. 2013年11月21日—2014年2月20日，中国紫檀博物馆联合广州市委宣传部在广州市艺术博物院举办"紫檀的奥秘——中国紫檀博物馆馆藏珍品特展"；

2. 2014年6月14日，为配合文化遗产日，中国紫檀博物馆举办"檀雕技艺屑花飞溅"现场表演活动，让游客亲手感知雕刻的魅力；

3. 2014年8月8日—17日，中国紫檀博物馆举办"紫气如海——宋明远中国海洋作品展"；

4. 2014年9月26日—10月26日，中国紫檀博物馆联合中央文史办、九三学社举办"纪念朱家溍王世襄百年诞辰墨迹图片展"；

5. 2014年10月6日—29日，中国紫檀博物馆主办"朱寿珍——中国首届刺绣艺术顶级藏品展"；

6. 2014年10月8日—12日，参加由北京市国有资产委员会主办、北京展览馆举办的"首届中国北京国际艺术臻品展"；

7. 2014年10月10日，首届中国北京国际艺术臻品展"艺术之夜"在中国紫檀博物馆举行；

8. 2014年11月19日—2015年3月，于澳门美高梅展艺空间举办"天创地造——老北京城紫檀雕刻展"；

基本陈列展厅：喜房

9. 2015年3月12日下午3：00在"全国两会"召开之际，38位来自27个国家的海外列席侨胞，在该馆馆长陈丽华女士、副馆长迟重瑞先生的陪同下参观了富有中国传统文化特色的中国紫檀博物馆；

10. 2017年11月，在北京·中国文物国际博览会上该馆携重器"紫檀嵌黄杨木雕龙屏风宝座"参展，获得了各界的一致好评；

11. 2018年6月，该馆携"紫檀制德胜门模型"参加北京运河非遗大展，在社会引起了强烈的反响；

12. 2018年11月，再次参加北京·中国文化国际博览会，此次展出的展品为"紫檀嵌黄杨木雕龙屏风宝座"，观者的评价同样热烈。

四　开展便民活动，积极参与周边社区共建

随着物质生活的极大丰富，人民群众对其精神需求愈发多元化。为使更多的人走进博物馆、了解紫檀文化，北京中国紫檀博物馆与周边的兴隆家园社区、兴隆小学、呼家楼小学、十七中学、朝阳区残联康复中心等单位加强联系，增加互动共建。

北京中国紫檀博物馆从2008年开始便对残疾人、学生免费，从2010年开始，对老人免费。在此基础上，每年邀请社区居民有组织地到博物馆参观。从2012年起，积极配合朝阳政府文化日活动，将每月的第一个星期六设立为免费日，针对不同的参观群体，设立不同的参观主题。受到了群众的好评。

2013年至2018年，该馆每年都会邀请兴隆小学的师生来馆免费参观，丰富他们的课余学习体验。

五　探求非国有博物馆发展之路

在现阶段下，非国有博物馆的生存与发展是一个非常严峻的话题。仅依靠外来资源显然不能保障博物馆长期稳定的发展。如何找到一条符合自身发展的道路，是每个非国有博物馆面临的一个难题。中国紫檀博物馆在十数年的发展历程中，一直有赖于富华国际集团的大力支持和全资资助。

2012年，该馆成立了北京紫檀文化基金会，这为博物馆的建设和各种文化活动的开展提供了强有力的支持。

2014年，该馆本着走出去的原则，与故宫博物院合作，在故宫设立专卖店，以期探索在销售领域以及衍生品的制作方面能够有所突破。

目前，该馆自身的纪念品商店每月都有一定的营业额，这对该馆来说，是鼓励也是收获，说明该馆开发的文创产品受到了游客的喜爱与欢迎。

作为非营利性组织，近几年来，各职能部门会在一些特殊领域给予一些必要的支持与资助，比如旅游系统针对服务设施的改造升级，尤其是在2018年进行的博物馆旅游改造项目中，对旅游标识标牌、垃圾桶、休息座椅、无线网络等项目进行了改造，受到了朝阳区旅游委的大力支持与帮助，极大地提升了该馆的服务水平与质量；文物系统针对博物馆运营发展给予了补助；朝阳区文化委针对文化日免费参观进行了购买性的补贴。博物馆也针对这些资金专款专用，并及时对款项的用途、进展情况进行跟踪，阶段性做好资金的使用和总结报告，做到专案结报。

面对新一次的AAAA景区标准复核，同时响应厕所革命的号召，2019年该馆还计划对旅游厕所进行改造，改造第三卫生间，努力为更多的人群提供更好的服务。

六　初期规划成就

（一）明确培养檀雕技艺传承人目标

中国紫檀博物馆建馆之初，馆长将其定位为集收藏研究、陈列展示、鉴赏制作中国传统硬木家具于一体的专题类博物馆。博物馆开馆20多年来，为传承技艺，培养新人，制作中心一直远离市场，不为商业利益所动。2011年5月，申报的"紫檀雕刻"技艺被列入第三批国家级非物质文化遗产项目目录，这对弘扬紫檀文化，传承明清宫廷家具木作工艺有着积极的推动作用。

（二）建立专业藏品数据库

中国紫檀博物馆馆藏大多是依照故宫博物馆的原件按照1:1的比例复制而成，博物馆制作中心对图稿进行整理，扫描原有设计图纸，建立详细的数据库，对其原料、产地、制作年代、尺寸、雕刻手法、纹饰设计、制作进程、可考性历史比对、现存状况进行归档管理。

建立健全各类藏品的保护管理制度和安全操作规程，严格进出库审批制度，对于藏品的库存和展览使用情况，都有详细的台账记录，对藏品定期检查，及时报修，力争减少各种因素对藏品造成的损伤。

（三）完善公众服务

中国紫檀博物馆在游客服务上下大力气，力求完善各项服务体系，提升博物馆的服务水平。2009年9月博物馆三期紫檀万豪行政公寓开业，可提供住宿餐饮服务；2011年更换了自主语音导览系统，操作简单方便，更适合个人和小团体参观；2012年博物馆成立旅游咨询站，为游客提供便利的咨询服务等，这一系列的改进，使得博物馆在业界和游客中间树立了良好的口碑。

中华世纪坛艺术馆

THE CHINA MILLENNIUM MONUMENT ART MUSEUM

通信地址： 北京市海淀区复兴路甲9号

邮政编码： 100038

电　　话： 010-84186161

传　　真： 010-84187988

电子邮箱： office@worldartmuseum.cn

微信公众号： 中华世纪坛

博物馆类型： 社会科学类（文化艺术）

隶　　属： 北京市委宣传部

批准建立时间： 2001年9月26日

博物馆备案登记号： 110

建筑性质： 现代建筑（北京市重点文物保护单位）

占地面积： 45000平方米

建筑面积： 42000平方米

展览面积： 8000平方米

交　　通： 地铁1号线、9号线军事博物馆站；公交1路、21路、308路、52路军事博物馆站，85路、414路玉渊潭南路站。

开放时间： 9：00—17：00　周一闭馆

服务设施：

停车场	纪念品商店	餐饮	语音导览	微信导览	无障碍设施	其他
有	有	有	有	有	有	无

概　述

　　中华世纪坛艺术馆是于2001年9月26日经北京市机构编制委员会批复成立的差额拨款单位，主管单位为中华世纪坛管理中心，是中国第一家以世界艺术为收藏、展示、研究对象的国有文化事业机构，以传播世界文明、促进文化交流、普及艺术教育、探索前沿艺术、服务大众需求为宗旨，以各国博物馆、艺术馆、基金会、院校等文化教育机构为合作伙伴，致力于建设一个各种文明的交流平台和世界艺术的展示窗口。

　　中华世纪坛艺术馆以世界艺术、当代艺术和数字艺术为主体业务方向，通过下设世界艺术馆、当代艺术馆和数字艺术馆，整合国内外优秀的物质文化遗产与非物质文化遗产资源、当代艺术界创意资源、数字艺术与科学技术的跨界资源等，以展示、交流、研究、教育、推介等方式，为社会提供优质的公共文化产品和服务。

　　经过多年发展，中华世纪坛艺术馆逐步形成了自己比较鲜明的办馆特色。主要体现在平台模式创新、内容生产跨界融合创新和行使社会责任创新三个方面。

一　平台模式

　　注重打造世界文化交流平台、内容积聚分发平台两个平台。

　　世界文化交流平台，是中华世纪坛艺术馆结合北京作为全国的国际交往中心定位，全面分析了首都各家重要文化机构的职能定位而作出的差异化定位，通过与国内外重要博物馆、美术馆、艺术馆等专业文化艺术机构以及政府间和非政府间组织的联动，引进世界各国优秀的物质文化遗产与非物质文化遗产进行双向推介与交流。"世界窗""国家文化月""世界艺术云图""馆长论坛"等多个品牌项目，已经固化了双向推介交流的机制，每年固定落地双边协议确定的项目，已经成为世界优秀文化艺术在华推广传播的重要平台。

内容积聚分发平台，是中华世纪坛艺术馆通过整合、积聚国内外专业文化艺术机构研发生产的优质内容，在平台上进行整合策划、整合推介、整合传播、整合教育推广。通过艺术馆的全国联展馆线，分发到全国的博物馆、美术馆、艺术馆、文化馆、校园、社区、机关单位，商场、画廊、企业，地方文旅开发，海外文化中心等渠道，满足国内众多文化机构对公共文化产品与公共文化服务的需求。

二　融合创新

中华世纪坛艺术馆的内容生产主要面对三个方向，世界艺术、当代艺术和艺术科技，同时强调三个方向的跨界有机融合创新。

世界文化方向，强调各文明间的比较研究，强调对话和互鉴。主要以各国政府间与非政府间组织、博物馆、美术馆、艺术馆、院校、协会、基金会等文化艺术研究、教育、推广交流机构为合作伙伴。

当代文化方向，强调运用当代的表现形式与表达手段对传统文化进行创造性转化与创新性传播。注重传统与当代关系研究，孵化与推介面向未来的具有实验精神和探索精神的当代艺术。主要以各国博物馆、美术馆、艺术馆、院校、基金会等文化艺术研究、教育、推广交流机构为合作伙伴。

艺术科技方向，强调以艺术与科技的融合创新为核心，将前卫创意、先锋观念与最新科研实验成果跨界融合，探索未来艺术的表现形式，论证未来美学的思维方式。

《中华千秋颂》雕塑

主要以文化、艺术、科技等领域尖端产学研机构，以及各国博物馆、美术馆、艺术馆、院校、协会、基金会等文化艺术研究、教育、推广交流机构为合作伙伴。

三　社会责任

中华世纪坛作为中国庆祝世界步入千禧之献礼，建筑本身具有强烈的仪式属性，立坛之日即承载弘扬中华优秀传统文化、传播世界优秀文明成果、祈祷世界和平的重要职能。同时还肩负沉淀、传承、升华人类物质文化遗产和非物质文化遗产的责任。多年来，中华世纪坛承担了国家和首都在国际交往中的大量公共文化活动，包括国家与北京市的重大节日庆典、世界主题日活动、中国传统节庆活动、中外名人纪念日等活动。通过多年的担当与践行，中华世纪坛已经成为举办国家重大公共文化活动的重要载体。

中华世纪坛艺术馆作为首都重要的公共文化平台，在社会责任担当方面也进行了创新性的实践。主要体现在针对中国优秀传统文化、革命文化、先进文化的协同创新方面和爱国主义教育基地建设方面，以及在打造充分展现首都源远流长的古都文化、丰富厚重的红色文化、特色鲜明的京味文化、蓬勃兴起的创新文化的国家级非遗传承基地等方面。特别是在对中华优秀传统文化的传承发展方面我们进行了深入的探索和实践。中华世纪坛艺术馆以创造性转化和创新性发展为指导方针，以研究阐发、教育普及、保护传承、创新发展、传播交流为研究课题，通过内容形式创新、传播交流形式创新和教育形式创新，为公众提供公共文化艺术内容的展示、推介、交流、教育的服务。

中华世纪坛艺术馆每年免费开放三百天，每年举办两百余场展、演、映以及艺术教育活动，每年在全国重要城市举办一场巡展或交流活动，发挥首都"文化中心"的示范、辐射作用，并践行中国文化走出去的责任。

北京人民艺术剧院戏剧博物馆
THEATRE MUSEUM OF BEIJING PEOPLE'S ART THEATRE

通信地址： 北京市东城区王府井大街22号

邮政编码： 100006

电　　话： 010-85120003　010-65246789-6001

传　　真： 010-85120185

网　　址： www.bjry.com/museum

微信公众号： 北京人民艺术剧院戏剧博物馆

博物馆类型： 社会科学类（文化艺术）

隶　　属： 北京人民艺术剧院

批准建立时间： 2002年

博物馆备案登记号： 125

建筑性质： 现代建筑

建筑面积： 1400平方米

展厅面积： 1300平方米

交　　通： 公交：灯市西口站：103、104、108、803、420；美术馆东站：101、
109、846

地铁：5、6号线东四站；8号线美术馆站

开放时间： 周二—周日10:30—19:00（19:00停止入场）

服务设施：

停车场	纪念品商店	餐饮	语音导览	微信导览	无障碍设施	其他
有	有	无	无	无	有	无

概　述

　　北京人民艺术剧院戏剧博物馆隶属于北京人民艺术剧院，为处级事业单位。其筹备工作于2002年10月开始，经历了馆址确定、藏品整理、专家认证、大纲编写、专业人员招聘等阶段。戏剧博物馆馆址设在首都剧场内，位于办公楼的四层，展厅面积1300平方米，并在怀柔舞美工厂内有200平方米的库房。

　　2004年1月20日，由北京人民艺术剧院向北京市文物局申请建立戏剧博物馆，3月3日，经过专家论证和市文物局的审核，戏剧博物馆在北京市文物局注册成立，4月23日，北京市机构编制委员会办公室核定戏剧博物馆事业编制20名，其中处级领导职数1正2副，主要职责为：向社会开放、展示北京人艺历史，宣传普及话剧知识，收藏整理话剧艺术资料，开展话剧艺术理论研究，进行国内外话剧艺术交流。除处级领导按管理岗位设置外，其余工作人员按专业技术岗位和工勤技能岗位设置。戏剧博物馆运营资金由北京市财政差额拨款。

　　2013年以来，戏剧博物馆紧紧围绕北京人民艺术剧院的艺术生产安排及博物馆行业属性，在北京市文物局行业管理和指导下，正常开展业务工作。6年来博物馆共接待观众7万余人次，举办各项专题性展览近40个，举办各类群众性公益讲座与活动60场，出版理论研究专著十余部，充分发挥了戏剧博物馆戏剧普及、戏剧理念研究及展示等公益职能，架起戏剧与观众的交流平台，加强了戏剧博物馆社会教育职能，取得了良好的社会效益。

一　机构建设

　　戏剧博物馆下设社教部（兼办公室职能）、展陈部、藏品部、研究部四个部门，分别设部门主任1名。截至2018年，博物馆实有工作人员14名，其中社教部工作人员6人（含劳务派遣1人），展陈部2人，藏品部4人，研究部2人，其中拥有副高级职称的2人，中级职称6人。

戏剧博物馆下设的四个部门分别负责博物馆的各项工作职能，其中社教部主要负责戏剧博物馆的日常观众接待、讲解、展厅设施维护、博物馆安全、库房管理等行政性工作；负责戏剧博物馆戏剧普及等社会教育工作。展陈部主要负责博物馆临时展览的策划、设计与布置工作，参与博物馆各项活动的平面设计工作，负责巡展的设计与布置工作。研究部主要负责话剧艺术理论的研究工作，展览方案的编写工作，负责研究理论的整理出版等工作。藏品部主要负责北京人艺艺术档案资料的收集、整理、保管、研究等方面的藏品工作，负责戏剧博物馆的文物征集、文物修复、复制等工作。

二 藏品管理与保护

藏品是戏剧博物馆的基础，2013—2018年中，戏剧博物馆进行了藏品种类的梳理，完成国家的可移动文物的普查仓房工作，同时针对藏品个别库房保存条件不佳、种类混杂的现状进行改造，顺利完成了藏品库房的分类管理，改善库房保管条件，最大限度地改善文物库房条件。同时戏剧博物馆在丰富馆藏文物，填补文物空白上在社会范围内广泛征集与北京人艺历史有关的文物资料，如建院初期的首都剧场转台设计图纸，各类话剧剧本等，无论是国内的还是国外的翻译作品，皆纳入到征集范围，另外，以"为未来收集历史见证物"为目的的资料收集也作为博物馆藏品收集工作的一部分。

2017年，戏剧博物馆陆续开展了藏品保护项目，分别对馆藏底片、舞美制作图纸分批进行电子化处理，既有效地利用了藏品，又达到保护藏品的目的；同时，戏剧博物馆还将馆藏的珍贵剧目服装进行了清洗入库工作。

三 展览与科研

博物馆不仅是为管好藏品，更重要的是研究藏品，发挥藏品的历史价值，具备学术研究的职能。戏剧博物馆以藏品为基础，组织策划了有关剧目、人物、历史等类型的专题展览，2016年，首都剧场六十年，策划了"春华秋实——首都剧场六十周年"专题展，建院六十五周年，策划了"不忘初心——北京人民艺术剧院建院65周年纪念展"，博物馆还随同剧组前往各地进行剧目宣传展览，等等，不一而足，这些展览极大宣传了北京人艺、人艺的剧目、人艺人。

2016—2017年，在前任博物馆领导的带领下，戏剧博物馆组织策划了口述历史项目的研究，以历史亲历者为原型，根据他们亲身记忆，抢救性地保留剧院的发展历史，其中包含了建院初期的艺术生产和管理制度，人艺的精神，等等，这些口述者的内容也为我们追求艺术的精神，甚至为未来工作思路提供了有益参考，深刻认识到口述历史在非物质文化研究中的重要性和必要性，戏剧博物馆在口述历史研究的基础上，分别出版了《岁月谈往录》《春华秋实》两本专著，推动北京人艺话剧艺术乃至中国话剧艺术研究工作。

四　社教工作

社教是博物馆一大职能，宣传普及话剧知识，是戏剧博物馆责无旁贷的职责。本人通过日常的工作接触，通过学习和了解，和社教部的同志共同把以往社教活动提炼成独立品牌，并在剧院发展的基础上，以首都剧场、戏剧博物馆和菊隐剧场为阵地，创建了"助力快乐成长、畅游艺术殿堂""致敬与传承"等品牌，在观众群形成了较大的影响力，戏剧博物馆2018年也获得了"北京市市民终身学习示范基地""东城区爱国主义教育基地"，"戏剧永恒"系列艺术讲座也被评为"北京市市民终身学习品牌"。

戏剧博物馆还承担着北京人艺与学校的戏剧教育基地工作，配合教委"高参小"项目的实施，邀请剧院专家学者、导演、演员、舞美等人员进校园为学生和话剧团进行排练和戏剧课程的讲授。2017年6月16日，由北京人民艺术剧院主办、戏剧博物

展厅一角

馆承办的"戏剧的力量——戏剧普及教育座谈会"及人艺戏剧教育成果展演，在菊隐剧场拉开帷幕。戏剧博物馆邀请东城区文化志愿者服务中心、灯市口小学"力行"教师剧社、北京第166中学及海淀教师进修学校附属学校的金帆话剧团进行了剧目片断的演出汇报。

戏剧普及教育座谈会邀请了近30所中小学参与戏剧普及教育的嘉宾，就当前面临的戏剧普及现状、学校的需求进行阐述与分析，共同探讨今后戏剧普及教育的发展之路。同时戏剧博物馆与两所戏剧教育基地校续签战略合作协议，与致力于农村戏剧普及教育的公益机构"益教室"及灯市口小学签订戏剧互助合作协议，为戏剧普及教育搭建起交流平台。

座谈会后，戏剧博物馆向与会41家单位捐赠了由北京人民艺术剧院和戏剧博物馆出版的戏剧艺术类书籍，共计7600余册。

戏剧博物馆于2015年与东城区文化馆开展项目合作，负责"爱心文化种社区"的话剧项目的合作，每年为东城区各街道的社区文化志愿者安排为期五天的话剧培训课程，选取与北京文化相近的剧目——如《茶馆》《龙须沟》《全家福》等片段——进行排练，通过经典的话剧剧目来丰富百姓生活，通过文化志愿者使话剧走进社区，话剧的种子正在社区百姓当中生根、发芽，将在不久的将来结出丰厚的果实。

北京红楼文化艺术博物馆
MUSEUM OF BEIJING RED CHAMBER CULTURE AND ART

通信地址：北京市西城区右安门内西街18号

邮政编码：100054

电　　话：010-63544993

传　　真：010-63454993

网　　址：www.bjdyg.com

电子信箱：dgygwh@126.com

博物馆类型：社会科学类（文化艺术）

隶　　属：西城区国资委

博物馆备案登记号：059

建筑性质：现代建筑（西城区重点文物保护单位）

占地面积：100000平方米

建筑面积：25979平方米

展览面积：17700平方米

交　　通：乘坐56、59、200、运通102、122、351、395、423、474路公交车均可到达；乘地铁4号线陶然亭站下，换乘59公交车。

开放时间：夏季：每日7:30—17:00；冬季：每日7:30—16:30

服务设施：

停车场	纪念品商店	餐饮	语音导览	微信导览	无障碍设施	其他
无	无	无	有	有	有	无

概　述

一　特色活动

北京红楼文化艺术馆近几年圆满举办了几届喜庆祥和、独具红楼特色的红楼庙会。每年参加红楼庙会游客10万余人。红楼文化庙会以"节俭、惠民、欢乐、祥和"为宗旨，创新丰富庙会的内容与形式，增加了红楼养生文化展示区，广泛向游客普及红楼文化知识。文化活动方面，在保持传统项目的基础上，演出形式尝试以传统戏曲为主。共邀请11个演出团体，演员290人，分别在大舞台、小舞台、南门广场、湖面上空、潇湘馆东侧小广场，全天不间断上演各种精彩的文艺节目，共计表演76场次。庙会宣传亮点丰富。春节前夕，北京红楼文化艺术博物馆联合西城区志愿者联合会推出"与爱心作伴，与智慧同行"捐书兑换庙会门票的惠民活动。活动捐书数量近500册，全部捐赠于红莲北里社区设立的"七彩小屋"，受到社区热烈欢迎。开幕式上，红楼文化艺术博物馆诚挚邀请西城志愿服务终身成就奖获得者鸣锣开幕。庙会期间，红楼文化艺术博物馆特别推出红楼庙会摄影比赛，并于节后进行颁奖仪式，同时展出，活动获得众多游客与市民的广泛支持。

（一）传统节日文化活动彰显特色

北京红楼文化艺术博物馆深度挖掘红楼文化内涵，通过组织红楼特色文化活动、传统文化演出、古装导游、专项展览等活动，将红楼文化和节庆元素融入到每个传统节日中，从而形成独具特色的大观园节庆文化。在清明节上演"黛玉葬花"表演，重温《葬花吟》经典诗篇；"五一"推出南鹞北鸢话风筝"曹氏风筝讲座；端午节在藕香榭举办诗会纪念爱国诗人屈原；七夕举办"穿针乞巧"文化活动；中秋节组织"小小讲解员带您游览大观园"活动以及国庆节推出"金秋游园"主题文化系列演出活动，这一系列主题活动受到市民与游客喜爱，赢得一致好评。

（二）日常文化活动多姿多彩

红楼文化艺术博物馆成功举办"环球国礼——《红楼梦十二金钗彩盘》艺术大观"、《中国古典文学名著——〈红楼梦〉(一)》特种邮票的首发仪式、北京市第十届春茶节、2014—2018年北京社科普及周开幕式、北京市第六届"白纸坊杯"腰鼓邀请赛和北京市第九届民族传统体育运动会闭幕式，这些主题活动成功吸引了众多市民和游客的积极参与，广泛普及了人文、社科、健身常识，提升了居民的人文素质。"百姓周末大舞台"演出场次增加至49场，在观众中树立良好的口碑，取得社会效益与经济效益双丰收。文化展览方面，共举办二十余次不同主题的书画展览。还特别举办四次笔会活动，作者现场进行创作，与书画爱好者面对面交流，增强文化感染力。文化教育方面，除接待中加学校来园参观游览外，还特别策划"万名学生走进大观园，感受红楼文化魅力"活动，促进优秀传统文化在青少年中传承。北京红楼文化艺术博物馆已经成功举办七次淘宝拍卖会，拍品受到众多市民游客热捧，市场需求可谓史无前例。为做优特色旅游文化产品，北京红楼文化艺术博物馆与东城区邮政局正式签署了战略合作意向书，建立起长期的战略合作伙伴关系。通过搭建邮政产品和服务平台，成功举办了"《红楼梦》特种邮票"首发仪式。

（三）文化活动宣传广泛

创新活动主题和亮点，吸引媒体宣传。利用网络、视频、传媒进行宣传，拓宽了媒体宣传渠道。通过一系列特色文化活动的举办和广泛宣传逐步提高了红楼品牌的知名度、美誉度和社会认知度。

二 安全防范工作

北京红楼文化艺术博物馆在工作中始终坚持"安全第一，预防为主"的方针，严格落实各项安全生产措施，做到分工明确，责任到人。制定防恐防暴预案并购置钢叉警棍等安保器具，一旦发生恐怖事件用于保护群众，控制恐怖犯罪分子。全园加大技防设施的投入，在大殿新装摄像头，实行安监全覆盖。大型活动期间，对园内西、南入口进行严格人、包、物安检，对重点活动场所派专人看守，瓶颈部位做好沿途疏导，确保整体活动安全有序。每年进行园内自查自检，针对旅游局AAA景区安全生产标准逐一落实，督促整改。安全教育方面，组织职工和驻园单位进行安全防火的专题教育和安全生产知识考试。与区消防支队联手在园内组织开展灭火、疏散消防演练，并与驻园单位逐一签订年度安全责任书。

三　服务管理工作

（一）园林景观：园林绿化养护方面，以提高环境布置档次、控制成本为原则，为减少柳絮污染做好准备。为使荷花更好生长，特更换了大盆鲤鱼荷花。潇湘馆西北侧调整种植补植草坪、宿根花卉100平方米（鸢尾，玉簪，萱草等）。滴翠亭增加百余盆荷花、睡莲，美化了环境景观。暖香坞西侧绿地改造撤除老旧透水砖320平方米，并种植碧桃、八宝、玉簪、苔草、荷花、睡莲等树木花卉，形成初步景观效果，提高了局部景观档次。通过园林景观的部分改造，按照园林绿化养护管理标准，已基本达到一级水平，有效控制了日常病虫害防治，取得良好效果。

（二）基础设施：每年对园内重点部位进行维修、检修，如避雷设施年检维护；园内路灯维修；园内山石、路面、湖岸维修养护；卫生间改造；园内路面翻修（南门—大殿门前）；大殿舞台防雨处理。

（三）培训服务：每年六月，围绕"社会主义核心价值观"，结合安全月、市总工会安康杯安全活动，分批分期对全园职工进行了教育培训。培训会上，博物馆领导对社会主义核心价值观内容和重要意义进行解读，提出有效地运用"社会主义核心价值"的指导思想对员工的工作和生活做出正确引导。并对职工日常安全生产工作，提高安全意识做出明确要求。

接待服务上，重新规范了服务制度与工作要求。导游工作人员工作牌号和工作制度上墙。我们坚持以人为本的理念，注重外塑形象，内练素质，提高一线工作人员的服务意识、大局意识和业务能力，以更高的标准为游客提供接待服务。

博物馆党政领导根据园内实际情况，认真对本单位的体制状况、人员结构、财务状况、土地状况、管理情况进行研究。财务科与办公室认真核对固定资产账目，并完成固定资产的完工结转及报废核销工作，提前为博物馆下一步改革做充分准备。

目前，博物馆正在探索一条既有经济效益，又有文化品牌影响力的办园之路，从而推动红楼文化产业向品牌化发展。

北京艺术博物馆
BEIJING ART MUSEUM

通信地址： 北京市海淀区西三环北路万寿寺内

邮政编码： 100081

电　　话： 010-68456997（社教部） 010-68413380（办公室）

传　　真： 010-68472390

电子邮箱： biartm@126.com

隶　　属： 北京市文物局

博物馆备案登记号： 022

占地面积： 33810平方米

建筑面积： 11368平方米

展览面积： 2475平方米

交　　通： 乘74、300、323、362、394、534、617、620、944、967、运通103、运通108路等到万寿寺站下车向南100米路东。

开放时间： 周二至周日9：00—16：30（16：00停止入馆）

概　述

"北京艺术博物馆筹备组"于1985年成立，历时2年的紧张筹备，1987年北京艺术博物馆正式对外开放。北京艺术博物馆隶属于北京市文物局，系北京地区市级综合性艺术类博物馆，以弘扬中国古代艺术兼推动现代艺术的交流和发展为建馆宗旨。馆址万寿寺，是明清两代皇家重寺，占地33810平方米，建筑面积11368平方米，于1979年2月列为北京市重点文物保护单位，2006年5月列为全国重点文物保护单位。2017年，北京市政府委托海淀区政府启动万寿寺东侧平房区环境整治项目，对万寿寺东侧平房进行拆迁。北京艺术博物馆利用古建筑设置了万寿寺历史沿革展、明清瓷器艺术展、明清工艺品展、临时展厅4个专题展区，展览面积2475平方米。设置青少年儿童活动室，举办讲座、美育教育等活动，现为北京市爱国主义教育基地。

一　管理体制与机构建设工作

北京艺术博物馆为主要承担社会事务管理职责的正处级事业单位，主体岗位为管理岗位。在2013—2018年六年间，北京艺术博物馆依据博物馆发展趋势与人才成长形势对原组织机构进行调整，改善各部门职能分工与人员结构，设办公室、保卫科、保管部、展览部、信息部、项目部6个部室。办公室与保卫科为主要的行政工作部门，负责馆内公文、人事、档案、行政、资金财务、安全保卫、后勤保障等事项；保管部、展览部、信息部、项目部为主要的业务工作部室，负责馆内藏品管理、科研、展览、信息化、社教宣传、公众服务、古建修缮等事项，这6个部门分工协作，全面推进了北京艺术博物馆事业发展。北京艺术博物馆积极引进人才，加强人才队伍建设，深入推进事业单位岗位设置管理工作，促进职工加快提升自身业务水平与理论水平，不断提高队伍整体素质。同时，积极鼓励职工参加文化知识、业务技能的学习与培训，制订职工素质教育培训计划，组织职工参加馆内外各项学习与培训活动。

二　藏品管理与保护工作

文物藏品是博物馆赖以生存的基础，也是展览、科研等各项业务工作的基础和源泉。截至2018年，北京艺术博物馆藏品总量38123套99579件，一级文物31套件、二级文物457套494件、三级文物2323套2798件。

北京艺术博物馆于2016年全面完善藏品管理相关制度与规定，明确文物保管员实操流程，对藏品登记、文物库房管理、文物提用等制度进行修订，新建文物电子影像资料管理规定，使文物藏品管理更加规范，确保文物在保管、使用、研究、管理上更加安全。北京艺术博物馆实行展厅和库房温湿度日检工作制，对文物库房、展厅进行文物保存和展示的环境监测。通过对监测数据的整理和分析，调整文物存储环境条件，有利于文物保管。

（一）全国可移动文物普查工作

按照北京市文物局的相关要求，2012—2015年期间，全面完成"第一次全国可移动文物普查"工作，增强了北京艺术博物馆藏品信息的完善度，全面掌握各类文物动态信息，为展览、研究、文创等工作提供了较为全面的基础数据和信息。截至2015年，北京艺术博物馆共完成了31类馆藏品38110件/套的普查，其中一级文物29件/套，二级文物445件/套，三级文物2166件/套，共上传照片10万余张。

（二）文物库房搬迁工作

配合北京艺术博物馆馆址万寿寺修缮工程，于2017年7月25日起组织文物保管员、保卫人员对馆藏文物进行全部清点、包装，包装工作历时82个工作日，动用人员1558人次。2018年2月23—28日完成1389箱文物搬运工作，所搬文物经随机抽检200箱、1222套文物，其中珍贵文物325套，未发现问题。

三　完整性保护与整体建筑修缮工作

（一）调整万寿寺西路房屋使用方式

2017—2018年期间，北京艺术博物馆配合万寿寺修缮工程与万寿寺西路合作单位签署解除合同，对万寿寺寿茶房、寿膳房房屋、院落进行整体修缮。

（二）万寿寺修缮

2015年7月万寿寺修缮工程申请立项，2016年工程设计方案经国家局审批通过。2017年7月启动该工程施工、监理公开招投标工作，2018年3月工程正式启动。

修缮范围：万寿寺中路所有建筑及院落铺装；西路一、二、五、六、七号院建筑；东路部分房屋、方丈院、一进院倒座房及大门；西路一号院、二号院室外地面铺装修整及排水；中路、西路暖气改造。计划工期：工期两年，审定资金5252.06万元。

2017年7月，时任北京市委书记蔡奇、市长陈吉宁等领导以及宣传部、海淀区领导一行三十余人到北京艺术博物馆对运河文化带广源闸、万寿寺进行调研。市领导听取了市文物局舒小峰局长对运河文化带北京段整体保护设想以及目前文物保护成果；还听取了北京艺术博物馆馆长王丹介绍万寿寺门前长河水系及万寿寺历史，确定了万寿寺是运河文化带上一个重要节点。2017年11月，海淀区政府启动万寿寺东侧平房区"城中村"环境整治项目拆迁工作。2017—2018年拆迁公司按照工作方案，拆迁工作逐步推进。为配合拆迁工作，2018年，北京艺术博物馆聘请北京市文物研究所对万寿寺东路进行考古发掘。同年，北京艺术博物馆编制《万寿寺东路斋堂等十座文物建筑（现存）修缮方案》，并获得国家文物局的审核，对万寿寺东路目前保存方丈院、回廊、院门及倒座房等古建进行复原设计，力求保护万寿寺古建筑院落完整性。

四　展览与科研工作

（一）临时展览

北京艺术博物馆利用馆藏品特色，除固定陈列展览外，每年不断推出临时展览。"清代帝王生活侧影展""翰墨风华：三希堂石渠宝笈法帖""吉祥物语——福寿文化艺术文物精品展""盈握瑰宝——中国鼻烟壶文化展""美人如花隔云端——中国明清女性生活展""锦衣罗裙——京城西域传统服装联合展"等展览多次到国内众多省市博物馆进行巡展。2014年，北京艺术博物馆征集100余幅中国传统木版年画，在春节期间推出"红红火火中国梦——木版年画展"，此后每年春节期间，赴上海、辽宁等地展出。

与文博机构开展交流合作，推出以瓷窑、玉器为主题的"中国古瓷窑""中华文明之旅"系列展览，2013年举办"天地之灵——中国社会科学院考古研究所发掘出土商与西周玉器精品展""雅俗共赏——吉州窑陶瓷艺术展"；2014年举办"气度与风范——明代江西藩王墓出土玉器展""瓷映秦川——耀州窑陶瓷艺术展"；2016年举办"诗意的彩瓷——长沙窑瓷器艺术展""龙飞凤舞——汉代诸侯王墓出土玉器展"。

（二）涉外展览

2013年，引进意大利印象派画家"当色彩消失的时候——印象派版画展"，共展出印象派版画142件，中国传统古建与西方印象派艺术有机碰撞取得较好的社会反响。2016年，赴贝宁中国文化中心举办"扇子的历史与传说展"。2018年，赴法国盖亚克美术馆举办"心在山水：17—20世纪中国文人的艺术生活"展览，此展览得到法国多家媒体报道，共接待1.7万人参观，在当地取得较大影响。

（三）学术与出版

2013—2018年期间，北京艺术博物馆积极培养专业人员，组织人员参加国内各学术研究会议，研究人员队伍不断扩大，至2018年底，取得高级职称资格的有8人，占业务人员的44%；取得中级职称资格的有6人，占业务人员的33%。业务人员发表文章355篇，出版论文集1本、展览图录4本、个人专著3本。

五　安全保卫工作

北京艺术博物馆不断建立健全安全管理工作制度，狠抓工作落实，努力提高安全管理水平和处置突发事件的能力，确保单位安全。2013—2018年期间，北京艺术博物馆重点革新落后技术和理念，促进安全设施技术趋向智能化发展，提高安全防控和预测能力。

2014年，对单位技防设施进行了升级改造。完成了入侵报警与视频联动，极大提高科技在安全领域的应用，增强了安全防范效果。深入落实一岗双责，调动人人参与安全工作的积极性。

2015年，承接北京市文物局开展的"博物馆是我家，安全连着你我他"前期试点工作。为在全局开展此项工作起到示范引领作用。2015年安装了车辆管理系统，有效提高外来人员和车辆的管理。同年，走社会化服务保障（外聘安保公司）管理模式，提升安保人员管理水平。

2016年，承担北京市文物局提出的"社会化服务保障（外聘安保公司）管理模式试点任务"。

2017年，申请安技防设备维护项目。保障2018年的安全设施设备得到了及时维护保养、维修更换技防。在2月馆藏文物包装、搬运期间，制定严密安全防范预案，采取人盯死守措施，在文物包装现场和搬运路线增加了监控设施，备份文物库房出入资料和现场视频资料。

2018年，完善文物搬运安全方案，协调有关单位，协助文物搬运期间的安全工作，及时完善文物库房安全防范措施，增装安全设施、设备，确保文物搬运及储存安全。不断修订、调整单位安全防范方案，加大施工人员安全培训工作力度，强化安全用电管理，确保施工安全。

六　宣传教育与公众服务工作

2013—2016年期间，根据特定主题，推出"5·18"国际博物馆日活动、"中国文化遗产日活动"、"艺术假日——我和艺术博物馆"、"神奇的植物"、"古迹寻踪——艺博古建欣赏"等系列活动，为观众普及传统文化，介绍万寿寺历史。2013—2016年，坚持每年"六一"期间与育英学校小学部共同组织的"放飞艺术梦想"，举办儿童画展、笔会、写生。注重展览与宣教活动的相辅相成，配合展览举办"玉瓷共赏""艺术假日——木版年画DIY"等活动，邀请馆内业务专家为观众举办文物知识普及讲座，弘扬中国传统文化。

（一）以展览为中心开发文创产品

2013年以来，北京艺术博物馆积极推动"中国古瓷窑大系""中华文明之旅"等系列展览项目，将出版、展览、学术研究与文创产品开发集于一体。2013年至2016年配合系列展览设计、研发了与选定窑址相关的创意文化产品，制作了限量复仿制品，还设计印制含有展品元素的邮折、邮册等主题文创产品和相关纪念品。

2017年，配合"心在山水：17—20世纪中国文人的艺术生活"展览，设计制作蓝夹缬风格《鸳鸯谱》文创档案包。同展还推出以清惇郡王《长乐宫青绿山水图》为设计元素的系列文创产品，包含丝巾、领带、笔记本、明信片、便签纸、书签、纸胶带等。本系列产品参加了2018年赴法国盖亚克市博物馆"心在山水：17—20世纪中国文人的艺术生活"展览，受到了国际友人的好评。

2018年8月至10月，配合"锦衣罗裙——京城西域传统服装联合展"开发了"京城印象""西域印象""天山之畔"三种文创产品，将实体景致抽象融入设计构图当中，集中展示了北京长河文化和新疆西域风情，展现一带一路的文化勾连与传承。

（二）以馆藏精品文物为基础，多角度剖析藏品文化内涵，设计开发文创产品

2017年至2018年期间，以馆藏瓷器藏品为主题，设计制作了斋戒牌图案行李牌与冰箱贴、缠枝花卉赏瓶夜灯、卷草纹斜挎包、"福寿三多"印章及配套包装纸等文创产品。开发了牡丹纹手机壳、拖鞋；云蝠纹行李牌、眼罩；团花、万福、牡丹纹手机支架、挂包扣、钥匙环等旅行家纺系列和软珐琅系列文创产品。

（三）深入挖掘万寿寺历史文化内涵，配合大运河文化带的文化开发，设计制作文创产品

2017年起，为配合大运河文化带建设，挖掘运河文化内涵，博物馆围绕馆址万寿寺建筑与历史文化，设计研发文创产品"乾隆御制诗文书签"一套四枚，以乾隆皇帝吟诵万寿寺诗句为主题，设计制作木质书签四款，以黄杨等木材制作，配以流苏，精美实用。

七　信息化工作

2013年，编写的《北京艺术博物馆网上博物馆建设方案》，由第三方公司中竞发（北京）工程造价咨询有限公司评审通过。12月27日，确定并注册与网站有关域名6个（bjartmuseum.com；万寿寺.com；北京艺术博物馆.com；北京艺术博物馆.cn；北京艺术博物馆.net；北京艺术博物馆.中国）。12月30日递交ICP备案材料。

2014年6月5日，北京艺术博物馆网站在海淀区公安分局进行网络安全备案：京公网安备11010802015068号，注册域名bjyibo.net。9月3日注册官方微信账号：北京艺术博物馆，12月5日开通。2014年9月10日在东佛像和西佛像展厅展柜，扫描二维码可在手机上看到藏品的讲解，上线11件藏品和12座本馆建筑的解说词。11月19日取得《北京市经济和信息化委员会〈关于北京市文物局北京艺术博物馆网上博物馆建设项目审查意见的函〉》（京经信委〔2014〕1317号），通过评审。11月27日在北京市编办完成"政务和公益机构域名"注册和管理，具有自建网站显示"事业单位"标识。12月9日，编制的《北京艺术博物馆中路展览展示系统改造》项目和《北京艺术博物馆中路展览设备改造》项目，由第三方公司中竞发（北京）工程造价咨询有限公司评审通过。

2015年5月6日微信公众号注册并成功发布第一条信息。开展"北京艺术博物馆中路展览展示系统改造"项目和"北京艺术博物馆中路展览设备改造"项目，由中标方新维畅想公司数字科技（北京）有限公司针对北京艺术博物馆展览展示系统进行全面升级改造。

2016年，"网上博物馆建设项目"取得财政资金，公开方式招标，新维畅想公司数字科技（北京）有限公司中标，并继续深化北京艺术博物馆官网内容，对北京艺术博物馆官网界面进行改造，设立资讯、服务、藏品、展览、教育、活动、青少7个板块，向网友提供艺博藏品、展览等信息。当年官网访问量84253人，官方微博粉丝数量43106人，微信公众号关注数量2138人。

2017年，完成"中路展览展示改造"项目、"中路展览设备改造"项目、"网上博物馆"项目的初验，完成"中路展览设备改造"项目、"网上博物馆"项目的终验。

北京石刻艺术博物馆
BEIJING STONE CARVING ART MUSEUM

通信地址：北京市海淀区白石桥五塔寺村24号

邮政编码：100081

电　　话：010-62174709（办公室）　010-62173543（开放部）

传　　真：010-62174709

网　　址：http://www.bjstoneartmuseum.org.cn

电子信箱：shikeguan@bjww.gov.cn

微信公众号：北京石刻艺术博物馆

博物馆类型：社会科学类（文化艺术）

隶　　属：北京市文物局

批准建立时间：1987年5月16日

博物馆备案登记号：024

建筑性质：古代建筑（全国重点文物保护单位）

占地面积：17500平方米

建筑面积：7100平方米

展览面积：5326平方米

交　　通：（1）地铁：乘坐地铁4号线或9号线到国家图书馆站C口出，沿河边步行约650米即到。（2）可乘多路公交车到国家图书馆或白石桥东站下车，步行1000米左右即到。

开放时间：每周二至周日9:00—16:30

服务设施：

停车场	纪念品商店	餐饮	语音导览	微信导览	无障碍设施	其他
有	无	无	有	无	有	无

概　述

　　北京石刻艺术博物馆（以下简称：石刻馆）是隶属于北京市文物局的文化艺术类博物馆，同时又是一座以露天与室内陈列相辅、展示北京地区历代石刻文物的地方性专题博物馆。自1987年建馆至2018年，已经走过了31个年头。石刻馆建馆初期，以自力更生创建博物馆作为办馆理念；中期又以建成北京地区石刻资料研究、收藏和展示中心为目标；近十年来，又提出了"传承、共通、分享、引领"的办馆理念，以"弘扬传统文化，普及历史知识，传播科学思想"为宗旨。特别是2013年以来，进行了基础设施改造、馆容馆貌提升、基本陈列改陈等工作，并着力做好接待服务和青少年教育工作，积极开展文创试点工作，博物馆建设不断取得新的成绩。

　　石刻馆是公益一类事业单位，人员编制40人。机构原为"三部一室一科"，即科研部、保管部、社会教育部、办公室和人保科。2016年经文物局批准确定为"四部一室一科"，即：保管部、展陈部、开放部、文创产业部、办公室和保卫科。

一　金刚宝座及馆藏文物的保护工作

　　石刻馆重视并加强对金刚宝座及文物藏品的保护工作。

　　做好对真觉寺金刚宝座的日常巡视和监测。针对金刚宝座存在的问题，在北京市文物局的支持下，2013年开展了"真觉寺金刚宝座（五塔寺塔）石栏板抢险加固工程""真觉寺金刚宝座渗水抢险修缮工程"。2014年又完成了"真觉寺金刚宝座（五塔寺塔）大殿殿基及石质佛台须弥座抢险工程"。2016年完成"真觉寺金刚宝座（五塔寺塔）勘察及病害检测项目"。2018年，针对金刚宝座顶部出现的渗漏和风化等问题，邀请故宫博物院、中国文化遗产研究院、敦煌研究院的专家实地勘察和会商。

加强对库房和库藏文物的日常管理。在原有工作的基础上，2013年对藏品库房进行了专业化整顿，实现了藏品库房专业化管理。2015年，库房安装了温湿度监测系统，东库区安装了防护铁栅栏，增设了监控。2018年，又对库房增加了钢板防护，增设了监控。同年，对露天存放在西周燕都遗址博物馆的石刻文物进行保护，加装了大棚，完成了400余吨石质文物迁移、清点、上架、编号、拍照工作。

做好馆藏文物修复。组织力量，对馆藏的"421"文物案收存的古旧家具进行修复。2013年，在美国美银美林集团的资助下，对馆藏14件/套文物进行了表面清污、加固等修复工作。2016年、2017年，又利用财政资金，分别对4件/套、6件/套石刻文物进行修复。

做好对露天石刻文物的定期巡视。发现出现裂隙、存在安全隐患的石翁仲后，及时撤展，确保文物和观众的安全。

2014—2016年，配合完成了全国第一次可移动文物普查工作，并通过北京市文物局的验收。

二　科研与学术成果出版工作

历年来，石刻馆围绕石刻文物、石刻文化和石刻的科技保护，开展科学研究，出版了一批有分量的学术出版物。

对本馆历史文化和馆藏文物进行深入研究，先后出版了《北京石刻艺术博物馆藏石刻拓片编目提要》《钩沉石影——北京石刻艺术博物馆馆藏法帖原石》《真觉寺金刚宝座》《云路鹏程——乾隆御笔诗刻石拓片篆刻合册》《明儒翰墨刻石》《北京石刻艺术博物馆藏石刻拓片编目提要索引》《御笔风流——北京石刻艺术博物馆藏明清帝王书法石刻拓片精粹》《北京石刻艺术博物馆》《真觉寺金刚宝座塔五绝》等。特别配合基本陈列改陈，编辑出版了精美的图录《贞石永固——北京石刻艺术历史文化》。在石刻馆建馆三十周年之际，编辑出版了《北京石刻艺术博物馆建馆三十周年研究文集》。

同时，在历年全市石刻文物普查的基础上，石刻馆组织力量，对各区县的石刻文献进行整理和研究，编纂《新日下访碑录》。目前已经出版房山卷、石景山/门头沟卷、大兴/通州/顺义卷。其中《新日下访碑录（石景山/门头沟卷）》获2015年度全国"优秀古籍图书奖"。此外，还编辑出版了《北京地区近代石刻选粹》《北京三山五园石刻文化》等图书。

石刻馆先后开展了多项科研课题，如《大运河北京段石刻调查与研究》（一期、二期）、《北京及周边地区近代基督教史迹调查与研究》《北京会馆帖石遗存与刻帖》《北京关庙与关公信仰研究》等。

三 展览工作

2013年7月—2015年12月，经北京市文物局批准，石刻馆闭馆改造。在此期间，开展了庭院地面、地下管线、石碑基础加固、遗址防水抢险和东西两路房屋改造、安防系统升级改造等多项基础工程和文物保护工程。与此同时，精心策划，对原有基本陈列"北京石刻艺术展"进行全新升级。2013年启动展览策划、大纲编写、经费预算工作，2014年启动形式设计、项目招标、施工改造，2015年完成陈列布展和庭院绿化，重新对外开放。

改陈后的基本陈列定名为"贞石永固——北京石刻艺术历史文化展"。展览面积3900平方米（室内1400平方米，室外2500平方米），上展文物745件/套、模型4套、图片及照片1200多幅，多媒体23项，观众参与的互动项目16项，M-Beacon博物馆智能定位88件。

结合明代寺院遗址的环境特色和石刻文物体量庞大的特点，展览以露天陈列与展厅陈列结合的方式，分为中、东、西三路展线。中轴线展区自博物馆大门从南至北，沿历史上真觉寺的中轴线，经大雄宝殿、金刚宝座直至后罩楼中展厅，共有四个展点单元，分别为真觉寺大殿遗址区域的"真觉年轮——真觉寺历史沿革展"、金刚宝座区域的"密宗神话——金刚宝座文化展"、金刚宝座北部绿化区的"法帖迷宫——诒晋斋、敬和堂法帖赏析"，以及后罩楼中展厅的"石上真草——馆藏石刻拓片期刊展"（按季度分别展出"馆阁气象——明清皇家书法刻石拓片展""玄宫档案——馆藏墓志拓片展""笔走龙蛇——草书、楷书帖石展""诒晋春秋——清代成亲王永瑆藏历代名家书帖展"）。东线展区从南至北共有六个展点单元，分别为东部露天区域的综合碑刻区、耶稣会士碑刻区、祠墓碑刻区和东部碑廊的会馆石刻、金石书院里的"金声玉振——走近石文化"，以及后罩楼东厅的"铁笔传神——透过刀锋看笔锋"。西线展区从南至北共有五个展点单元，分别为西部露天区域的陵墓石雕展区、寺观碑刻区和西部碑廊的墓志展区、特为儿童开设的"童蒙求我——娃娃看石刻"展厅，以及后罩楼西厅的"石破天惊——从石头到石刻"。此外，还开辟"金石书院"科普互动讲堂和"金石传习"拓片体验教室。

该展览打破了"通史展"传统框架思路，以明代寺院遗址、古建筑空间为参观主线进行陈列布局，参观路线疏朗有序。在布展前，对真觉寺大殿须弥座、金刚宝座顶部和护栏进行了加固，对古树生长环境进行整治，有效保护和文物和遗址的整体景观。保留了真觉寺大雄宝殿遗址上汉白玉须弥座等石刻遗迹，把真觉寺的建筑平面图和大事记分别铸成铜版镶嵌于大殿地面上，把自建寺直至建国后的历史沿革的图文展览，安排在须弥座的背面。这样的设计，既增加了展出内容，又把对遗址景观的干扰降到最低。除了碑廊墙上镶嵌的石刻做了钢化玻璃保护罩，其余绝大部分的藏品与观众之间只用绿植或散沙稍作分界，消除了观众与展品之间的距离感。露天展区在加固地基时预留绿化带，栽种了宿根植物，春夏秋三季石碑周边郁郁葱葱，与生硬冰冷的石碑形成鲜明对比，给观众美的享受。

每年策划推出丰富多彩的临展、巡展。如2013年的"春天时节好读书——藏书印与藏书票联展""书案文化系列之砚文化展""气贯日月，万古凛然——《正气歌》法帖展""角黍包金，草蒲泛玉——中华端午民俗图片展"，以及"第八届'我看博物馆'摄影大赛获奖作品展"等。2015年的"木艺花影——馆藏古旧家具修复成果汇报展""远方使者——耶稣会士碑石拓片展"等。2016年的"名门之秀——北京与巴黎之门摄影特展""花木邂逅——馆藏古典家具修复成果汇报展""两朝帝师翁同龢及翁氏家族文物特展"等。2017年举办有"丝路寻石——十三国建筑与石刻艺术摄影展"、"云路鹏程——诗人乾隆书法刻石拓片篆刻展"（赴福建厦门陈嘉庚纪念馆展出）、"丰碑在兹——馆藏贞石珍拓特展"等。2018年"我爱老北京建筑——小学生摄影作品展""熏风五月千样景——端午民俗展""纸墨寿金石——安阳博物馆藏金石拓片展""孝老爱亲 五塔赏秋——五塔寺重阳图片展"等。

深入挖掘本馆资源，开展"我们的节日"主题活动，举办端午、重阳活动。最有特色、最有影响的当属"五色五香——五塔寺端午文化嘉年华"活动。该活动自2011年举办第一届，之后在2012年、2013年、2016年、2017年、2018年举办，已成功举办六届。每次的活动都丰富多彩，除了端午民俗文化展览外，还包括"五彩连台"民俗文艺演出、"五谷丰登"包粽子比赛、"五子登科"五子棋小棋王争霸赛、"五彩缤纷"拓片现场展示与互动、"五彩斑斓"书法绘画笔会、"五行八作"非物质文化遗产手工艺展示与互动等内容。打造重阳文化活动是博物馆的又一个发力点。清代乾隆皇帝曾两次把五塔寺作为为其母祝寿的场所，并有宫廷画师绘制的《崇庆皇太后万寿盛典图》《胪欢荟景图册》描绘了盛大场面。明清到民国时期，重阳节还有在五塔寺登高的习俗。因此，2018年，石刻馆以"孝老爱亲 五塔赏秋"为主题，与北下关街道联合举办展览、文化讲座、送"寿"字拓片等丰富多彩的五塔寺重阳节活动。

众多的展览及活动，让博物馆里的文物活了起来，充分展示了文化遗产的丰富内涵和独特魅力，传承了优秀传统文化和节日文化习俗，丰富了百姓的精神文化生活。同时也有效提升了博物馆的知名度和影响力，促进了博物馆馆际之间的交流与合作。

四 社会教育工作

石刻馆作为北京市科普教育基地、北京市爱国主义教育基地、北京市中小学生社会大课堂资源单位、校外教育协会资源单位，充分发挥职能，做好日常讲解接待，开办"金石大讲堂"，举办拓片动手体验活动，服务好进馆观众，同时走进学校、社区，开展丰富多彩的社教活动。

加强讲解员队伍建设，提高讲解服务水平，坚持做好每个开放日上下午各一次免费讲解服务。石刻馆志愿者队伍建设卓有成效。2016年重新组建，通过三年的努力，已经形成了招聘、培训、考核、上岗一体化管理制度。截至2018年底，已拥有志愿服务人员118名，2018年志愿讲解670场次，服务总时长4978小时。志愿讲解服务实现了常态化、规范化、特色化，志愿者在石刻馆的日常接待讲解工作中发挥了重要作用，涌现出了一批水平高、服务佳的明星志愿者，树立了服务品牌，得到了观众和北京市志愿者服务总队的好评。2018年8月，石刻馆志愿服务站被首都精神文明建设委员会授予"首都学雷锋志愿服务站"。

2016年起，石刻馆面向首都市民，创办了公益讲座活动"金石大讲堂"。讲座秉承"弘扬优秀传统文化、提升市民人文素养、助力文化中心建设"的理念，邀请杭侃、余三乐等知名专家学者进行金石、碑刻、书画、篆刻、传拓等主题讲座。每月一期，一般安排在当月第三周的星期三下午，便于观众提前统筹安排时间。讲座内容广博，深入浅出，不收取任何费用，切实做到了文化惠民。每次讲座都座无虚席，覆盖面和社会影响不断扩大，让更多的观众了解到了石刻艺术，喜爱上了中华传统文化。"金石大讲堂"发挥了博物馆的资源和优势，贴近市民、服务市民，满足了市民终身学习和精神文化的需求，为首都文化中心建设和学习型城市建设做出了贡献。

"贞石永固"室内展厅（郭豹 摄）

2018年开始，石刻馆大力推进党建工作与业务工作的深度融合，依托馆藏文徵明书《正气歌》帖石和乾隆御制"莫教冰鉴负初心"诗碑，挖掘"初心"的形成过程和文化内涵，讲好文物背后的故事，弘扬"不忘初心、牢记使命"的时代要求，面向社会打造富有特色的党员主题教育活动基地。

2018年，石刻馆积极参加北京市文物局组织的"闻·悟北京"系列活动"品·鉴"专场、"文博之美点亮人生"活动，分别邀请盲人代表和自闭症儿童走进博物馆，帮助关爱弱势群体与博物馆的零距离接触，取得了良好的社会反响。

石刻馆重视宣传工作。做好网站、官方微博和微信公众号的建设。主动策划宣传内容，围绕中心工作、重点活动、重要时间节点等，如"端午嘉年华"、金秋时节、展览开幕的时机，通过北京电视台、中央人民广播电台、互联网直播平台及平面媒体，加大宣传力度，不断扩大石刻馆的知名度和影响力。

五　文创开发工作

石刻馆深入挖掘馆藏文物资源，设计开发了众多具有本馆特色的文创衍生品。包括"云路鹏程""美石美刻""正气歌"等系列文具、玩具、时尚生活用品等文创产品。2016年11月，石刻馆成为国家文物局确定的全国92家文化创意产品开发试点单位之一。

2017年、2018年，石刻馆又先后设计开发了"知足常乐""不负初心"等系列及"佛八宝指尖陀螺"文创产品。这些产品种类丰富多彩，馆藏文化特色浓郁，具有原创性、艺术性、实用性。

2016年在北京市文物局第二届职工文创设计比赛上，石刻馆提交的文创产品获得三等奖、组织奖、优秀集体奖；2017年在第十二届中国（义乌）文化产品交易会上获工艺美术铜奖；2018年在北京市文物局工会组织的"创意在我手"职工文创大赛上，石刻馆报送的"知足常乐"系列文创品获得唯一的一个特等奖"文博创意之星奖"，"不忘初心，明镜照己"文创品获得"最受欢迎作品奖"，石刻馆也获得"优秀组织奖"。

北京工艺美术博物馆
BEIJING ARTS AND CRAFTS MUSEUM

通信地址： 北京市朝阳区天辰东路 10 号

邮政编码： 100101

电　　话： 010-57915000 转 857　010-65289326

传　　真： 010-65289326

电子信箱： bwg@gongmeigroup.com.cn

微信公众号： 北京工艺美术博物馆

博物馆类型： 社会科学类（文化艺术）

隶　　属： 北京工美集团有限责任公司

批准建立时间： 2000 年 1 月 24 日

博物馆备案登记号： 109

建筑性质： 现代建筑

占地面积： 550 平方米

建筑面积： 550 平方米

展览面积： 550 平方米

交　　通： 地铁：8 号线、15 号线奥林匹克公园站 E 口

　　　　　　公交：379 路、484 路、695 路、751 路、运通 110 洼里南口站下车

开放时间： 10:30—17:00（常年开放）

服务设施：

停车场	纪念品商店	餐饮	语音导览	微信导览	无障碍设施	其他
有	有	有	无	有	无	无

概　述

北京工艺美术博物馆创建于1987年，隶属于北京工美集团有限责任公司，是北京第一家由企业创建的专业性工艺美术博物馆。北京工艺美术博物馆成立以来，始终坚持以收藏、研究和展示北京工艺美术珍品，保护、传承、发展传统技艺，弘扬优秀民族文化为宗旨，通过收藏大师佳作和文物、举办展览、组织学术交流等活动，宣传传统工艺美术文化，促进传统技艺的传承与发展。

一　机构设置情况

北京工艺美术博物馆实行馆长负责制，下设五部一室。

博物馆部负责藏品管理、研究、展厅陈列；社会教育；承接展览；博物馆衍生品开发；大师造办及旅游产品的销售。

物业安保部负责物业招商、安全保卫与保洁工作。

文化发展部负责博物馆衍生品销售与推广。

财务部负责全馆日常财务核算管理。

人力资源部负责全馆人员、工资、绩效管理。

综合办公室负责日常事务管理及党务工作。

二　藏品保管工作

北京工艺美术博物馆2013年对馆藏品进行了全面的盘点与核查。通过实物盘点、账目核对，确保了博物馆藏品"账账相符、账证相符、账实相符"，进一步提升了藏品专业保管水平，为文物普查奠定基础。通过细致全面的盘点，完成前期准备工作，博物馆开始进入文物普查，在普查前期，先后两次参加市普查办组织的培训，领会会议精神，积极推进普查工作。按照市普查办要求，博物馆成立普查领导小组和工作小组，制订实施方案和工作计划，设计工作流程，汇总完善藏品信息，配合普查办完成相关调查工作，并上报材料。该馆在具体项目的实施过程中，将藏品的照片、修复方案、修复方法等一系列过程资料进行系统收集、整理、保存并作为藏品档案管理的一部分，逐渐形成能够反映藏品历史的系统性档案史料并造福于后人。

三　藏品修复工作

通过实施"馆藏老艺人牙雕作品修复和养护项目"，形成了以下"六个一"为工作目标的项目运作模式：修复一批具有历史代表性的馆藏老艺人牙雕作品并改造一批藏品保管与展陈的硬件设施；形成一批包括修复过程的文字、图片、采访音频和修复技艺影像视频的馆藏原始史料；开展一次牙雕修复专业研究工作并形成专业学术报告；召开一次业内专家参与的学术研讨会；举办一个专业的馆藏牙雕展览；借助BTV《这里是北京》栏目做一次广泛的牙雕技艺保护社会宣传。这一举措得到了市经信委和市文物局领导的高度肯定。而对于博物馆来说，不仅仅是完成了一个项目而已，更重要的是博物馆的四项基本专业职能得到了全面拓展和发挥，博物馆的专业人才队伍得到了锻炼，专业学术研究的能力和水平得到突破性的提升，博物馆以专业化水平服务政府与社会的信心得到加强，博物馆以提供专业化研究与服务赢得市场契机的经营模式探索初见成效。

利用政府专项资金完成馆藏"三秋瓶"的修复并整理玉雕修复技艺。"三秋瓶"的修复，既是行业领导也是集团历届领导多年的心愿，但玉雕修复除改制修复外，拼接补配修复而不露痕迹，在玉雕修复历史上还未有过先例，三彩翡翠补配原料稀缺性和损坏部位的脆弱性，修复难度极大。为了完成这项工作，该馆与首博文物修复中心开展合作，先后两次组织文物专家和一次集团领导参加业内大师评审论证会。目前"三秋瓶"以崭新的面貌与广大观众重新见面。

四　陈列展览工作

馆舍改扩建工作："完善博物馆功能，将博物馆打造成为多功能平台，发挥博物馆的品牌优势，专业优势和政策优势，以开拓性思维对博物馆的发展模式进行创新，通过对博物馆的功能调整，优化和扩充，深入挖掘博物馆文化教育的品牌价值、市场价值和社会价值，全面提升博物馆自我发展能力和水平，将博物馆打造成最具行业特点的北京传统工艺美术文化宣传教育和对外交流的专业服务平台。"通过完成阶段式的场馆调整改造建设布局，逐步实现万米泛博物馆的发展目标。

策展工作始终贯穿了三条主线：第一条是从北京工艺美术行业发展的角度做了简史介绍；第二条是从集团公司品牌宣传角度策划了以集团发展大事件和国礼造办为核心内容的珍宝展；第三条是从北京工艺美术行业专业博物馆的角度，将北京的"皇家工艺"和"民俗工艺"进行较为系统的工艺介绍，力争从行业、企业、工艺美术专业三个层面丰富展览的内容，向广大社会观众传播更深和更广的传统工艺美术文化信息，从而扩大行业、集团和博物馆的影响力。

五　社会教育工作

博物馆充分利用馆藏文物资源优势，加强与第三方机构的合作，以传承与弘扬中华民族工艺美术文化为核心，以"非遗传承人课堂"形式在实现推动非遗文化保护与传承的同时，达到社会效益与经济效益同时提高的目的。

与迪锐文化发展有限公司、工美技校三方合作，于馆内开设"非遗传承大课堂"，招收学生共计200人次，共计10次课程。此次合作尝试了全新的合作模式，并使博物馆"传承有序"的社教功能充分得以发挥。

与北京奥园梦飞扬体育文化发展有限公司签订一年零两个月的合约，拟定推进博物馆在社会教育职能方面的改善，以服务社会公众的理念与社会组织建立战略合作，扶持青少年文化体育事业的发展，充分利用博物馆的文化底蕴与硬件设施开展公益性活动，塑造公益工美的形象。暨工美博物馆被列为朝阳区中小学实训基地后，先后于每月开设4—6场课程，每次不少于100人的培训班，通过参观博物馆的传统文化"燕京八绝"及学习"非遗文化手工课"两项内容后，学生与老师的密切交流互动，激发青少年的动手能力和创新能力，培养青少年精益求精的"工匠精神"，以"博物馆+学校"的教学模式，把学生带入博物馆的文化殿堂。

每次大课堂手工课前，学员会参观博物馆，在讲解过程中，我们不断汲取经验，从最初的向观众传递工艺美术知识，到现在让观众走进博物馆"享受"参观的过程，我们致力让来到博物馆的观众，都能够细细地品味老一辈艺人的匠心杰作；学习工艺品的鉴赏知识；购买自己心仪的工艺礼品，感受传统文化的博大精深，真正的做到让观众"听一个故事、学一段历史、懂一门手艺、留一段回忆"。

六　学术研究工作

为满足参观者多样化体验需求，博物馆微信公众平台全面开通语音导览功能。关注公众号，即可获得语音、图片等形式的藏品介绍，快速了解展品。此外，为挖掘藏品背后的故事，宣讲工艺美术知识，今年我们推出了"听博物馆老邢讲故事"系列微信公众号，博物馆微信公众号关注人数显著增加。

在博物馆的工作中，努力发扬工匠精神，打造一个没有围墙的博物馆，将高高在上的"文化殿堂"变成人人能及的"文化绿洲"。我们也深深地认识到，唯有运用好博物馆这张文化新名片，才能不断探索生存之路、发展之路、创新之路，从而将这张名片灵活运用到各项业务之中，进而提升企业品牌。

七　安全保卫工作

完成了藏品库房监控系统的改造，加装了部分摄像头和红外监控，确保博物馆藏品的安全，及时为博物馆藏品的存放保管提供了保障。对消防器材、消防栓进行维护和保养，对博物馆400多个灭火器进行年检增压，更换破损消火栓玻璃，确保消防设施正常使用。

藏品安全永远放首位

2018年2月13日，河北永清地区发生地震，博物馆藏品组工作人员第一时间赶

北京工艺美术博物馆基本陈列

到博物馆展厅，将因为震动极易发生危险的玉雕和象牙藏品一一装入包装盒，确保企业财产不受损失以及博物馆藏品万无一失。"疾风知劲草，烈火见真金"，在灾难面前，博物馆人时时刻刻将藏品安全放在首位，用实际行动证明了工美人的责任与坚守。

全力推进"春碗"项目（衍生品开发）

2016年底，仅用十五天出色完成了北京电视台"一带一路"发展战略的跨年大型新闻行动——"天涯共此时"的礼品定制任务，栏目组对工美高效的工作能力给予了高度的评价和肯定，对工美"国礼造办"的能力叹为观止，为"春碗"项目的合作奠定了坚实的基础。

自"天涯共此时"项目成功后，该馆得到了"春碗"的开发项目机会。仅仅在一次简单的礼品洽谈中，我们抓住了关键点，把简单的礼品定制，经过头脑风暴，迸发出一个影响企业全年以至今后若干年效益的重大举措。经过反复与北京电视台对接沟通，积极寻找设计灵感，推敲设计理念，最终仅用九天时间，确定了以极具皇家工艺风范的"燕京八绝"之一的花丝镶嵌技艺为手法来凸显中国喜庆团圆象征的"手工花丝春碗"设计方案。

随着"春碗"的发布时间临近，该项目进入紧张打样阶段，在十天时间里，我们以"精益求精、力求极致"的工作态度驻扎在工厂，监督每一道制作环节；北京电视台项目组派出采访团队到工厂全程跟拍制作现场；集团公司领导更是在百忙之中挤出时间，赶赴工厂亲自督办生产进度，全力确保在2017年1月16日"北京电视台春节联欢晚会"录制现场实现"春碗"的惊艳亮相！

"春碗"亮相后，电视台方面设置为台级一号工程，全北京市铺天盖地播放。全年8000万广告费用，每轮播一次春妮、曹一楠等台柱级主持人的宣传片，屏幕和台词里就会有北京工美集团和北京工艺美术博物馆出现；每一期50分钟《理财》、10分钟《文娱播报》《我看行》，全台不定时段的轮播信息，都会有博物馆的宣传信息。

北京戏曲博物馆
BEIJING OPERA MUSEUM

通信地址： 北京市西城区虎坊路3号湖广会馆

邮政编码： 100052

电　　话： 010-83532033

传　　真： 010-63529134

网　　址： http://www.beijinghuguang.com

电子邮箱： hghg010@126.com

博物馆类型： 社会科学类（文化艺术）

隶　　属： 北京京都文化投资管理公司

批准建立时间： 1997年

博物馆备案登记号： 100

建筑性质： 近代建筑（北京市重点文物保护单位）

占地面积： 3600平方米

建筑面积： 668平方米

展览面积： 150平方米

交　　通： 公交66、102、105、14、15、23、57、715、603、822路等虎坊桥站下，地铁7号线虎坊桥站

开放时间： 9:00—18:00

服务设施：

停车场	纪念品商店	餐饮	语音导览	微信导览	无障碍设施	其他
有	有	有	无	无	无	无

概　述

　　北京戏曲博物馆的所在地北京湖广会馆始建于1807年，坐落在西城区虎坊桥西南隅。至今已有200多年历史，是目前北京仅存的建有戏楼的著名会馆之一，也是按原有格局修复并对外开放的第一所会馆。沧桑百年，会馆深厚的历史底蕴引起了领导和专家的重视。1984年被北京市人民政府、北京市文物事业管理局命名为北京市文物保护单位；同年被宣武区委、区政府定为宣武区青少年爱国主义教育基地。1997年9月6日，北京戏曲博物馆宣布成立，这也是北京市的第100座博物馆。2000年又被北京市政府命名为北京市青少年教育基地。2009年与北京语言大学合作成立实践教学基地。2010年被北京市教育委员会评为市级校外人才培养基地。2011年被中国关工委公益文化中心评为爱心共建单位。2012年与中国戏曲学院合作成立中国戏曲学院继续教育部教学实践基地、中国戏曲学院戏曲艺术教育中心民族艺术传承基地。2017年与北医附中成立"北京医学院附属中学传统文化京剧研学基地"。通过京剧第二课堂的开辟，不仅丰富了学生的校外活动内容，也成为会馆一个新的经济增长点，取得社会效益与经济效益双赢。

一　基本工作

　　湖广会馆曾为清代达官名流的故居。据史料记载，乾隆嘉庆年间的多位大臣都在这里居住过，如刘权之、王杰等。中国伟大的革命先行者孙中山先生曾五次莅临北京湖广会馆，在这里召开了五党合一成立国民党的大会，此后多次在此召开党内会议。许多梨园界著名的表演艺术家都曾在此登台献艺，如谭鑫培、陈德霖、梅兰芳，京剧名票王君直等。

会馆重张以来，一方面作为宣传戏曲文化的窗口阵地。古色古香的老戏楼内每天晚上笙歌绕梁，成为国内外游客欣赏京剧的首选之地。另一方面作为北京市的对外文化宣传窗口，每年承载着大量接待工作，包括有法国总统希拉克夫人、希腊总理夫人、瑞典国王和王后等各国政要名流都先后到过这里参观，市、区领导对会馆的接待工作都给予了高度的评价和充分的肯定。湖广会馆作为传统文化的窗口，面对全世界宣传中国，面对全国宣传北京、宣传西城。

二　开放教育工作

重张后的湖广会馆始终以弘扬和传承传统文化为己任，成为了北京市宣传传统文化的窗口，会馆目前为"三楼一馆"的经营格局，即戏楼、酒楼、茶楼和戏曲博物馆。

戏楼作为对外宣传的文化阵地，自重张以来每晚都上演传统京剧演出，方便国内外观众更好地欣赏中国戏曲的无穷魅力，有来自世界各地的大量外宾到馆观看京剧演出，了解中国国粹艺术。会馆还相继推出了京、津两地鼓曲名家演出专场；相声演出专场；已坚持多年、每周一次的"赓扬集"百年老票房活动，至今已演出一千多场，成为国内最大的京剧票房，是中国戏迷朋友心中不可或缺的节目。戏楼在做好日常的对外演出接待工作外，还为曲艺、昆曲及各种民间艺术搭建了一个演出平台，不仅向青少年介绍中国多民族的文化艺术，更培养他们的兴趣，激发他们的探索热情。会馆经常举办戏曲知识讲座，每年的教师节、儿童节都推出学生和老师免票参观活动。节假日推出少儿京剧演出专场及相声、曲艺、天津鼓曲等多种形式的演出活动，

北京戏曲博物馆展厅

使这里成为弘扬民族文化的一个重要窗口。会馆十分重视对爱国主义的宣传教育，克服了很多困难并开展了多种活动，把爱国主义教育工作落到实处，并取得了良好的社会效应。

北京戏曲博物馆2000年被北京市政府命名为北京市青少年教育基地。作为北京市首家戏曲博物馆，为了把戏曲知识更好地普及，会馆广泛吸纳青少年到该馆开展形式多样的体验活动，义务为他们提供场地；博物馆作为西城区爱国主义教育基地，为了宣传民族文化，发挥教育基地的积极作用，与西城区教委、东城区教委、东城区少年宫、陶然亭街道、天桥街道、福州馆小学、皇城根小学等建立合作关系，开展形式多样的娱乐教育活动。

为纪念孙中山先生五次莅临北京湖广会馆，并在此五党合一成立国民党的历史，馆内特设孙中山研究室以纪念先贤。并多次召开"孙中山与现代中国"研讨会，积极开展海峡两岸文化交流，与台北中山纪念馆建立良好的合作关系，并接待了台湾多家媒体的采访。1997年台湾地区领导人马英九的父亲马鹤龄先生到访湖广会馆。2006年9月，会馆接待了国民党副主席、立法委员章仁香女士。2009年5月，原国民党主席吴伯雄参访湖广会馆，对会馆在中国传统文化传承方面所作的工作给予了充分的赞赏。

会馆的经营理念是依托、传承传统文化、戏曲文化、会馆文化，做一个并不是以追求高收入、高回报为目的的企业。在近20年的经营中，面对北京的传统文化演出市场，立足于自身条件，分析市场，及时调整经营策略，想方设法利用时间空间开展众多传统文化演出项目，实现传承传统文化的功能和责任。目前本馆正面临新的提升改造。相信提升后的北京湖广会馆、北京戏曲博物馆将能更好地承担起历史赋予我们的新的使命，更好地为精神文明建设做出贡献！

北京百工博物馆
BEIJING BAIGONG HANDICRAFTS MUSEUM

通信地址： 北京市东城区光明路乙12号

邮政编码： 100061

电　　话： 010-67111381　010-67112480

网　　址： www.jcbgf.com

微　　博： 北京京城百工坊

微信公众号（服务号）： 北京京城百工坊

隶属关系： 北京京城百工坊艺术品有限公司

批准建立时间： 2005年11月

博物馆备案登记号： 129

建筑性质： 现代建筑

建筑面积： 5200平方米

展厅面积： 1400平方米

交　　通： 地铁：5号线天坛东门站下车东北口出向东800米；10号线劲松站下，换乘公交车到光明楼站下车，往西约300米

开放时间： 每日9：00—17：00

服务设施：

无障碍参观	停车场	衣帽间	餐饮	茶座	纪念品商店	语音导览	其他
有	有	无	有	有	有	无	免费开放

概　述

百工博物馆隶属北京京城百工坊艺术品有限公司，创建于2005年，是中国首家以动态展示、推广宫廷和民间工艺美术技艺及作品的"活"的博物馆。

百工博物馆内既有玉器雕刻、象牙雕刻、景泰蓝制作、雕漆、花丝镶嵌、京绣等传统宫廷艺术为代表的"燕京八绝"，又有面人、泥人、料器、内画、剪纸、木雕等近三十个民间工艺坊，工艺传承人在此展示和传承古老技艺。

一　开放社教工作

北京百工博物馆作为非物质文化遗产保护传承基地，国家AA级旅游景区，东城区传统特色文化旅游景点，依托周边天坛公园、龙潭湖公园的旅游区位优势，北京百工博物馆肩负着宣传和弘扬中国传统特色文化的历史使命。馆内浓厚的文化和艺术氛围，吸引了国内外各界游客前来参观、观摩手工艺人的技艺表演，了解各种手工艺品的文化内涵和制作过程，欣赏精美绝伦的各类艺术品，感受中国传统文化的博大精深。

自2005年开馆后，先后接待过国宾政要近百次，如接待过"中非合作论坛"非洲国家的总统夫人、参加"亚欧中小型企业部长级会议"的部长夫人们、国际奥委会主席的夫人安妮·罗格女士及参加第二十九届奥运会的各国运动员和记者、香港特首曾荫权先生、约旦参议院秘书长哈拉夫·哈维萨特先生、秘鲁国会副主席埃古伦先生、塞尔维亚总统夫人、泰国上议院第一副议长素拉猜、亚美尼亚外长夫人等国际友人。国际旅游联合会主席埃里克·杜昌克先生在参观百工坊博物馆后欣然题词"这里是中华人民共和国的卢浮宫"。仅2013年至2018年，百工博物馆共接待前来参观的各国友人及国内游客近50万人次。

二 技艺传承工作

2013年北京百工博物馆非遗项目"技艺传习所"正式揭牌，首批聘任20位非遗传承人为传习所教习，开设玉雕和花丝镶嵌两个培训班。北京百工博物馆本着弘扬与继承民族优秀文化为己任的理念，创建非遗项目技艺传习所，面向社会，广招传统手工工艺爱好者，为他们创造拜师学艺的条件，由百工坊签约大师及技艺传承人亲自传授，让学员由浅入深地掌握传统手工技艺。

北京百工博物馆作为北京市中小学社会大课堂资源单位，采取多种形式举办文化交流和传统手工技艺体验制作活动，吸引国内外众多中小学生前来参加，全方位，多视角地展示中国传统文化的无穷魅力。活动开设以来，博物馆逐步加深与市、区教委和大中小学校建立了广泛的联系，一些学校也把博物馆作为学生的第二课堂，利用大师的现场表演和展品进行直观教学，使教学更加生动、有趣。百工博物馆开展的传统手工技艺教学体验活动，在2017年从全市600余家社会大课堂资源单位中脱颖而出，与中国国家博物馆、故宫博物馆、中国人民抗日战争纪念馆等20家单位被评为2017年度北京市中小学生社会大课堂优质资源单位。

三 展览工作

北京百工博物馆秉承"发挥优势、展演结合、特色活动"的工作宗旨，充分利用展馆资源，将各项功能合理布局，展示博物馆28项非遗项目，30余位非遗代表性传承人的高超技艺和精湛的艺术作品。2013年至2018年期间成功举办癸巳年集邮生肖文化游园会、"展示古都风采、传承京味文化"纪念建都860周年文化大集启动仪式、首届"民间传统文化艺术节"系列活动、"保护、传承、发展非物质文化遗产，123我们在行动"主题活动等大型活动。并受邀参加了北京市政府在北京饭店国际会展中心举办的APEC财长会的招待会。招待会期间，京派内画、北京雕漆、景泰蓝、真丝手绘、面人、剪纸、毛猴、中国结的工艺大师及传承人为各经济体财长和国内外嘉宾表演精湛的中国传统手工技艺，得到国际友人的交口称赞。参加了首届北京地坛文化庙会·台北之旅、首届地坛文化庙会全球行·曼谷之旅和台北之旅活动，参与在德国首都举办的"柏林亚太周·感知中国"活动等，将优秀的中国传统手工技艺在世界各地进行现场手工技艺展示，充分体现了百工博物馆的特色和国际水平，受到新闻界朋友及外交部新闻司的一致好评。

北京百工博物馆参加2018年文博会现场

四　管理研究工作

北京百工博物馆隶属北京京城百工坊艺术品有限公司管理，设馆长一名、副馆长一名，下设四部一室，非物质文化遗产部负责非物质文化遗产项目及代表性传承人管理；技术交流部负责展览展示，展品管理及保护，新产品新技术的研发；公关服务部负责参观接待，大师坊的服务管理；财务部负责全馆日常财务核算管理；办公室负责全馆相关资料档案及日常事务管理工作。

博物馆的展品种类有：玉器雕刻、象牙雕刻、景泰蓝、雕漆、花丝镶嵌、木石雕刻、钧瓷、京绣、工笔画、真丝手绘、泥人、面人、毛绣、料器等20个大类，上千件展品。

多年来，百工博物馆坚持动态展示与静态陈列相结合，突出动态展示为主，突出百工坊自身"活"的博物馆概念的原则，在立足传统博物馆形式的基础上，结合非物质文化遗产传承、保护和创新发展的特点，积极探索新型的博物馆运作模式。在加大对濒危灭绝的非物质文化遗产的挖掘、整理、保护的前提下，一方面，在手工体验活动的项目上积累了丰富的大师资源与教习经验，开办了"非遗技艺传习所"；另一方面，对馆内展出的各类艺术品，也运用现代科技手段进行一些研究和实验，如景泰蓝无铅釉料的研制；雕漆原材料（大漆）的无害化处理；丝织品的防腐处理；以及象牙制品、木雕制品长期保存的技术问题等。博物馆每年在科研、展品维护及日常管理上就要花费数十万元。同时，博物馆不断加强基础管理工作，2013年至2018年对主楼进行了装修，对保安监控、防火系统及馆内设施等加强了防护，增设了液晶电视及音响设备，对重点部位加装了防盗监控报警系统，购置了必备的现代化办公设备，提高了办公自动化、信息化管理水平。

北京皇城艺术馆
BEIJING ART MUSEUM IMPERIAL CITY

通信地址： 北京市东城区南池子大街菖蒲河沿9号

邮编编码： 100006

电　　话： 010-85115114

网　　址： www.huangchengart.cn

电子邮箱： info@huangchengart.cn

微信公众号： 皇城艺术馆

博物馆类型： 社会科学类（文化艺术）

隶　　属： 北京东方文化资产经营公司

博物馆备案登记号： 122

建筑性质： 现代建筑

建筑面积： 3200平方米

交　　通： 公交1路、2路、52路、82路、120路、观光2线、旅游公交1线、旅游公交2线天安门东站。地铁1号线天安门东站B口。

开放时间： 周二至周六 10:00—16:30

服务设施：

停车场	纪念品商店	餐饮	语音导览	微信导览	无障碍设施	其他
无	无	无	无	无	有	人工讲解

概　述

　　北京皇城艺术馆是2002年北京市和东城区两级政府的重点项目之一——菖蒲河公园的配套项目。由东城区下属国有企业北京东方文化资产经营公司投资兴建，是一座以弘扬中华传统文化、推广中国文化艺术、促进世界文化交流为宗旨，集研究、发掘、展示、传播北京明、清皇城历史文化、收藏中国历史文物、展示世界艺术作品等功能于一身的综合性博物馆。

　　北京皇城艺术馆坐落于天安门东侧的菖蒲河公园内，馆舍为砖木结构仿古四合院形式，建筑面积3200平方米，展厅面积2500平方米，分地上、地下两层，共设展厅3个，多功能厅1个，专业库房4间。北京皇城艺术馆下设展览部、保管部、社教部、保卫部等业务部门，主要负责常规展览、交流展览及文物与馆藏品存放，爱国主义教育基地等相关工作。馆内恒温恒湿，设有红外监控、电子报警、气体灭火、烟感、门禁、喷淋、高清录像监视系统等先进的文物保护设施，具备防火、防盗、防潮、防蛀等功能。符合"文物系统博物馆风险等级和安全防护级别的规定"的相应技术条件。

一　展陈工作

　　北京皇城艺术馆自开馆以来，以丰富的展览吸引了社会各界人士的广泛关注，取得了良好的社会效益。在2013—2018年期间，北京皇城艺术馆先后策划、举办、承办了"宸垣记忆——北京城历史文化图片展"等近30个精品专题展及交流展，为传播经典艺术作品、促进中外文化交流发挥了应有的作用。

（一）宸垣记忆——北京城历史文化图片展

北京是一座拥有丰富历史遗存、深厚文化底蕴和独特社会风情的城市。北京皇城艺术馆经过长时间的筹备，利用馆内近1500平方米的展厅，于2015年3月推出了"宸垣记忆——北京城历史文化图片展"。本次展览展示了近150张反映昔日北京城垣、建筑和社会风情的历史照片，这些照片大部分由奥斯伍尔德·喜仁龙先生、小川一真先生、赫达·莫里逊女士、汤用彬先生等多位中外作者拍摄，其中一半左右的照片是建国以来基本没有在国内各种媒体上公开发表过的。图片内容跨越了从清朝末年到新中国成立前夕的近百年时间，这些内涵丰富、积淀厚重的照片资料传递着大量的历史信息，为后人探寻旧都风情、研究京味文化，提供了许多重要的静态实景线索。

（二）玉染草色雪映霞——宋元瓷器精品展

在中国传统文化的发展史中，宋朝是最重要的历史时期之一。北京皇城艺术馆策划的"玉染草色雪映霞——宋元瓷器精品展"集中展示了具有代表性的宋代各大名窑瓷器，既有五大名窑的精品，也有其他窑系的上乘之作，再辅以场景复原、多媒体演示等手段。对宋瓷的种类、特点、工艺、纹饰、功用、发展等进行全面的阐述，进而了解器物表面特征背后所蕴藏的思想文化和生活美学，最终加深对中国传统文化的理解，增强文化自信，提高美学感悟，丰富精神生活。

（三）其他展览

除了以上主要展览项目外，北京皇城艺术馆在2013—2018年内还举办了为数众多的、形式多样的、内容丰富的文化展览项目，其中包括"尼泊尔禅书与唐卡艺术展""法国空间主义大师——雷米艾融专题油画展""紫砂形态艺术500年展览""从苏东坡到吴之振——清初文坛盛举与黄叶村庄的士林往事专题展"等。这些展览同样在社会各界引起了广泛关注和积极的影响。

二　保管工作

良好地保管各类文物资料是博物馆日常工作的重要组成部分，北京皇城艺术馆历来十分重视此项工作。2013年至2018年北京皇城艺术馆保管部门加强保管的各项工作，通过强化规章制度，学习业务知识，提高人员素质等方式使馆内的文物征集保管工作提高了一个层次。北京皇城艺术馆为强化文物保管工作，结合馆内完善岗位规章制度的要求，对《库房管理规范》《展（藏）品进出库管理制度》《馆内安全管理制度》《每日巡查制度》等藏品保管制度进行了修订。在这五年间，馆内保管人员坚持每日

宸垣记忆——北京城历史文化图片展

巡查展区和库房内的展（藏）品保管情况和库房、展区内的温湿度变化，坚持双人入库、入库登记，坚持各类物品出库严格登记，定期与藏品总账进行核对等，切实确保了各类文物资料藏品的安全。

三 社教工作

在2004年12月被命名为东城区爱国主义教育基地后，特别是在2008年1月被命名为北京市爱国主义教育基地以来，北京皇城艺术馆专门为开展爱国主义教育工作组建了专门机构，制定了相关制度，缔结了大量共建单位，2013—2018年，北京皇城艺术馆在服务好观众的前提下，以各类交流展为背景，积极配合各年龄段未成年人、大中小学校，以及艺术类院校、外国留学生等进行参观及相关活动。每次展览前会根据展览的内容及性质对各类院校发布信息，对优秀展览及活动会重点推荐，并在接到回复后全程提供服务。与此同时，北京皇城艺术馆还积极地通过报纸、广播、电视、网络等多种媒体进行自身宣传来吸引广大中小学生来馆参观。

北京空竹博物馆
BEIJING DIABOLO MUSEUM

通信地址： 北京市西城区小星胡同9号院

电　　话： 010-83115726　010-83163256

博物馆类型： 社会科学类（文化艺术）

隶　　属： 北京市广安门内街道办事处

批准建立时间： 2008年

博物馆备案登记号： 150

建筑性质： 现代建筑（北京市文物保护单位）

占地面积： 200平方米

建筑面积： 200平方米

交　　通： 公交，乘坐676路到桃园东街，下车步行135米，乘坐19路、381路、38
路、40路、57路、715路等到广安门内，下车步行267米。
地铁，乘坐7号线到广安门内站（B东北口出）下车，步行400米到达。

开放时间： 周二至周日9:00—16:00

服务设施：

停车场	纪念品商店	餐饮	语音导览	微信导览	无障碍设施	其他
无	有	无	无	无	无	无

概　述

北京空竹博物馆共设三大展厅，上房（北房）是综合展览大厅，分历史、工艺、技法三大方面展示空竹的发展演变历程、制作空竹技艺的流变及抖空竹的各种花样；西厢房（西房）是传承与保护展厅，这座展厅完整记录了广内街道办事处从建设主体建筑、出典籍、进校园到参加北京奥运会开幕式垫场演出，在传承与保护空竹文化方面做出的贡献与努力；东厢房（东房）是空竹商务部，负责售卖各式各样的空竹制品。四合院内的南侧的南厢房（南房），则为馆内的工作人员及志愿者的办公室。在四合院外的一个小广场，被冠以"空竹缘"的名号，它是抖空竹技法传承所在地，抖空竹大师将不定期地在这里教授抖空竹技法，更欢迎抖空竹爱好者随时来博物馆的这片园地切磋技艺。

2008年底，该馆已按照进度完成翻建和外装修工程。2008年8月启动筹备以来，筹备工作人员查阅了大量古籍资料，形成大约10万字的基础资料，并根据专家意见完成了《展陈大纲》手稿的4次修订。与此同时，在全国各地空竹爱好者的大力支持下，截至2018年底，空竹博物馆已征集到空竹实物475件，其中单轮空竹61个，双轮空竹68个，异型空竹346个，还收集了照片资料近400张，以及国家级非物质文化遗产代表性传承人的镀金证章、纪念邮票册等。

一　基本工作

北京空竹博物馆的主办单位广内街道办事处，自"北京抖空竹"于2006年被国务院公布为第一批国家级非物质文化遗产以来，以弘扬民族精粹文化、建设维系地区群众情感纽带的和谐文化为主旨，历经3年的传承保护与发展空竹文化，从建主题广场、进校园到参加北京奥运会开幕式垫场演出及马拉松赛场演出，创造性地走出了一条国家级非遗项目的传承保护之路，为推进非遗项目的传承保护做出了杰出的贡献。

为弥补空竹文化没有宣传、展示、研究承载地的缺憾，同时为记录空竹文化走向辉煌的历程，广内街道于2008年起开始论证和筹建北京空竹博物馆。经过一年的不懈努力，作为空竹文化研究宣传地、空竹文化沿革展示地和宣南民俗文化重要承载地的北京空竹博物馆终于在2009年5月迎来了开馆庆典。

北京空竹博物馆的性质属于公益性博物馆，是传承保护空竹文化和展示地域文化的窗口，也是地区民俗文化创意产业发展基地。在开馆庆典上，除了传统的领导致辞表达祝贺、寄予希望外，还安排了四项特别的活动：一是博物馆馆长向领导与嘉宾赠送博物馆纪念门票；二是请国家级抖空竹技艺传人李连元为领导和嘉宾全程讲解博物馆陈列的展品，为大家展开一幅抖空竹的时空画卷；三是请空竹制作传人张国良现场展示空竹制作工艺；四是推介空竹文化产品。自从抖空竹成为第一批国家级非物质文化遗产，广内街道就将其作为文化产业发展，到如今已经研发出了多种系列的工艺产品，博物馆的开馆也为空竹文化产品提供了展示的平台。

二 藏品工作

在众多的空竹藏品中，有一大一小的两件空竹看着虽然有些破旧，但却是这里的"镇馆之宝"。原来它们曾是末代皇帝溥仪的玩物，这两件空竹的原件藏于故宫博物院，从未对外展出过。空竹博物馆收藏的这对是经过故宫授权的复制品。根据故宫提供的照片和资料，空竹大师张国良先生复制的这对空竹几乎以假乱真，让京城百姓第一次见到末代皇帝的玩具。

进入博物馆的大门，影壁上一个儿童玩空竹的图案栩栩如生，这个图案的原形雕刻在明永乐剔红婴戏漆盘上，博物馆工作人员找到相关资料，并找到工艺制作大师重新仿制了这件漆盘，使得观众可以在北京空竹博物馆欣赏到如此珍贵的空竹见证物。根据这些资料，工匠把漆盘上的图案放大雕刻在影壁上，并复制了一个漆盘进行展示。

研究空竹的专家在山西晋祠游览时无意中发现那里有一幅表现儿童抖空竹的壁画，于是他用手机拍下后迅速传回博物馆，"克隆"后的晋祠壁画成为博物馆的编外藏品。

杂技名家李贞是北京抖空竹台柱子王氏姐妹的传人，她就将20世纪50年代杂技团订制的空竹捐赠给了博物馆。为了适应杂技团演员天天练习的高强度使用，这件空竹的中轴用的是结实耐用的黄檀木，而且空竹的身上还画有杂技团美工特别设计的花纹。最奇怪的是这件空竹的身上还有一颗非常特殊的铜钉。据李贞介绍，这件空竹随

北厢房（综合展览厅）厅内前言介绍

她在国内外"征战"了上百场演出，她在日本演出时，空竹因意外稍有失衡，为了保证演出质量，才用铜钉加重，用以调整平衡。没想到这颗日本铜钉嵌在空竹身上再没有下来，久而久之便为观众们传为佳话。

可以说，博物馆所有藏品的背后都藏着一段有关空竹的故事。博物馆印证空竹出现年代的最早的藏品是一件仿制的明代永乐年间红色漆盘。博物馆的工作人员听说存在这样一件雕有孩童抖空竹场景的明代永乐年间漆盘，便四处寻找其下落。后来得知，这件古董现藏于美国洛杉矶博物馆，而在国内能一览其庐山真面目，是因为中国台湾某博物馆馆长所著的一本收藏专著，那里面有漆盘的具体介绍和图片。

另外，北京空竹博物馆还收藏了许多现代工艺空竹，据史料记载，最早是制造于瑞士、供英国人把玩的空竹。这些空竹竹身用的是橡胶材质，而中轴是金属的，连接部位用螺丝固定。这件空竹很好地说明，不仅北京人、中国人喜爱抖空竹，就连酷爱杂要的英国人也会抖空竹，而且还能影响专门制作手表的国度瑞士，制作出"改良"版的空竹。

北京金台艺术馆
BEIJING JINTAI ART MUSEUM

通信地址： 北京市朝阳区朝阳公园西一号门内金台艺术馆

邮政编码： 100125

电　　话： 010-65019441

传　　真： 010-65014694

网　　址： www.jintaimuseum.org

电子信箱： jintai@jintaimuseum.org

博物馆类型： 社会科学类（文化艺术）

隶　　属： 北京怡苑文化艺术促进会

批准建立时间： 2000年

博物馆备案登记号： 116

建筑性质： 现代建筑

占地面积： 1888平方米

建筑面积： 3163平方米

展览面积： 2000平方米

交　　通： 公交：419、421、677、682、985路

地铁：14号线枣营站、6号线朝阳公园站

开放时间： 周一至周日 10:00—16:00

服务设施：

停车场	纪念品商店	餐饮	语音导览	微信导览	无障碍设施	其他
有	无	无	无	无	部分	无

概　述

　　北京金台艺术馆隶属于北京怡苑文化艺术促进会（简称：怡苑）。怡苑在获得北京市政府（京政会字〔1994〕33号）文件核准后，取得了固定资产投资许可证，办理了房产证。在风景秀丽的北京朝阳公园水碓湖畔自筹资金建设了第一个符合公园规划要求的园内文化设施。北京金台艺术馆坐落在北京东三环与东四环之间的朝阳公园水碓湖畔西侧，馆舍周边树木郁郁葱葱，有中央首长植树林和各国使领馆在此植树的国际友谊林。交通方便，有多条地铁、公交路过。金台艺术馆占地面积1888平方米，建筑面积3000多平方米，设施完备，整体建筑风格独特，由迭宕错落的五座金字大屋顶构成。馆内有800多平方米、净高20米的大展厅，光线充足的二层跑马廊展厅及100至200平方米不等的多个厅堂，适用于不同规模的艺术展览及文化沙龙活动，还可承办各种类型的论坛会议。

　　1997年6月30日正式开馆，是当时国内最大民间艺术收藏馆，同时也是北京一处重要人文景观和一处设施完善的对外文化交流窗口。2000年，金台艺术馆以两大特色展览"海外回归文物展""世界名人肖像展"获得北京市文物局批准注册的全国首批民营博物馆之一。

　　在各级政府和部门的关心支持下，金台艺术馆以此平台宣传改革开放的伟大成就，弘扬中华民族五千年的文明，积极投身于发展和促进国际民间文化交流，配合中国政府广泛开展民间公共外交，让中外优秀文化进行良性的交融与嫁接，成功举办了300余次国际文化、艺术、环保、教育等方面重要的民间交流活动，宣传中国特色先进文化，努力为国家和民众服务，获得了国内外的一致好评。

　　民营博物馆的发展必须找准定位，彰显文化品牌效应，对于金台艺术馆来说，要想吸引观众、要想提升自身影响力，最重要的是找准定位，突出特色，建立起以寻找

文化契合点的博物馆文化传播理念，并将文物和观众这两个文化载体有机地结合在一起，使以陈列文物资料为手段的博物馆文化传播不独立于现代文明的文化诉求，把握住社会公众对博物馆的文化需求。将博物馆建设成为一个体验历史及文化的地方，一个通过陈列展品而进行拓展教育的地方。

成立之初，创办人袁熙坤先生为了担当起保护不同时期的文化艺术和推广当代文化的责任，从而让社会提高对北京金台艺术馆的认知度，以他个人风格的强烈影响，用艺术手段表达自己的艺术观念，不断创作出符合社会需求的精神产品，着力创建了一个有鲜明特色的，适合现代国内外社会公众的文化取向、文化价值以及文化交流与传播的博物馆。

如何循着这条特色之路继续往前走，金台艺术馆探索出了一条比较成功的道路：开创独家特色收藏、历史文明的传承、民间国际文化交流、体育与文化结合、环保艺术的创新教育、青少年快乐大课堂、青年创业者的交流及社会公益慈善活动的平台，在传统的功能与使命上，加入了创新创意，以实现博物馆永葆生机，让更多层面的观众走进了博物馆。

一　展陈工作

馆内自办原创性展览8个："海外回归文物精品展""世界名人肖像画展""明清硬木精品家具展""欧洲古典家具精品展""奥运文化遗产珍品展""凝固的历史——世界名人雕塑展""人与自然美术作品展""世界名人箴言书法展"。

这些展陈反映了金台艺术馆以馆藏文物及新艺术作品资源为基础，其他各种资源为辅，通过资源整合、提炼主题，打造文化精品，努力满足社会公众不断增长的文化与精神需求。

1.传承人类文明：会长袁熙坤在二十世纪九十年代筹资抢救流失海外的中国文物：瓷器、陶器、青铜、绘画、书籍以及明清古典皇家硬木精品家具、欧洲古典家具精品展。

2.展示改革开放后中国外交的伟大成果：袁熙坤会长应中国外交部邀请写生创作并获其签名首肯的近两百幅国际名人水墨肖像画。

3.艺术记载凝固的历史：孔子说："己欲立而立人，己欲达而达人。"袁熙坤会长认为与人与国相交一定要寻找人文的共同点，艺术外交也就有了展示的舞台。为此，金台艺术馆应各国驻华使馆邀请，创作了真正推动历史进步和世界文明的数百尊科学家、艺术家、思想家的雕像。

4.展现奥运文化遗产：由金台艺术馆倡导并组织世界雕塑家创作的2008奥运景观雕塑获奖作品290件/组。

5.弘扬中华传统文化：加强人类非物质文化遗产保护，联合国教科文组织审议并批准"中国书法"列入人类非物质文化遗产名录。金台艺术馆积极宣传中国书法和中国汉字的历史及其艺术魅力和感染力，提升中华文化在世界的影响；袁熙坤会长倡导并发起"写格言、练书法、铸人品、保生态——'金台杯'书法大赛"，旨在培养人们的文化素养和修炼品格性情。

二 对外文化交流

金台艺术馆以"提高文化品位、促进民族艺术发展，增进中外文化艺术交流"为宗旨，自开馆以来陆续引进承办了一系列世界优秀文化艺术展，促进了中国与世界各国的文化交流，增进了中国和这些国家的友谊和了解，获得国内外一致好评。随着我国经济建设和国际化进程的加快，袁熙坤会长用其自身在国内外积累的名誉和声望，主动承担起了民间外交的责任。每年金台艺术馆都会与国外多家大使馆合作，互相举办各种文化交流活动，并长期保持着友好合作关系。在艺术馆举办的展览大多为外国驻华使馆以及该国政府文化部或外交部主办，代表了国家的形象，且展出国家的国家元首或政要均亲临金台艺术馆为展览开幕剪彩，提升了该展览的政治与社会影响，展现了中国民营博物馆民间文化外交的软实力。

不少国家元首及政要到金台艺术馆参加国际文化交流活动，如白俄罗斯总统卢卡申科、委内瑞拉总统查韦斯、厄瓜多尔总统古铁雷斯、摩洛哥首相优素福、爱沙尼亚总统吕特尔、希腊总统卡罗洛斯·帕普利亚斯、智利总统巴切特莱、玻利维亚总统莫拉莱斯、斯洛伐克总理罗贝尔特·佐菲、印度内务部长帕提尔、保加利亚总理斯塔尼舍和外交部长托托洛娃、哥伦比亚外交部长卡洛琳娜·巴尔克、葡萄牙科技部长加戈、捷克部长兼政府立法委员会主席巴维尔·扎日兹基、厄瓜多尔文化遗产协调部部长费尔南达·埃斯皮诺萨、乌克兰副总理瓦斯里耶维奇、国际奥委会终身名誉主席萨马兰奇侯爵等。

积极参与国内外涉及体育、环保、慈善等方面的重大社会事务，取得可喜的成果：为北京奥运留下一批珍贵的文化遗产。在2005年开始承办"奥运景观雕塑作品征集大赛"，为中国留下一批奥运文化遗产。由怡苑倡导、获奥组委等机构支持和主办、我会袁熙坤会长担任组委会主任的"2008奥运景观雕塑方案征集大赛"从2005年8月始历时三年，全球五大洲共有近90个国家雕塑家应征提交了4000多件雕塑作品，经国际权威专家评审出的优秀作品，在全国16个省会城市和世界7个国家10个城市巡展，创造了奥林匹克雕塑史上和中国美术史上征集展品之经典、参观人数之多、与民众互动其广泛之最，为国际和中国奥委会留下了一批珍贵的奥运文化遗产。大赛期间，国际奥委会名誉主席两次到北京金台艺术馆，参观奥运雕塑预选作品，并

博物馆基本陈列及重要展览

亲自为安放在朝阳公园内的、袁熙坤会长创作的《萨马兰奇》雕塑揭幕。

环保文化艺术先行。艺术馆以艺术形式宣传环保理念，积极参与国际间环保行动，与联合国环境规划署、联合国人居署、世界自然基金会、国际爱护动物基金会、野生救援协会、世界自然保护联盟、世界卫生组织和中华环境保护基金会等组织机构合作，积极参与国际环保事务，将原创以环保主题的雕塑及绘画作品带到这些大会上，将环境与文化相融合，通过艺术来传播环保理念，更具有社会亲和力，更具直观性，更易进入人们的心灵，取得不同凡响的效果。

馆长袁熙坤原创环保主题雕塑作品《极地之急》和《森林守护神》两次被联合国环境规划署选为2009年"地球卫士奖"奖杯和2010年"地球卫士奖"奖杯。该奖项分别颁发给十三位在世界环保领域发挥积极影响并做出突出贡献的组织和个人。

2009年，馆长袁熙坤原创环保主题雕塑作品《极地之急》被联合国环境规划署总部选中安放于该国际组织在肯尼亚内罗毕的联合国环境署大楼前的广场上，并将其作为第二十五届全球部长级环境论坛的主题活动之一。

为纪念保护臭氧层《蒙特利尔议定书》缔结25周年和联合国工业发展组织参与"补天行动"20周年，馆长袁熙坤原创环保主题雕塑《女娲补天》于2012年11月21日安放在联合国维也纳总部。这座高4.2米的雕塑，题材取自中国古代神话故事《女娲补天》，将中国文化元素融入备受国际关注的环保话题——保护臭氧层，运用女娲的形象警示全球环境保护的紧迫性，旨在呼吁国际社会共同努力，减缓气候变化，取得非同凡响的效果。此尊饱含中华文化元素的雕塑，旨在弘扬中华文化，增强中华文化在世界的影响力，增进世界人民对中华文化的认知了解，为国际环保做出独特的贡献。

近几年来，金台艺术馆组织青少年与国际环保组织一起举办多项环保日活动，并展开群众环保教育活动。2013年"世界水源日"，艺术馆与联合国教科文组织合作举行了"2013联合国国际水源合作年"活动。本次活动围绕"水合作"这一主题，通过科技与文化的结合，以跨领域合作的形式向公众和青少年传递"爱水理念"及"节水方式"，以此来增进公众对保护水资源的参与意识，加强国际组织、企业及学校间的互动与合作。2013年"世界环境日"期间，由联合国驻华系统、北京市环保局共同主办的2013可持续消费论坛在北京市环境保护宣传教育中心举行。来自联合国驻华机构、环保部门、非政府组织、环保科研机构、企业和媒体的100多名环保人士共同探讨了可持续消费这个已逐渐进入人们日常生活的热门话题。金台艺术馆作为唯一一家艺术机构应邀参会并加入可持续消费合作伙伴关系。现场展示了金台艺术馆水卫士行动在环保和水资源保护中所做的一系列工作。

国际名人雕塑拉近中国与世界的距离。中国改革开放后各方面形势大好，世界在关注中国，中国要了解世界，为了开展各项领域的交流，就需要了解世界各国的历史文化，增进相互之间的友谊和理解。秉承"以有限的财力、无形的才情、塑造我敬仰人的丰碑"的创作理念，袁熙坤会长应邀先后为近百位对世界历史、文化、科学产生重大影响的人士塑造雕像。北京金台艺术馆因此创办的国际名人雕塑项目得到国内外政府、国际组织、驻华使领馆的关注，他们纷纷提出将金台艺术馆馆长袁熙坤创作的名人雕塑安放在朝阳公园。在得到北京市政府外办的批准和北京朝阳区政府、朝阳公园的支持后，已有十几尊名人雕塑在朝阳公园国际友谊林中安放，架起了连接中外友谊的桥梁，发挥了国际主义和爱国主义教育的正能量作用。同时也践行了孔子所说的"己欲立而立人，己欲达而达人"的理念，为国家文化走出去做了扎实的铺垫。之后金台艺术馆创作的多件名人雕塑作品被中国外交部选作国家主席出访的国礼，孔子、女娲补天、极地之急等雕塑作品被一些国家收藏并永久安放。金台艺术馆通过这一重要的中华文化思想理念，让中国艺术也走出了国门，展现了中国民间文化交流的软实力，为国家争得了荣誉。这些活动均是免费的，体现了金台艺术馆的社会责任感，扩大了社会影响力，彰显了博物馆的生命与活力。随着金台艺术馆名人雕塑项目影响力的扩大，深受各国使领馆的欢迎，他们纷纷提出请求，希望袁熙坤会长创作该国名人雕塑并安放到朝阳公园。经过多年的努力，这一善举实现了双赢的效益，同时，也充分体现了北京作为国际大都市的包容性。

三　社教工作

金台艺术馆注重功能的完善，充分重视拓展和其教育功能，大力彰显并致力于公共教育、公共服务。面对知识经济和激烈竞争的21世纪，人们迫切需要提高自身的综合素质，终身教育和学习型社会已是当今社会的一个重要特点。作为公共文化设施并拥有珍贵的教育资源的博物馆成了全面提高公众科学文化艺术综合素质教育的重要场所。

金台艺术馆历来重视对青少年的关爱和培养，积极参与国家教委提倡的中小学生"社会大课堂"，整合利用馆内人文自然资源，与学校建立了更紧密的关系。通过提供免费场所，为学校师生、社区居民及社会组织创建条件，为开展研究性学习、社区服务和社会实践创造条件。组织师生走进"博物馆"当课堂，让他们零距离接触藏品，分享知识，从"博物馆"这个大课堂中找到合适的教学内容，家长和孩子一起走进公益性文化场所参加活动已成为常态。2007年，北京金台艺术馆就被共青团中央授予"全国青少年教育基地"。

多年来，金台艺术馆已邀请几十所学校的师生以及家长走进"博物馆"，每年都组织学生参加中外国际文化交流活动，以及"走进名人""与伟人对话""画我心中的伟人""朗诵名人的诗歌""我爱艺术""艺术承载记忆——金台艺术馆探秘之旅""探秘水足迹""走进安徒生童话世界"等积极有意义的活动，培养青少年尊重历史文化知识和崇尚名人先贤的热爱祖国热爱人民的伟大情操，促进学生在体验和实践中获得知识、受到教育、提升德智美方面的素质和能力。获得学校师生以及家长的好评，真正体现"教育振兴，全民有责"的精神。

北京韩美林艺术馆
BEIJING HAN MEILIN ART MUSEUM

通信地址：北京通州区梨园镇九棵树东路68号

邮政编码：101101

电　　话：010-59751888

传　　真：010-59755288

网　　址：www.hanmeilin.com

电子邮箱：hmlysg2008@163.com

微信公众号：北京韩美林艺术馆

博物馆类型：社会科学类（文化艺术）

隶　　属：北京市通州区梨园镇政府

批准建立时间：2006年

博物馆备案登记号：144

建筑性质：现代建筑（北京市重点文物保护单位）

占地面积：一期占地面积10545.947平方米，二期占地面积2400平方米

建筑面积：一期展区9999.6平方米，二期展区2600平方米

展览面积：8000平方米

交　　通：地铁：八通轻轨临河里站下车向西50米。

自驾车：京通快速出八里桥收费站，沿京津公路/八通线，至临河里轻轨站西侧。

公交车：938、938支、938支1、938支2、938支3、938支5、938支6、938支7、924路通州小街桥东站前行150米右侧。

开放时间：周二至周日9:00—17:00

服务设施：

停车场	纪念品商店	餐饮	语音导览	微信导览	无障碍设施	其他
有	有	有	有	有	有	母婴室、公教厅、多功能活动厅等

概　述

一　基本概况

北京韩美林艺术馆位于通州区梨园主题公园内，其位置与形态对公园的空间格局产生了重要影响。如果把整个公园看作是一幅自然山水画，那么艺术馆正好是作画完毕盖的一个印章。印章与画的关系对应着艺术馆与公园的关系，彼此缺一不可，相得益彰。而书法与篆刻恰好是韩先生艺术创作的一部分，因此选用"美"字作为艺术馆的平面图案原型，将书法的笔画与建筑的功能空间相对应。同时，"美"字既为韩先生名字中的一字，又可理解为美学、艺术之美，具有写实与抽象的双重特性。

艺术馆主院内设立韩美林先生独特设计的大型雕塑《吉祥象》《太极》《佛像》数座，并铺设绿色游步道及石子休闲广场。优美的景观环境迎来众多游人，在参观韩美林艺术的同时，也无形中成了亲子游乐场所，为神秘的韩美林艺术馆增添了特别的氛围。

韩美林先生是联合国教科文组织"和平艺术家"，清华大学学术委员会副主任、博士生导师。他是一位在绘画、书法、雕塑、设计、公共美术等领域孜孜不倦的开拓者，同时也是陶瓷、民间美术等为代表的中国传统文化传承与创新的代表人物。其作品气势磅礴又洞察精微，艺术风格独到而个性特征鲜明。近年来陆续在杭州、北京、银川创建"韩美林艺术馆"，积极推动社会美育和国际文化交流。创建"韩美林艺术基金会"，投身艺术公益和社会慈善。2016年"美林的世界·韩美林全球巡展"启动，先后于威尼斯、北京、巴黎、列支敦士登、首尔等地举办个展，被威尼斯大学授予"荣誉院士"称号。2018年荣获国际奥委会"顾拜旦"奖章。

2006年，韩美林先生将几十年来潜心创作的2000件艺术作品捐赠给了北京市通州区人民政府。为了收藏、陈列这些珍贵的作品，北京市通州区政府在梨园文化主题公园内建立了一座北京韩美林艺术馆，并于2008年6月25日正式对外开放。这座静谧大气的建筑，不仅成为了首都北京的文化宝藏与人文景观，还与2005年10月19日开幕的"杭州韩美林艺术馆"、2015年12月21日开幕的"银川韩美林艺术馆"遥相呼应，将一种深沉的地缘和文化归属感传递给了有着浓烈爱国情怀的韩美林先生。

北京韩美林艺术馆是经市文物局批准设立的由政府全额拨款的事业单位，上级管理单位是通州区梨园镇政府。2008年6月25日，北京韩美林艺术馆正式落成，占地面积约25000平方米，建筑面积约12000平方米，共设11个展厅，包括北展区的序厅、陶瓷馆、专题馆、雕塑馆、书画馆、公教厅，以及南展区的设计馆、手稿馆、紫砂馆、城雕厅，展出作品2600余件，展厅面积之大、展品数量之多、涉及艺术门类之广，堪称当代个人艺术馆世界之最。

艺术馆坚持"以人为本"的发展理念，全体工作人员努力为大众提供最专业、最人性化的服务。在韩美林先生的艺术理念和建馆宗旨的引导下，艺术馆开馆至今一直实行免费参观制度，希望能够吸引更多的艺术爱好者前来感受创造之美。

2013年，北京韩美林艺术馆正式被国家旅游局评定为国家AAAA级旅游景区，是全国唯一被评为国家AAAA级旅游景区的个人艺术馆，更加巩固了韩美林艺术馆在全国文化艺术传播机构中的重要地位。

在这里，不仅可以感受到美林先生自由的心、率真的爱、深厚的情和神奇的笔，还可以体悟到一位艺术家的风雨人生，看到一位在各个艺术领域中均取得非凡成就的

韩美林艺术馆外景图

"全能型大家"的面貌。他就像一座活火山，不断喷涌着艺术的岩浆，永难停歇。如同韩美林先生所说："余此生只抓一个'艺'字为'耕'，收拾凡心，不思功名，不谋衣冠，上苍告诉我：'韩美林，你就是头牛，这辈子你就干活吧！'"

二　展览工作

北京韩美林艺术馆（以下简称"艺术馆"）自2008年开馆以来，参观人数逐年增加，国内外学术研讨、艺术交流等活动频繁举办，无数艺术爱好者在此流连忘返。作为北京市及通州区重点扶持的文化事业单位，艺术馆是北京城市副中心文化创新发展的重点区域，不仅在提升通州文化软实力中发挥着积极作用，也在推动通州区文化旅游区建设的快速发展，增强高端文化旅游产业的文化艺术元素中起到了模范带头作用，逐渐发展为城市副中心内一座最具有代表性的人文荟萃、内涵丰富的文化景观。

近几年来，韩美林先后获颁"联合国教科文组织和平艺术家""国际奥委会顾拜旦奖""韩国总统文化勋章"，一次又一次成为中国美术界获此殊荣第一人。韩美林这些年已经陆续举办了"韩美林艺术大展""韩美林八十大展""故宫韩美林生肖艺术大展"，以及先后在威尼斯、巴黎、列支敦士登、首尔等地举办的"韩美林全球巡展"，持续引发了国内外观众的强烈关注和热烈反响。"韩美林全球巡展"是韩美林艺术走向世界的又一新步伐。年届八十、艺臻巅峰的韩美林，在全球化的文化环境和多元化的当代艺术格局下，在国际舞台上展现既传统又现代、既有东方特色又具国际化的艺术创作，用艺术向世界表达中国，用艺术的方式推动国际间的人文交流。

三　机构设置与职能

北京韩美林艺术馆成立至今，已经形成了自己独特的组织体制，艺术馆在职员工30人，保安30位，物业28位，总计88人。设有馆长、常务副馆长、馆长助理等职位，下设馆长办公室、行政办公室、导视策划部、资料宣传部、安全保卫部、财务部。

四　藏品管理工作

韩美林艺术馆一期：建筑面积9996.3平方米，馆藏作品2000件。全馆包括序厅、陶瓷工艺品厅、设计装饰画厅、雕塑厅、国画书法厅、新作厅、影视厅、制作车间、艺术品商店以及周边的天书楼、陶吧等相应的文化设施，为艺术爱好者们提供了参观、交流和互动的文化平台。

韩美林艺术馆二期：建筑面积2600平方米，600余件精品。"三馆一厅"的格局：紫砂馆、手稿馆、设计馆、城雕厅。展示韩美林先生近年来在设计、紫砂、城雕等领域的设计手稿及艺术精品。

艺术馆的藏品管理采用科学的管理方法。为实现藏品保管工作的数据化，特将展品的信息统一录入到计算机，方便了每件展品的管理。对藏品所涉及的全部数据工作项目，制定了一套统一的定义和程序，为外展、科研、统计等方面提供了便利。对2000件藏品科学编码与计算机录入，实现了馆藏品的科学化与信息化管理。另外，加强了艺术品库房的安全措施，在地下库房设有24小时监控录像和数据IC防盗门，并有完善的艺术品出入库审批与登记制度。为了更好地保护库房内藏品，艺术馆地库内设置了恒温恒湿设备系统，使湿度达到40%—60%，温度达到23℃左右，避免了微生物与霉菌的生长和繁殖，对艺术品的保护起到了决定性作用，从而达到更好地保存藏品的目的。

在展陈设计上，通过造型艺术品反映韩美林先生对艺术及人生的感悟，给人以美的教育。展陈作品主要通过绘画、书法、雕塑、瓷器、民间工艺品等几大类，来展现韩美林先生的创作艺术内涵与精神境界。紧紧围绕展陈的内容，通过对作品、场景、方式进行提炼、剪裁和充实。在平面的布局与参观路线上，既考虑到了展览内容的需要，又考虑到观众的参观便利。

在空间和立面的安排上，艺术馆的设计工作还考虑到了空间的充分利用与使用上的变化和谐与统一。在展品的布置上，考虑到观众视角的高低上下限适应的范围量，极大减少了观众视觉疲劳。在艺术风格的表现方面，整个艺术馆朴素、庄重、大气、隐退却不失精彩之处，恰好与展品浓郁的中国艺术风格相呼应，具有强烈的艺术感染力，是韩美林先生艺术风格的具体体现与表达。

为了让来馆客人更深刻地了解韩美林先生的作品，艺术馆还专门设有影视厅。主要播放有关韩美林先生艺术人生相关的精彩画面，不仅向广大观众展现了一个卓越的人民艺术家坎坷的人生经历，而且可以深深地体验到韩美林先生源源不断的天才与勤奋融合的创作才华；尤其是他那难以忘怀、难以割舍的浓浓的爱国情怀，更能打动参观者的心。影视厅空间疏朗、布置优雅；宽大屏幕投放设备画面清晰，音质纯正；加之精心剪裁的内容与舒适的独坐靠椅，不仅使观者疲劳顿消，而且会再次得到片刻赏心悦目的艺术熏陶。

五　社会教育工作

韩美林艺术馆目前共有专职讲解员6名，常年提供10人以上免费讲解服务，讲解员分为中、英、法、日文讲解，她们专业、亲切、细致的讲解，不仅全面介绍了艺术品的创意来源和创作过程，更着重讲述作品背后的故事以及韩美林先生渗透在作品中的艺术精神。游客对作品全面的了解以及对作品真切的喜爱使得艺术馆讲解员的讲解风格自然独特。

自开馆以来，韩美林艺术馆连续四年被通州区委宣传部、通州区文化委评为"文化工作先进单位"。同时，还被评为"北京市通州区爱国主义教育基地""北京市中小学生社会大课堂示范基地""北京市中小学生社会大课堂资源单位""北京青少年外事交流基地""中国文化创意教育基地""青少年校外活动基地""清华大学研究生艺术教育及实践基地"，成为了人们寄托心灵的一处精神家园，更加显示了通过介绍作品背后韩美林先生倾注的爱国情怀的深层次教育作用。

六 宣传工作

韩美林艺术馆以韩美林个人艺术为主，在对外宣传方面必然与韩美林个人宣传相辅相成。自2008年北京韩美林艺术馆落成后，无论是电视台、电台、网络等多媒体单位，还是杂志、报纸等平面媒体，凡对韩美林先生进行个人专访报道时，都以韩美林艺术馆为专题素材进行专题报道，中央电视台、北京卫视等多家频道都曾进行过韩美林个人纪录专题报道，为艺术馆的宣传加大了力度，也加强了艺术馆公益形象的塑造。

艺术馆邀请专业摄影团队，为韩美林先生及个人艺术馆制作了专业纪录宣传片《一个韩美林》，此宣传片不仅在韩美林艺术馆内循环播放，在优酷、土豆等视频网站上浏览量也甚高，该馆特将该纪录片制成光盘出售，供广大艺术爱好者收藏。

韩美林唯一官方网站于2011年12月26日正式开通，为人们深入了解韩美林先生，欣赏、研究韩美林艺术提供了便捷的平台。韩美林唯一官方网站涵括了韩美林先生作品、活动的新闻资讯的全面报道，韩美林艺术馆展厅介绍、团队预约等内容，还设有三维虚拟艺术馆，是宣传艺术馆和弘扬韩美林艺术的最佳网络平台。

2012年10月，为了满足更多广大艺术爱好者的需求，韩美林艺术馆在淘宝网正式开通了"韩美林艺术馆艺术品店"的网络售卖平台（http://mlart.taobao.com）。作为淘宝网唯一官方授权店，所出售的收藏品均为正品，网络商城也渐渐成为了游客收藏韩美林艺术的平台。

2013年12月，韩美林艺术基金会微信平台正式成立（微信号：hanmeilin-art），实时发布韩美林先生及韩美林艺术馆的资讯和动态。

2016年，北京韩美林艺术馆微信平台正式成立，提供艺术馆预约、语音讲解、虚拟展馆、讯息咨询、公教活动等体验服务。

七 学术研究工作

为满足热爱韩美林先生的读者以及专业研究人士的需求，在艺术品店内，还开辟有"韩美林先生文库"。主要有百花文艺出版社出版的《天书》《韩美林散文》《闲言碎语》，海南出版社出版的《韩美林绘画自选集》，江苏美术出版社的《豆蔻梢头》《几回明月》《咽山嚼水》《良弓在手》等专门介绍韩美林先生的著作，众多出版读物深受广大读者喜爱。艺术品店内摆设的各类精品，均体现了艺术馆对外交流上不尽的审美理念，同样能满足广大观众对真善美和人生价值的追求，给观者带来美的享受与艺术的熏陶。

八 文创开发工作

韩美林艺术馆工艺品商店是该馆重要的艺术收藏衍生品的购物场所，集中出售所有韩美林先生出版的书籍、画册和他亲自设计研发的艺术衍生品，如咖啡杯具、豆豆壶、青瓷杯、陶瓷挂盘、真丝丝巾、十二生肖邮票、属相雕塑等，多年来，这些艺术收藏品获得了各界人士和爱好者的青睐，常常用于个人收藏和赠送宾客。艺术品商店内所有商品按照韩美林艺术馆独特风格进行摆放，明码标价，种类丰富，具有唯一性和独特性。目前，由韩美林先生亲自设计的艺术衍生收藏品仅授权在北京、杭州、银川三座韩美林艺术馆内售卖。2012年10月，为了满足更多广大艺术爱好者的需求，韩美林艺术馆在淘宝网正式开通了"韩美林艺术馆艺术品店"的网络售卖平台。

北京市旅游局"北京礼物"专门设立了"韩美林艺术品专柜"，韩美林艺术馆工艺品商店已被授权冠名"北京礼物"艺术家独立店面，可见韩美林艺术品在艺术市场的重要价值。

九 安全保卫工作

韩美林艺术馆自开馆以来，非常重视安全保卫工作，建立安全保卫部门和安全监控中心，建立"人防、技防、物防"的防护体系，建立健全的安全管理网络，提高处理突发事件的能力，消除各类不安全隐患。建立安保管理制度，并不断完善和强化安全管理工作，严格执行内保、安防、消防等规章制度，坚持落实安全责任制。建立健全的各类安全记录、值班制度、巡查制度，建立安全巡查网络，严格监控室的管理，加强重点时期的安全检查。

一分耕耘一分收获，北京韩美林艺术馆正处于良好的发展机遇期，相信在上级部门的正确领导下，通过全体员工的努力，不断提升业务水平，继续扩大艺术馆的影响力，共创北京韩美林艺术馆美好的明天。

附：艺术馆荣誉统计表

编号	获奖名称	获奖时间	颁奖单位
1	国家AAA级景区	2008年	全国旅游景区质量等级评定委员会
2	梨园镇先进单位	2008年	梨园镇人民政府
3	文明单位	2009年	梨园镇人民政府
4	通州区文化工作单位	2009年	通州区宣传部
5	通州区爱国主义教育基地	2009年	通州区爱国主义教育基地领导小组
6	梨园镇先进集体	2010年	梨园镇人民政府
7	北京市青少年外事交流基地	2010年	共青团北京市委员会
8	文明单位	2011年	梨园镇人民政府
9	基层双拥工作示范单位	2011年	北京市双拥工作领导小组
10	北京市中小学生社会大课堂资源单位	2011年	北京市教育委员会
11	北京市青少年学生校外活动基地	2012年	北京市教育委员会
12	北京校外教育协议会员单位	2012年	北京校外教育协议
13	文明单位	2012年	梨园镇人民政府
14	中国文化创意教育基地	2012年	通州区关心下一代工作委员会
15	国家级AAAA级旅游景区	2013年	全国旅游景区质量等级评定委员会
16	北京市中小学生社会大课堂资源单位	2013年	北京市教育委员会
17	北京市青少年学生校外活动基地	2013年	北京市教育委员会
18	清华大学研究生艺术教育实践基地	2013年6月	清华大学
19	五四红旗团支部	2013年	中共梨园镇委员会
20	北京市校外教育先进集体	2014年	北京市教育委员会
21	通州区爱国主义教育基地	2014年	通州区爱国主义教育基地领导小组
22	先进单位	2014年	通州区建设学习型新城区工作领导小组
23	第九届北京阳光少年—文化科普进校园活动先进集体	2014年	北京校外教育协会

编号	获奖名称	获奖时间	颁奖单位
24	首都文明风景旅游区	2015年3月	首都文明精神建设委员会
25	第十届北京阳光少年活动优秀组织奖	2015年	北京青少年学生校外教育工作联席会议办公室
26	第十届北京阳光少年—文化科普进校园活动先进集体	2016年1月	北京校外教育协会
27	北京爱国主义教育基地—红色旅游景区	2016年	北京旅游发展委员会
28	北京通州区市民终生学习示范基地	2017年12月	通州区建设学习型新城区工作领导小组办公室
29	北京市中小学生社会大课堂资源单位	2018年1月	北京市教育委员会

古陶文明博物馆
MUSEUM OF ANCIENT POTTERY CIVILIZATION

通信地址： 北京市西城区南菜园西街 12 号（大观园北门）

邮政编码： 100054

电　　话： 010-63538884

网　　址： www.gtbwg.com.cn

博物馆电子邮箱： gtbwg@sohu.com

博物馆类型： 社会科学类（文化艺术）

业务指导： 北京市文物局

批准建立时间： 1996 年 10 月 30 日

博物馆备案登记号： 075

建筑性质： 现代建筑

占地面积： 1000 平方米

建筑面积： 800 平方米

展厅面积： 400 平方米

交　　通： 公交 10、604、56 路到南菜园站，9、48、59、88、741、395 路到右安门内

开放时间： 10:00—17:00　周一、周二及国家法定节假日闭馆

服务设施：

无障碍参观	停车场	衣帽间	餐饮	茶座	纪念品商店	语音导览	讲解员
无	有	无	无	有	有	无	有

概　述

　　古陶文明博物馆是中国首批私立博物馆之一，是一座历史艺术类型的博物馆，在北京市民政局民办非企业处注册登记。馆址位于北京市西城区南菜园西街大观园一座仿古建筑，博物馆提供以古代陶类文物为主的收藏展览、学术研究、保护保养、开发利用、鉴定咨询、修复复制、非营利性的相关纪念品等服务。

　　1996年初，收藏家路东之倡议并决策，开始筹备建馆。博物馆以弘扬和保护中华古代文明遗产为宗旨；以确保路东之梦斋收藏所有权、名誉权、完整性获得永久性保障，最大限度地发现并实现其价值，将陶类文物的收藏保护、鉴赏研究、宣教展览、信息传播、艺术创作、产业开发、资本运营于一体，从而建立古陶文明的收藏、鉴定、研究与传播体系为基本任务；以变个人秘藏之宝为社会共有之物、开创中国博物馆事业新的途径和体例，并最大意义上发现与实现中华古陶文明的价值和尊严为理想而创办。古陶文明博物馆是第一座"陶"的专题博物馆，藏品以新石器时代彩陶及周秦汉唐陶器、战国秦汉砖瓦、战国秦汉封泥三大系列兼及其他相关领域约3000件出土文物为主，构成以古陶文明为主脉、以艺术考古为特色的收藏体系，犹如一部形象生动的古陶文明史。

一　组织机构

　　古陶文明博物馆自2004年起实行理事会制，现有理事三人，监事一人。内设馆长和办公室、陈列部、宣教部、保管部工作室等五个部门。除一名监事、三名理事和四名本馆工作人员外，还有约20余人组成的国内外相关领域的专家学者团队和由约20位德高望重的学者组成的顾问团队。作为北京市科普教育基地、西城区中小学社会大课堂资源单位，古陶文明博物馆在科普教育和中小学教育方面高度重视，积极参与，加强宣教部工作及职能，依据馆藏特色，积极研发相关的体验课程，充分发挥博物馆社会教育功能。

二 藏品工作

对文物和藏品，本着"积极抢救、科学保护、合理利用、宣传教育"的指导方针，对社会各界的相关文物，采取有偿征集，无偿捐赠。藏品来源主要为有偿购买。根据《中华人民共和国文物保护法》《博物馆藏品管理办法》的有关条款，特制定执行《文物藏品安全管理制度》。注重文物的保护工作，积极建立健全文物藏品账目。古陶文明博物馆积极配合2018年国家文物局和北京市文物局下达的文物信息数据库建设的重点工作，在规定的时间内做好馆藏品信息的采集并提交了相关表格和信息。藏品方面，博物馆积极配合2018年国家文物局和北京市文物局下达的文物信息数据库建设的重点工作，克服困难、尽最大努力完善了馆内藏品文物信息数据库的采集编目汇总，在规定的时间内完成了馆藏文物数据信息上报文物局的工作。与此同时，还完善了馆内藏品文物信息数据库。

三 展陈工作

为了让更多的人了解古代陶文化，古陶文明博物馆以"尊重历史事实，讲究代表性，突出学术价值和艺术价值"为陈列原则。

基本陈列如下：

1.彩陶渊薮

古陶文明博物馆收藏的彩陶主要是黄河流域出土的，这个时期是彩陶文明中最发达、辉煌灿烂的阶段。展出的是黄河彩陶中期至晚期的代表作品。包括仰韶文化彩陶、马家窑文化彩陶、半山类型彩陶、马厂类型彩陶、齐家文化陶器、火烧沟文化陶器、辛店文化陶器、卡约、菜园、寺洼文化与唐汪类型陶器。

2.瓦当大观

瓦当是中国古代建筑上的一种构件，用于椽头，起遮挡风雨和装饰屋檐的作用。瓦当文化始于周而造及秦汉，大体经过由半瓦到圆瓦、由阴刻到浮雕、由素面到纹饰、由具象到抽象、由图案到铭文这样一些递进。它是文字、文学、美学、书法、雕塑、装潢、建筑等多门类综合共蕴的艺术，内容涉及自然、生态、神话、图腾、历史、宫廷、官署、陵寝、地名、吉语、民俗、姓氏，等等，反映了丰富的自然景观、人文美学和政治经济内容。

3.封泥绝响

这是古陶文明博物馆最重要的收藏系列，收藏包括战国秦汉封泥约2000件，古陶文明博物馆是目前全世界最重要的封泥收藏与研究机构。封泥是古人封缄文书、信件、货物时在封口处用来盖印的泥团，是印章最初的使用痕迹，可以说在每一块封泥上都保存着一方当时的印迹。

4.古陶序列

古陶序列展出周秦汉唐2000年间不同器型与品类的陶制文物，从中可以看出古陶文明的演进与发展脉络，较为全面地反映了华夏先民有关陶的创制、使用和审美。展品中除鬲、鼎、罐、壶、瓶、豆、罍、钫、仓、俑等基本品类外，还有画像砖、浮雕砖、善业泥、陶箱棺、陶量、陶镇、陶乐器等较为罕见的陶类文物，此外还展出了红山文化、夏家店下层文化、战国燕的陶器和石器、汉代的绿釉陶器等文物。

5.文字的美奥

博物馆展出多载体与文字相关内容的文物近百件。以多载体与文字相关内容的文物为展品，以"文字的美奥"为主题，分为"甲骨拾遗、陶文演义、微刻奇观、玺印荟萃、砖文敷美、文献存真"六组内容。旨在从美学角度，将文字的魅力展现给世人。

6.折散的结构及其他

一个内涵独特而形式怪异的特殊展览，似是而非，充满先锋精神与另类色彩，并包含行为艺术的成分。古陶文明博物馆努力拓展外展，积极举办各类临时展览，参观临展的观众约6万人次，引起了一定的反响及较好的社会效益，受到了各界的好评，

古陶文明博物馆展厅

尤其是"道在瓦砾——一个博物馆人的逐梦旅程"的展览带来了较大的社会效应，观众好评如潮。

四　社教工作

宣教方面，古陶文明博物馆拥有从事博物馆科普教育的专业团队，扩大了科普教育的场所，增加了与之相适应的设备设施。博物馆将参观、课程讲授、参与体验、互动学习融为一体，趣味与增长知识相结合。陆续开展了金石墨香（传拓）、印染岁月（丝网印刷）、瓦作匠心（瓦当制作）、封泥传意、陶塑工坊等博物馆教育体验活动。古陶文明博物馆不仅走进北医附中、海淀实验二小、史家小学、西城区实验小学等学校做讲座+体验课程，还走进了天桥艺术中心、中国书店为中国银行、招商银行、全国妇联、京城电气工程公司等企事业单位做讲座+体验课程，古陶乐学的课程+体验活动，深受老师、学生及家长和参与者的喜爱和好评。同时，古陶文明博物馆更多的将大中小学生及机构请进博物馆，"参观+讲座+体验活动"，与中华遗产合作招募拓片体验活动。与北京农业大学、北京科技大学、中央民族大学、八中亦庄分校小学、101中学、北京联合大学、北达资源中学等学校举办活动约二百余场。受到了师生的欢迎与好评。

凝心聚力抱团取暖，2017年8月10日，古陶文明博物馆组织筹备了北京博物馆学会非国有博物馆专业委员会。20余家北京地区非国有博物馆参加了在古陶文明博物馆召开的北京博物馆学会非国有博物馆专业委员会成立预备会议。9月5日，北京市文物局、北京博物馆学会领导及50余家北京地区与外省市的非国有博物馆馆长、主任及国有博物馆馆长参加了由古陶文明博物馆董瑞馆长主持的在孔庙国子监博物馆举办的北京博物馆学会非国有博物馆专业委员会成立大会。北京博物馆学会非国有博物馆专业委员会筹备成立及成立后，古陶文明博物馆组织各非国有博物馆的领导们分别到东旭博物馆、何杨吴茜绘画馆、崔永平皮影博物馆等北京地区非国有博物馆进行实地调研，并提出了建设性意见。古陶文明博物馆接待了山东省政府参事室调研小组参访调研；接待了北京市人大常委会副主任杨艺文带队的人大教科文卫成员、北京文物局博物馆处处长范军、观复博物馆副馆长李萱、老电话博物馆馆长车志红等15人的调研团到馆调研。

古陶文明博物馆在开馆20周年之际在馆内举办了大型纪念活动。邀请了收藏界、文博界、文化界等领导专家百余人参加，在纪念活动之际，古陶文明博物馆成立了古陶文明博物馆文化创意产业联盟和中小博物馆教育及文创产业联盟，并与西城区实验小学签约成立"金石兴趣教学试点班"的项目。

老甲艺术馆
LAOJIA ART MUSEUM

通信地址： 北京市昌平区东小口霍营

邮政编码： 102208

电　　话： 010-81706415

传　　真： 010-81706445

网　　址： www.laojia-art-museum.com.cn， www.laojiaart.com

电子信箱： 2556573768@qq.com

微信公众号： 大写者老甲

博物馆类型： 社会科学类（文化艺术）

隶　　属： 北京市文物局

博物馆备案登记号： 099

建筑性质： 现代建筑

建筑面积： 920平方米

展览面积： 460平方米

交　　通： 地铁13号线霍营站下换乘专52、462路公交车在霍营乡站下，或地铁8号线回龙观东大街向东第一个红绿灯右转200米路东农业部管理干部学院对面华龙苑中里口内

开放时间： 周六日及节假日9:00—11:30，13:30—17:00

服务设施：

停车场	纪念品商店	餐饮	衣帽间	语音导览	微信导览	无障碍设施	其他
有	有	无	无	无	有	无	无

概　述

　　老甲艺术馆是北京市文物局业务指导的民营博物馆，位于北京北中轴延长线上，交通便利，紧邻地铁13号线与8号线。1994年筹建，1996年竣工，1997年10月16日开放。占地3000平方米，展厅面积460平方米。老甲艺术馆的建筑呈长方形，构造简洁大方，展厅正面矗立着四根石柱，柱后是80平方米的根据老甲代表作《众志成城》的浮雕，烘托出艺术馆建筑的厚重与氛围。主体建筑被草坪花圃、奇石雕塑、荷花池塘环绕，与馆内绘画艺术风格相辅相成，古朴、厚重、简洁、自然。老甲艺术馆主要馆藏为老甲先生的大写意水墨作品，作品大气磅礴，多为马牛等作品；艺术馆的宗旨是传播艺术种子，创造艺术氛围；本着创作、展示、研究、交流和普及为主旨进行活动，团结知名与不知名画家以及美术爱好者，共同为社会做些力所能及的事。

　　老甲艺术馆虽远离繁华闹市，但仍有众多艺术家、学者、收藏家及欧美和亚洲等各界人士不断来访，以及许多的社区居民和全国各地的美术爱好者来参观。

一　展陈工作

　　在2013—2018年期间老甲艺术馆秉承着传播艺术的宗旨进行了一系列的内展外展与宣传活动，每年接待上千人参观。持续藏品的库存整理与数据化管理。对老甲先生千余幅作品进行拍照梳理，编辑成册，由天津人民美术出版社出版《老甲大写意》（八卷本），整理了老甲笔记20余本，由河北教育出版社出版老甲理论丛书之《老甲随笔》，并从上千幅作品中精选百余幅作品在中国美术馆，北京画院美术馆，乌克兰国立美术学院美术馆，济南市美术馆举行了大型个展。

　　2013年5月18日，"香传小树花——庆祝'5·18'世界博物馆日暨老甲艺术馆六人作品展"在老甲艺术馆开幕。展出老甲的学生老甲艺术馆工作室创作人员梁永贵、李志钦、杨先、梁秋生、贾雨鸣、张岩绘画及雕塑作品50余件。

2015年7月31日—8月7日，由中国艺术研究院、中国国家画院和北京画院主办，老甲艺术馆、遵化老甲美术馆协办的"大写者——老甲"作品展在中国美术馆1、8、9展厅举办，策展人张子康、学术主持邵大箴。截至2015年，系老甲从艺六十周年，亦是先生的杖朝之年。此次大展进行了近三年筹备，从数千余幅作品中选出100余幅，其中有许多不为人知的力作。既有恢弘巨制《众志成城》《巴特尔》《草原八月》和大幅作品《苍生》《摩登时代》等，还有中期代表作《铁流》和彩色人马系列，新世纪以来的《方笔之驹》《莽夫系列》《茫茫草原系列》《新生系列》，以及力量感十足的《公牛系列》，丰富多样的小品及大众喜爱的《人之初系列》等，其玄妙的山水画《浑然天地系列》，亦是在老甲艺术馆之外首次与公众见面。本展览被"雅昌月度策展人影响力榜单"评为最具影响力之一的月展。车永仁主编《老甲大写意》(八卷本)和贠冬鸣主编的《老甲艺术文献丛书——老甲艺术随笔》，分别由天津人民美术出版社和河北教育出版社出版发行。

2016年5月18—25日，北京画院、北京美协主办，老甲艺术馆与遵化老甲美术馆协办在北京画院美术馆举行"浑然天地间——老甲大写意作品展"，此次展览展出的50件大写意作品，皆为老甲艺术生涯中的尽心之作、精品之作，更是精选之作。

老甲艺术馆展览

2016年，恰老甲80寿辰。他将代表作品《人之初》《抓马》，巨幅作品《天地神游》等十余件重要作品捐赠北京画院，并在北京画院美术馆举办展览，既是自己情感的归属，也是对美术界和社会的贡献。展览根据作品主题分为四个板块，分别为"浑然天地""人之初""踏月嘶风""力拔千钧"，展示了老甲在寻找自我和展示自我的图像表达以及精神历程。

2017年4月，在春意盎然的乌克兰首都基辅，"老甲大写意画展"在乌克兰国立美术学院美术馆隆重开幕。展览由乌克兰国立美术学院院长维克多·戚培根担任艺术顾问，乌克兰国立美术学院副院长奥斯塔普·科瓦利丘克、乌克兰塔拉斯舍甫琴科国家博物馆副馆长尤利娅·希连科为共同学术主持。本次展览在中乌两国纪念中国乌克兰建立外交关系25周年的框架下进行，展览由乌克兰驻华大使馆、乌克兰国立美术学院、塔拉斯舍甫琴科北京美术馆、老甲艺术馆、国韵文华书画院联合主办。乌克兰驻华特命全权大使在书面贺信中写道：2017年是乌克兰和中国建立外交关系25周年，同时也是乌克兰国立美术学院建校100周年，在这个特殊意义的时刻，"老甲大写意画展"在乌克兰国立美术学院举行谱写了乌克兰和中国友谊的新篇章。此次展览涵盖了老甲的人之初系列花鸟系列，最具张力的奔牛、烈马系列，及极具哲学意味的山水画浑然天地系列，较全面展示了老甲的大写意风格。在展览筹备期间策展人并邀请了乌克兰第三任总统维克多·尤先科、中国国家画院院长杨晓阳分别为"老甲大写意画展"题写了中文和乌克兰文字的展览标题。

2017年5月22日—6月5日，老甲的10余幅作品参加由人民日报社主办的"中国画强元课题十人学术提名展"，展览地点人民日报社。

2017年10月12—28日，"大写者——老甲"作品展济南站在济南市美术馆举行，展出作品100余幅。

2018年，老甲代表作品分别参加了"写意中国——中国国家画院2018年展"，"写意中国——中国国家画院美术作品欧洲巡展"（德国，乌克兰），2018中国国家画院"一带一路"采风写生作品展，中国画学会、中国美术馆共同主办的"第二届中国画学会展·时代华章2018"（中国美术馆），"中国新水墨作品展1978—2018"（策展人张晓凌，鲁虹），北京民生现代美术馆等重要的美术史级别展览。

老甲艺术馆馆内主要展览以老甲作品为主，定期更换藏品。

二　宣传工作

2104年至2017年，老甲艺术馆与遵化老甲美术馆联合央视著名纪录片导演李成才拍摄老甲纪录片，拍摄长达100多个小时，持续三年之久，完整地表达了老甲作为大写意画家的艺术心路历程。并协助中国国家画院与中央新影集团联合摄制的大型纪录片《岁月丹青》之贾浩义，这部大型美术纪录片，以老艺术家口述为主要叙述方式，跨越整个共和国历史、覆盖全部艺术门类，反映出共和国美术发展整体面貌和成就。

全面更新老甲艺术馆网站，并推出大写者老甲的公众号，主要刊登老甲随笔和艺术馆近况，深得老甲粉丝喜爱，国内外20余家媒体作了报道。

观复博物馆
GUANFU MUSEUM

通信地址： 北京市朝阳区大山子张万坟金南路18号

邮政编码： 100015

电　　话： 010-64338887　010-64337775　010-64362308

传　　真： 010-64362329

网　　址： www.guanfumuseum.org.cn

电了邮箱： office@guanfumuseum.org.cn

微信公众号： 观复博物馆、观复猫

博物馆类型： 社会科学类（文化艺术）

业务指导： 北京市文物局

批准建立时间： 1996年10月30日

博物馆备案登记号： 074

建筑性质： 现代建筑

占地面积： 5000平方米

建筑面积： 5000平方米

展览面积： 3500平方米

交　　通： 线路1：乘坐地铁2号线东直门站下车由C口出站，在公交换乘站乘坐418公交车至京旺家园一区站下车，前行200米即到；线路2：乘坐地铁14号线将台站下车由A口出站，乘坐418公交车至京旺家园一区站下车，前行200米即到；线路3：乘坐地铁15号线崔各庄站下车由B口出站，乘坐专116公交车至京旺家园中街南口站下车，前行至红绿灯路口左转，直行200米即到。

开放时间： 9:00—17:00，每周一16:00闭馆，除大年三十至初三闭馆四天外，全年开馆。

服务设施：

停车场	纪念品商店	餐饮	语音导览	微信导览	无障碍设施	其他
有	有	无	无	有	有	免费茶水、母婴室、轮椅使用、节假日固定时间段免费讲解

概　述

　　观复博物馆开馆至今已20多年，面积由最初的300平方米到目前的总面积1万多平方米，由设在北京的本馆发展到在杭州、厦门、上海等地开设了观复博物馆地方馆。近几年，观复博物馆每年接待观众逾百万，社会影响力逐步加大，打造出了一个以非国有博物馆为主题的文化品牌。经过不断的探索和发展，观复博物馆已形成了独特的办馆方式，在很多方面彰显出自己的优势。

　　观复博物馆至今已做各类展览数百余次，出版物80多种，销量累计过千万册。创始人马未都先生举行过多种讲坛，涉及的知识极为广博，以2008年至2009年在央视百家讲坛的讲授影响最大；与电视台合作品牌栏目《收藏马未都》9年，节目500期，拥有了一批忠实度高的收视群体，成为卫星频道的一面文化旗帜；2014年，一档充满特殊魅力的脱口秀横空出世，这就是"观复嘟嘟"——有态度的脱口秀，目前各类点击量逾30亿次。此栏目的创新之举，在于将每期主题与文物结合。随着马未都先生精彩脱口秀演绎人生百态，洞察世事人情，一件件真实珍贵的文物仿佛在做最生动的注解。正是有了这些文物，让观众更深刻地理解什么是"历史没有真相，只残存一个道理"。这种文化力量的传播和影响，在博物馆中已属领先地位。2018年春，关于观复博物馆的大型互联网视频文化艺术节目《博物奇妙夜》在中国最大的视频网站爱奇艺独播，节目邀请文化界的知名人士，在著名博物馆里，共同探讨文化、艺术和历史，向公众传递文化的魅力，让更多的年轻人爱上博物馆。2018年10月30日，观复博物馆另一档体现中国文物与中国传统文化的新节目《国宝100》上线播出，让观众通过其中的每一件国宝珍品了解它们背后的精彩历史故事。

　　观复博物馆在做好文化传播的同时也努力结合实际，加强队伍、业务建设，充分发挥了博物馆"收藏、展示、研究、交流、教育"的功能。对开办的每个展览，努力打造精品展览，不片面追求展览数量，而以展品的档次价值、展陈的艺术水平以及产生的社会效果为目标。强调把原来"我展你看"的展览模式变为"你有兴趣，我来策展"的新模式，这些展览均以独具匠心的内容设计，为广大观众奉送了高层次的文化艺术盛宴，受到社会各界的高度赞誉，为充分发挥馆藏文物优势，开办丰富多彩的文物展览迈出了坚实一步。

长期以来，该馆均在节假日期间提供上、下午各一场的全程讲解服务，2014年起，更是在寒暑假期间特别增加了针对学生们的免费讲解次数。大家参观后，对古代艺术品有了一个更为深刻的认识，同时对于文物背后的文化有了一个更为全面的了解。在充分发挥了博物馆社会服务职能的同时，更提升了该馆的影响力与知名度。

观复博物馆在展览、公众教育所作出的成绩获得了很多媒体的关注，媒体的宣传和报道，既提升了博物馆的知名度，同时又收到了良好的宣传效果，使观复博物馆逐步成为重要的文化窗口。除了传统的电视、报刊、网络、书籍之外，在向大众展览文物之余，观复博物馆还通过自媒体传播中华文化。如今，除官方网站外，还有"观复博物馆"及"观复猫"两个微信公众号平台，每天都有新消息发布，让无法来馆参观的客人通过这种平台第一时间分享知识的快乐。

在文创开发方面，观复博物馆自2008年起就集合了优秀设计团队和研发人才，将博物馆馆藏品中具有中国传统文化特色的纹饰和象征符号与现代商业相结合，设计研发并生产了具有博物馆特色的文化创意产品。目前主要设计研发的产品类型包括瓷器类、服饰类、家居用品类、石塑类、办公用品类、艺术复制品类、饰品类等逾千款，取得产品著作权34项，产品包装专利权1项，产品外观专利3项，正在申请外观

观复博物馆油画展厅

专利 1 项。获得国家的和北京市级设计研发类奖项 11 次。近年来，博物馆依靠独特的创意设计、高品质的创意产品和极具竞争力的产品定价，从产品内容，材料选择，质量监督，包装设计等环节提供一条龙服务。拥有了一批长期且稳定的消费客户，企业和个人专属定制服务量逐年增加。观复博物馆分别在天猫、淘宝上开设了旗舰店，并开设博物馆微店。2016 年在 5 月 18 日国际博物馆日当天，在由国家文物局指导，中国博物馆协会、中国文物报社组织开展的"全国博物馆文化产品示范单位"评选活动中，观复博物馆脱颖而出，荣获殊荣。博物馆通过研发文化产品，既提供了相应服务，"让公众把博物馆带回家"，又能增强博物馆自我造血功能。观复博物馆获此荣誉是国家及社会各界的鼓励和肯定，该馆将继续肩负推广中国传统文化的社会责任，为大众呈现更多更好的展览和文化衍生品，与文化同行。

作为非国有博物馆，观复博物馆与国有博物馆一样为社会承担着公共教育责任。观复博物馆已与多家学校建立校外教育基地的合作关系，有针对性地配合学校做文化宣讲工作。博物馆老师精心准备具有观复特色的文化讲座，展览，走出博物馆，进入校园及社区。观复博物馆在做好专题展览的同时，公共教育工作重点推出"观复学堂""观复讲堂""特展公众活动""特展家庭日"等一系列专门针对不同目标参观者设计的教育服务产品。通过对不同年龄段、文化背景、兴趣爱好参观者的深入研究，设计依托博物馆场馆、展览特色的教育产品，发挥丰富馆藏文物的优势，以文物衬托文化，以中国传统文化的当代价值及其传承为己任，深入浅出，寓教于乐，努力激发学生学习的乐趣和潜能，培养参观者对文物、文化的兴趣。

2015 年，观复博物馆推出"猫馆长"系列内容，观复猫萌力十足的形象传统文化有了新的载体。透过喵星人展现出来的传统文化不仅不刻板，还大大增加了粉丝们了解文物、了解历史的兴趣：黄枪枪漫画形象里的那面宝镜是什么来头？为什么小编会说马都督和乾隆皇帝有性格相似之处？在看漫画、读文章的过程当中，能够将穿插其中的文化知识点愉快地吸收。2017 年 9 月，北京博物馆学会非国有博物馆专业委员会成立，观复博物馆成为本委员会重要一员。2017 年 12 月 18 日，第二届中国博物馆协会非国有专业委员会第二届大会在西安召开，观复博物馆作为重要成员参与会议。观复博物馆将与众多全国各地的非国有博物馆一同努力，在弘扬中华优秀传统文化、构建社会主义核心价值观方面发挥积极的作用。

何扬·吴茜现代绘画馆
HEYANG WUXI MODERN PAINTING MUSEUM

通信地址： 朝阳区金盏乡长店村 123 号

邮政编码： 100018

电　　话： 010-84338157

电子信箱： heyangwuxi@163.com

博物馆类型： 社会科学类（文化艺术）

业务指导： 北京市文物局

博物馆备案登记号： 076

建筑性质： 现代建筑

占地面积： 1200 平方米

建筑面积： 1000 平方米

展厅面积： 500 平方米，工作室面积 300 平方米

交　　通： 672 终点站郁金香花园南门向西南 300 米，418 路、364 路、640 路、688
路、847 路到长店路口东站。

开放时间： 9:00—16:00

概　述

何扬·吴茜现代绘画馆是中国政府批准的首批私人博物馆，是中国第一家私人现代绘画馆。何扬·吴茜现代绘画馆共有大小七个展厅，展品有何扬的新主题主义绘画作品、吴茜的新水墨画作品以及他们的传统中国画作品。该馆也为国内外艺术家办展，对国际文化交往做出了积极的贡献。

早在1993年，馆长何扬就在北京城市市中心朝阳门内的一所四合院里，开辟了几间房屋，开始了自己的公益性美术馆活动和工作，为国际友人进行艺术交流提供帮助。1995年，中国正式提出加入世贸组织的申请。响应国家号召，何扬创办了中国政府批准的第一家私人美术馆，填补了中国美术史和文物史的空白。

馆长何扬和夫人吴茜自幼学习中国画，并一生从事美术创作与研究工作，创办博物馆，举办展览、讲学，进行国际文化交流活动。何扬·吴茜现代绘画馆是中国本土从传统走向现代的典型艺术载体。

何扬·吴茜现代绘画馆近年经历了两次拆迁，依旧以强大的耐力为社会服务、为公众服务。特别是2013年到2018年为社会开办免费艺术培训班，每年四次。还积极参与社会服务、慈善事业，为残疾儿童举办画展和进行课外辅导活动，捐助福利院和国际学校的孤残儿童。绘画馆还积极参与文物局和朝阳区文化委员会组织的各项活动，为中国文化的大发展大繁荣贡献了自己微薄的力量。

炎黄艺术馆
YAN HUANG ART MUSEUM

通信地址： 北京市朝阳区亚运村慧忠路9号

邮政编码： 100101

电　　话： 010-64912902

传　　真： 010-64911195

网　　址： www.yham.net

微信公众号： yham0928

博物馆类型： 社会科学类（文化艺术）

批准建立时间： 1988年4月11日

博物馆备案登记号： 026

建筑性质： 现代建筑

占地面积： 4351.7平方米

建筑面积： 10471.2平方米

展览面积： 1300平方米

交　　通： 公交：108路、124路、301路、328路、379路、380路、387路、408路、419路、426路、479路、620路、653路、753路、905路、928路、984路、快速公交3线、快速公交3线区、特11路、特16路、142路、夜26路、夜9路、运通110线等炎黄艺术馆或安慧桥北站下
地铁：15号线安立路，5号线大屯路东、惠新西街北口，8号线奥林匹克公园、奥体中心，10号线安贞门

开放时间： 9:30—17:00（16:30停止入场，逢周一闭馆）

服务设施：

停车场	纪念品商店	餐饮	语音导览	微信导览	无障碍设施	其他
无	有	无	无	无	无	无

概　述

　　炎黄艺术馆是我国第一座民办公助的大型公益艺术馆，以展示、弘扬中华民族优秀传统文化为办馆宗旨。艺术馆由著名艺术家、社会活动家黄胄先生倡导，在国家和北京市政府的大力支持及海内外各界热心人士的帮助下，于1986年开工筹建，1991年9月28日正式落成对外开放。

　　中国的美术馆事业正处在历史上最好的发展时期，我们正在迎来一个"美术馆的时代"，在这种大好的文化氛围中如何去更好地为观众服务也是炎黄艺术馆今后的工作重心。炎黄艺术馆将继续遵循"百花齐放、百家争鸣、推陈出新"的文艺方针，树立炎黄品牌，完善各项功能，真正使艺术馆成为一个知识传播的课堂，为推动中国艺术事业的发展贡献自己的一份力量。

　　艺术馆秉承着创办者黄胄先生"艺术源于生活"的办馆理念，努力让艺术回归生活，回报社会。

　　近年来，随着中国文化的繁荣和发展，国家和各省级、地区政府不断加大对文化艺术发展的扶持力度，越来越多具有不同艺术特色、学术定位的民营艺术馆和艺术机构不断推陈出新，呈现出一片繁荣的面貌。对于炎黄艺术馆这一"非国有艺术馆"来说，如何适应中国当前文化的发展规律，如何满足人民群众日益增长的文化生活需求，如何为社会提供优秀的文化艺术产品，成为我们需要面对和解决的问题。这要求我们既要立足中国传统文化艺术，又要把握时代脉搏，反映时代面貌，体现时代精神，分别从艺术的角度、社会需求角度、大众文化心理等角度去深入探索、尝试如何通过内容与形式更加丰富的艺术展览和活动，让不同年龄层、不同社会、文化背景的人群都能够去欣赏、参与进来。通过举办针对不同层面人群的多样化的展览，既能够适应艺术发展规律，又能够满足不同人群的文化需求，这是炎黄艺术馆近年来业务发展的重要课题。要实现这一尝试，就要从各方面进行重新思考，通过一些改革，以及思想的转变来进行大胆的实践。

目前机构设置有：行政部、展览部、公共教育、媒体宣传、外联部、培训部、财务部、典藏部。

2013—2018年，炎黄艺术馆主要业务发展状况：

一 举办展览

（一）展览多样化

1. 形式的多样化

（1）面向学院进行作品征集，带动青年艺术家的创作热情。

（2）突破以往"统一化"的展出形式，让艺术家充分发挥作品在艺术馆中的展示效果以及与观众的互动关系，从而关注作品与空间之间的关系。

（3）通过艺术家在展场设置的艺术感言和介绍，为观众增加了展览整体的"可读性"。

2. 内容的多样化

立足本馆馆藏资源，展示黄胄先生的画作，以及黄胄先生收藏的中国传统书画、艺术品等。

（二）活动立体化

1. 讲座与演出活动结合。

2. 公共教育活动与展览结合。

3. 艺术进校园、进街道，实现社会效益。

二 公共教育

炎黄艺术馆自1991年成立之时起，便履行着一所公益艺术馆所需要承担的社会美育职能。黄胄先生在世时，曾于炎黄艺术馆开办画室，对于中国画的繁荣发展起到了很大的推动作用，培养了一大批在当代有重大影响的画家；同时，为推动对中国画传统的学习和研究，除了展览，还举办各种类型的研讨、讲座，如著名科学家李政道与黄胄共同发起的1993年科学与艺术研讨会，由袁宝华、黄胄主持的1995年经济与文化研讨会等，在国内外也产生了很大影响。

2014年初，炎黄艺术馆正式成立公共教育部，以艺术类（利用馆内艺术品及艺术家资源，开发与艺术相关的项目，包括以艺术名家公开讲座为主的"艺术公开课"，观众实际参与制作体验的"艺术工坊",美术、戏剧、音乐等多门类艺术现场的"艺术沙龙"三大板块)、文化类(打破艺术门类的界限,为人们了解当今文化界在发生什么提供可实际参与的途径,内容包括主题阅读、新书发布等)、亲子类(综合观展、绘画、游戏等环节,鼓励孩子和家长充分利用炎黄艺术馆的艺术家和作品资源,发挥想象力,通过创造性参与活动来发现艺术,并在此基础上在家庭成员之间建立更深的信任感)为三大主线,平均每年举办日常公共教育活动约30场。

在日常公教活动之外,炎黄艺术馆还分别于2014年、2017年举办大型主题活动"炎黄文化艺术节",免费向社会公众开放,打造弘扬中华民族优秀传统文化的公益艺术平台(2014年、2017年艺术节场次分别为36场和51场)。

炎黄艺术馆的公共教育活动,平均每场参与人数约100人,单场人数最多达500人以上。2013—2018年,炎黄艺术馆的公共教育项目获得文化部(现文化和旅游部)、北京市文化局(现北京市文化和旅游局)、北京市朝阳区文化委员会等上级单位奖励6次。

三 藏品管理

(一)藏品数量

自2013年到2018年底,炎黄艺术馆共新增藏品1129件;其中馆购入作品9件,均为中国画作品;捐赠作品1120件,包括有民间艺术品、中国画、油画、版画、年画等;此部分民间艺术品均由冯真教授捐赠,捐赠数量大,在很大程度上丰富了炎黄艺术馆民间美术藏品的种类。

根据2018年非国有博物馆备案要求,共备案登记炎黄艺术馆藏品4213件。

(二)藏品管理制度

根据炎黄艺术馆原有的《炎黄艺术馆画库藏品管理制度》,重新整理拟定了《炎黄艺术馆画库藏品管理暂行规定》《库管人员工作职责》《库房日志》等藏品管理相关制度,规范了藏品的登记信息、藏品出入库制度以及对现有藏品的展出、研究等细则。

(三)库房设备维护更新

为了进一步加强库房的消防安全和改善库房藏品的存放环境,2015年至2016年对艺术馆藏品库房进行了消防设施改造,增加安装了新的恒温恒湿系统。

新增藏品柜36件,替换原陈旧藏品柜之余,全部用于存放新增藏品。

四 安全保卫

炎黄艺术馆自建馆以来，画库一直未进行修缮改造，因为画库位于半地下，通风设备年久失修，画库内夏天阴暗潮湿，冬天干燥憋闷，画库内温度湿度对于藏品来说都严重不达标。随着业务的发展，原来的画库柜已经不够用，很多画都只能放在画库柜的顶端，简单包裹，为防房顶漏水，用一层塑料布遮盖。画库以前虽然有消防设施，但都是名存实亡，气灭罐都已经老化，并且无法更新使用，成为摆设。此外，没有安保系统。

画库对于一个博物馆来说是重中之重，所有的藏品都集中在此，并且画库的环境对于藏品的保存也非常重要。2014年，馆里开始对画库重新装修。首先清理出一直堆满杂物闲置的东库并进行装修，按照画库要求，地面墙面铺设绝缘材料，画库内安装烟感、气灭系统，重新添置了36个画库柜。2016年为了改善画库的温湿度，重新安装了恒温恒湿系统。经过重新改造的画库，宽敞明亮，配备了监控红外系统，保证了360度无死角。

总体来说，炎黄艺术馆通过多方面的改进，基本适应了当前形势下人民大众的文化需求。然而，作为艺术馆，需要更进一步将更多更好的，具有更高艺术水准的艺术项目推向社会，从而不断丰富和提高人们的文化生活水平，切实让社会公众从文化、艺术中获得精神上的享受，让人民大众的精神生活更加丰富、充实。

保利艺术博物馆
POLY ART MUSEUM

通信地址： 北京市东城区朝阳门北大街1号新保利大厦云楼9层

邮政邮编： 100010

电　　话： 010-65008117　010-64082700（传真）

博物馆类型： 社会科学类（文化艺术）

隶　　属： 中国保利集团有限公司

博物馆备案登记号： 104

建筑性质： 现代建筑

占地面积： 1000平方米

交　　通： 地铁2号线东四十条站出D口

　　　　　　公交701、118、115路东四十条桥西，44路东四十条桥南

开放时间： 周一至周六9:30—16:30（中午不休息）

服务设施：

停车场	纪念品商店	餐饮	语音导览	微信导览	无障碍设施	其他
有	有	有	有	有	有	无

概　述

一　管理机制

保利艺术博物馆是中国首家由大型国有企业兴办的艺术类博物馆，隶属于中国保利集团有限公司，业务受保利文化集团股份有限公司指导。博物馆以弘扬中华民族优秀传统文化艺术、抢救保护流在海外中国珍贵文物、推进企业文化建设为宗旨。自成立至今，始终坚持"不求多而全，只求精、珍、稀"的收藏理念，保利艺术博物馆积极从海内外抢救保护珍贵的中国文物。其中工作重点主要集中于以下三方面：

1.青铜器、佛教石刻造像为主的文物艺术品的征集、研究、保护和展示。

2.文物艺术品（如绘画、工艺美术、重要考古发现等）的交流与展示。

3.公众教育与文化服务、学术交流与国内外文化交流。

该馆采用现代化的管理体制与手段，下设展览部、文物征集与管理部、社教宣传部及办公室等部门。

二　保管工作开展

藏品保管库房按照国家文物局颁布的《博物馆管理办法》中要求的存储标准设计打造，辅以专业的软件系统对藏品进行现代化管理，恒温恒湿系统有效保证了藏品处于恒定不变的状态。库房安全防范等级达到国家级文物保管标准，高等级气体灭火系统、防盗门及门禁识别系统、24小时视频监控、防入侵报警监控及安保巡逻，保证了在库艺术品的安全。

三　陈列展览

（一）常设展览

保利艺术博物馆现建有三个专题陈列馆，其中"中国古代青铜艺术精品陈列"，展出商代早期至唐代（约公元前16世纪至公元9世纪）的青铜珍品100余件（组），展现中国古代青铜文明的发展历程与独特魅力，其中商周时期的俅季凤鸟大尊、牺伯卣、神面卣、王作左守鼎、遂公盨等，皆为世所罕见的珍品。

"中国古代石刻佛教造像艺术精品陈列"，通过30余件北朝至唐代（公元5世纪至8世纪）的石刻佛像，勾勒出巅峰期中国佛教艺术的风采。其中北朝时期（公元6世纪至7世纪）山东青州地区雕造的一批佛像，其保存之好、工艺之精，世所罕见。

"圆明园国宝陈列"，展出保利艺术博物馆于2000年春在香港抢救保护即将再次流失的三件圆明园国宝——牛首铜像、虎首铜像、猴首铜像，以及2003年澳门著名实业家何鸿燊博士捐献的猪首铜像。

（二）临时展览

2013年以来，保利艺术博物馆为传播中国优秀文化精品，先后推出了"新出土明代御窑瓷器精品展""晋善晋美·三晋窑火——中国古代山西陶瓷特展""延陵墨韵——常州博物馆藏名家书画展""PAINTING：贰拾X20""远山晚翠——龙泉青瓷精品展""西域胜境 神韵黄南——罗藏旦巴大师艺术公益展""大朴尚简——明清单色釉瓷器菁华展"等。同时积极响应国家"一带一路"国际艺术引进来的号召，举办"中西文化交流历史文献系列展——十九世纪法国传教士手绘中国鸟类图谱""芭蕾·花开：到中国之路——拉夫连季·布鲁尼作品展"等。六年来累计举办近百场公益性展览，年均举办展览16场，涵盖瓷器、书画、油画、唐卡、工艺美术等多个门类，引起社会巨大反响。

（三）国内巡展

在将近二十年的时间里，中国保利集团有限公司与保利艺术博物馆以国宝收藏为爱国主义主题教育的重要素材，展开了全国范围内的巡展，以宣传爱国主义精神，开展中国历史教育和文化艺术普及。截至2018年底，保利艺术博物馆与有关方面合作，先后在香港及北京、上海、成都、重庆、武汉、广州、深圳、哈尔滨、西安、天津等国内70余座中心城市巡展，巡展以"圆明园国宝"为基础，配合馆藏魏晋南北朝石佛造像、金铜佛造像、中国古代玉器、十二金兽首等中国传统优秀艺术精品，累计接待观众逾6000万人次。2013—2018年，保利艺术博物馆累计举办系列巡展近百场，年均举办巡展超过16场，取得了巨大的社会效益，更得到各方一致称赞与好评。

（四）国际展览

为积极响应文化"走出去"号召，2016年底成立加拿大温哥华保利艺术馆。保利艺术博物馆以"宣传中国文化、展示文化魅力"为切入点，持续输出高品质中国传统和现当代艺术精品展览，截止到2018年底，已举办"乾隆皇帝的古与洋"展览、"吉金——保利中国古代青铜器精品展"、"金玉茗香——明清铜炉特展"、"感动世界的中国绘画——齐白石吴昌硕《山水花卉十二屏》"大展暨"中国千年玉雕之美"特展、"陶都风——宜兴紫砂艺术温哥华特展"、"意韵——薛雁群油画作品展"等15场展览，150余场专场讲座及活动，深受中国驻外使领馆、当地媒体和广大艺术爱好者的喜爱。

四　社会教育

保利艺术博物馆的社会教育分为两个部分。

第一部分以"保利艺术大讲堂"的形式推出，主要是面对成年艺术爱好者的公益性讲座。讲座的内容立足博物馆的常设和临时展览内容，同时配合故宫博物院、国家博物馆、首都博物馆等重要展览内容，邀请业界知名专家、展览策展人、学院教授等作为主讲人，围绕确定主题，将历史、艺术等方面的知识以更直观、生动的方式展示给听众，并结合展览现场的切身感受，体验到展览更强的感染力。自2014年推出以来，已经累计举办43期，场场爆满，受到众多艺术爱好者的好评。

第二部分以"儿童艺术教育"的形式推出，为半公益性教育活动（只收取课程涉及的材料费用）。该馆根据现有藏品自主研发了五种博物馆儿童教育专题课程，分别为"神秘的青铜国度——认识青铜器""中国传统文化——感受青铜器纹饰之美""大千世界任我拼画——认识菩萨造像艺术""圆明园国宝兽首——带国宝回家"和"识文解字——趣识金文"。同时，根据临时展览的内容，还研发了"在博物馆画一幅'自画像'""花好月圆·中秋花灯特别活动""笔下生花·带走绚丽的艺术世界"等多种课程。不同的课程内容和体系满足了不同小朋友的兴趣和需求。通俗易懂，寓教于乐的教学方式让小朋友们对于深奥的艺术和历史知识不再陌生。绘本学习、文物观察、展厅讲解、互动游戏和实践体验的五步课程环节设计，最大化地激发学生的学习兴趣，将知识转化为实践并发展为兴趣，受到家长和孩子们的热烈追捧。

五　学术研究

保利艺术博物馆先后聘请国内近50位专家、学者担任顾问，如孙机、耿宝昌、杨泓、杨臣彬、王世民、谢辰生、孔祥星、吕济民、杜迺松、胡继高等一批学者，及已故的徐邦达、启功、宿白、金维诺、马承源、汤池、李学勤等先生均为中国文物艺术品领域的一流学者，在海内外享有崇高的声望。

同时，该馆还与业内多家知名文博机构合作，加强学术力量。如故宫博物院、中国历史博物馆（中国国家博物馆）、上海博物馆、中国社会科学院考古研究所、中国社会科学院历史研究所、中国社会科学院世界宗教研究所、中国文物研究所（中国文化遗产研究院）、北京大学考古文博学院等。

六　安全保卫

图像系统：全馆安装高清晰、红外、低照度摄像机；馆内图像覆盖无死角；采用24小时不间断数字硬盘录像；图像异常报警画面自动弹出；安装2台高速、高清晰复核监控摄像机控制全馆。

报警系统：全馆采用红外主动及被动报警管理系统，系统配备红外、微波、幕帘、振动、玻璃破碎、紧急报警按钮、门磁及压力开关等实现了边界、局部、重点等防范区域的立体防范体系。报警主机响应时间≤2s，联动响应时间≤4s。

声音复核系统：全馆采用多点声音复核，配合振动报警对馆边界及重点区域实施控制，利用其优势与图像系统及报警系统对入侵加以核实。

消防系统设施设备：临时展厅具备和主展厅一样的消防设备，安装有自动烟感、温感报警系统、自动喷淋系统、火警手报紧急按钮、消防分区卷帘、消防广播系统、警铃、消火栓箱等消防设施设备。消防报警系统与新保利大厦消防中心系统信息共享。

人防及物防措施：全馆采用物防前移到边界的防范措施并结合技防的预警措施。专业人员防范也全面布置，展览区域安排专职保安6—10名，工作人员4—5名。为确保通信畅通，所有人员配备了对讲机。24小时警员巡视，15名警员备勤。

七　文创开发

艺术馆已开发圆明园兽首、佣季凤鸟尊、遂公盨、王座左守鼎、佛造像、菩萨造像等不同尺寸和材质的仿制品。开发带有馆藏文物器形、图形等的胶带、拓片、复制画、镇尺、纪念册金银钞等衍生品。同时，该馆已与凝一文化创意发展（深圳）有限公司合作开发衍生品。

清华大学艺术博物馆
TSINGHUA UNIVERSITY ART MUSEUM

通信地址： 北京市海淀区清华园1号

邮编编码： 100084

电　　话： 010-62781012

传　　真： 010-62781023

网　　址： http://www.artmuseum.tsinghua.edu.cn/

电子信箱： edu-tam@tsinghua.edu.cn

微信公众号： 清华大学艺术博物馆

博物馆类型： 社会科学类（文化艺术）

隶　　属： 清华大学

批准建立时间： 2016年2月6日

博物馆备案登记号： 备字04-175

建筑性质： 现代建筑

占地面积： 30000平方米

建筑面积： 30000平方米

展览面积： 9000平方米

交　　通： 地铁3号线五道口站A（西北）出口出站；15号线清华东路西口站C（西南）出口出站

公交五道口站508、307、331、375、549、630、86、运通126；清华东路西口站392、355、438、466、594、运通110、快速直达专线82

开放时间： 9:00—17:00（16:30停止入馆），周一闭馆（法定节假日除外），除夕至初十闭馆

服务设施：

停车场	纪念品商店	餐饮	语音导览	微信导览	无障碍设施	其他
有	有	有	有	有	有	无

概　述

清华大学艺术博物馆2015年12月落成，2016年3月正式在北京市文物局备案，同年4月举行场馆落成仪式，并加入中国博物馆协会。9月10日举行隆重的开馆仪式，正式面向社会公众开放。截至2018年12月31日，共接待观众66.99万人次，其中接待校内师生2.7万人次，接待校外学生27.2万人次。

一　发展定位

清华大学艺术博物馆以"彰显人文、荟萃艺术，精品展藏、学术研究，内外交流、资讯传播，涵养新风、化育菁华"为建馆方针。除设有展览、典藏、研究、公共教育等主要职能机构外，将重点在展览策划，精品推介、举办各种学术活动，开展公共服务，打造教育平台方面，为传播历史人文艺术和现代科技创新成果发挥不可替代的作用。

清华大学艺术博物馆提出"4321"的发展定位：第一，追求经典品格；第二，追求学术价值的高度；第三，注重创新意识；第四，提供优质的人性化服务。

最终实现的目标：建成与世界一流大学相匹配的艺术博物馆，一所最好的大学艺术博物馆，一所面向师生、面向社会、面向国际的高水平博物馆。

二　机构设置

本着精简高效的原则，艺术博物馆下设八大职能部门，包括综合办公室、典藏部、展览部、学术研究部、事业发展部、公共教育与对外关系部、信息管理部、设备工程与安保部。

三　藏品现状

本馆现有藏品13000余件/套，绝大多数来自清华大学美术学院（原中央工艺美术学院）自1956年以来历年的收藏，以及校友及社会贤达的捐赠。品类包括书画、染织、陶瓷、家具、青铜器及综合艺术品等六大类。其中，书画类藏品1400余组件，时代自元至近、现代，作品中不乏文徵明、吕纪、蓝瑛、陈洪绶、王原祁、王铎、华嵒、郑板桥、罗聘、任伯年、吴昌硕、齐白石、徐悲鸿等名家真迹。染织类藏品4600余组件，时代涵盖明清及近现代；工艺种类包括织锦、漳绒、妆花、缂丝等。陶瓷类藏品2700余组件，时代自新石器时代至近现代；陶瓷种类相对丰富，包括红陶、灰陶、彩陶、黑陶、原始瓷、青瓷以及色彩缤纷的颜色釉瓷和彩绘瓷等。家具类藏品140余组件，时代自明至近现代，种类主要集中于桌案类、椅凳类和柜架类，也有少量的床围、箱类家具。铜镜藏品280余件，系校友王纲怀先生所捐赠。

四　陈列展览

清华大学艺术博物馆展览内容丰富，学术性强。开馆至今，涉外展仅开馆展览中，就既有意大利文艺复兴巨匠达·芬奇的真迹展出，也有清华美院前辈艺术家与教师的作品展，等等。9000平方米展陈面积全部开放，展览精彩纷呈，展品诠释着传统与当代、历史与未来、东方与西方、艺术与科学的交相辉映。截止到2018年12月31日，清华大学艺术博物馆共推出展览38个。相继推出的涉外展有："对话达芬奇/第四届艺术与科学国际作品展""从莫奈到苏拉热：西方现代绘画之路 1800—1980""从酒神赞歌到阿卡迪亚：马库斯·吕佩尔茨作品展""非线性现实：白俄罗斯现代版画、水彩、素描作品展""理想之境：马里奥·博塔的建筑与设计""回归·重塑：布德尔与他的雕塑艺术""西方绘画500年——东京富士美术馆馆藏作品展"等，尤其"大道成器——国际当代陶艺作品展特展"是本馆第一个自主策划并得到国家艺术基金资助的国际展览项目，涉及16个国家的60多位艺术家。根据馆藏品和清华大学特色，推出清华学人手札、营造中华、清华简文献展、"必忠必信：王纲怀捐赠铜镜展"和"独上高楼：王国维诞辰140周年纪念展"等。与此同时，结合清华美术学科，先后为雷圭元、张仃、杜大凯举办了重要的学术与艺术回顾展；还为年轻的学子，本科生和研究生，分别举办了毕业作品展，展览内容丰富，形式多彩，融会中西，贯通古今，兼具学术性和艺术性，为广大观众呈献一场场视觉盛宴。

五 学术研究

截至2018年底，结合藏品和展览，艺术博物馆相继出版20多本馆藏图录和展览图录，形成"艺术博物馆展览系列丛书"，对藏品和展览进行深入的学术梳理和研究，并定期出版馆刊。艺术博物馆策划的"对话达芬奇/第四届艺术与科学国际作品展"获批2016年度国家艺术基金一般项目，项目额100万元；"大道成器——国际当代陶艺作品展"获批2017年度国家艺术基金一般项目，项目额60万元；组织策划了中美大学博物馆间的学术交流活动。2018年，进一步加大学术研究的力度和深度，先后围绕大道成器国际陶艺作品展、袁运甫艺术展、洛文希尔摄影收藏展等举行学术研讨会，取得丰富学术成果。

六 公共教育

开馆以来，艺术博物馆开展了一系列公共教育活动。"清华艺博讲坛"邀请冯远主讲"博物馆与艺术鉴赏"、著名建筑师张永和主讲"图画与建筑：两种建造"；"清华艺博系列学术讲座"邀请北大丁宁主讲"感动心灵的西方美术"（12讲）、中国艺术研究院研究员王镛主讲"印度艺术"（2讲）、法国国家艺术史研究院院长埃里克德查西主讲"野兽派创始人马蒂斯"、伽利略博物馆副馆长菲利波卡梅洛塔主讲"达芬奇及其线形透视"。活动得到了校内外观众的热烈反应，共约3300余人次参与其中。

2017年，邀请马里奥·博塔、徐冰、格非、濮存昕等18位在艺术、科学、文学等领域的专家学者，开展讲座22场；面向艺博会员开设9场艺术实践课程；组织7场艺博映话，邀请知名导演、编剧主创人员分享互动。公教活动参与观众达7000余人次。高水平的学术讲座吸引校内外人士慕名而来，为艺术博物馆带来更广泛的社会知名度，博物馆充分发挥了清华大学"第二课堂"的作用。

2018年共策划与开展高品质公教活动48期，参与观众近万人。其中"艺博系列学术讲座"25场，"手作之美"创意实践工作坊12期，"艺博映话"5期，新增"艺术沙龙"公教活动并举办2期，积极尝试将专业教学课堂引进博物馆展厅，取得很好的教学效果。

七 文创开发

艺博文创积极扩大自主文创产品的设计和生产，IP品牌性逐步建立。上市28种170款产品。产品荣获"2018北京国际图书博览会优秀产品奖""2018北京文化创意大赛文博产品设计赛区第三名"和"2018北京文化创意大赛全国文创百强"称号。

2018年受邀参加首届中国文化IP及创新设计展（CCIP展）和第八届中国博物馆及相关产品及技术博览会，向大众和各位博物馆同行介绍和展示了清华艺博自开馆以来的成果。2018年艺术商店营业额为476万元。

八　对外交流

清华大学艺术博物馆积极与国外文化机构及艺术家展开广泛的交流与合作，2018年与32家外国驻华使领馆建立联络；与40家外国博物馆、美术馆，包括8家大学艺术博物馆建立联络；与11家艺术机构、6家艺术基金会建立联络。

九　宣传工作

截至2018年底，日常活动接待媒体411人次，官方网站浏览量83.39万，访问次数29.5万。访问人员覆盖全国所有省份，以及美国、德国、法国等123个国家。官方微信粉丝数持续上涨，粉丝超过11万人。同时2018年度发布文章数达到183篇。清华艺博官方微信号获得学校第二届校园网络文化节优秀作品媒体平台类三等奖，"这

西方绘画500年——东京富士美术馆馆藏作品展

一站，遇见达·芬奇　开往清华大学艺术博物馆的地铁"和"5月的清华，你和莫奈有个约会"两篇微信推文获原创网文类奖。协助完成学校英文版宣传片、学校107周年校庆宣传片等活动的拍摄工作。中央电视台的《新闻联播》《文化十分》及中央人民广播电台等都进行了报道。信息管理部建立资源管理系统，有效管理积累下来的图片、视频素材。

十　人才培养

为了提升了员工作为"博物馆人"的专业素质，艺术博物馆开展为期三年（2018—2020年）的"员工养成计划"。2018年安排员工分三批去上海博物馆、苏州博物馆、中国工艺美院美术馆、陕西历史博物馆、四川大学博物馆、湖南省博物馆、湖北省博物馆学习调研。开馆以来，安排了30多场员工培训课，邀请了故宫博物院、北京市文物局、清华美院等专业机构的专家，为员工进行了不同层面的业务培训。

十一　安全保卫

按照学校保卫处的要求和部署，遵照文物管理规定，艺术博物馆时刻注意掌握馆内安全保卫工作动态，整改隐患，堵塞漏洞，防患于未然。严格落实安全保卫和消防教育培训制度，持续组织全馆工作人员进行博物馆安全学习和教育工作。保证馆内各项设备设施正常运行，无安全事故和安全隐患，为艺术博物馆的安全运行提供保障。

北京英杰硬石艺术博物馆
BEIJING YINGJIE MUSEUM OF STONE ART

通信地址： 北京市朝阳区东直门外大街26号

邮政编码： 100027

电　　话： 010-64153388转5800

传　　真： 010-64158918

网　　址： www.yingjieartmuseum.com

电子信箱： lichao1982@live.cn

微信公众号： acartmuseumhotel

博物馆类型： 社会科学类（文化艺术）

批准建立时间： 2015年5月

博物馆备案登记号： 170

建筑性质： 现代建筑（北京市重点文物保护单位）

占地面积： 1500平方米

建筑面积： 2000平方米

展览面积： 580平方米

交　　通： 公交110、120、403、117路幸福三村站；852、688、909、117、618路、688春秀路站；
地铁2号线东直门站C口出，向东步行10分钟，10号线农展馆站出，向西步行15分钟即可。

开放时间： 每周一到周五10：00—17：00（法定节假日休息）

服务设施：

停车场	纪念品商店	餐饮	语音导览	微信导览	无障碍设施	其他
有	无	有	无	无	有	无

概　述

　　北京英杰硬石艺术博物馆的规模由始建于2005年10月的"石园艺馆"的150平方米，发展到改建于2009年10月的"原生态艺术馆"的450平方米，最终于2015年10月扩建完工，达到1500平方米。其中，展厅面积约580平方米，库房面积450余平方米，展出的藏品90余件，报警系统（红外射线、报警器、消防栓、探头等），环境控制设备（恒温恒湿设备、空气过滤设备等），环境检测设备（紫外线测试仪、光照度计、温湿度检测仪、有害气体检测仪等），基本保管设备包括柜架、展柜等均配备齐全；管理人员、接待人员、服务人员齐全；展览展出条件符合各方面需求，符合博物馆管理条例要求。

　　北京英杰硬石艺术博物馆面向公众展示收藏的原生态硬石石画，并进行专业研究、普及教育；不以盈利为目的，激发公众对艺术一个全新领域的理解和热爱，为经济、社会及人的可持续发展服务。

　　北京英杰硬石艺术博物馆工作人员为6人，博物馆日常经费由北京奥加饭店有限责任公司以年注资方式提供，用以保证博物馆的日常业务及其运营费用。有了使馆区独特的地理位置优势、美术馆营造的良性国际艺术氛围，加上奥加饭店提供的强大财力以及人性化、国际化服务的支持，使得北京英杰硬石艺术博物馆的知名度大大提高；北京英杰硬石艺术博物馆采用独立法人制，且依理事会章程对其进行严格、规范管理，力保其健康、良好的运营，为中国乃至世界的艺术文化做贡献。

　　北京英杰硬石艺术博物馆根据业务建设、管理运行的需要，设置三个职能部门及学术委员会，分别为：

　　1.业务及保管部，负责展品、藏品的登记展览、利用、收购、开发等工作；

　　2.保卫科，负责博物馆秩序，展品安全的保护工作；

3.外联及社会教育部，负责展品门票销售，附属设施经营、展览、展示等工作；学术委员会作为业务咨询指导机构，学术委员会委员由理事会聘任。

北京英杰硬石艺术博物馆及所属正在建立中的硬石艺术研究所是一个集学术性、国际性、原创性为一身的国际化的文化艺术研究交流平台，是各类艺术家、设计师的艺术交流沙龙，是集收藏、展览、会议（同声翻译）、教育、培训、推广、交流为一体的综合性文博服务艺术机构。

北京英杰硬石艺术博物馆的成立将在硬石艺术的推广与传播、公共艺术教育等方面发挥更多的社会职能；向公众展示原生态天然石画和意大利硬石镶嵌艺术作品，并进行专业研究和普及教育；通过精心设计和完善多功能展厅设施提供国际化水准的综合服务，承担对世界硬石艺术作品的收藏、研究、创作，帮助公众全面理解硬石艺术这一独特的瑰宝。

原生态硬石石画时间跨度长、分布范围广、内容丰富、类型齐全，无论是学术性还是艺术性，都具有极高的价值，在中国乃至世界都非常受关注，是不可多得的文化资源。北京英杰硬石艺术博物馆是由李英杰先生创办的具有专业性特色的非国有民办博物馆，馆藏作品200余件，是李英杰先生30余年来发现、选择、创造、设计、收藏、研究之成果，以中国天然石画为主、意大利硬石镶嵌画为辅。硬石艺术是一门非常独特的艺术门类，天然石画大多选自于因地壳变迁及火山成岩于一亿两千万年前的岩石剖面，这些剖面纹理与色彩构成的图案迹象，似国画、似油画；但又别于绘画，似画非画，天人合一，鬼斧神工。每幅作品都具有唯一性和不可复制性，画面呈现的传统性、当代性、抽象性、天然性……使其具有了极高的艺术收藏价值，它不仅是大自然原生态创作的佳品，也是艺术家们创作的灵感源泉，更是名副其实的世间珍品。北京英杰硬石艺术博物馆的创办负责人、艺术家李英杰先生长期致力于地质美学研究，今后仍将不断为探索东方硬石艺术和意大利硬石镶嵌艺术的融合寻找经验，不断为填补中国文博艺术界在硬石艺术领域的空白作出贡献。

北京文旺阁木作博物馆
BEIJING WENWANGGE CARPENTRY MUSEUM

通信地址： 北京市通州区台湖镇东下营村南开发区 147 号

邮政编码： 101116

电　　话： 010-61537326

传　　真： 010-61537328

电子信箱： 422881243@qq.com

微信公众号： 北京文旺阁木作博物馆

博物馆类型： 社会科学类（文化艺术）

发证机关： 北京市民政局

批准建立时间： 2017年6月29日

博物馆备案登记号： 备字2017第02号-179

建筑性质： 现代建筑

占地面积： 500平方米

建筑面积： 9400平方米

展览面积： 400平方米

交　　通： 公交65路（原通18路）西下营站下车，步行向东1千米

自驾：博物馆位于唐大庄路与张台路交叉口东150米，可搜索"北京木作艺术博物馆"导航前往

开放时间： 9:00—16:00　周一闭馆

服务设施：

停车场	纪念品商店	餐饮	语音导览	微信导览	无障碍设施	其他
有	有	有	有	无	无	有

概　述

一　基本情况

北京文旺阁木作博物馆是一家以木作为主题的博物馆，博物馆的性质是：利用非国有资产、自愿举办、从事非营利性社会服务活动的社会组织，宗旨是：遵守宪法、法律、法规和国家政策，践行社会主义核心价值观，遵守社会道德风尚。以木作艺术品、木作文物为依托，研究、展示弘扬中国传统木作文化，让社会群众对木作文化有所了解。

北京文旺阁木作博物馆实行理事会制，现有理事5名，监事1名。内设馆长室、办公室、陈列室、宣教部、修复部、医务室、安保部等7个部门。除1名监事、5名理事和8名本馆工作人员外，还有25人的国内外相关领域的专家学者团队和德高望重的学者组成的顾问，和30人的大学生志愿者团队。

王文旺馆长出生于木匠世家，经过三十多年的不懈努力钻研，把几十年来收藏的老物件修复完善，分门别类地整理成系列展示出来，配以图片文字注释，以供大家直观地学习和了解这些即将消失的老物件。馆内常年开设互动体验项目：拉大锯、推刨子、组装拆解小板凳、组装鲁班锁、手工制作无动力小车、组装木牛流马、通州八景拓印、射箭、织布与扎染，等等。

由于北京文旺阁木作博物馆对于中国传统木作文化的传承与弘扬，博物馆先后被授予"北京市科普基地""中小学社会大课堂资源单位""北京市民终身学习示范基地""中华木作文化传承教育基地""文化创意人才培训实践基地""通州市民终身学习示范基地""民俗文化教育基地"等称号。

馆长王文旺先后被评为"双塔计划—两高人才""首都市民学习之星""北京市社

会大课堂先进个人""通州大工匠""通州区市民学习之星""台湖榜样"，并被西城工商联吸纳为副会长。

2017年10月，在北京文博会上，王文旺馆长为蔡奇书记讲解木作的文化知识，2018年7月9日，北京市人大主任李伟亲自带队到文旺阁木作博物馆调研工作，并给予肯定。

文旺阁木作博物馆秉承习主席的理念："要在展览的同时修史修志，让文物说话，把历史智慧告诉人们。"

二 藏品保管

北京文旺阁木作博物馆现有藏品总数近2万件，以木器为主，部分为铁器、砖石。藏品来源主要为征集、捐赠等形式。馆内包括木工工具系列、木材识别系列、古代门窗系列、中国古代招幌系列、运河人家家居系列、明清家具系列、中国古代军事器械系列等40余种。每个系列都加以文字注释，使得观众更加直观地学习和了解。所有藏品登记在册，详细地记录了藏品的规格、图片资料、产地、完好程度，以便更好地保管。

三 陈列展览

2013年到2018年间，北京文旺阁木作博物馆先后参与国内大型文博展览49次，受众487665人，获得优秀展示及传统文化传承奖35次，还多次与国家博物馆合作办展，受众观众163551人。除了外出展览，北京文旺阁木作博物馆常设展览十二个，分别为：

1.中国古代木匠展

主要分为木匠源流、行业分工、行业精神与京城木匠行、木作漆艺几部分，介绍了祖师爷鲁班、鲁班故事、鲁班发明创造，及木匠的拜师学艺规矩、木作榫卯结构、京城木作与木作漆艺。

2.二十四节气与农业展

二十四节气是优秀中华传统文化组成部分，2016年11月30日，"二十四节气"正式被列入联合国教科文组织"人类非物质文化遗产代表作名录"。文旺阁木作博物馆通过二十四节气的物候、农事、习俗和养生几方面，配合中国传统农具来展览展示。

3.中国古代三百六十行展

中国有句名言——"三百六十行，行行出状元。"这句谚语也不知流传多少年，反正是家喻户晓，妇孺皆知。 所谓"三百六十行"，是指各行业的行当而言，也就是社会的工种。展览包括当铺行、磨瓷器行、吹糖人行、磨剪子抢菜刀行、早点行、剃头行、打铁铺、钉马掌、卖水，等等。

4.中国古代木作建筑展

展览从中国传统木作建筑的榫卯结构，木建筑模型、门簪、雀替、斗拱、门墩、大门、窗户和格扇等几部分来展开展示。

5.美历之纹展

此展览囊括了历史悠久的中国美学的整个历史。从龙飞凤舞的远古图腾，一直讲到明清工艺，展示了中华民族审美意识发生、形成和流变的历程，指出这也是以实践理性为特征的民族审美意识的积淀过程。

6.中国古代婚俗展

婚姻是以感情为基础，经过某种仪式和手续，被政府和公众认可的男女结为夫妻的个体行为，由此产生了婚姻制度和习俗，婚姻家具也由此出现。展览分为以下几部分：婚姻史话、配偶制度、帝王春秋、婚姻媒介、嫁娶禁忌、婚配方式、婚礼程式、结婚与新式婚礼、婚嫁礼俗。

7.大运河历史文化展

本展览主要围绕大运河的水脉、人脉与文脉展开讲述，同时关注运河沿岸人家，如通惠河段、北运河段、南运河段、会通河段、中运河段、淮扬运河段、江南运河段与浙东运河段两岸人家的生活情景。

8.中国明清家居生活展

古代家具是中国历史文物的一个重要门类，但长期以来是作为艺术品进行收藏和研究的。明清家具的艺术价值早已蜚声于国内外，甚至更早的宋代家具，在博物馆成为首选特藏。传统家具充分反映古人的精神文化的内涵。本次展览关注古代家具的发展，从无到有，从低矮到成熟过渡，再到大型家具的定型与成熟发展，使公众有一个全面认知。并把古代家具按照内容分为古代家具的发展和明清家具的分类两大部分。

9.弓弩展

展览主要从弓弩的起源与发展概况、弓弩的结构和类型、弓矢的制造、弓箭护具、古代射箭活动、传统射艺等几方面来展示。

10.纪念新中国成立七十周年展

本展共分为两个部分，分别为实景展示区与图文展示区。实景部分以不同年代寻常百姓家的客厅为背景，配以同时代的家具、家电、衣饰、餐饮用具、出行工具、娱乐设施等生活用品，展示新中国成立七十年来人们生活发生的翻天覆地的变化。

图文展示区分为旧时岁月（清末—民国）、杨帆初航、改革奋进、潮涌中华、世纪凯歌、时代新章六部分。

11.古代军事展

展览展示古代大型军事器械，包括云梯、战车、弩车、木牛流马、抛石机、望楼、指南车，等等。

12.东下营乡情村史展

主要介绍了东下营村的发展历史沿革、大事记以及沐浴在改革春风下现在的新农村、新风貌几部分。

四 社会教育

(一)与多家中小学形成合作模式，接待中小学的社会实践活动

馆内研发了几十个木作课程，针对不同年龄段开展活动，并配有相应的任务单，使同学们在参观体验中，学习到中国传统文化知识，体验丰富多彩的木质DIY活动，充分发挥自己的想象力与创造力，挖掘出同学们的内在潜能，真正使博物馆教育和学校教育结合起来。北京文旺阁木作博物馆作为青少年重要的活动场所，开展各种传统文化教育培训与讲座活动，使得更多的人参与进来，并且吸纳大学生志愿者讲解。2017年2月28日，组织通州玉桥报小记者公益行；2017年3月19日，组织宝贝计划公益行活动；2017年4月22日，组织木作艺术品评估与品鉴研讨会；2017年7月22日，组织第二次木作艺术品评估与品鉴研讨会；2017年8月14日，组织玉桥东里社区"践行核心价值观 传统工匠精神"主题活动；2018年6月11日，北京文旺阁木作博物馆与首博联合举办"读城与文化遗产对话活动"；等等。

(二)走进学校开始科普活动

2017年以来，先后走进了育才小学、梨园中学、北京小学通州分校、芙蓉小学、第二实验小学通州分校、通州第四中学、次渠中学、台湖学校、通州第一实验小学、临河里小学、京城职业学院，等等，进行木作文化和木作科普知识宣传活动。

木匠展

（三）其他独特展览与公益活动

2013年到2018年，参加全国各地的大型文博会、展会与宣传活动上百次，并且多次与国家级博物馆合作办展，总受众人数达百万。

五　学术研究

在王文旺馆长带领下，北京文旺阁木作博物馆研究的木作系列展品，多次入选山西出版传媒集团出版的《中国优秀传统文化教育经典诵读》丛书。其中，2015年被收录的有中国古代儿童车系列（四年级）、中国古代三百六十行系列（六年级、七年级）和中国古代店铺招幌系列（高二年级）。2016年，中国古代门饰系列也入选该丛书（高三年级）。

六　安全保卫

北京文旺阁木作博物馆始终把安全放在第一位，防火是首要任务，做好一切防护措施，切实保护好藏品的安全。馆内配备灭火器120个，灭火箱5个，应急出口8个，应急指示灯25个，应急指示地标48个。并且制定严格的消防安全制度，明确单位消防安全责任人5人、消防安全管理人8人。为了加强消防安全主体责任落实情况，自上而下逐级逐岗位签订消防安全责任书，每人签订责任书两份。每年进行一次建筑消防设施检测，定期维护保养建筑消防设施。制定消防组织管理制度、火灾隐患整改制度、消防控制室值班制度，制定消防安全教育培训制度、灭火和应急疏散预案。设置规范醒目的标识，重要场所张贴"禁止吸烟"类消防标语，闭馆期间所有展厅断电，加强夜间巡视工作。

七　文创开发

北京文旺阁木作博物馆根据木质老物件的元素和符号，目前开发的文创产品有20多种，包括鲁班尺、鲁班锁、拆装小板凳、七巧板、小鸡啄米车、拆装中国馆模型、瞎掰、木质榫卯构件、木质玩具，等等。馆内有专业的设计团队，还不断地开发出更多的文创产品，使中国传统元素不断得到创新与发扬。

北京御仙都皇家菜博物馆
BEIJING YUXIANDU CHINESE ROYAL GASTRONOMY MUSEUM

通信地址：北京市海淀区西四环北路117号

邮编编码：100195

电　　话：010-88495185

传　　真：010-88495181

网　　址：www.kairuiyuxiandu.com

微信公众号：御仙都·皇家菜博物馆

博物馆类型：社会科学类（文化艺术）

隶　　属：北京市文物局

批准建立时间：2014年8月20日

博物馆备案登记号：171

建筑性质：现代建筑

占地面积：10000平方米

建筑面积：15000平方米

展览面积：3250平方米

交　　通：线路1：地铁6号线五路居站A口出，公交换乘61、505、121、981、983、982路等到四季青桥南下车即到；

线路2：地铁10号线车道沟站下车，乘347、610、664路公交到四季青桥西站下车即到。

开放时间：全年开放，10:30—14:00，16:30—21:00

服务设施：

停车场	纪念品商店	餐饮	语音导览	微信导览	无障碍设施	其他
有	有	有	有	无	有	母婴室、轮椅使用、免费讲解

概　述

　　北京御仙都皇家菜博物馆隶属于北京凯瑞御仙都餐饮投资控股集团，馆内分三区，设四斋、六阁、八殿、九轩、二十九宫，形成"博物馆在饭店中、饭店在博物馆中"的格局，开创了"文化+餐饮"经营模式，集博展、教育、学研、品鉴和国际文化交流于一体，能吃、能看、能学、能玩。建馆以来，欧美、亚洲及国内（含港澳台）有近100多所学校8万多名学生来博物馆实地体验。截至2018年，皇家菜博物馆共接待国内外游客200多万人次，被国外游客投票评为在京旅游11件趣事中的第5名，成为京城文化旅游的一张金色名片。被评定为世界中餐饮联合会、中国饭店协会副会长单位，国家AAA级旅游景区，皇家御膳制作技艺非物质文化遗产单位，中国饭店协会餐饮教育示范基地，北京市注册博物馆，北京市首家量化分级明厨亮灶A三星级企业。

一　建馆宗旨

　　以收藏、研究、展示、传播、弘扬中国皇家菜文化为主题，以介绍皇家菜的历史、名菜名厨、养生之道为主要内容，结合传承的"御膳制作技艺"非物质文化遗产，展示中国优秀饮食文化，让中外宾客了解皇家菜知识、品尝皇家菜美味，推进文化民生建设，引领大众健康饮食养生习惯。

二　展陈内容

　　（一）皇家菜·源远流长，包括史前——饮食探源、夏商周——皇家菜初兴、秦汉——皇家菜发展、唐宋元——皇家菜成熟、明清——皇家菜顶峰等。

（二）皇家菜·名菜名厨，包括皇家名菜、御膳机制等。

（三）皇家菜·养生之道，包括知宜避忌、天地人和、皇家养生等。

三　人员机构

博物馆设立理事会，北京凯瑞豪门餐饮投资控股集团董事长行红智为理事长，北京凯瑞豪门餐饮投资控股集团执行董事行秀斌为副理事长，博物馆馆长由行红智兼任，副馆长由行秀芬、行秀娟担任，博物馆下设办公室、陈列保管部、安全保卫部、财务部4个内设机构，聘请原故宫博物院研究员苑洪琪担任学术委员会主任，聘请解放军总医院营养科主任赵霖、中国烹饪大师郑秀生担任学术委员会成员。

独立柜中的文物

北京国韵百年邮票钱币博物馆
BEIJING GUOYUN CENTENNIAL STAMP MONEY MUSEUM

通信地址： 北京市海淀区阜外亮甲店1号恩济西园9号楼1层

邮政编码： 100142

电　话： 010-88112988

传　真： 010-88112988

网　址： www.100youbi.com

业务指导： 社会科学类（文化艺术）

隶属关系： 北京市文物局

批准建立时间： 2017年5月24日

博物馆备案登记号： 备字10-178

建筑性质： 现代建筑

占地面积： 1600平方米

建筑面积： 1243平方米

展览面积： 643平方米

交　通： 公交运通114、运通110、73路、414路、653路、336路、335路、61路、92路、快速公交4；地铁6号线五路居站（C出口）向东200米。

开放时间： 周一至周五9:00—16:00

服务设施：

停车场	纪念品商店	餐饮	语音导览	微信导览	无障碍设施	其他
有	有	无	无	无	无	无

概　述

百年邮票钱币博物馆是一座以研究邮票、钱币历史与艺术为主，系统展示中国邮票与钱币历史文化的综合性博物馆。集邮票、钱币的收藏、陈列、展示和研究于一身，肩负指导和推动邮票、钱币学术研究与交流，弘扬邮票钱币文化的重要任务。

通过基本陈列与专题陈列，向公众展示近现代邮票、钱币历史发展和承载的文化内涵，推动邮票、钱币的鉴赏和学术研究与交流。通过历史学、经济学、文物学、博物馆学诸学科研究，丰富和深化人们对邮票钱币历史文化的理解和认知，传承中华文化。

博物馆基本陈列

百年邮票钱币博物馆位于北京市海淀区中关村互联网文化创意产业园，于2015年8月开始筹备，建设有643平方米的展览大厅。博物馆外围仿古式阁楼，飞檐斗拱，雕梁画栋，使整个馆舍古朴雅致，具有鲜明的艺术风格和现代文化气息。

展馆内设：服务厅、商品部、书画创作区。

邮票展区：结合社会热点关注开设专题展。

钱币展区：展出世界多个国家的流通硬币、纸币、连体钞及中国人民银行发行的纪念币、硬币、纸币等。

本馆特色主题展览（常设）为生肖邮票展。

十二生肖，或称十二属（相），本指代替十二时、十二辰名称的十二种动物，以中国邮政发行的第一枚生肖邮票和历年生肖邮票发行特点为引线，从早期天干地支星象起源到古代生肖图腾的出现，及历史文献中发现的生肖记录，展示中国十二生肖的起源和生肖文化。

文化创意产品：《中华龙》龙邮、龙币、龙钞，是本馆以"世邮三宝"（大龙邮票、小龙邮票和蟠龙邮票）原型创作。

中国园林博物馆
CHINA GARDEN MUSEUM

通信地址： 北京市丰台区射击场路 15 号

邮政编码： 100072

电子邮箱： ybgxjb@126.com

博物馆类型： 社会科学类（文化艺术）

隶　　属： 北京市公园管理中心

博物馆备案登记号： 169

占地面积： 6.5 万平方米

交　　通： 地铁：乘坐地铁 14 号线至园博园站，地上换乘专 55 路公交车至中国园林博物馆正门下车。

　　　　　　公交：乘坐 327 路、385 路、951 路至芦井站下车，向东步行 5 分钟即到；专 55 路公交车至中国园林博物馆正门下车，向东步行 5 分钟即到。

　　　　　　自驾路线:（莲石路方案）西五环衙门口桥上莲石西路向西，第二个出口（北宫路）盘桥向南，第二个红绿灯路口左转进入芦井路，到红绿灯路口左转进入射击场路，第二个红绿灯路口左转，路左侧即是；

　　　　　　（杜家坎方案）西五环园博桥上梅市口路，向西至园博园地铁站路口向北走园博大道，依次路过园博园 1—5 号门即到。

开放时间： 周二至周日 9:00—17:00（停止入馆时间：15:30，关闭展厅时间：16:30）

　　　　　　周一闭馆（法定节假日除外）

服务设施：

停车场	纪念品商店	餐饮	语音导览	微信导览	无障碍设施	其他
有	无	无	无	无	有	无

概 述

　　中国园林博物馆是我国第一座以园林为主题的国家级博物馆。2010年1月20日国家住房和城乡建设部致函北京市政府，由北京市政府和国家住房和城乡建设部共同主办第九届中国（北京）国际园林博览会，并提出要创建中国园林博物馆。2010年6月11日北京市政府正式决定投资兴建中国园林博物馆，并由北京市公园管理中心负责建设、运营和管理。2013年5月18日中国园林博物馆建成并对社会开放，承担了集中展示和传承博大精深的中国园林艺术，弘扬优秀民族传统文化的重要作用。2013年11月19日，第九届中国（北京）国际园林博览会闭幕后，中国园林博物馆作为公益性的永久文化机构，以独立的姿态面向社会各界免费开放。

　　中国园林博物馆位于北京市丰台区永定河畔鹰山脚下，毗邻北京园博园，占地6.5万平方米，主体建筑4.395万平方米，由10个室内展厅、3个室内展园与3个室外展区组成。在博物馆的总体布局中，根据博物馆的建筑空间，综合考虑展陈内容，采用园林空间布局的处理方法和技巧，形成具有浓郁园林特色的展陈空间和意境，增加了展品的体验感和感染力。在博物馆的展陈空间中合理营造优美的园林空间，是中国园林博物馆（以下简称"园博馆"）区别于其他博物馆的重要特色，是一座有生命的博物馆。

　　五年来，服务市民游客379万人次。成功举办了中法园林管理学术研讨会、"民办博物馆可持续发展"论坛、"京津冀三地插花艺术"论坛等百余场具有行业影响力的会议及论坛。圆满完成了国庆65周年游园活动、抗战胜利70周年纪念活动等外围服务保障任务，2014年5月18日，中国园林博物馆临展项目从27个省、市、自治区申报的20000多项展览中脱颖而出，在开馆第一年就荣获了第十一届（2013年度）全国博物馆十大陈列展览精品评选活动的优胜奖。几年来园博馆还先后荣获全国科普讲解比赛决赛一等奖、北京市文物局"中国故事·全国博物馆优秀讲解案例展示"北京地区一等奖等几十个奖项。先后被评为首都文明单位、"北京市科普基地"，获得"北京市青少年校外活动先进集体"等荣誉，特别是在2018年园博馆成功获评国家二级博物馆和国家AAAA级旅游景区，顺利通过了ISO环境及质量体系认证，提升了园博馆在国际国内的行业地位和影响力。

一　传承弘扬优秀传统文化

五年来，园博馆注重树立品牌意识，努力打造特色主题展览。一方面，充分挖掘馆藏特色，持续开展固定展厅展陈水平提升及环境改造系列项目，打造出了科学性、艺术性、观赏性和互动性的基本陈列体系，累积完成六大固定展厅和四大临时展厅的百余项改造项目；另一方面，注重树立文化品牌意识，先后引进名家大师的书法、绘画作品展，引进安徽、吉林、贵州等多家省级博物馆的精品文物展，举办特色专题展，涵盖明清家具、坛庙文化、精品瓷器、风景名胜、人物事迹、摄影作品、景观文化、书法绘画、规划设计等园林相关领域展览，平均每年举办各类临时性展览20余项。

自2014年与国家文物交流中心合作，成功举办了首个国外文物展意大利"威尼斯之辉"后，2015年园博馆拓延工作思路，成功举办了"美国景观之路与中国城镇化发展"学术研讨会、"古堡与名园的对话——中法园林管理学术研讨会"等系列国际活动，并与名家、名校签订馆校、馆企合作协议，构建了长效合作机制，形成了馆际展览交流合作模式，打造了有高度、有深度、有温度的博物馆，逐步提升了园博馆行业国际影响力。在"引进来"的同时，还实施"走出去"的战略，先后将自主设计的展览输送到贵州省博物馆、普洱市博物馆、法国肖蒙城堡等国内外十余家文博单位开展巡展，打造出了独具我国园林特色的品牌展览，深受海内外观众欢迎，赢得了良好的社会反响。

（一）宣传教育精品纷呈

过去的五年是园博馆社会服务教育全面践行"三贴近"要求的五年，吸引了众多观众自发走入博物馆。

在青少年教育方面。以学生为主体，以场馆为载体，以活动为主线，通过体验式、过程式、参与式的教育手段，形成自然科学、传统文化、角色体验、网络教育公众教育体系，打造"园林探索之旅"主题参观 、"园林小讲师"园林文化教育、"京西御稻"农耕文化体验 、"秘密花园"青少年造园体验自然教育、"山居雅集"传统文化体验五大品牌教育课程。承担市科委课题，开辟青少年实验室和造园体验教育专区。

不断深度挖掘园林学科与校本课程链接，开发"植物立体画卷""600岁集水工程"等知识性强、与学科高度融合的7项园林科普教育课程，在北京市初中"开放性科学实践活动"网络平台全部上线，面向全市中学生进行公开选课。组建了实践教学基地，与人大、北林等13所大学及行业学会合作，通过近距离感受文物、亲手实践，使学生们了解历史，感受文化熏陶。

从社会参与度上看，整合社会力量，申请加入第五批社会大课堂资源单位，先后邀请单霁翔、孟兆祯、马未都等专家学者和文化名人走上"园林文化大讲堂"，开展主题公益讲座420场次，受众1.7万余人。成立社会志愿者、高校志愿者、小学生志愿者、园林小讲师志愿者团队共计275人，累计提供志愿服务3803人次，形成人人都是园林文化传播者的良好态势。

在京津冀社会教育服务方面。不断拓展多区域交流，持续与市级、区级科委、教委交流合作，积极响应京津冀协同一体化发展号召，主动参与中心"园林科普津冀行"以及市京津冀科普行活动，将园博馆体验式教学、创意园林沙盘教学、现代无土栽培及建筑科普共4项课程送到河北及京郊近20所中小学校。

在导览服务方面，园博馆对门户网站进行全面改版，增加英文页面，为建成国家级博物馆增加了必要条件。同时，推进专业科普宣传平台建设，截至目前科普网站总访问量达到42.3万人次。馆内讲解员先后荣获全国科普讲解大赛一等奖、"北京市十佳科普使者"、"北京市优秀科普使者"、北京市科普讲解大赛、北京市手语大赛、北京市科普讲解大赛一等奖等荣誉。

在营造良好舆论氛围方面，五年来园博馆共举办新闻发布会125次，邀请北京电视台等业界知名媒体及行业专业媒体参与，形成电视报道607篇条；依托园博馆特色展览展陈系统，与中央电视台、中国教育电视台、北京电视台等多家媒体共同策划形成10余期园林专题节目，开展深度宣传报道。自媒体方面：微博共发布图文3254条；微信月平均推送图文信息40条，推送文字4万余字，信息阅读次数累计3万余次。

（二）藏品保管精品提升

过去的五年，是园博馆建设藏品管理工作卓有成效的五年，馆内藏品及资料品数量突破1.6万件/套大关，是2013年藏品总数的三倍。

在藏品征集方面。持续推进藏品征集流程化建设，成立藏品征集工作小组，严格按程序完成了《盎格鲁——中国花园》系列铜版画和《西湖游览志》等三千余件/套具有极高的艺术价值和文献价值的藏品收购工作。同时通过捐赠、拍卖等多种途径征集到涉及石刻、瓦当、封泥、书画、古籍、瓷器、紫砂等类型藏品，逐步形成了外销瓷、圆明园、建筑构件、园林文献等具有园博馆特色的九大藏品体系。

在藏品保管方面。加强文物库房建设维护，推进藏品保管工作的科学化水平。规范藏品出入库程序，开展藏品常态监测；建立起藏品总账、藏品分类账，推进藏品科学化、规范化、系统化管理，实现了巡展点交的制度化流程化工作模式。

近五年来，园博馆根据不同文物的不同特点，购置了一批国内先进的库房保管设备，进行24小时恒温恒湿环境控制，先后开展了藏品库房柜架、藏品库区安防系统等多项改造提升工作。馆藏藏品已达到按质地分类，分库（柜）保管，园林名家捐赠的藏品设有专柜保存。严格按照国家文物局和北京市文物局账目管理的要求，圆满完成了全国文物普查，目前，园博馆建立有完整的总账、分类账及辅助账。文物总账清晰，分类账科学合理，做到实物与总账、分类账对应相符。近五年新入藏文物藏品的接收与入藏皆有原始档案，编目登记及时，索引详明，查用方便。在持续完善藏品信息工作的基础上，逐步建设出符合园博馆藏品管理现状和功能需求的藏品库区管理系统，并于2017年正式应用。

（三）园林艺术研究精品展现

过去的五年，在科学研究方面，园博馆组建了馆学术委员会，并制定《园博馆学术委员会工作制度》，对科研课题的申报、验收，以及专业技术人员的专著、论文等学术成果进行鉴定，为科研工作的顺利开展提供支撑和保障。近五年来，参与完成了3项省部级科研课题及多项局级科研项目。在研究成果方面，该馆承担的"中国园林博物馆展陈系统和相关技术的研究与应用"课题获中国风景园林学会科技进步一等奖和住建部华夏建设奖三等奖，"中国古典皇家园林艺术特征可视化系统研发"课题获中国风景园林学会优秀成果二类，相关课题成果已转化到园博馆展陈体系和科普活动中，为园博馆科学化办展、办活动提供了有力的技术支撑。参与了中国大百科全书（第三版）风景园林卷园林理论、近现代园林和古树等方面词条的编撰工作。园博馆共获得国家专利6项，全馆专业技术人员出版专著、各类馆藏文物图录、论文集等十余种，在国内外学术期刊上发表论文近百篇。

长38米，直径2米，重达15吨的新疆奇台县硅化木

园博馆主办的《中国园林博物馆学刊》杂志成为馆内园林文博行业的学术交流平台。与此同时，制定了《馆级科研课题管理办法》《馆级科研课题经费管理办法》，开展馆级课题研究，并给予基础性研究支持，极大地鼓舞了专业技术人员的积极性。

过去的五年，是园博馆发挥区位优势构筑核心影响力的五年。作为首都唯一一座国家级园林博物馆，紧紧围绕京津冀协同发展战略规划，积极发挥区位优势，陆续举办、协办了京津冀、长三角、珠三角博物馆高峰论坛，"京津冀三地插花艺术"论坛，全国重点文物保护单位（部分）第二十四次业务研讨会，"美国风景园林的奠基人——奥姆斯特德理念"展专家研讨会，"中国—新西兰国家公园建设研讨会"等国际性、全国性学术会议，在国内外行业、协会引起了巨大反响，提升了园博馆的核心竞争力。

二　打造温度、深度、高度博物馆

（一）安全建设精品突出

牢固树立"安全是底线"的思想，坚持"安全问题想在前，隐患排查做在前"的工作思路，达到了五年安全无事故的目标。实行分区、分工种管理。确保安全工作无空白、无死角。施行"一事一案"、实名制入馆和网格化巡视制度，建立"微型消防站"，全面加强安全检查和培训演练，开展安全隐患大排查大清理大整治等专项行动，安装车辆识别系统，切实保障了游览秩序和安全。在中心组织第三方检查中荣获第一名。

（二）基础建设精品不断

不断加强绩效管理考核，创新品质管理模式，严格落实"日检查、周小结、月总结"的长效机制，完成"秋水"展区景观提升、藏品库区安防系统提升、高压线杆移除、室内展园水体净化、染霞山房景观提升、新建图书厅、东门门区改造、临展厅装修改造、珍稀植物引种、重要节点花卉景观环境布置任务等近六十余个重点项目，通过建立儿童生态体验园、开拓京西稻展示区、生态模拟安装人工鸟窝等工作，提升了园博馆生物多样性的景观特色，积极参加"2016世界月季洲际大会、第十四届世界古老月季大会、第七届中国月季展"，并荣获精品月季盆栽（盆景）展银奖和最佳贡献奖，得到社会各界和游客认可。

（三）文化创意精品惠民

经营管理日趋完善。拓宽销售渠道，增设临时纪念品售卖台，设立专位开展各公园纪念品展览代销工作；完成邮折、明信片等文创产品的设计制作工作。为方便市民游客，增设书吧，使营业网点兼具了经营和服务两项功能。开展《市属公园文化创意产业研发实践与思考》课题的调查研究，为文创工作发展提供了理论支撑。完成皇家园林文化公司股权转制，开发文创产品133种，形成了特色的商业文化，在2018年应邀参加德国法兰克福国际图书展览会博物馆文创展；与韩国国立文化财研究所开展中韩园林文化保护、传承、发展交流研讨；与北京林业大学联合主办高居翰与止园"中美园林文化交流国际研讨会"，以国际交流合作促进文化服务升级。自主研发《木兰秋弥图》、熊猫文化展等系列文创产品6种，设立专柜开展公园纪念品展销，探索特色商业模式。园博馆文创产品游客人均消费逐年提升。

（四）综合管理精品助力

施行服务保障、安全保卫、周综合检查制度，打造了全馆一盘棋工作格局。成立行政办公室、党委办公室、运行保障部、审计部门，编发了内部控制手册及制度汇编，建立了内控审计体系。制定项目资金预算、合同、审计、值班管理、律师审核等规定，促进各项工作的制度化管理。建立馆级、部门级绩效考核体系，成立园博馆网络安全和信息化工作领导小组，引入双因子认证数字证书，提高网络认证安全性，完成了《园博馆智慧化建设总体规划（2016—2021）》编写工作，为智慧园博馆建设打下了坚实的基础，确保重点工作项目完成。

北京市姜杰钢琴手风琴博物馆
BEIJING JIANGJIE PIANO & ACCORDION MUSEUM

通信地址： 北京市昌平区回龙观镇黄土北店村时代广场四层

邮政编码： 102208

电　　话： 010-80750195

电子信箱： 258605354@qq.com

博物馆类型： 社会科学类（文化艺术）

批准建立时间： 2018年3月26号

博物馆备案登记号： 备字2017第05号-180

建筑性质： 现代建筑

占地面积： 405平方米

展览面积： 390平方米

交　　通： 地铁13号线回龙观地铁站向北第二个十字路口东北角；
　　　　　　公交441路、618路公交在龙腾苑一区路口西站下车即到。

开放时间： 全年10:00—18:00

服务设施：

停车场	纪念品商店	餐饮	语音导览	微信导览	无障碍设施	其他
有	无	无	无	无	有	无

概　述

　　北京市姜杰钢琴手风琴博物馆是收藏、研究、展示世界钢琴、手风琴经典名品的音乐文化专题博物馆，由著名企业家姜杰先生创办。博物馆自2016年筹备，于2018年3月正式成立开放，成为北京地区首家民办音乐博物馆和唯一的乐器专题博物馆。博物馆以世界著名钢琴、手风琴品牌实物为主要藏品，通过精品陈列和文化活动，为北京市民提供具有专业水平的音乐文化科普公益场所，为北京国际音乐文化创新发展贡献力量。

　　截至2018年底，本馆收藏世界知名品牌钢琴26件、手风琴124件、音乐文献及音像等史料156件。其中霍普金森方钢琴、朗文方钢琴等古典钢琴和东方红牌立式钢琴、幸福牌立式钢琴等国产早期钢琴填补了北京地区博物馆收藏的空白。

　　博物馆设有基本陈列"世界钢琴手风琴名品"展，展出钢琴、手风琴200余件，涵盖自18世纪晚期至20世纪中期的钢琴、手风琴名品。陈列结合名琴的技术和品牌，回溯钢琴起源、发展的历程，并展示出中国民族品牌的创造和进步。陈列中鹦鹉牌手风琴、幸福牌手风琴、星海牌手风琴、摩德利立式钢琴、诺的斯卡立式钢琴为较有特色的展品，还展出部分音乐文献，并设有观众互动区。

　　博物馆的藏品管理、修复部门承担藏品与音乐科技、文化研究工作，所经整理的钢琴、手风琴文献、图片资料，无偿提供专业研究者使用，并为国内乐器制造机构提供专业数据支持。

　　2018年10月，博物馆与"第一届北京国际键盘手风琴大赛"（文化部外联局和中央音乐学院联合主办，北京音乐家协会手风琴学会承办）合作，为赛事提供临时展览，展出手风琴名品30件，并在博物馆内举办手风琴名家品鉴与演奏活动。

展厅

和苑博物馆
PEACE GARDEN MUSEUM

通信地址： 北京市朝阳区霄云路 18 号 A10

邮政编码： 100125

电　　话： 010-64686777

传　　真： 010-64609192

网　　址： http://www.bjpgm.org

电子信箱： info@cwpf.org.cn

微信公众号： PeaceGardenMuseum

博物馆类型： 社会科学类（文化艺术）

业务指导： 北京市文物局

批准建立时间： 2014 年 7 月 25 日

博物馆备案登记号： 167

建筑性质： 现代建筑

占地面积： 41500 平方米

展览面积： 1500 平方米

开放时间： 工作日时间开放，9：30—16：30，需预约参观。

服务设施：

停车场	纪念品商店	餐饮	语音导览	微信导览	无障碍设施	其他
有	有	有	有	有	有	有

概　述

和苑博物馆以两栋独立建筑和两组湖景园林景区构成，共分五个部分，分别为吉尼斯纪录和平题词景观石区、国际友谊林区、国际礼品区、和平与体育区、和平之声钢琴区。另有配套设施齐全的立体声影院、酒吧茶室、园林凉亭等。

和苑博物馆自2014年成立以来，率先采用了基金会为主办机构的形式并组建理事会，充分发挥理事们各自特点与优势，着重不同领域的发展建设，继续围绕联合国可持续发展目标，构建人类命运共同体，围绕北京"四个中心"功能建设，积极参与推动全球治理，以更加积极进取的姿态开展人民外交，人文交流，履行社会责任，全力服务"一带一路"合作发展，推动中国和世界的民心相通，进一步发挥社会组织在国际社会的桥梁、纽带作用。

一　基本工作

（一）理事会领导首先确定工作方向和发展路径，确定明确目标纲领

理事团队以"传承传统文化，发展现代文明"为宗旨，以"报效祖国，服务世界"为使命，以"和平+1"为路径，结合北京市"四个中心"的建设，在国际展览、全球治理、学术研究、公共教育、媒体联盟、资源配置、跨文明合作和公益慈善等方面做出了积极的贡献。

（二）博物馆多层面、多领域地开展工作，形成广泛合作共同体

作为一个与国际文明对话的组织，理事会将博物馆与工作方向进行准确定位，以和平文化为主纲，从国外政府到国际组织，从跨国企业到弱势群体。形成纵向工作模

式。对外，既发展人民外交，推动民间交往合作，与国外政府、国际组织密切合作，实现多元文化交流。对内，也与国内政府及众多机构合作开展各项工作，与对外友协、民交协、外商投资协会、扶贫办等密切联系合作，发挥NGO的民间作用，形成横向联动合作。

（三）活动与参访数字统计

几年来，该馆共与多国主办影响力较大的活动860余次，合作交流涉及世界180多个国家和地区。参与国际国内展览及活动1500余次，以和苑博物馆为基础平台，接待到访嘉宾人次近80万。获得国际和国内各奖项奖牌26项，重大奖项6项。与20余家大学建立学术研究和智库体系。国际国内媒体报道1600余次。在国际、国内形成广泛影响，树立良好品牌形象。

（四）与联合国教科文组织合作建立"一带一路文化互动地图"项目

项目汇集各国专家代表意见，以互为发展交流为原则，确定开展九个板块，并联合发表《和苑宣言》，树立了NGO在社会发展中的样板作用。

（五）博物馆活动与项目广泛开展

在理事会的决策与引领下，博物馆与联合国、联合国教科文组织、国内政府部门

博物馆基本陈展

等合作，成立一带一路文化互动地图、艺术与音乐、语言与文学等多领域文化项目。也与新加坡国立大学、加拿大阿尔伯塔大学、瑞士维多利亚大学、华东政法大学、武汉大学等知名高等学府建立理论研究机制，以智库、论坛、学术研究、出版物等多种方式，开展研究，形成理论体系，制定全球社会治理指数。在社会宣传方面，保持良好的媒体互动，与中国网合作，建立一带一路网，结合扶贫在线，将和平公益与社会责任的行动与声音，向社会广为发布传递，使得社会上更多人了解了NGO的正面形象和积极作用。

（六）获得荣誉与奖项

近年来，该馆荣获多个国内国际荣誉奖项：联合国教科文组织丝绸之路和平对话奖、委内瑞拉和平英雄奖、巴尔干国际"和平英雄奖"、"马丁·路德·金传承奖"、中联部颁发的"特殊贡献奖"荣登"北京社会好人榜"、"全球华侨华人创新创业示范基地"和由国家互联网新闻中心颁发的"扶贫脱贫摄影组织奖"、积极扶贫特殊贡献奖，一带一路文化互动地图陕西工作室为模范创新工作室、先进基层党组织等。

二　近年主要工作

（一）北京"和苑和平节"成为国际社会呼唤和平的共识名片

和苑博物馆与联合国教科文组织、各国驻华使团合作，自2014年起，每年9月21日以举办"和苑和平节"的形式庆祝国际和平日。已经成功举办五届。

（二）与联合国教科文联合建立"一带一路文化互动地图"项目，发布《和苑宣言》

2017年5月31日，来自世界五大洲的历史、文化、语言、民俗、人类学、文化遗产保护方面的学者、专家及相关合作伙伴们相聚北京，共同参加了由联合国教科文组织、中国世界和平基金会、北京国际和平文化基金会、北京和苑博物馆联合主办的"一带一路文化互动地图"的国际专家会议，这也是继中国政府作为主场外交召开"一带一路国际合作高峰论坛"后，由中国民间社会组织首次与拥有205个国家和地区的联合国教科文组织通力合作的新呼应。它促动了各国对"一带一路"的认知；推进了中国的文化自信；搭建了中国在国际社会全领域文化话语权的辅助平台。在各国知音们的见证下，联合国教科文组织于2017年6月1日在北京发布了《和苑宣言》。

（三）将国际文化交流作为民心相通的纽带

在理事会的领导协调下，先后与巴基斯坦驻华使馆在正阳门成功举办"中巴文化艺术展"，也多次在和苑博物馆举办"卡塔尔公主画展""中摩文化印记展""巴基斯坦著名画家作品展""海地画展""朝鲜文化展""非洲文化艺术展""青少年眼中的丝绸之路国际摄影展"全球巡展，在巡展的同时，与沿线一带一路国家的20多家博物馆建立了博物馆联盟。

（1）2016年3月20日，马尔代夫比拉邦国际学校中学游学团一行参加了由马尔代夫驻华大使馆、中国世界和平基金会、北京市人民对外友好协会、北京国际和平文化基金会、和苑博物馆共同举办的中国文化艺术交流会。代表团先后参观了和苑和平石与和苑博物馆，博物馆向代表团所有成员赠送了理事成员编著的儿童科普读物丛书、《中国NGO》与朝鲜政府为和苑博物馆特制的邮票。

（2）每年五月，加拿大阿尔伯塔大学经济学院院长Edy Wong携该院EMBA研究生团一行定期来访和苑。

（四）在摩洛哥国王穆罕默德六世支持下举办了具有国际影响力的"中摩文化印记"发布会和展览

（五）加强媒体智库合作进军"一带一路"

和苑博物馆与中国网新闻中心、人民大学金融研究院共同组成了服务大众的新型智库。三方以丝路精神为共识，以"和平+1"为路径，以国内外资源为依托，合作创办的"一带一路"官网已于2016年12月上线，陆续推出的9种语言和26个栏目的战略规划、社会影响力和综合效益将有助于"一带一路"相关国家和地区实现"命运共同体"和"利益共同体"的宏图。

（六）成立一带一路"大使村"和国际商务使节联盟，创新PPP+Peace合作模式，促进互联互通

（1）在和苑和平节之际，与中国国际友人研究会合作，启动成立大使村，联合各国驻华大使和中国驻外大使加入，进行国际间和平交流合作。

（2）由北京国际和平文化基金会、和苑博物馆和埃及驻华使馆发起的"驻华商务使节联盟理事成员大会"在和苑博物馆隆重召开。

（七）荣获国际"和平英雄奖"

该馆馆长李若弘11月24日与波黑与克罗地亚前总统捷潘·梅西奇、奥地利前议长Werner Fasslabend、乌拉圭著名足球运动员卡洛斯·阿斯科塔共同荣获巴尔干地区"和平英雄奖"，以表彰他们对国际社会的特殊贡献。

（八）和苑博物馆亮相第八届博览会

2018年和苑博物馆还参加了第四届全球治理东湖论坛、甘肃敦煌中国文博会、2018世界运河城市论坛等。

（九）与联合国教科文在阿曼举办全球摄影巡展

继今年9月21日在北京的"和苑和平节"举办"青少年眼中的丝绸之路国际摄影比赛颁奖典礼"和在和苑博物馆进行为期一个月的展览后，中国世界和平基金会、北京国际和平文化基金会主席、北京和苑博物馆馆长李若弘于2018年10月28日率团与联合国教科文组织、阿曼苏丹国家文化遗产部在阿曼首府马斯克特共同启动了"青少年眼中的丝绸之路国际摄影展"全球巡展，展期为一个月。此次巡展结束后，阿曼政府会将巡展接力棒传递给中东一些国家，联合国教科文组织也将与申办国共同拓宽和发展丝路文明。

（十）开展形式多样的文化活动

（1）2016年12月15日"2016年外国友人眼中的北京新气象"摄影文化活动颁奖仪式暨在京外国人交流会在北京市人民对外友好协会大厅召开。

（2）2017年11月29日我们组织了日本著名香道直心流世家传承人和香师在北京和苑博物馆献艺表演香道。

（3）2017年12月3日，我们在和苑博物馆举办了茶界泰斗104岁张天福老人传家著作杯获奖茶和苑品鉴会。

（4）经巴基斯坦驻华大使介绍，2017年12月12日巴基斯坦国宝级艺术家、慈善家和社会活动家、"和平斗士"Jimmy Enginccr先生慕名来访，协议将自己的所有的画作专利使用权捐赠给和苑博物馆无偿使用。

和苑博物馆在理事会的领导与各国政府、国际组织及合作伙伴们的支持下，以"团结、共识、平衡、分享"为目标，加强不断扩大的义工志愿者团队建设，讲初心、调结构、促效益、提高专业服务水平，在创新实干的思想与行动中，更好地实现文化使者的使命。

三　陈列展览

"巴基斯坦历史与文化印象"艺术展

为促进中巴友好交流，由巴基斯坦伊斯兰共和国驻华大使馆、中国世界和平基金会、北京国际和平文化基金会主办，中国书法出版传媒、《中国书法报》、中国网、和苑博物馆承办的"巴基斯坦历史与文化印象"艺术展于2017年11月6日在北京和苑博物馆举行。

四 社会教育

（一）携手加拿大阿尔伯塔大学深化国际教育合作

2017年5月，加拿大阿尔伯塔商学院院长Edy Wong教授，率研究生团师生一行20多人来访，举办中加两国传统教育合作项目——和苑论坛。该研究生团由来自加拿大、印度、巴西、英国、墨西哥、罗马尼亚等7个国家年龄在40—50岁成功的企业家、艺术家和政府官员组成。阿尔伯塔大学EMBA研究生团和苑教育论坛至今已经举办了十一年，历届超过40多个国家约300名政府部长、跨国企业、艺术家们专程组团来访，每届论坛有社会各界的代表人士与师生们进行"五通"（政策沟通、设施联通、贸易畅通、资金融通、民心相通）学术交流。

（二）和苑博物馆举办中马文化艺术交流会

马尔代夫比拉邦国际学校中学游学团一行参加了马尔代夫驻华大使馆、中国世界和平基金会、北京市人民对外友好协会、北京国际和平文化基金会，以及和苑博物馆共同举办的中国文化艺术交流会。

五 学术研究

（一）全球治理·东湖论坛在武汉召开

每年11月12日，一年一度的东湖论坛在湖北武汉东湖国际会议中心召开。该论坛由华中科技大学国家治理研究院与和苑博物馆以及人大重阳联合举办。参加论坛的有150位来自世界各地的专家学者代表，论坛期间李若弘博士与省领导、华中科技大学领导交谈了跨领域国际合作，接受了湖北省电视台的采访，和苑博物馆还向波兰前第一副总理科勒德克授予了"和平大使"勋章，赠送了《中国NGO》著作。

（二）发布全球治理指数报告

在2016年和苑和平节上，和苑博物馆馆长李若弘博士宣布，与合作方华东政法大学政治学研究院、北京国际和平文化基金会、中国与全球化智库以及对外传播研究中心共同发布2016年全球治理指数（2016 States' Participation Index of Global Governance World Report）。该项目由华东政法大学政治学研究院"华与罗世界闻名与比较正直研究项目"资助。

郭守敬纪念馆
BEIJING GUOSHOUJING MEMORIAL HALL

通信地址： 北京市西城区德胜门西大街甲60号

邮政编码： 100035

电　　话： 010-83224626

电子信箱： guoshoujing@yikongjian.com.cn

微信公众号： 郭守敬纪念馆

博物馆类型： 社会科学类（人物纪念）

隶　　属： 北京市西城区文物保护研究所（西城区文化委员会）

批准建立时间： 1986年9月，北京市西城区政府决定复建汇通祠，辟为郭守敬纪念馆。
　　　　　　　　1988年10月1日，正式对外开放

博物馆备案登记号： 053

建筑性质： 现代建筑

占地面积： 800平方米

建筑面积： 400平方米

展厅面积： 288平方米

交　　通： 地铁2号线积水潭站C出口向南50米，公交22、38、47路积水潭桥南站。

开放时间： 周二到周日9:00—16:00

服务设施：

停车场	纪念品商店	餐饮	语音导览	微信导览	无障碍设施	其他
无	无	无	有	有	无	无

概　述

2013—2016年，郭守敬纪念馆（简称：纪念馆）除日常免费开放、接待预约团体讲解之外，充分发挥市级科普、区级爱国主义教育基地，"社会大课堂"等校外教育与社会实践教育职能作用。纪念馆本着"纪念科技巨星 弘扬民族创新"的办馆宗旨，围绕着"科技 民族 创新"理念开展着内容丰富、形式多样的社教活动，包括展览、巡展、讲座、志愿者讲解、科普夏令营、模型制作、实地讲解、民俗展示互动，等等，采用"请进来、走出去"相结合的方式，各类公益活动进入街道和社区，走进了大、中、小学校，还有军营和敬老院。

2017年，郭守敬纪念馆启动了展陈提升改造项目，闭馆。

2018年11月20日，郭守敬纪念馆重新对外免费开放。在此次郭守敬纪念馆重新开放之际，与忆空间公司进行合作，探索以社会力量参与公共文化服务的创新模式。迎来了大批观众，初步取得一定的社会效益，达到社会化运营的预期。

一　开放接待

运营团队不断优化入馆流程，提供志愿者日常免费讲解、二维码导赏、导览机导赏、团队导赏等形式多元的讲解服务，并根据观众反馈逐步完善折页、学习单、休息区等多项配套服务。

重新开放当日至2018年底，试运营期间纪念馆累计开放36天，接待观众总人数超过14000人次，接待团体观众19个，平均每天超过400人入馆参观，其中峰值出现在2018年11月25日，当天有将近1300人来访。

二　公众教育

在馆内外开展一系列导赏、亲子、社区活动。同时，还在临展和面向学校的教育活动方面进行探索。未来还将提供更多活动体验，努力形成具有纪念馆特色的品牌活动。

三　宣传推广

为提升公众对郭守敬以及纪念馆的认知，团队从线上、线下同时入手，在不同群体中进行信息推送。

2018年重新开放后，运营团队针对郭守敬纪念馆的线上推广主要以微信公众平台为主，开放40天，累计增加关注超过1200用户，累计推送知识普及、活动、热点、时令节庆等各类文章20余篇，累计阅读超过19000次，公众号除提供基本参观信息外，还提供个人与团体参观预约、小程序导览、后台留言、志愿者报名申请等通道，在一定程度上与更广泛时空中的观众建立了联系，使纪念馆以更加亲近的形象与观众互动。

线下宣传方面，纪念馆重新开馆当日，多家媒体受邀来馆报道，开馆一周内，有近30家媒体对纪念馆的重新开放做出报道，很多观众闻讯前来参观。《北京晚报》等媒体还刊发了专题报道。此后，运营团队人员还接受邀请，累计3次参与中央人民广播电台、北京人民广播电台专题节目访谈等线下宣传渠道，使得更多人知道了郭守敬纪念馆，很多观众都是看到报纸消息、听到广播介绍后慕名前来，尤其是习惯通过线下传统媒体获取信息的老年人占观众比例较高。

运营团队会继续保持线上、线下同时推进的模式，方便更多群体获取纪念馆最新资讯。

四　志愿服务

郭守敬纪念馆从2018年11月20日纪念馆重新开放至2018年底，在岗志愿者已有56人，共参与馆内志愿服务超过650小时，组织进行了180多场志愿讲解活动，服务观众近2万人次。

纪念馆拟建立北京联合大学等高校的志愿服务队伍的服务基地与实习基地，为他们提供更多专业方面与社会交往方面的机会；2018年底，《北京郭守敬纪念馆志愿项目计划安排提案》正处于协商阶段。

五　外部联动

在西城区文化委、西城区文物保护研究所全力支持下，运营团队与市委宣传部、西城团区委以及区园林、教育、旅游等部门和市属高校建立起密切的联动机制，多方位多角度提高运营服务品质。

六　安全管理

在西城区文物保护研究所指导下，运营团队积极配合，制定落实12项安全制度、8项预案，进行了消防、安防、急救等多次安全培训，并形成严格的日常安全巡查制度，及时排查隐患，确保安全运行。

七　2015—2017年，郭守敬纪念馆中小学社会实践活动

（一）2015年

郭守敬纪念馆根据国务院颁布的新《博物馆条例》第四章第三十二条之规定，推出《小学生导览手册》。《手册》将讲解词以图文并茂的卡通形式呈现，让小学生轻松地了解科学家郭守敬及其辉煌成就，此项工作具有创新性。

郭守敬纪念馆邀请水利专家为教育学院附中初二的160名师生做了"古代运河与城市水利"的专题讲座。

基本展陈

郭守敬纪念馆邀请水利专家带领北京八中的90名学生畅游什刹海河段并在后门桥进行实地讲解。

郭守敬纪念馆邀请民俗专家、非遗传承人走进教育学院附中、十三中与学生们技艺传授与互动。

郭守敬纪念馆前后四次邀请天文馆专家为北京教育学院附属中学初中和高中的学生做天文专题讲座。

暑期志愿者讲解活动由北京第十三中学高一、高二的学生参与，在纪念馆内进行为期两周的志愿讲解服务。

郭守敬纪念馆组织北京裕中中学、北京联合大学应用文理学院的50余名师生开展了为期三天的科普夏令营活动。活动包括参观北京动物园、北京天文馆以及中国电影博物馆。

"老北京内护城河的旖旎风光"巡展走进教育学院附中，近千名师生观看。

（二）2016年

郭守敬纪念馆邀请空竹、花棍、陀螺等十余项民俗专家走进北京十三中（高中部）进行现场展示和互动活动。

郭守敬纪念馆举办中国大运河系列活动之"我爱大运河"手绘活动，活动由北青社区报小记者团的20余名小记者参与。

郭守敬纪念馆组织来自北京铁二中、北京联合大学应用文理学院的师生一起开展了科普夏令营活动。活动内容包括参观北京海洋馆、南海子麋鹿苑两个科普教育基地。

郭守敬纪念馆先后两次邀请天文馆专家为教育学院附中初中部的200多名学生特设了专题讲座。

"郭守敬逝世700周年"巡展先后走进十三中、教育学院附中，近千名师生观看。

"京杭大运河"巡展走进铁二中，1200名师生观看。

（三）2017年

"中国大运河之仓敖文化"巡展先后进入北京教育学院附中、铁二中，共有师生近3000人观看。

郭守敬纪念馆邀请天文馆专家先后为北京教育学院附中初中部、高中部的400多名学生特设了两场专题讲座。

纪念馆启动了展陈改造提升工程，于2018年11月20日重新对社会免费开放。

北京鲁迅博物馆（北京新文化运动纪念馆）

BEIJING LUXUN MUSEUM AND THE NEW CULTURE MOVEMENT MEMORIAL OF BEIJING

通信地址： 北京市西城区阜成门内大街宫门口二条19号（北京鲁迅博物馆区）

北京市东城区五四大街29号（北京新文化运动纪念馆区）

邮政编码： 100034（北京鲁迅博物馆区）；100009（北京新文化运动纪念馆区）

电　　话： 010-50872677（北京鲁迅博物馆区）

010-66128596（北京新文化运动纪念馆区）

传　　真： 010-50872600

网　　址： www.luxunmuseum.com.cn

电子邮箱： luxunxinwenhua@126.com

微信公众号： 北京鲁迅博物馆（微信号：luxunxinwenhuaguan）

北京新文化运动纪念馆（微信号：xinwenhuayundongjng）

博物馆类型： 社会科学类（人物纪念）

隶　　属： 国家文物局

批准建立时间： 2014年7月11日

博物馆备案登记号： 004

建筑性质： 北京鲁迅旧居为现代建筑（全国重点文物保护单位）

北大红楼为近代建筑（全国重点文物保护单位）

占地面积： 北京鲁迅博物馆区为12604.54平方米

北京新文化运动纪念馆区约3000平方米

建筑面积： 北京鲁迅博物馆区为8623.2平方米

北京新文化运动纪念馆区约1.2万平方米

展区面积： 北京鲁迅博物馆区为3982平方米

北京新文化运动纪念馆区为2200平方米

交　　通： 北京鲁迅博物馆区：阜成门内站有3路、13路、42路、61路、101路、102路、103路、121路、409路、423路、612路；地铁2号线阜成门站B口出。

北京新文化运动纪念馆区：沙滩路口西站有58路、101路、103路、109路、111路、128路；沙滩路口南站有2路；地铁8号线中国美术馆站A口出。

开放时间：周二—周日9：00—16：00，周一闭馆

服务设施：

停车场	纪念品商店	餐饮	语音导览	微信导览	无障碍设施	其他
无	有	有	有	有	有	有

概　述

　　北京鲁迅博物馆（北京新文化运动纪念馆）是国家文物局直属正局级一类事业单位，主要负责鲁迅和新文化运动时期著名人物、重大事件有关实物、资料的征集、保管、研究和宣传展示等工作。北京鲁迅博物馆区位于北京市西城区阜成门内大街宫门口二条19号，是为了纪念和学习中华民族的思想文化巨人鲁迅先生而建立的社会科学类人物博物馆，是中央国家机关思想教育基地、中央国家机关文明单位、北京市爱国主义教育基地、首都残疾人爱国主义教育基地、北京市社会大课堂中小学生教学活动实验基地，是首批国家一级博物馆。1955年12月开工建设，1956年10月19日正式开馆。北京新文化运动纪念馆区（北大红楼）位于北京市东城区五四大街29号，2002年依托原北京大学红楼建立了北京新文化运动纪念馆，是北京市爱国主义教育基地示范单位、北京市廉政教育基地，全国百家红色旅游经典景区之一。2014年7月11日，经中编办批复，北京鲁迅博物馆和北京新文化运动纪念馆合并为北京鲁迅博物馆（北京新文化运动纪念馆）。

一　机构设置

　　2014年7月，根据《中央编办关于设立国家文物局水下文化遗产保护中心的批复》和《关于设立北京鲁迅博物馆（北京新文化运动纪念馆）的通知》，北京鲁迅博物馆和北京新文化运动纪念馆合并为北京鲁迅博物馆（北京新文化运动纪念馆），财政补助事业编制82名。

　　2014年12月，按照国家文物局《关于北京鲁迅博物馆（北京新文化运动纪念馆）主要职责内设机构和人员编制的批复》，设立处级机构9个：办公室（人事处、党委办公室）、资产财务处、安全保卫处、鲁迅研究室、新文化运动研究室、文物资料保管部、社会教育部、信息中心、文化发展服务中心（鲁迅故居管理处）。保留5个科级机构：秘书科、离退休人员管理科、保卫科、总务科、房屋资产管理科。中国博物馆协会秘书处为挂靠机构。

2015年12月，文化发展服务中心（鲁迅故居管理处）增设经营管理科。

2016年1月，安全保卫处增设消防科。

2017年7月，财政补助事业编制由82名减少到77名。

2017年8月，成立"中共党史陈列"筹备办公室。

2017年11月，鲁迅研究室和新文化运动研究室合并为研究室，设立陈列展览部。

自2014年7月"两馆"合并以来，在国家文物局正确领导下，馆党委认真贯彻落实党的十八大、十九大精神，坚持以习近平新时代中国特色社会主义思想为指导，认真履行党建主体责任，以抓改革谋创新促发展为契机，狠抓党的政治建设，扎实推进学术研究、陈列展览、免费开放、对外交流，加大馆区环境整治等各项工作，均取得了较好的成绩，博物馆建设取得了长足发展。

二 藏品管理和保护

经过几年的不懈努力，北京鲁迅博物馆已逐渐发展成为鲁迅及新文化运动时期人物文物收藏中心、新文化运动文献中心和中国现当代版画收藏中心。

（一）文物资料征集体系化

一是突出版画及作品征集这个重点。先后征集郑野夫版画70幅；曹文汉木刻版画作品80件，及其藏李桦版画作品7幅；王观泉《中华木刻集》1件；邹雅木刻版画原版4块，其收藏的解放区《儿童木刻集》1册及速写本2册；刘岘木刻原板32块，木刻版画原版、木刻作品、木刻用具等141件藏品，以及木刻35幅，木刻原板30块等。

二是紧紧围绕展览进行征集。先后为"西北科考团"展征集旧版图书资料17件，为"马克思主义在中国早期传播"展征集展品81件等。

三是积极征集名人名家文物资料。先后征集胡风第七批文物55件；鲁迅致刘岘信封1个；征集朱企霞文物20件/套，其中含5册朱企霞日记，胡适、朱自清致朱企霞信各一封；征集曹文汉藏中国美术界、版画界元老大师蔡若虹、李桦、古元、力群、彦涵及日本版画家内山嘉吉等信札23件；征集第五批胡风文物584件、第六批文物184件；征集蔡若虹、古元、彦涵、刘岘等著名版画家信札23件，彦涵、李平凡、赵志芳等名家藏书票121枚；征集吴步乃先生旧藏美术类图书一批。

四是拓宽征集门类。征集55家147幅日本藏书票，为馆藏藏书票收藏补充一个重要门类。

五是做好其他方面的征集。先后征集方清刚所藏汉画像拓本61件，汉画像石、汉砖实物6枚；征集汉画拓本67枚、汉画石2枚、汉砖10枚；国画及水彩6幅；接收韩国大使馆捐赠的一批鲁迅著作韩文译本等。2018年12月接收国家文物局调拨文物111件，其中原由信息中心保管2件，以及原由信息中心保管、借展于重庆大足石刻艺术博物馆的石质文物109件。移交文物39件，分别移交给中国（南海）海南博物馆、中国法院博物馆、中国国家博物馆和上海博物馆。办理由美国海关追回流失文物的相关暂存工作。

（二）馆藏文物资料研究

坚持对馆藏鲁迅文物、许广平藏书以及新文化运动人物的研究，进一步对馆藏鲁迅文物和鲁迅同时代名人文物进行挖掘。先后编辑出版《母亲大人膝下——鲁迅致母亲信》《鲁迅藏百纳本二十四史》《印象钱玄同》等。对馆藏鲁迅藏书、鲁迅辑校古籍、鲁迅藏汉画像拓片、同时代人对鲁迅研究作品和馆藏胡风及其友人书信进行了整理和研究，编辑出版《馆藏近现代名人手札大系·鲁迅卷》5册、《鲁迅藏拓本全集·砖文卷》2册、《鲁迅藏浮世绘》1册和《鲁迅藏笺》等。近现代名人手札大系之第七、八、九卷（许广平卷、周作人卷）已经定稿付印，并完成第十卷（章太炎卷）初稿。《鲁迅藏拓本全集·碑卷》三卷并交稿。征集曹文汉藏李桦版画作品7幅，胡风第七批文物55件。完成《彷徨》《华盖集》和《集外集》三个鲁迅著作单行本的汇校。

（三）红楼馆区文物资料图书搬迁

2018年在鲁迅博物馆区新建文物资料库房，将红楼纸质文物及资料全部搬迁至鲁迅博物馆区新库房，基本整理完毕。将新文化资料室收藏的图书、杂志、音像制品约6000余册，从北大红楼地下室下架，打包，搬至新馆区后进行了重新排架和清理加工，建立了新的图书室。这样"两馆"合并后，原先保管的文物资源得到了整合利用，原有的藏品收藏体系得到了扩大、丰富和完善，利用范围和层面也日趋立体和丰富。

（四）承担其他相关工作

承担国家文物局第一次全国可移动文物普查部分工作，完成2016年文物普查数据审核项目，全年共召开20次数据审核专家会，共审核文物数据27825条。荣获第一次全国可移动文物普查工作先进集体称号；完成"经济社会发展变迁物证征藏"总体研究工作，向国家文物局提交相关报告顺利通过结项；认真做好国家文物局科研项目档案整理工作，共完成964条全宗目录和334条件内目录的编写，数字化扫描工作已完成201件（224盒）；完成国家一级博物馆资格审核申报工作，顺利通过审核；承担文

北京新文化运动纪念馆大门

化和旅游部《鲁迅手稿全集》编辑工作，完成全部鲁迅手稿及藏书杂稿约20000余页的扫描工作；积极支持北京市第35中学建立"鲁迅与美术""呐喊""鲁迅与新文化运动""洗不尽的阿Q""八道湾的宾客"等主题展厅，提供文物档案资料250余件/套。

三　学术研究交流

坚持以学术研究为先导，坚持以学术研究带动其他业务工作，以其他业务工作促进学术研究的方针，取得了丰硕成果。

以《鲁迅研究月刊》为平台，展示鲁迅研究新成果，现已出版440期，被中国社会科学评价中心评价为文学学科核心期刊。

国家社科基金一般项目"鲁迅的新文学收藏研究"、国家社科基金后期资助项目"鲁迅北京交游研究"、国家社科基金一般项目"国内六家鲁迅纪念馆的历史和现状研究"取得阶段性成果。

编辑出版《鲁迅影集》《鲁迅日历》《字里行间读鲁迅》《俯首横眉——鲁迅先生写真集》《鲁迅生平与文稿考证》《拈花——鲁迅中外美术藏书研究》《北大红楼历史沿革考论》《寻找·还原·发现——胡适速写》《新青年时代：中国新文学先锋人物剪影》《曙光·伟业：北大红楼与中国共产党的创建》《印象钱玄同》《新青年》时代等图书。在国家核心期刊发表论文百余篇。

积极开展学术交流活动。与中国鲁迅研究会主办"纪念《狂人日记》发表一百周年"学术研讨会,牵头组织召开"中国新文学百年纪念"学术研讨会。成功举办"纪念鲁迅诞辰135周年、逝世80周年暨北京鲁迅博物馆建馆60周年座谈会"。召开"鲁迅文化遗产与当代中国"国际学术研讨会,组织召开全国鲁迅博物馆、纪念馆馆际交流会,深入研究探讨全国各鲁迅馆在研究、宣传鲁迅思想和鲁迅精神方面的积极成果,交流经验。与尼泊尔联合在北京举办"德夫科塔与鲁迅"学术研讨会,赴尼泊尔加德满都参加"鲁迅的杂文:政治与社会意义"国际学术研讨会,并举行由鲁迅博物馆和德夫科塔—鲁迅学会共同编辑出版的《中尼(泊尔)对照鲁迅旧体诗》首发式。

四 陈列展览

为进一步落实习近平同志关于"让文物活动起来"的指示精神,坚持走出去和请进来相结合的方式,加大馆际交流力度,积极传播鲁迅思想精神及中华优秀传统文化,取得良好的社会效益。

(一)精心策划原创品牌展览

结合不同时段、重大事件等时机,集中力量精心打造"疑古创新——新文化运动先驱钱玄同文物特展""旧邦新命——新文化运动百年纪念展""俯首横眉——鲁迅生命的瞬间""万里向西行:西北科考团90年纪念特展""文白之变:文学革命诞生百年纪念展""拈花——鲁迅藏中外美术典籍展""曙光·伟业——北大红楼与中国共产党"等展览。2018年围绕纪念北大红楼建成一百年,举办"北京大学红楼百年纪念展",展出实物展品166件、历史照片216幅,其中文物110件,多数都是首次展出。重点展现北大红楼在五四新文化运动时期所发挥的中心作用,以及作为马克思主义,北方革命运动主阵地的光辉历史。完成东城区箭杆胡同陈独秀旧居暨《新青年》编辑部旧居陈列工作。推出"不忘初心——马克思主义在中国早期传播"陈列展,并开展配合系列社教活动,成为党建活动最受欢迎的展览之一。

(二)充分挖掘馆藏资源优势举办展览

利用征集的版画与上海鲁迅纪念馆、日本和光学园、上海三星小学在上海共同举办了"中日儿童版画展";与日本和光学园、上海鲁迅纪念馆、上海三新学校在东京蓝布坂画廊共同举办"鲁迅——和光、中日友好儿童版画展"。举办"中国战斗——抗日战争时期版画展",在湖北省博物馆举行首展,展出版画300余幅。后分别在江西萍乡博物馆、福建晋江博物馆、中国闽台缘博物馆等地进行巡展。编辑出版《中国战斗——抗日战争时期版画展》图录。"引玉——鲁迅藏外国版画精萃展",展示鲁迅在苏联版画、德国版画、欧美版画、日本版画上丰富的收藏,展示鲁迅广阔的艺术眼界及拿来主义的美术思想和历史功绩。该展先后在武汉美术馆和国家典籍图书馆展出。举办"含英咀华——北京鲁迅博物馆建馆60周年馆藏精品展"，分翰札、丹青、书香、硕果4个部分，展示北京鲁迅博物馆60年来在藏品体系上形成的鲁迅及近现代名人手迹、版画及美术品，近现代书刊版本三大特色优势，展示该馆在文物征集及藏品管理研究方面的丰硕成果。举办"书写的艺术——鲁迅手稿精品展"，分为魏晋风骨、纸上声情、体用之妙3个部分，展出近百幅作品，展示了鲁迅书法渊源、书法风貌以及鲁迅自觉地将书法元素运用于装帧设计的成果等。

（三）展览交流和巡展

将历年策划的10个展览，先后送到国内外进行巡展。主要有："鲁迅的读书生活展""人间鲁迅展""鲁迅的艺术世界——北京鲁迅博物馆馆藏文物精品展""新时代的先声：五四新文化运动展览""中国新文学作家与作品展""新文化运动与北京大学——纪念《新青年》创刊一百周年""胡适文物图片展""新文化运动急先锋钱玄同文物展""感受大师·品味经典——中国新文学作家与作品展""纪念中国人民抗日战争胜利70周年——文化名人与民族精神""印记：法国文化在中国"和"回眸胡适"等，这些全国巡展，对宣传展示鲁迅、研究鲁迅及新文化运动起到了积极的作用。同时引进其他兄弟馆的展览"鲁迅生平与创作""冯雪峰与鲁迅""鲁迅与新青年""那些年，我们遇到的鲁迅""1976—1979巨变前夜——意大利记者马达罗镜头中的中国"摄影展。由北京鲁迅博物馆参与的"8+"名人馆共同启动"为了民族文化的繁荣——文化名人与文化自信"主题展，并赴贵州、广西等地巡展，社会反响良好。

（四）积极开展对外文化交流

2014年8月至11月，赴韩国参与举办"韩国光州双年展20周年纪念特别企画展'甘露——1980以后'"；2015年4月至6月，馆领导带队先后两次赴美国得克萨斯州休斯顿佛光山中美寺、加利福尼亚州佛光山西来寺举办"回眸胡适"图片展；2016年6月至9月，与裴多菲文学博物馆在匈牙利布达佩斯联合举办"诗的力量——鲁迅、裴多菲的文学生涯"展览；2018年8月28日至9月1日，和中国文物交流中心有关人员组成的代表团赴日本长崎开展文化交流活动，拜会中国驻长崎总领事和长崎市长，在长崎孔子庙中国历代博物馆举办"文白之变——民国大师与中国新文学展"展览。日本NHK电视台、KTN长崎放送局等多家媒体对展览开幕式进行直播报道，引起热烈反响。

五　对外开放和社会教育

充分发挥馆藏文物资源优势，依托北京市爱国主义教育基地、北京市中小学生社

马克思主义在中国早期传播陈列展

会大课堂教育基地的打造和建设，开展了内容丰富、形式多样的社会教育活动，形成了比较成熟的体系。多次被评为"北京市社会大课堂优质资源单位"和"北京阳光少年文化科普进校园活动先进集体"。

（一）扎实做好对外免费开放

观众接待量由2014年的11.8万人次增长到2018年的24.7万人次，其中学生和团体大幅增加，特别是"五四""七一""十一"观众流量猛增，北大红楼成为进行红色教育和开展主题党（团）日活动的最佳场所之一。不断提高讲解服务质量，两馆区的讲解员除了每日定场讲解外，超负荷完成讲解接待任务达2000余场。另外通过招募志愿者，通过培训考核合格上岗担任志愿讲解服务工作。连续5年完成文化和旅游部每年定期组织开展的"港澳大学生文化实践活动"培训任务，接收并完成10名少数民族大学生暑期培训任务。

（二）配合展览举办教育活动

2015年初举办"看年画过大年"亲子文化教育活动，首次尝试与社会公益组织（四月公益、北青社区报等）合作青少年教育活动。配合"1976—1979巨变前夜——意大利记者马达罗镜头中的中国"摄影展，举行了"寻找四十年前的自己"、"4·11老马日——马达罗见面会"、《老马——一个孩提时的中国梦》图书首发式等活动；配合"中国战斗——抗日战争时期木刻版画展"开展了抗战版画讲座和拓印活动。配合北大红楼建成一百周年，先后举办"走进百年红楼，感悟五四精神"系列活动，包括版画拓印、丝网印刷、知识问答等。配合"马克思主义在中国早期传播陈列馆"建成开馆，开展了"从马克思手稿到共产党宣言——庆祝马克思主义在中国早期传播陈列馆开馆"特别教育活动，吸引了大量首都青少年来北大红楼开展理想信念教育，重温《共产党宣言》和早期马克思主义在中国大地传播的激情澎湃的年代。

（三）开展节庆特色教育活动

确立每年四月为"鲁迅纪念月"，并举办纪念月特色互动项目，除清明节当日北京八家故居联盟传统"清明时节 缅怀名人 走近故居"活动外，还与金融街社区老年协会合作"翰墨书香怀鲁迅""春光丽影觅鲁迅"，与北青报北青社区传媒合作"丁香花海颂鲁迅""丹青妙手绘鲁迅"系列活动。把该系列活动成果"鲁迅纪念月系列艺术活动成果展"作为"5·18"国际博物馆日特别展览进行展出，同时举行观众有奖问卷活动。每年"五四"青年节，均联合共建单位举办"纪念新文化运动、五四运动"主题文艺汇演。创新开展了从红楼到赵家楼的文化体验活动"重走五四路"；六一儿童节，举办"寻找鲁迅足迹，品味书香西城"实践体验活动暨展览路地区青少年读书节表彰会等，收到良好社会效益。

（四）"鲁博"品牌社教活动

2018年建成"朝花艺苑"社会教育活动中心，充分利用馆内丰富的文学、艺术资源，推出系列社教活动，形成特有的"鲁博"品牌。针对学龄前儿童，推出"美术启蒙"系列课程；针对中小学生，推出"中国传统绘画"系列课程，传承鲁迅先生的"美育"思想；梳理馆藏文物，研发出"鲁迅与瓦当""鲁迅印章篆刻体验"等系列活动。不断推进节假日专题社会教育活动常态化，从2018年7月份开始，每周末至少3场活动。全年馆内共开展教育活动129场，参与人次达4125人次。

（五）继续推进"走进鲁迅"进校园

2018年成功申报为全国中小学研学实践教学基地，获得"中央公益彩票基金"50万支持。协调组织师大二附中、159中学等8所中小学，共11445名师生参观展览；与新街口、展览馆等社区的少年宫建立合作教学，开展7场社会教育活动，共有310名社区小居民参与。值得一提的是，2018年6月1日社会大课堂活动走进北京市海淀区中关村第三小学雄安校区，与中国园林博物馆、北京市西周燕都遗址博物馆等14家单位，为雄安的少年儿童带去六一儿童节的欢乐。北京鲁迅博物馆在北京校外教育协会第四届理事会大会上被选为理事单位。

（六）联合社会举办学习教育活动

与东城区党校合作开展的"现场教学"系列活动；在北京市西城区"书香满西城"主题活动背景下，与金融街街道办事处合作开展的"书香满西城之三味书屋读书会"活动，与展览路少年宫合作开展的"寻找鲁迅足迹，品位书香西城"活动；配合东城区区委开展的理论中心组学习活动等。

六 信息化建设

重点推进办公自动化，不断完善OA系统，使两个馆区办公业务互连；推进观众互动拓展项目。借助移动手机为载体，运用语音导览、APP互动等形式对现有展览进行扩展和延伸，丰富观众体验；做好日常的宣传及网络安全工作。成功申报国家艺术基金2017年度传播交流推广资助项目，已经完成了平台的搭建、资料收集、渠道沟通等工作，项目基本完成，现已将结项材料递交国家艺术基金等待答辩。启动互联网+中华文明"文创知识产权解决方案智能匹配平台"项目。对新增开放区域布设网络，扩展馆内网络覆盖面，服务于观众。举办"迎新春·扫码有礼"活动推广微信公众号。将原有的鲁迅新文化馆微信公众号，改为北京鲁迅博物馆和新文化运动纪念馆两个微信公众号，同时增加微信360全景展示、预约活动、志愿者信息管理等功能模块，以更好、更精准地推进观众互动拓展项目，同时更好地服务于观众。截至目前微信公众号关注数量已达2万多人。

七 文创产品开发和推介

坚持以博物馆服务于公共文化需求为目标，抓住作为全国首批文化创意产品开发试点单位的机遇，充分挖掘馆藏鲁迅及新文化运动文物资源，开发的3大系列162种文创产品，受到观众的"热棒"。

（一）积极研发并推出新产品。根据市场需求，在原有鲁迅漫画像、"艺术鲁迅"、"思想鲁迅"、新文化运动和馆藏经典系列文创产品基础上，推出"鲁迅手绘青花提梁壶配茶杯套装"等新产品；配合原创展览和重大事件，有针对性地开发"北大红楼百年丝巾""艺术鲁迅丝巾"等新产品；联合全国其他五家鲁迅馆开发"鲁迅的足迹"T恤衫、"呐喊"T恤衫等文创产品；与企业合作，开发"迅乡"茶叶套装等综合性文创产品。

（二）积极发挥社会力量参与开发新产品。认真贯彻落实《国家文物局与中国移动通信集团有限公司战略合作协议》，积极参与推进"互联网+中华文明"行动计划，

鲁迅旧居

与北京易讯无限信息技术股份有限公司签订了《业务运营合作协议》，落实国家文物局和中国移动通信集团有限公司战略合作框架文件，合作挖掘和利用博物馆产品创作适合互联网+的IP产品。与中国博物馆协会联合开展工作，拟推出视频，进一步弘扬中华传统文化。

（三）积极开展推介活动展示风采。2017年"五四"期间在北大举行"新文化、新生活、新美学"主题文创展，以文创产品为展示主线，将美学新观点、新体验融入生活，让传统艺术与文化遗产"活"起来。与中国文物信息交流中心和湖北省博物馆签订文创合作协议，积极参加国内外文创展览展示，其中"鲁迅漫画像"系列文创产品获得第12届中国（义乌）文化产品交易会创新设计奖，"文创馆"在2017年第二十四届北京国际图书博览会上优秀奖。与中国文物交流中心共同主办"第三届广州国际文物博物馆版权博览会"，开展系列活动。获第三届广州国际文物博物馆版权博览会"最佳展示奖"和"十大优秀文创产品"人气奖。先后参加2018北京（国际）文创产品交易会、第三届丝绸之路（敦煌）国际文化博览会，在第13届中国（义乌）文化产品交易会上获"博物馆文创系列产品推介奖"，在第25届北京国际图书博览会上获"最佳创意奖"，在福州第八届博物馆及相关产品与技术博览会上获"最佳展示奖"，充分展示了该馆作为全国首批文化创意产品开发试点单位的良好形象，受到上级和社会各界好评。

八 安全保卫工作

坚持安全保卫工作"一票否决制"原则，不断加强安全保卫工作。针对"两馆"合并后点多、面广，人员分散等特点，主动靠前做工作，增设消防科，加强各安保岗位人员责任管理，采用购买服务的办法，进一步加强安保人员队伍建设，不断增强安保力量。坚持法人抓总、分管领导牵头、部门领导负责抓的思路，馆主要领导每年都与各部门负责人签订安全责任书，不断强化责任意识和安全观念。坚持每年对全馆职工进行1至2次的消防安全、反恐安全等方面知识培训并组织应急演练，不断提高职工的消防安全意识和自救技能。坚持定期对各种安、消防设备设施进行检查，发现问题及时报修，消除隐患。定期对设备设施进行月检，年检工作，对发生故障的设备，及时联系维保人员进行检修与更换，确保了安全消防设备的正常运行。坚持日查和夜巡相结合，严格带班值班、严格交接班、严格对外开放一线安保工作，严格节假日、重要时机安保工作，确保两个馆区正常顺利运行。2018年认真汲取巴西国家博物馆火灾教训，及时召开安全工作会议，对两个馆区进行消防安全大检查；开展消防知识培训和演练，不断强化安全意识和观念，确保安全稳定。

九　加强内务管理，提高服务保障，改善馆容馆貌

不断强化服务意识，努力营造奋进向上的氛围。下大力气增加公众服务区域，改善职工办公条件，改善职工工作餐。狠抓鲁博馆区环境整治和房屋改造，规范保洁服务。完成国有资产清查工作，摸清家底，报废固定资产及车辆变更手续。严格执行政府采购程序，制定政府采购办法，并根据形势任务发展及时进行修订，不断规范管理。积极改变馆区现状，扎实做好鲁博馆区内出租房收回后改造使用工作，建设了图书馆、社会教育中心、打造出精品文物展厅并改造临时展览厅及文创商店（茶室）、书店（咖啡厅）等观众服务设施，自启用以来受到观众热棒，为对外开放和服务社会创造良好的条件。

十　为中国博协秘书处提供支持保障

受国家文物局委托，北京鲁迅博物馆承担了中国博物馆协会秘书处的支持保障任务，将博协秘书处的党建、人事管理、工青妇工作纳入全馆统一管理，提供良好的办公场所及相关设备设施，切实保障博协秘书处高效运转，集中精力推动全国博物馆专业化、现代化、国际化发展。

老舍纪念馆
LAO SHE MEMORIAL MLISEUM

通信地址： 北京市东城区灯市口西街丰富胡同 19 号

邮政编码： 100006

电　　话： 010-65142612

传　　真： 010-65228829

网　　址： www.bjlsjng.com

电子信箱： laoshe1899@126.com

微　　博： 老舍纪念馆

微信公众号： 老舍纪念馆

博物馆类型： 社会科学类（人物纪念）

隶　　属： 北京市文物局

批准建立时间： 1998 年 7 月 20 日

博物馆备案登记号： 101

建筑性质： 现代建筑（北京市重点文物保护单位）

占地面积： 479 平方米

建筑面积： 315 平方米

展览面积： 100 平方米

交　　通： 公交 104、108、103、111、803、420 路灯市西口站往西或 2、60 路妇产医院站往东

地铁 1 号线王府井站或 5 号线灯市口站

开放时间： 9:00—16:30（周一闭馆）

服务设施：

停车场	纪念品商店	餐饮	语音导览	微信导览	无障碍设施	其他
无	无	无	有	无	无	无

概　述

　　1984年5月，老舍故居被北京市人民政府列为北京市文物保护单位。1997年7月，老舍家属将故居捐献给北京市。1998年北京市文物局对故居进行全面修缮。1998年7月成立纪念馆。1999年老舍纪念馆在老舍故居基础上建成并对外开放。它位于北京东城区灯市口西街丰富胡同19号，交通便利，具有典型的北京四合院建筑格局，院内幽静雅致，文化氛围甚浓。

　　建馆以来，老舍纪念馆以保护故居和藏品、征集和研究藏品及资料、推出展览和活动、广泛开展社会教育为基本工作任务，紧紧围绕老舍"生在北京、长在北京、死在北京，他写了一辈子北京，老舍和北京分不开，没有北京，就没有老舍"这个主题开展业务和研究工作；努力把老舍纪念馆建设成为老舍图书资料收藏研究中心和教育活动中心是纪念馆的工作宗旨。

　　老舍纪念馆是北京市文物局下属的正处级事业单位，馆长作为主要领导负责全馆工作，下设业务部、办公室两个部门。业务部主要负责藏品征集与保管、陈列展览、社会教育、对外开放与接待、科研等工作。办公室主要负责全馆的行政办公、财务、人事、安全保卫、后勤保障等工作。纪念馆实行免费开放，经费来源为财政补助，经费构成分为基本经费和项目经费两种。

一　藏品保管

　　老舍纪念馆馆藏文物数量为1550件（包括珍贵文物、一般文物、参考品），珍贵文物数量总计为184件：一级文物：3件（藏书和藏画）；二级文物：20件；三级文物：161件。2016年5月24日，1942年中山高志先生翻译《骆驼祥子》的手稿入藏老舍纪念馆。此手稿由中山先生后人捐出，同时老舍纪念馆还收到日方友人捐赠的日译本《四世同堂》、日译本《老舍选集》，等等。这些手稿和书籍都是纪念馆未收藏过的版本，既丰富了馆内收藏种类，也有利于老舍文化海外传播方面的研究。

多年来，纪念馆积极面向社会征集与老舍相关的珍贵资料，多次接受捐赠，其中最有代表性的是老舍子女捐赠的胡絜青画作和文艺界友人致晚年胡絜青的信件。由于馆内库房条件简陋，各类藏品的保存条件有限，纪念馆也一直致力于改善藏品的保存环境，通过增加温湿度监测设备、防潮设施等途径保证大量纸质藏品的安全和完好程度。今后，纪念馆还将对现有藏品资料进行逐步整理和鉴定，别是近年来新入藏的珍贵资料，力争在不断扩大馆藏的基础上，实现图书资料收藏研究中心的目标。纪念馆业务人员在各项业务工作的基础上，围绕老舍和博物馆等主题积极开展科研工作，先后发表了多篇专业论文，《请深藏中日两国人民一衣带水的文化情缘》《让文物活起来："8+"名人故居纪念馆2017年文集和活动图册》《馆舍小天地 教育大舞台——老舍纪念馆博物馆教育工作》《老舍的国家意识与民族情怀》《小工作，大作为——浅析老舍纪念馆十年来媒体报道的收集工作》《〈四世同堂〉的那些日子——抗战期间北平市民的生活研究》《书房里外的老舍》《丹柿小院的那些岁月》等。出版了《老舍画传》《思念》《文化名人与北京》《走过四季的名宅——北京"8+"名人故居巡礼》《我们在老舍纪念馆》等专辑。

2013年，纪念馆将损坏较严重的资料书籍，放入文保袋，加入"保鲜剂"，封口存放。2016年进行了馆藏文物（重要的书籍、字画以及木质家具）的修复工作。今后，纪念馆还将对现有藏品资料进行逐步整理和鉴定，特别是近年来新入藏的珍贵资料，力争在不断扩大馆藏的基础上，实现图书资料收藏研究中心的目标。

二 陈列展览

老舍纪念馆的固定陈列包括老舍故居原状陈列和生平陈列两个部分。原状陈列的主要内容为老舍客厅、老舍书房兼卧室、胡絜青画室兼卧室等。陈列保持了老舍生前的原状，展出了老舍生前使用过的多件珍贵物品。2006年进行了第一次改陈，推出陈列名为"走进老舍的世界"固定展览，对老舍生平、文学创作、社会文化活动等多方面的成就进行了综合性的展示。2010年老舍纪念馆再次进行改陈，充实丰富了固定陈列"走进老舍的世界"，更新展柜，调整展品，增添多媒体设备，设计制作多媒体软件，丰富深化展览展示内容，深化对外宣传效果。

2017年4月5日至2018年1月31日老舍纪念馆闭馆进行固定展览改陈，2018年2月1日重新对外开放。北房三间和西侧耳房作原状陈列，向人们展现老舍先生当年的生活原貌，其中包括老舍的写作间兼卧室，曾接待各方人士来访的客厅以及夫人胡絜青的画室兼卧室。院内东、西厢房现辟为纪念性展室，东厢房的实物展和西厢房的"走近老舍"生平展通过大量珍贵的图书、照片、手稿以及生前遗物，向观众展示老舍先生的生平与创作历程。

针对场地狭小的现状，纪念馆结合自身特色推出了多项临时展览，或在故居内展出，或外出巡展，都取得了良好的效果，得到了社会各界的一致好评。其中影响较大的临时展览有"老舍·文化创新之旅""墨彩京华""老舍胡絜青伉俪暨馆藏名人书画展""走进老舍的世界""大家风范——文化名人的人格和家风""老舍笔下的中秋节""人民的艺术家——老舍胡絜青藏画展""北京的春节""走进老舍的世界""老舍纪念馆优秀留言展""跨越半个世纪的思念：1966—2016""难舍老舍"等。

三　服务公众

老舍纪念馆注重改善开放和服务环境，树立为观众服务的理念，在软硬件各方面维护和改善了馆里的设施。比如增加双语标识、轮椅、雨伞、休息座椅、语音导览等多项设施并均保持良好状态。此外我们还对馆内各处的电源开关、地面路面、展厅展柜、标牌说明等进行了检查维修。2013年1月对安防系统受损维修更换。2013年6月对线路进行加固改造。2014年5对线路改造及消防广播系统安装。2015年4月对地暖进行维修和安装，改善展厅环境，为观众提供更为舒适的参观体验。馆里各项安全设置齐备，发现问题及时处理并且制定了一整套安全预案应对各种突发事件。自建馆以

实物展厅

来未发生任何重大事故。

除了增加服务设施、保障观众安全外，老舍纪念馆还在讲解接待方面多下功夫，为观众营造良好亲切的参观环境。2014年4月—8月闭馆开展"抢险工程"，对原状展厅漏雨进行修复。2015年4月，馆里进行了电路改造。

四　青少年教育

老舍先生不仅是享誉世界的文学家，也是一位身体力行的教育者。他从事教育工作30年，作品中也常见关于知识教育、家庭教育的经典论述，他认为学习不仅仅是知识的灌输，更是人格和优秀品质的塑造。老舍纪念馆也一直把公众服务尤其是青少年教育作为一项重要的内容。老舍纪念馆本身就是对孩子们进行知识教育、素质教育，弘扬民族传统文化，凝聚民族向心力最好场所。暑假期间我们特地为中小学生推出"把课堂搬进老舍故居"活动。"丹柿小院的语文课"。该课程通过在老舍故居进行现场教学，使中小学生在课堂教学的基础上加深对老舍和老舍作品的了解，培养大家阅读和写作的兴趣与能力。课程讲授可由带队教师选择由自己授课或者请纪念馆研究人员授课。为丰富科普活动的内容，在近几年中，纪念馆已请老舍长女舒济馆长为中小学生现场授课多次，派具有专业职称的业务研究人员为中小学生现场授课多次。课程流程主要包括：预约、现场教学、参观、答疑、交流、观后感或总结等几项内容和步骤。在这些主要流程中，最受中小学生欢迎的就是现场和授课专家的交流，大家可以提出很多问题进行讨论，专家结合馆内实物和资料为同学们解惑答疑，效果非常明显。

老舍先生是享誉世界的文学大师，也是深受爱戴的"人民艺术家"。他的作品不仅数量在现代文学作家中是名列前茅的，而且影响也远播四海。老舍留下的丰富而不朽的遗产早已超越一个民族的畛域，世界人民以无比的热爱珍视这笔精神财富。他以自己所拥有的独特的艺术世界确立了他在中国现代文学中的难以取代的重要地位。多年来，老舍纪念馆依托"老舍"特有的魅力和影响力，积极探索和实践，工作不断推陈出新，多次举办富有老舍馆特色、老北京特色的活动，得到了社会的认可和好评。老舍纪念馆以故居为纽带，通过推出展览和活动让人们走进老舍的世界，感受先生的思想与人格魅力，受到心灵的启迪。

北京李大钊故居

BEIJING FORMER RESIDENCE OF LI DAZHAO

通信地址： 北京市西城区文华胡同24号

邮政编码： 100031

电　　话： 010-66089208

传　　真： 010-66089608

网　　址： www.lidazhao.org

电子邮箱： bjldzgj@163.com

博物馆类型： 社会科学类（人物纪念）

隶　　属： 西城区文化委员会

批准建立时间： 2006年11月2日

博物馆备案登记号： 134

建筑性质： 北京四合院（全国重点文物保护单位）

占地面积： 1000平方米

建筑面积： 504平方米

展览面积： 304平方米

交　　通： 公交7、10、38、47、88、477、395路，新文化街西口站；7、10、15、37、88、90路，民族文化宫站。

地铁1号线、4号线西单站；2号线复兴门、长椿街站。

开放时间： 9:00—16:30（周一、周二闭馆）

服务设施：

停车场	纪念品商店	餐饮	语音导览	微信导览	无障碍设施	其他
无	无	无	无	有	无	无

概　述

一　管理机制和机构设置

北京李大钊故居自2013年3月成为全国重点文物保护单位。作为市级爱国主义教育基地、社会大课堂中小学课程教学活动实验基地、青少年学生校外活动基地和廉政教育基地。故居下设办公室、业务部2个部门，负责故居的对外开放、保护管理、维护修缮、藏品保管、展览陈列和宣传社教等工作。

二　陈列展览

常设展览由"故居复原陈列"和"李大钊1920—1924"专题展厅两个部分组成。

"故居复原陈列"根据有关文献记载、子女和革命人士回忆录为依据展现李大钊及家人居住时的原貌，包括堂屋、夫妻卧室、东西耳房、东西厢房共由13间文物建筑组成。

"李大钊1920—1924"专题展厅，分为"少年立志报国""传播马克思主义""创建中国共产党""促成第一次国共合作"和"精神永存光照千秋"五个部分。着重介绍李大钊在此居住的四年中从事的革命实践活动、宝贵的思想理论遗产及崇高的人格风范。

三　安保设备

北京李大钊故居严格按照文物保护规定及自身实际情况装备了一系列安全消防设

施。由于院内低于街面近80厘米，专门配置了大功率的污水、雨水排放井，解决了积水排放问题。所有地面建筑全部安装了防雷设备，按照相关规定实行年检制度。院中所有强电和弱电均埋设地下，没有明火设施和严禁使用明火。故居院内安装了图像信息系统（中控设备），共32个彩色监控摄像机，其中室外18个镜头，室内14个红外镜头，院墙四周入侵探测器6对，室内双监探测器10对，室外重点部位设巡更点位10个，全部实行24小时监控并记录。

在制度保障上，实行安全保卫责任制。坚持"预防为先，教育为本，规范管理"，全面落实安全保卫责任制。逐级分岗负责安全工作，逐级签订安全工作责任书，依法严格消防安全主体责任制的落实。在建立健全安保各项规章制度基础上，根据实际需要先后制定和完善了共计9个方面24个规章制度，重点集中在实际需要和可操作性上。并在此基础上，定期检查及培训演练。努力做到安全工作实现"三个确保、三个提高、一个实现"的工作目标。即确保不发生火灾，确保不发生文物损坏和被盗，确保不发生重大责任事故，全员安全责任意识明显提高，安全管理水平明显提高，安全防范技能明显提高，最终实现文物安全。

四　学术研究

在专家及专业社团协助下，北京李大钊故居的专业研究能力不断提升，先后完成了出版物：

《李大钊北京十年——思想篇》（2013年）

《李大钊北京十年——教学篇》（2016年）

《李大钊北京十年——学会篇》（2018年）

五　社会教育

北京李大钊故居占地仅有千余平方米，根据自身特点以请进来和走出去的模式，发挥着作用。

（一）用主题鲜明的品牌活动"请进来"，发挥博物馆社教职能

1."传播大钊思想 践行雷锋精神"主题活动

"学雷锋"日主题活动期间，故居以"传播大钊思想践行雷锋精神"为主题，组织学生志愿者开展了义务讲解服务活动。

伴随着故居学生讲解员培训工作的不断深入开展，不仅学生讲解员数量有所增加，服务质量也在不断地提升，讲解服务内容也在常设展览的基础上将巡展内容囊括

其中，为该项活动在形式上寻求了新的突破。学生义务讲解员们通过实际行动践行雷锋精神，为民服务的奉献精神，同时感受革命先驱的爱国精神。

2. "清明时节 缅怀名人 走进故居" 主题活动

在清明节来临之际，北京李大钊故居开展了 "清明时节 缅怀名人 走进故居" 主题活动，此项活动已经成为故居的品牌活动之一。

学生们走进故居，近距离感受先烈的爱国情怀，手捧朵朵鲜花表达着对大钊先生的哀思，亲手系上条条黄丝带以寄托对大钊先生的思念，写下片片寄语记载着对大钊先生的追忆。活动庄严肃穆，有效地引导了广大青少年，继承革命先烈遗志，珍惜美好幸福生活，树立正确的世界观、人生观、价值观。

故居还与金融街社会办及百花深处艺术团合作，推出清明诗会，以诗歌朗诵的方式讴歌先烈事迹、抒发爱国情怀，周边社区党员干部、群众主动走进故居参与纪念活动。此项活动的开展充分发挥故居爱国主义教育基地的阵地作用，使广大人民群众更加坚定了不忘初心，继续前进的理想信念。

另外，故居还于清明节当日，以 "鲜花代门票，寄语系哀思" 的方式免费向社会开放。

3. "书香西城——春风十里正读书" 世界读书日主题活动

每年4月23日世界读书日到来之际，北京李大钊故居开展 "书香西城——春风十里正读书" 品牌主题活动。活动期间向走进故居参观的观众免费赠书，弘扬大钊精神，传递正能量。故居旨通过举办此类活动倡导全民读书，让阅读无处不在，营造全民读书的氛围，知识改变命运，阅读收获财富。

4. "奋斗 理想 信念" 李大钊同志就义日主题活动

"铁肩担道义，妙手著文章"，这是李大钊一生的真实写照，4月28日是李大钊同志英勇就义纪念日，围绕这一主题，故居开展了主题纪念活动。百余名小学生走进红色爱国主义教育基地北京李大钊故居，在李大钊铜像下举行了建队授巾活动。同学们佩戴着象征着革命鲜血的红领巾，在队旗下用洪亮的声音齐声宣誓："时刻准备着，为共产主义事业而奋斗。" 由此，新的一批少先队员加入了少先队组织。

5. "青春之我共铸青春中华" ——纪念五四运动主题活动

在五四爱国运动纪念日，北京李大钊故居举办 "青春之我共铸青春中华" ——纪念五四运动学生书法作品展。作品由在故居参与义务讲解的学生志愿者协会选送，丹青流韵，翰墨生辉。同学们笔墨饱满酣畅，书写出自己的爱国情怀，感染每一位观众。通过临摹李大钊等革命先驱的爱国诗词、对联、文章节选等，展现五四运动先驱的高尚风范，激发青年人爱国求新的热情。

6. 建党纪念日主题活动

为铭记历史，致敬英雄，"七一" 建党纪念日是故居发挥爱国主义教育基地阵地作用，力求为社会各界前来参加党日活动的党员群众提供优质服务的重要时间节点。为了让公众更好地感受共产党人的理想、胸怀和高尚的精神境界，满足观众对故居陈列和大钊事迹的细致了解，故居在"七一"建党纪念日增加讲解场次，并于当天实行免费开放。

为进一步弘扬大钊精神，继承红色基因，传播正能量，发挥故居社会大课堂教育阵地作用，在"七一"建党纪念日，故居邀请月坛社区青年汇的朋友们走进北京李大钊故居，参加"青春之我共铸青春中华"为主题的读书分享活动。活动中故居工作人员向参加活动的青年人分享了《李大钊北京十年——交往篇》这本读物，从大钊先生对青年友人的帮助谈起，延伸到他在工作生活方面对青年人的关心、教育和影响，直至大钊同志牺牲前仍勇于担当保护革命青年，保存革命火种的大无畏共产主义斗争精神。通过读书分享会，教育广大青年学生爱党、爱祖国，使其更加坚定信念，认真读书，树立远大理想，为祖国的宏伟蓝图添砖加瓦，贡献青春和力量。

7. "坚定爱国信念 弘扬红色精神"李大钊诞辰日主题活动

10月29日是李大钊同志诞辰纪念日。由北京李大钊故居管理处主办、北京财贸职业学院协办，共同开展"坚定爱国信念 弘扬红色精神暨纪念李大钊诞辰129周年海棠树下的诗会"活动。来自北京财贸职业学院旅游与艺术学院的同学及李大钊故居的工作人员满怀情感地朗诵了《筑声剑影楼剩稿》《青春》《艰难的国运与雄健的国民》《岁晚寄友》《山中即景》等大钊先生经典之作，并借此表达对一代革命伟人的纪念。

（二）携符合时代主题的专题展览"走出去"，弥补故居展览的局限

故居场地有限，没有举办临展的空间，便根据时下弘扬的社会主旋律，以制作专

北京李大钊故居专题展厅内景

题展览的形式，弥补故居常设展陈的不足。

1."自古英雄出少年——李大钊"专题展

"自古英雄出少年——李大钊"专题展是针对初中以下年龄的青少年特别制作的展览。此展览由14块展板组成，以"小儿书"的形式呈现，深入浅出地介绍了李大钊同志少年立志直至英勇就义的短暂一生，是青少年了解李大钊生平，学习大钊精神的理想选择。

2."廉洁风范 道德楷模——李大钊廉洁思想"专题展览

"廉洁风范 道德楷模——李大钊廉洁思想"专题展览以李大钊廉洁思想为主题，从李大钊简朴生活、廉洁克己、无私助人、反对腐败、舍生取义等方面展现了李大钊光明磊落的人格风范和高尚的道德情操，为党员干部树立起始终坚持崇高的人生观、价值观，始终坚持清正廉洁、务实为民的光辉典范。

此展览旨在教育广大党员干部，以李大钊为榜样，学习李大钊清正廉洁的高尚道德情操、学习李大钊关于廉洁的精神内涵、学习李大钊践行崇高人生观的伟大实践。牢固树立马克思主义的世界观、人生观、价值观和正确的权力观、地位观、利益观，做到拒腐蚀永不沾，经受权力、金钱、美色这"三关"考验，认真贯彻党的十八大精神，扎实开展党风廉政教育，加大预防腐败工作力度，全面推进反腐倡廉建设。

3."李大钊与北京精神"专题展览

1889年10月29日，李大钊出生在河北省乐亭县大黑坨村，1927年4月28日被奉系军阀张作霖杀害，他牺牲时年仅38岁。在他短暂的一生中有十年是在北京度过，所以北京是李大钊的第二故乡。自北京市发布了以"爱国、创新、包容、厚德"为表述语的北京精神后，李大钊故居抓住北京市大力倡导"北京精神"的契机，充分发挥自身资源优势，结合李大钊在京期间任北京大学教授兼图书馆主任，在中国革命史上做出的突出贡献；建立马克思学说研究会，研究和传播马克思主义；创建中国共产党、促成第一个国共合作等一系列革命活动制作了此专题展。

4."李大钊的'中国梦'"专题展览

中国梦是中华民族的梦，也是每个中国人的梦。作为中国共产党的主要创始人之一，李大钊在探索救国救民道路中，率先在中国大地上高举马克思列宁主义的旗帜，前瞻地诠释了他的"中国梦"！回首近代中国波澜壮阔的革命史，李大钊"自束发受书，即矢志努力于民族解放之事业"，感染和激励着一代又一代共产党人，李大钊最早提出要将马列主义基本原理同中国实际结合起来，为实现中华民族伟大复兴的"中国梦"而勇往直前。

5."铁肩担道义 妙手著文章——中国共产党创始人李大钊"专题展览

此专题展览是在中国共产党建党95周年之际隆重推出的专题展览，李大钊同志是一个伟大的爱国主义者，是马克思主义在中国的最早传播者，又是一个无畏的播火者和勇敢的探索者。李大钊同志用自己短暂的生命，在中国革命史上谱写了壮丽的篇章。今天，我们更加感受到李大钊同志历史眼光的深邃和思想价值的珍贵，更加感受到他革命精神的崇高和人格力量的伟大。李大钊同志永远是共产党人学习的楷模和榜样。此次活动不仅缓解了故居七一期间接待观众的压力，还最大限度地扩大了大钊精神的宣传面，得到邀展各界的好评。

6."不忘初心 牢记使命——中国共产党历次全国代表大会回顾"专题展

党的十九大胜利召开，正值中国共产党重要创始人之一李大钊同志诞辰128周年纪念日，在十九大精神鼓舞下，北京李大钊故居在这个具有重要意义的红色教育基地，特别举办了"不忘初心 牢记使命——中国共产党历次全国代表大会回顾"专题展。

7."李大钊在京津冀的光辉足迹"专题展

北京李大钊故居结合京津冀一体化的宣传主题，特别制作了"李大钊在京津冀的光辉足迹"专题展，该展览将采取在河北、天津、北京三地联合巡展的方式，让文物活起来，让展览走起来，该展览抓住大钊先生精神的主线，通过其出生在河北、求学在天津、革命活动及就义在北京与京津冀三地结下的不解之缘，将大钊精神带回他出生的河北，重回他求学的天津，最终巡回到他就义的北京，充分发掘李大钊先生身上的闪光点，不仅切合了今年大钊同志英勇就义90周年的主题，更是展现了伟人的光辉形象。

李大钊烈士陵园

EXHIBITION ROOM IN MAUSOLEUM OF LI DAZHAO MARTYR

通信地址： 北京市海淀区香山东万安里 1 号

邮政编码： 100093

电　　话： 010-82591863（陵园办公室）　010-62591044（业务接待室）

博物馆类型： 社会科学类（人物纪念）

隶　　属： 北京市万安公墓

博物馆备案登记号： 040

建筑性质： 现代建筑

占地面积： 2200 平方米

建筑面积： 550 平方米

展厅面积： 300 平方米

交　　通： 公交：630 路万安站；

地铁：地铁西郊线万安站；

自驾：四环路香山方向四海桥出口，行至闵庄路与旱河路口右转；五环路香泉环岛出口往旱河路方向前行。

开放时间： 全年对外免费开放，每日 8：00—16：00

服务设施：

停车场	纪念品商店	餐饮	语音导览	微信导览	无障碍设施	其他
有	无	无	无	无	有	无

概　述

一　博物馆性质、宗旨

李大钊烈士陵园，位于北京西郊香山脚下的北京市万安公墓院内，是为纪念中国共产主义运动的先驱、伟大的马克思主义者、杰出的无产阶级革命家、中国共产党的主要创始人之一李大钊烈士于1982年12月由中共中央批准修建，1983年10月29日正式落成，并免费向社会开放。

李大钊烈士陵园以爱国主义教育为宗旨，以宣扬革命传统为己任，一贯坚持"社会效益至上"的原则，深入挖掘红色教育资源，发挥爱国主义宣传教育、社会大课堂教学实验、干部教育培训、红色文化风景游览等四个方面的综合功能，是集纪念、教育、宣传、游览于一体的生态化、现代化、人文化陵园。

李大钊烈士陵园现为全国重点烈士纪念建筑物保护单位，全国爱国主义教育基地，全国爱国主义教育示范基地，北京市社会大课堂中小学课程教学活动实验基地、北京市中小学社会大课堂资源单位、干部教育培训现场教学基地。行政管理上隶属于北京市社会福利事务管理中心，设有李大钊烈士陵园办公室，负责李大钊烈士陵园对外服务接待、宣传讲解、保护管理、安全上报等工作。

二　藏品管理及保护

李大钊烈士陵园两个展室共展出图片239幅（其中一展室216幅、二展室23幅），复制品46件（其中一展室39件包含生活用品10件、二展室7件），李大钊图书资料42件。1933年4月23日公葬李大钊烈士，刻有"中华革命领袖李大钊同志之墓"的墓碑作为墓志铭同烈士灵柩一同埋于地下，直到50年后的1983年4月3日修建李大钊烈士陵园进行移灵工作时才重见天日。该墓碑现珍藏于一展室大厅中央的密封玻璃罩内，成为李大钊烈士陵园唯一的也是最重要的革命历史文物。此外，在修建李大钊烈士陵园时，著名书法家杨萱庭用时半年书写2268字"李大钊烈士碑文"之后，为表达对李大钊烈士的深切怀念和崇敬之情，又花费半个月时间，用清朝乾隆年间的丈二宣纸和小楷字体书写李大钊烈士7000余字的代表作《青春》一文，蔚为壮观，经装裱密封后悬挂于陵园第二展室，也是李大钊烈士陵园珍贵藏品。李大钊烈士陵园室外两侧竹林下安放着18位党和国家领导人在不同时期为缅怀烈士的题词石刻卧碑，诠释着李大钊烈士的丰功伟绩。

三　科研工作

2011年7月，北京市万安公墓为庆祝建党九十周年，编辑出版了以弘扬李大钊精神为主线的256页《精神》大型画册一套，2014年12月、2017年12月分别进行改版重印。2013年10月，北京市万安公墓专门编辑出版了《万安人物志》(四)，将《我国共产主义运动的先驱李大钊》一文及附文1《李大钊的〈青年与农村〉与革命知识分子的道路》、附文2《关于"问题与主义"之争的内容及评价》、附文3《李大钊烈士陵园修建前后纪事》等作为重点内容收录其中。以上两个作品除用于内部资料交流使用外，还用于针对有特殊需求参观群众的赠品。

2017年12月，北京市万安公墓编辑制作纪录片《弘扬烈士精神 传承红色文化 用心服务大众——李大钊烈士陵园》，片长15分钟，用于陵园视频设备循环播放。

四　陈列展览

李大钊烈士陵园现设两个展室。

一展室即"李大钊烈士革命事迹陈列室"，内设李大钊任北大图书馆主任时红楼办公室部分复原陈列，匾额为1987年全国人大常委会委员长彭真亲自题写，是李大钊烈士陵园对外宣传教育的主窗口。室内设有固定陈列"永远的丰碑——李大钊生平思想展"，从"少年立志，投身民族解放""深研政理，探索救国真理""铁肩道义，启蒙思想文化""共运先驱，传播马克思主义""道德文章，引领进步潮流""开天辟地，创建中国共产党""奔走南北，促成国共合作""运筹帷幄，领导革命斗争""坚贞不屈，献身共产主义"等9个方面展现出李大钊光辉壮丽的一生，呈现出一名共产党人坚贞不屈的伟大共产主义精神。

二展室即陵园纪念室，主要通过历史图片反映李大钊烈士陵园建立、发展变化

陵园重要藏品（埋于地下50年刻有"中华革命领袖李大钊同志之墓"的墓碑）

的历程，其中包括党和国家领导人参观陵园、祭扫烈士墓以及各界群众参观瞻仰等情况。

五　社会教育

李大钊烈士陵园作为全国爱国主义教育基地，其社会教育功能越来越受到重视。1996年被命名为"全国中小学爱国主义教育基地"，2001年被评为"全国爱国主义教育示范基地"，2010年，被评为北京市红色旅游景区，2018年被评为北京市中小学社会大课堂资源单位。同时，李大钊烈士陵园坚持以人为本，不断创新教育形式，丰富教育内容，推出系列活动，深入宣传李大钊精神和陵园红色文化，持续提高了李大钊烈士陵园的社会影响力。

（一）清明主题活动

李大钊烈士陵园结合自身实际，每年清明节期间定期举办"清明追思·缅怀先烈"系列主题教育活动。活动内容有在烈士墓前祭祀、献花、入党、入团、入少先队及新兵入伍等仪式，还包括参观李大钊烈士革命事迹陈列、朗诵李大钊烈士诗词名句、举办清明踏青参观游览、清明祭扫志愿服务文明岗、现场教学实践活动等，深切缅怀李大钊烈士，发挥爱国主义宣传教育作用。

（二）红色公祭活动

自2010年起，李大钊烈士陵园以"红色祭扫"为主题，连续多年相继开展了"祭先烈、明使命、建功业"红色公祭仪式、"缅怀革命先烈，践行志愿精神"红色祭扫暨义务植树等主题教育活动。2014年8月31日全国人大常委会以法律形式将9月30日设立为中国烈士纪念日后，李大钊烈士陵园当年9月30日即协办了首届北京市烈士纪念日公祭烈士活动，并作为海淀区定点公祭烈士活动的场所每年协办海淀区公祭烈士活动，塑造了李大钊烈士陵园活动特色和活动品牌。中央电视台、北京电视台《中国社会报》、《北京日报》、《北京晚报》等多家媒体对陵园红色公祭主题活动进行了多方面的宣传和报道。

（三）社会大课堂教学实验活动

2008年，李大钊烈士陵园被确定为北京市社会大课堂中小学课程教学活动实验基地。陵园立足实际，开拓思路，坚持共享导向，与中小学校积极开展合作交流，建立广阔的社会大课堂工作平台。育英中学、鲁迅中学、星火小学、马连洼小学等中小学校常年来陵园开展"少先队建队仪式""成人礼仪式"等；以"现场教学讲解，感受道德文章"为主题，现场讲授语文课文《艰难的国运与雄健的国民》；结合中小学生特点和学业进程，学习和诵读不同时期和不同主题的李大钊烈士诗文；利用北京市万安公墓丰富的殡葬文化资源这一优势，寻访万安名人墓地，感悟生命价值，进行生命教育；以陵园广场实践活动为载体，开展义工劳动、志愿服务及暑期活动等，为中小学生构建异彩纷呈的知识殿堂和实践平台。

（四）红色旅游推介活动

2013年4月2日，李大钊烈士陵园参加了北京红色旅游景区"追寻红色印记"推广季活动。2017年8月1日，李大钊烈士陵园受邀参加了由北京市旅游委、天津市旅游局、河北省旅游委在中国人民抗日战争纪念馆醒狮广场共同举办的"纪念建军90周年京津冀红色旅游宣传推广活动"，活动过程中陵园工作人员为广大市民提供旅游推介和咨询服务，共发放《精神》画册和陵园宣传折页400余份，起到了很好的红色宣传效果。

六　社会服务

李大钊烈士陵园一直以来实行免费对外开放，全年无休息。设立信息咨询处、接待室、休息区，及时提供参观活动信息、各类问询及临时休息等服务；设有触摸屏、视频播放设备等，为预约参观团体提供免费的人工讲解及视频讲解服务；免费提供宣誓牌、党团旗、话筒音响、宣传阅读资料、活动工具等物资设备及报告厅等活动场地；清明期间设立便民饮水处，免费提供应急药品、部分祭扫用鲜花等。

七　安保设备设施

李大钊烈士陵园重视安保建设，现已安装完善的消防报警系统、周界红外监控系统、防盗系统等，实现陵园区域全覆盖，全天24小时监控。同时，安保人员定时巡视巡查记录。根据陵园实际情况，从岗位职责、服务接待、安全管理、环境卫生等方面详细制定了二十五项规章制度，2016年全部纳入北京市万安公墓标准化体系建设。

八　基础设施、改扩建

李大钊烈士陵园建立后，分别于1995年6月、2007年4月进行两次大的翻修改造，使陵园的基础设施更加完善。2013—2018年相继完成陵园中央空调系统室内外管网铺装、屋面防水修缮等工程，对陵园室内外地面、危墙、展柜等进行部分维修、改造、更换。陵园信息数字化方面，2015年对李大钊烈士陵园信息系统进行开发同时对陵园扩声系统设备升级，2017年对陵园监控设备进行了升级改造，2018年开始进一步对陵园基础网络系统进行升级改造。

宋庆龄故居
FORMER RESIDENCE OF SOONG CHING LING

通信地址： 北京市西城区后海北沿46号

邮政编码： 100009

电　话： 010-64073653（办公室）　010-64015256（社教部）

传　真： 010-64035997

网　址： www.sql.org.cn

电子信箱： sql126@126.com

微信公众号： SCL1893

博物馆类型： 社会科学类（人物纪念）

隶　属： 中国宋庆龄基金会

批准建立时间： 1995年12月6日

博物馆备案登记号： 015

建筑性质： 古代建筑（全国重点文物保护单位）

占地面积： 22000平方米

建筑面积： 8000平方米

展览面积： 1920平方米

交　通： 公交：5、27、44、55、380、409、625、635、919路德胜门下车
地铁：2号线积水潭站（C出口），8号线什刹海站（A出口）

开放时间： 4月1日—10月31日9：00—17：00
11月1日—次年3月31日9：00—16：00

服务设施：

停车场	纪念品商店	餐饮	语音导览	微信导览	无障碍设施	其他
无	有	无	无	有	有	无

概　述

　　中华人民共和国名誉主席宋庆龄同志故居（简称故居），是完整保存宋庆龄最后18年生活、工作原貌的名人故居纪念馆，是全国重点文物保护单位、全国青少年教育基地、全国中小学研学实践教育基地、全国红色经典景区、全国文明单位、中央国家机关思想教育基地、北京市爱国主义教育基地、北京市廉政教育基地。并且，故居还肩负着践行中国宋庆龄基金会"和平、统一、未来"三项宗旨重要使命，是开展民间外交、推动两岸交流、服务公益和妇女儿童事业的重要窗口和平台。

　　近6年来，故居以增强社会主义文化自信、弘扬宋庆龄伟大精神为使命，结合新时代特点，开拓事业发展，着力打造"五色文化"品牌，即国色、红色、兰色、绿色、古色等；实施"五大工程"战略，即文物保护、文博展示、文明创建、文创开发、文化交流，稳步推进各项事业不断发展进步。

一　基本情况

　　故居位于什刹海后海北岸46号，原是末代皇帝爱新觉罗·溥仪的父亲醇亲王载沣的王府花园。醇亲王府历史上有两代"潜龙邸"、一朝"摄政王府"的说法。1963年4月宋庆龄迁居于此，至1981年5月29日逝世，这里是她在北京的最后一个住所。1982年5月29日故居正式向公众开放。

　　故居占地面积22000平方米，古建面积2260平方米，展览面积1920平方米。园内古建众多，古木林立。重点保护的古树有22棵，其中包括入选北京"最美十大树王"的200多年树龄的古西府海棠和500多年树龄的凤凰国槐。馆藏可移动文物2万余件。常设展览有"宋庆龄生平事迹展""宋庆龄生前大型原状陈列展"。实行对公众无假日开放，年均接待游客量25万人次。

宋庆龄故居管理中心、中国宋庆龄基金会研究中心隶属于中国宋庆龄基金会（简称基金会），为公益一类事业单位，内设办公室、研究室、文管部、社教部、安全保障部、文创发展部。为提升故居专业化管理水平、打造高素质员工队伍，2017年、2018年，故居连续两年面向社会招聘应届研究生、本科生共4名。截至2018底，故居在编人员博士生1人，硕士生5人，本科生23人，其中副高职称3人，中级职称5人，初级职称4人，队伍专业化比例近50%。

故居严守"文物宝库、研究机构、宣传阵地、交流平台"的基本定位，建设藏品丰富、分类管理、保存妥当的孙中山宋庆龄的文物宝库；以项目合作、互访交流、专题展览、史料出版等方式逐步成为宋庆龄研究权威机构；加强孙宋精神和中国特色社会主义的宣传弘扬，提高讲解的针对性，面向党员干部、民主党派等群体开发宋庆龄精神精品讲座，充分发挥全国青少年教育基地和全国中小学研学实践教育基地作用；服务中国宋庆龄基金会工作大局，将故居文化内涵与基金会民间外交、两岸交流工作紧密结合，打造人文交流特色平台。

二 文物保护与管理

宋庆龄故居馆藏文物种类丰富、价值独特，文物工作贯彻保护为主、抢救第一、合理利用、加强管理的方针，始终坚持在保护中利用、在利用中保护，把文物安全放在首位，扎实推进各项文物保护工作。

故居定期对馆藏文物进行清点、分类、建档、复制和修缮工作。2015年，按照国家文物局相关要求，参加第一次全国可移动文物普查工作，对馆藏19401件文物进行电子信息录入，建立信息档案，完成数据上传国家文物局信息平台任务。2018年，参加北京市文物局关于开展可移动革命文物筛选工作，完成对故居"革命文物专题库"中19401件文物的数据筛选和确认工作。

故居加强对藏品的安全管理，严格遵守各项相关法律法规，坚持馆藏文物按件登记，按类分库存放，专人负责保管；不断完善文物账目、档案的真实信息，完善各项规章制度。

2013年至2018年对45件/套珍贵文物进行复制。为保障文物存放安全，故居积极购置保障藏品安全的设备、设施，如恒温恒湿柜、除湿机，进行库房除虫、除霉处理，增添文物存放柜，改善文物存放环境。

故居大力宣传宋庆龄伟大精神，讲好宋庆龄故事，开展让文物活起来的活动，在社会取得良好影响。2013年至2018年征集和受赠文物36件/套，其中有2014年马海德之子周幼马捐赠蔡司相机，美国友人科布捐赠的宋庆龄信件，2018年宋庆龄表侄女牛恩美捐赠宋庆龄所赠瑞士手表、其祖母倪珪金用过的狐皮围脖等7件珍贵文物等，丰富和充实了故居藏品。

故居十分重视对文物盆景活文物的养护，每年按季节进行养护、修枝、防虫打药，请专业技师和专家对文物盆景出现的问题及时会诊，实施解决。2018年邀请中国林业科学院首席专家杨忠岐等专家和相关专业技术人员对园内重点保护的文物盆景和古树进行问题诊断。目前，故居存活的国家领导人、国际友人等送给宋庆龄的文物盆景共计158盆，其中包括周恩来、邓颖超送的石榴盆景1盆，陈毅送的榕树盆景1盆，廖承志送的铁树2盆，彭真送的蓬莱松2盆，埃德加·斯诺送的桂花盆景2盆，以及从故宫调拨来的老石榴桩景共9盆珍贵文物盆景。

三　展览陈列

2013年至2018年，在故居举办的重要专题展览13个，到国内巡展3个，到国外巡展2个，将宋庆龄事迹展送入28所大中小学校，220余万观众参观展览。

为纪念孙中山宋庆龄，弘扬宋庆龄伟大精神，宣传社会主义核心价值观，故居结合纪念孙中山宋庆龄重要时点举办相关展览，如：2015年3月，为纪念孙中山逝世90周年赴台举办"孙中山与宋庆龄"特展，2015年8月，为纪念抗战胜利70周年举办"中国是不可征服的——宋庆龄与伟大的抗日战争图片展"；2016年5月，为纪念宋庆龄逝世35周年，举办"素风雅韵——宋庆龄生活用品展"，2016年11月，为纪念孙中山诞辰150周年，举办"笃志先行　振兴中华——纪念孙中山先生诞辰150周年馆藏文物特展"；2017年11月，新西兰友人路易·艾黎诞辰120周年之际，故居承办"人生乐在相知心——宋庆龄与路易·艾黎"图片文物展及纪念路易·艾黎诞辰120周年座谈会；2018年1月，为纪念宋庆龄诞辰125周年、何香凝诞辰140周年，故居与廖仲恺何香凝纪念馆和上海宋庆龄故居联合举办"菊石之谊——宋庆龄与何香凝文物图片展"等。

故居积极参与馆际交流和馆际联盟，与李大钊故居、北京鲁迅博物馆、郭沫若纪念馆等"8+"名人故居纪念馆，共同主办"为了民族的文化繁荣——文化名人与文化自信""为了中华文明的发展——名人·名作·名物"主题巡展，在《历史足迹：文化名人与北京》《时代之音：读名人名言 听文物故事》等"8+"学术专著中发表论文十余篇。

四　学术研究与宣传

故居积极开展宋庆龄相关文物资料整理、出版工作。2013年2月，出版《宋庆龄藏书票》；2015年起整理馆藏采访录音、录像带155盘，形成50余万字口述历史文字资料，于2019年陆续出版；自2013年起开展宫崎滔天家藏资料采集、整理、编辑和出版工作，2016年11月出版《宫崎滔天家藏民国人物书札手迹》第一、二册；编辑整理故居近10年所办展览，辑成《中华人民共和国名誉主席宋庆龄同志故居展览图集》，共16册，于2019年逐册出版。

故居积极参与、组织、推进孙中山宋庆龄的研究，参与举办孙中山与宋庆龄研讨会。2013年、2015年、2017年、2018年参加了在台湾和大陆举办的各届孙中山与宋庆龄研讨会并递交论文。2016年以"孙中山思想：历史、现实、未来"为主题，成功组织、策划、举办了在北京举行的第四届孙中山与宋庆龄研讨会。同时，积极开展有关孙中山的研究工作。2016年8月，参加在夏威夷举办的孙中山诞辰150周年纪念论坛，并发表题为"孙中山、宋庆龄的社会救济思想与实践"的论文。

2018年首次开展独立课题研究，完成中央统战部重点课题"宋庆龄国际传播思想及实践的时代意义与价值研究"，并通过验收。

故居一贯注重研究与宣传并进。通过网站、微信公众号、"互联网+"等多媒体资源，对故居革命文物进行全景式、立体式、延伸性展示宣传。人民日报、新华社、中央电视台、北京电视台、北京日报、北京晚报、北京青年报、人民政协报、中央人民广播电台文艺之声等国内主流媒体及人民网、新华网、千龙网等新媒体对故居进行过数十次报道。

为讲好宋庆龄故事，展现故居事业发展情况，故居与北京卫视《档案》合作，2017年12月，适逢宋庆龄诞辰125周年前夕，制作《宋庆龄故居的鸟语花香》节目；2018年5月，在宋庆龄逝世37周年之际，推出《她生命中的精灵》节目，为观众深情讲述宋庆龄在北京工作、生活的往事。2018年10月，故居协助CCTV4中华老字号栏目组，拍摄讲述1924年底孙中山北上时期戴过的海龙皮帽、绒质礼帽两件珍贵文物背后故事的节目。

五　社会教育与服务

2013年至2018年，故居累计接待游客量150万人次，讲解接待3400场次（含志愿者讲解），为各级党团组织开办主题讲座120场次，接待中小学生研学实践活动、举办社会大课堂共137场次。在每年孙中山宋庆龄诞辰日、纪念日，"三八"国际劳动妇女节、"五四"青年节、"六一"国际儿童节、"七一"党的生日等国家法定节日，组织接待在京党政机关、企事业单位、大中小学校参观讲解。2018年，故居荣获第二届北京旅游网年度"最受喜爱名人故居奖"。

故居注重政治思想文化建设与宣传，全年开设宋庆龄精神系列主题讲座，如："优秀党员宋庆龄""孙中山宋庆龄廉洁思想与实践""宋庆龄主席的统战艺术""不忘初心宋庆龄""共产主义的伟大战士宋庆龄"等，并提供重温入党誓词等举办党日活动的场所，使故居成为学习伟人精神、激发爱国情怀的教育阵地，成为大力弘扬社会主义核心价值观的大讲堂、大课堂。

故居以服务国家外交大局、服务基金会三项宗旨为中心，2013年至2018年，接待到访参观的各国政要，如：亚太经合组织（APEC）财长闭门会各国财长及官员，新西兰总督杰里·迈特帕里夫妇，上海合作组织秘书处、成员国、观察员国、对话伙伴国的驻华大使夫人和女外交官，第8任联合国秘书长、博鳌亚洲论坛理事长潘基文夫人柳淳泽，科特迪瓦总统夫人等。

2015年7月，新西兰总督杰里·迈特帕里参访故居，他在留言中写到："路易·艾黎与宋庆龄及中国的友谊，是当代两国关系的基础。"2015年10月，德国总理安格拉·多罗特娅·默克尔到访故居，欣然留言："宋庆龄是中国十分有影响力的政治家以及孙中山夫人，宋庆龄故居是中国历史上很有纪念意义的地方。"2018年6月，举办"宋庆龄与中非友好文物图片特展"，迎接参加第三届中非青年大联欢的非洲各国嘉宾的到访。2018年7月，接待参访的中非合作论坛53个非洲国家和非洲联盟100多名青年领袖，在故居首次实现中非合作论坛全体成员的"青年大团圆"，发挥了民间外交窗口的作用。

为继承宋庆龄"缔造未来"的事业，故居面向青少年开展立德树人的校外教育活动。以"时代小先生走进社会大课堂"活动为载体，通过做小小讲解员、表演《少年宋庆龄》《风雨同舟》《宋庆龄与小先生》等历史剧的形式讲述宋庆龄故事；通过有关宋庆龄生平事迹、故居历史沿革的知识竞赛激发青少年对宋庆龄的了解和对中华传统文化的兴趣；通过中英文双语培训、礼仪培训和领导力培训等，让时代小先生在国际交流、公益活动中展现中国当代少年儿童的风采。2013年至2018年，参加时代小先生活动的青少年学生超过万人，已建立4个时代小先生示范基地、34所示范校，间接受益的青少年达十余万人。

2018年9月，"时代小先生"项目参与中国宋庆龄基金会2018年定点扶贫工作，在宁夏彭阳县第五小学、沟圈小学建立时代小先生示范校，培训当地时代小先生讲解、礼仪，将"中华名人展——宋庆龄和她的朋友们""中华人民共和国名誉主席宋庆龄同志故居——名人·名居·名木展"送入彭阳县博物馆，让彭阳县的中小学生通过参观展览，学习宋庆龄伟大精神，树立报效祖国的远大志向。

2013年至2018年，故居共举办社会大课堂137场，15318名中小学生到故居参加社会大课堂活动。设计、开发社会大课堂主题课程19个，如：爱国主题课程有"宋庆龄的民族精神""宋庆龄的家庭教育思想""宋庆龄的中国梦"，传统文化课有"北京的四合院""中国古典园林""走进醇亲王府"，以及综合能力拓展课程有"故居植物故事汇""戏剧表演课""心理拓展训练课"，等等；参与西城区"城市学校少年宫计划十大活动"，6年内将"宋庆龄故居名人·名居·名木展""宋庆龄伟大光荣的一生"等展览送入实验二小广外分校等26所中小学校，并在各校组织开展"时代小先生走进社会大课堂"系列活动，2.3万名学生参与并受益。2017年12月，故居入选教育部第一批"全国中小学研学实践教育基地"；2018年3月，与北京市中小学生社会大课堂办公室共同主办"扣好人生第一粒扣子"演讲比赛、定向越野、科普竞赛、书画比赛等系列活动。2018年12月，故居荣获"2018年度北京市中小学生社会大课堂优质资源单位"。

故居作为志愿服务示范站，坚持不懈开展志愿服务工作，在志愿服务项目、志愿者队伍建设、志愿服务制度化等方面不断探索创新，已成为中央国家机关精神文明建设的亮点。2013年至2018年，故居注册志愿者1915人，在值岗、咨询、安检、讲解和大型活动中提供志愿服务57144小时。志愿者在各项工作中展示志愿风采，产生8名五星级志愿者和2名文化推广师，推动故居荣获西城区十大公益项目和十大公益人物、北京市最佳志愿服务组织和项目等荣誉称号。时代小先生作为小小志愿者，组织开展与北京榜样共宣讲活动，努力打造成为培养北京榜样的"苗圃"。2017年至2018年，许泽玮、张博研、张佳鑫等8位"北京榜样"与来自西什库小学、红莲小学等10余所中小学校的23名时代小先生代表共同分享了的榜样故事，活动新闻消息阅读量达4万人次。

2013年，被评为首都未成年人思想道德建设工作先进单位；2014年被评为"首批首都学雷锋志愿服务示范站"，时代小先生项目荣获"首都学雷锋志愿服务金牌项目"；2016年时代小先生志愿服务岗被评为"首都学雷锋志愿服务示范岗"；2018年故居"新时代小先生"项目斩获第四届中国青年志愿服务项目大赛全国赛金奖项目，在社会上产生良好影响。

六　事业开发与拓展

故居重视发掘自身文化资源优势，以古西府海棠为题，在每年4月初海棠花开之际，与什刹海商会共同举办九届海棠文化节。在品味中华传统文化魅力的过程中，感受民族精神的时代芳华，提振民族自信心。如2018年第九届宋庆龄故居海棠文化节，以"听古海棠花开、展新时代风采"为主题，在中院廊下组织熏香、茶艺、插花、挂画表演；在畅襟斋请书画家现场挥毫泼墨，清醇亲王载沣的曾孙女、青年女画家金鑫将水彩画《海棠花开》赠予故居珍藏；在海棠树下邀古筝表演家抚琴弹奏；在大草坪组织30多个民族的大学生身着各族节日盛装，表演民族舞蹈，放飞500羽和平鸽，寄托对美好生活的向往；推出"海棠八会"：花会、诗会、茶会、乐会、论坛等，以"海棠花开，放歌新时代"为主题举办的海棠诗会，有近500名诗词朗诵爱好者及社会各界人士参加活动；展览有"中华风采——宋氏三姐妹及家族成员旗袍展""菊石之谊——宋庆龄与何香凝展""海棠花开忆纳兰——清代词人纳兰性德名篇展"等，其中"中华风采——宋氏三姐妹及家族成员旗袍展"的举办，展示了宋氏三姐妹的风采，也引导和鼓励当代女性去创造和追求美好生活。

故居注重提升文化品位，在事业拓展上体现时代性、创新性，连续两年与北京国际设计周什刹海分会场、北京西城区园林市政管理中心、北京插花协会联合主办北京国际设计周花植集艺术节。2017年9月26—29日、2018年9月26日—10月8日，分别以"世间所有的玫瑰——致敬二十世纪最伟大的女性""27种幸福——跨越125年的爱"为主题，组织国内顶级花植艺术家在园内精心摆设花植作品，创造了一个又一个具有时代气息、艺术品味和文化内涵的花植景观，给人们以精神和视觉上的审美享受。

花植集艺术节让古老的古建园林与现代花植艺术进行完美结合，引领了行业风标和生活风尚，体现新时代美好生活的新气象。2018年花植集艺术节期间，中央电视台、北京电视台、北京日报、新京报、中国旅游报、网易、腾讯、新浪微博、美图秀秀、时尚芭莎等媒体纷纷报道活动盛况。新浪微博2000多万人阅读了花植集活动的话题，6000多人参与线上讨论。举办花植集艺术节活动受到社会各界广泛关注，提升了故居形象、联络了合作单位、凝聚了各方支持。2017年活动期间总游客量达2万余人次，日均游客接待量是平日10倍，2018年活动期间总游客量近6万人次，并创单日游客接待量最高值——8000人次，门票收入创历史同期最高。

故居从历史沿革入手，推出具有文化底蕴的"兰"文化。宋庆龄故居曾是清代大学士纳兰明珠的府邸花园，明珠之子——清著名词人纳兰性德曾经常在园内吟诗作赋。2014年至2018年，故居与纳兰文化研究中心合作，在每年海棠文化节期间推出相关"兰"文化活动，如举办诗会吟诵纳兰词和展览"海棠花开忆纳兰——清代词人纳兰性德生平及作品展"，带领游客穿越时空，从诗人生活过的地方走近他"纯任性灵，纤尘不染"的心灵世界，引发无数"兰"迷到故居寻踪溯源。

2017年，故居参与BTV生活频道拍摄人文纪录片《拾说什刹海》第二季《风骨》，在园内渌水亭、明开夜合树、长廊等多处取景拍摄，著名学者叶嘉莹先生在节目中倾情讲述纳兰性德的故事，吟诵他的诗词。2018年，故居将园内渌水亭畔、紫藤架旁的两间东房，修葺一新，建"初见园"咖啡厅。一方面展示故居"兰"文化韵味，另一方面服务游客，提供餐饮，满足游客需求。2018年，故居又与北方昆曲剧院联手，将昆曲《画堂春》引入故居系列文化活动之中。

故居积极提高服务质量和服务水平，2018年重新装修安监室、游客服务中心；利用地方旅游公共服务设施补助资金改造园内东大门厕所、增添标识牌、安装自动售水机。在游客服务中心配备轮椅、雨伞、饮水机、药箱、母婴室等便民设施；提供咨询、应急广播、手机充电、存包、失物招领等服务项目，方便游客体验。

故居注重自身文化经营和文创产品的开发。以园内墨宝"接福"为题，重新设计"接福"挂轴；开发出"岁岁平安""接福"等4G、8G和16G等不同内存的优盘；以孙中山的联语"精诚无间同忧乐，笃爱有缘共死生"为题，设计出情侣对杯；以宋庆龄使用过的手绢图案，加上宋庆龄的英文签名，设计出"青花瓷"真丝方巾等。2015年，由故居设计、北京邮政广告有限责任公司正式推出的"为纪念中国人民抗日战争暨世界反法西斯战争胜利70周年""孙中山宋庆龄结婚百年纪念"明信片各1套。2017年，故居精心创意，从纳兰书法中择字"人生若只如初见"，配以馆藏清宫御制宫灯图，设计制作时尚文创产品纳兰书法折扇，受到广大"兰"迷的追捧。2018年4月3日，宋庆龄故居与北京市邮票公司共同发行《海棠花》特种邮票邮折1枚，在故居第九届海棠文化节上特别推出，作为永久纪念和珍藏。

2018年，故居组织员工参加由北京市委宣传部、北京市国有文化资产监督管理办公室主办的2018北京文化创意大赛文博产品设计赛，为开拓视野，提升故居文创水平做准备。

七　基础设施建设

故居根据纪念建筑、古建筑修缮工程管理的相关规定，坚持定期维护，重点修缮。2015年、2016年、2017年对长廊、篁亭、恩波亭、后小长廊等古建进行重点修缮。2018年故居成功申请到国家文物保护专项资金的古建修缮项目，首次对全园古建进行全面大修。修缮内容包括主楼、畅襟斋、畅襟斋东西耳房、东西连廊、濠梁乐趣、濠梁乐趣东西平顶房、观花室、东配房、南北耳房、南楼、听雨屋、瑰宝亭、大门等。故居严格遵守财政项目有关规定，保证工程顺利实施，安全优质，最大限度排除建筑存在安全隐患，对文物建筑实施有效保护，使其达到安全使用目的。截至2018年12月31日，修缮工程正在进行当中。

八　安全保卫

故居加大安全防范力度，针对可能发生的安全问题，制定相应的安全预案；完善安全巡视制度，监控室值班制度，岗位规范、监督、检查制度；与武警合作，建立联勤联动制度；设立安全责任区，执行安全员责任制；设立每年1月、6月安全质量月，开展安全演练、安全培训及安全检查等活动。规范安全值岗制度，在《安全员职责》《消防安全责任书》《留守人员责任书》等安全规定的基础上，增设反恐条款，制定了针对不同情况突发事件的处理预案，以应对新形势下的安全挑战。制作加增观众疏散指示牌，安放在游客聚集区，或不宜疏散的展区；鼓励员工参加安全培训，持证上岗。2013年至2018年，故居有11人考取国家建（构）筑消防员证，提升全员消防安全意识。

故居增加科技防控力度，提升故居安全保卫水平。2013年东大门安装应急广播系统；2015年主楼、展厅重点部位更换广角摄像头；2018年在监控设备覆盖整个故居全方位实时管理基础上，完成主楼区域监控线路改造，将监控设备更换为数字高清设备，并更换入侵报警线路；更换办公区和值班办公室老旧电线插座；增设电器火灾监控设备；对重点区域监控系统进行更新改造，加装漏电报警系统。这些措施的落实标志着故居安全保卫工作进入结构化升级新阶段。

故居内的长廊

茅盾故居

FORMER RESIDENCE OF MAO DUN

通信地址： 北京市东城区交道口后圆恩寺胡同13号

邮政编码： 100009

咨询电话： 010-64040520

传　　真： 010-64035519

官　　网： http://www.wxg.org.cn

微信公众号： 中国现代文学馆

博物馆类型： 社会科学类（人物纪念）

隶　　属： 中国现代文学馆

成立时间： 1985年

博物馆备案登记号： 072

建筑性质： 近代建筑（北京市文物保护单位）

占地面积： 870平方米

建筑面积： 572平方米

展览面积： 80平方米

交　　通： 乘车路线：104路、108路、113路、753路、612路、特11路在交道口南下；117路、124路在小径厂下；635路在宝钞胡同下。

开放时间： 9:00—16:00，周一闭馆

服务设施：

停车场	纪念品商店	餐饮	语音导览	微信导览	无障碍设施	其他
无	无	无	有	无	有	无

概　述

　　北京茅盾故居位于东城区交道口后圆恩寺胡同13号，东邻蒋介石北京官邸前的白云宾馆，西邻南锣鼓巷文化一条街，胡同南邻前圆恩寺，北邻菊儿胡同。馆内为二进四合院，庭园内有两垄花草和一个葡萄架，茅盾半身铜像坐落在庭园中，三个展厅和会客室组成院落前庭，后庭为起居室兼卧室。茅盾故居原房主为全国政协副主席杨明轩（1955—1968年），后作为中央政府机构所在地。

　　1974年，茅盾由原文化部宿舍迁入，1981年3月病逝，在这里度过了人生最后的7年。茅盾逝世后，1982年2月18日，中国作家协会党组向中共中央宣传部提出书面报告，请求把茅盾生前的最后寓所保留下来，作为茅盾故居，收藏他的遗物，供后人

房间内部原状陈列

瞻仰、学习。1982年2月24日，中央领导批复报告，同意保留故居。1982年6月11日，国务院机关事物管理局通知作家协会向北京市房管一公司办理移交手续。1982年8月23日，中央书记处讨论通过《作家协会党组"关于编辑出版〈茅盾全集〉、筹建茅盾研究会的报告"》。1984年5月24日，北京市政府京政发〔1984〕72号文件，公布茅盾故居为文物保护单位。1985年3月27日，茅盾故居正式对外开放。茅盾故居，主要负责保护、管理茅盾先生的遗物和故居建筑。

郭沫若纪念馆
GUO MORUO MEMORIAL MUSEUM

通信地址： 北京市西城区前海西街 18 号

邮政编码： 100009

电　　话： 010-832222523　010-83225392（兼传真）

网　　址： http://guomoruo.cssn.cn

电子邮箱： gmrjng@263.net

微信公众号： 郭沫若纪念馆 guomoruojinianguan

博物馆类型： 社会科学类（人物纪念）

隶　　属： 中国社会科学院

批准建立时间： 1988 年

博物馆备案登记号： 029

建筑性质： 近代四合院（全国重点文物保护单位）

占地面积： 7000 平方米

建筑面积： 2279 平方米

展览面积： 998 平方米

交　　通： 公交 3、13、42、107、111、118、612、701 路等，地铁 6 号线北海北门下车。

开放时间： 9:00—16:30（16:00 停止售票），周一闭馆。每年 12 月 25 日至次年农历正月初三，为冬季休整期。

服务设施：

停车场	纪念品商店	餐饮	语音导览	微信导览	无障碍设施	其他
无	无	无	无	无	有	无

概　述

一　基本情况

工作宗旨：研究郭沫若生平、著作和学术思想，从事相关文物的收藏整理、展览宣传。

机构设置：下设研究室、文物与陈列工作室、公众教育与资讯中心、办公室4个处室。从事郭沫若研究、文物管理、宣传教育、展览展示、举办各种文化活动，同时承担中国郭沫若研究会的日常工作。

二　藏品管理和保护

郭沫若纪念馆存有郭沫若版本书、照片、手稿、书信、书法作品等大量珍贵资料，主要包括郭沫若《甲骨文字研究》《两周金文辞大系》等古文字研究著述，《奴隶制时代》《蔡文姬》《武则天》等大量学术研究、文学艺术创作的手稿；郭沫若的书法作品、题跋拓本、版本书籍，以及与党和国家领导人及社会各界的往来信函等文物。这些文物是本馆藏品的精髓，也是研究中国现代社会思想文化进程的一批重要文献，其中相当数量的藏品具有极高的历史价值、文化价值和艺术价值。

为了加强对藏品的管理和保护，纪念馆从2013年开始在完善原有相关的规章制度的基础上，不断细化推出新的条例，同时根据藏品的不同类别制定具体的防护措施，并利用新技术手段，将文物文献资料数字化，有效解决保存与利用的矛盾。

2012—2016年以来，按照《国务院关于开展第一次全国可移动文物普查的通知》（国发〔2012〕54号）有关要求，配合文物局开展相关普查工作，依据《馆藏文物登录规范（WW/T0017-2013）》对馆藏品加以全面登陆，于2016年圆满完成项目。

六年间，文物库房更新文物贮藏条件，提升馆藏郭沫若手稿的保管环境。2013—2017年间接受捐赠郭沫若相关文物9件/套。

三　科研工作

主要围绕郭沫若研究和博物馆学两个学术领域进行。在郭沫若研究方面除依靠本馆科研人员，还充分调动挂靠在纪念馆的中国郭沫若研究会所集中的学术力量和学术资源，以各种合作方式开展研究工作，学术资料收集整理工作，进行对外学术交流。

六年来，本馆研究人员在编写"郭沫若年谱长编"的过程中，发现了许多郭沫若所创作的重要文章。因此，收集和整理有关郭沫若翻译作品以及《郭沫若全集》集外散佚的各类题材的作品将会进一步完善。

近六年郭沫若纪念馆及科研人员出版了大量学术论文集与学术专著，主要有《郭沫若研究》、《郭沫若研究年鉴》(2012—2016年卷)、《郭沫若与文化中国》、《民国时期中学国文教科书研究》、《抗战中的郭沫若与茅盾》、《文化名人与民族精神——2015年北京八家名人故居纪念馆活动纪实》、《时代之音——读名家名言 听文物故事》、《文化名人与文化景观》、《历史足迹——文化名人与北京》、《戏里戏外——郭沫若与老舍戏剧艺术创作交往》、《名人名作名物——2018年8+名人故居纪念馆活动纪实》、《走过四季的院子——"8+"名人故居纪念馆巡礼》、《"郭沫若与世界文化"高端学术论坛论文集》、《女神之光——郭沫若传》、《复调与对位——〈郭沫若全集〉集外文研究》。

六年中，郭沫若纪念馆科研人员在核心期刊上发表《河上肇早期学说、苏俄道路与郭沫若的思想转变》《热度·限度·难度：建国后〈女神〉研究之研究》《建立在"伪史料"基础上的"晚年郭沫若"研究》《多重寓意"家园"的重构与延展——〈秋夜〉新读》等13篇论文。在《文学遗产》《中国现代文学研究丛刊》《光明日报》等刊物发表学术论文及相关文章数十篇，其中多篇被《新华文摘》等权威刊物转载。

中国郭沫若研究会六年中分别在成都、北京、西安等地主办全国性学术研讨会、青年论坛等活动，为郭沫若研究者，特别是青年学者提供了学术交流平台。

四　基本陈列、展览

在重点保留郭沫若会客室、办公室等原状陈列的基础上，以时间为轴，将郭沫若生平呈现给观众。

2013年郭沫若纪念馆与长治市联合设立"郭沫若书画研究长治基地"并举行相关

书画展活动；完成了"郭沫若纪念馆馆藏珍贵拓片展""心中的怀念""纪念郭沫若诞辰120周年图片展"，还牵头策划、组织了"20世纪文化名人的中国梦""文化名人与文化创新""访故居、看名宅、赏名树"的北京地区的部队、学校、企事业单位、社区的巡展以及南京、福州的巡展和宣传活动。成功举办了"中华名人展"巴基斯坦巡展工作。

2014年郭沫若纪念馆完成了"郭沫若与人民艺术展""纪念《甲申三百年展》出版70周年展"，还赴土耳其进行了"中华名人展"的相关系列活动。

2015年郭沫若纪念馆应新西兰路易·艾黎学院邀请，成功举办了"郭沫若与路易·艾黎文化展"。应肯尼亚国家博物馆和内罗毕大学邀请，在肯尼亚国家博物馆成功举办了"中华名人展——郭沫若展"的展览开幕式及与肯尼亚国家博物馆、内罗毕大学孔子学院的文化交流活动。

2016年郭沫若纪念馆策划举办了"友谊的见证——郭沫若纪念馆馆藏文化交流礼品展""古应芬文献史料展"，配合纪念馆"5·18"国际博物馆日主题活动，与北京市文物局联合策划举办"传承与创新：名人名拓与郭沫若碑拓精选展"，举办了"文心墨韵——徐福山书画展""文玩雅趣伴书香——爱新觉罗毓岚先生文玩收藏展""永远的老舍展""中埃文化年系列活动——中埃书法绘画雕塑艺术展"。

2017年郭沫若纪念馆策划举办了"致敬茅盾——纪念茅盾诞辰120年入职商务印书馆100年图片文献展""布幅上的国粹——少年儿童手绘布艺展""蓝珠薪传——'一带一路'古代外销青花瓷器展""探索·传播·开拓——郭沫若翻译作品文献史料展""传承与创新——名人与古籍展""博物馆人（之友）眼中的外国文创""时代印记——郭沫若诞辰125周年纪念展"等展览和巡展。

2018年郭沫若纪念馆举办专题展"百花迎春·有'壶'同享——肖映梅崔希亮书画作品展"，负责"8+"名人故居纪念馆联盟年度国内巡展"为了民族的文化繁荣——文化名人与文化自信"相关展览策划设计工作，协助天津李叔同故居纪念馆在天津博物馆举办"风骨——京津冀名人名作名物展"。

这些有关郭沫若的"主题文化巡展"等系列宣传活动，使纪念馆的展览展示工作制度化、常规化，以不同的主题巡展推进文化活动的开展、推进科学研究与大众文化的互动，从而达到了宣传和传播郭沫若文化思想的目的。

五　社会教育

2013年接待观众3万余人次，免费讲解150多场次，巡展接待观众5万人次。其中20%的观众，包括青少年学生、老年人、残障人士、人民教师、军人等得到了门票减免的优惠待遇。开展了"清明时节缅怀名人走进故居""端午诗会""重阳诗会"

等宣传活动；为社会公众举办5场公益讲座；与北京电视台合作策划录制了"这里是北京·'树'说故居"，与北京人民广播电台合作录制了"馆长带你游故居"等节目，都产生了一定的影响。同时本馆派出的讲解人员还在西城区组织的爱国主义教育基地讲解大赛中脱颖而出，取得较好成绩。

接待国际友好人士日本文求堂后人田中由纪子女士、德国不莱梅海外博物馆负责人诺达女士等来馆参观访问。

郭沫若纪念馆与美国杨百翰大学、旧金山硅谷艺术馆，德国不莱梅海外博物馆，巴基斯坦自然历史博物馆等海外文化机构就进一步交流合作达成双边协议。

2014年接待观众约3.5万人次，免费接待观众1万人次；对外巡展接待观众约10万人次，共接待观众13万余人次。

2015年接待观众约3.5万人次，免费接待观众1.5万人次。全年举办主题展览六个，为配合党和国家年度的宣传主题，宣传抗战精神，普及历史文化起到了很好的传承作用；参加了北京八家名人故居纪念馆"文化名人与民族精神"展览在北京市内密云、房山、通州巡展，与此同时，在新疆霍城、江苏泰州、重庆、广州等省市地区进行巡展，"中华名人展"也在肯尼亚国家博物馆如期举办。配合国家反腐倡廉宣传工作设计制作的"反腐倡廉话甲申——纪念《甲申三百年祭》发表70周年"专题展览于重庆郭沫若纪念馆举办。邀请考古研究所研究员王世民作了"风尘仆仆 勇攀高

原状陈列

峰——抗战烽火中的考古活动"专题讲座。协助配合中央电视台、新影集团大型人物传记系列纪录片《百年巨匠——郭沫若》在纪念馆的拍摄工作。建立微信平台，拓宽宣传渠道，信息化建设水平有了新的提高。

2016年接待观众约4.5万人次，免费讲解3600余人次。以民族精神及文化名人与文化景观为主题，陆续在北京市门头沟区、平谷区、对外经贸大学举办展览，在广西贺州、重庆等地举办巡展。还在外埠举办了"戏里戏外：郭沫若与老舍""郭沫若与人民艺术展"巡展活动，在海外举办了"郭沫若与田汉展""走进现当代中国——郭沫若展"等。举办以《天上的街市》为主题的北京2016国际设计周花植艺术节活动。

2017年接待观众约5万人次，免费接待观众约2.1万人次，免费讲解3242余人次。"北京八家名人故居联盟"增加了李四光纪念馆、詹天佑纪念馆后升级为"北京'8+'名人故居联盟"，郭沫若纪念馆负责组织协调当年的故居联盟活动。"为了中华文明的发展——名人·名作·名物"主题展，于"5·18"国际博物馆日期间在纪念馆举行系列文化活动和启动仪式后，先后在北京交通运输职业学院、北京市交通委、北京十一中分校、北京市文汇中学、北京市天坛南里小学等学校、单位巡展，此后在天津、青岛、广州等地陆续巡展。

2018年闭馆修缮，未接待观众。但展览宣传活动未曾中断，由本馆牵头联合"8+"名人故居纪念馆开展"为了民族文化的繁荣发展——文化名人与文化自信""5·18"国际博物馆日主题巡展、讲座、教学、展演、文博会和学术研讨活动。纪念馆牵头四省市9家名人故居共同举办"四地九馆的超级连接——名居·名人·名剧"主题巡展活动；与全国高校博物馆联盟共同发出"名人进高校，高校进故居"倡议活动，开展馆校结合的深度合作；与镇江名人故居联盟牵手举办京镇两地名人展；与北京延庆千家店镇签署"振兴乡村"战略合作框架协议，开展文化进乡村活动；在广西南宁参加了中国—东盟戏剧周的展出。此外，"8+"名人故居纪念馆主题巡展还在北京市第一五六中学、贵州六盘水市第十九中学、北京语言大学、北京财贸学院、北京市朝阳区来广营乡等院校和基层单位进行。

2018年是纪念中日和平友好条约缔结40周年，纪念馆接待橘庆一郎为团长的日本"松村谦三先生精神学习会"代表团一行，接待日本关西外国语大学代表团。纪念馆接待巴林王国公主努拉来馆参观以及郭老生前好友李一氓、阳翰笙等人的后人来馆参观。

六　文创开发

2017年是郭沫若纪念馆作为全国文创试点单位的启动之年，纪念馆向社会推出了"相遇富贵系列"、"8+"名人故居的"名居系列"等十多种主题文创产品，应邀参加了第24届北京国际图书博览会和全国博物馆文化创意产品博览会、第12届中国北京国际文化创意产业博览会，得到了与会观众和北京市领导的肯定。

2018年推出"垂花门系列"文创产品，参加第16届北京国际图书节暨博物馆文创汇和第13届中国北京国际文化创意产业博览会。在展会中，通过对展区的精心设计和布局，展示纪念馆文创产品的独特立意和精美设计，得到广大观众的好评。

七　博物馆馆舍建设、扩建、维修和设施改造

2014年，经北京市文物局、国家文物局审批，在北京市文物局的大力支持下，顺利完成了本馆古建南房、院墙、地面的修缮项目，以及监控设备的全面更新工程，古建安全情况得到了有效的提升。

2018年，经北京市文物局、国家文物局审批，由中国社会科学院提供资金，相继完成水电路改造、西院展厅整体修缮、东侧会议室修缮、地下室改造、消除火灾隐患等工程，纪念馆文物主体建筑和基础设施情况得到大力改善。

徐悲鸿纪念馆
XU BEIHONG MEMORIAL MUSEUM

通信地址： 北京市西城区新街口北大街53号

邮政编码： 100035

电　　话： 010-62252042

传　　真： 010-62217054

网　　址： www.xbhjng.com

电子信箱： xbhjnggh@126.com

微信公众号： gh_234af57aa681

博物馆类型： 社会科学类（人物纪念）

隶　　属： 北京市文物局

批准建立时间： 1954年

博物馆备案登记号： 025

建筑性质： 现代建筑

占地面积： 5377.63平方米

建筑面积： 10885平方米

展览面积： 5000余平方米

交　　通： 地铁2号线积水潭站下，出C口，往南200米路西；公交22路，409路，407路，47路，积水潭桥南站下。

开放时间： 待定

服务设施：

停车场	纪念品商店	餐饮	语音导览	微信导览	无障碍设施	其他
无	无	无	无	无	无	无

概　述

徐悲鸿是我国现代影响深远的艺术大师和卓越的美术教育家。为纪念他杰出的艺术成就和对中国美术事业的贡献，1954年，文化部以他北京东受禄街16号的故居为馆址，建立徐悲鸿纪念馆，周恩来总理题写"徐悲鸿故居"匾额，郭沫若题写"徐悲鸿纪念馆"馆名。1967年因北京修建地铁，徐悲鸿纪念馆被拆除。1973年，党和政府决定恢复重建，历经十年，1982年12月，徐悲鸿纪念馆新馆在西城区新街口北大街53号落成，占地面积2180平方米，建筑面积3250平方米。1983年1月31日新馆正式对外开放。因展出面积有限，展览设施陈旧，2009年徐悲鸿纪念馆闭馆，并于原址进行改扩建工程。

一　新馆原址改扩工程

自2009年纪念馆闭馆改扩建工程启动后，2013—2018年，是徐悲鸿纪念馆发展进程中很重要的五年。经过五年紧锣密鼓的部署和建设，在北京文物局党组的指导和监督之下，目前纪念馆新馆结构工程全部完工，并完成了所有质量问题的整改工作。新建成的纪念馆占地面积5300多平方米（包含代征道路用地339.995平方米），新馆总建筑面积10885平方米，其中藏品库区面积1799平方米（含两间文物修复室），展陈区面积4163平方米（含临时展厅逾700平方米），观众活动区逾5000平方米。

纪念馆设立展厅四个，布展工程已完成室内装饰、展柜安装、展板制作等"基本建设"工作。第一展厅展出徐悲鸿的生平资料、照片、故居复原室以及青年的徐悲鸿从贫穷的家乡走向世界的履历介绍；第二、三展厅展出徐悲鸿各个时期创作的国画、油画及素描作品共计约120余幅；第四展厅展出徐悲鸿收藏的绘画作品及临时展览的作品约60余幅。同时完成了展厅一、二、三层展品讲解词的编写工作，制定了涉及接待、讲解、票务等8个方面的工作制度及方案，撰写了志愿者章程、管理办法、岗位设置、招募方案以及志愿者服务准则和礼仪等制度。

此外，为了更好地保存徐悲鸿先生的遗作以及他倾毕生精力收藏的历代名家书画和上万件图书资料、碑拓珍迹，在藏品管理建设工作方面，徐悲鸿纪念馆完成现代化文物库房建设工程。根据该馆文物类型及数量，库房共建成了七个区域：分别为油画储藏区、轴画储藏区、图书资料储藏区、素描储藏区、遗物开放展示区、鉴赏区及机动区，实现了文物的分区分类规范化管理；先后两次对文物库房恒湿恒温空调系统进行了运行监测，并对数据进行了全面记录；对展陈中的大型油画作品保护措施进行了谋划，拟采取安装隔离保护罩等手段，确保展览中的文物藏品安全。

纪念馆设有办公室、陈列保管部、社教部、安全保障部4个职能部门。办公室负责文件的上传下达，人事和劳资、财务工作。陈列保管部主要负责馆内业务工作和藏品有关的保管工作、资料收集、整理、保存陈列展示等工作。社教部主要负责馆内社会教育，社会活动和馆内讲解工作。安全保障部负责馆内的文物安全和日常的展出秩序。

徐悲鸿纪念馆预计2019年第四季度对外开放。

二　业务工作

徐悲鸿纪念馆自建馆以来一直本着保护为主、合理利用的指导方针将徐悲鸿的艺术展示给广大观众。2013—2018年虽然是在闭馆期间，但徐悲鸿纪念馆采取"走出去"的方式，在确保文物安全的前提下举办各种展览，为全国的观众介绍徐悲鸿的艺术，取得了良好的社会效果，得到社会各界的一致好评。

2013年和2014年，徐悲鸿纪念馆前往西安、无锡、上海、杭州、四川等地，举办"艺坛巨匠——徐悲鸿作品展""徐悲鸿先生收藏绘画作品展""徐悲鸿先生精品画展"等展览，为当地群众送去一场场艺术盛宴。尤其是2014年，为庆祝中法建交50周年，配合国家重大庆典活动，徐悲鸿纪念馆在中华世纪坛世界艺术馆开启了"大师与大师——徐悲鸿与法国大家作品联展"，展出了徐悲鸿重要代表作品64件。展览回顾了徐悲鸿先生在法国艺术学习的经历，梳理中国现代美术及其教育在20世纪上半叶的历史发展脉络和重要成果，呈现了发生在中法之间的一段标志性的艺术交流史。此展先后在北京、河南、上海等地巡展，受到新闻媒介关注报道，得到社会好评。

2015年，既是徐悲鸿诞辰120年周年纪念，也是世界反法西斯抗战及中国人民抗日战争胜利70周年纪念。为纪念这位艺坛巨匠，徐悲鸿纪念馆开展了一系列的纪念活动，4月文化部、全国文联、中央美术学院、北京市政府联合在人民大会堂召开纪念大会，并举办了系列"徐悲鸿艺术研讨会"。积极筹备"第二届徐悲鸿文化艺术节"。5月份完成了北京市音乐台对徐悲鸿先生的抗战主题报道："抗战记忆"专栏——《永远的徐悲鸿》。2015年6月，徐悲鸿纪念馆馆长廖静文不幸逝世。7月8日，"第二届徐悲鸿文化艺术节"在宜兴如期举行。9月与中国园林博物馆共同主办的"南来飞燕北归鸿——纪念徐悲鸿先生诞辰120周年特展"在中国园林博物馆展出，共展出徐悲鸿代表作52幅。以"诗意栖居、勃发生机、造化之奇、日望归鸿"四部分内容，为观众展现了徐悲鸿先生高深的艺术造诣，其作品呈现出人与自然的和谐栖息的状态，旨在表达对徐悲鸿先生崇高的敬意和深切缅怀。

徐悲鸿雕塑

　　为了纪念世界反法西斯抗战及中国人民抗日战争胜利70周年，深入贯彻习近平总书记系列重要讲话精神，以及新颁布施行的《博物馆条例》，在纪念中国人民抗日战争胜利70周年之际，结合2015年国际博物馆日"博物馆致力于社会的可持续发展"的宗旨，徐悲鸿纪念馆依托"8+名人故居"联盟，5月18日上午，在首都博物馆主会场举办"5·18"国际博物馆日系列活动开幕式上，启动"纪念抗日战争胜利70周年——文化名人与民族精神"主题展览国内和国外的巡展，随后此展览在新疆霍城、广西南宁、江苏泰州、重庆等地巡展，很受社会欢迎。

　　2016年，是徐悲鸿纪念馆承上启下的一年，新一届领导班子成立。在领导班子的主持下，徐悲鸿纪念馆新馆结构工程全部完工，并完成了所有质量问题的整改工作。业务工作也取得突破，6月23日，徐悲鸿纪念馆与宜兴市人民政府、中国人民大学徐悲鸿艺术研究院、西班牙—中国艺术家交流促进会共同主办"第三届徐悲鸿艺术节"。"徐悲鸿、廖静文伉俪艺术人生回顾展"作为重要活动组成部分，首次以文献展的方式与公众见面，部分非常珍贵的历史文献也是首次对外公开展示。回顾展通过"艺术人生""碧血丹心""领军之师""爱的守护""继往开来""时代风范"六大篇幅来回顾徐悲鸿、廖静文的艺术人生和伉俪深情。9月与中国园林博物馆共同举办了大型的临时展览——"和谐自然 妙墨丹青——徐悲鸿纪念馆馆藏齐白石作品精品展"，该展览从2016年9月28日至10月31日，展出珍贵文物作品46件。展览开幕当天，还举办了研讨会。2016年12月，徐悲鸿纪念馆前往广西贺州举办"徐悲鸿绘画精品展"，这些展览的举办，宣传了徐悲鸿艺术和民族传统文化，也提升了徐悲鸿纪念馆的社会影响力。

为了贯彻好2017年国际博物馆"让文物活起来"的宣传主题，在尚未开馆的情况下，徐悲鸿纪念馆采取"走出去"的方式，积极努力地做好徐悲鸿艺术宣传工作。在社会文化宣传、展览和公益活动方面：一是9月份，与北京雷锋小学东街校区开展"弘扬传统文化品味国学经典暨走进艺术大师徐悲鸿"共建活动，为学生展出了部分徐悲鸿精选画作（复制品）；二是11月份，赴廊坊博物馆举办"徐悲鸿绘画精品展（复制品）"，并进行了"徐悲鸿创构新国画的世纪探索"专题讲座；三是11月份，与北京启暗实验学校举办共建活动，为残障儿童带去了丰富的美术知识和艺术享受；四是11月份，完成了开馆大型临时展览"大师眼中的大师——徐悲鸿与齐白石作品联展"的策划工作及制定展览大纲工作；五是全年继续开展了"青年教师社会实践基地"的相关工作，与中国人民大学艺术学院共同进行了相关业务考察和学术研究。这些展览的推出，是践行习近平新时代中国特色社会主义思想的又一次探索和尝试，也不断满足不同地区人们对文化的需求，增进区域文化互补和"一带一路"重点城市的文化繁荣。

2017年该馆与中国青年出版社签订合作协议，该社所办《青年文摘》杂志，每期刊登该馆一幅藏品照片，并配有该馆业务人员所撰写的文字介绍，至2018年底已刊登数十幅。

为了不断提升名人故居在文化自信中的影响力，徐悲鸿纪念馆以"8+名人故居联盟"为载体，积极参与名人故居的系列活动。5月，徐悲鸿纪念馆参加北京八家名人纪念馆"名人、名作、名物"主题展览走进青岛并举行了"名人故居的发展现状与展望"研讨会；参加"京津冀名人故居纪念馆协同发展倡议书"签名仪式；参加8家名人故居纪念馆与北京市文物局文物资料中心合作举办的"传承与创新——名人与古籍"展；参加8家名人故居纪念馆编著学术书籍和文化读本：《文化名人与文化景观——2016年北京八家名人故居纪念馆活动纪实》和《历史足迹——文化名人与北京》等。

2018年被美术界称作"悲鸿年"。徐悲鸿纪念馆在宣传徐悲鸿艺术及徐悲鸿精神上做出了卓著贡献。2018年1月25日，由徐悲鸿纪念馆与中国美术馆主办的新年艺术盛宴，徐悲鸿主题创作大展——"民族与时代"，在中国美术馆隆重开幕；2月2日徐悲鸿纪念馆和北京画院美术馆（齐白石纪念馆）的首次合作，北京画院美术馆隆重开展"白石墨妙·倾胆徐君——徐悲鸿眼中的齐白石"跨新春大展；2月11日，徐悲鸿纪念馆前往宁夏固原博物馆，推出"生命的华彩——徐悲鸿画展"；3月16日，在中央美术学院百年校庆来临之际，徐悲鸿纪念馆与中央美术学院美术馆联合推出"悲鸿生命——徐悲鸿艺术大展"；7月31日在重庆中国三峡博物馆展出"回望归鸿——徐悲鸿抗战时期绘画作品展"。这些展览的举办取得了空前的社会反响。在中国美术馆举办的展览，徐悲鸿的三幅油画巨作划时代第一次在同一场合展出，社会反响巨大。中央美院展览适逢中央美院百年校庆，馆藏《八十七神仙卷》真迹时隔十几年后再次与观众见面，观者排长队等数小时才能一睹真容。

2018年完成基本陈列改陈，完成展厅油画罩制作安装的工作。一层已完成布展，二三层进行展柜恒湿恒温监测和展厅整体空间温湿度监测和改进，存于首都博物馆文物库房8年的文物全部安全回馆。

为全面提升职工素质，提高业务水平，2018年徐悲鸿纪念馆开启了"职工讲堂"，邀请知名专家对全体职工开展业务系列培训，现已开展了四次，有首都博物馆原馆长韩勇的"博物馆员工职业道德"主题讲座、原首都博物馆保管部主任武俊玲的《博物馆文物库房搬迁规范》和《博物馆藏品管理标准与规范探析》两项课程、市文物局信息中心主任祁庆国的《惟有坚实缜密，才能高歌猛进——博物馆专业化建设讨论》课程、著名教授于希贤的《周易与元大都城建设》。这些培训既提升了全体职工的职业素质和业务水平，也使他们更加深刻地认识到身为文博工作人员的职责和使命，为迎接新馆对社会开放，奠定坚实的基础。

2018年底，开展新馆试运营试开放工作，邀请了周边社区居民、纪念馆离退休职工，分多批次参观了馆舍、一层展厅，讲解员为观众进行了详细讲解。

三 科研工作

科研工作在博物馆的发展中起着基础性、关键性的重要作用。博物馆的科学研究不同于专门从事研究工作的机关，它有自身特点：必须侧重于博物馆工作实际，一方面结合文物藏品进行研究，另一方面理论指导实践。只有做好科研工作，才能有效提高展览的科学性和思想性。在这方面，徐悲鸿纪念馆在闭馆建设的这些年里，也做了有益的尝试，研究成果有了显著的提升，尤其是2017年和2018年。在全力做好开馆筹备工作的同时，李晴在中博协博物馆学专委会2016年"博物馆的社会价值"学术研讨会论文集发表文章《从历史建筑到城市景观——中小历史建筑类博物馆社会价值探讨》；佟刚在《北京文博》2017年第三期发表文章《徐悲鸿先生〈贺江景色〉写生地点发现记》；刘名在《人民艺术》发表文章《探析徐悲鸿早期中国画改良观的认知基础》《方寸尺幅展鸿志 斗室陋间存风骨——徐悲鸿丹墨里的壮阔人生》；唐培勇在中国美术报发表文章《严师与伯乐——谈徐悲鸿的师者情怀》，他参加2017年"中国美术世界语境：21世纪的徐悲鸿研究及中国美术发展"的学术研讨并发表文章《徐

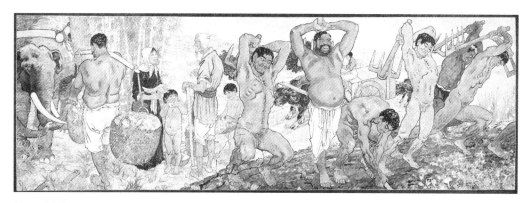

《愚公移山》（1940年）

悲鸿留学期间艺术方向的选择今析》，在《羲之书画报》发表文章《人民艺术大师徐悲鸿》；武川在《历史的足迹——文化名人与北京》发表文章《徐悲鸿与北京》；李瑶在《北京文化创意》2017年第1期发表文章《关于拓展博物馆儿童互动项目的实践与思考》；王丽梅在《艺术品鉴》发表文章《探析博物馆文物类展品展陈设计空间布局》；杜永梅在《北京文物报》2017年第12期发表文章《徐悲鸿书画里家国情怀》、在《中国艺术》2017年第12期发表文章《薄游八步，以画写志》。

2018年底，该馆取得专业技术职称的人员共有19人，正高级职称1人，副高级职称3人，中级职称8人，初级职称7人，全年共发表论文17篇。

2018年该馆承接了市文物局经费资助的研究课题——《徐悲鸿纪念馆馆藏研究》。此课题项目组曾赴南京和重庆进行旧址踏查，同时在第二历史档案馆、南京大学档案馆、重庆市档案馆、重庆市图书馆等地查阅了相关档案文献，发表了五篇论文（高小龙《诗情画意话悲鸿——徐悲鸿诗歌艺术浅谈》、杜永梅《徐悲鸿中国画收藏与收藏观》、李晴《名人纪念馆的定位与功能——写在徐悲鸿纪念馆重新开馆之际》、李瑶《"大美育观"与核心素养的培育》、汤雅涵《浅谈新媒体时代下馆藏文物的数字化建设》），以项目成果组稿形式发表于《北京文博》2018年第四辑。高小龙撰写的《致广大、尽精微——徐悲鸿题画诗浅谈》，发表于《中国文物报》。佟刚在《北京文博》第三辑发表《徐悲鸿与广西的不解情缘》、刘名在《北京文博》第四辑发表《探析徐悲鸿的博物美术馆思想》。

四　信息化工程

徐悲鸿纪念馆作为一个公共文化设施，新馆年接待能力将从旧馆年均3万人次提高到20余万人次。为了提升观众服务水平，加强开放期间游客和文物的安全防护工作，该馆于2016年开始，规划、筹备建设纪念馆信息化工程。

经过反复调研、论证，徐悲鸿纪念馆信息化系统建设方案于2016年12月7日通过经信委评审，正式立项。2017年6月27日通过市财政评审中心评审，项目审定金额为12712700元。总体项目包括：安技防系统、藏品管理系统、观众服务及网上纪念馆系统、网络综合布线系统和会议系统五项内容。

2017年至2018年，信息化工程建设为纪念馆开馆前筹备工作中的重点项目。全部工程涉及安防、馆藏、开放接待和宣传等方面，分别由该馆安保科、展陈部、社教部和事业拓展部负责。截至2018年12月，信息化系统中安技防、网络综合布线和会议系统三个子项目，均已通过竣工验收。藏品管理系统和观众服务及网上纪念馆系统也已经进入收尾阶段。

通过此次信息化系统的建设，该馆将补充完善安技防系统，建立纵深防护体系，实现高效、便捷的管理。同时依托先进技术手段，实现藏品数字化采集、管理和信息化展示等功能。信息化建设工程中还设有一间多功能报告厅和一间中型会议室，以满足日常文化交流、培训等多样化功能的需求，使纪念馆学术研究、教育、宣传和交流的水平得到提升。

五 安保工作

目前，徐悲鸿新馆已完成基本建设工程的最后一项，安技防收尾工程。全馆安技防设备一期和二期已能融合，并正常运转，建设完善微型消防站1座。在安全工作长效机制落实方面，规范干部值班机制，完善各类值班设置，按照三个级别防控方案，制定"突发事件应急处置管理预案"。坚持安全工作末端落实，安全责任制分解到人，与全馆职工、物业部、保安队都签订"防火防盗安全责任书"，实现了全馆安全工作"零死角"。认真坚持安全工作的部门日查、保卫巡查、每月督查、集中排查、随机抽查五种检查制度。2018年，先后对保安队伍进行专题教育3次，召开安全工作动员部署专题会4次，进行消防知识培训4次，组织全馆消防演练，组织保安队、物业部进行防爆演练4次、防破坏演练1次，消防员出警考核2次，进一步增强了全员的安全意识，锻炼了安保队伍的安全保障能力。

梅兰芳纪念馆
MEI LANFANG MEMORIAL MUSEUM

通信地址： 北京市西城区护国寺街9号

邮政编码： 100035

电　　话： 010-83223598-8001（社会服务电话）

010-83223598-8000（参观预约电话）

网　　站： www.meilanfang.com.cn

微信公众号： 梅兰芳纪念馆

博物馆类型： 社会科学类（人物纪念）

隶　　属： 文化和旅游部

批准建立时间： 1985年12月19日

博物馆备案登记号： 030

建筑性质： 北京传统四合院（全国重点文物保护单位）

占地面积： 1000平方米

建筑面积： 716平方米

展览面积： 220平方米

交　　通： 22、38、409、690、609路公共汽车护国寺站；

13、42、107、111、118、701、623路公共汽车厂桥站；

地铁4号线、6号线平安里站。

开放时间： 9:00—16:00（周一闭馆）

服务设施：

停车场	纪念品商店	餐饮	语音导览	微信导览	无障碍设施	其他
无	有	无	无	无	无	无

概　述

一　管理体制

梅兰芳纪念馆是以展览梅兰芳的文物、纪念梅兰芳的业绩；以文物征集、鉴定、保管、复制与修复及梅兰芳相关研究为工作重点的公益性一类文化事业单位，2019年1月11日由中国艺术研究院代管改为国家文化和旅游部直属事业单位。近年来纪念馆的体制机制改革主要表现在为观众提供优质服务的同时摸索出一套现代化的、符合纪念馆实际的管理模式，在人员聘用、财务管理、安全保卫、文物管理、行政管理、学术科研等方面与时俱进完善各项规章制度，使各项管理工作制度化、规范化，确保纪念馆各项工作顺利进行。2017年制定《梅兰芳纪念馆十三五发展规划纲要》，进一步明确今后纪念馆发展目标和方向，拓宽展览内容和空间，成立梅兰芳研究中心，开展梅兰芳文献搜集、整理和梅兰芳研究工作，立项和实施梅兰芳戏曲表演理论体系工程。

二　机构设置

根据现有的人员编制和工作需要，纪念馆内设有4个部门，即综合办公室、展览宣传部、文保研究部、梅兰芳研究中心。共有在编工作人员18名。其中正高级职称1人，副高职称1人，中级职称8人，初级职称2人。本科学历5人，硕士学历5人，博士学历3人。

三　藏品保管

目前藏品有35000余件。为加强藏品的安全和保护，纪念馆2018年底安装防凿墙监控系统。2016年起对部分馆藏文件、信件进行扫描建档，对部分藏品进行复制品制作以及实物图片拍摄工作。2018年全馆进行多次防火演练，保证了藏品的防火安全，防患于未然。

四　陈列展览

梅兰芳纪念馆成立后，收藏有梅兰芳夫人福芝芳及子女在1962年捐献给国家的大量珍贵文物、文献资料。目前共有4个展览室：外院南房为"第一陈列室"，展出了精选的图片、资料和实物，扼要地介绍了梅兰芳一生的主要艺术生活和社会活动；内院西房的"第二陈列室"和东房的"第三陈列室"为专题展览。这些专题展览不定期更换内容，围绕梅兰芳先生的艺术创作、高尚品格以及在对外文化交流方面做出的巨大贡献等专题展开，表现形式丰富多元，重点突出，不落窠臼。2013年至2018年的馆内专题展览有"纪念梅兰芳诞辰120周年展——文化大使梅兰芳"（2014年）、"梅葆玖逝世周年纪念展"（2017年）、"另一个梅兰芳——梅兰芳绘画展"（2017年）、"梅兰芳纪念馆藏戏曲文献脸谱展"（2017年）、"艺苑芳华——青年梅兰芳与京剧艺术展"（2018年）、"走向世界的梅兰芳"（2018年）等。内院南墙外侧增设玻璃展柜，常设展览为"梅兰芳访美演出图谱"。内院北房为"故居陈列室"，客厅、书房、卧室、起居室的各项陈设均保持梅兰芳生前生活起居原貌。西跨院为办公区，属于故居的一部分，暂不对观众开放。纪念馆陈列展览树立与时俱进的服务理念，不仅要针对观众服务，还要对社会发展提供多方面的服务，具体而言主要是提供陈列讲解，巡回展出，改善休闲服务设施，美化参观环境，提高工作人员业务素质和工作技能，积极做好重大接待工作及上级行政部门布置的其他工作。

五　国内巡展

馆外展览方面积极创新，把本馆的文化特色推介到北京及其他国内城市，扩大梅兰芳先生及京剧艺术的社会影响。2013年至2018年期间，除北京外，已覆盖的展览城市有上海、南京、南宁、香港等城市。例如在东南大学举办"中国梦——梅兰芳艺术创新"展览（2013年），在北京京剧院"双甲子之约"启动仪式上举办"梅兰芳生平展"（2013年），在南宁蓝天美术馆举办"梅韵流芳 墨彩寄情"绘画展（2014年），在香港参加由香港中国文化院主办的"南薛北梅"艺术展及系列活动（2017年），在上海壹号美术馆举办"另一个梅兰芳"新媒体艺术展（2018年）等。

与宋庆龄、李大钊、鲁迅、郭沫若、茅盾、老舍、徐悲鸿等八家北京名人故居纪念馆持续开展活动，联合办展。八家名人纪念馆的合作联盟经过二十几年的发展已经成为北京文化界的一个品牌，在促进首都文化发展，建设人文北京的过程中，发挥了重要作用。2013年至2018年之间，八家名人纪念馆不但将名人文化继续在北京的社区、学校、部队中进行推广，又将八馆的展览和宣传带到祖国各地，包括杭州、重庆、泰州、武汉、潍坊、秦皇岛、福州、贺州、南宁、霍城、广州等地，成为具有较大影响力的文化联盟形式，受到北京市相关部门和社会各界的关注。例如八馆联盟在山海关举办"二十世纪文化名人的中国梦"（2013年），在泰州举办"双甲之约——纪念梅兰芳诞辰120周年巡演活动"（2013年），参与八家北京名人故居在福州民俗艺术博物馆举办的"20世纪文化名人中国梦"展览（2013年），参与八家名人故居举办的"文化名人与民族精神——纪念中国人民抗日战争胜利70周年"展览（2015年），并在密云博物馆、房山区周口店猿人遗址博物馆、平谷区社区和学校、新疆霍城、江苏泰州、重庆、广西贺州等地巡展。八馆联盟在广州鲁迅纪念馆举办"名居、名人、名剧——四地九馆的超级连接"大型展览，在广西南宁参加2018中国——东盟戏剧周，在南宁、北京延庆区千家店镇参与承办"为了民族文化的繁荣——文化名人与文化自信"8+名人故居纪念馆2018年度主题巡展等。

故居客厅原状陈列

六　海外展览

纪念馆积极探索海外展览与传播，通过与海外的艺术交流，加强京剧艺术与梅兰芳的国际影响力。目前已出访的国家有新西兰、加拿大、意大利、土耳其、日本、肯尼亚、巴基斯坦、越南等。例如与新西兰路易艾黎文教中心共同主办"梅兰芳表演艺术"展览（2013年），在中越传统戏剧交流周中举办"梅兰芳艺术展"（2018年）。其中，八家名人纪念馆也受到国际上的邀请赴巴基斯坦（2013年）、土耳其（2014年）、肯尼亚（2015年）、加拿大（2017年）等地举办"中华名人展"大型展览活动，积极开展国际文化交流。这些展览吸引了大批海外观众前来参观，为宣传梅兰芳精神，弘扬京剧艺术，传播民族传统文化做出贡献，同时也促进国际文化与中国文化的相互交流与理解。

七　社会教育

梅兰芳纪念馆既是观光展览单位，也是爱国主义教育基地。2001年10月被列为西城区爱国主义教育基地，2010年被列为北京市爱国主义教育基地。开展公共社会教育是梅兰芳纪念馆作为公益性文化事业单位的社会责任和义务。2013年至2018年共计接待观众约40万人次。纪念馆在公共服务和青少年教育方面做了大量工作：接待台湾传统艺术京剧文化交流体验营、新加坡传统艺术中心代表团、文化部中央文化管理干部学院、广东省文化厅、中国戏曲学院、北京外国语大学、北京大学附属中学、厂桥小学、宣师一小、北京四中初中部等团体单位，安排专职讲解。利用清明节、端午节及国际博物馆日举办主题活动，通过免费参观、观众寄语、有奖问答等活动形式寓教于乐，与观众进行良好的互动和沟通，获得较高的社会评价。纪念馆在每周二的下午对事先预约的中小学校开放免费参观，并提供专人义务讲解。2018年1月梅兰芳纪念馆被选为北京市中小学生社会大课堂资源基地。

八　学术研究

在做好文物管理和收集的同时，梅兰芳纪念馆近年来大力加强学术研究。目的是为了让馆藏文物活起来，提升文物文献的学术价值，提高梅兰芳纪念馆的学术地位，逐步实现梅兰芳纪念馆的学术转型。

梅兰芳纪念馆2013年至2018年大力整理、汇集、注疏、辑佚馆藏书画作品、剧本、戏单、照片、理论文集等，已出版《一代宗师梅兰芳》《梅兰芳演出剧本选集》

《梅兰芳往来书信集》《梅兰芳藏名家书画集》《梅兰芳演出戏单集》《梅兰芳演出曲谱集》《梅兰芳若干史实考论》《父亲梅兰芳》《齐如山谈梅兰芳》《忆艺术大师梅兰芳》《品梅记》《梅兰芳京剧艺术研究》《梅兰芳表演体系研究——梅兰芳诞辰120周年国际学术研讨会文集》《梅兰芳精神及传播国际学术研讨会论文集》《另一个梅兰芳——梅兰芳绘画与表演艺术论文集》《梅兰芳与传统文化》《梅兰芳学刊》等文献汇编、专著和研究文集。

2018年2月成立了梅兰芳研究中心，旨在聚集专业研究人员，深入挖掘馆藏文物，为梅兰芳研究提供更有力的学术支撑。目前研究中心主任为馆长刘祯，职称为研究员、博士生导师，工作人员中博士学位2人、硕士学位1人，科研助理有博士后、博士和硕士学位人员若干。这些科研人员是馆里承担的国家社科基金重大课题、中国艺术研究院课题、国际研讨会等学术项目和活动的重要生力军。2018年梅兰芳纪念馆、梅兰芳研究中心出版专业学术刊物《梅兰芳学刊》，旨在开拓和深化梅兰芳、梅兰芳表演艺术理论及体系等研究。这些图书和学刊的出版，使大量深藏在保管库中的文物文献、国内外研究成果成为社会的共享资源。这些共享成果既有文献的丰富性，也体现研究的专业性，服务于不同读者对出版的需求。

为开展系统性和专业性的研究，梅兰芳纪念馆积极申请各类科研项目基金，聚集国内外优秀专业人才参与科研课题，为研究提供调研访谈、资料搜集、图书购买等经费保障，使研究向精深发展。如2017年项目"梅兰芳在世界"，聚焦梅兰芳在日本、美国、苏联的历史文献和研究成果。2017年项目"梅兰芳藏戏曲珍本整理丛刊"将首次公开出版梅兰芳所藏的几百份戏曲珍本，同时集中全国几十位学者之力为此撰写提要。项目"梅兰芳纪念馆藏文献文物总目"拟对馆藏文物文献全面清点并设置目录。2018年度国家社会科学基金艺术学重大项目"梅兰芳表演艺术体系及相关文献收集整理与研究"获得立项。该项目由研究员刘祯担任首席专家，梅兰芳纪念馆承担，来自北京、上海、武汉、厦门、南京各地及海外多位专家学者组成学术团队攻坚此项复杂而艰巨的课题。

梅兰芳纪念馆努力践行党在新时代对文艺工作者提出的要求与使命，先后举办了多场不同类型的高质量的学术研讨会和学术讲座等。例如2014年为纪念梅兰芳诞辰120周年举办"梅兰芳表演体系国际学术研讨会"。2016年为纪念和弘扬梅兰芳的艺术和思想，宣传梅兰芳的高尚情操和爱国精神，举办"梅兰芳精神及传播国际学术研讨会"。2017年举办"另一个梅兰芳——梅兰芳绘画展暨绘画与表演艺术学术研讨会""梅兰芳与传统文化学术研讨会"，以梅兰芳的绘画、传统文化等专题举办小型展览和研讨，拓展梅兰芳研究空间，促使梅兰芳艺术研究引向深入。2018年"艺苑芳华——青年梅兰芳与京剧艺术展暨梅兰芳研究青年论坛"，旨在培养一支梅兰芳研究的青年人才队伍。2018年举办"东方与西方——梅兰芳、斯坦尼与布莱希特国际学术研讨会"，来自美国、俄罗斯、意大利、日本、韩国、挪威等国际学者，与国内高校和科研机构共30多位专家学者参加了会议。会议探讨了中国戏曲在世界戏剧版图中的格局和地位，对中国戏曲和世界戏剧及其理论的交流、对话具有重要意义。从2017年开始举办学术讲座"兰芳讲坛"，已邀请著名京剧史论家、中国戏曲学院教授钮骠和国家一级演员、中国艺术研究院研究员胡芝风分别主讲"京剧梅派艺术的'纯'""戏曲艺术的美学精神"，讲坛面向公众免费开放，采用微信公众号报名，众多青年知识分子、戏曲爱好者、高校学生等纷至沓来，聆听学习。可以说，"兰芳讲坛"为专家与公众搭建了文化普及的良好平台。

九　安全保卫

纪念馆的主展区为清代建筑，为了保护古建，同时给观众提供舒适的参观环境，纪念馆按照国家相关规定及程序定期对建筑进行粉刷、维修和翻新。为更好地做好安全工作，确保展品和藏品的安全，2013年对馆内电路进行重新布线，更换插座，确保纪念馆用电安全。同时，在原有监控设备的基础上又增加多台摄像头。特别是对夜晚保安值班工作情况进行录像，杜绝发生保安睡觉、空岗等问题。对文保库房和财务办公室加装安全护栏，进一步确保纪念馆财产安全。2015年为保证纪念馆防火安全，按照事业单位政采施工要求，于6月份对消防报警系统设备进行升级更换，并请专业消防设备检测公司进行检测。2016年为了加强纪念馆抗震防汛能力，保证纪念馆及周边邻居的人身财产安全，于9月至11月对西院墙进行加固重建。为保证施工的合法合规，严格按照北京市文物局、国家文物局和相关政府单位的要求办理各项手续，多次修改设计方案，并克服施工期间的重重困难，终于完成了墙体重建。春节期间安排人员24小时值班，严禁燃放烟花爆竹，加强巡查，确保纪念馆防火防盗安全。2018年为保证消防安全，对灭火器进行全面更新工作。同时，为加强防火安全意识，提高突发事件应急处理水平，馆里组织全体员工进行主题为"关注消防，平安你我"的消防安全知识讲座和消防演练。纪念馆定期对火灾报警设备、电路供电设备进行检测。为防盗安全，继续院墙及房屋红外线对射监控设备安装、测评与调试工程，2018年底安装防凿墙监控系统。

十　文创开发

梅兰芳纪念馆拟启动文创产品的开发，与上海应用技术大学研讨并签订梅兰芳文创产品开发的合作意向。

十一 具有突出特色的几项工作

在以往的发展历程中，梅兰芳纪念馆在文物保管、展览、对外教育、学术研讨、图书出版等方面已取得一定的成果。面对文博业飞速发展的今天，传统的展览展示、保管收藏等实体博物馆知识体系已不能满足文博业的发展。梅兰芳纪念馆致力于学术转型和跨界融合的文博发展的新思路。学术研究为应用研究和实践转化提供保障，打破以往名人故居保管、展示、旅游和教育的四大功能定位，增强学术研究，使之为文创、旅游、演艺、互联网＋等文化产业的发展提供智力支持，使跨界融合向纵深发展。梅兰芳纪念馆2018年10月举办的"东方与西方——梅兰芳、斯坦尼与布莱希特国际学术研讨会"期间，安排了"走向世界的梅兰芳"专题展览和古琴京剧跨界艺术《琴芳梅兰》的演出，研讨会、展览与演出三者相结合，内容丰富，形式多元。将研讨会的主题内容、相关文物文献与展览或演出相结合，通过创新性的形式转换，走出学者边界，进入公众视野，发挥学术公众化的社会效益，这样的跨界融合是公共艺术传播的新出路。这种实践在本质是一种以人为本的，以人文艺术为中心，在尊重文化公平和文化权利的道德原则基础上，发生在特定区域内的干预。

梅兰芳纪念馆积极探索梅派戏曲的创造性转化，通过"梅派戏曲＋"的模式，激发文化创新创造活力。2018年10月由梅兰芳纪念馆出品、北京艺术基金资助的古琴京剧跨界艺术《琴芳梅兰》在国家大剧院演出。该作品出品人及总策划是梅兰芳纪念馆馆长刘祯，由古琴名家杨青先生领衔，京剧名家、梅派传人胡文阁演唱。演出的创造性首先体现在古琴与梅派京剧的跨界。演出共分为五个片段，分别为古琴曲《梅花三弄》、京剧《贵妃醉酒》《霸王别姬》《太真外传》《洛神》。古琴演奏既是演出中的重要表演单元，也与箫相互配合取代了京剧常用的管弦乐器和打击乐器，观众可以看到琴箫演员行云流水般的演奏和吹奏，余音绕梁，优雅别致，加之梅派传人胡文阁唯美演绎梅兰芳的经典唱段，现场形成一派淡雅清朗的文士之风。梅兰芳纪念馆馆长刘祯认为，让两种"雅音"跨界碰撞，相互交流，进而融汇，彼此映衬，以创造性的转换方式，让传统艺术在新的艺术语汇中，获得充满东方情韵的盎然生机。其次，演出的创造性还体现在剧目换场间隙拓展了观众的观演关系，由单纯的观看延伸至艺术化的体验，而这些艺术化的体验也来源于中国传统文化，通过观摩和体验传统茶道、香道、花道的仪式，观众品茗、闻香、赏花，充分调动观众的味觉、嗅觉、视觉等多重感官，使观众身心置于文化艺术的体验场域。《琴芳梅兰》的跨界演出是传统戏曲价值的创造性转化，创新性发展中华优秀的传统文化与民族艺术。

名人故居和纪念馆是博物馆领域的组成单元，媒介融合成为博物馆发展的未来趋势。梅兰芳纪念馆在2003年建立官方网站，在2017年3月1日建立公众微信号，在

2018年建立互联网购票系统、数字化安保监控系统，在2018年10月推出官方宣传片《梅兰芳华》，同月专业研究期刊《梅兰芳学刊》创刊，同月古琴京剧跨界舞台艺术《琴芳梅兰》在国家大剧院上演。相关活动和节目在中央电视台、北京电视台、《文艺报》《光明日报》《中国社会科学报》《中国文化报》、新华网、中国艺术头条、《中华英才》杂志等媒介以不同形式报道。梅兰芳纪念馆通过多种自主媒介如官网、官微、宣传片、学刊发出声音，也结合传统媒体和新媒体，共同拓展公共艺术传播领域。

梅兰芳纪念馆勇于创新，广纳贤才，做到开放性研究，充分利用各方学术资源和媒介资源，提高纪念馆的研究水平和传播能力，使纪念馆成为以梅兰芳为主的京剧艺术研究中心、展览中心、学术中心和数据中心。

曹雪芹纪念馆
CAO XUEQIN MEMORIAL HALL

通信地址： 北京市海淀区香山南路北京市植物园曹雪芹纪念馆

邮政编码： 100093

电　　话： 010-62591283

网　　址： www.beijingbg.com

微　　博： 北京植物园

微信公众号： 北京植物园

博物馆类型： 社会科学类（人物纪念）

隶属关系： 北京市植物园

批准建立时间： 1984年4月

博物馆备案登记号： 093

占地面积： 2861.18平方米

建筑面积： 910.83平方米

展览面积： 626平方米

交　　通： 纪念馆位于北京市植物园内。乘坐西郊线，至北京市植物园下车；公交563、505、运通112路北京市植物园站下车。

开放时间： 春夏秋：9:00—16:30
　　　　　　冬：9:00—16:00

服务设施：

停车场	纪念品商店	餐饮	语音导览	微信导览	无障碍设施	其他
有	有	无	无	无	有	无

概　述

曹雪芹纪念馆位于北京市植物园原正白旗村内，1984年由北京市委宣传部和北京市政管理委员会正式批准对外开放，占地2861.18平方米，展览面积626.00平方米。系以研究、收藏、展览、科普曹雪芹、《红楼梦》相关文物、知识为主题的历史文化名人博物馆，也是中国第一家曹雪芹及《红楼梦》主题博物馆。

曹雪芹纪念馆系北京市植物园下属的科级公办事业单位，下设办公室、研究室、资料室和讲解班等部门，实行馆长负责制，机构分为班、组两级管理。截至2018年底，在岗职工21名，其中专业技术人员2名。

在上级单位北京市植物园的领导下，在各级文物、文化部门的监督下，2013—2018年，曹雪芹纪念馆平稳有序运行，各项工作都取得了一定的成绩。

一　藏品管理和保护

纪念馆设专人管理藏品。主要收藏有正白旗39号"题壁诗"及曹雪芹叔父曹頫提名的《海棠画册》。此外，纪念馆还藏有与曹雪芹、《红楼梦》、清代历史文化相关的资料、研究书籍、文物等。

针对藏品的储藏要求，定期对库房进行除尘、通风、防虫和防鼠处理，确保馆藏品的安全。2017年至2018年，完成了曹雪芹纪念馆馆藏的账目登记和核对工作，并对部分馆藏进行了电子影像采集。自2017年起，陆续开展对木制藏品的修复和定期保养工作。

二　科研工作

几年来，注重多学科探索与研究，积极从事曹雪芹、《红楼梦》和相关史地民俗园林研究，在公园管理中心和植物园等相关部门的领导和支持下，先后进行了一系列课题研究，论文、书籍著述，在学界产生了一定影响。2018年，完成"曹雪芹生活时代北京的自然与社会生态"（局级课题一项，2016年至2018年），参与北京公园管理中心"三山五园水利工程研究"课题。2015年，累计出版《曹雪芹传说》（北京美术摄影出版社）、《梦飨三百年》（外语教学与研究出版社）、《三山考信录》（中央文献出版社），2017年由新华出版社出版《三山五园研究》《海淀史地考论》《曹学十论》《红学十论》系列丛书，2018年由新华出版社出版《曹雪芹家世文化研究》《曹雪芹生活时代北京的自然与社会生态》等，系统收录了曹雪芹生平、文物、京西居所、行迹、环境、家族、民俗方面论文60余篇，百余万字，为纪念馆的展览、咨询、讲解等工作奠定了坚实的基础。

三　陈列展览

纪念馆积极挖掘历史文化内涵，6年间，先后举办了7个临展："梦里红楼——《红楼梦》古版彩绘展"，共展出高级美工师戚明绘制《红楼梦》古版彩画40幅，参观人数达约10万人次。"'艳冠群芳'——工笔牡丹绘画展"，展出工笔牡丹画作16幅，参观人数约2万人次。2013年7月15日至2014年3月15日，举办"《红楼梦》与中国菊文化展"，参观人数约8万人次。"曹雪芹纪念馆建馆30周年回顾展"，参观人数约12万人次。"《红楼梦》中的精雅生活"，参观人数约2万人次。"八旗制度展"，参观人数约12万人次。

2015年是曹雪芹诞辰300周年，自10月1日起，举办"纪念曹雪芹诞辰300周年特展暨曹雪芹生平展"，此次展览以"梦飨三百年"为主题，是2015年北京曹雪芹学会、北京曹雪芹文化发展基金会、北京植物园曹雪芹纪念馆为纪念曹雪芹诞辰300周年而特别策划的纪念展。

展览采用了多媒体、电子地图、影像等现代化展示手段，通过江南十三载、京师一旗人、著书黄叶村、故居证明、梦飨三百年五个章节，系统展示了三十年来的研究成果，将曹家家世尤其是曹雪芹的生平，与《红楼梦》文本以及三山五园的历史文化遗迹有机结合起来，全面介绍曹雪芹跌宕起伏的一生，特别是他在香山一带的足迹，以及他在这里的生活、交游和创作，涵盖他的家世、他的故居、他的社会身份、他的艺术才华、他的哲学思想、他的两部著作，还有他的两段婚姻。数年来，参观人数突破100万人次。

在北京市植物园的指导下，启动全国首个"《红楼梦》植物专类园"建设工作，以曹雪芹纪念馆为核心（占地5000平方米），收集、栽培、展示《红楼梦》中涉及的植物100余种，将科学与文化结合起来，起到了良好的教育效果。

四　社会教育

在北京市植物园领导下，在北京市文物、文化部门的指导下，曹雪芹纪念馆与北京曹雪芹学会、海淀区委宣传部、海淀区文化促进中心等单位、部门合作，举办了一系列文化活动，如每年10月间，举办形式多样的"曹雪芹文化艺术节"；与周边小学，如四王府小学、香山小学、培星小学、翠微小学白家疃分校等单位合作，举办"曹雪芹传说小学生故事会"；与香山邮局联合举办《红楼梦》主题邮票的设计与发售。

其中，2013年，纪念馆和北京曹雪芹学会等相关部门联合举办了世界四大历史文化名人博物馆高端论坛，系纪念馆建馆以来层次、水平最高，影响最大的文化论坛。

该论坛邀请英国、俄罗斯、法国等国历史文化名人故里、基金会负责人与中国有关曹雪芹、《红楼梦》方面领导、专家，围绕"曹雪芹及其文学创作的国际影响与世界意义""大师文化遗产的本国传承与国际传播经验交流""他者视野中的文化大师及其文化遗产"三个论题，进行发言，并现场提问交流。英国莎士比亚纪念馆、俄国托尔斯泰纪念馆和法国巴尔扎克纪念馆等机构负责人分别介绍了他们举办活动、展览的相关经验。

纪念馆积极与曹雪芹学会合作，致力于曹、红知识传播，自2016年起，面向社会免费开放品红课、品红读书会和品红讲座。3年来，共举办活动204场，现场参与人数近7000人，2018年开设直播科，线上参与人数达20000余人。

五　社会服务

数年来，纪念馆先后接待党和国家领导人吴邦国、贺国强、陈竺、万钢等人的参观，其他不同层次的领导和参访团体数十次，接待普通游客达218万人次。

纪念馆坚持节假日和重点游园日期提供免费讲解服务，数年来，共计提供免费讲解千余次，累计服务游客3余万人次。

纪念馆与周边中小学合作，推出了"非遗进校园"系列活动，累计进校园20余人次，参与学生千余人次；并与一零一中学合作，推出"寻梦西山黄叶村"舞台短剧，连续两年在纪念馆排演，使得纪念馆教育和学校第二课堂形成交合的合作关系与合作效果。

六　安全及设备设施

纪念馆设有安全管理员，定期开展安全监察。2017年，完成了安全管理二级达标，坚持按照管理标准开展日常工作，同时每年定期开展安全培训与演练。

纪念馆内的设备、设施，由上级主管单位北京市植物园进行定期维护、维修，先后维修展室、管理用房30余间，2018年对19间房屋进行挑顶维修，并增加电子计数系统和监控头等安保设施，保证了纪念馆正常运作和游客参观的安全性、舒适性。

詹天佑纪念馆
ZHAN TIANYOU MEMORIAL HALL

通信地址： 北京市延庆区八达岭特区詹天佑纪念馆

邮政编码： 102112

电　话： 010-69121516

传　真： 010-69121006

网　址： http://www.zhantianyou.org

电子信箱： ztyjng@126.com

微信公众号： 詹天佑纪念馆

博物馆类型： 社会科学类（人物纪念）

隶　属： 中国铁道博物馆

批准建立时间： 1984年

博物馆备案登记号： 041

建筑性质： 现代建筑

占地面积： 9340平方米

建筑面积： 2800平方米

展览面积： 1850平方米

交　通： 黄土店车站乘市郊铁路S2线，八达岭车站下车步行即到。德胜门汽车站乘坐919、877路到八达岭景区步行即到。

开放时间： 9:00—16:30，周一闭馆，节假日不休息。

服务设施：

停车场	纪念品商店	餐饮	语音导览	微信导览	无障碍设施	其他
有	有	有	有	无	有	无

概　述

詹天佑纪念馆座落于北京市延庆区八达岭风景区，是纪念我国近代杰出的爱国工程师，民族铁路事业的开拓者詹天佑先生的专题人物纪念馆，旨在宣传詹天佑事迹，弘扬詹天佑精神，传播铁路科普知识。1987年11月6日建成开馆。

展陈面积近1800平方米，基本陈列展览是"詹天佑生平事迹展"，通过实物、图片、图表、沙盘模型、场景复原及多媒体视频、触摸屏等多种形式和手段，翔实生动地展示了詹天佑先生爱国创新、奋斗自强的光辉一生。

詹天佑纪念馆现为国家三级博物馆，隶属于中国铁道博物馆，自开馆以来，累计接待观众300多万人次，成为宣传詹天佑及中国铁路史的重要窗口，先后被评为全国科普教育基地、北京市科普教育基地、北京市爱国主义教育基地、全国爱国主义教育基地、北京市青少年学生校外活动基地、科学和平教育基地。

一　提升服务水平，丰富观众参观体验

近年来，詹天佑纪念馆观众参观量呈大幅上升趋势。纪念馆紧抓机遇，提升展馆服务水平，圆满完成了大批量社会团队及铁路内部团队参观接待工作。讲解场次和接待党日活动团队数量逐年增加，尤其是2018年，全年接待党日活动112批次，较2017年增幅达到640%。除此之外，2015年至2017年，纪念馆连续三年在暑期大批量接待铁路内部职工疗养团队。

为应对日益艰巨的接待任务，詹天佑纪念馆依托自身优势，在提升服务水平上下功夫，通过培训学习切实提高讲解人员讲解水平。针对党日活动参观需求，积极开发周边资源，发展詹天佑纪念馆+青龙桥车站参观模式，丰富了参观路线和观众体验。

纪念馆还发挥自身能够提供食宿条件的优势，积极与中国铁道旅行社、八达岭森林公园及多所共建铁路院校合作，积极推广市场化的党日活动、夏令营活动线路，取得了广泛的反响。

2013年，詹天佑纪念馆分别与北京交通大学、江西婺源詹天佑小学策划实施了"追寻詹天佑足迹，传承詹天佑精神"主题夏令营活动。2014年，纪念馆先后组织了石家庄铁道大学、北京交通大学、江西婺源詹天佑小学策划实施了主题夏令营活动7批次。2015—2017年连续三年在暑假期间与八达岭森林公园联合举办多批次夏令营活动。通过这些接待活动的组织，纪念馆探索多种道路充分发掘资源潜力，扩大了自身影响力，在延庆地区乃至北京市爱国主义教育基地中成为特色突出的重要资源。

在馆校共建方面，詹天佑纪念馆取得了重要成果。2016年詹天佑纪念馆与北京商鲲教育集团及北京铁路电气化学校签署战略合作协议，探索馆校合作共建模式；2018年成为由张家口市第十中学、第二十中学、大镜门小学，天津市冀州区黄崖关小学，北京市延庆区八达岭中学等学校组成的"长城教育联盟"资源单位。

2014年开始，詹天佑纪念馆配合中国铁道博物馆开展文创产品开发工作。陆续开发了京张铁路文化系列8款产品，包括京张铁路四季书签、詹天佑卡通形象原子笔、手机支架、京张铁路文化丝巾、青龙桥车站3D模型拼图等，受到了广大观众的好评。

二　完善藏品管理，持续丰富馆藏文物

文物征集工作稳步推进。近年来，詹天佑纪念馆积极推进藏品征集工作，尤其是借助京张高铁修建热潮，积极开展了京张高铁工程相关实物调研和征集工作，陆续征集到了一批有价值的实物，使观众能够在了解百年前的京张铁路的修建过程的同时对比现代高铁技术的发展。2013—2018年，詹天佑纪念馆新征集的文物包括：京张铁路青龙桥车站1908年钢轨、《詹天佑》连环画、列车车次号传递系统车站主机、列车速度监督仪、机车信号机、清末留美幼童后裔邓洁女士捐赠《留美幼童唐元湛家三代人的故事》及中铁大桥局、中铁十四局、中铁中铁电气化局等京张铁路建设单位捐赠的官厅水库大桥构建、清华园隧道"天佑号"盾构机刀头、京张高铁接触网腕臂等反映京张高铁建设的实物50余件。这些文物中的一部分现已在展厅展出。

文物管理规范化长足的进步。2013年，纪念馆对文物库房进行了全面升级改造，安装了密集式文物柜，购置了专业空气净化杀菌设备，使文物保存条件进一步优化升级。2013年，完成了第二批馆藏文物申报定级及备案工作。纪念馆共有21件/套馆藏珍贵文物鉴定为国家珍贵文物，其中一级文物3件/套、二级文物15件/套、三级文物3件/套。经过两年馆藏文物鉴定等级申报，中国铁道博物馆已经有114件/套

馆藏文物进入国家级珍贵文物藏品目录。詹天佑纪念馆保管的定级文物是57件/套占50%，其中一级文物27件/套、二级文物24件/套、三级文物6件/套。此次文物定级工作的完成填补了我国铁路文物定级工作的空白。詹天佑纪念馆在2015年进行的全国可移动文物普查中，对馆藏文物进行了一次彻底的梳理，按照要求对全部馆藏文物进行了数据采集和录入。在本次数据采集中，共上报数据613件/套（2585件），拍摄照片近5000张，为文物的进一步科学管理和利用奠定了基础。

文物保护工作取得突破。为了更好地保护馆藏珍贵文物，同时提升文物的展示效果，2018年，纪念馆引进了天津森罗科技股份有限公司的低氧恒湿气调展柜系统，将展厅内全部33台展柜进行了更换。经密切沟通协商，天津森罗公司及时调整施工方案，精心组织、有序施工，确保展柜施工顺利完工并通过验收。现该系统在实际使用中运行良好。经评选该系统荣获"第四届全国十佳文博技术产品"称号。

积极拓展文物利用渠道。近年来，詹天佑纪念馆面向多家合作单位提供文物复制服务。包括：2013年为福州船政博物馆复制詹天佑五品军功执照，为沈阳蒸汽机车博物馆复制詹天佑技监任命状；2015年复制部分文物资料协助南京铁道职业技术学院筹建江苏铁路教育馆，为武汉詹天佑故居制作詹天佑大铜像；2017—2018年为华能集团詹天佑展室提供部分文物复制件；2018年为吉林铁道职业技术学院复制詹天佑铜像等。

三　提升展陈理念，积极推出临时展览和巡回展览

2013—2018年，詹天佑纪念馆积极提升展陈理念，策划临时展览和巡回展览，走进学校、社区、博物馆等，极大地扩大了纪念馆的影响力。其中2016—2018年连续3年清明节假期期间在中华世纪坛举办展览，结合沙盘模型、模拟驾驶舱、专家讲座等展示教育项目，观众参观非常踊跃。每届展览在7天展期内，观众量达到1万—2万人。

近年来詹天佑纪念馆推出的展览项目主要包括：2014年与延庆县博物馆合作推出"强国路 中国梦——詹天佑与中国铁路十一特展"；2016年4月1日詹天佑科学技术发展基金会、京张城际铁路有限公司、中国铁道博物馆主办，詹天佑纪念馆承办的"詹天佑与中国铁路——纪念詹天佑诞辰155周年展览"，在中华世纪坛艺术馆中心展厅展出；3月31日，联合举办"镌刻世纪——中华文化先贤新影像展览"在中华世纪坛艺术馆世纪大厅展出；2017年4月3日，由詹天佑科学技术发展基金会、中国铁道博物馆主办，詹天佑纪念馆承办的"跨越百年——京张铁路影像展"在中华世纪坛艺术馆中心展厅隆重展出，当年，该展览于博物馆日和科技周期间分别在长城博物馆和广州进行巡展；2018年，4月3—8日，"匠心筑梦——从京张铁路到京张高铁展览"

在中华世纪坛举办，5月19日，全国铁路科技周启动，全国铁路科技活动周启动仪式在詹天佑纪念馆举行，纪念馆在第三展厅推出"匠心筑梦——从京张铁路到京张高铁"和"强路为民，助力发展"两个专题展览，同时展出京张城际铁路有限公司及京张高铁各项目部捐赠的一批反映京张高铁建设的实物、资料、图纸等。当年"匠心筑梦——从京张铁路到京张高铁"又在石家庄铁道大学及中国铁道科学研究院院史馆等地巡回展出。

2017年，詹天佑纪念馆加入北京市"'8+'名人故居纪念馆联盟"。成为该联盟成员后，积极参加各种联合展览活动，在全国各省进行巡展。2017年，联合举办"为了中华文明的发展——名人·名作·名物"主题展览；2018年，联合举办"为了民族的文化繁荣——文化名人与文化自信"主题展览，在北京语言大学、广西南宁东、贵州六盘水、北京市朝阳区来广营乡等多地进行巡展。此外，詹天佑纪念馆还积极参与馆际展览交流活动，2018年从天津李叔同纪念馆引进"自律、创新、爱国——李叔同的人格精神"专题展览，充实展馆展览内容。

四　加强与学校社区合作，推出特色科普课程和活动

近年来，詹天佑纪念馆充分发挥作为全国科普教育基地、北京市爱国主义教育基地和全国铁路爱国主义教育基地的功能，利用"5·18"国际博物馆日、科技活动周、全国科普日、国际科学与和平周以及传统节假日等重要时间段，积极与北京市中小学生社会大课堂、延庆区科学技术委员会、海淀区教育委员会、中国铁道学会、詹天佑科学技术发展基金会等单位合作，推出了一批形式新颖、影响广泛的科普特色活动及课程，现已成为延庆区乃至北京市中小学生的第二课堂。

与社区、周边单位联合对接，活动成效显著。2015—2018年连续4年与延庆书法家协会联合举办迎春送福送春联活动，走入延庆当地社区和周边单位，为本地居民与京张高铁建设者送去新春祝福。2018年，纪念馆入选北京市延庆区新时代文明实践基地，为延庆区发展公共文化服务，提升居民文明素质，提升新时代文明新风，保障世园会、冬奥会做出了独特的贡献。

针对学生团队参观开展特色科普活动。詹天佑纪念馆在每年暑假期间都会推出丰富多彩的科普活动，联合举办夏令营活动等，旨在吸引更多学生走进纪念馆，学习詹天佑精神，感受铁路科技发展。詹天佑纪念馆创新思路，根据中小学校教学改革需要，与延庆区教委联合开展大课堂课程研发，组织小学语文和中学历史现场观摩展示课，主动探索科普场馆和学校教育资源合作共建的常态化模式。暑期针对学生和家长特别推行"五元门票优惠方案"。2013年国际科学与和平周期间，与学校联合组织场馆参观、制作手抄报、"我的和平宣言"签名等一系列互动体验活动。2014年

"5·18"博物馆日期间，组织语文课程场馆观摩教学、"听詹天佑故事，让梦想照亮人生"主题讲座、"学习詹天佑，做光荣中国人"铁路主题创意绘画教学等活动。2015年"5·18"国际博物馆日期间与海淀区永泰小学、八达岭小学等联合开展馆校合作教学活动。2016年"5·18"博物馆日期间，组织南口铁道北小学开展亲子互动火车模型拼插活动，举办铁路安全知识讲座；组织策划"感恩·责任·成长·圆梦"——北京铁路电气化学校2016年成人仪式；组织策划"铭记天佑精神，唱响青春旋律"——南口铁道北小学毕业典礼。申报"走进詹天佑，穿越时空的铁路文化之旅""走进纪念馆，学习詹天佑"特色科普活动，获得第二届科普基地优秀活动项目优秀奖。2017年"5·18"国际博物馆日期间，詹纪馆组织开展"科普进校园"系列活动，举办"詹天佑与铁路"讲座和"京张铁路主题真人版大富翁游戏"活动，在全国科普日期间组织赠书活动。2018年，纪念馆作为教育部首批全国中小学生研学实践教育基地，共组织"铁博讲堂"系列科普讲座19场次，参与学生人数587人次。春节和国庆节期间，策划推出了"刀啄木韵 纸染墨香——雕版印刷体验活动"。国际博物馆日和全国铁路科技周期间举办了"强路为民，助力发展——2018年全国铁路科技活动周启动仪式"，邀请铁路专家面向学生开展铁路科普讲座及铁路科普知识答题，赠送铁路文化科普书籍。全国科普日暨铁路科普日期间，走进八达岭小学开展"有趣的铁路桥梁"创意科技手工制作。

在近年来开展的活动中，纪念馆的业务人员逐渐成熟，业务水平得到了锻炼，举办活动和开设课程获得了学校和学生的一致好评。

五 注重研究工作，创新手段宣传詹天佑精神

詹天佑纪念馆注重学术研究工作，坚持利用研究成果加深展览策划、活动创新、文章发表、图书出版以及宣传推广等涉及内容的深度和广度，在更好地宣传詹天佑精神，传播铁路科技知识的同时，也提高了业务人员的理论研究水平。

2012—2013年，詹天佑纪念馆组织业务人员，对馆藏57件/套国家珍贵文物的历史传承、背景故事、文化价值进行了深入研究，撰写了相关文章45篇。这些文章于2013—2014年在《人民铁道》报《铁博鉴宝》专栏陆续发表，获得了广泛的社会影响力。专栏连载文章于2014年被收入《图说中国铁道博物馆珍贵文物》（第一辑、第二辑），由中国铁道出版社正式出版。

《人民铁道》报于2017年7月开设《百年京张 文化传承》专栏。詹天佑纪念馆负责该专栏的组稿和文章撰写工作。截至2018年年底，该专栏共发表京张铁路相关文章25篇。同年，中国铁道出版社与詹天佑纪念馆联合策划科普类图书《詹天佑与京张铁路》，该书不仅包括詹天佑修建京张铁路的历史文化故事，而且与最新的京张高

铁技术有机衔接。截至2018年年底，该书的初稿已经基本完成。

为迎接詹天佑诞辰160周年，詹天佑科学技术发展基金会与詹天佑纪念馆共同策划出版《詹天佑历史文献汇编》系列图书，旨在收集整理完整的詹天佑历史文献。《詹天佑历史文献汇编》计划分为《历史文物集》《历史照片集》《历史文献集》《詹天佑研究文献目录》四个部分。詹天佑纪念馆从2017年开始参加此项工作，承担了前3个部分的资料收集整理工作。至2018年，本项工作正在稳步推进中。

2018年，詹天佑纪念馆承接的北京局集团公司课题项目《京张铁路文化研究——以青龙桥车站为例》完成结题验收。该项目对青龙桥车站百年历史进行全面梳理和系统考证，保存了详细珍贵的口述历史影像资料，为京张铁路整体的文化研究奠定基础。

近年来，詹天佑纪念馆积极利用报刊、广播、电视、网络等媒体手段，有效扩大了场馆宣传的受众规模。2013年，先后与《北京日报·旧京图说》、厦门航空杂志社、中央人民广播电台《疯狂猜故居》、北京电视台《这里是北京》等栏目展开合作宣传。同年，纪念馆网站正式上线运营。2014年，协助《旅游世界》杂志完成纪念馆和青龙桥的采访和拍摄；配合中国传媒大学艺术学部协助拍摄纪录片《清华园车站》。2015年，协助央视教育台拍摄《博物馆之夜》；协助《中美铁路150周年》栏目摄制组到馆采访拍摄；协助央视CCTV4《远方的家》栏目组拍摄詹天佑纪念馆和青龙桥火车站。2016年，协助CCTV4《国宝档案》栏目组拍摄"铁路往事"系列节目《京张铁路诞生记》《历史的车站》。2017年，詹天佑纪念馆宣传片拍摄完成。2018年，协助纪录片《张库大道》拍摄工作，参加中央人民广播电台《文化聊吧》和北京人民广播电台《城市文化范儿》节目的录制。詹天佑纪念馆微信公众号2016年正式开通，截至2018年底，已经累计发表文章75篇，关注量逐年上升。

六 加强制度管理，切实抓好安防工作

詹天佑纪念馆历来重视场馆安全和文物安全工作，切实订立并执行安全巡视制度、值班日志制度、灾害应急预案、消防检查制度、文物库房管理制度等安全制度。组织全馆职工定期开展消防安全培训，包括消防法规、安全制度、防火措施和消防设施的介绍，消防用品的检查和使用，扑救初起火灾以及自救逃生的知识和技能；配备安检仪、防爆罐等设施，修订完善反恐防暴预案，提高职工反恐防暴意识，加强反恐防暴预案能力。每年与消防、安防维保单位签订协议，对场馆安防、消防设备进行维护检修，确保所有设备正常运转，场馆安全运行。

2016年，为了规范化安全管理，与北京京城保安服务有限公司签订《保安服务（派遣）合同》，增加专职保安，具体负责展馆的防火、防盗、反恐防暴等工作，确保

场馆安保工作规范化。完成了场馆锅炉改造工程，安装地源热泵机组和配电箱、空气源热泵和配电箱等设备，不仅解决了夏季制冷和冬季采暖问题，达到了国家环保标准要求，而且消除了一定安全隐患。

2018年，吸取巴西博物馆大火的经验教训，重点强调消防检查日检、周检、月检常态化，安全台账和消防档案实现规范化动态管理。8月，詹天佑纪念馆开始实施全面物业管理，使场馆安全工作进一步规范化。

中央民族大学民族博物馆
THE MUSEUM OF ETHNIC CULTURES

通信地址： 北京市海淀区中关村南大街 27 号中央民族大学民族博物馆

邮政编码： 100081

电　　话： 010-68933341

传　　真： 010-68933425

网　　址： http：// bwg.cun.edu.cn

电子信箱： mdbwg@163.com

微信公众号： MUC 民族博物馆

博物馆类型： 社会科学类（民族 宗教）

隶　　属： 中央民族大学

批准建立时间： 1951 年

博物馆备案登记号： 043

建筑性质： 现代建筑

占地面积： 2050 平方米

建筑面积： 4800 平方米

展览面积： 1600 平方米

交　　通： 公共汽车、地铁

开放时间： 周一至周四 9：00—17：00 对外开放（周五及寒暑假、国家法定节日闭馆）

服务设施：

停车场	纪念品商店	餐饮	语音导览	微信导览	无障碍设施	其他
有	无	无	有	有	无	有

概　述

一　历史沿革

　　中央民族大学民族博物馆是以全国56个民族的文物为主要收藏、展示和研究对象的民族学专业博物馆。馆藏有各民族的服装服饰、生产工具、生活用品、宗教器物、文献、乐器等文物约五万件/套。其中，以各民族民间传统服装、装饰品居多，充分反映了中国各族人民在纺织、印染、刺绣、皮革鞣制等方面的卓越才能和精湛技艺。此外，各族工艺品中也不乏史前的彩陶罐、东汉的铜鼓和明清时期的佛像、唐卡、祖图、天路图、贝叶经、东巴经等具有很高历史与艺术价值的珍品；新中国成立初期各族人民赠给国家领导人的礼品，具有极高的政治意义和历史价值。尤其值得一提的是，中央民族大学民族博物馆收藏的台湾少数民族文物，无论数量还是质量，在国内同类博物馆中都居于领先地位。这些藏品都是我国各族人民勤劳智慧的结晶，不仅具有较高的艺术鉴赏价值，而且具有很高的学术价值，是民族学研究不可多得的珍贵资料。

　　中央民族大学民族博物馆的前身是中央民族学院文物室，始建于1951年。中华人民共和国成立以后，随着我国文物博物馆事业的兴起，民族文物工作也开始起步。从1950年至1952年，中央民族学院（现中央民族大学，以下同）等单位的一批学者先后参加了中央人民政府派往西南、西北、中南、东北内蒙古地区的四个访问团，征集了一批民族文物，并在北京等地举办了民族文物和图片展览。以此为基础，中央民族学院建立了民族文物室。首任室主任为我国著名的民族学家杨成志先生。1951年院系调整时，原燕京大学、清华大学的一部分民族文物也归入民族文物室。此后，文物室一方面继续充实和丰富藏品内容，一方面根据学院教学和科研的需要，多次举办民族情况、民族工艺、民族社会形态等展览，发挥了很大的社会教育职能。为适应学校的发展，1987年文物室扩大建制为民族博物馆，又陆续收集了一些民族文物，设立了民族服饰基本陈列室。馆务建设不断趋于完善。在民族博物馆建立和发展的这几十年过程中，吴泽霖先生、杨成志先生、胡先晋先生等老一辈专家学者都倾注了大量心血，做出过巨大努力。

二　管理体制和机构设置

中央民族大学民族博物馆现有职工12人。其中正副馆长各1名，行政岗1名，专业技术岗8名，工勤岗1名。现任馆长张铭心（2012年1月至今）教授，副馆长马晓华（2012年1月至今）。职工中有汉、回、朝鲜、蒙古、鄂温克、瑶、土等民族。在管理上，中央民族大学民族博物馆把工作分成日常工作和专项工作两类。日常工作由各科室分别负责，专项工作由全馆组成专项工作组负责完成。这一工作模式不但保证了博物馆日常工作的顺利进行，还提高了工作效率，圆满完成了学校安排和博物馆自己争取的各项工作。

三　藏品管理和征集

藏品日常维护和管理是博物馆的中心工作。2013年开始，中央民族大学民族博物馆将6层库房调整为校史和图片资料库，5层库房调整为异形文物库，4层库房调整为办公用品杂物库。此举改变了这几层库房十几年来，名为库房实为仓库的杂乱状态。2013年下半年又经过半年的调研和多方论证，在校外专家的指导下，中央民族大学民族博物馆开始了建馆以来首次全面彻底地藏品清理和分编工作。这项工作有以下几个特点：1.以表格的方式重新建立可检索的电子总账和信息完备的藏品档案；2.科学标识藏品柜并记入总账，让藏品查找快捷；3.每一件藏品进行身份拍照、现场命名和建档，了解了藏品的状态并保证藏品信息的准确性和规范性；4.在藏品身份照的帮助下整理前三期数字化项目拍摄的照片，并以新分编的号重新命名，使得以前的照片和藏品建立正确联系。在北京市文物局的支持下，中央民族大学民族博物馆历经5年的艰苦努力，于2017年12月完成了这项巨大的工程。厘清现有馆藏正式藏品数目为26846件，参考品数目为13168件，共计40014件。这项工作的完成为藏品日后的数字化管理和科学研究工作奠定了坚实的基础。同时，中央民族大学民族博物馆圆满地参与完成了全国第一次可移动文物普查工作和国家民委系统文物藏品统计的上报工作。在藏品数据库建设方面，2018年4月中央民族大学民族博物馆已联络并配合易宝软件公司，召开有中央民族大学现代技术部专家参与的协调会议，基本完成了《中央民族大学民族博物馆藏品数据库建设方案》。预计2019年初步建设完成后，中央民族大学民族博物馆的藏品资源将得到更加有效的利用。

中央民族大学民族博物馆藏品征集工作这几年也卓有成效：从2015年开始由馆长张铭心教授带队，数次前往云南，在云南大理地区征集到了一批民族文物，其中不乏"镇馆之宝"级别的，征集总数达到了万件/套以上。这批文物不但丰富了馆藏品数量，还在藏品种类上增加了"民族地区古文书""茶马古道马帮文物""大理国梵文、汉文石刻"等内容，还收藏了十分珍贵的历史上已失传的"孔雀箜篌""鳄鱼箜篌"等古乐器。

四 陈列展览

中央民族大学民族博物馆于2013年向国家财政部申请并完成了《民族博物馆展厅安防节能系统及信息化系统建设工程》，其中包括了展示系统改造采购项目和多媒体及电子讲解系统设备的添置。随着这项工作的完成，使得博物馆展厅更加节能环保，也使参观者得到了更加丰富多彩的参观体验。现中央民族大学民族博物馆常设展览为"中华民族传统文化展"，包括"北方民族服饰文化""南方民族服饰文化"和"宗教文化"等。专题展览有"台湾少数民族文物展""中央民族大学校史展""少数民族文字书法展""先生还在身边——民大名师纪念展""大地回声——中国少数民族乐器文化展"和"中国民族古文字和古籍陈列馆"等。这些展览已成为大、中、小学生及社会公众接受民族传统和爱国主义教育的第二课堂。2006年中央民族大学民族博物馆被国家民族事务委员会确定为"全国民族团结进步教育基地"，并被北京市教育委员会确定为"北京市海淀区爱国主义教育基地和青少年校外教育基地"。多年来，中央民族大学民族博物馆这个民族文化的聚宝盆，是中央民族大学一个亮丽的窗口，向国内外人民，充分展示着我们中华各民族的悠久历史和璀璨夺目的优秀文化。

2015年12月，中央民族大学民族博物馆推出"先生还在身边——民大名师纪念展"。吴泽霖、潘光旦、吴文藻、闻宥、于道泉、费孝通等中央民族大学第一代名师，都是创校的功臣和兴教的业师，又都是全国知名乃至有着广泛学术影响力的学术大师。但这台围绕他们的展览完全不同于一般的常规展。它的绝大部分资料和展品都几乎是零基础。因时代久远和档案资料的缺乏，使资料和展品收集成为一项非常艰巨的任务和挑战。中央民族大学民族博物馆的策展团队怀着对名师们的一颗敬仰之心，经过近一年的辛苦工作，寻访了16位名师家属，搜集整理名师的图片约500张、实物约100多件/套、访谈笔记约40万字。中央民族大学校资深教授牟钟鉴先生在病中仍欣然为民大名师纪念文集写序，并为展览取名为"先生还在身边"。2015年12月16日下午，校领导、50多位名师家属、学校各职能部门和院系领导及师生代表齐聚

中国民族古文字与古籍陈列展

一堂，共同见证了"先生还在身边——民大名师纪念展"的隆重开幕。2015年12月中旬，正式出版了由中央民族大学博物馆编辑的《先生还在身边——民大名师纪念文集》和《先生还在身边——民大名师纪念图册》。这个展览已被中央民族大学列为固定陈列，旨在让大师们的精神持续地滋养民大师生的心灵。

2018年9月28日，中央民族大学民族博物馆推出了"大地回声——中国少数民族乐器文化展"，借此展览帮助大家体悟缤纷多彩、充满魅力的少数民族音乐文化。此外，观众可以在看展览时通过回复相应数字听到相应乐器演奏的乐曲。中央民族大学民族博物馆还开始了民族乐器演奏系列视频拍摄，作为今后展览素材及资料留存。乐器展开幕式当天，中国和北京市高校博物馆联盟的秘书长均出席了开幕式，并给予好评。目前此展览已成为学校亮点，中央民族大学校招生就业处联合音乐学院，在乐器展厅创作一期节目作为宣传片向外推送。

五 教育和宣传

中央民族大学民族博物馆在2004年新馆开馆时，就创建了大学生志愿者中心，主要招募我校本科生和研究生作为志愿讲解员。14年来，已有约万名学生接受了民族文化的洗礼，有300余名学生经考核培训后上岗，成为宣传民族优秀文化的使者，现有在岗志愿者40余人。中心制定了一系列的自我管理制度，并日益健全和完善。中心下设业务部、宣传部、外联部、办公室和监督部。在陈列部老师的指导下，各部门分工协作，对外宣传、对内培训、井然有序的工作环境使之成为了学生的实践锻炼平台。同时博物馆鼓励大学生进行学术研究，支持他们编写自己的刊物——《青园》杂志，截至目前已经编辑了十三期。中央民族大学民族博物馆在这里培养他们对国家和民族的感情，炼就文笔，锻炼口才，使他们的综合素质得到很大提高，实现了博物馆作为教辅单位管理育人、服务育人的目标。

志愿者中心自成立以来，不仅在馆内宣讲传播少数民族优秀文化还深入社区和大、中、小学做民族文化、民族团结教育宣传和各种体验活动，为青少年校外教育提供优质资源与服务，不仅实践工作成效卓著，而且赢得了较高的社会评价，现已成为海淀区优秀志愿服务团队。由于这支优秀讲解员队伍的存在，中央民族大学民族博物馆也因此获得北京市校外教育先进集体的称号。此外，中央民族大学民族博物馆牢固树立服务我校各族师生的意识。近几年来，在校内连续主办民博杯"民族风俗摄影""民族文化校园征文"和"走近民大名师朗读征文"系列大赛。为建立积极向上的校园文化助力。

中央民族大学民族博物馆自2013年与"谷歌文化学院"建立了联系，2014年启动了相关合作项目，2015年5月中央民族大学民族博物馆正式成为谷歌文化学院国内第二批合作伙伴，也是第二家上线的中国高校博物馆。首批推出十三台静态展览后，2016年又在谷歌文化学院推出七台苗族非物质文化遗产系列展览。此展览系中央民族大学民族博物馆首次采用高清图片和高清视频结合的动态形式，面向全球进行中英文线上展览。据统计有100多个国家的参观者浏览过展览，其中美国的用户最多。2018年日最高访问量8723人。中央民族大学民族博物馆谷歌线上展览出色地完成了民族文化推广工作，为世界和中国少数民族优秀文化之间架起了一座桥梁。也因此受到了合作方和同行的好评。中央民族大学民族博物馆公众号"MUC民族博物馆"，在2017—2018年度中央民族大学新媒体评比中荣获"最具影响力新媒体平台"称号。志愿者中心拍摄的"民博版《一眼千年》"微电影，上线后点击率快速突破百万。"中国大学生在线"官方网站和中央民族大学官方微信账号均积极转发，广受好评。

六　学术科研

中央民族大学民族博物馆重视学术与科研，博物馆工作人员积极参加国内外学术会议并发表多篇学术论文。2013年3月8日，中央民族大学民族博物馆组织召开了"民族博物馆与学科建设座谈会暨校史展资料搜集整理研讨会"。邀请了国家文物局文物保护司司长关强，民族文化宫党委书记李铁柱，中央民族大学副校长青觉，故宫研究员冯贺军、严勇，中国社会科学院历史研究所研究员李锦绣，中央民族大学审计处处长魏国敏，中央民族大学期刊社社长贾仲益等领导和专家参加了研讨会，商讨如何进一步提升博物馆为学校教学科研服务的能力。2013年10月，中央民族大学民族博物馆校史资料搜集和民大记忆口述史项目办公室成立，项目聘请了知名的口述史专家定宜庄教授和张龙翔2名负责访谈的人员和数名学生助理。访谈工作从2013年12月份正式启动，已经历时5年，完成访谈录音400万字。2018年正式出版民大记忆系列首批3本，其中包括《中国少数民族社会历史调查访谈录及文献资料选编》（上下册）和《中央民族大学民族博物馆馆藏珍稀手稿丛刊①——麽些族的生活》（吴泽霖著）。为新中国成立初期的很多民族师生都参与的少数民族三大调查和纳西族的一支摩梭人当时的社会文化生活留下了宝贵的历史资料。2019年计划出版四本口述史系列丛书，并组织出版《民大名师文集》和《民大名师文库》系列丛书。

为贯彻落实国家关于加强中小学生中民族传统文化和民族团结教育文件的有关精神，以及充分发挥中央民族大学民族博物馆全国民族团结进步教育基地的作用，更好地为青少年成才服务。在2009年，中央民族大学民族博物馆志愿者中心师生成功申报了全国教育科学"十一五"规划2009年度教育部重点课题"未成年人校外教育基地标准与创新人才培养模式的实践研究"的子课题"民族文化体验活动促进中小学生创新能力培养研究"。此课题由中央民族大学民族博物馆与海淀区民族小学及北京理工附中联合开展，并得到了中央民族大学徐万邦教授、胡振华教授等国内民族学、民族语言学专家和学者悉心指导。课题有两项主要成果：1.《中华民族全家福》讲义和配套的课件。讲义图文并茂，寓科学性、教育性、创新性于一体。2015年3月讲义已正式出版，配套的课件总长约500分钟。内容主要以反映56个民族物质文化和精神文化中的重要特色为主，并辅以"名人堂"等爱国主义教育的内容。课件以PPT的形式呈现，充分利用了中央民族大学民族博物馆大量馆藏民族文物精品图片，结合中央电视台实拍的各民族文化视频资料等丰富多彩的民族文化资源，为青少年打造了一场民族文化的视听盛宴。2.以海淀民族小学为试点，开设民族文化体验课程并出版《民族文化创新体验课程指导手册》。民族文化体验系列课程，在海淀区民族小学高年级中进行。目的是通过课程设计、实施、效果分析、理论修正等相互承接的环节，探索出一套切实可行的文化体验活动培养未成年人的创新人格和创新思维的活动体系。课程包括："民族歌曲我来唱""民族史诗我来读""民族乐器我来听""民族文字我来写""民族语言、礼仪我知道学""民族故事我来讲""民族工艺我来赏""民族知识我来答""民族名人我知道""民族舞蹈我来跳暨民族团结大联欢"等10个模块。在课程教学结束后，课题组在总结经验与理论提升的基础上，于2015年底正式出版了《民族文化创新体验活动课程指导手册》。旨在让更多的孩子能汲取到民族优秀文化的养分，成为民族团结、社会和谐的维护者。

2018年中央民族大学民族博物馆向科研处申请成立"文物研究工作坊"和"民族服饰研究所"组织人力申请中国社科基金的同时，邀请到原中国历史博物馆群工部主任齐吉祥先生，国家博物馆研究员宋兆麟先生，民族文化宫博物馆们发延馆长，享誉韩国的著名宫廷传统服饰修复专家文玲枃博士来馆做培训和学术讲座，提升了全体馆员的业务素质，增强和丰富了学校的学术氛围。此外，中央民族大学民族博物馆参与配合民族图书馆的"全国水文古籍普查项目"。采集中央民族大学民族博物馆馆藏水文书籍42册并扫描书影，填报《全国水文古籍普查登记表格·中央民族大学博物馆》。

七 安全保卫

博物馆是文物、标本、资料的主要收藏处所，国家重点防护的要害部门之一。为切实保证博物馆馆舍、文物及其他国家财产的安全，保证博物馆各项工作的正常开展，中央民族大学民族博物馆着力抓好如下具体事项：1.积极配合保卫部门，加强对保安管理与监督工作。认真落实安保人员岗位职责、监控人员岗位职责和防火防盗紧急预案。树立全员安全意识，确保博物馆的安全。2.检查展品情况，对博物馆展厅及库房整体消毒杀虫熏蒸工作，确保了藏品安全。3.定期检查博物馆恒温恒湿机、声控和影像设备。做好恒温恒湿机的维修、监控设备和门禁系统的安装施工工作，杜绝隐患，确保文物存放安全。4.建立库房钥匙保管使用制度，安了门禁卡，入库必须两人以上，使库房钥匙管理使用落实到位。5.为各办公室配备安全电源插座和定时开关器，将日常工作用电安全纳入重点安全防范之中。6.做好节假日的值班和假期每周一次藏品部人员与值班人员配合进行库房安全检查工作。

2017年5月15日，因展厅建筑生虫进而祸及到展品，在展厅撤展喷杀后该馆紧急外送海关进行多次藏品熏蒸消杀工作。共计毛皮、马帮、木质藏品1000多件，打包100多箱，其中包括20件大型异型木质单件藏品。在这过程中，该馆职工团结协作，不辞辛苦，认真清点打包，配合运输单位，甚至工作到凌晨。同时，对库房进行预防性熏蒸消杀工作，保证了藏品安全。

八 文创开发

中央民族大学民族博物馆志愿者中心2018年6月成立了"博物馆志愿者中心文创设计工作室"，并向北京市高校博物馆联盟申请了3万元项目经费，作为文创工作室启动资金，以本年度新开展的"大地回声——中国少数民族乐器文化展"为一期开发资源，设计并生产部分文创产品，包括丝巾、冰箱贴、明信片、马克杯、文化衫、台历等，反响不错。2019年计划和北京市高校博物馆联盟联合主办"北京高校博物馆文创论坛"和优秀案例展示活动。中央民族大学民族博物馆努力为北京市高校博物馆文创搭建交流合作的平台，希望能促进其蓬勃发展。

2018年11月，民政部下面的黑土麦田公益机构，在谷歌看到中央民族大学民族博物馆的线上展览后主动联系。经友好协商，黑土麦田公益机构和中央民族大学民族博物馆合作推出了馆藏苗绣纹样的台历和书签，所得的利润全部将用于民族地区振兴乡村行动的扶贫项目。中央民族大学民族博物馆期待在民族文化创意方面不仅为高校博物馆文创增光添彩，同时也能为民族地区的发展助力。

中国佛教图书文物馆
EXHIBITION HALL OF BUDDIST CLASSICS AND RELIC OF CHINA

通信地址： 北京市西城区法源寺前街7号

邮政编码： 100052

电　话： 010-63554682

传　真： 010-63559884

电子信箱： fjbwg@qq.com

博物馆类型： 社会科学类（民族 宗教）

隶　属： 中国佛教协会

批准建立时间： 中国佛教图书文物馆筹建于1979年，恢复法源寺并作为馆址，1980年正式对外开放。

博物馆备案登记号： 031

建筑性质： 古代建筑（全国重点文物保护单位）

占地面积： 6700平方米

建筑面积： 3500平方米

展览面积： 3000平方米

交　通： 地铁4号线、7号线菜市口站西南出口800米；10路车到牛街礼拜寺，6、109路教子胡同下车。

开放时间： 8:30—16:00

服务设施：

停车场	纪念品商店	餐饮	语音导览	微信导览	无障碍设施	其他
有	无	无	有	无	有	无

概　述

在国家大力提倡发展文博事业对历史文化进行保护传承的政策条件下，中国佛教图书文物馆积极响应，为发挥应有的文物保护与文化传承功能奋力开拓，为发展成为世界级影响的博物馆而努力。2014—2018年是中国佛教图书文物馆工作收获的黄金期，为实现下一步发展的目标奠定了关键性的基础。

一　藏品征集与积累

文博事业发展的核心在于馆藏的内涵与规模，本此原则，五年来中国佛教图书文物馆自筹资金征集了级别高、特色明显的文物，从而使馆藏增加到十二个体系，总计500000件以上。

（一）辽代活字的征集收藏

2014—2018年期间，中国佛教图书文物馆征集辽代时期制作的绿松石、玉石、瓷、铜、木、陶泥等六种材质的活字达170000枚。其中，绿松石活字有104函11648枚，外函和内里置存的活字都是用优质的绿松石制作而成。后经中国地矿大学教授董振信鉴定，确定属于中国原产天然绿松石。青铜活字达130000枚，契丹文有90000枚，汉文、西夏文活字各有近20000枚。其中，契丹铜活字型号差异有四种，做工精良，最小的相当于现在的4号字。除了活字外，还征集到辽代契丹文金属活字印刷本204册，字体型号相当于现在的5号字，经西南交通大学教授契丹文学者唐均释读，认为其内容属于辽代的皇家史书。

上述辽代活字的征集收藏，不但证实了我国"四大发明"的"活字印刷"，而且早于"毕昇发明活字"的传统认识。

（二）古籍文献的征集收藏

征集收藏两汉至西夏木牍61000枚。其中，以两汉至南北朝《荀子》《史记》《汉书》《后汉书》等内容为主；西夏木牍分为汉文和西夏文两种文字，为佛教经典和占卜性内容。

征集收藏唐代写经，以及辽代契丹文史书和汉文世俗文献、佛教经书20000多件。所用材质，有纸、绢、皮、麻等种类。这些辽代文献与佛教经典的发现、征集、收藏，对进一步研究认识辽代的历史文化奠定了深厚基础。

在辽代的纸质经卷中，有长达10米至40米整体不粘结的纸张，集中体现了我国古代造纸术的精湛，对证实我国"四大发明"的"造纸术"工艺水平具有重要意义。

（三）历代绘画的征集收藏

经不完全统计，征集收藏绘画有1100幅，以唐、宋、辽、金、西夏、明时期作品为主。其中，宋、辽、金、西夏有些绘画长达数米至数十米，内容丰富，既有佛教内容的也有世俗生活题材的。所用绘画材料，有纸、绢、皮、麻等种类。

除上述绘画外，征集收藏辽代佛教与世俗题材刺绣10幅，内容有蹴鞠图、佛菩萨图等，从另一个角度反映了辽代的文化艺术。

（四）历代书法的征集收藏

征集收藏具名唐、辽、五代写经有300卷。具名唐朝的有欧阳询、薛稷、怀素、张旭、颜真卿，五代杨凝式等人作品，内容题材以佛教经典为主。长度大都在20米、50米、80米，最长的达到140米。其书法艺术精湛各有特色，其中大量插图风格各异，虽未最终鉴定，但从其艺术价值而论也值得文博机构收藏。

（五）古代香器的征集收藏

征集收藏古代香具计有800件，加上此前所有香具总计有1000件以上，制作时代为两晋、唐、宋、元、明、清，材质有银、铜、陶瓷、玉、玛瑙等。其中，除了与法门寺地宫出土的为同类型外，还有宋代五大名窑等瓷质香具。此外，馆藏还有基本为孤品的清代宫廷成品香，时间跨度和藏量、种类对构建我国香"文明标识体系"提供了系统物证。

（六）古代茶具的征集收藏

征集收藏古代茶具有1000件，加上以前收藏100件，总计有1100件。制作时代唐、宋、元、明、清都有，材质有银、铜、陶瓷、玛瑙等。除了有与法门寺地宫出土的唐代银鎏金茶具为同类外，还有辽、宋、元、明、清各类造型茶具，有不少为茶文化代表作，对展示我国茶"文明标识体系"提供了物证。另外，还收藏明、清瓷罐、挑盒装的茶叶200件。

（七）佛像系列的征集收藏

征集收藏上到东西两晋下迄清代佛造像1000件，另加原来馆藏总计2000件。种类有佛、菩萨、罗汉、金刚护法。材质有金属、陶瓷、木质、泥胎、玉、玛瑙、石质等。这些造像，具有历史跨度大、区域涵盖面广等特征，对构建我国佛教造像"文明标识体系"提供了物证。

（八）棋具系列的征集收藏

征集收藏辽代为主的围棋、象棋、双陆棋，包括棋子、棋罐、棋盘、棋椅等24套，还有辽代对弈图绘画3幅，是一批具有地域时代特色的体育文化物证。

（九）乐器乐谱系列的征集收藏

征集收藏有汉、辽、西夏、元代乐器与乐谱300余件。其中，有汉代琉璃琵琶、古琴；辽代的木质琵琶、古琴，以及三彩埙系列。其中，契丹文三彩埙并配有埙谱十种具有特别重要的文物和音乐史料研究价值。

（十）古钱币系列的征集收藏

征集收藏商周、春秋、战国、秦汉至明清的历代钱币约150000枚，有3500余种，相较于有关博物馆和书籍未收藏著录的有3000余种。其中，尤为珍贵的是南北朝、宋、辽、金、元时期朝廷制造的镇库大钱，还有汉末、六朝至元代的佛教供养钱，体现了佛教与中国钱币史的关系，构建了特有的文化系列见证。

（十一）瓷器系列的征集收藏

征集收藏两晋至清代瓷器10000件，其中不乏代表性作品。其中，陶瓷佛教造像最早有西晋时期的青瓷，五代时期后周柴窑的天青釉，宋代定窑、湖田窑，以及元、明、清瓷造像，构成历代瓷造像文化馆藏体系。

（十二）古塔系列的征集收藏

征集收藏辽、宋、元、明、清不同造型的塔60件，再加上先前征集收藏的南北朝至清代塔56件，累计有历代古塔106件。除不同造型外，材质有金、银、铜、和田玉与地方玉、玛瑙、石质、陶瓷等，构成历代塔文化馆藏体系。

通过不断丰富文物馆藏，使得中国佛教图书文物馆在发挥传承民族文化、保护历史文物方面的功能得到跨越性提升。

二　参加国家可移动文物普查登记

2014年，国家可移动文物普查登记的决定形成后，北京市文物局对中国佛教图书文物馆的有关工作给予了督导和帮助。中国佛教图书文物馆派人参加了"可移动文物普查登记"的有关培训和会议活动。2016年国家文物局政策法规司司长王莉、北京市文物局副局长刘超英，2017年市文物局副局长于平分别莅临调研指导。

中国佛教图书文物馆可移动文物普查登记工作，自2017年6月15日自己组织进行，先对法源寺（馆址）殿堂佛造像、供器开始。7月1日，北京市文物局资金支持并请国家文物信息咨询中心组织实施全面登记。7月7日，北京市文物局局副局长于平与有关人员莅临督导。在此前提下，中国佛教图书文物馆可移动文物普查登记工作于8月25日截止，登记佛造像、供器、瓷器、木器等2667件/套，登记汉代至西夏简牍30566枚、古钱币540种。到原计划截止时间，尚有辽代活字、古籍、绘画、瓷器等450000件文物未能登记。

三　继续馆藏古籍文物规范登记

全国可移动文物普查登记工作结束后，借临时彩钢板房的空间对未能统一登记的馆藏文物规范登记。在古籍专家方广锠以及浙江省文成县安福寺12名僧人的协助下，集中力量首先对旧藏《永乐南藏》《永乐北藏》《嘉兴藏》《乾隆大藏经》进行了整理登记。经过此次整理登记，除了确认《嘉兴藏》为康熙年间大学士明珠组织刊印，为孤本外，还发现有部分经书有严重虫蛀的问题并及时向上级部门汇报。又对843件珍贵古籍、佛造像等文物进行了规范登记。

2017年至2018年，对新征集唐、辽、元、明时期佛教造像，宋、元、明、清瓷器，五代至元代古钱币4000多件文物进行了规范登记。

四　加强业内合作交流

对于馆藏辽代活字的研究鉴定，除与中国印刷博物馆做了互访交流外，还致函北京市文物局提出鉴定申请。

为了馆藏文物的研究鉴定，不断与业内有关人士加以交流，如董振信、励小捷、和夔、刘斌、翁洪武、李春生、尹虎彬、丘小君、方鸣等。

为了弘扬民族传统服饰，中国印刷博物馆与北京服装学院举办了"民族服装文化传承座谈会"，与中国民族文化经济研究会、北京大学文博与科创工程团队联合召开了"宗教文博与当代佛教文化价值和使命学术交流会"。

就馆藏清末民国早期民族实业家，首任山东大学校长、河北工业大学创始人周学熙家族有关文献史料，与河北工业大学合作整理做了三次探讨。

与台湾贤德惜福文教基金会保持长期交流的关系。每年接待由台湾贤德惜福文教基金会组织的大学生参访交流团平均每年二批次，每次人数保持在80人和40人。其间，接待了由台湾南华大学校长林聪明率台湾大学教师团的参访。通过鉴赏馆藏文物，以及就民族文化传承发展的议题进行主题演讲或座谈，台湾观众对大陆民族文化深表赞叹。

五　困难中求发展

中国佛教图书文物馆隶属中国佛教协会，一直处于无独立法人、无经费、无应有空间、无应有的人员配置的状态。在此情况下，为了担负起文博传承文化的实质，在馆领导坚强领导下，开展各项工作。

5年来，之所以能够完成上述各项工作，取决于完全自觉和无私奉献的精神。辽代活字、汉代至西夏简牍、商周至清代古钱币等系列文物，都是通过自筹资金所征集的。至于有关整理登记工作，完全是自聘人员不分昼夜进行完成的。

尽管基础不完善，在开展各项工作的过程中也欠缺应有的支持力量，但文博人的文化自觉和文化自信是强大的支撑力量。

依据2017年9月8日由中宣部、文化部、中央编办、财政部等7部委印发并实施的《关于深入推进公共文化机构法人治理结构改革的实施方案》等政策，中国佛教图书文物馆正在推进法人登记工作。相信，在国家和北京市对文博事业发展政策的保障下，中国佛教图书文物馆最终一定迈进健康发展的轨道。

西藏文化博物馆
MUSEUM OF TIBETAN CULTURE

通信地址： 北京市朝阳区北四环东路131号

邮政编码： 100101

电　　话： 010-64974613

传　　真： 010-64936041

微信公众号： xizangwenhuabwg

博物馆类型： 社会科学类（民族 宗教）

隶　　属： 中国藏学研究中心

批准建立时间： 2019年

博物馆备案登记号： 163

建筑性质： 现代建筑（朝阳区文物保护单位）

建筑面积： 8500平方米

展览面积： 2300平方米

交　　通： 公交406、408、419、479、656、658、660、689、运通110、运通113路至安慧桥东站。地铁5号线惠新西街北口A出口。自驾车由惠新东桥往西进入北四环东路辅路行驶约750米。

开放时间： 除周一外，全年开放。

服务设施：

停车场	纪念品商店	餐饮	语音导览	微信导览	无障碍设施	其他
有	无	无	有	无	有	急救室、第三卫生间、母婴室

概　述

一　管理体制

中国藏学研究中心西藏文化博物馆隶属于中央统战部。作为北京市"十一五"期间重点文化建设工程，2006年，西藏文化博物馆建设申请立项，经国家发改委报国务院批准实施，2007年4月18日正式开工建设，2010年对外开放。展览面积约3200平方米。西藏文化博物馆分为5个职能部门：办公室、研究部、保管部、展演部、保安部，目前有正式编制员工17人，其中高级职称7人，中级职称3人。

西藏文化博物馆是首都唯——家展示西藏历史、文化的专业性综合博物馆，是西藏及其他四省藏区政治、经济、文化和社会生活的展示中心，对外宣传、开展合作的窗口，文化交流和学术研讨、专业培训的场所，抢救、征集、收藏、保护和研究西藏及其他四省藏区政治、经济、文化及非物质文化遗产的基地，藏学研究和信息资料咨询的平台。

西藏文化博物馆始终坚持面向国内外、服务社会公众的方向，结合实际认真落实博物馆工作的方针政策，加强队伍、业务建设，充分发挥"收藏、展示、研究、交流、教育"功能，全面提升博物馆的综合管理水平。

二　藏品保管

馆藏藏族珍贵文物2000余件，包括出土文物、青铜器、绘画、玺印、历史文献、档案、木简、钱币、少数民族工艺等9个门类，其中藏族历史档案、藏传佛教器物、藏族民俗用具为馆藏三大特色。2018年，全面完成库房改造工程，藏品管理条件达标。

三　陈列展览

2013年至2018年，共举办了6个展览，配合展览出版了2本画册。

2013年3月6日，举办"雪域瑰宝——西藏文物联展"。配合展览出版了《雪域瑰宝在北京》展览图录。

2014年3月28日，举办"藏传佛教活佛转世专题展览"。配合展览出版了《活佛转世——2014年藏传佛教活佛转世专题展》展览图录。

2015年5月，举办"东去西来：11—14世纪藏传佛教金铜佛像精品展"；8月，为迎接"西藏自治区成立50周年"，举办"西藏成就展"。

2018年3月，"藏传佛教活佛转世数字馆"上线；12月22日，举办"翰墨光明行书画展"；12月28日，举办"康藏辂征——国民政府代表刘曼卿史迹特展"。

2018年，为深入贯彻北京市《博物馆服务规范》要求，对展厅进行了维修改造，更换楼体标识，重做防水等多项工程。新建了急救室、母婴休息室和第三卫生间，全面提升博物馆的公共服务水平。

四　社会教育

2013年至2018年，西藏文化博物馆共举办19场社教活动。

（一）藏族文化系列讲座

2016年6月，邀请中国藏学研究中心次仁央宗副研究员举办藏族文化系列讲座一——"拉萨文化趣谈"。

2017年4月，邀请首都博物馆黄春和研究员举办藏族文化系列讲座二——"元代佛像艺术"。

2017年5月18日，邀请西藏文化博物馆副馆长熊文彬研究员举办藏族文化系列讲座三——"读藏地文化 品五蕴唐卡"。

2017年6月，邀请西藏大学边巴旺堆研究员举办藏族文化系列讲座四——"藏族绘画五大派别之钦孜派沧桑岁月"。

2018年3月，邀请著名藏学家陈庆英举办藏族文化系列讲座五——"专家解读藏传佛教活佛转世"。

2018年4月19日，邀请丹珠昂奔教授举办藏族文化系列讲座六——"认识藏文化"。

"废奴丰碑——西藏民主改革60周年特展" 开幕场景

2018年5月12日，邀请夏格旺堆副研究员举办藏族文化系列讲座七——"西藏下部阿里芒域孔塘王朝考古"。

（二）"5·18"国际博物馆日活动

2014年举办"天路杯"青藏铁路知识竞赛。

2015年举办"我的青藏梦 我的高原情"摄影作品有奖征集活动。

2016年举办"读藏地文化 品五蕴唐卡"学术讲座。

2017年举办"共享书香 爱心传递"主题图书捐赠活动，为西藏日喀则市桑珠孜区嘉措雄乡中心小学赠送图书2000余册。

2018年举办"闻·悟西藏"主题活动。

（三）其他

2013年5月，为西藏那曲安多县扎曲乡捐助衣物100余件，学习用具5000件；6月，启动志愿者招募、培训上岗工作，并就具体事项作了详细的部署安排。

2016年3月，举办"急救知识普及大讲座""文物保护法""博物馆藏品"等业务讲座。

2018年5月15日，举办"邢肃芝先生遗珍捐赠仪式"；11月9日，举办"让生命远离火灾"为主题的消防知识讲座。

五 学术研究

2014年，成功申请2项国家社科基金项目"清朝政府、达赖和班禅喇嘛及蒙古首领给历辈察罕诺门汗的文告整理、翻译与研究"课题和"11—14世纪汉藏印佛教互动背景中的夏鲁寺艺术遗存研究"课题；8月，申报中国藏学研究课题"西藏元代汉藏文化交流的重要遗珍——夏鲁寺艺术研究"获得通过，并承担中国藏学研究中心重点课题"西藏和四省藏区文化保护和现代化战略研究"之子课题"藏族地区博物馆与文化保护"。

2018年6月7—8日，在京组织召开了"涉藏数字博物馆建设研讨会"；9月，"元代夏鲁寺艺术与汉藏文化交流"课题结项。

北京中华民族博物院
CHINA ETHNIC MUSEUM

通信地址： 北京市朝阳区民族园路1号

邮政编码： 100029

电　　话： 010-62063618（办公室）　010-62063646　010-62063647（社教部）

传　　真： 010-62063650

电子信箱： office@emuseum.org.cn

网　　址： http://www.emuseum.org.cn

博物馆微博： 中华民族博物院官网

博物院微信： 中华民族博物院

博物馆类型： 社会科学类（民族 宗教）

隶　　属： 北京市民政局社团办

博物馆备案登记号： 073

建筑性质： 现代建筑

占地面积： 2.82万平方米

建筑面积： 3.8万平方米

展厅面积： 3.6万平方米

交　　通： 乘607路民族园路站下车即到；乘21、620、653路北土城西路东口站下车向北；乘386、658、740路北辰桥西站下车向南；乘地铁10号线，北土城站F口出即到；地铁8号线，奥体中心站D口出向南。

开放时间： 旺季8:30—18:00　淡季8：50—17:30

服务设施：

停车场	纪念品商店	餐饮	语音导览	微信导览	无障碍设施	其他
有	有	有	有	无	有	无

概　述

　　中华民族博物院（中华民族园）是一座复原、收藏、陈列和研究中国56个民族文化、文物、社会生活的大型人类学博物馆。其宗旨是：展现民族建筑，保护民族文物，传播民族知识，研究民族遗产，弘扬民族文化，促进民族团结。

　　中华民族博物院占地28.2公顷，是北京市爱国主义教育基地，中小学生民族团结教育基地。院内活动以博物馆与园林景观相结合，以静态陈列与动态表演相结合，通过各种专题展览、节庆活动，从环境、建筑、歌舞、农耕、餐饮、传统手工艺等方面，记录历史，展现今天，再现中国各民族风情、传统和文化。

　　中华民族博物院行政归属单位为北京市民政局社团办，属自收自支、独立核算、自负盈亏的民办事业单位。内设行政、人事、财务、活动、文物、环境、信息、社教、经营、物业、安保、工程等12个部门。

一　藏品保管

　　中华民族博物院现有馆藏文物9.1万件。2013—2018年新征集藏品5771件/套。新征集的藏品主要分为：少数民族纺织品，藏族宗教、生活用品，传统烟具，古代兵器，文房四宝，古代陶器，近现代手工小工具等。

　　2015年，开展针对中华民族博物院藏品的影像数据采集工作，购买相关的摄影及辅助器材，进行对藏品的360度全方位拍摄、资料图片拍摄等。

二 陈列展览

中华民族博物院的主体是中国56个民族的56座博物馆，陈列展览分为原状陈列和专题展览两个部分。原状陈列包括中国56个民族的传统建筑及其室内外的生产、生活用品原状陈列。所有民族建筑均按1:1比例，由少数民族工匠使用当地原材料，按照该民族建筑工艺和传统习俗建造。其中撒拉族篱笆楼（清代晚期）、撒拉族宣礼楼（清代晚期），畲族廊桥（始建于1696年）、畲族古民居（始建于1716年），土族水磨坊（始建于清代同治年间），是把当地准备拆除的古建筑保护下来，拆运到中华民族博物院原旧复旧落建而成。2013—2018年，中华民族博物院先后把朝鲜族、傣族、苗族、高山族、羌族、毛南族、侗族、藏族、布依族、彝族、佤族、珞巴族、哈尼族、门巴族、白族、维吾尔族、达斡尔族、塔塔尔族、纳西族摩梭人家、撒拉族、畲族、鄂伦春族、土族、德昂族、普米族、京族等26个少数民族分馆的建筑进行了全面维修。

2013—2018年，中华民族博物院主办的陈列展览有"傣寺佛教文化原状陈列""飞翔的精灵——王进鸟类摄影展""中国民间传统灯具展""近代传统手工业小工具展""水族文化遗产展""鄂温克族民居原状陈列""俄罗斯族民居原状陈列"等。

承办的展览有"陈广源大阿訇手书，穆斯林王凤桐石匠手刻《古兰经》石经展""贵州水城农民画展""国家级羌族文化生态保护试验区（阿坝）建设成果展""中华民族一家亲 同心共筑中国梦，北京市学校民族团结教育成果展"等。

参加的外展有：2016年12月17日—12月26日，在泰国曼谷举办的"文化遗产与当代现象"中泰文化交流展；2017年2月18日—2月25日，在泰国曼谷举办的"相约丝绸之路——草原丝路印象展"；2017年10月22日—10月25日，在韩国首尔举办的"首尔·中国日"活动中和在光州举行的"中华·民族色彩"主题展览。

首都博物馆在2016年12月15日—2017年3月15日举办的"牦牛走进北京——高原牦牛文化展"借展中华民族博物院展品两件，分别是：牦牛皮包1件，牦牛细绳编织碗套1件。

三 社会教育

中华民族博物院发挥爱国主义、民族团结教育基地作用，主要针对中小学生课外讲堂，开展系列教育活动。派遣少数民族讲解员到学校、街道、社区讲解民族文化知识，传播民族文化。

2013—2014年，中华民族博物院以"走进民族大家庭"为主题，让学生通过参观56个民族建筑、陈列展览、园林景观，观看民族服装服饰、原生态歌舞、非物质文化遗产展演，参与民族手工艺制作、民族集体舞、传统体育游戏等，多方位了解民族文化。具体项目包含6大系列活动，第一系列：与民族同胞共升一面国旗；第二系列：体验一次民族成年礼；第三系列：学一项民族基础技能；第四系列：参与一项民族集体活动；第五系列：了解一个民族的传统文化；第六系列：参观一个综合展览。学校可以根据不同教育程度、不同年龄层段的学生需求，菜单式选择开展某一项或多项活动。

2015年，北京市民族教育学会编纂出版了《走进中华民族园教育实践指导手册》，该手册刊录了北京市二十几所中小学校教师在中华民族博物院开展的课程案例。全册分为活动设计篇、课程设计篇、经验分享篇三部分。呈现出教师对中华民族博物院考察后，进行资源转化设计的成果，使中华民族博物院的教育实践特色得到系统的运用。

2016年，中华民族博物院成为北京市30家"中小学校外实践活动课程"资源单位之一，根据学校、学生需求，完善软件和硬件设施。开展系列民族团结、民族文化体验活动。重点推出民族体育竞技项目，在有演出活动的民族村寨分别安排：打花棍、板鞋竞走、跳竹竿、大象拔河、板羽球、踢毽子、"运土豆"、推铁环、高脚马、呼啦圈、推杆、抖空竹等供学生参与。

中华民族博物院节庆活动：学跳民族集体舞

2017年，中华民族博物院应北京市中小学生社会大课堂需求，编纂出版了《走进中华民族大家庭学习绘本》，供学生在院内开展社会实践课程参考。设立小小流动图书馆，购买了一批学生阅读课外书，装进方便移动的小书箱，根据学生活动需要，灵活在各村寨间搬运。开展民族特色文化体验项目，主要有：学做藏族糌粑、认识傣族乐器、学跳民族集体舞、了解羌族碉楼建筑等。

2018年，中华民族博物院的中小学生课外实践课程，以体验少数民族非物质文化遗产项目为主，开展有：了解白族扎染工艺，学做纳西族东巴文许愿牌，学编土族五彩线手链，体验蒙古族奶茶文化等项目。

四　文创开发

中华民族博物院王平院长，在2013年亲自手绘了一套56个民族娃娃形象。根据这套民族娃娃，设计出版的文创产品有：中国民族扑克牌、民族文化小折页、中国各民族示意图等。

中华民族博物院的旅游纪念品以各少数民族的传统手工艺品为主：土族的刺绣荷包，鄂伦春族的桦树皮工艺品，白族扎染制品，纳西族东巴文字艺术品，藏族的首饰、宗教用品等。

出版物有：《中华民族博物院20周年纪念邮册》《中华民族园建筑素描集》《走进中华民族大家庭——中华民族博物院课程学习绘本》《中国56个民族明信片》（新版）等。

五　文化活动

2013—2018年，中华民族博物院内有青海贵南藏族队、四川阿坝羌族队、云南德宏傣族队、贵州松桃苗族队、青海互助土族队、云南丽江纳西族队、内蒙古赤峰蒙古族队、云南大理白族队、湖南湘西土家族队等9支少数民族队伍开展文化交流演出活动。这些队伍每天在本民族村寨举行固定的原生态歌舞，非物质文化遗产，民族体育游戏，民族集体舞等表演、展示、互动活动。

开展系列民族节庆活动，主要有："踏青赏景"清明节，傣族泼水节，苗族四月八，羌族端午暨瓦尔俄足节，蒙古族马奶节，土族安召纳顿节，白族"金秋乐"庆丰收暨中秋节，藏族雪域高原风情节，羌历年等。举办民族特色专题演出活动，主要有："少数民族服装服饰展演""少数民族鼓文化展演""少数民族红歌会""少数民族非物质文化遗产展演"等。

北京房山云居寺石经博物馆
THE YUNJU TEMPLE MUSEUM OF STONE-CARVED SCRIPTURES

通信地址：北京市房山区大石窝镇水头村南

邮政编码：102407

电　　话：010-61389604（办公室）　010-61389612（旅游接待科）

传　　真：010-61389604

电子信箱：info@yunjusi.com

网　　址：www.yunjusi.com

微信公众号：房山云居寺

博物馆类型：社会科学类（民族 宗教）

隶　　属：房山区政府

批准建立时间：1988年6月

博物馆备案登记号：046

建筑性质：古代建筑（全国重点文物保护单位）、仿古现代建筑

占地面积：7.7万平方米

建筑面积：10228.2平方米

展览面积：5630平方米

交　　通：天桥或六里桥乘836路到房山阎村站换乘12或31路公交车直达云居寺。

自驾：1.走京港澳高速至琉璃河出口下，经韩村河、长沟即到云居寺。

2.走京昆高速。至云居寺路出口下，向西行4千米即到云居寺。

开放时间：9:00—16:00（全年开放）

服务设施：

停车场	纪念品商店	餐饮	语音导览	微信导览	无障碍设施	其他
有	有	无	无	有	有	无

概　述

　　云居寺石经博物馆位于北京西南房山区境内，距市中心70千米。寺院占地面积7万多平方米。1961年3月4日，房山云居寺塔及石经被国务院首批公布为全国重点文物保护单位。1988年，云居寺由文物保管所扩编为云居寺文物管理处。1992年，作为世界上保存石刻经版最多的寺庙入选"北京旅游世界之最"。1995年12月，正式注册登记为"云居寺石经陈列馆"。1999年5月，由北京市政府批准正式恢复为宗教活动场所。1997年被市政府命名为爱国主义教育基地。2001年成为国家AAAA级旅游景区。2004年被北京市人民政府批准为市级风景名胜区。2009年6月4日，经北京市文物局批准将"云居寺石经陈列馆"更名为"云居寺石经博物馆"。为发挥好各方面的职能作用，云居寺石经博物馆根据工作实际需要内设机构为：党政办公室、文物保护科、旅游接待科、安全保卫科、综合管理科、外联发展科、石经山管理科。

　　2013—2018年，云居寺石经博物馆在上级部门的高度重视和正确领导下，在相关部门的大力支持下，坚持稳中求进，开拓创新，扎实有效地开展各项工作，实现了队伍团结稳定，各项工作稳步推进和安全无事故的目标。

一　扎实文物保护

　　云居寺是佛教经籍荟萃之地，寺内现存7座唐塔、5座辽塔，珍藏的石经、纸经、木经板号称"三绝"。其中，尤以1122部、3572卷、14278块石刻佛教大藏经著称于世，其历史之久远，工程之浩大，刊刻之宏伟，被誉为"国之重宝""石经长城"。在文物保护管理上，云居寺石经博物馆严格依照国家规定的法律法规实施管理。始终把文物保护工作放在工作的首位，严格贯彻落实"保护为主、抢救第一、合理利用、加强管理"的文保方针。

（一）规范藏品管理

一是建立文物保护安全责任制。根据职责分工，以文物保护科为主控科室，分别与相关部门签订《文物保护安全责任书》，将文物安全工作落实到岗，责任到人。二是健全制度，强化管理。各部门按照文物保护的职责分工，分别制定了《文物安全检查制度》《库房管理制度》等，做到文物管理制度化、全员化和规范化。三是专人专库管理，加强对文物的日常监测。库房管理员严格按照《库房管理制度》，每天双人双入库对库存文物进行细致检查，保证库存文物保存有序，查用方便。四是从2013年11月至2015年11月，历时两年时间，完成了全国第一次可移动文物普查信息采集、录入、提交工作。

（二）推进文保项目

严格落实文物保护方针，不断加强"三防"管理，积极推进石经、纸经、木经、古塔及断龙桥加固等重点文物保护项目。

一是云居寺南塔复建工程。为再现云居古刹庄严景象，云居寺南塔复建工程历时5年，在房山区委、区政府的支持下，在上级各部门的指导下，在社会各界人士的关心下，于2014年完成复建。

二是石经山危岩体加固工程。为避免石经山藏经洞区发生山体落石给上山参观观众造成不安全隐患，云居寺石经博物馆自2013年底实施石经山危岩体加固工程，工程完成后于2016年对外试开放。

三是石经地宫监测项目。2017年完成石经地宫监测项目，监测项目为辽金石经的环境监测和保护研究工作提供了翔实数据。

四是房山石经保护取得阶段性成果。2017年，房山云居寺塔及石经、古道、遗址、部分藏经洞及石经保护工程立项得到北京市文物局和国家文物局批复后，石经山考古调查、地勘监测和石经山洞区环境监测三个项目现已完成招标采购手续。

五是云居寺纸经、木经保护得到中央财政文物保护资金支持。云居寺明代纸经、清代龙藏木经保护自2016年启动，前期完成了病害调查、采集检测分析等工作。2018年《房山云居寺文物管理处藏〈清龙藏〉木质经板文物保护修复方案》《房山云居寺文物管理处藏明代纸质经书保护修复方案》得到北京市文物局批复，并争取到中央财政1900余万元的资金支持。

六是云居寺断龙桥抢险加固工程。2018年云居寺断龙桥抢险加固工程经过评审和招标采购等手续，加固工程正式启动。

二　搞活陈列展览

在保护好文物的基础上，加强文物的展示和利用，把这些承载着文明信息、优秀文化的珍贵文物遗存展示给广大观众是文物保护工作者的重要使命。云居寺石经博物馆始终坚持以人为本，按照贴近实际、贴近生活、贴近群众的要求，研究不同层次观众的文化需要，开发和提升博物馆的文化产品，努力打造雅俗共赏、公众喜爱的文化品牌。特别重视抓好陈列展览工作，将抽象的知识及理论实物化、具体化，让更多的观众愿意走进博物馆接受文化教育与艺术熏陶。结合自身的文化特色找准切入点，用科学发展观来统领和指导工作实践，积极创新，拉近博物馆与观众的距离，充分发挥教育和文化引导作用，大力开展和谐文化建设，把中华民族优秀传统文化发扬光大。

为加强文明交流互鉴，推动世界文明多样化发展，2015年7月，以"房山石经 世界传播"为主题的房山石经文化国际交流签约仪式拉开了让世界认识云居寺，了解房山石经的序幕。随后，云居寺石经文化使者分别向美国纽约联合国总部、中国台湾2015国际供佛斋僧大会、意大利米兰世博会、法国巴黎联合国教科文组织等地赠送全套《房山石经影印本》，共跨越8个国家和地区，活动受众人数5万余人。2017年，在缅甸仰光舍利寺和缅甸曼德勒绿宝佛寺推出"中华文化奇迹——北京房山云居寺历史文化展"，此次展览使房山石经文化时隔30年再次走出国门，走向世界。

为了让收藏在博物馆里的文物、陈列在广阔大地上的遗产、书写在古籍里的文字活起来，随着云居寺文物旅游事业的发展，以及知名度和美誉度的不断提升，为了满足大众看石经、赏国宝、祈福迎祥的文化需求，更好地弘扬云居寺悠久的历史文化，近年来，房山区委、区政府高度重视文物保护和文化产业发展，云居寺石经博物馆不断加大文化的传承和交流力度，加强馆际间展览交流，2013—2018年，云居寺石经博物馆相继到北京大学、上海复旦大学、厦门大学、浙江大学、云南大学、普洱市博物馆、福建昙石山遗址博物馆、大理古城文化创意园、上海华夏石刻艺术发展研究院、河北响堂山等地，举办"中华文化奇迹——北京房山云居寺历史文化展""敬畏千年　房山石经——北京房山云居寺历史文化展"等外展19个。参观人数累计约40万人次，深受各地观众的好评。云居寺石经博物馆还推出了千年刻经史展、房山石经科普知识展、"敬畏千年 房山石经"等14个内展。2018年，为深入发掘云居寺在西山永定河文化带建设中的独特地位，展示云居寺改革开放40周年的沧桑巨变，举办了"敬畏千年 守正创新——纪念改革开放四十周年云居寺成果展"，丰富了观众的参观内容。

为高效传承房山石经文化，云居寺石经博物馆注重将科技融入到文物保护和文化建设中来，与北京市计算中心合作，对石经山雷音洞珍藏的146块石经、4根千佛柱进行三维数据采集及处理，开发完成了雷音洞虚拟漫游交互系统，VR技术已在外展中多次予以应用，观众在VR互动区，戴上VR眼镜可以"穿越"到云居寺石经山上的雷音洞内，146块隋唐石经、4根精美的千佛柱都能尽收眼底，实现了远距离的虚拟漫游。另外，云居寺石经博物馆还引进了AR技术，即增强现实。观众可以在AR互动区，通过手机、平板电脑等电子设备观看云居寺千年刻经史动画片。高科技与历史文化的完美结合，不仅有利于文物保护与研究，还为展览增加了更多的知识性和趣味性。

三　创新社会教育

云居寺石经博物馆作为北京市爱国主义教育基地，积极发挥爱国主义教育基地作用，开展了以"沿袭优秀传统文化，弘扬房山石经精神"为核心的一系列爱国主义教育活动，运用多种形式开展爱国主义教育和孝德教育。一是以房山石经、纸经、木经为核心不断充实馆藏和展陈内容。二是推出适合青少年的"学刻字、学印刷"等科普参与项目。三是推出《弟子规》《二十四孝》等以传统启蒙教材为主题的专题展览，以图文并茂的壁画形式向青少年彰显中华民族优秀传统文化。四是积极探索校外教育与科普教育工作机制，使云居寺成为青少年获取知识、寓教于乐、健康成长的重要文化阵地。成立宣讲团到昊天、创唯、窦店、石窝中学、街道社区、周边驻军等处进行宣讲，发放宣传资料，受众人数约4万人次。深挖云居寺馆藏和文化资源，积极推广社会大课堂和科普活动，先后有近万余人参与了学印刷、学拓印等活动。尤其是在与昊天学校共建工作中，云居寺石经博物馆与校方多次合作，运用师生喜闻乐见的方式，将"云居文化""房山石经精神"结合历史知识和孝德故事引进校园，形成课堂教学、校园文化和社会实践多位一体的育人平台。该校已将云居寺历史文化知识写入七年级课程。丰富的互动活动和多彩的科普课程，得到了师生们的一致好评。通过形式多样的宣讲活动，加深了社会大众对云居寺石经博物馆的了解和认知。

四　深化学术研究

2012年，房山区政府成立了房山石经与云居寺文化研究中心后，研究中心始终坚持开放研究的思想，博采众长，鼓励学术交流。发表了《房山石经〈佛说造立形象福报经〉咸亨二年题记反映的几个问题》等文章，先后开展了石经山考古发掘、石经山曝经台抢救性考古发掘等工作，召开了《妙法莲华经》、清朝时期云居寺等研究成果发布会，《心经》刊刻研究成果发布会等。尤其是2016年在纪念房山石经与云居寺创建1400周年暨中国佛教协会发掘拓印房山石经60周年国际学术讨论会中，来自国内外近80位专家学者更是从佛教建筑、房山石经与医学、房山石经与云居寺历史、佛经版本、房山石经与辽代幽州城、书法艺术等六个领域阐述了对房山石经的研究。此次讨论会召开后，将吸引更多的专家学者参与到房山石经研究中来，用世界智慧丰富石经文化宝库。

近年来，云居寺石经博物馆不断加大研究力度，相继编辑出版了《云居寺老照片》《房山云居寺游记集》《北京志·云居寺志》《石经研究》等书籍。以上研究成果，极大地扩大了房山石经的知名度和影响力，进一步彰显了房山石经的珍贵价值。

五　加强安全保卫

云居寺石经博物馆严格依照行业的法律法规实施管理，做到依法保护。明确保护什么、依据什么保护、如何保护、如何利用等问题，做到思路清晰，制度健全，措施有力。不断加大人防、物防和技防力度，加强消防安全管理，建立完善的文物安全体系，制定周密的安全防范应急预案，排查各种安全隐患，做到早发现、早预警、早控制，确保文物万无一失。形成了层层抓管理、层层抓落实的齐抓共管格局，实现了无文物丢失、毁坏的目标。

人防上，责成一名副主任主抓安全工作，层层落实安全责任制。逢会必讲安全、

云居寺全貌

查隐患、重整改、常检查，狠抓安全工作不放松。日常实行日检、周检、月检制度，保持检查记录。特殊时段及重大节日加大检查力度和次数。白天各部门加强文物和安全巡查，夜间强化安保人员管理，以夜间安全抽查和消防、防盗演习等方式加大对保安的监管，提高人员的安全防范意识。

物防上，为库房珍贵文物购置了密码柜。2013年年初开始雇用保安人员进行夜间巡视检查，为实现对保安员的监督，沿巡逻路线安装了巡更点位，要求保安员按点位进行巡视，在重要部位安排专人死看死守，从而保证了夜间安全。

技防上，2013年，由房山区文化委员会牵头实施了2012年"7·21"特大自然灾害后技防抢险工程，为重点防控部位增加监控摄像点位，使各殿及展馆、办公区及重点部位监控实现了全覆盖。2015年，技防改造工程进入收尾阶段，重点完成了石经山区域视频监控、应急广播的安装，并与寺内进行联网，同时为文物库房、重要展馆、财务室等处安装门禁系统。

六　完善馆舍建设

（一）美化环境

为使云居寺的卫生更加整洁，环境更加优美。云居寺石经博物馆聘请专业绿化养护队对绿篱草地、树木等进行养护。2016年，完成琬公塔、办公区周围等地环境升级改造，整治绿化面积1000平方米，清运渣土200余立方米，砌筑矮墙、花色鹅卵石甬路120米，栽种草坪80平方米，牡丹380棵，芍药100棵，腊梅、海棠、榆叶梅110株，沙地柏400棵，玉簪5500盆。2018年，完成西域花宫小院内整体规划，移除绿地内杂树、小叶黄杨，补栽樱花树，打造成樱花园。

（二）基础设施建设

2014年，对水泵房西侧大墙及三公塔西侧砍墙、石经山等处墙体维修加固。2015年，由古建公司对石经地宫两侧台阶进行了改造。2016年完成南门值班室、款龙桥东侧临时停车场的改造。为使石经地宫的设备长效运转，安装了太阳能发电装置。2017年为提升4A景区标识，结合云居寺特色，对154块防腐木标识牌、135块金属材料标识牌进行了更新，对云居寺度母殿南侧厕所、石经山施茶亭东厕所及接待站停车场厕所进行了改建。

七　丰富文化活动

云居寺石经博物馆不断创新工作思路，策划多彩的文化活动。2016年，恰逢房山石经刊刻与云居寺创建1400周年，中国佛教协会发掘拓印房山石经60周年，更是雷音洞佛舍利出土35周年。北京市文物局，房山区委、区政府和云居寺石经博物馆共同举办纪念房山石经刊刻与云居寺创建1400周年系列活动。隆重推出房山石经云居寺珍贵文物展、大型佛教艺术音乐会、云居寺首届晒经节、石经山整体考古调查暨大遗址保护规划启动仪式、中国佛教协会发掘拓印房山石经60周年国际学术讨论会、"书佛画禅、抄写石经"大型笔会共六项文化系列活动，大大提升了云居寺的文化影响力，进一步发挥了北京历史文化遗产的引领作用。同时，在弘扬中华民族优秀传统文化的基础上，进一步向中国乃至全世界，再次展示了房山云居寺在世界佛教文化发展历史中的重要地位，弘扬了"坚韧不拔、锲而不舍、一丝不苟、默默奉献"的房山石经精神。2017年，为深入贯彻落实党的十九大精神，坚定文化自信，深挖云居文化，推动云居寺文化的传承和发展，举办了"共筑中国梦　盛世云居缘"云居寺第四届佛教音乐会。2018年，为充分挖掘西山永定河文化内涵，成功举办了云居寺首届樱花朴摄影大赛、第二届晒经节、大型书画笔会、第五届佛教音乐会等义化活动。

为弘扬中华民族优秀传统文化，在传统节日，云居寺石经博物馆还组织开展了春节系列游园、腊八舍粥、端午节舍粽子、品特色地方小吃等活动。结合云居寺深厚的文化底蕴和寺院特点，开展了浴佛法会、水陆法会等宗教文化活动。

以上是云居寺石经博物馆六年来完成的重点工作，云居寺石经博物馆将牢牢把握在西山永定河文化带建设中的独特地位，高度重视文物保护、研究与利用，加强馆藏文物开发与资源价值的挖掘，使文物保护与旅游产业发展相结合，为北京建设全国文化中心贡献力量。

北京服装学院民族服饰博物馆

ETHNIC COSTUME MUSEUM OF BIFT（BEIJING INSTITUTE OF FASHION TECHNOLOGY）

通信地址： 北京市朝阳区樱花东路甲2号（北京服装学院综合楼5号楼A座3层）

邮政编码： 100029

电　　话： 010-64288067

网　　址： http://www.biftmuseum.com

电子信箱： bwg@bift.edu.cn

微信公众号： biftbwg

博物馆类型： 社会科学类（民族 宗教）

隶　　属： 北京服装学院

批准建立时间： 2000年10月31日

博物馆备案登记号： 111

建筑性质： 现代建筑

建筑面积： 2500平方米

展览面积： 2000平方米

交　　通： 公交119、361、379、419、479、596、62、674、684、984路到中日医院站下车步行至北京服装学院。

地铁10号线或13号线芍药居站下车，步行至北京服装学院。

开放时间：（注：闭馆前30分钟停止入馆，国家法定节假日、寒暑假闭馆）

每周二8：30—11：30　13：30—16：30

每周四8：30—11：30　13：30—16：30

每周六13：30—16：30

服务设施：

停车场	纪念品商店	餐饮	语音导览	微信导览	无障碍设施	其他
有	有	有	无	无	无	轮椅服务

概　述

北京服装学院民族服饰博物馆于1988年开始筹办，2000年经北京市文物局批准正式成立，是中国第一家服饰类专业博物馆，是集收藏、展示、科研、教学为一体的文化研究机构。建馆宗旨是服务社会，为教学、科研提供专业化资源，成为民族服饰文化的基因库。向世界传达中国服饰文化的丰富和厚重，成为中国服饰文化交流、研究的良好平台。

民族服饰博物馆现有展厅面积2000平方米，设有少数民族服饰厅、汉族服饰厅、苗族服饰厅、金工首饰厅、织锦刺绣蜡染厅、奥运服饰厅、图片厅等七个展厅，还有供教学及学术交流活动使用的多功能厅，可以与观众实现互动的中国民族传统服饰工艺传习馆，以及供科研教学实践的纺织品文物保护修复研究室，民族服饰博物馆收藏有中国各民族的服装、饰品、织物、蜡染片、刺绣品等一万余件。还收藏有近千幅20世纪二三十年代拍摄的极为珍贵的彝族、戎族、羌族等民族生活服饰图片。

民族服饰博物馆积极开展民族服饰文化与现代设计教学和科研等活动。从服饰文化研究、服饰设计研究、服饰技艺传习等方面，探索博物馆研究与教学实践、设计实践相结合的新思路、新途径，设有民族服饰文化方向硕士点，也是学院博士项目的科研、实践基地。

民族服饰博物馆已被正式授予"北京市爱国主义教育基地""北京市科普教育基地""北京市青少年外事交流基地"的称号，同时也是"北京市中小学生社会大课堂资源单位""北京校外教育协会会员单位""北京博物馆学会会员单位""北京市首批免费开放博物馆""首都民族团结进步先进单位"，为传承、创新、弘扬中国传统文化发挥重要的作用。

一　参观接待

自2008年起，北京服装学院民族服饰博物馆响应市委、市政府的号召，按照北京市文物局的统一部署，成为北京市首批33家对社会免费开放的博物馆之一。近年来，参观及来馆上课的青少年人数逐年递增，迎来中小学生参观高峰，平均每年接待中小学生观众占总参观人数的70%，参观提供免费讲解服务，让中国传统服饰文化以直观的方式走进青少年教育。在扩大志愿者队伍的同时，建立完善了志愿者管理制度，定期为志愿者们提供专业培训及其他参观学习的机会，提升业务素质，提高服务水平。

二　学术特色

在科研方面，民族服饰博物馆采取多学科相互交叉、渗透、启发的研究模式，基于藏品实物测量，结合田野考察、实验考古等方式进行实证研究，以传统服饰的材料、形制、结构、图案、色彩、工艺、文献研究为切入点，开展学术探讨和研究。民族服饰博物馆建有文物保护修复研究室，近年来修复保护工作主要围绕教学科研需要展开，配合民族服饰文化、面料织造、织染技法、设计创新等多科教学研究需要，为其提供翔实可靠的信息参数和实践平台。与中国社会科学院考古研究所合作，对江西宁靖王夫人吴氏墓出土妆金盘凤纹鞠衣、团翟纹缎地妆金凤纹云肩袖襕上衣进行复制实践。随着文物保护利用和传承发展教研工作的展开，已逐步建成符合民族文化、教育发展需要，多层次、多方位的人才培养体系。

在教学方面，民族服饰博物馆同时承担北京服装学院本科、硕士与博士的教学任务。特别是承担"中国少数民族艺术"与"纺织品文物保护与修复"专业硕士生，"中国传统服饰文化的抢救传承与设计创新"专业博士生教学任务，结合民族服饰博物馆藏品实物信息采集、田野考察，以及与各大文博单位与研究机构合作进行古代出土文物保护、修复与研究。通过对传统服饰近距离的接触和服饰复制，在传统手工艺的实践中，让学生了解先人的设计思想和加工技艺，在传承中感悟民族服饰并寻求创新之道。

三　展览论坛

民族服饰博物馆的展示分为常设展览、临时展览和线上展览三种形式。除了基础陈列的七个主题展厅，还基于丰富的馆藏藏品，结合田野考察的研究成果，围绕热点

基本陈列——织锦刺绣蜡染厅

主题，每年还策划举办一些大型专题临展。专题展览涵盖民族服饰横向、纵向及国际视野下的服饰比较研究。田野考察则以文献、实物研究呈现原生态服饰和技艺；通过展示古龟兹石窟艺术壁画的服饰艺术，使观众了解服饰的演变；虚拟现实技术对"一带一路"沿线文物进行互动体验，使观众了解了悠久的历史；彝族、戎族、羌族三个民族的馆藏老照片展出，对当时的少数民族的日常生活、宗教、服饰、物产及地理环境进行研究展示，具有极高的人类学价值。展览同期开展相关主题论坛与讲座，让师生与公众领略中国各民族服饰独特的传统与风格，感受中国传统服饰文化中所蕴涵的情感与智慧，鼓舞基于传统服饰文化的现代创新设计。

民族服饰博物馆与谷歌文化学院达成了"中国民俗艺术合作伙伴"，博物馆的经典藏品在谷歌文化学院线上博物馆展出。线上展览同时推出了博物馆展厅的三百六十度三维全景空间展示，全球用户可以在线浏览展览现场空间与欣赏经典展品。

另外，民族服饰博物馆微信公众号每周定期对外推送民族服饰文化相关原创文章，得到民族服饰文化专业人士与爱好者的广泛关注与认可，为推广传统服饰文化，促进少数民族文化教育事业发展做出了积极的贡献。

四 网站简介

北京服装学院民族服饰博物馆长期以来对各民族服饰进行系统性收集、整理与研究。2014年，博物馆素材库的建设得到了政府的财政支持，于2015年10月正式对外发布。以设计、应用为导向建构的民族服饰素材库网站具体内容分为博物馆常规信息与民族服饰馆藏精品两大部分。

素材库网站对馆藏民族服饰按民族进行分类，从服饰的民族、地区、造型、结构、纹样、材质、工艺、色彩等方面进行信息分类与展示。藏品展示尽量还原高清的实物效果，同时每件衣服的材质、工艺都会通过关键词链接到相关的材质工艺板块，这样通过一件藏品就能迅速检索所有类似材质或工艺的其他藏品，给专业研究和设计借鉴带来更多的方便。藏品展示除常规的正面和背面图、典型细节和局部图外，增加显微镜采集的局部放大图，展示织物微观组织结构；增加服饰结构图以及服饰着装照片；基于田野考察，增加服饰的穿着过程和制作工艺的影像视频，以上板块将相关的知识串联起来，形成一个多角度了解藏品的整体设计，为科研和教学提供专业的支持。

数据库网站主旨以数字化方式展示中国丰富多彩的民族传统服饰，内容丰富，版面简洁、易读易用，图片品质高，色彩还原真实，在满足专业人员的基本需求的同时服务于大众的审美需求，向公众传达中国文化的精神与内涵。截至2018年12月，网站点击率浏览总量达2101430次，手机端网站浏览总量达377659次。

五　创新设计

创新设计是民族服饰博物馆向社会解析传递文物价值的重要组成部分，基于传统服饰文化内涵的文创作品是对创新精神加以运用并直观表达的最优途径。民族服饰博物馆结合科研与教学，通过研究传统服饰的结构、纹样、装饰工艺，提炼传统元素，并将传统服饰工艺中独特的设计方法转化运用到创新设计之中，以现代人易于理解的方式传达和表现中国传统技艺中的智慧。创新作品包括：神舟十一号宇航员地面保暖装置设计、北京2008年奥运系列服装设计、以敦煌艺术为主题的服饰设计、广州亚运会颁奖礼仪服装设计、北京中小学校服设计、新中装系列服装作品设计，以及各类基于民族服饰元素的创新设计作品等，具体可参见博物馆素材库网站创新作品栏目。

六　安全保卫、藏品保管

为加强安全保卫工作，民族服饰博物馆制定、修订了《北京服装学院民族服饰博物馆消防安全管理办法》《民族服饰博物馆关于防火安全工作应急预案》等安全相关制度条例，认真贯彻落实"预防为主，防消结合"的工作方针，为博物馆消防安全提供制度保障。加强安全培训、责任到人，定期组织安全知识讲座和安全技能培训，定期更换老旧插座及灭火器材。对馆内老化的制冷设备进行维修及清洗，加强平日、节假日及夜间安全巡视、值班。

日常做好库房管理工作，如防尘、防潮、防光、防污染、消毒、投药等科学保存及库房藏品的整理、归位工作；库房藏品位置账的登记及藏品的出入库登记、入档工作并定期进行实物盘点。按照规定并配合馆内研究、拍照和数据库上传提取藏品，同时做好藏品收购及鉴定等工作。

北京怀柔喇叭沟门满族民俗博物馆
MANCHU FOLK CULTURE MUSEUM

通信地址： 北京市怀柔区喇叭沟门满族乡喇叭沟门村2号

邮政编码： 101414

电　　话： 010-60623435

传　　真： 010-60623435

电子信箱： bangongshi60623103@qq.com

博物馆类型： 社会科学类（民族 宗教）

隶　　属： 喇叭沟门满族乡

建立时间： 2003年6月

博物馆备案登记号： 156

建筑性质： 古代建筑（北京市重点文物保护单位）

占地面积： 2000平方米

建筑面积： 1600平方米

展览面积： 1200平方米

交　　通： 于家园乘坐h11路在汤河口站下车，乘坐h16、h15路在喇叭沟门站下车可到。h16路为定班车，发车时间为12:40；h15路发车时间为5:30—14:30

开放时间： 周二至周日上午

服务设施：

停车场	纪念品商店	餐饮	语音导览	微信导览	无障碍设施	其他
有	无	无	无	无	有	语音讲解

概　述

　　怀柔区喇叭沟门满族民俗博物馆始建于2003年6月，2008年进行扩建，建筑沿袭清代王爷府的风格，占地面积2000平方米，建筑面积1600平方米。馆内陈列共有七个展室，设有葛岩书画作品展室、赵书藏品展室、舒乙艺术展室、爱新觉罗·毓岚藏品展室、书画作品展室、满族名人展室、满族民居展室。收藏了自汉代以来各种藏品1000余件，其中满族民间实物500多件，主要从民间征集而来，另有235件为爱新觉罗·毓岚先生捐赠，几十位著名书画家作品120余幅，更有满族知名人士热心民族文化事业，将自己收藏多年的藏品捐赠于此。它是北京市乡镇中唯一一座正式注册的博物馆。

　　近年来，喇叭沟门满族民俗博物馆依托场馆自身资源大力开展宣传教育和满族非遗文化体验、交流等系列活动，多次组织居民、学生、社会团体开展参观活动，做好非物质文化遗产项目——满族家谱、满族剪纸、二魁摔跤、满族大秧歌等实物展示、现场制作与表演，通过非遗项目的历史渊源、文化内涵和艺术价值等展览展示与各民族人民互动体验，促进各民族交往交流交融，增强各族人民之间的文化自信，增进广大群众对民族知识和民族政策的了解，加强各民族之间的融合。

　　2017年汤河川满族民俗风情节在喇叭沟门、长哨营、汤河口三镇乡热闹举办。其间，满族非遗展示、满族体育竞技、满乡传统手工艺制作、满族美食售卖等30余项特色活动，通过3D立体画和图文展板，让游客了解满族的历史文化、民俗风情，倡导大家对中华传统文化的传承与保护。果脯传统制作、满族剪纸、雕漆等怀柔区非遗项目产品展卖，则可让您了解怀柔更丰富的历史传统文化内涵。"满味儿"端午别样情活动期间还开展了满族体育比赛，包括蹴球、旱地龙舟等项目。在端午节期间游客可以免费参观满族民俗博物馆。

2018年汤河川满族民俗风情节主会场设在喇叭沟门满族乡。与以往相比，2018年活动增加了"拍微型电影、展满俗生活"电影拍摄体验活动，在喇叭沟门村，游客可以免费逛满族民俗博物馆，免费参观千总府遗址，通过清水脊、坎墙、索伦杆等满族传统建筑元素，感受当地的风土人情。

满族民居展厅入口

民族文化宫博物馆
MUSEUM OF CULTURAL PALACE OF NATIONALITIES

通信地址： 北京市西城区复兴门内大街49号

邮政编码： 100031

电　　话： 010-83195280

传　　真： 010-83195295

网　　址： http://www.cpon.cn/cls/

电子邮箱： mzgbwg@163.com

博物馆类型： 社会科学类（民族 宗教）

隶　　属： 国家民族事务委员会

批准建立时间： 1959年10月

备案登记文号： 008

建筑性质： 现代建筑

占地面积： 28766.80平方米

建筑面积： 45058.80平方米

展览面积： 3780.00平方米

交　　通： 地铁1号线、4号线，在西单站下车后西行约500米即到，公交52路民族文化宫站、1路西单路口东站。

开放时间： 每周二至周日9:00—17:00

服务设施：

停车场	纪念品商店	餐饮	语音导览	微信导览	无障碍设施	其他
有	无	无	无	无	无	公共卫生间、开水间、商店

概　述

民族文化宫博物馆主体建筑是中华人民共和国成立10周年首都十大建筑之一。1980年、1982年、1985年，民族文化宫博物馆作为团体会员分别首批加入中国自然博物馆协会、中国博物馆学会和北京博物馆学会。1995年12月，民族文化宫博物馆成为北京市首批登记注册的55座博物馆之一。2006年2月，在国家民委、国家文物局和中国博物馆学会的支持下，民族文化宫博物馆与民族地区博物馆共同发起成立了"中国博物馆学会民族博物馆专业委员会"，秘书处设在民族文化宫博物馆。民族文化宫博物馆是中国博物馆协会常务理事单位，北京博物馆学会常务理事单位，全国博物馆文创试点单位。

民族文化宫博物馆以征集、收藏、保护我国少数民族文物，研究弘扬少数民族文化，展示宣传党和国家的民族政策、民族工作成就为己任。2013—2018年，民族文化宫博物馆在文物管理、展览展示、社会教育、学术科研、文创开发等工作方面，取得了丰富成果。

一　管理体制与机构设置

1958年11月21日《国务院关于搜集民族文化宫所需展品和图书的通知》中明确指出，民族文化宫博物馆的任务，"主要是宣传党的民族政策的伟大胜利和十年来民族工作所取得的辉煌成就，反映少数民族在党的领导下，政治、经济和文化各方面的成就，特别是全面大跃进以来的伟大成就，介绍我国少数民族人民勤劳、勇敢和富有智慧的优良传统及其对祖国的历史文化、革命斗争和社会主义建设事业的贡献，为广大人民群众和全国民族工作者及有关部门提供民族问题的研究参考资料，并且通过展品陈列展览和图书，对各族人民进行爱国主义和国际主义的教育，以及巩固祖国统一和加强民族团结、建设社会主义的教育，从而提高各族人民参加建设伟大的社会主义祖国大家庭的积极性"。60年来，民族文化宫博物馆以搜集收藏、保护管理我国少数民族文物，研究弘扬我国少数民族人民勤劳、勇敢和富有智慧的优良传统以及其对祖国的历史文化、革命斗争和社会主义建设事业所做出的贡献，展示宣传党和国家的民族政策和民族工作成就为己任。

民族文化宫是国家民族事务委员会直属事业单位，民族文化宫博物馆是民族文化宫的一个业务单位。民族文化宫博物馆设有综合管理部、陈列研究部、文物保管部、图片资料部、宣传教育部和文创工作组等部门，以及中国博物馆协会民族博物馆专业委员会常设秘书处办公室。综合管理部负责博物馆日常管理和外联工作；陈列研究部负责博物馆以展览策划、陈列、科研等为主的业务工作；文物保管部负责馆藏文物的收藏、保管、修复、利用等业务工作；图片资料部负责博物馆业务相关的图片、声像资料的拍摄、收集和保管等工作；宣教部负责博物馆日常宣传、媒体联络推介、讲解宣教，以及对讲解员、志愿者进行招募培训等工作；文创工作组负责文创产品的设计研发推广。中国博物馆协会民族博物馆专业委员会秘书处办公室负责联络行业内民族博物馆及民族文化工作者，打造民族与民族地区博物馆网络、工作与学术研

2017年民族文化宫博物馆"各族人民心向党——建国初期全国少数民族敬献中央人民政府礼品展"（张丹波摄）

各族人民心向党——建国初期全国少数民族敬献中央人民政府礼品展

讨、信息沟通、人才培训平台,加强全国各民族博物馆及相关民族文化单位之间的合作,开展学术交流活动。

二 藏品保管

建馆近60年来,民族文化宫博物馆收藏民族文物近5万件/套,图片资料6万余幅,图书文献资料2000余册,年均接待国内外观众20万余人。2013—2018年,民族文化宫博物馆的文物与图片资料管理工作取得以下成果。

第一,2013年民族文化宫博物馆完成了馆藏文物及图片资料的回迁入库和归位整理工作。为加强文物保管的现代化升级,博物馆在2013年完成了文物库房的设备升级改造工程,从4月份开始文物回迁工作。至6月底,完成43000余件馆藏文物以及3000余册图片资料的清点核对、运输、点交验收、拆除包装,最终入柜排架,保证了文物安全回迁。博物馆实现了文物管理的现代化升级,使藏品得到有效保护。

第二,文物管理制度不断完善。2014年,修改制定了《民族文化宫馆藏文物管理办法》,进一步规范了馆藏文物管理工作。

第三，全国第一次可移动文物普查工作稳步推进。截至2016年，按照全国可移动文物普查工作要求，完成23000余件/套馆藏文物的信息采集、档案输入和影像录入工作。

第四，藏品鉴定定级工作逐步开展。2018年，完成了《民族文化宫博物馆藏品定级项目》申报，为下一步工作打下基础。

第五，文物修复、征集工作有序开展。六年内完成了88件文物修复工作，复制文物33件，征集文物109件/套。

三 陈列展览

2013年至2018年，民族文化宫博物馆相继推出两个基本陈列。同时，对外合作展览工作也取得了长足进步，不断促进了民族文化事业发展。此外，对外交流工作得以陆续开展，通过民族文化的展览展示使中国各民族文化走出国门，加深了国际社会对中国多民族文化的了解，加强了与国际社会之间的友好关系。

首先，基本陈列工作取得重要突破。2017年，为迎接党的"十九大"胜利召开，由国家民族事务委员会支持，民族文化宫主办，民族文化宫博物馆承办的民族文化宫基本陈列"各族人民心向党——建国初期全国少数民族敬献中央人民政府礼品展"于同年9月21日正式开展。该展览作为民族文化宫的基本陈列，是民族文化宫贯彻落实习总书记"让文物活起来"指示精神的一项重要举措，是民族文化宫履行公共文化服务职能、提高服务社会水平的必然要求，对于弘扬民族文化、推动民族团结进步事业具有重要而深远的意义。2018年，博物馆推出的"文化记忆——中国丝绸之路非物质文化遗产展"正式启蒙。两个基本陈列的推出，是博物馆发展历程中的重要突破，大大提升了博物馆服务公众、发挥社会文化功能的水平。

其次，通过开展民族与民族地区博物馆及各省市博物馆合作，推出以少数民族文化为主题的展览，打造博物馆展览品牌。六年来，先后举办了"傩魂神韵——中国傩戏·傩面具艺术展""中国少数民族头饰文化展""历世达赖、班禅敬献中央政府礼品展""中国少数民族配饰文化展""中国少数民族节日风俗展""中国穆斯林服饰文化展""中国少数民族乐器展""民族文化宫博物馆馆藏唐卡展""中国少数民族服饰珍品展""中国少数民族织染绣文化展"等10余个专题展览。其中与贵州民族文化宫、国家大剧院共同打造的"傩魂神韵——中国傩戏·傩面具艺术展"获得第十一届（2013年度）全国博物馆十大陈列展览精品评选优胜奖。

再次，通过在港澳台地区办展，加强国内民族团结，促进国家统一。如博物馆在2016年赴台举办"紫禁佛光——明清宫廷佛教艺术展"。

最后，通过在国外办展，加强对外交流，促进了中国民族文化在世界范围内的传播，以及国际社会对中国文化的了解。如博物馆于2013年在意大利、哥伦比亚分别推出的"两宫西藏文物珍品展""霓裳之汇——中国少数民族服饰文化展"等展览。

四　社会教育

六年来，博物馆的社会教育工作实现了较大发展，以社会教育与博物馆文化宣传相结合的方式，优化了博物馆品牌，提升了宣传教育效果。

首先，博物馆利用每年各种节日，推出主题活动，目前这些活动已经发展得较为成熟。在每年"5·18"国际博物馆日推出"馆长有约"活动，在活动中，馆长及受邀专家与观众互动；在自然和文化遗产日推出"文化沙龙"活动；在主要的少数民族节日当天推出"少数民族节日庆典活动"。此外，博物馆还常设有"民族文化小课堂"，进一步丰富社会教育活动的形式。

其次，培养专职、兼职讲解员队伍，更好地为公众服务。从2018年开始，博物馆开始面向社会招聘志愿者，充实博物馆讲解队伍，丰富社会教育手段，扩大博物馆讲解队伍的影响力。

最后，从2017年推出基本陈列展览后，博物馆承担了部分国家机关、单位团体的培训教育任务。2018年，中组部边疆民族地区村党支部书记培训班、国家民委民族干部学院组织的培训班、全国少数民族参观团、中国人民银行、首旅酒店集团、中国烹饪协会、北京多家高校等单位团体前来参观，并开展一系列党日活动等学习教育活动或实践教学活动。

五　学术研究

民族文化宫博物馆目前逐步形成了一支职称上高、中、初相结合，年龄上老、中、青相搭配的科研队伍。这支队伍科研素质高，其中博士4人，占比15.4%；硕士8人，占比30.8%；民族成分包括汉、满、蒙古、藏、傣、苗、土家、畲、阿昌、裕固、回、羌等。以本馆科研队伍为基础，加强与外相关部门、科研机构沟通合作，博物馆高度重视立足于馆藏资源的学术研究工作，并积极参与国家各项重大课题研究，近六年来主要取得以下三方面成果。

第一，做好中国博物馆学会民族博物馆专委会的日常工作，通过专委会平台汇聚科研力量，推出有一定影响力的学术刊物，组织主题培训活动、学术会议，加强民族与民族地区博物馆科研队伍的素质建设。作为专委会的主要学术年刊，《中国民族文博》至今已出版到第七辑。与辽宁民族出版社联合推出《中国少数民族文物图典》系列丛书，至今已经出版《内蒙古博物院卷》《闽东畲族博物馆卷》等17卷本。分别于

2018年民族文化宫博物馆举办"文化记忆——中国丝绸之路非物质文化遗产展"（张丹波 摄）

2013年、2015年、2017年组织民族博物馆专业委员会年会暨学术研讨会，于2018年组织"中国民族和民族地区博物馆管理人员2018年高级研修班"。分别于2016年和2018年在第七届和第八届"中国博物馆及相关产品与技术博览会"期间，组织主题为"博物馆与民族地区文化景观高层论坛"和"超级连接的民族博物馆——中国民族与民族地区博物馆馆长高端论坛"的学术研讨会，进一步加强民族和民族地区博物馆之间的交流与合作，促进博物馆理论和实践探索的思考，共同推动民族文博事业的发展。

第二，编纂出版民族文化、民族文物类系列专著，申报文物保护、文物信息化管理等学术研究项目，推动博物馆科研事业与业务进一步发展。5年内完成出版系列专著主要包括：国家民委"走进中国少数民族丛书"《阿昌族》《羌族》与《中国28个人口较少民族文物补充研究》《雪域珍宝——历世达赖、班禅敬献中央政府礼品精粹》《中国非物质文化遗产百科全书·代表性项目卷》《典藏择萃——民族文化宫博物馆馆藏文物研究（第一辑）》等，并参与《中国民族百科全书》撰写工作。此外，六年内申报学术项目主要包括：与大连民族学院合作项目"民族文化遗产保护与数字文博集成研究"，已完成了"民族文化宫博物馆藏品管理系统构架"和"民族文化宫博物馆知识中心平台"两个子项目的基础科研工作；"民族文化遗产保护与数字文博集成研究"已完成项目一期工作；编纂出版《民族文化宫博物馆馆藏中央政府与西藏关系文物资料》；完成国家民委少数民族事业"十三五"规划项目和民族文化宫文化发展项目三年规划的研究申报；完成与天津民族文化宫合作的"调研征集中国少数民族传统乐器"项目的相关工作，对云南、贵州、广西、海南、新疆等少数民族地区进行多次调研征集后，征集瑶、侗、纳西、维吾尔、哈萨克、塔吉克、柯尔克孜、锡伯、蒙古、壮、京等37个少数民族传统乐器175件/套，并对所征集到的乐器进行了整理研究。

第三，利用宣传平台推动本馆人员从事馆藏文物研究，对人员进行业务培训，鼓励参加相关领域学术会议、学术培训，提升工作人员的研究水平。六年来，民族文化宫网站"每周一宝"栏目共发表馆藏文物研究40余篇；派出专业人员参加"民族文物数字化保护学术研讨会""全国少数民族文化遗产保护研讨会""博物馆高层管理人员学术研讨会"等学术会议，积极参与文博领域学术交流活动，强化本馆专业人员的学术研究能力。

六　文创开发

民族文化宫博物馆民族文化创意产品的设计和开发工作进展顺利，目前已推出根据馆藏珍贵文物设计的系列文创产品。另外，依托馆藏文物展览、展交会等手段，不断丰富文创产品品类，满足社会需求，扩大博物馆影响力。

首先，立足馆藏文化资源，应对文化市场需要，以民族文化专题展览为基础的大文创产品，通过每年推出的文化专题展览，取得较好的社会效益和经济效益。目前已推出"苗家花语""如意云纹""向阳锦簇""团结进步"等30余款文创产品。"如意云纹""向阳锦簇"系列文创产品入选由广西壮族自治区文化艺术研究院主编的"创意点亮中国——东盟文化创意产品集锦"。

其次，应邀参加第12届中国（义乌）文化产品交易会——"'中华文博礼'全国文化文物创意产品成果展"，其中"苗家花语系列——床旗"和"如意云纹真丝围巾"两件文创产品获文交会"创新设计奖"。应邀参加第12届和第13届中国北京国际文化创意产业博览会中的"文物及博物馆相关文化创意产品展"，在第13届博览会上获得"最佳展示奖"。2018年，全国少数民族参观团在京观礼期间，"向阳锦簇"系列文创产品被作为纪念品赠予参观团各民族代表。

最后，文创合作项目成果丰富。与"民族文化元素提取技术研发与创新设计平台建设"项目组达成合作意向；召开"中国少数民族服饰数字化标准示范"项目工作会议，与"中央文资办"合作开展"中国少数民族服饰数字化标准示范"项目；与天津商业大学艺术学院建立文创开发合作伙伴关系，联合完成出品"向阳锦簇""库尔班大叔"两个系列文创产品12款；与北京华江文化集团有限公司签订委托合作协议，推出"金伞""札萨克虎勇士""民族文化宫建筑"等文创产品设计方案。此外，派出相关人员赴广西民族博物馆、南宁博物馆、新疆喀什地区、云南宁洱县等地区进行文创产品开发工作考察交流，提升博物馆文创开发水平。

盛锡福博物馆
SHENGXIFU MUSEUM

通信地址： 北京市东城区东四北大街368号

邮政编码： 100010

电　　话： 010-64076488

传　　真： 010-64079375

博物馆类型： 社会科学类（民族 宗教）

隶　　属： 北京东方奥天资产经营有限公司

批准建立时间： 2010年6月

博物馆备案登记号： 162

建筑性质： 现代建筑

建筑面积： 1100平方米

展览面积： 260平方米

交　　通： 地铁5线东四站B出口，往北463米。地铁6号东四站B出口，往北710米。公交106、116、684路钱粮胡同站，东四五条西口北侧。

开放时间： 周一至周五9:00—16:00

服务设施：

停车场	纪念品商店	餐饮	语音导览	微信导览	无障碍设施	其他
无	有	无	无	无	无	无

概　述

　　盛锡福博物馆于2008年6月开始筹建，由北京盛锡福帽业有限责任公司向北京商务局、北京市财政局申请的商业财政专项资金支持，在诸多专家、学者的指导下，深入发掘中华冠帽历史文化和盛锡福百年制帽技艺、企业历史文化，是"物质文化遗产"和"非物质文化遗产"融于一体的公益性帽文化博物馆。于2010年6月8日建成开馆。

　　盛锡福创立于1911年，是我国知名的近代时创办的民族企业，从创业初期至今，从民间"头戴盛锡福"的美誉，到成为国家级非物质文化遗产项目，所经历的创业、传承和发展的历史，以及盛锡福老字号的企业文化，不仅显示了中华民族悠久的冠帽历史文化，乃至传统服饰文明，并将弥足珍贵的中华冠帽文化和精湛的制帽技艺代代相传，不断创新发展。

　　盛锡福博物馆馆舍面积共1100平方米，分为两期筹建，其中第一期展示厅由四部分组成，包括：盛锡福历史、皮帽制作技艺工作室、中华冠帽史、民族冠帽文化。所收藏的冠帽展品时间跨度长、范围广、内容丰富、品种齐全。尤其是始于清末的皮帽制作技艺更是国家级非物质文化遗产，无论是学术性还是艺术性方面都具有极高的价值。

　　盛锡福博物馆的建立是以"追溯中华冠帽历史文明，继承传统冠帽制作技艺，发展冠帽文化"为宗旨，保护文化遗产，弘扬中华民族传统文化，力求全方位高水平地展示冠帽艺术魅力，传承盛锡福皮帽制作技艺，古为今用，在传统与现代之间走出一条新路，再现中国传统帽文化的辉煌，是我们未来努力的方向。

　　由于社会历史变迁，由技师代代传承的皮帽制作技艺，随着老技师相继过世，一些有较高价值的制作工序、制作方法由于没有及时抢救，活态技艺保护成为现在传承的难点，因此，相关文物和传承物只能在盛锡福博物馆中被进行"静态保护"，以弥补活态传承的缺憾，让博物馆担负起保护现有文物和资料的责任。

盛锡福博物馆具有非物质文化遗产博物馆的性质，不仅传承冠帽文化形态，更具有传承活态的皮帽制作技艺的特别功能。收藏、展示、保护盛锡福非物质文化遗产中的"可移动文物"及具有重大价值的"传承物"，应是盛锡福博物馆的一项重要职能。盛锡福博物馆将填补中国冠帽专题博物馆的空白，形成独特的文化品牌和文化资源。

盛锡福博物馆秉承对先人、世人和后人负责的态度，保护好皮帽制作技艺非遗项目的代表性实物证据，并通过展示这些证据提高保护水平和大众认知度。2008年，当盛锡福皮帽制作技艺被列入国家级非物质文化遗产名录时，盛锡福意识到建立博物馆在非遗保护工程中所具有的重要价值。博物馆的藏品主要是通过中国服装服饰学调查征集和社会征集，并对文物进行调查、搜集、挖掘、整理、登记、研究、分类等工作。博物馆还运用文字、录音、录像、多媒体数字化等各种方式，对皮帽制作的传统技艺进行真实、系统的记录，全面研析该技艺的种类、数量、保护现状及存在问题。

盛锡福博物馆就像中国冠帽文化遗产的基因库和数据库，用其特有的方式收藏文物和记录技艺，研究和传承中国传统手工制帽文化。盛锡福博物馆通过对保存下来的实物和文献资料，进行综合研究与分析，引导人们自觉保护遗产，进而有意识地传承和弘扬优秀传统民族文化遗产，在传统的基础上再创新发展。

盛锡福博物馆是展示和弘扬皮帽制作技艺的重要基地。弘扬传播不仅是对保护的促进，也是保护的目的。盛锡福博物馆的重要职责是通过陈列展览，为人们提供学习和欣赏的机会，其目的就是弘扬民族精神和传统文化。盛锡福帽文化需要继续传播和发展，需要政府支持、专家指导和社会参与，借助博物馆的宣传阵地，自觉传承民族优秀文化，增强文化创新能力。

盛锡福博物馆试开馆以来，得到了各级领导和专家的肯定，受到了各界朋友的支持和欢迎，已经成为"蓝天工程"的教育基地之一，2011年被商务委推荐为重点对外参观单位。先后多次接待如：考察盛锡福博物馆的全国政协副主席阿不来提·阿不都热西提、团中央统战部和香港青协组织的香港学生访问交流团、北京市文化局局长及非遗处领导参观考察团、东城区第二次老字号联谊会参观团等。博物馆已成为引导社会各界了解中国冠帽历史、近代民族工商业发展的窗口，成为沟通中外学者、促进文化交流的桥梁，成为进行爱国主义教育的课堂。

目前盛锡福博物馆正在开发博物馆的第二期工程，2011年7月开工，至12月修建完成，总建筑面积850平方米，馆中按功能划分为创意营销部、时尚源、创意场、策划泉、技艺坊、创意发布场和功能配套区七大板块。它集盛锡福珍品展示、传统工艺交流、时尚源、技艺坊、策划泉及主题文化、旅游、商务交流等多种功能于一体，是一个以传统艺术与当代文化交融为特色的非遗产业园，培养优秀非遗传承人才的聚集地，孵化创意思想的发源地和时尚文化的传播场，旨在营造"创意服务文化，文化促进经济"的全新理念，把盛锡福博物馆打造成为北京老字号文化产业的一颗璀璨的文化明珠。

雍和宫藏传佛教艺术博物馆

THE TIBETAN BUDDHIST ART MUSEUM OF YONGHEGONG LAMA TEMPLE

通信地址：北京市东城区雍和宫大街12号

邮政编码：100007

电　　话：010-84191919（总机）　010-84015354（办公室）

010-64074951（导游预约、咨询服务）

010-84191906（游客服务中心）　010-84191960（佛事接待办）

010-84191962（开光处）

传　　真：010-84045569

网　　站：www.yonghegong.cn

博物馆类型：社会科学类（民族 宗教）

隶　　属：北京市民族宗教事务委员会

批准建立时间：1995年12月6日

博物馆备案登记号：033

建筑性质：古代建筑（全国重点文物保护单位）

建筑面积：11188.23平方米

展厅面积：658.85平方米

交　　通：地铁2号线、5号线直达；公交13、684、116、117、142、18、44、130、200、75路直达。

开放时间：雍和宫全年对外开放，具体开放时间：

冬季：每年11月1日至3月31日9：00—16：00

夏季：每年4月1日至10月31日9：00—16：30

服务设施：

停车场	纪念品商店	餐饮	语音导览	微信导览	无障碍设施	其他
有	有	无	有	无	无	无

概　述

　　雍和宫藏传佛教艺术博物馆为国有博物馆，是北京雍和宫管理处自收自支事业单位。主要业务部门有办公室、人力资源部、财务部、业务部、保卫部、接待办公室、研究室、文保展宣部、总务部、物业部和旅游服务公司。博物馆宗旨是"保护雍和宫文物及古代建筑，整理、研究、展示民族宗教历史文化"。

　　雍和宫位于京城的东北，东邻古刹柏林寺，西与国子监隔街相望，北邻地坛公园，是北京保存完好的著名藏传佛教寺院。历史上，雍和宫曾是清代雍正、乾隆两代帝王的潜龙邸，建于康熙三十三年（1694年），康熙四十八年（1709年）升为"雍亲王府"，雍正三年（1725年）改为行宫，称"雍和宫"，乾隆九年（1744年）改为藏传佛教寺院。改寺初始，乾隆即颁旨，寺院内设显、密、时轮、医学四大札仓（学校），各札仓的堪布（校长）由西藏各大寺院选派，僧员由内、外蒙古选送。自此，雍和宫成为举行重大佛事活动、培养"遵国政、谙例律、知举止"宗教人才的重要场所，成为中原地区联结青藏、蒙古高原的一条宗教纽带，成为满、汉、藏、蒙等兄弟民族之间文化交流、人才交流的一座桥梁。历史上诸如三世章嘉活佛、六世班禅、七世达赖等为首的多位高僧大德都曾在这里留下了他们弘传佛法、护国利民的身影。雍和宫所藏的法物、法器、佛像、唐卡，有的是清代帝王举行宗教活动时所用，有的是蒙古、西藏及内地高僧大德往来酬谢之馈赠，有的是皇帝给予寺院高僧的颁赐，还有的是西藏上层人士及高僧大德进献给皇帝或雍和宫的贡品、礼品。它们是雍和宫文物宝库中独具魅力的珍宝，具有丰富的内涵和极高的历史与艺术价值。

　　雍和宫于1961年被国务院列为第一批全国重点文物保护单位之一。1981年正式对外开放，1995年12月被北京市文物局批准为"雍和宫藏传佛教艺术博物馆"。

　　雍和宫由三座牌坊和雍和门、雍和宫殿、永佑殿、法轮殿、万福阁、绥成殿、东西配殿、"四学殿"（药师殿、时轮殿、密宗殿、讲经殿）及班禅楼、戒台楼两个文物陈列室组成，建筑布局完整、巍峨壮观。

雍和宫中路第四进大殿是法轮殿，其建筑风格是将西藏"唐古特式"，与汉地歇山顶式的建筑融为一体，大殿屋顶上有五座天窗，天窗之上有鎏金宝顶，宝顶四周挂有风铃。

四体文《喇嘛说》碑位于雍和宫第二进院落的碑亭内，汉文为乾隆皇帝御笔，碑文详细阐述了藏传佛教活佛转世及"金瓶掣签"制度形成的历史背景和缘由。昭佛楼内金丝楠木佛龛、法轮殿内紫檀木五百罗汉山以及万福阁内十八米高的白檀木大佛被誉为雍和宫"木雕三绝"。

雍和宫的佛事活动分两部分，一是每月农历初一、初十、十五及月末的最后两天9:00至10:30为例行法会。二是佛教节庆日，包括：农历正月二十三日至二月初一日举行的"大愿祈祷法会"；农历四月十三日至四月十五日的"浴佛节"；阳历九月二十四日至九月三十日举行的大威德金刚坛城法会；农历九月二十二日举行的"释迦牟尼重返人间法会"；农历十月二十五日举行的"宗喀巴大师上师供法会"；农历十二月初八日，为纪念释迦牟尼成就佛道，雍和宫举行舍粥的活动。其中以每年农历正月底举行的"大愿祈祷法会"中的金刚驱魔神舞（俗称"打鬼"）最为著名。

十世班禅大师曾多次莅临雍和宫讲经说法，指导工作。如今，雍和宫仍是十一世班禅大师在京举行重要佛事活动的场所。

在雍和宫礼佛，请遵守寺院礼仪，以充分感受菩提智慧的清凉。

（一）信众进入寺院后需以顺时针方向行进为宜，包、帽等物品不应放置在佛案及佛桌上，不踩门槛，说话轻声慢语，以保持寺院的庄严与宁静。

（二）佛前点香，一支或三支香即可，代表敬佛、法、僧，佛教并没有烧高香、烧大香的教义。

（三）佛教讲随缘，礼佛方法众多，献花、献供果、合掌一拜、诵经、坐禅、转经绕寺均可。

（四）殿堂内请勿燃香、摄影；风力较大停止燃香请敬香；在寺院内要爱护文物，保持环境卫生，请勿吸烟。

一　藏品保管

该馆严格按照《中华人民共和国文物保护法》和《博物馆藏品管理办法》等相关法律法规要求开展文物保护工作，在日常工作中不断建立健全了本馆藏品管理制度、殿堂、展厅及库房文物的日常监测制度，使雍和宫的文物保护工作更加科学化、规范化。由于该馆没有正规的文物库房，文物库房多为古建耳房等古建附属用房，现有条件无法达到正规文物库房要求。为了改善文物库房条件，在近几年的工作中对部分库房进行防尘、防潮、防盗、电器改造、更新文物柜等改造工作。

2013年，该馆重点加强了对可移动文物的保护，完成对密宗殿、讲经殿泥质擦擦的清点，并安装保护罩，避免丢失或掉落；完成1300余件法物法器及杂项类文物的整理、测量和登记；聘请北京市文物局鉴定委员会专家对600余件/套杂项类文物作了鉴定；请文物修复专家对天王殿、永佑殿、东配殿及戒台楼内部分文物进行了维修。同时，不断改善库房文物保存条件，为原匾额库和书库新文物柜的隔层安装了防滑垫，为昭佛楼、西穿西佛像库、新木器库及绥成楼库房安装了防尘帘。

2014年，按照国家文物局关于全国第一次可移动文物普查工作的相关要求，完成了佛像、法物法器、生活用品、木器、匾额等类共计3000余件/套文物的清理、测量、登记、拍照和定位等普查工作；修复完成万福阁26件/套文物和二楼、三楼7副对联的复制替换；对密宗殿内的唐卡、佛像等可移动文物加装防盗、报警装置，防止文物的非正常移动，确保文物安全。

2015年，完成33000余件/套文物的清理、测量、登记、拍照等普查工作。同时，加强可移动文物保护和文物的日常管理工作：利用现代科技手段为密宗殿易丢失文物安装防盗装置；为殿堂中的佛龛、唐卡框玻璃加装防爆防紫外线贴膜，有效减少紫外线对文物的损伤；为东配殿木熊安装玻璃防护罩；出于保护文物和游客安全考虑，为雍和门殿院的铜锅加装铜质八角护栏；保护性清理南车场石狮子、雍和门殿密檐塔和铜钟；完成对班禅楼展室展柜灯光电路的改造和展具更换。

2016年，继续稳步推进文物展陈与保护工作。完成2000余件/套瓷器类文物和古籍类文物的清理、入库、排架、定位等工作并建立库房分类账；完成对佛像库房的防尘、防自然光、防潮、防盗、通风及电路的升级改造和文物藏品柜的定制等工作。在做好文物常规保护的同时，着手制定雍和宫整体规划方案，筹备建立"雍和宫文物信息管理系统"。

2017年，重点做好古建修缮、文物保护工作。委托专业古建修缮公司对雍和宫万福阁、延绥阁、永康阁三座殿堂瓦面进行除草、补充瓦垄灰等瓦面保养维护工作，及时消除了安全隐患。同时，开展可移动文物整理与保护工作，完成1000余尊佛像的清理、入库、排架、定位及建立库房分类账工作。在科学探勘和反复论证的基础上，圆满完成了法轮殿供暖建设工程，解决了多年来僧人上殿念经寒冷难耐的问题。

2018年，完成2000余件/套佛像的整理，重新核对瓷器账目1000余条。继续开展文物信息数据库建设和重点文物档案建设，撰写藏品历史信息并完成建档；做好"雍和宫法物法器展"前期准备，启动"雍和宫影像资料数据库"建设工作。

二 安全保卫

雍和宫建筑均为清代木质建筑，殿内文物众多，加之殿内长期摆放有供奉用的油灯、香支、哈达等佛教用品，危险性很高，一旦失火，势必导致近三百年文物、古建付之一炬，历史遗存不再复生，给国家带来无法挽回的损失，给社会造成恶劣影响。为此，雍和宫一直高度重视安全保卫工作，博物馆由管理处主任、博物馆馆长鲍洪飞（鲍洪飞于2017年3月因病去世后，由高欣副主任接替其工作）作为消防安全总负责人，对安保工作做总体部署，主管雍和宫具体的安全保卫工作；管理处保卫部部长翟东旭为消防管理员，带领保卫科全体人员，负责雍和宫安全保卫的细节部署工作；保卫部副部长初凤超、消防工作人员杨冬生为消防宣传教育人员，负责开展日常安全保卫宣传工作。2016年，按照北京市消防局提出的"有人员、有器材、有战斗力"的标准和要求，雍和宫完成了重点单位微型消防站建设。微型消防站配备有地下消火栓、灭火器、消防柜、消防应急包、灭火毯、背负式高压细水雾灭火装置等消防装备，实现人防、物防、技防三效合一，真正做到防患于未然，确保文物和游人的安全。2017年，雍和宫微型消防站建设通过首都消防部门、北京市安监局检查，并代表北京市接受了国务院对全国消防工作的考核验收。

为了防止出现事故，近年来，雍和宫藏传佛教艺术博物馆采取多种方式，防患于未然：1.强化应急管理措施，确保重要时段宗教场所的安全。在重要节假日、重大活动和敏感时期，该馆均提前召开安全工作专题会议，认真研究、周密部署，形成了节前制定详尽安保方案、应急预案，节间全力以赴、确保安全，节后及时总结经验，在广泛征询意见建议的基础上再制定下一轮工作执行方案的工作机制。同时，聘请专业公司进行游客最大承载量及密集人群安全管理风险评估报告，测量出了有效载客面积，认真制定各项防范措施，圆满完成了重要节日和重大宗教活动的安全维稳工作。2.认真排查各类安全隐患，不断提升物防、技防水平。2013—2018年，雍和宫定期开展冬春季防火、查隐患、电检等防控专项行动，力争把各种隐患解决在萌芽状态。六年来，院内用

雍和宫藏佛都文物：清早期铜旃檀佛

电安全监测系统硬件、软件进行了全面升级改造，对全院447个烟感火灾报警探测器进行了升级更换，并在部分区域加装了85个烟感火灾报警装置，雍和宫内火灾报警系统基本达到全方位覆盖，最大限度减少了火灾隐患。同时，在安检处安装安检门2个，加装X光机2台，形成设备仪器安检常态化；在南大门、西门、北门设置了便携式阻车器，在西门外安装了推拉式防护栏，加强和巩固了内部安全防范措施；完成周界、防盗系统的老旧摄像头更新、班禅楼安防系统改造工程以及藏经馆胡同甲7号（小白楼）改造工程中的防火、防盗、广播等技防系统配套工程；为佛学院地上房间安装火灾自动报警探测器17套，在售票处安装监控摄像机3台，购置对讲设备30部；加强技防系统基础性、数字化建设，完成了技防5个系统位置示意图的制作，完成值班室和监控室电视屏幕、广播系统、防盗系统和周界报警系统的升级改造；院内中控线路接入东城公安分局综合监控中心平台，实现监控信息共享。3.雍和宫不断加强安全宣传教育工作，以消防工作入手，不定期进行消防培训和演习，提高全员火灾防控意识，全面提升了雍和宫的火灾防控和维稳应急处置能力。

三　学术研究

北京雍和宫藏传佛教艺术博物馆高度重视博物馆学术科研工作。2013年，启动"雍和宫佛教文化研究课题"第二批8个项目的社会公开招标，即雍和宫历史地位研究、雍和宫造像艺术研究、雍和宫法器法物研究、雍和宫匾额楹联碑刻研究、雍和宫唐卡艺术研究、雍和宫建筑艺术研究、雍和宫经书经版研究和雍和宫文物杂项研究，经过专家评审，前4项课题已招标成功并正式签约立项。作为主办单位之一，参与筹备了"乾隆皇帝与六世班禅学术研讨会"。启动了雍和宫口述历史研究，同时开展了征集与雍和宫建设和发展相关的历史资料的收集整理工作。拍摄制作了专题片"从草原走来的佛学大师——嘉木扬·图布丹""2013年雍和宫春节""雍和宫四季变化"，僧人重大法事活动及日常工作生活的相关视频和图片，完整记录了"金刚驱魔神舞"的全过程。

2014年，继续做好雍和宫藏传佛教文化研究工作。"雍和宫佛教文化研究课题"中的《雍和宫与北京精神研究》正式出版。

2015年，雍和宫深入挖掘自身藏传佛教资源，出版完成《雍和宫修学与教育体系研究》一书。与中央民族大学合作，历经4年完成《清代雍和宫档案史料》的满文翻译工作，汉文译稿约160万字，正式出版发行。

2016年，开展了《雍和宫佛教文化研究》课题书稿的审阅工作，严格把关《雍和宫佛教节日与法事活动研究》《雍和宫与蒙藏地区关系研究》《雍和宫历代高僧研究》等书稿。积极推进第二批5个课题的研究和成果撰写进度，依靠内部力量完成了《雍和宫的地位功能与雍和宫人的责任担当》《冬奥会来华外宾推荐景点手册·雍和宫》《雍和宫佛学院概况》及国家宗教局"宗教中国化"调研书面材料等一批文稿。聘请中央民族大学专家对《清代雍和宫档案史料》（全24册）中的满文档案进行翻译、编辑和审校工作，并定名《雍和宫满文档案译编》，已正式出版发行。

2017年，启动新版《佛教圣境雍和宫》画册及折页的编辑工作。启动首届"雍和宫青年文化论坛"工作，促进了雍和宫文化传播的专业化水平。

2018年，举办了主题为"雍和文化我继承"的第二届"雍和宫青年论坛"；鼓励职工参加第十三届清代宫廷史学术研讨会、第四届黄寺论坛；组织僧人参加北京市佛协"慈悲·圆融·宏博"主题讲经交流会；筹办雍和宫第四届讲经交流会等。重点加强对"雍和宫佛教文化研究"未结项课题的督稿与审阅，目前共收到《雍和宫佛教造像研究》《雍和宫与北京文化研究》和《雍和宫匾额楹联和碑刻研究》三部书稿。其中，《雍和宫匾额楹联和碑刻研究》已通过专家评审，并于2019年出版。《雍和宫佛教节日与法事活动研究》等书稿也有望完成修改，将近期交稿，并正式出版。

四　陈列展览

2014年，该馆策划设计了"法慧耀星汉 功业驻长河——雍和宫历史回顾展"，更新了戒台楼展览。此展览有助于广大观众游客对雍和宫的辉煌历史、佛教文化、爱国传统、功能地位、变迁发展等方面增进了解。

五　社会教育

2013年，为提高讲解员水平，该馆组织了"北京历史上的藏传佛教寺院与佛教文化"《喇嘛说》碑文的专题讲座"等主题读书交流会，组织讲解员们到首都博物馆、北京龙泉寺、大觉寺等处与同行切磋交流，实地学习。同时，增加了班禅楼文物展室的义务讲解，直观具体地向游客信众介绍雍和宫的历史、文化和珍贵文物，取得良好的社会效应。

2014年，开展了雍和宫"四学殿"讲解培训及考核工作，拓展讲解领域，更加全面地介绍雍和宫藏传佛教历史和文化。坚持每月两次的定点义务讲解，讲解内容扩展到《喇嘛说》四体文碑、文明燃香规范等内容。

2015年，将《喇嘛说》碑、文明燃香规范、"法慧耀星汉 功业驻长河——雍和宫历史回顾展"纳入义务讲解范围，受到游客信众的广泛欢迎。

2016年，继续加强讲解规范化、专业化管理，组织讲解员围绕"须弥山""北京的喇嘛和僧官制度"等七个主题开展业务培训，精细化讲解词条力争做到准确无争议，得到游客信众的普遍欢迎。

六　公众服务

从2013年底开始，雍和宫藏传佛教艺术博物馆以社会效益为先，在首都佛教界率先实施了免费赠香措施。实施赠香以来，雍和宫礼佛燃香秩序平稳井然，院内空气质量明显改善，为首都环境治理做出了贡献。

2013年至2018年，雍和宫藏传佛教艺术博物馆全体员工和僧人多次为需要帮助的群众捐款捐物，服务社会，构建和谐。

2013年，在"送温暖献爱心"社会捐助活动中，共募集资金3万元，用以援助北京市对口支援的灾区和贫困地区。为内蒙古自治区杭锦旗菩提济渡寺捐赠了总价值19万余元的赠佛教用品，支持其佛教活动的需要。重阳节前夕，赴结对共建村顺义区寺上村开展慰问，为困难群众送去米、面、油等生活物资，并为该村农贸市场项目投入援建款15万元。雍和宫与民盟、中国增爱公益基金会三家共同组成义诊团，投入资金与人力，赴僧人家乡青海、辽宁等地及京郊房山区开展义诊活动，直接受益群众达1000余人。

2014年，在"送温暖献爱心"社会捐助活动中，共募集资金3万元，用以援助北京市对口支援的灾区和贫困地区；为寺上村街道排水工程捐助15万元。

雍和宫藏传佛教艺术博物馆展览

2016年，在"博爱在京城"募捐活动中，雍和宫筹集资金3万元通过红十字会援助对口灾区和贫困地区；为锡林郭勒盟镶黄旗哈音海尔瓦庙、兴安盟科右前旗茂好庙、赤峰翁牛特旗梵宗寺进行了定向捐助。管理处还与《民族画报》社商定，由雍和宫出资5.04万元，定购2016年全年期刊每期350本，赠给内蒙古地区的读者。

2018年，继续推进与结对帮扶对象寺上村的对口援建工作，继续参与北京市佛协"悲智行愿"主题慈善活动、"博爱在京城"和"宗教慈善周"活动，为藏经馆社区困难居民送温暖。

2013年到2018年，雍和宫藏传佛教艺术博物馆向社会各界共计捐款200余万元。

七　基础设施改建

2013年4月，管理处出资308万元完成了东书院污水改造工程。

2013年，管理处出资86万元委托古建研究所对雍和宫所有古建筑进行了检测诊断，12月完成了牌楼、昭泰门、雍和门殿、钟楼、鼓楼和西大墙等古建筑的数据采集。

2013年，管理处出资291万元完成天王殿两侧走道及夹壁墙、法轮殿山花博缝及西南角、部分殿堂屋顶等漏雨部位的检查修缮；完成西大墙修缮工程；完成药师殿、时轮殿、西配殿、绥成殿、东西碑亭屋顶瓦面维护修缮；完成药师殿和时轮殿的内部油饰和外部地仗油饰彩绘修缮。

2013年，管理处出资303万元完成了检票亭、闸机和停车场西大门的升级改造，更新了五块LED显示屏；完成了52块殿堂说明牌、售票处说明牌和办公室标牌的统一设计、更换。

2013年，管理处出资100余万元对雍和宫开放区域内非文物纺织品做了阻燃处理；完成了值班室和监控室电视屏幕、广播系统、防盗系统的升级改造；对周界报警系统做了维修与更新。

2014年9月，管理处出资85.9万元完成大佛楼及周边建筑的夜景照明改造工程。

2014年12月，管理处出资88.76万元委托古建研究所对四体碑亭、四学殿及雍和宫殿进行了安全检测工作。

2014年12月，管理处出资47.57万元组织古建修缮队伍对坍塌的西围墙进行抢险修缮；委托古建研究所对发生坍塌的甬道西侧围墙进行检测及坍塌原因分析。

2015年6月，针对昭泰门出现的琉璃瓦面大面积破损、角柱石严重风化歪闪、门扇地仗开裂破损等情况，为保护古建，管理处出资约18.88万元，委托专业古建修缮公司对其进行整体保养修缮。

2015年11月15日，为减少墙体负荷，保护古建安全，管理处投资约34.65万元，完成甬道两侧墙体外挂线路入地工程。

2015年11月，针对延绥阁、永康阁二层檐柱、寻杖栏杆、窗扇、楼梯扶手等木构件地仗大面积起皮、开裂，多处地仗全部脱落，出现了糟朽的情况，管理处出资约168.35万元，委托专业古建修缮公司对其进行保养修缮。

2016年3月29日，管理处出资约29.86万元，对甬道东侧地下管线通道进行改造。

截至2017年，雍和宫自管宗教房产解危排险工程共完成400余间房屋的修缮工作，总建筑面积达6000多平方米。

2018年，结合东城区政府"崇雍大街环境整治"工程，配合街道完成雍和宫大街宗教房产6个院落围墙的确址工作，完成戏楼片区、藏经馆胡同的环境整治和架空线入地工程，雍和宫大街20号院围墙整治达到预期目标。

2018年，在北京市、东城区各级领导积极推动和协调下，多次与北京地铁公司沟通协商，顺利完成雍和宫北门外东侧福耀玻璃店拆迁疏解工作，积极推进该地块产权变更及该区域改造工作。

2018年，完成万福阁、延绥阁、永康阁等各殿堂瓦面除草、喷药、补充瓦垄灰等工作；完成阿嘉仓院落南围墙墙体抢修，雍和宫西围墙局部养护、整体粉刷和绥成殿、西顺山楼粉刷油饰工作；委托专业公司勘察并制订古建修缮方案，雍和门殿和甬道东墙修缮方案经国家和北京市文物局审批通过。

2013年到2018年，院内各处卫生间进行了规范化改造，为游客信众提供方便；完成了甬道东侧石子路管线通道铺设和电缆入地工程；对院内多处配电线路进行改造，院内灯具全部换成更为安全节能的LED灯，升级了240个固定插座和30个控制箱；完成了院内地下管线（消防、供暖、自来水、污水）物探工程和地形总图、高程点的测量绘制工作。

西黄寺博物馆
XIHUANG TEMPLE MUSEUM

通信地址： 北京市朝阳区德外黄寺大街 11 号

邮政编码： 100120

电　　话： 010-58334691

类　　型： 社会科学类（民族 宗教）

业务主管部门： 中国藏语系高级佛学院

批准建立时间： 2017 年 12 月

博物馆备案登记号： 备字 2017 第 06 号-181

建筑性质： 古代建筑（全国重点文物保护单位）

占地面积： 17546 平方米

展览面积： 4580 平方米

交　　通： 公交 123、200、143 路；地铁 8 号线。

开放时间： 每周六、日 9:00—16:30，16:00 停止售票。

服务设施：

停车场	纪念品商店	餐饮	语音导览	微信导览	无障碍设施	其他
无	无	无	无	无	有	无

概　述

西黄寺位于北京德胜门外，是清代理藩院直辖之重要皇家寺院，距今已有360多年的历史。清顺治九年（1652年），为迎接五世达赖喇嘛赴京朝觐而建。乾隆四十五年（1780年），六世班禅大师东行为乾隆皇帝祝寿，后因病圆寂于此。为彰其德，在西黄寺西侧建清净化成塔及塔院。作为达赖喇嘛和班禅大师及其贡使在京驻锡地，西黄寺在藏传佛教界具有重要影响，数百年来，成为清中央政府联系西藏地方的重要纽带。 1987年，十世班禅大师在西黄寺清净化城塔院创建了中国藏语系高级佛学院。西黄寺清净化城塔院现为国家重点文物保护单位。2006年9月至2008年8月经过了新中国成立以来最大规模的一次复建和修缮。2017年12月在清净化城塔院原址成立西黄寺博物馆，2018年5月18日正式向社会开放。

一　办馆宗旨

以习近平新时代中国特色社会主义思想为指导，全面贯彻落实党的十九大精神，全面贯彻党的宗教工作基本方针，坚持我国宗教的中国化方向，积极引导宗教与社会主义相适应。继承和繁荣中国优秀传统文化，宣传藏传佛教爱国主义优良传统，展示藏传佛教文化保护与发展成果，服务中国藏语系高级佛学院教学工作。

二　展览、学术成果

已成功举办四届黄寺论坛，出版了黄寺论坛文集、《西黄寺乾隆御笔石刻》、《寺院历史文化研究》第一集。认真落实中央统战部的批复要求，坚持突出藏传佛教爱国主义优良传统和藏传佛教优秀文化两个重点，精心布设《学衔制度》《六世班禅与西黄寺》等四个常设展览。先后举办"佛教中国化　唐卡谱华章""金姿宝相　佛艺沐心""雪域丹青　妙谛福田""菩提花开""三江之源　藏香莲韵"等唐卡艺术展。落实部领导要求，积极与青海佛学院对接，举办"爱国老人　喜饶嘉措大师爱国爱教展览"。积极发挥西黄寺博物馆现场教学点示范作用，配合中央社会主义学院开展现场教学课程，接待川甘青藏区统战干部培训班、青海省藏传佛教培训班、外交部外国专家学者访问团和参观者，向参观者宣传了党的民族宗教政策，展示了藏传佛教文化保护和传承成果。完成"萨迦班智达与凉州会谈"常设专题展大纲和相关准备工作，成立西黄寺博物馆书画院，制定书画院章程，举办课外书法兴趣班，博物馆作用正得到发挥。

三　博物馆定位和名称

根据中央统战部指示，西黄寺博物馆定位为原生态藏传佛教文化性质的博物馆，与一般文物寺庙博物馆不同的是，根据佛学院教学要求与中央统战部工作安排需要，有佛事活动。名称定为"西黄寺博物馆"。

四　开放方式

根据文物保护的相关要求，西黄寺博物馆的开放方式为收费参观。自2018年起，

西黄寺博物馆清净化城塔

计划分两个阶段进行。第一年为试开放，每周开放2天。从第二年开始，用两年时间逐步达到每周开放5天。

五　人事管理

博物馆经费来源为财政拨款，国家财政目前每年给西黄寺日常运行费204万元，可满足博物馆开放和维护需要。

作为佛学院的一部分，西黄寺博物馆由研究室负责管理。主要管理人员实行聘用制。一般服务管理可通过外聘社会化服务等合作方式解决。

六　藏品情况

西黄寺主要古建筑有山门、钟鼓楼、天王殿、大殿、清净化城塔和慧香阁。

现西黄寺博物馆有国家重点保护文物清净化城塔、石碑2座及塔藏文物12件（清代），唐卡57副（当代），法物法器13件（当代），佛像84尊（当代），经卷2267卷（当代），藏品共计2436件/套，成系列保存。藏品除塔、石碑及塔藏文物来源为历史遗存，其他所有藏品均为国家调拨。藏品中佛像、法器、唐卡、经卷原状陈列于各殿堂（展厅）。

七　安全保卫

西黄寺博物馆不断运用科技手段加强博物馆安全保卫工作。设置监控中心，对博物馆四周及展厅库房等部位进行24小时监控，并与安保公司、公安部门等逐步实现报警联网。同时，博物馆还针对馆内安全制度进行整理、完善，修订了灭火和应急疏散预案，健全安全生产管理规范，建立突发事件应急机构，制定在岗人员职责和值班人员工作职责，并按照制度规定严格落实，确保博物馆的正常接待及馆藏文物安全。

北京西山大觉寺管理处
ADMINISTRATION DEPARTMENT OF DAJUE TEMPLE

通信地址： 北京市海淀区苏家坨镇大觉寺路9号

邮政编码： 100095

电　　话： 010-62456163

传　　真： 010-62461284

网　　站： http://wwj.beijing.gov.cn/djs/index.html

微信公众号： 北京西山大觉寺

博物馆类型： 社会科学类（文物管理处 保管所）

隶　　属： 北京市文物局

批准建立时间： 1996年6月

博物馆备案登记号： 070

建筑性质： 古代建筑（全国重点文物保护单位）

占地面积： 40000平方米

建筑面积： 9600平方米

展览面积： 800平方米（含殿堂展示陈列）

交　　通： 乘车路线：

地铁4号线北宫门站下车，坐346路公交车至温泉村站，换乘633路到大觉寺站下车。地铁16号线温阳路站下车，乘坐633路公交车至大觉寺站下车。乘651路公交车至温泉北站换乘633路到大觉寺下车。

开车路线：

八达岭高速北安河出口，走北清路向西到头左转见路标到大觉寺。走阜石路或莲石路上西六环向北走49号出口，下六环右转到大觉寺。

开放时间： 全年8:00—17:00（无休息日）

服务设施：

停车场	纪念品商店	餐饮	语音导览	微信导览	无障碍设施	其他
有	无	有	有	无	有	无

概　述

北京西山大觉寺，是一座历史悠久的千年古刹，是全国重点文物保护单位，市属博物馆。作为北京地区保存下来为数不多的一座千年古刹，西山大觉寺是首都历史文化遗产中不可分割的重要组成部分，也是北京着力打造的三个文化带中，西山永定河文化带上的一颗璀璨的明珠。

2013—2018年，是大觉寺经历文化定位重大调整的一段时期。近二十年来，大觉寺除作为一座市级博物馆对公众开放以外，还承担了北京市文物局干部培训中心的角色和任务。2015年12月，根据国家相关规定，北京市文物局干部培训中心撤销，此后，大觉寺回归到单纯的博物馆属性。2016—2018年，大觉寺管理处更多地立足于对大觉寺文化定位和发展方向的探索和实践中。在2013—2018年，大觉寺各项文博工作的开展主要体现在以下几个方面。

一　打造独特文化品牌

大觉寺玉兰节、大觉寺银杏节已广为人知，是北京市文化宣传的一个特色品牌。在此基础上，大觉寺管理处又不断推出"博物馆里过大年""端午祈福""中秋赏月""重阳敬老"等多项丰富多彩的民俗节庆活动，以弘扬中华民族优秀的传统文化。

二　对外交流与宣传

大觉寺茶文化是大觉寺特色文化中的一张金名片。借由大觉寺清泉和寺内合作单位明慧茶院的文化特色，大觉寺管理处打造茶文化展览、茶艺表演、茶道讲座及相关的花道、书法等系列文化活动。依托此活动，大觉寺管理处穿行于福建厦门、广西柳州、重庆、西藏林芝等多地举办巡展，同时走出国门，将展览和互动体验带到了俄罗斯莫斯科、美国芝加哥、希腊雅典，将我国优秀传统文化带上了国际舞台，使外国友人增加了对中国文化更为细腻的体验和认知，深切感受到中国茶文化的魅力。

三　学术成果与陈列展览

在不断宣传和展示大觉寺文化的同时，大觉寺管理处从未间断对科研工作的重视。2013—2018年，大觉寺在仅有3名（2017年底增加至4名）业务干部的情况下，2名评为副研究馆员，1名为馆员，其中2名业务干部被选入北京市文物局"一对一"专家培养项目，1名业务干部获评北京市优秀人才培养资助对象，共出版学术专著4部，开展并完成局级立项课题3项。在大觉寺内，科研与展览工作是相互促进、协同发展的关系。在研究的基础上，6年时间里，大觉寺管理处共推出特色展览和互动体验活动数十项，得到了中外观众的广泛认可。

四　古建修缮工程

大觉寺自1988年隶属北京市文物局以来，本着"边修缮，边开放"的原则，一直未停止过修缮保护。2015年是大觉寺的大修之年，寺内古建筑得到了系统、全面的修缮保护。与此同时，完成了大觉寺中路安全辅助照明及电路改造工程，使修缮之后的大觉寺夜景照明形成了鲜明的特色，"夜游古寺"成为了一项独特而唯美的体验，仿佛穿越了时空，古韵中的寂静，让人流连忘返。

五　藏品保管与文物安全

第三次可移动文物普查是2013—2018年藏品工作中的重点。除顺利完成此项工作以外，大觉寺管理处还开展了藏品库房重新选址和建设工作、藏品鉴定工作等。此外，日常消防安全等基础性工作均持之以恒、有条不紊地开展。

六　未来发展方向

作为一座博物馆，除地理位置偏远、人力不足等现状问题外，如何对大觉寺进行文化定位，一直是困扰管理处的一个首要问题。大觉寺管理处召开了多次专家研讨会，邀请文博领域相关专家进行研讨，并努力实践，以期探索出新的成果。2018年，

大觉寺历史文化展展厅现场图

大觉寺管理处改变了原有的发展思维，提出了首都文博志愿者培训拓展项目。众所周知，很多文博志愿者为首都文博事业的发展做出了积极而有益的贡献，作为文博单位，如何回馈给这些志愿者更丰富的精神食粮，使之得到更深邃的滋养，如何进一步提高文博志愿者服务文博行业的热情和动力，是大觉寺管理处提出并践行首都文博志愿者培训拓展项目的缘起。2018年首都文博志愿者拓展项目启动，开设了6个专场，6家博物馆率先参与，近600人次首都文博志愿者报名参加。博物馆的历史和文化，北京地区的民俗传承，国家级非物质文化遗产的学习和体验，在拓展活动中一一呈现，志愿者们开阔了眼界，丰富了知识，提高了技能。2019年首都文博志愿者拓展项目将继续延展，相信会有更多志愿者受益。着力打造新的文化品牌，多角度展示大觉寺文化，更好地服务于社会和公众，这便是管理处在探索实践大觉寺文化定位中的着力点。

北京市正阳门管理处
ADMINISTRATION DEPARTMENT OF ZHENG YANGMEN

通信地址： 北京市东城区天安门广场南端正阳门城楼

邮政编码： 100051

电　话： 010-65116110

传　真： 010-65118109

网　址： http://wwj.beijing.gov.cn/zym/index.html

电子邮箱： zhengyang@bjww.gov.cn

微信公众号： 正阳发布

博物馆类型： 社会科学类（文物管理处 保管所）

隶　属： 北京市文物局

批准建立时间： 1988年

博物馆备案登记号： 061

建筑性质： 古代建筑（全国重点文物保护单位）

占地面积： 5221平方米

建筑面积： 10056平方米

展览面积： 1694平方米（箭楼）、1600平方米（城楼）

交　通： 地铁2号线前门站，公交前门站、前门西站。

开放时间： 每周二到周日9:00—16:30，周一闭馆。

服务设施：

停车场	纪念品商店	餐饮	语音导览	微信导览	无障碍设施	其他
无	无	无	无	无	无	无

概　述

北京市正阳门管理处成立于1988年，隶属于北京市文物局，属全额拨款事业单位。所辖正阳门城楼和箭楼1988年1月13日被列为第三批全国重点文物保护单位。1990年正阳门箭楼对公众开放，随后，城楼于1991年开放，成为一座展示老北京历史风貌的博物馆。近年来，管理处在挖掘自身文化内涵的同时，不断推出特色历史文化民俗展和专题展。自2015年开始，每年岁末年初推出传统节日年俗展；从2017年开始，管理处还相继开展了"一带一路"系列展览、"燕国达人"系列活动与品牌展示、"关注北京雨燕"、"古建保护与城市生态"等诸多内容全新、形式多样的文化活动与科学研究。古老城门正在为北京中轴线增添新的活力，助推全国文化中心建设。

一　机构设置

2013年，北京市正阳门管理处编制数为29人，下设4个部门：办公室、行政科、保卫科、业务部。

2014—2015年，北京市正阳门管理处编制数为29人，下设5个部门：办公室、行政科、保卫科、业务部、社教部。

2017—2018年，北京市正阳门管理处编制数为29人，下设4个部门：办公室、开放安全部、业务部、文创产业部。

二　陈列展览

（一）基本陈列

2014年6月，正阳门城楼基本陈列"巍巍正阳——北京正阳门历史文化展"正式对社会开放。

展览分为"重钥固京师""国门彰礼仪""沧桑六百年""市井大前门"四个部分，从建筑、军事、礼仪、历史和风俗等方面展现了正阳门的历史文化。其中"重钥固京师"部分围绕正阳门的建筑，通过图片详细介绍正阳门在明清时期北京城的位置，城楼、箭楼、瓮城、闸楼以及附属建筑等各部门的建筑构造。"国门彰礼仪"从礼制的角度，结合《乾隆南巡图》阐述正阳门除了一般城门的军事防御作用，在历史上更主要地发挥了"礼仪之门"的职能，如正阳门箭楼门洞只有在皇帝出行或郊祀时才开启、正阳门不能通过灵车等。"沧桑六百年"以时间为序，利用老照片介绍正阳门的建设历史以及围绕正阳门发生的重大事件，包括初建、改建、扩建、焚毁、重建等等。"市井大前门"则主要反映前门地区的市民文化、风俗习惯、商业老字号等市井文化生活，同时通过老明信片、大前门香烟等实物的展示及歌曲《前门情思大碗茶》的播放，唤起百姓对大前门的记忆，引发他们的共鸣。

（二）巡回展览

2013年至2018年，管理处先后推出以北京历史文化及生肖文化为主题的巡展8项，其中"砖的故事""百姓的大前门""前门楼子九丈九"等历史文化展，深入北京的社区、学校进行巡展。生肖文化系列展丁酉新春鸡文物联展在北京房山区进行巡展，丙申新春猴文物图片联展走进河南濮阳市博物馆。这些展览的推出，不仅弘扬了中华传统文化，丰富了传统节日百姓的精神文化生活，同时也扩大了正阳门的社会知名度。

"帝京气象——乾隆时期北京的城市和生活"展是该处推出的重要巡展，自2015年至2017年先后在河南许昌博物馆、信阳博物馆、南阳市知府衙门博物馆及广东广州辛亥革命纪念馆展出。

展览分为"北京的城市布局与城市功能分布""乾隆时期北京的城市和生活""交流与碰撞：乾隆时期的中国与世界"三部分，围绕《乾隆京城全图》《乾隆南巡图》两件鸿篇巨作，展现乾隆时期的城市面貌和市井生活，见证真实的历史；也揭露了盛世之下的隐忧，提醒我们以史为鉴，吸取历史经验教训、牢记历史警示，在新的历史时期，奋发有为地实现中华民族的伟大复兴。同时该展览入选国家文物局《2015年度全国博物馆展览季活动推介目录》。展览的推出不仅弘扬了中华传统文化，同时加强了京豫、京粤博物馆间的交流与合作。

（三）特色临时展览

2013年至2018年度北京市正阳门管理处共举办临时展览13项，接待观众385721人次。其中在岁末年初推出的以中国传统木版年画为题材的"年俗系列展"和以北京雨燕为题材的"关注北京雨燕"展得到观众的好评，且观众参与度高。

从2015年开始，该处与外省博物馆联合，每年春节期间在正阳门城楼三四层展厅，推出以地域为系列、以传统木版年画为题材的"门神文化"系列展，2015年2月与天津杨柳青木版年画博物馆联合推出"守护平安迎祥纳福——天津杨柳青门神年画展"；2016年1月17日至4月15日，与河南安阳博物馆合作举办了"敬神祭祖祈福辟邪——河南安阳木版年画展"；2017年1月15日至3月10日，与佛山市博物馆、佛山市禅城区博物馆联合推出了"岭南迎春·正阳接福——佛山木版年画展"。每项展览都精选了当地最具特色的100余件木版年画和印版，诠释了中国木版年画蕴涵的丰富历史文化和当地民俗文化，展示了各地木版年画的发展与传承。2018年春节在以往门神年画系列展的基础上，从展览内容和展览方面进行了创新，将具有极强亲和力和感染力的曲阳泥塑和武强年画一同展出。与廊坊博物馆、磁州窑博物馆联合推出了"阿呆的欢喜——京津冀历史文化民俗系列展"，展览中运用人物对白的说明形式，结合时下的网络流行语，对泥塑作品进行了全新的表达与诠释。整个展览充分体现了社会祥和、人民幸福的和谐氛围，年画色彩浓烈、欢乐喜庆，满满的过年氛围。

从2017年开始，结合年俗展举办"印年画写春联——博物馆里过大年活动"，让观众体验传统的非物质文化遗产雕版印刷技术及十二生肖年画填色"你的欢喜你做

正阳门城楼外景

主"等互动活动。

年俗系列展的推出，弘扬了中国传统木版年画历史文化，为丰富北京春节文化活动增添了全新的活力，受到了观众的广泛欢迎与喜爱。

"关注北京雨燕"展是管理处于2018年，在深入挖掘自身文化内涵的基础上，推出的融科普与历史文化为一体的特色展览。"北京雨燕"是为数不多以北京命名的物种，每年春夏之际，傍晚晨曦，伴随着清脆的鸣叫，楼阁高台上雨燕漫天飞舞、竞相追逐的情景，是老北京人心中的记忆，北京雨燕在正阳门上繁衍生息六百年，它用飞翔的视角见证了这座古城千百年来的沧桑巨变。从老北京口中的"楼燕儿"，到北京奥运会吉祥物之一的福娃"妮妮"，北京雨燕，已经成为这座古老城市一道特殊的自然与人文景观，一个特殊的文化和生态符号。

展览以北京雨燕为中心，从历史、文化、科普等多方面，运用图像、照片、监控视频图像、画作、视频等手段，结合通俗易懂的文字，对北京雨燕这一看似普通实则内涵丰富的生灵进行了全面的介绍与展示。并且以北京雨燕每年迁徙的上万里路程为重点，展示、挖掘其内在的文化内涵，让观众体会到了北京雨燕小小身体内蕴含着的"不忘初心、砥砺前行"的精神，感受万物的智慧与美好，感受生命的勇敢与顽强，深受青少年的喜爱。

结合该展览另拍摄了《天命玄鸟》北京雨燕宣传记录片，推出了"雨燕计划——京津冀博物馆公益行活动"。展览同期，北京野生动物救护中心、西城区青少年科技活动中心、北京海淀实验学校等多家教育机构先后在正阳门城楼举办了观雨燕科普活动，同时结合展览举办文化讲座和青少年教育活动24项。

展览的成功举办让更多的市民认识、了解到北京雨燕，对宣传和保护北京中轴线上的活态文化——北京雨燕，具有积极意义。

展览应邀到河北易县博物馆、北京四中、北京工业大学附属中学（垂杨柳校区）等地巡展。

2017年3月22日至25日在中华人民共和国与巴基斯坦伊斯兰共和国建交66周年之际举办的"巴基斯坦艺术、文化与遗产"展，是正阳门自开馆以来第一次承办高端外事展览活动。

2017年"一带一路国际合作高峰论坛"召开前夕，我处推出的"丝路相连 心路相通——璀璨的中亚"临时展览，多角度地展现了"一带一路"与普通百姓的紧密联系，使观众更好地了解丝绸之路的历史文化，理解"一带一路"建设的丰富内涵。展览共分为"文明交融的丝绸之路""通衢大道上的中亚五国""我们的一带一路"三部分。通过图片、实物和生动活泼的图解，讲述了古代丝绸之路的历史发展渊源及文明传播和文化交流，呈现了古今丝绸之路上的重要国家，如哈萨克斯坦、吉尔吉斯斯坦、塔吉克斯坦、土库曼斯坦、乌兹别克斯坦等中亚国家的风土人情及民俗文化。

为了突出"京津冀地域一体、文化一脉"主题，充分发挥首都文化引领功能，促进京津冀三地博物馆文化创意的联合开拓与发展，拉动京津冀地区博物馆共同发展。2017年11月12日，我处联合京津冀八家中小博物馆与北京地区2家非国有博物馆，在正阳门城楼推出了"不忘初心砥砺前行——京津冀中小博物馆文化创意展"。展览由市文物局、中博协会市场推广与公共关系专委会主办，京津冀11家博物馆参展。展览分为"合纵连横的文化传统""文化一脉的燕国达人""砥砺前行的发展之路""正阳门下的梦想改造家"四部分，从京津冀中小博物馆的携手合作、联合创新到京津冀博物馆联合的代表之作"燕国达人"文创品牌的推出，以及对未来博物馆文创发展的展望等方面，展示了十八大以来京津冀中小博物馆的文创发展历程与创新思路。展览第四部分展示了北京建筑大学师生们的设计作品，为博物馆文创发展带来更多的活力。展览的成功举办，使京津冀博物馆在加强区域联合、携手发展的同时，做到和而不同，是促进中小博物馆发展的有益探索。

2018年11月与北京百年世界老电话博物馆联合推出了"中国传统智力玩具及文献收藏"展，展览由京津冀博物馆协同发展推进工作办公室和中国收藏家协会智力玩具收藏委员会主办。展览展出了上百件自清代以来的中国传统益智玩具及文献资料，使观众在玩的过程中学习科学知识，拓展科学思维。展览开幕当天举办了"第一届中国智力玩具（九连环）国际挑战赛"。

三　社教活动

近年来结合展览，我处开展了形式和内容丰富多样的科普社教活动，连续多年开展"小小志愿者"义务讲解活动。进社区、学校、图书馆举办北京历史文化讲座50余场，2013—2015年正阳门荣获"北京市科普教育基地"称号。

2014年5月17日至24日"飞游中轴线"互动活动亮相北京科技周，将科普互动体验项目与北京中轴线历史文化相结合，寓教于乐，架起博物馆与观众沟通的桥梁。

结合"关注北京雨燕"展，打造"北京雨燕"文化品牌，举办丰富多彩的社教活动25项。

开展馆校社会实践活动，先后共有五千余名青少年观众参与文化讲座、雨燕放飞等活动。

在重大传统节假日及"5·18"国际博物馆日期间，我处利用自身特点和优势，推出了多项特色活动。

如2018年重阳节期间与北京第十二中学联合举办了"孝满京城德润人心——家书寄情"优秀传统教育活动，包括写家书、展家书、读家书等内容。北京第十二中学初中部的师生和管理处的职工们踊跃参加，最终从200多封手写的家书中评选出20封

巍巍正阳——北京正阳门历史文化展

家书进行展示，并挑选出10名学生、1名儿童、2名成年人，朗读写给父母或爷爷奶奶的家书。活动现场气氛感人至深，许多家长和孩子都情不自禁、热泪盈眶。参加活动的家长表示此次活动打通了与儿女对话的心灵之窗，让所有人都深刻体会了中国传统美德孝道的至深情怀。活动最后，北京市正阳门管理处提出了"敬老爱老，孝顺父母"的倡议，并得到参与者的热情响应。

四　学术研究

（一）学术论文

2013年至2018年我单位业务人员共发表北京城垣历史文化及博物馆学相关学术论文32篇，其中北京城垣历史文化相关论文包括：

1. 袁学军：《清代京师城垣军事管理述略》《正阳门的始建与五次重建》《从大明门到大清门的历史变迁》《民国初年北京正阳门改造工程始末暨启示》《前门楼子九丈九的讲究》。

2. 郭豹：《镶在城墙上的工程质量保修书》《北京的城墙城门》《从乾隆南巡图看古代城市的夜禁制度》。

3. 李晴：《论正阳门禁灵柩经过之规制》《天安门金水桥畔的秋审》。

4.贾若钒:《各省捐资修正阳门之始末》《风雨沧桑正阳门》。

博物馆学相关论文包括:

1. 郭豹:《为百姓讲述正阳门故事——正阳门基本陈列"巍巍正阳——北京正阳门历史文化展"》《对美国博物馆的管理运行及创意实践的几点认识和思考》《为了更好地记住乡愁——古建筑古遗址开放应处理好的几个关系》。

2. 李晴:《试论"巍巍正阳——北京正阳门历史文化展"中的展览与服务》《正阳门文化旅游价值的挖掘与利用》《试论对中小博物馆展览项目的管理》。

3. 李少华:《正阳门青少年工作回顾与展望》《"巍巍正阳——北京正阳门历史文化展"中的亮点》《古建遗址类博物馆固定陈列中形式设计的重要性——以"巍巍正阳——北京正阳门历史文化展"为例》《从正阳门安保工作成绩和困难看安保制度体系建设》《古建类博物馆自主策划的对外展览研究——以北京地区中小博物馆为例》。

4. 张磊:《新形势下博物馆衍生产品开发的思考》《博物馆衍生产品品牌的塑造》《浅析手机应用软件在博物馆服务中心的应用》《借鉴共享经济概念——浅谈中小博物馆发展的新方法》。

5. 李思:《戏剧艺术对博物馆展示艺术的借鉴意义》。

其他类学术论文:

李晴:《江南贡院的科考故事和清代科考规则》。

(二)课题研究

2013年至2018年度我单位开展课题研究共六项。

1. 2014—2015年,"北京市文物局古建遗址类博物馆研究"课题,与首都图书馆合作,整理《正阳门资料汇编》11册,内含照片385幅。

2. 2015年,市科委立项课题"虚拟正阳门模型展示及拼接系统研发"研究出正阳门的3D虚拟瓮城全息图像,可供游客亲身参与拼装活动。

3. 2015年,"正阳门及前门地区历史文化资料专题研究"课题,整理出"正阳门及前门地区历史文化资料汇编"。

4. 2017年,"鼎天鬲地"的"燕国达人"——京津冀古代历史研究与区域文化建设的基层实践。本项目以燕国历史为载体,重点探索京津冀区域基层文化建设以及中小博物馆、文化资源单位跨界、共建资源共享的实践途径。通过"鼎天鬲地""燕国达人"等特色品牌的区域推广,联合三地博物馆、资源单位、文创公司以及互联网企业,以巡展、研学、创意设计以及讲述京津冀历史故事等百姓喜闻乐见的文化活动,引导三地基层社会与京津冀协同发展战略逐步契合。

5. 2018年,"古建保护与城市生态研究"的课题,以正阳门城楼古建筑本体和栖息在城楼上的北京雨燕为研究对象,首次将古建保护与城市生物多样性保护联系起来，通过实地勘察、观测、外出调研、实验检测分析等方法，科学论证了北京雨燕栖息对正阳门木质构件的影响，以及古建筑保护中文化遗产、活态遗产及城市生态等多要素整体保护。课题通过实验室检测，得出北京雨燕粪便对正阳门砖木古建筑没有破坏力的结论，课题研究成果有利于引起社会对北京雨燕的关注与保护，维护北京城市生物多样性；有利于倡导古建筑遗址与历史人文信息、活态遗产文化等多要素的整体保护，体现正阳门管理处在中轴线申遗工作中的特殊地位与作用。

6.2018年，"京津冀中小博物馆人力资源合作模式探究"课题。

五　文创开发

2013年，设计并制作出"正阳门礼品盒"，包含令牌手机链、乾隆十五年北京城图金属卡片、书签说明及正阳门帆布袋，以《乾隆南巡图·启跸京师》为设计元素。

2014年，以正阳门箭楼、乾隆十五年北京城图、令牌、匾额及瓮城复原图为元素设计制作出5枚印章。

2015年，以"守护平安·迎祥纳福——天津杨柳青门神年画展"为背景，设计出年画行李牌及年画鼠标垫。

2016年，设计两套系列文创产品：（一）古建实物系列之铺首衔环手机支架与儿童文具、日用品；（二）展品系列之令牌行李牌、钥匙扣与卤簿旗队棒棒糖。

2017年，根据展览设计出门神系列手工填色年历。

2017—2018年，北京市正阳门管理处以栖息在正阳门城楼近六百年的"北京雨燕"为载体，将代表中华文明的图腾元素与反映城市生态的"北京雨燕"联系起来，并依据"北京雨燕"的迁徙习性，用鲜活的雨燕形象讲述中国故事。打造"北京雨燕"文化品牌，设计出"北京雨燕"系列文创。设计并制作出雨燕U盘、雨燕福袋、雨燕折纸盒以及帆布包、鼠标垫、杯子、抱枕、冰箱贴、手机扣。

六　安全保卫

2013至2018年，正阳门管理处为了确保文物建筑主体安全，进行了一系列安技防设施改造。

1.正阳门城楼安防系统及电气线路改造工程，解决了城楼电气系统设备和线路出现老化、绝缘等级下降、线路凌乱等现象，更换了展区内陈旧、不安全的电源线；将展厅内所有灯具更换为安全的LED光源灯具，达到既安全，又便于维护的目的。

2.正阳门城楼消防管道及火灾自动报警系统改造工程，提升了文物建筑火灾预防能力。

3.城楼监控系统更换改造工程，达到视频监控无死角，进一步增强管理处对突发事件的响应能力。

在中国人民抗日战争暨世界反法西斯战争胜利70周年之际，完成正阳门箭楼安防系统改造工程和电气线路改造工程。并在"9·3阅兵"期间积极配合中央工作，圆满完成安保任务。

七 环境整治

1.完成城楼展厅内暖气改造工程，提高展厅保暖率。

2.自筹资金完成城楼环境整治工程及办公区环境改造，确保员工办公环境和游客参观环境舒适美观。

3.完成城楼热力管线的维修，解决城楼供暖的问题。

4.完成正阳门城楼、箭楼建筑结构安全检测鉴定的项目工作。

5.配合中轴线申遗，完成天安门地区市容环境景观提升项目——正阳门城楼服务设施改造工程、正阳门配套公共设施改造工程。拆除城楼东西两侧售票、安检处等临时建筑。并配套公共设施改造工程。

"关注北京雨燕展"暨"雨燕计划"2018博物馆公益行活动

北京市团城演武厅管理处
JIANRUIYING MILITARY TRAINING BASE

通信地址： 北京市海淀区香山南路红旗村1号

邮政编码： 100093

电　　话： 010-62591609

微　　博： 团城演武厅

微信公众号： 团城演武厅

隶　　属： 北京市文物局

博物馆类型： 社会科学类（文物管理处 保管所）

批准建立时间： 1988年6月1日

博物馆备案登记号： 063

建筑性质： 古代建筑（全国重点文物保护单位）

占地面积： 28668.77平方米

建筑面积： 6141.93平方米

展厅面积： 543.96平方米

交　　通： 乘坐698、318、运通112、505、714、360快、360等公交车至红旗村站下，向北步行500米。

开放时间： 周二至周日 9:00—16:30

服务设施：

无障碍参观	停车场	衣帽间	餐饮	茶座	纪念品商店	语音导览	其他
是（无法登城）	无	无	无	无	无	无	无

概　述

　　团城演武厅位于风景秀丽的香山地区，始建于乾隆十四年（1749年）。团城演武厅的兴建与清代平定大小金川有着直接的关系。清乾隆十一年（1746年），四川金川地区土司之间为争地发生内乱，次年，清廷派兵制止，大金川土司遂起兵叛乱，袭击清军。大小金川地区本就山高险峻易守难攻，加上当地土司砌筑了许多高大、坚固的石碉楼，派兵把守，使得清军久攻不克。乾隆帝苦思良策，从八旗将士中选出精兵，在香山地区仿建了几十座碉楼演练攻碉战术。乾隆十四年（1749年），清军取得了大小金川战争的胜利，乾隆帝有感于这支部队的骁勇，遂将其命名为"健锐云梯营"，作为常设的特种部队驻扎在西山脚下，并修建了以团城、演武厅为主体的校场，作为健锐营定期合练的演练场。此后，乾隆皇帝曾多次亲临检阅将士操练，并留下多篇御笔。

　　团城演武厅是集城池（团城）、殿宇（演武厅、东西朝房）、西城楼门、碑亭、校场为一体的别具特色的武备建筑群，古建艺术风格独特，建筑宏伟壮观。西城楼门位于健锐营演武场西侧，因立面呈梯形，故又称"梯子楼"，为演练时将领的指挥台。团城，也称看城，平面呈椭圆形，奇特的造型全国独一无二，团城面积仅2000平方米左右，堪称是世界上保存最完好、最小的城。团城门洞上方各有汉白玉石匾一块，南城匾额曰"威宣壁垒"，北城匾额曰"志喻金汤"，均为乾隆御书。团城上有南北两座城楼，北城楼面阔三间，四周围廊，重檐绿琉璃瓦剪边歇山顶，楼内有一长方形巨大卧碑，用满、蒙、汉、藏四种文字镌刻着"御制实胜寺后记"，其中汉文为乾隆御笔，碑文对健锐营在平定准噶尔回部叛乱及其他战役中立下的赫赫战功进行了表彰。乾隆在取得金川之战的胜利之后，修建了实胜寺碑亭来歌颂自己的战功。碑亭中央树立着一座四面方碑，汉白玉材质，碑体巨大，有"西山碑王"之美誉。碑身四面分别用满、蒙、汉、藏四种文字书写碑文，碑文记述了健锐营成立的过程，其中汉文为乾隆皇帝御笔。放马黄城位于演武厅东南方向，由一段弧形的城墙和7个碉楼组成，两端起点各筑一碉，其间开有五个城门，紧邻城门又有石碉与城墙相连。会操检阅前，骑兵列队埋伏在放马黄城内，待到令下，骑兵由此飞马而出，在校场内进行各种骑射表演。放马黄城在50年代时被拆毁，现地面仅残留部分基础。健锐营各旗的营区都建有碉楼，其形制模仿四川大小金川地区的石砌藏式碉楼，用来练习攀登和防御。当时在香山附近共建了68座碉楼，时至今日，用以演练云梯作战的碉楼已经所剩无几，香山路北侧的一座最为完整，被定为海淀区文物保护单位。另外，北京植物园内、香山医院住院部东南、香山小学附近尚有几座碉楼残留。

1979年团城演武厅被定为市级文物保护单位。1988年，市政府研究决定将团城演武厅由农场局移交至市文物局进行管理保护，并于当年成立北京市团城演武厅管理处。2006年6月被定为全国重点文物保护单位，定名为"健锐营演武厅"。馆内展出常设展览"团城演武厅历史沿革展"及内容丰富多彩的临时展览，并为观众提供了可亲身参与的互动项目。

一　特色展览

团城演武厅作为一座中小型军事遗址类博物馆，承载了历史赋予它的独特文化价值与责任。2013年至2018年间，团城演武厅立足本馆特色，深入挖掘自身独特文化价值，打造出一系列以健锐营、军事为主题的展览。2013年，该馆推出常设展览"香山地区健锐营营房展"，系统完整地讲述了香山地区健锐营营房的历史文化，生动展示了健锐营的生活方式，为广大观众全方位地了解健锐营历史文化做出努力。同时征集藏品6件，进一步丰富了馆藏。2013年6月，该馆在香山公园举办了"中国古代传统体育展"与"中国古代射箭展"的巡展活动及投壶互动项目，使观众在观展以及互动体验中感受中国古代射箭艺术以及体育的魅力。2014年，"中国古代传统体育展"再次走进校园，丰富学生的课外文化生活，讲述中国传统体育知识。2015年5月，为了纪念反法西斯战争胜利70周年以及国庆阅兵，该馆在香山公园举办"大阅兵巡展"。2016年，为了更好地发挥本馆特色，该馆于2016年推出兵器工坊系列展览之"中国古代盾牌文化展"，展览系统全面介绍了盾牌这一古代军事武器以及隐藏在盾牌中的文化内涵。此次展览充分展示了团城演武厅作为军事类博物馆的特色。2018年，在"中国古代盾牌文化展"展出两年之后，该馆再次推出兵器工坊系列展览之"中国古代刀剑文化展"，此次展览不仅讲述了刀剑的发展历史，同时也为观众全方位展示了刀剑的锻造技艺及刀剑的精神内涵。

该馆积极与外来务工子弟学校进行共建交流，努力打造出"我爱"主题的外来务

团城演武厅入口处

工子弟品牌项目。通过连续几年与外来务工子弟学校的合作，团城演武厅管理处逐渐探索出一条不断完善本馆社教功能、符合外来务工子弟学校特点的馆校合作途径，将馆校合作的方向定在"巡展""讲座""办校史展""建立校外基地"等几方面，取得了良好的社会效应。2013年，在首都博物馆地下临时展厅举办"我爱博物馆——外来务工人员子弟学校手抄报展"；2014年，举办"我爱我的梦——外来务工子弟朗诵比赛"；2015年，赴14家外来务工子弟学校调研馆校合作；2016年，开展"我爱创意——外来务工子弟学校创意作品展"；2017年，推出"外来务工子弟学校校史展"；2018年，推出"我爱老北京建筑——小学生摄影作品展"。

进一步完善主题展览。2014年该馆在年底完成了常设展览《中国古代信息传递展》的布展工作。2015年，该馆精心推出《我的满族人生——清代满族文化展》，展览系统完整地讲述了满族的传统文化以及生活方式，此次展览在展览方式上充分创新，运用3D效果及观众互动，将满族文化知识加以推广介绍。展览先后走进怀柔喇叭沟门满族乡、门头馨村居民活动中心，并在2018年走进天津博物馆，观展人数达七万余人。一系列展览的推出更好地发挥了团城演武厅的文化特色，进一步发挥了博物馆的社会功能，服务广大群众。

刀剑魅力——中国古代刀剑文化展

二 社会教育

团城演武厅十分重视发展博物馆的社教功能，积极推动博物馆走出去，开展"进社区""进校园"等社会教育活动。

积极开展"小小巴图鲁"活动。团城演武厅根据馆内特色古建筑以及相关八旗文化，依托馆内丰富的空间资源以及其自身的封闭性，围绕文博志愿者团队开发了主题为"小小巴图鲁"的主题文化体验活动，以深入浅出的形式寓教于其中，使他们在活动中掌握知识技能、陶冶审美情操、培养动手能力，加深青少年志愿者对传统文化的了解及喜爱，弘扬中华民族传统文化。2015年，接待北京小学近200名学生来该馆参观，组织小学生们参与"兵器工坊"制作、八旗小人制作等互动项目。2017年，该馆继续开展"小小巴图鲁"为主题的文化体验活动，为青少年开启一门精彩的体验课程，为孩子们打造一段完美时光。该馆邀请首都师范大学附属玉泉学校、中国儿童中心、北京蓝天丰苑学校等多家单位到馆参与体验课程，通过活动让学生了解团城历史，学习传统知识，体验创作过程，成为一名"小巴图鲁"。加深青少年对传统文化的了解和喜爱，弘扬中华民族传统文化。2018年，为了配合"中国古代刀剑展"，该馆与天津博物馆策划推出了暑期青少年"小小巴图鲁"专场互动活动。活动共举办了三期，分别为"制作盾牌""绘制八旗""制作八旗女子氅衣"。在活动中，青少年亲身体验"巴图鲁"的勇敢与力量，体会满族的尚武精神，感受传统文化的魅力。

在开展讲座方面，2013年，举办具有本馆特色的系列文化讲座活动2次。2014

年，开展举办具有本馆特色的系列文化讲座活动2次。邀请西城区少年宫田浩老师为全市8所外来务工子弟学校学生进行朗诵知识培训；开展"曹雪芹纪念馆与红学文化"的讲座。2014年，该馆挂牌成为海淀实验四小的传统文化暨爱国主义教育基地。2015年，举办具有本馆特色的系列文化讲座活动2次。2016年，团城演武厅作为海淀区爱国主义教育基地配合海淀区委宣传部开展爱国主义教育月活动，共接待海淀区属19家单位24批次观众参观，举办具有本馆特色的文博文化讲座活动2次。2017年，举行3次文化知识讲座。团城演武厅管理处与中国儿童中心共同开展"小解说员讲解观摩活动"。2018年，具有本馆特色的系列文化讲座共计三次，面向周边社区、学校，积极开展科普教育活动，逐步打造"京西特种部队——健锐营"品牌讲座项目。

团城演武厅展厅内部

在志愿者服务方面，2015年至2016年，团城演武厅与首钢工学院合作开展志愿者工作，让他们参与了资料整理、展览准备、大型活动现场维护等工作，志愿者们积极工作，表现良好，并为成绩突出的志愿者颁发证书，以示鼓励。2018年，该馆与北京文博志愿服务队下属的趣味童浴服务队达成合作，继续不断完善志愿者服务工作，使志愿者服务工作常态化、制度化。2018年共六十位青少年参与志愿服务，全年完成驻馆讲解四十余次。此外，志愿队还进入香山第二社区、太和医院、石景山外语实验学校等单位，开展健锐营的推广宣传，服务人次达2000余人，为本馆宣传做出了突出贡献。

三 科研工作

2013年，业务人员及学生完成《上谕档》整理7.12万字，《清实录》整理2.05万字，《清会典》整理6.65万字，将录入文字汇总到《健锐营史料汇编》，目前共计28.82万字，同时开展古建遗址类博物馆管理运营及保护利用的课题调研工作，完成本馆部门的调查问卷及调研材料汇总。2014年，开展满族文化调研项目，积极搜集资料，组织到北京怀柔、密云满族乡，东北三省及承德地区进行考察调研，完成2万字调研报告。2016年，为筹备"中国古代盾牌文化展"，业务人员积极开展盾牌资料的搜集、整理工作，为大纲编写及展览制作奠定坚实的基础。2017年，为筹备"中国古代刀剑文化展"，该馆开展了"冷兵器工艺调研"项目，此次调研项目首次尝试与高校展开广泛合作，依靠高校学术力量和人员优势弥补该馆专业人员不足的短板，令研究成果更具学术性。本馆人员奔赴各地展开实地调研走访工作，包括浙江龙泉、河南驻马店、南阳汉画馆、陕西西安、河北沧州等。通过详细的走访和扎实的调研，获得了关于刀剑类冷兵器及古代攻城器械翔实的一手资料。2018年，继续开展健锐营、明清特种兵及古代军事历史相关资料搜集整理及周边遗址调研工作，搜集历史档案150余页，照片资料两千余张。

四　文物保护

作为遗址类博物馆，团城演武厅管理处在文物保护方面也做了大量工作。2013年，开展健锐营演武厅及团城城楼抢险修缮工程。2014年，开展了团城绿化工程、西城楼门修缮工程。2016年，完成了对团城、演武厅、碉楼、碑亭及松堂等古代武备建筑的三维信息数据激光扫描采集工作。三维信息数据激光扫描采集技术误差不到0.1毫米，三维一体，对照采集的数据，有丝毫的位移或质地变化都会发现。随着这些建筑的三维信息数据激光扫描采集，将为今后的文物保护提供宝贵的信息资料。2018年，开展健锐营演武厅——瓮城修缮和河道抢修项目，开展《健锐营演武厅保护规划（2018—2035）》的编制工作，提出文物保护的规划方案，从而更好地保护文物。

北京市白塔寺管理处

ADMINISTRATIVE OFFICE OF BEIJING WHITE DAGOBA TEMPLE

通信地址：北京市西城区阜成门内大街171号

邮政邮编：100034

电　　话：010-66166099（办公室）　010-66112610（开放部）

传　　真：010-66133317

电子邮箱：baitasioffice@sina.com

博物馆微博：北京白塔寺

微信公众号：北京白塔寺

博物馆类型：社会科学类（文物管理处 保管所）

隶　　属：北京市文物局

批准建立时间：1980年3月

博物馆备案登记号：039

建筑性质：元代建筑（全国重点文物保护单位）

占地面积：10000平方米

建筑面积：4700平方米

展览面积：1479平方米

交　　通：乘坐公交3、7、13、42、47、409、612和电车101、102、103至白塔寺站下，步行约100米即到。乘坐地铁2号线至阜成门站下，出B/C口沿阜成门内大街向东步行800米；或乘坐地铁4号线至西四站下，出A/D口沿阜成门内大街向西步行1000米即到。

开放时间：每周二至周日9:00—17:00开放，16:00停止售票，周一闭馆。

服务设施：

停车场	纪念品商店	餐饮	语音导览	微信导览	无障碍设施	其他
有	无	无	无	无	有	开放日免费讲解

概　述

　　北京市白塔寺管理处位于西城区阜成门内大街路北，地处传统文化资源与现代经济发展的交汇地带。西起阜成门，东至景山西街的阜景文化街形成于元代，历经明清延续至今，元朝修建的北京最古老的城市象征点——妙应寺白塔正位于这一传统文脉的龙头位置。阜景街贯穿首都功能核心区，文物古迹众多，文化气息浓郁，是北京重要的历史文化街区，其周边交通便利，四通八达，西端紧靠阜成门商业街，南临发展中的北京金融街；中段是西四传统商业区，与西单商业街呈十字交叉格局；东端是北海、景山、故宫金三角地区，蕴涵着巨大的文化含量和经济潜值。

　　北京市白塔寺管理处是北京市文物局所属的处级全额拨款事业单位。管理处主要承担与白塔寺相关的社会事务的管理职责，以收藏、保管、展览文物，弘扬民族文化为宗旨和主要职能，业务范围包括文物征集、登编、文物宣传、文物讲解、历史知识普及、提供旅游服务等。白塔寺管理处现任主要领导为：杨曙光主任，苏艳书记，陈国玺副主任。下设办公室、安保开放部、业务部、宣教部四个部室。

　　白塔寺又名妙应寺，位于北京市西城区阜成门内，因寺内白塔而闻名，俗称白塔寺。元至元八年（1271年），元世祖忽必烈亲自勘察选址，敕令在原辽代永安寺塔的遗址上重建新塔。历时8年，大塔落成，通体洁白，是当时大都城内最雄伟的建筑，"金城玉塔"的盛名从此传扬开来。北京作为多民族大一统的首都始于元朝，西藏归属祖国也始于元朝，而这一切的见证就是白塔。白塔由尼泊尔工艺家阿尼哥设计、监制，其形制源于古印度的窣堵波式佛塔，是我国最早的藏式佛塔，北京城现存唯一完整的元大都文化遗存，也是中尼友谊和文化交流源远流长的历史见证。由于白塔特殊的历史地位，妙应寺白塔于1961年3月4日被国务院列为全国第一批重点文物保护单位。1972年3月28日，周恩来总理在外交部和国务院宗教事务管理局的一份请示报告上批示："……重修尼泊尔工程师为我建筑的西城白塔寺，不作庙宇，只作古迹看待，专供游览。"1976年，因唐山大地震白塔塔刹受损，1978年秋，国家拨专款对院内四座大殿和白塔进行了大规模的修缮。

为更好地保护这座千年古塔，1980年3月，北京市文物局成立白塔寺文物保管所，并于同年9月1日正式面向公众开放；1995年，北京市人民政府批准的《北京市文物事业发展五年规划》中对白塔寺提出了保护要求；1997年启动"打开山门，亮出白塔"工程，复建山门、钟鼓楼；1998年10月25日，工程竣工并正式对外开放；2002年，白塔寺文物保管所升格为副处级事业单位，成立北京市白塔寺管理处；2003年10月，白塔寺西路古建群复建竣工；2009年新建西路管理业务用房；2010年通过验收并投入使用；2012年7月，白塔寺管理处升格为正处级事业单位。

白塔寺自成立管理处以来，备受社会各界关注，在北京市委市政府和北京市文物局的关怀支持下，管理处各项硬件设施、软件配备日益完善，领导班子对博物馆文化教育事业的管理和发展逐渐规范，白塔寺呈现良好的科学发展势头。

一　安全保卫

白塔寺管理处高度重视文物安全保护工作，成立安全领导小组，认真落实"党政同责、一岗双责、齐抓共管"安全工作制度，每年施行安全责任书层层签订，严格落实单位主体责任。严格落实日常值班制度，保障好外事接待和文物安全，突出抓好重大节日、重要活动期间的安全值班值守工作，按照"三种级别防控方案"规范要求抓好落实。2013—2015年，做好白塔修护闭馆期间的施工安全维护工作。2015年建立了一个集防火、灭火和处置突发事件为一体的微型消防站，实行24小时全天候执勤。2016年起，管理处采取购买保安人员社会化服务，就监控值守、人员安检、巡逻处突、出入口警戒控制四大类安保人员建立一支稳定、专业的专职安保力量。2017年对白塔原有景观照明进行改造。六年来，白塔寺管理处先后完成视频火灾报警系统的安装，对原有监控视频安防系统、消防安全系统、避雷系统进行升级改造，注重发挥安防及消防设备作用，组织安全设备的维护保养和检测维修，使之始终处于良好的运行状态。

二　白塔寺西路腾退移交

白塔寺西路腾退移交工作始于2011年上半年，2012年市委市政府多次召开专题会，管理处参加了市领导主持的专题会5次。2013年初移交进入实质阶段，管理处参加了市委专题会1次，接待了王安顺市长视察和张玉平副秘书长在白塔寺现场办公。

为了完成好移交任务，我处腾退了西路的租赁单位、社教功能区及管理处在西路的办公场所；完成了文物库房防水和自来水改造工程，确保移交后库房环境安全；邀请国家宗教局、中国佛协来白塔寺召开的沟通协调会2次；5月，完成了西路消防通道违章建筑307.88平方米、社教功能区6处违章建筑的拆除工程，整个西路移交区域具备移交条件。8月19日，北京市文物局与国家宗教局正式签订了《移交协议》，我处将西路用房总面积3870.88平方米移交中国佛教协会，并规范双方责任区内的责任与义务，其余部分继续由我处保有、管理。9月24日，白塔寺管理处与中国佛教协会签订了《交接协议》，腾退移交工作基本完成。

三　文物修缮

2013年5月至2015年11月，管理处开展了白塔修缮工程。此次为期两年的白塔修缮工程是自乾隆十八年（1753年）修缮以来规模最大的一次整体修缮，耗费人城砖13000块，白灰80吨，柏木300根。修缮内容主要包含塔身抹灰铲抹；剔补塔身碎裂、酥碱表皮砖，覆钵体7道铁箍修补、除锈；地表排水系统改造，消除塔院内地表积水，保证排水通畅；检修白塔宝顶、天盘及华鬘。本次修缮工程以"保护为主、抢救第一"为根本原则，通过技术手段消除自然和人为造成的安全隐患，确保文物本体及周边居民生活安全。修缮过程中始终坚持以"最小干预"为原则，修缮工程在注重保护其真实性、完整性的同时，对各个历史时期的历史信息最大程度地实施了保护。

四　藏品保管

2015年初，按照市文物局的统一部署，白塔寺完成了可移动文物普查工作。经统计，我处共有文物136件，其中一级文物1件、二级文物28件、三级文物16件、一般类文物91件。经过全体业务部工作人员的辛勤努力，可移动文物数据已于2015年4月17日上报至国家文物局数据中心。

五　学术研究

一直以来，白塔寺管理处科研力量比较薄弱，科研工作方面的成绩不是很突出。随着管理处领导对此项工作的日益重视，管理处的科研工作取得了一些突破。在2013—2015年妙应寺白塔大规模修缮期间，发现了一些以前未注意到的情况，为研究妙应寺白塔历史原貌提供了新的依据。故此，2018年北京市白塔寺管理处向北京市文物局申请了"妙应寺白塔历史原貌分析"的科研课题，经过近一年课题组各位成员的辛勤努力，取得了一定的研究成果，并向北京市文物局上报《妙应寺白塔历史原貌分析研究报告》学术论文一篇，较为圆满地完成了此次课题项目。

自2013年以来，管理处业务研究人员相继发表多篇论文：《博物馆的最后一个展厅——浅论博物馆文化产品开发》《影视文化产业与博物馆创意营销》《文化旅游：文化全球化背景下的博物馆发展新机遇》《博物馆文化产品发展历史初探》《北京区县博物馆研究》《博物馆文化产品发展历史初探》《海昏侯墓出土文物展现的汉代信仰》《雍和宫藏清代阿弥陀佛极乐世界唐卡艺术风格及来源分析》等。

六 陈列展览

十八大以来，习近平总书记在多个场合谈到中国传统文化，强调"文化自信"，为北京市的博物馆带来了新的发展契机，人们越来越重视传统文化，越来越喜欢到博物馆参观，并因此对博物馆陈列展览的艺术形式、文化内容、呈现手段表现出越来越高的审美情趣和欣赏要求。有鉴于此，博物馆只有积极适应观众的需求，不断推陈出新，设计出高水准的展览，才能跟上时代发展的步伐。2014年，白塔寺管理处因意珠心境殿内原有"藏传万佛造像艺术展"的展陈形式、内容及展陈设施都已陈旧和老化，对文物的安全造成安全隐患，决定对展览进行改陈。2015年底，此展览以新的面貌重新对公众开放，整个展览共计展出佛教造像文物约800件，均为珍贵文物。有效地改善了原有展厅脏乱、陈旧的状况，重新设计了展览主线，并对原有陈旧设备进行了更换，既突出了展览主题，又更好地确保了文物安全。除此之外，还积极深入挖掘白塔寺的历史文化内涵，并对外推出一系列与白塔寺历史文化紧密相连的特色展览，如2014年举办的"阿尼哥艺术摄影展"、2015年举办的"元代三都城市文化展"及2017年举办的"元大都历史文化展"等，为公众展现了元大都城及元朝的历史文化精华，促进了民族团结共荣，增强了观众的文化自信心和自豪感。

七 社会教育与服务

近年来，白塔寺管理处逐步加强博物馆社会教育职能的发挥，积极开展对外宣传和社会教育，不断进行探索，加快"走出去、请进来"步伐，依托丰富多彩的社教和展览活动，积极服务广大观众。

一方面，我们密切配合白塔寺院内展厅各个固定、临时展览加大义务讲解的力度；每年面向观众举办历史文化知识讲座，邀请相关领域的专家积极向公众推广中华民族优秀的历史文化遗产及其保护知识，通过优质服务的口碑将观众吸引进博物馆来。另一方面，我们还先后制作了"唐卡臻品艺术展""非物质文化遗产——唐卡艺术展"等多个展览，积极向公众介绍中华优秀历史文化遗产，提升公众的艺术审美水平。此外，管理处还积极配合学校开展校外教育实践活动。2014年，获得由北京市青少年学生校外教育工作联席会议办公室、北京市教育委员会、北京市人力资源和社会保障局联合授予的"校外教育先进集体"荣誉称号。

特别值得一提的是，白塔寺管理处充分发挥文博机构公益组织的职能，多年坚持开展助残、敬老的文化服务。与宣武培智学校、东城特教学校、西城区残疾人联合会、金融街老年人协会等多家单位积极开展合作，推出了一系列服务残疾人、老年人等弱势群体的公益性展览活动。2013—2018年，管理处相继推出了"'我的中国梦'——白塔寺杯残疾人书画摄影作品展""'印象元大都'残疾人主题摄影展"等以残疾人艺术作品为主题的展览，举办助残、敬老主题教育活动共10次。上述活动极人地丰富了残疾朋友和老年朋友的精神生活，产生了很好的社会影响。

北京明城墙遗址公园
（北京市东南城角角楼文物保管所）

MING DYNASTY WALL RELICS PARK
REPOSITORY OF CULTURAL RELICS TURRET IN SOUTH-EAST BEIJING

通信地址：北京市东城区崇文门东大街9号

邮政编码：100062

电　　话：010-65270574

传　　真：010-65220143

网　　址：www.mcqyzgy.com

电子信箱：mcqygy@sina.cn

微信公众号：北京明城墙遗址公园

隶　　属：东城区园林绿化管理中心

批准建立时间：2002年9月28日

博物馆备案登记号：062

建筑性质：古代建筑（全国重点文物保护单位）

占地面积：155000平方米

建筑面积：701平方米

展览面积：222平方米

交　　通：乘29、39、43、44、59、434、713、820路至东便门站下。

开放时间：8：00—17：30

服务设施：

停车场	纪念品商店	餐饮	语音导览	微信导览	无障碍设施	其他
有	有	无	无	无	有	无

概　述

北京东南角楼位于建国门南大街与崇文门东大街的交汇处，东便门立交桥西北侧，北临北京火车站，东与通惠河相邻，南为虎背口居民小区，是明、清北京内城的组成部分，始建于明正统元年（1436年），是明、清北京内城东南城垣转角箭楼，故称东南角楼。它建在内城东城墙和南城墙相交后各自向外推出25米形成的约1200平方米的城台上，呈曲尺形平面布局，高17米，连城墙通高29米，重檐歇山顶，灰筒瓦铺顶，绿琉璃瓦剪边，楼体上设144个箭窗，角楼突出于城墙之外，能够最大限度地消灭靠近城墙的敌人，是座牢固的军事防御建筑。楼内4层，并列20根金柱，内有抱厦，外与明城墙遗址相连。

角楼历代屡经修葺。1900年八国联军入侵北京，角楼遭炮击，并最终陷落，损毁严重。侵略者登城后在墙上的刻字至今留存。1981年落架大修时，发现明代嘉靖、隆庆，清代乾隆和民国年款的城砖及琉璃瓦件，同时发现印有英文字母的炮弹残片及引信等。1988年恢复城上两栋铺舍房及马道原制。1982年2月23日，国务院将角楼列为第二批全国重点文物保护单位。

1980年5月成立角楼文物保管所，当时人员编制为6名，经过10年的筹备，1990年9月18日正式对外开放。

开馆之初，举办了"中国古代建筑展览明、清建筑部分""东南角楼历史沿革图片展"及"大葆台西汉墓复、仿制文物展"。1991年6月，又相继推出"中国民间文化艺术展""湖北省沙市三刻艺术展""江西萍乡傩文化展""红门画廊•当代油画展""明、清家具展"等。其中1998年11月由崇文区政府主办、区文化文物局承办的"崇文史迹展"，作为区青少年教育基地的主要内容一直保留至今，多年来共接待广大中小学生数万人。作为市委、市政府保护文化遗产，再现古都风貌，改善首都环境，造福市民百姓的60件实事之一。2001年11月25日由市文物局牵头，崇文区文委、区政府正式启动北京明城墙遗址公园的建设工程，历时9个月，完成了2600余户居民和46个社会单位的拆迁腾退任务。此外仅用1个多月时间就完成了主体工程的建设任务。并成立"明城墙遗址公园管理处"，由区园林局管辖。

北京明城墙遗址公园自2002年国庆节正式对外开放以来，每年接待国内外游客十余万人次，建园初期，中共中央总书记、国家主席江泽民来到明城墙遗址公园视察参观，中共中央政治局常委、国务院副总理李岚清，中共中央政治局委员、书记处书记、中宣部部长丁关根以及建设部部长汪光焘等有关领导先后来遗址公园视察，对工程给予高度评价。

公园建成以来，始终以科学发展观为指导，坚持"以人为本、文化建园、生态建园"，使北京明城墙遗址公园成为展示首都形象的园林精品，先后被评为"首都精品公园""首都文明旅游景区""首都文明服务示范窗口""首都安全示范景区""首都绿化美化先进单位"以及"北京市爱国卫生先进单位"等多项荣誉称号，2006年被评为AAA级旅游景区，2007年被评为北京市爱国主义教育基地，2010年1月被评为国家AAAA级旅游景区。

北京明城墙遗址公园始终把举办高品位的文化活动作为自身传播先进文化、发挥社会效益的重要手段，多年来在展示人文奥运、弘扬民族文化等方面发挥了重要的作用，已逐步成为传播先进文化、推进精神文明建设的重要阵地，成为崇文区乃至首都北京一张亮丽的"名片"。

为展示古都城墙、城门文化精髓，2008年"北京城墙、城门文化展"在东南角楼开幕。展览设在角楼三层，展区全长130米，内容分为北京城的变迁（都城变迁八百年）、明代的城墙和城门（城墙城门历沧桑）和现存的城墙、城门（古城文化永流传）三个部分。此次展览经过有关文物专家多次论证，通过中英文文字对照、图片、模型和多媒体等表现形式，系统全面地介绍了老北京城墙、城门的历史、演变、规制、特色、相关文化、历史事件、现状及保护工作，使中外友人能够生动形象地了解北京城演变的轨迹及其文化渊源。

公园每年3月下旬配合盛花期的到来，在园内举办北京市赏梅会暨北京明城墙梅花文化节等一系列特色主题活动。届时，近千株梅花竞相开放，明城墙将再次成为首都市民踏青赏梅的圣地。活动期间将通过开展"赏梅、画梅、植梅、咏梅"系列活动，包括"'美丽城市'主题画展""'梅赞'青少年摄影比赛""青少年绘画采风""'共建绿色家园'植梅""'绿色使者'树木认养"等精彩项目，全方位展示梅花的形态、品质，挖掘梅花深厚的文化内涵，以花为媒，使明城墙梅花文化节特色更加突出，达到"丰富活跃市民文化生活、传播先进文化思想、建设现代城市文化"的目的。

　　为进一步扩大教育的覆盖面，公园及角楼与东城区明城青少年活动中心、北京市东城区特殊教育学校、北京市东城区学生翰博书画院、斌斌爱心社等多家教育机构建立合作关系，实行共建共育，经常举办入队、入团宣誓等多种主题活动。并根据市文物局有关文件精神，在2004年对中小学生的集体活动实施免票。近几年，还积极参加了市委推出的"社会大课堂"青少年校外教育活动，为青少年提供了丰富的课外活动内容。同时，独立网站建设完成，可以更加全面地宣传公园及角楼、城墙历史，及时发布展览信息，让更多的人了解角楼、了解老北京城。

　　如今，在绿树繁花的映衬下，古朴沧桑的明城墙和高大巍峨的角楼更显恢弘大气，不但展现着北京深厚的文化积淀，更见证着北京城市环境日新月异的发展变化。古树掩映、绿草茵茵、鲜花锦簇，让人心旷神怡，对未来充满无限憧憬。在开创美好未来的进程中，公园及角楼一定不负各级领导及广大市民百姓的大力支持和殷切希望，再接再厉，团结拼搏，开拓进取，努力将公园打造成精品园林，打造成展示中华文明的窗口和展示首都形象的舞台！

法海寺
FAHAI TEMPLE

通信地址：北京石景山区模式口村北

邮政邮编：100041

电　　话：010-88713976

传　　真：010-88749279

电子信箱：zzz_fhs@126.com

博物馆类型：社会科学类（文物管理处 保管所）

隶　　属：石景山区文化委员会

博物馆备案登记号：067

建筑性质：古代建筑（全国重点文物保护单位）

占地面积：14000平方米

建筑面积：3500平方米

展览面积：400平方米

交　　通：公交：311、527、489路，模式口东里站下车，步行至法海寺；

337、354、472路，石景山站；

336、597、746、941、959、972、977路，首钢小区站下车，步行至法海寺；

地铁：1号线苹果园地铁站下车，可乘坐上述部分公交路线到达。

开放时间：每天09:00—16:00（无休息日）

服务设施：

停车场	纪念品商店	餐饮	语音导览	微信导览	无障碍设施	其他
有	有	无	有	无	无	无

概　述

　　北京市法海寺文物保管所位于北京市石景山区模式口翠微山南麓，始建于明朝正统四年（1439年），收藏有明代壁画、大曼陀罗藻井、古铜钟等文物，其中明代壁画尤为精美，是现存最为完好的明代壁画，为明代壁画艺术的集大成者，与敦煌、永乐宫并称"三大壁画艺术宝库"。法海寺文物保管所多年来致力于以明代壁画为代表的传统文化的保护、传承与弘扬，并试图探寻一条科学保护与创新发展之路。2016—2019年法海寺文物保管所工作概述如下。

一　文物保护

　　近年来，法海寺文物保管所不断加强文物保护工作，对大雄宝殿等建筑进行了保护性修复，同时加大了日常保护工作力度，对所内藏品进行全方位的保护。

　　法海寺安排人员进行定期清洁，对文物进行除尘，对大殿内供桌、石台等文物及地毯、保护架、玻璃等辅助设施进行清理，改善参观效果并进一步减少对文物的损害。在讲解时，法海寺工作人员借助壁画上遗留的早期破坏痕迹，结合壁画的珍贵和艺术性，向游客宣讲文物保护的重要性，引导游客主动保护，取得了良好的效果。如遇游客做出有危及文物的举动，工作人员主动上前劝说阻止，尽最大可能规避潜在的破坏。同时，法海寺也在游人参观区域播放所内文物的宣传介绍视频，并于复建的药师殿依照大雄宝殿内真迹设置壁画的珂罗版印刷复制品，对真迹参观进行分流。

　　同时，法海寺文保所建立了联学联研机制，进一步提高壁画保护、研究、展示水平，提升文明景区建设、服务接待质量，与中央美院、人民大学、壁画艺委会和毗卢寺、北岳庙等机构开展学习交流，打造京津冀壁画保护、交流平台。

2016年4月，法海寺文保所启动了法海寺展览展示项目，开展了壁画三维矩阵信息采集和壁画数据库的建设。8月8日，法海寺闭馆进行三维矩阵技术采集工作，于11月10日重新对外开放。

2017年，法海寺文保所与《北京日报》《北京青年报》《中国文化报》等机构及各大网络媒体积极互动，刊登文章、报道22篇，不仅注重文物历史宣传，还讲述与文物保护有关的感人故事。为让文物走出库房，"从沉睡中苏醒"，通过展览、影视让文物活起来，让公众知道、认识、了解这些文物，法海寺先后参与拍摄了中央电视台《国宝档案：探秘京城古刹——抢救法海寺壁画》和北京电视台《游家门口的风景——法海寺》节目。同年8月，为更好保护壁画真迹，法海寺文保所围绕藏有真迹的大雄宝殿进行了一系列文物保护举措：将地毯更换为具有防火、环保、防水、无异味、易清理等特点的产品；增配双层窗帘，以起到避光、防尘、保温作用；置于室外的两座明代香炉，移到大殿内存放，避免因天气和人为因素对香炉的损害，降低安全隐患；夏季对大殿进行除湿，冬季对大殿进行加湿；对大殿进行包括时间、天气、人数、温度、湿度、壁画状态、建筑结构等方面的实时监测；为保护大殿卫生，减少地毯磨损，为进入大殿的游客发放鞋套；为游客提供参观壁画需使用的冷光手电；增设游客存包处，严禁游客携带食品饮料和电子设备进入大殿；对参观壁画的游客实行限时、限流管理。

2018年4月27日，为大力弘扬中国传统文化，保护好、利用好、发展好法海寺壁画的艺术资源，立足实际、真抓实干，站位大局、着眼长远，法海寺文保所成立了"陶君创新工作室"，围绕"法海寺壁画研究与利用"课题深入研究探索，启动数字展厅建设。10月，北京电视台到法海寺拍摄了《我们的传承法海寺壁画》专题片。

2019年1月1日，在法海寺四进院修缮一新的藏经阁及西配殿新打造的数字展厅对外开放。法海寺数字壁画展活动，以"流金载岁月　辉煌六百年"为主题，通过引入触摸一体机、高清LED大屏、4K高清电视等先进的数字化科技设备，利用视频、手绘临摹壁画、声效等媒介形式，让历史与现代、传统与科技进行了激烈的碰撞，并孕育出精彩的火花，全面推进了法海寺壁画资源的传播与传承。1月11日，法海寺文保所举办了第一期北京法海寺智库汇之科学保护与创新利用论坛，有关领导和北京工业职业技术学院"法海寺大殿结构及建造工艺研究"课题组的专家学者共同参与了本次座谈会。与会专家从法海寺科学保护与创新利用的风险评估、理念目标、艺术和社会价值、保护难点及禁忌、灾害防治、新材料新技术等不同角度，对法海寺的现状和保护利用做了论述和探讨，分享了初步科研成果。5月16日，法海寺文保所开展了"弘扬文化遗产（法海寺）工作研讨会"，与北京市政协《关于发掘、弘扬北京市文化遗产精粹的提案》提案组专家领导就法海寺文物的保护与开发工作开展了交流。

二　特色活动

法海寺文保所以"弘扬中华优秀文化，引领高端绿色发展"为主题，坚持开拓创新，积极打造文化品牌，举办了一系列各具特色的文化活动。

2016年7月12日，法海寺正式启动了以"弘扬中华优秀文化，引领高端绿色发展"为主题的展览项目和系列文化活动，首场雅集活动主题为"壁画与自然科学"，7月24日，举办了"书法与人生"书法讲座，8月7日，举办了"棋与人生"围棋文化讲座。系列文化活动旨在丰富百姓精神文化生活，提升全民素质，使广大群众自觉自发弘扬民族优秀文化，让中华优秀传统文化得到进一步的保护和弘扬。

2017年10月19日，法海寺文保所精心筹备了市港澳办和区投资促进局承办的第22届澳门国际贸易投资展览会，50个国家与地区的1000多家企业应邀参展。此次展览会法海寺根据上级批准以"三维数字矩阵技术"为模板制作了数字宣传片和明信片、书签、折扇、手帕、丝巾、壁画图册等宣传品，运用巧妙的构思和高科技数字后期处理手段使古老的壁画能以崭新的面貌呈现给世人，引起了到场嘉宾和各参展企业的高度关注。同时，法海寺文保所也借助这一平台和参展企业在壁画数字博物馆建设、数字文化产品开发、智能互联管理、影视制作、国际文化交流以及国家级文化产品开发等方面开展交流合作，探索传统文化科技创新的新模式。10月14日，法海寺文保所受邀至山西参加"传统壁画与当代语境"研讨会暨壁画艺术专业委员会年会，

法海寺大雄宝殿

这是法海寺首次参加与壁画有关的学术研讨会，是一次与敦煌壁画、永乐宫壁画管理者、研究专家的交流盛会，建立了横向交流平台。

2018年4月28日，大型系列文化活动"北京沙龙亲历北京"在石景山举行，以"亲历石景山"为主题，来自20多个国家的50余位驻华大使一行来到了法海寺进行参观游览。6月1日，来自斯里兰卡中社文协主席及成员，斯里兰卡国立图书馆馆长等一行7人来到了法海寺进行参观交流。9月9日，法海寺文保所和中国美术学院合作共建的"中国美术学院法海寺研究生教学基地"举行了挂牌仪式，并开展了首次关于法海寺历史、艺术、建筑与皇家文化为主题的论坛，就中国美术学院每年派驻优秀研究生到法海寺临摹学习成立研究室达成了初步意向，旨在通过合作方式汇聚学科团队，共同开展课题研究，深入挖掘文化内涵和文创产品开发，使文物真正活化、优秀文化得以普及。12月9日，由"陶君创新工作室"主办，法海寺文保所承办的以"明代彩画的演变与传承"为题的讲座活动，从档案、类型、形制、纹饰、颜料、工艺等多角度介绍明代彩画在各个时期的阶段性特点、演变及传承，展示了明代彩画最前沿的研究成果，深入挖掘法海寺彩画的文化价值。

2019年3月20日，"设计中国·中意同行"展览在意大利罗马国立当代艺术博物馆开幕。中国美术学院设计艺术学院院长、著名服装设计师吴海燕教授携法海寺元素文创作品应邀赴意大利参展。此次展览展出吴海燕教授的"东方盛世"系列产品设计，其创作灵感即源于法海寺的壁画。吴海燕通过对精美壁画中古典图案的探究，创意创新，设计用物，以今日时尚之本、之形、之色、之理，载以数千年的中国丝与瓷的两大重要元素，通过礼品形制、图案与工艺将法海寺壁画活化于其中，践行和推动具有东方设计特色的生活。4月26日，由海内外知名学术团体"中国文化书院"学术支持，法海寺文保所举办了"中国的智慧——从传统走向现代"文化讲坛。与会学者围绕中国的智慧和法海寺的现代价值，分别以"中国的智慧——从传统走向现代""法海寺壁画的艺术成就和文化意义"为题开讲。5月16日至20日，法海寺文保所代表石景山区文博系统应邀参展了第十五届中国（深圳）国际文化产业博览交易会，展出了法海寺明代壁画艺术研究和"三维矩阵数字技术"转化应用成果和吴海燕教授的"东方盛世"系列产品设计。借由此次博览交易会，通过让文物"活"起来的文创作品，向公众展示传统文化之美。

三　日常管理

（一）明责鼓劲促发展

2016年，针对单位基础工作薄弱，执行力不强等突出问题，在区文委的领导下，法海寺文保所首先坚决落实党政"一把手"为第一责任人，把班子建设放在一切工作的首位，提升班子的执行力、创新力和战斗力，营造班子团结、凝聚力强、作风扎实、精神振奋、积极向上的良好氛围，并完善了制度建设，规范了决策程序，明确了岗位职责。一是全面落实领导班子、领导干部"一岗双责"责任制，全面推行党务、政务公开，制定了三重一大决策实施细则，重大决策实行班子会决策制度，突出了班子的集体领导地位；二是为保证职工参与权、知情权、监督权，班子会通过的决策实行职工会通报或者公示后实施，以实际行动凝聚人心；三是规范岗位管理，完善考核机制，初步形成知识、资源、思路热情互补，形成了齐抓共管、互帮互助、互动互促的工作格局，增进了团结，提高了工作效率。全年共组织职工参加培训6次，强化服务意识，逐步提升接待服务标准，提升业务水平。全年共接待中外游客46043人次。

2017年，为提高综合素质，提升业务能力，达成构建高端普惠的文化生活体系和把法海寺建设成"艺术高地、文化胜地、发展宝地"的目标，法海寺文保所围绕"抓班子、带队伍，打基础、求突破"的中心思想，明确岗位管理，成立了办公室和业务接待部，调整部室人员，初步形成知识、资源、思路、热情互补，提高工作效率。3月8日，法海寺聘用专职讲解员，由业务部进行考核，每周评价，及时反馈到被考核人，2017年全年共组织人员参加业务和服务、安全培训12次，强化服务意识，逐步提升接待服务标准，提升业务水平。全年共接待中外游客58696人次。

2018年，法海寺围绕"全面提升法海寺综合服务水平和完善基础设施功能"工作，在保稳定的基础上将工作重心引导到干事创业上来，全体职工凝心聚力谋发展，以"全面提升、国内一流、世界知名"和建设"艺术高地、文化胜地、发展宝地"为目标，通过查阅资料、走访专家学者，修改和完善了新的讲解词，在此基础上通过业务培训，培养了一支高水平的讲解员队伍，在弘扬优秀文化和社教事业中起到了关键作用，逐步将法海寺打造成北京文化名片。同时，法海寺文保所按照星级标准提升了部分基础设施功能、提升服务水平，投资160万元完成厕所星级改造和售票处修建，投入资金9.6万元制作了部分导览指引牌。3月28日，法海寺党支部联合冰川馆党支部、承恩寺党支部共同开展联学联研接待礼仪培训活动，旨在全面提高业务讲解水平和接待服务标准。4月25日，法海寺文保所和北京市消防培训中心合作开展了消防安全知识培训讲座，全体职工和施工方代表等16人参加。8月31日，法海寺文保所党支部联合首都博物馆保护科技与传统技艺研究部党支部、石景山区文研所党支部、承恩寺党支部开展了"文物业务大交流"联学联研活动，互相沟通了待创新的业务领域，拓宽了双方文物保护新思路，充实文物业务工作的方式方法。同月，法海寺文物保管所获得了2015年至2017年度首都文明风景旅游区荣誉称号。全年共接待中外游客44695人次。

（二）围绕安全抓落实

法海寺文保所作为全国重点文物保护单位，坚持"安全第一，预防为主"的工作方针，做到安全工作责任落实、人员落实、资金落实，同时对永济寺、龙泉寺、史履晋别墅进行日常管理，定期巡视确保文物安全，确保公共财产安全。

2016年，法海寺修订了夜间值班员工作职责和安全员定时巡视规定；投入2.1万元对损坏安防监控进行更换，对消防设施进行检测维护；夏季暴雨期间，每半小时对大殿进行检查巡视，确保壁画、古建筑安全；对永济寺、龙泉寺、史履晋别墅进行日常管理，定期巡视确保安全，向合作方发放安全通知书7份；完成了法海寺环境治理，初步改变了环境的脏乱差及存在的安全隐患。

2017年，法海寺实行安全网格化管理，安排人员24小时全天值班，并建立了轮岗安全巡查机制，每日在全寺分时段进行七次巡视，另有安保人员全天巡查，排除安全隐患，及时监控文物状态，节假日根据人流量适当增加巡视场次，并完善了法海寺内消防设施，设置防火报警设备，定期在所内开展消防安全演练，培训工作人员熟悉使用干粉灭火器、消防水带等设备。定期进行自我检查，并积极接受上级领导检查巡视，按要求落实整改。同年，法海寺修订了夜间值班员工作职责和安全员定时巡视规定。在模式口综合整治和全市安全隐患大排查大清理大整治中，法海寺文保所带领相关人员认真摸清底数，建立台账，共查出法海寺隐患5项，永济寺1项，史履晋别墅1项，龙泉寺4项。通过隐患清零整治，拆除彩钢房2处，清理环境垃圾20车，清理瓦垄1200平方米，改造煤气间1处，并全部更换了非国标开关插座。此外，法海寺投入了4万元对损坏安防监控进行维修更换；投入8万元对消防水池防水堵漏，检测维修消防管道，更换损坏消防栓2套。全年共向合作方发放安全通知书9份。

2018年，为进一步做好安全工作，法海寺文保所加强制度贯彻落实，根据工作实际制定了切实可行的安全管理工作制度，划分区域责任到人，从根本上实现了双人安全管理，本着将制度落实、落细的原则，对安保人员巡视、日常安全巡视、日夜间交接班、网格化区域管理和24小时消防安全检查进行翔实的登记，并按相关要求每日或每月向市消防总队上报值班、检查、评估和整改情况，将各项制度执行到位。同时，法海寺还提升硬件保障水平，除完成年度建筑消防设施和电气设备的安全检测，更新灭火器和消防水带等部分室外消防设备以外，还增设配备了微型消防站，利用自有资金近3万元购置了6套专业消防设备，邀请模式口消防站的专业人士开展安全知识讲座2次，组织消防演练2次，保证了全体干部职工都能熟练掌握基本消防器具的使用，并根据职工数量和岗位的变化，及时进行各级安全预案的调整，明确了各自的职责，切实提高了应急小分队处置突发事件的能力。根据市消防总队、区消防支队等单位在联合检查中发现的隐患问题，单位制定了详细的整改方案，针对线路问题进行了立行立改，对老旧电气设备的改造等难点问题，法海寺聘请电力部门的专业人员进行设计规划，并进行施工整改。在2018年雨季前，法海寺筹集资金完成了塔院滑坡险情处置，为安全度汛消除了隐患。为提高古建的安全，对所内所有建筑进行防雷工程改造。10月24日，法海寺完成了东院大门及院墙修缮工程的竞争性磋商，此项工程马上进入到合同签订阶段。

北京市钟鼓楼文物保管所

THE CULTURAL RELICS ADMINISTRATIVE OFFICE OF BEIJING BELL AND DRUM TOWERS

通信地址：北京市东城区钟楼湾胡同临字9号

邮政编码：100009

电　　话：010-84027869　010-84036706

传　　真：010-84027870

电子邮箱：zhonggubo@126.com

博物馆类型：社会科学类（文物管理处 保管所）

隶　　属：北京市东城区文化委员会

批准建立时间：1986年

博物馆备案登记号：066

建筑性质：古代建筑（全国重点文物保护单位）

占地面积：鼓楼6857平方米，钟楼5740平方米

展览面积：鼓楼540平方米，钟楼168平方米

交　　通：乘5、60、82、635路公共汽车，107、124路公共电车鼓楼站；地铁2号线鼓楼大街站，地铁8号线什刹海站均可到达。

开放时间：9:00—17:00

服务设施：

停车场	纪念品商店	餐饮	语音导览	微信导览	无障碍设施	其他
无	无	无	无	无	无	无

概 述

　　北京钟楼、鼓楼始建于元至元九年（1272年），后毁于火。现存鼓楼为明代建筑，钟楼为清乾隆年间重建。鼓楼原置一铜壶滴漏；二十五面更鼓。钟楼悬挂报时铜钟一口，重约63吨。两楼曾为元、明、清三代的司时中心，为都城发布标准的"北京时间"。1925年，鼓楼辟为"京兆通俗教育馆"。1938年，钟楼辟为"新民电影院"。新中国成立后，钟鼓楼一直作为群众文化场所。1957年，北京市人民政府公布钟楼、鼓楼为市级文物保护单位。1984年、1986年国家文物局拨款，分别对鼓楼、钟楼进行新中国成立后的首次全面修缮。1985年，东城区人民政府批准成立北京市钟鼓楼文物保管所。1996年11月20日，钟楼、鼓楼被国务院公布为第四批全国重点文物保护单位。

　　北京市钟鼓楼文物保管所为差额事业单位，编制30人。设置四个职能部门：办公室、业务部、安保部、财务部。

　　2013—2018年，钟鼓楼文物保管所不断加强文物保护、日常管理力度，以科学发展为指导，以创新建设为目标，以稳定发展为方向，做好文物保护、基地教育、安全保卫、旅游开发等工作。2018年被授予2015年至2017年度北京市文物安全工作先进单位称号。

一　日常监护

　　北京市钟鼓楼文物保管所对文物建筑、馆藏文物的日常检查与监护工作，始终坚持定期检查与特殊天气随时检查相结合的方法，并形成工作制度。监护工作中，建立巡查记录、拍摄现状照片、撰写检查报告、指出存在问题、提出整改措施，并及时上报东城区文化委员会文物科,使工作更加规范,文物得到有效保护。

二 修缮与保护

2013年8月,采用传统工艺,对钟鼓楼马道、宇墙、柱础、券洞、钟楼钟架、鼓楼二层窗户等部位进行修缮。

2013年9月,对钟楼券洞、木台进行修缮,搭建脚手架对钟楼屋顶进行勘测工作,及时掌握钟楼屋顶现状。

2014年1月,完成钟鼓楼院内附属建筑、地面、卫生间等的修缮及周边环境整治工作。

2014年5月,对鼓楼散水缺损、开裂等部位进行了剔补,对墙体酥碱、缺损的金边石、阶条石进行了修补。

2014年12月17日,对钟楼外围墙东北角受损开裂部位进行修复。

2016年4月30日,对鼓楼院内、二层地面破损砖面进行替换、修补。

2017年3月22日,对鼓楼东门及院墙损坏部位进行维修。

上述工程对钟鼓楼古建筑的保护起到了积极作用。

三 藏品保护

北京市钟鼓楼文物保管所现有藏品6件,一级文物1件,二级文物2件,三级文物3件,其中钟楼报时铜钟为一级文物,乾隆御制碑、麒麟碑为二级文物,鼓楼二层陈列的主更鼓、钟鼓楼之间开设儿童运动场的两座标志碑为三级文物。

钟楼二层悬挂永乐报时铜钟重63吨,该钟依靠木结构钟架悬陈高度30余米(距一层地面),钟唇下缘距钟池木板1.8米,钟唇下缘距一层地面约22米,因此,钟架木结构的稳定性、安全可靠性是钟楼及报时铜钟保护的关键所在。为了掌握大钟悬挂系统及钟架稳定性的相关数据,钟鼓楼文保所建立了钟楼大钟悬挂系统及钟架稳定性的勘测制度。采用测量、记录钟体悬陈高度距离的方法,在同一年份的不同时间进行测量,读取数据,通过数据对比,以确定大钟悬挂系统及钟架力学结构是否变化。

为了更好、更科学地了解大钟悬挂系统的健康状况,2014年,钟鼓楼文保所邀请中国科学院力学研究所定期对大钟进行结构稳定性检测,经检测,大钟悬挂系统主要构件处于安全状态。(该项检测每3—5年进行1次)

2015年12月,对鼓楼古代报时更鼓及鼓架进行加固。

2016年3月,为鼓楼主鼓制作鼓罩、乾隆御制碑制作碑罩。

2016年3月,对乾隆御制碑进行脱盐保护工作,采取物理保护的方式对该石碑进行科学保护。

2017年1月至7月，聘请中国林业科学院专家对发现蠹虫的表演用更鼓进行熏蒸处理，蠹虫被成功灭杀。

2017年5月，为北平市第一民众教育馆附设儿童运动场标志碑制作碑罩。

通过以上措施，藏品均得到有效保护。

四 基础设施改造

2013年6月，采用传统工艺将鼓楼北门的铁门恢复为红色木门。

2013年10月，重新铺设，安装钟楼安检通道，确保游客安全。对鼓楼二层木窗及登楼楼梯扶手、钟楼钟架进行油饰。

2014年4月29日，钟楼、鼓楼二层安全护栏增高至1.8米。

2014年12月，进行消防设备改造，更换消防主机、设备、线路。

2015年4月，鼓楼院内增设十二生肖石鼓花墩，共计12个。

2015年6月，对钟楼钟槌架及撞钟台进行改造。

2015年6月，升级监控设备，更换钟鼓楼周界，增加了6块监控屏幕，摄像设备现达到96个监控点，实现了钟鼓楼景区内监控全覆盖。

2016年9月，鼓楼成立微型消防站，配备专业消防装备器材6套。

五 安全保卫与开放

钟鼓楼文保所在习近平新时代中国特色社会主义思想指引下，坚持"安全第一、预防为主"，坚持"保护为主、抢救第一、合理利用、加强管理"的十六字工作方针，坚持"标本兼治、重在治本、综合治理"的工作原则，认真开展两会、五一、十一、九三阅兵、十九大、中非论坛等节假日及重大活动期间的维稳安保工作，着力排查解决矛盾纠纷，确保安全责任落到实处，修订完善内保工作档案、消防标准化档案以及各类应急预案制度15项。坚持每月召开一次安全生产例会，深入剖析安全生产存在的问题，严格落实整改，定期组织职工安全知识培训，开展安全生产宣传，进行消防"四个能力"建设达标培训及考核，加大了消防、防汛、反恐、防暴情景式等实战演练次数，使职工有效应对突发事件下各种情况。连续五年完成中秋诗会安保任务，保障了老爷车展、BTV冰雪盛典跨年晚会等安保工作，文物保管所于2014、2015年完成一期、二期监控设备改造，完成消防报警系统、周界报警改造。更新安检机、安检门，更新了安防技、防范设施设备，于2016年成立钟鼓楼微型消防站并投入运行，2018年自筹资金新增电气火灾报警系统。

六 展陈研发

北京钟鼓楼曾为元、明、清三代都城的司时中心，其漏刻计时、击鼓定更、撞钟报时的报时方法，是研究中国古代司时文化的重要资料。

（一）鼓楼二层原有更鼓25面，现仅存1面清代主鼓。北京市钟鼓楼文物保管所根据史料记载，复制25面更鼓，即1面主鼓，24面群鼓。1面主鼓代表1年，24面群鼓代表24节气，并在鼓楼二层外廊设置二十四节气说明牌（中英文）。

（二）2014年5月至2014年9月，北京市钟鼓楼文物保管所于鼓楼院内设立时间文化长廊。文化长廊由6个橱窗24块展板组成，以"时间"内容为主线，采取图文并茂、中英文结合的形式，为中外游客展现了一幅人类发现时间、探索时间的历史画卷。

（三）钟楼报时铜钟铸造于明永乐年间，钟体通高7.02米，重约63吨，该钟铸造技艺精湛，悬挂技术非凡，撞击时声音浑厚绵长，是中国现存最重的古代报时铜钟。

2015年7月，北京市钟鼓楼文物保管所根据明代《天工开物》中关于铸钟的文字、图画记载，采用木雕的形式，将中国古代精湛的铸造技艺与先进的科学文化水平，呈现于雕版之上，置于钟池四周，供游客观赏。

七 社教与宣传

北京市钟鼓楼文物保管所深入挖掘自身文化内涵，推出了"中国古代计时器具展""时间文化长廊""大钟铸造技艺木雕展"等展陈项目，形成了具有独特文化魅力的文物旅游景点。钟鼓楼文保所利用现有文化资源，开展了丰富多彩的活动。

2013—2015年连续三年与东城区教委合作开展"双语导游志愿服务"活动。北京市第一中学、北京国际职业学校、北京市第五中学分校、北京市第二十五中学、北京市第二十一中学、北京市第二十二中学、北京市第一六六中学、北京市第一七七中学、北京市东直门中学、北京市翔宇中学等10余所中学的百余名学生参加了该项活动。

2013年，北京日日新学堂小学的学生100余人，在钟鼓楼开展第二课堂活动。活动以"古迹寻宝活动"为题，让学生了解历史、学习古代计时知识。

2013年皇城国际旅游节皇城游流动巴士活动在钟鼓楼举行，钟鼓楼提供免费讲解。北京电视台、华艺公司台湾"中视"摄影组、《劳动午报》等对活动做了报道。

2014年1月，北京市钟鼓楼文物保管所举办"弘扬中华民族传统文化·钟鼓楼爱国主义教育基地活动"，活动包括北京钟鼓楼报时文化、二十四节气、中国水墨画、毛笔书法等，这些具有浓厚中国文化特色的活动受到了学生的喜爱。

2016年7月，北京钟鼓楼文保所与白家庄小学合作，举办2016小小讲解员活动。钟鼓楼文保所对小小讲解员进行了培训。

2016年10月，钟鼓楼文保所通过"领进来"的方式，与北京市东城区分司厅小学合作，联合举办科普活动"了解中国古代计时工具"。将学生"领进"钟鼓楼，学生们自己动手制作简单的沙漏类计时器具，更加直观、生动地了解古代计时办法。

钟鼓楼文保所还通过"走出去"的方式，参与BBC广播公司、中央电视台俄语频道、《这里是北京》、北京电视台《钟鼓楼的三生情缘》摄制组等的节目录制，利用现代传播手段，使钟鼓楼"走出去"，让更多的人认识钟鼓楼、了解钟鼓楼。

2017年10月，分司厅小学师生在钟鼓楼时间文化长廊前展示共建成果——学生们自制的简易传统计时仪器。

2018年3月，东城区"学雷锋志愿服务推动日"活动在钟鼓楼文化广场举行，北京市钟鼓楼文物保管所被授牌"东城区学雷锋教育基地"。

2018年3月13日，北京市第五中学分校师生举办"我心中的雷锋"主题宣讲活动，在钟鼓楼文化广场进行信息志愿服务活动，此次活动充分发挥了北京钟鼓楼的爱国主义教育基地、学雷锋教育基地职能。

2018年5月20日，黑芝麻小学在鼓楼会议室举办"2018年度科技周"活动。活动中钟鼓楼文保所指导学生动手制作简易计时仪器模型。

2018年11月8日，北京市钟鼓楼文物保管所走进北京市东城区黑芝麻胡同小学，把"北京钟鼓楼历史沿革及中国古代计时器科普知识"带进学生课堂。

6年来，北京市钟鼓楼文物保管所不断挖掘自身文化内涵，提升业务工作水平、创新工作方法，与周边社区、学校建立了良好的合作关系，举办了不同形式、不同内容的活动67次，让钟鼓楼这位700多年的"老人"，重新焕发青春活力。

文天祥祠
WENTIANXIANG MEMORIAL HALL

通信地址： 北京市东城区府学胡同63号

邮政编码： 100007

电　　话： 010-64014968

传　　真： 010-64014968

电子邮箱： bjwtxcgaofeng@163.com

博物馆类型： 社会科学类（文物管理处　保管所）

隶属关系： 北京市东城区文化委员会

批准建立时间： 1984年

博物馆备案登记号： 064

建筑性质： 古代建筑（全国重点文物保护单位）

占地面积： 600平方米

建筑面积： 250平方米

展厅面积： 100平方米

交　　通： 104、108、113路电车北兵马司站；42、13、701路汽车，115、118路电车宽街路口东站；地铁6号线南锣鼓巷站；地铁5号线张自忠路站。

开放时间： 9:00—16:30

服务设施：

停车场	纪念品商店	餐饮	语音导览	微信导览	无障碍设施	其他
无	无	无	无	无	无	无

概　述

北京市文天祥祠文物保管所又称文丞相祠，始建于明洪武九年（1376年），位于北京市东城区府学胡同63号，是为纪念南宋民族英雄和爱国诗人文天祥而建。由北平按察副使刘松发起创建，永乐六年（1408年）正式列入国家祭祀项目，由顺天府尹奉皇帝之命，主持隆重的祭典。文天祥祠现存前后两个院落。前院东墙镶嵌着明代书法家文徵明所书《正气歌》刻石，气势恢弘凝重。过厅主要是文天祥生平展，堂屋供奉有文天祥塑像。院内古枣树，传为文天祥手植，树干向南倾斜，象征着文天祥"臣心一片磁针石，不指南方不肯休"的精神。文天祥祠1984年10月正式对外开放，1992年定为区爱国主义教育基地，2008年被授予北京市社会大课堂资源单位，2013年定为全国重点文物保护单位，2017年被东城区政府授予官德教育基地。

一　建立健全各种管理制度，搞好安防工作

北京市文天祥祠文物保管所隶属北京市东城区文化委员会。现设所长，下设办公室、后勤安保部。现有在编职工3人。

为促进文物事业发展，2016年，北京市东城区文化委员会对北京市文天祥祠文物保管所进行了机构调整，同时根据单位实际情况，制定了有效的管理制度，并进行了全员聘任，提高了工作效率，调动了全员的工作积极性。

文物安全是博物馆工作的生命线。文天祥祠始终将文物安全作为博物馆工作的重中之重，常抓不懈，针对火灾、汛期、盗窃等突发性事件，制定了应急预案，成立了以所长为组长的应急事件处理小组，值班室昼夜安排人员值班，不得擅自脱岗离岗。2013年，在原有监控设备的基础上，增加了监控摄像头的数量，进一步将人防和物

防紧密结合起来，保证了文物的安全。

二 发挥爱国主义教育基地的积极作用

北京市文天祥祠文物保管所作为爱国主义教育基地，充分发挥教育基地的优秀传统，积极配合社区、驻边部队、周边中小学校等单位共同开展各种系列活动，加强爱国主义的凝聚力。近年来为提升文祠爱国主义教育基地的建设管理使用水平，在原有展陈基础上进行了升级，丰富了展览内容，进一步对讲解员进行业务培训。2013年至2018年期间，开展"小小讲解员"的培训工作，累计培训合格中小学生讲解员300余人。

三 发挥官德教育基地的积极作用

2017年，东城区纪委和文委立足东城区的文物资源优势，深入挖掘文物背后的故事，整合资源，深入开展党风廉政教育，使"历史文化"与"官德文化"紧密结合，将文天祥祠、袁崇焕祠和于谦祠三祠重新布展并打造提升成东城区官德教育基地，使之成为党员干部接受廉政教育的第二课堂。2017年5月23日，"三祠"官德教育基地在北京市文天祥祠文物保管所揭牌。文天祥祠官德教育基地自挂牌对外开放至2018年底，共接待参观单位300余家，集体参观人数1.1万人，散客共计4.37万人。各级党员干部通过了解民族英雄文天祥的廉官清正之气，在潜移默化中提升党员的政治品性和党性修养。

文天祥祠内景

自然科学类

中国古动物馆
PALEOZOOLOGICAL MUSEUM OF CHINA

通信地址：北京西城区西直门外大街142号

邮政编码：100044

电　　话：010-88369280（咨询处）　010-88369210（售票处）
　　　　　　010-88369390（办公室）

传　　真：010-68337001

网　　址：www.paleozoo.cn

电子信箱：pmc@ivpp.ac.cn

微信公众号：中国古动物馆、中国古动物馆PMC

博物馆类型：自然科学类（自然科学）

隶　　属：中国科学院古脊椎动物与古人类研究所

批准建立时间：1993年8月28日

博物馆备案登记号：011

建筑性质：现代建筑

占地面积：25000平方米

建筑面积：3400平方米

展览面积：2600平方米

交　　通：27、87、632、347、360、362、332、563、534路公共汽车，电车105、107、111路，运通104、105、106路到动物园或白石桥站下车；乘坐地铁4号线到动物园站，由D（西南）口出向左500米。

开放时间：9:00—16:30，16:00停止售票，周一闭馆。

服务设施：

停车场	纪念品商店	餐饮	语音导览	微信导览	无障碍设施	其他
无	有	无	无	有	无	无

概　述

　　中国古动物馆创建于1994年10月，于1995年正式开馆接待国内外观众。中国古动物馆按照脊椎动物的演化序列分为两馆（古脊椎动物馆和树华古人类馆）4个展厅（古鱼形动物和古两栖动物展厅、古爬行动物和古鸟类展厅、古哺乳动物展厅、古人类与旧石器展厅），并有东厅临时展厅、3D放映厅和科学课堂以及达尔文实验站。依托研究所近百年收藏的20余万件标本，从中精选有代表性的藏品700余件。这里陈列着自5亿年前的寒武纪至距今1万年前史前时代的地层中产出的各门类化石标本和石器标本，包括无颌类、鱼类、两栖动物、爬行动物、鸟类、哺乳动物和古人类化石及石器等，全面展示了生命演化的宏伟历程。

　　第一层的古鱼形动物和古两栖动物展厅展示了各种无颌类、鱼类和两栖类化石标本，其中包括馆藏珍品：科摩罗政府赠送的被称为"活化石"的拉蒂迈鱼标本。在一层的中央"恐龙展池"，展出了中国有代表性的大型恐龙的骨架，其中包括中国最大的，也是世界上脖子最长的植食性恐龙——合川马门溪龙，还有头上长着棘的棘鼻青岛龙；"龙池"还展出了加拿大皇家特雷尔古生物博物馆赠送的霸王龙完整骨架；一层热河生物群特展区展示了生活在1亿多年前的古老生物群，包括长有四个翅膀的恐龙——顾氏小盗龙，腹中有7个小宝宝的怀孕满洲鳄等精美展品。

　　第二层的古爬行动物和古鸟类展厅展出了包括恐龙、恐龙蛋、翼龙、鱼龙、鳄、龟、蜥蜴等各种古爬行动物以及古鸟类的珍贵标本。二层入口处的马门溪龙大腿骨化石是博物馆内唯一可以触摸的展品，也是让观众亲身体验化石的质地，感受来自远古的气息。二楼南侧"恐龙走廊"中的第一件展品是被称为"中国第一龙"的——许氏禄丰龙化石骨架，它是我国发现的时代最早的恐龙（生活在2亿多年前），是中国第一具装架的恐龙骨架（1941年在重庆装架），由我国古脊椎动物学之父杨钟健院士研究命名，也是世界首枚恐龙邮票的主角。这件许氏禄丰龙的珍贵标本也是该馆的镇馆之宝。二层还展示了很多其他珍贵标本，如只有腹甲没有背甲的龟——半甲齿龟，以及世界第一只长有角质喙的古鸟——孔子鸟，其化石上的羽毛印痕清晰可见。

第三层古哺乳动物展厅展出各种各样的古哺乳动物标本及骨架，包括被写入我国小学《语文》六年级课本的威严耸立的黄河象的巨型骨架，它生活在250万年前，身高有3.81米，是当时陆地上最高大的动物之一。还有熊猫的始祖——禄丰始猫熊、相貌凶恶却食草的"六角兽"、长着利齿的剑齿虎、与"北京人"生活在同时代的大角鹿和鬣狗化石，等等。

古脊椎动物馆的每层都有一副数十米长的巨型油画依墙展开，分别绘制了"古生代的海洋及陆地""中生代的恐龙世界""新生代哺乳动物家园"等三个主题，展示产自中国的各个地质时代古脊椎动物群落独有的生态面貌。

中国古动物馆的树华人类馆1999年建成开馆，通过展出古人类化石和石器标本及模型，系统普及了人类起源与进化的科学知识。展品包括举世瞩目的北京猿人头盖骨及国外赠送的各种珍贵的古人类化石标本模型。

中国古动物馆的馆外是2004年建成的古生物广场。在宽阔的西直门外大街的路边，巨大的恐龙雕塑掩映在蓝天、绿树和青草之间；在弯曲的古生物甬道上，一个个精美脚印印记把游人带回到遥远的史前时代。而博物馆外墙上别致的排水孔造型精美别致，从一层到三层分别是鱼头、恐龙头和剑齿虎头，与馆内的展览内容相呼应。

中国古动物馆创办的"小达尔文俱乐部"，常年招收对古生物学感兴趣的中小学生参加野外考察、化石发掘、筛选和修理、模型制作等科普活动，并专门聘请专家举办科普讲座。学生们可以通过亲身实践启发科学思想、了解科学过程、学习科学方法，并在互动活动中体验"自己动手做科学"的乐趣。

一　展馆升级改造

（一）2013—2014年对古脊椎动物馆进行全面改造，整个展览展示了"从鱼到人"的演化过程以九大脊椎动物演化事件作为串联化石的线索——脊梁骨的起源、颌的出现、由水登陆、羊膜卵的出现、重返海洋、飞上蓝天、羽毛的演化、哺乳动物的兴起和人类的起源。这九大事件作为脊椎动物演化过程中的关键转折点，让参观观众更清晰地抓住5亿多年来"从鱼到人"的这段生命之旅。只有深入了解地球生物的演变过程，才能理解我们从哪里来，将去向何处。

（二）2013年建设达尔文实验站。教学生修理来自4亿多年前的真正的三叶虫化石。这是针对学生的古生物学启蒙教育，这种体验式的科学课堂鼓励参观者积极动手，大胆尝试，培养青少年的好奇心。

（三）2015年博物馆卫生间改造升级，并增加"中国恐龙五宝"等科普内容，给观众创造更好的参观体验。

二　丰富陈列、展览

（一）恐龙特展。中国古动物馆每年都会举办国内和国外博物馆恐龙特展。2016年在日本福井恐龙馆举办"恐龙大移居"特展、在日本国立科学博物馆举办"恐龙展2016"。2017年"从撼地巨人到飞羽精灵"中国恐龙展走进英国诺丁汉，诺丁汉郡郡长、中国驻英大使和13万观众参观了展览，在英国引起了中国恐龙热。2018年，在日本福井恐龙馆举办"兽脚类：演变成鸟的肉食龙"特展，介绍我国在恐龙科研领域的最新成果。2017—2018年先后在周口店北京人遗址博物馆、山西博物院、新疆昌吉博物馆、深圳古生物博物馆、浙江自然博物馆举办"中国恐龙""从鱼到人的生命之旅""飞向白垩纪——中国翼龙展""奇妙的进化之旅""原始人档案"等特别展览，展示和普及了我国在古脊椎动物与古人类研究领域取得的最新成果。

（二）"奇妙的进化之旅"巡展。2018年，该展览陆续走进重庆、成都、大兴、杭州等天街商场，22米长的马门溪龙、15米长的霸王龙吸引了20多万人参观。通过这种双赢的活动，商场提升了经济效益，博物馆取得了较好的社会效益，许多意犹未尽的观众又纷纷来到博物馆参观。

（三）每年东厅都举办特展。比如"生命从远古走来——我们体内的鱼"特展、"地球赞美诗——赵闯科学画展"、"从巨犀到真马"特展、"飞向蓝天的恐龙——带羽毛恐龙化石"特展、"昔日巨兽——古生物复原艺术展"、"史前遗孤"活化石特展、"史前部落"科普互动乐园等。通过这些特展可以让观众更好地了解最新科研成果。

（四）结合馆内展品，举办小型特展。如探寻鸟类"失落的翅膀"——"四翼之鸟"特展、"人类5500万年前的远祖"特展、"一亿年前的水中吸血鬼"特展，让观众了解最新的科研成果。

中国古动物馆所展示的鱼龙化石

三　科普活动与社会教育

（一）博物馆奇妙夜。博物馆奇妙夜是馆

内常设的一项科普活动，学生们夜晚住在帐篷里，和"恐龙"同眠，在十多个小时的时间里，博物馆工作人员系统地给他们讲述浅显的地质学、古生物学、埋藏学知识。尽管时间短，但科学知识一点不少，孩子们乐此不疲。

（二）小达尔文俱乐部。中国古动物馆于1998年6月创办了"小达尔文俱乐部"。让中小学生有一个亲身体验、近距离接触古生物学的平台，摆脱枯燥的书本知识，强调实践和动手能力，及时了解我国乃至国际最新古生物学研究成果，从小培养俱乐部会员们对化石和生物演化研究的兴趣，使俱乐部成为培养中国未来科学家的摇篮。2014年，中国古动物馆"小达尔文俱乐部"科教系列活动获得第二届全国科技场馆科学教育项目展评二等奖。2018年3月，小达尔文俱乐部入选"首都国际科教品牌计划"，名列榜首。

（三）小小讲解员。中国古动物馆每年都有小小讲解员培训活动，培训后的学员在展厅轮值讲解，馆里的老师一直给予现场指导和点评。并设立满30小时、50小时的证书及进阶激励机制。这不仅培养了孩子的语言表达与知识归纳能力，还增强了社会责任感。2017年全国科技周该馆主办的首届"科学之夜"活动中，小讲解员的讲解获得了北京市和科技部领导们的肯定，同时为其他小朋友们起了很好的示范作用。

（四）科学考察。每年的科考中国古动物馆都会到真正的化石点挖掘化石，这是中国古动物馆科考的特色。中国古动物馆科考的脚步遍布全国很多化石点——辽宁

中国古动物馆所展示的黄河象骨骼

热河生物群、山东诸城王氏动物群等。有了这些年组织科考的经验，2017年、2018年两年组织孩子和家长到甘肃马鬃山无人区进行沙漠科考，让古生物爱好者体验科学探索的艰辛和乐趣。

正是由于中国古动物馆出色的科普工作，每年参观人数飞速增长，2018年参观人数已达到31万人次，创历史新高。

四　学术活动与科研成果

中国古动物馆依托中国科学院古脊椎和古人类研究所的资源，拥有丰富的院士团队和科学家资源，积极开展学校古生物课程教师培养计划，与校方联合培养一批有兴趣进行古生物教育的一线教师，进一步辐射与带动百所学校开展科普教育。

（一）古生物专家大课堂入校园开展系列讲座。许多院士和研究员走进学校的课堂，90岁的吴新智院士在北京市十中、海淀实验三小的讲座，让学生们不仅学到知识，也深深体会到院士专家的人格魅力，这样的科学家才应该是学生们崇拜的偶像、追捧的明星、学习的榜样。

（二）宣传科学家精神。中国有丰富的古生物资源，仅恐龙化石就有290多种。中国不但是古生物资源大国，还是古生物研究强国。2018年3月中国科学院古脊椎动物与古人类研究所张弥曼院士荣获联合教科文组织世界杰出女科学家奖。中国古动物馆通过展览展示等方式，不断宣传中国古生物学成果和中国科学家的特别贡献，树立民族自信，开展爱国主义教育，推广中国古生物文化。

（三）开发、讲授古生物系列科学课程。在整个课程设计上，有别于学校课堂，更多的是培养学生科学方法，通过实验、观察和实证发现科学规律，培养逻辑思维和辨别能力。课程内容有"从鱼到人"的演化之旅，飞上蓝天的恐龙等；动手修复化石，筛选有孔虫等；古生物复原绘画，古生物复原雕塑；古生物与地理的融合，人类迁徙和演化；3D打印复原古生物，古生物文创产品的设计和创新等。

（四）2018年底，该馆启动"古生物基地校"建设项目，在专家的支持和指导下，建设古生物小微博物馆。借助建设化石角、化石长廊等手段，将中国古生物学最新科研成果送进校园巡展，让学生们也能接触到科研前沿。

（五）小达尔文俱乐部进校园。针对古生物爱好者开展深层次的活动，实施中国本土古生物科普计划，在基地校园范围开展小小讲解员培训，选拔优秀孩子来馆讲解，并选派参加全国科普演讲大赛。

中国古动物馆小小讲解员馆内讲解现场图

五 "互联网+"科学教育新模式

　　传统单一固定的传播方式逐渐趋于多样化、细致化及智能化。深入了解公众兴趣和诉求，并在服务方式及管理理念等方面积极转变，进而满足广大群众多元化需求。通过新媒体的推广，促进信息共享、互联互通，共同推动"让化石活起来"。也契合了2018年国际博物馆日的主题——"超级连接的博物馆：新方法、新公众"。

　　中国古动物馆根据小学四年级语文课本上册里《飞上蓝天的恐龙》课文设计VR，学生们在课堂上能真实体验兽脚类恐龙演化成鸟类的过程。同时还设计了VR"复原四亿年前的海洋"。这些移动的"教具"，丰富了课堂教学，吸引大众特别是青少年爱上科学，了解更多古生物的知识。

　　2018年出版的《听化石的故事》书籍介绍了馆内60件精美化石展品，更难能可贵的是，通过微信扫一扫就能听到18位科学家亲口讲述28段化石背后故事的原声音频。

中国农业博物馆
CHINA AGRICULTURAL MUSEUM

通信地址： 北京市朝阳区东三环北路 16 号

邮政编码： 100125

电　　话： 010-65096067　010-65096068

传　　真： 010- 65931355

网　　址： http : //www.ciae.com.cn

电子信箱： sjb@ciae.com.cn

微信公众号： 中国农业博物馆

博物馆类型： 自然科学类（自然科学）

隶　　属： 中华人民共和国农业农村部

批准建立时间： 1983 年 7 月经国务院批准筹建

博物馆备案登记号： 010

建筑性质： 现代建筑

占地面积： 430000 平方米

建筑面积： 185500 平方米

展览面积： 6600 平方米

交　　通： 乘运通 107、31、43、113、115、117、300、302、350、402、420、635 路等四十多条线路公共汽车或电车到农展馆站、团结湖站、团结湖北口站、亮马桥站；乘地铁 10 号线到农业展览馆站。

开放时间： 9：00—16：00（每周一及除夕至初六闭馆）

服务设施：

停车场	纪念品商店	餐饮	语音导览	微信导览	无障碍设施	其他
有	有	无	有	无	有	无

概　述

　　中国农业博物馆（简称"农业博物馆"）是1983年7月经国务院批准，在全国农业展览馆基础上筹建的农业行业博物馆，1986年9月正式对外开放。馆舍是1959年建成的全国农业展览馆建筑群的一部分，全国农业展览馆馆址、建设规模和建筑风格由周恩来总理亲自审定，是20世纪50年代首都著名的"十大建筑"之一，也是国内唯一一座大型的园林式展览馆。中国农业博物馆是中华人民共和国农业农村部直属的正局级事业单位，与全国农业展览馆实行"一套人马、两块牌子"管理模式，2012年被评为国家一级博物馆。农业博物馆以"宣传三农、弘扬文化、服务社会"为宗旨，通过收藏、研究、展示和社教活动等方式，宣传农业农村政策、弘扬中华农业文明、展示农业农村成就、普及农业科技知识、开展社会教育活动。

　　中国农业博物馆目前的陈列体系由基本陈列、专题陈列和室外展园三部分构成。室内陈列面积为6600平方米，室外展园面积达10000余平方米。其中，基本陈列"中华农业文明陈列"位于2号馆和4号馆，陈列面积约4850平方米；专题陈列包括"彩韵陶魂——田士利捐赠彩陶展""中国传统农具""中国土壤标本"和"青少年农业科普馆"，分别位于10号馆、9号馆、8号馆、7号馆，各展厅面积分别是300平方米、400平方米、400平方米和650平方米。室外展园包括古代传统农事园、现代科学农事园两部分。

　　中国农业博物馆实行党委领导下的馆长负责制，馆长为法定代表人，馆领导班子由中华人民共和国农业农村部党组任命。农业博物馆按照事业单位人事管理的有关规定对职工进行管理。农业博物馆设有农博综合部、研究部、陈列部、社教部、藏品部（文物修复保护中心）、信息中心、文创产品开发中心七个业务部门，以及办公室（党委办公室）、人事处、财务处等综合服务保障部门以及经营开发部门。

一　藏品征集管理

中国农业博物馆致力于我国农业文物、资料、标本的收集、保护和研究，紧密围绕展陈工作需要，藏品种类和数量不断丰富，逐步建立和完善农业行业特征突出、专业特色明显的文物藏品体系。2013—2018年新增藏品47142件/套，截至2018年底，藏品总量已达9万多件/套。不断加强藏品征集和分级鉴定工作，取得显著成效。认真做好藏品编目建档和信息化管理工作，藏品信息数字化水平大幅提高。为加强和规范藏品征集和经费支出管理，修改完善了《中国农业博物馆藏品征集管理办法》，制定了《中国农业博物馆藏品征集中长期规划》。纸质文物修复工作室建成并投入使用。顺利完成第一次全国可移动文物普查，统计涉及古代文物、传统农具、动物标本、民俗文物、古籍图书等多个门类的文物，采集和上传4万余件/套，6万余件藏品的信息，该项工作多次得到北京市文物局表扬，工作成果在国家文物局文物普查专项展览中展出。

二　陈列展览

中国农业博物馆致力于展示中国农业农村政策、历史、文化、资源、科技、成就等内容，建立传统和现代结合、室内和室外结合的陈列展览体系。除了常设展览，中国农业博物馆每年都举办10个以上临时展览。先后举办了"吉金萃影——贾氏珍藏青铜器老照片展""金石永年——贾文忠全形拓展""人与自然相处的智慧——二十四节气专题展暨书画展""墨韵诗魂——赵学敏、林帝浣、袁小楼二十四节气诗书画展""彩韵陶魂——田士利捐赠彩陶展""中国重要农业文化遗产主题展"等内容丰富、形式多样的临时展览，获得了良好的社会反响。2018年，农业博物馆积极参与在国家博物馆举办的"伟大的变革——庆祝改革开放40周年大型展览"中"希望的田野"单元筹展工作。协助部有关司局确定展览思路，完成大纲起草和脚本撰写，提供粮票、布票、粮食供应证等共计53套86件展品，充分展示了改革开放40年来，特别是党的十八大以来，农业农村和农民生活翻天覆地的喜人变化。此外，农业博物馆还组织举办了"中华农耕文化""留住乡愁——中国美丽乡村文化篇""二十四节气"等巡展。先后推出了中国农业博物馆数字展厅"记忆乡村——馆藏农民画精品展""农业科普宣传画展""纪念5·18国际博物馆日馆藏农业宣传画精品展""难忘乡愁——中国农业博物馆传统农具""土与火的文明——馆藏彩陶"等数字展览。为更加充分地发挥博物馆的窗口作用，在深入研究的基础上，制定了《中国农业博物馆陈列展览更新总体方案》，完成"中国古代农业文明陈列""中国近现代农业变迁陈列"大纲脚本及室外展园的改陈设计方案，博物馆陈列更新改造工作稳步推进。

三 社会教育

中国农业博物馆致力于面向社会公众，组织开展丰富多彩的社会教育和科普活动，为观众提供优质的公共服务。博物馆面向社会常年免费开放，每年接待大批来自国内外不同单位的观众。近年来，观众量和外宾接待量有较大幅度的增长，为农业博物馆赢得了良好的声誉，扩大了博物馆的社会影响力。先后在"全国博物馆优秀讲解案例展示推介活动"和"2017年北京科普讲解大赛"中取得优异成绩。充分发挥农耕文化宣传、农业对外交流窗口作用，大力开展馆校合作、馆社合作、馆企合作、馆媒合作，不断丰富活动内容，拓展社教空间，先后推出"农博科普课堂""小小农艺师""文明诞生记"等系列科普活动，受到社会广泛欢迎。组织开展"红红火火闹元宵""种子达人""美丽乡村"科普夏令营、"农博一日"夏令营、农博科普体验营、"我眼中的美丽乡村"摄影比赛等活动，其中很多已成为农博品牌社教活动。开展"中华农耕文化"进校园、进社区活动，太空种子种植实践等活动，采用微电影等新传媒形式，在学校和社区开展中华传统农耕文化宣传。联合举办"关爱打工子弟、同享科普资源"科普活动、"第十九届北京市中小学生自然科学知识竞赛"，协助举办了首届北京市中小学生"博物馆之春"和第13届北京市中小学生金鹏科技论坛等活动。馆校结合工作有新意，受到北京市教委有关部门的高度赞扬。以全国科普日、北京科技周、国际博物馆日、国际和平周等重点科普活动为契机，参加北京市组织的重大科普活动，宣传中国农业博物馆。举办多期"农博讲堂"，邀请社会、文化、博物馆等领域专家学者来馆授课。编制博物馆校外实践活动课程和科普读物，推出《农博科普资源菜单》，开发形式新颖、内容丰富的校外实践活动，深受观众喜爱。

四 学术研究

中国农业博物馆致力于农业农村历史、文化、国情，以及博物馆与相关人文科学和自然科学等领域的研究，开展相关领域的国内外学术交流活动。不断加强馆内学术研究氛围，提升专业人才理论和业务水平。每年均组织编撰出版多部学术专著，发表论文数十篇。发动全馆有关人员开展课题研究，开展馆内青年课题及馆级开放式综合课题申报和评审工作，形成大量研究成果。先后承接"国家科普基础设施十三五规划专业（行业）科技博物馆发展研究"、农业部"中国重要农业文化遗产扶持政策研究"、农业部农产品加工局"农业文化遗产保护传承政策研究"等一系列课题，并形成《关于扶持中国重要农业文化遗产保护工作的报告》《中国重要农业文化遗产地调研报告》

中国农业博物馆基本陈列"中华农业文明"场景序厅

《中国传统农耕文明的现实借鉴意义基础研究报告》等多项成果，为相关单位开展政策创设提供了支持。举办相关领域的学术活动，学术交流日益广泛，先后组织赴美国、韩国出席国际学术会议，合作举办了"第二届中华农耕文化研讨会"和"第11届全国文物修复技术研讨会"。组织召开"中华农业文明与国家治理学术研讨会""第13届东亚农业史国际学术研讨会""第13届全国文物修复技术研讨会""'二十四节气'保护传承学术研讨会"等。承担了全国农村实用人才培训工作项目"农耕文明经验传承与农民精神养成""全国农村实用人才带头人和大学生村官培训"的授课工作，组织编制授课方案，编写授课讲义，编制授课计划。不断提升农业博物馆主办的刊物《古今农业》的编撰和学术质量，学术论文转载率有较大幅度提高，2018年该期刊被列入历史类核心扩展刊物。加强博物馆和展览工作的研究，增强发展后劲，研究制定了《中国农业博物馆学术研究中长期发展规划纲要（2015—2024）》，进一步明确了学术研究重点和努力方向。与中央电视台气象频道联合策划、编写大型农耕文化纪录片《天人合一》的脚本，并组织专家指导，接受采访，以农博基本陈列为重要拍摄内容，宣传中华农耕文化。

五　安全保卫

中国农业博物馆始终把安全工作放在全馆工作的首位，坚持不懈，切实抓紧抓好，安全教育培训不断加强，管理制度不断完善。强化安全责任制，组织签订《安全责任书》和《消防安全责任书》，将消防安全、生产安全责任层层分解落实到具体部门和每个工作岗位，做到"纵到底、横到边、全覆盖、无缝隙"。加强馆区人员、车辆进出管理，制定印发《进出馆区管理暂行办法》《馆区机动车停车管理办法》，梳理并重新确定停车资格，整治电动车乱停乱放及违规充电、共享单车进馆等违规行为。加强展会等大型活动以及博物馆、藏品库、信息中心机房等重点场所的安全监管，对博物馆实行了观众参观安检。馆区秩序取得明显改观。安装并及时更新安防消防设备，完成中控室消防主机设备、安防监控设备升级改造，消防监控信息传递更加快速有效，监控画面精度大为提升，做到重点区域全覆盖、全天候、无死角。在主要出入口安装闸机，加强了入馆人员的证件化管理工作。做好保密安全管理，制定印发保密工作要点，配合部保密办做好部政务内网接入工作。开展保密自评，强化保密教育培训，组织签订保密责任书，逐级落实保密工作责任，未发生失泄密事件。由于博物馆全年安全无事故，多次被农业部授予"平安建设优秀单位"荣誉称号。

六　文创开发

中国农业博物馆致力于通过多种形式，挖掘馆藏农业文化内涵，开发出具有农业博物馆特色的文化创意和衍生产品，提升农业博物馆自身的品牌形象和影响力。

中国农业博物馆于2018年举办临展"中国重要农业文化遗产主题展"开幕式

2016年被列入全国博物馆文化创意产品开发首批试点单位，开启了文创产品开发工作。围绕农博文化资源和传统技艺，通过自主研发、合作开发等模式，开发出具有农博特色的近百款产品，创建了文创品牌"创创"和"镜里镜外"。其中，自主研发的全型拓"吉祥"系列贺岁卷轴画成为主打产品，受到社会各界好评；手绘团扇、彩绘茶叶罐、耕织图收纳盒、节气青柑茶、木制插卡台历、烙葫芦等成为年度爆款产品；以博物馆汉代陶俑为原型制作的"莫笑农家腊酒浑，丰年留客足鸡豚""故人具鸡黍，邀我至田家"等形成了农博文物创意画系列；镜框农民画、农民画伞、农民画休闲包、农民画台历、农民画鼠标垫等形成完整农民画系列产品；汉式晒谷机、碾米机、扇骨风车等小农具系列；桑蚕丝围巾、手帕等服装服饰是农博桑蚕文化主题展衍生品。2018年《犬守平安》、2019年《祥猪献瑞》卷轴画，农业遗产地木制插卡台历，文化包等被选为国际交流产品。人力推动农业博物馆文化创意工作取得突破性进展。

七　特色工作

（一）2016年11月，由中国农业博物馆作为牵头单位申报的"二十四节气——中国人通过观察太阳周年运动而形成的时间知识体系及其实践"列入联合国教科文组织人类非物质文化遗产代表作名录。为了更好地保护和传承"二十四节气"这一人类非

中国农业博物馆于2018年举办首届中国农民丰收节主场活动

物质文化遗产，中国农业博物馆制定了"二十四节气"保护传承计划，开展了一系列工作，包括完成"二十四节气"相关专题展览及巡展；开展节气传承保护研讨会及系列课题研究；赴传承保护基地考察调研节气习俗活动的开展，指导各地开展节气保护传承活动；组织二十四节气科普社教和农博讲堂等活动；组织编写《"二十四节气"农谚大全》、二十四节气民俗系列丛书、研究文集等出版物；设立二十四节气书库，配合中国邮政发行二十四节气系列特种邮票；以及利用农业博物馆网站和微信公众号等平台开展二十四节气知识的普及和宣传等。诸项措施营造了全社会关心关注文化遗产保护工作的氛围，调动了社会各界参与保护和传承的热情。

（二）积极筹办首届中国农民丰收节主场庆祝活动。2018年9月23日，首届"中国农民丰收节"主场活动在农业博物馆隆重举办。按照"务实、开放、共享、简约"的要求，围绕"庆祝丰收 弘扬文化 振兴乡村"的主题，农博精心组织了展区设计、现场搭建和文化展演。主会场展示展演面积约7千平方米，以中国红和丰收金为主色调，以农村打谷场为设计背景，以象征丰收的圆形粮囤为基本造型元素。首届"中国农民丰收节"主场活动内容包括"砥砺奋进 成就辉煌——十八大以来农业农村改革发展成就展""喜看稻菽千重浪——庆丰收藏品展""农业非物质文化遗产展演"，京东及阿里巴巴展区和现场文艺表演，类型多样、内容丰富。活动当天，现场近200名演员在表演区为观众带来舞龙舞狮、京西太平鼓、中幡、威风锣鼓、大合唱等节目。主会场活动内容丰富、气氛热烈、秩序井然，既具观赏性，又有互动性，呈现了亿万农民兴高采烈庆丰收的热闹景象，得到全社会的热烈关注和部领导的高度赞扬。

中国地质博物馆
THE GEOLOGICAL MUSEUM OF CHINA

通信地址： 北京市西城区西四羊肉胡同 15 号

邮政编码： 100034

电　　话： 010-66557402（办公室）　010-66557858（展区）

传　　真： 010-66557477

网　　址： http://www.gmc.org.cn

微信公众号： 中国地质博物馆

博物馆类型： 自然科学类（自然科学）

隶　　属： 自然资源部

批准建立时间： 1916 年 7 月 14 日

博物馆备案登记号： 009

建筑性质： 现代建筑

占地面积： 3000.76 平方米

建筑面积： 11570 平方米

展览面积： 7500 平方米

交　　通： 地铁 4 号线西四站 D 口。

开放时间： 9：00—16：30，16：00 点停止售票（星期一闭馆）。

服务设施：

停车场	纪念品商店	餐饮	语音导览	微信导览	无障碍设施	其他
有	有	无	有	有	有	无

概　述

　　2013年至2018年是中国地质博物馆发展史上的一个重要时期。中国地质博物馆作为国家一级博物馆和AAA景区，连续多年保持了"全国文明单位""首都精神文明单位标兵""中央国家机关文明单位标兵"称号，被授予"全国科普工作先进集体""全国青少年科技教育基地""全国科普教育基地""首都文明服务示范窗口单位"和"爱国主义教育基地"等荣誉称号。2016年，习近平总书记专门致信祝贺建馆100周年，更令全馆上下为之振奋和感召。中国地质博物馆以习近平新时代中国特色社会主义思想和习近平总书记致建馆百年贺信精神为指引，以打造地学研究基地和科普殿堂为抓手，以谋划新馆立项建设为动力，坚持将贺信精神内化于心，外化于形，取得了较好的社会影响和成效。

一　管理体制

　　中国地质博物馆是隶属于自然资源部的全额拨款事业单位。根据2018年《关于同意中国地质博物馆内设机构调整有关事项的复函》（国土资人函〔2018〕7号），中国地质博物馆分为16个处室（部），分别是：办公室、财务处、人事处、党群工作处（纪检监察室）、科技外事处、藏品保管部（标本技术研究室）、社会教育部、后勤保卫部、展览艺术研究室、岩石矿物研究室、地层古生物研究室、信息网络部、宣传联络部、史志办公室（《地球》杂志编辑部）、科普基地管理办公室、古生物化石专家委员会办公室。其中，史志办、科普办、化石办分别承担了国家和自然资源部重大史志项目的研究实施、自然资源文献及年鉴编辑出版、《地球》杂志的编辑出版；自然资源科普基地管理与业务指导；全国古生物化石保护统筹管理的职能。

目前，中国地质博物馆在北京房山、河北承德、辽宁本溪、辽宁宜州、黑龙江嘉荫、江苏常州、江苏东海、江西南昌、山东烟台、河南西峡、湖北黄冈、贵州黄果树设有12家分馆，除对各分馆进行分类业务指导外，还积极参与河北张家口、江西赣州等地的地学类博物馆建设，为全国地学类博物馆搭建学习、沟通的桥梁，促进地学类博物馆蓬勃发展贡献力量。

二　主要业务开展

（一）藏品保管

中国地质博物馆现有馆藏22万余件，涵盖地学各个领域。其中有蜚声海内外的禄丰龙、巨型山东龙、中华龙鸟等恐龙系列化石，北京人、元谋人、山顶洞人等古人类化石；有毛泽东主席赠送的单体"水晶王"、世界最大的方解石晶洞、巨型萤石方解石晶簇标本，以及包括世界已知最大的方柱石猫眼和全球罕见沙弗莱石在内的种类繁多的宝石、玉石等大批国宝级珍品。近几年博物馆采集、征集、购置了一大批精品地质标本，以含铬钒的钙铝榴石、锂辉石、蓝色黄玉、巨型方解石晶洞、巨型硅化木等标本为代表。

2018年11月，中国地质博物馆正式向自然资源部申请了藏品清理专项计划，并成立了标本清查领导小组及办公室，制定了《中国地质博物馆馆藏标本清理工作流程与规范》《中国地质博物馆标本清理出入库管理规定》，同时召开藏品清理工作全馆动员部署会，要求全馆职工把做好藏品清理工作作为博物馆的头等大事和中心工作，组织全馆干部职工逐一核对现有台账、标本信息与标本的对应情况，陆续开展藏品大账的数字化录入工作，对所有标本进行清理、核对和妥善保管。该项工作将有效解决藏品管理存在的各种历史遗留问题。

（二）重要陈列展览

中国地质博物馆目前共设有4个基本陈列和3个临时展厅。独具特色的陈列内容，关注人类生存环境，聚焦经济社会发展，揭示地球宝藏奥秘，展望美好生活未来，让观众在浓郁的科学氛围中，轻松步入精彩纷呈的地学世界。

1. 地球厅。以地球动力为主线，介绍了在内外动力作用下所发生的重要地质作用。东展线介绍内动力地质作用，以板块运动、褶皱断裂、火山、地震等地质作用为重点；西展线以外动力地质作用为主，主要介绍了水和风的地质作用。地球厅内设报告厅，时常开展地博讲堂等特色活动。

2. 矿物岩石厅。汇集了近千件矿物珍品及典型岩石标本。观众通过参与、欣赏展厅的展品，可了解自然界中矿物岩石的成因，原始产出情况，自然界种类繁多千姿百态的矿物岩石、代表性矿物岩石的感官特征及可供人们使用的特性。观众在欣赏各种精美奇特的矿物岩石展品时，通过交互式展览和虚拟展出部分，可以对一些矿物岩石展品进行探索性操作，获得相关知识。

3. 宝石厅。曾荣膺全国博物馆十大陈列展览精品奖。以展示宝石、玉石、有机宝石、贵金属等材料及其成品为主线，融入宝石鉴定、宝石鉴赏、宝石琢型、宝石评价、宝石成因、宝石微观世界、宝石分布、宝石开采、宝石加工、首饰镶嵌、人工改善宝石与人工宝石及其制造方法以及宝石文化等知识点和兴趣点。

4. 史前生物厅。以生物进化过程中发生的重大事件为线索，向观众介绍生物的发展过程和各地质时期常见的化石，展示地球上生物的发生、进化和灭亡的过程。陈列了叠层石、中国澄江动物群、杯椎鱼龙、中国安琪龙、翼龙化石。

除基本陈列外，中国地质博物馆每年还会举办形式多样的临时展览。2013年第44个"世界地球日"来临之际，中国地质博物馆组织策划了集科学性、思想性、趣味性、通俗性于一体的"《地海漫诗》海洋科普专题展览"，首次展出了由中国发现、国际矿物学会命名的"钓鱼岛石"矿物标本（薄片）、代表国际深海科考先进水平的"蛟龙号"模型、我国地质学家亲自采集的南极陨石、极地岩石标本等。宣传海洋知识、弘扬科学精神，使全社会进一步关心海洋、认识海洋。

2014年，围绕"科学艺术共生，矿物美学相伴"主题，举办了"石——标本采集与购置成果汇报展"，既给观众带来了一场震撼的视觉盛宴，又充分展现馆藏地质遗迹标本采集与购置项目取得的丰硕成果；与中国商业联合会珠宝首饰委员会玉雕

中国地质博物馆建馆100周年专题展开幕式

艺术商会联合举办以"展示玉雕精品，弘扬中华文化"为主题的"2014中华玉雕精品展"，展览中的玉石雕件工艺精湛，题材广泛，设计构思新颖、造型优美，有深厚的文化内涵和鲜明的时代特征；通过梳理行业脉络，紧跟文化主线，与世界地质公园网络办公室联合举办"中国地质公园十年回顾展"，展现我国地质公园十年来的发展历程，记录美丽中国大好山河；为了传承科学精神，向公众展示地球科学发展历程，以及科学家们不断进取的科学精神，设计制作"尚贤——中外著名地质学家图片展"，推出"守护远古的生命——《古生物化石保护条例》3周年展览"，较全面地介绍《条例》施行三年来，我国在古生物化石的保护管理、科学研究、科学普及诸方面取得的进展和成效，传播了古生物化石知识，呼吁社会对古生物化石保护的重视和参与。

2015年，完成由国土资源部、国务院参事室、中央文史研究馆主办的"纪念中国人民抗日战争暨世界反法西斯战争胜利70周年地质史料展"的设计和布展工作。此次展览内容主要为抗日战争时期，日本侵略者对于中国资源的觊觎、掠夺，爱国地质工作者积极投身抗战的动人史实。展览时间紧、跨度大、内容丰富。设计完成国土资源部"十二五"重大科技成果展，全面介绍《国土资源部"十二五"重大科技成果集》中遴选的100项重大科技成果，展示国土资源科技创新取得的重大成就，以及这些科技创新为破解国土资源难题，促进国土资源事业发展所做出的巨大贡献。此外，还举办了"2015北京·中华玉雕精品展""迎新春·2015翡翠和田玉臻品展""灿烂而厚重的艺术——唐卡艺术与矿物颜料展暨根秋江村唐卡作品展览""点赞中国梦——国土资源部老干部书画展"等多个展览，均受到广泛欢迎和一致好评。

2016年7月20日，在中国地质博物馆百年华诞之际，中共中央总书记、国家主席、中央军委主席习近平致信祝贺中国地质博物馆建馆100周年，并向全国广大地质工作者致以诚挚的问候。习近平在信中指出："100年来，中国地质博物馆恪守建馆宗旨、不断精进学术，在地球科学研究、地学知识传播等方面取得显著成绩，为发展我国地质事业、提高全民科学素质做出了重要贡献。"习近平强调，"科技创新、科学普及是实现创新发展的两翼。希望你们以建馆百年为新起点，不忘初心、与时俱进，以提高全民科学素质为己任，以真诚服务青少年为重点，更好发挥地学研究基地、科普殿堂的作用，努力把中国地质博物馆办得更好、更有特色，为建设世界科技强国、实现中华民族伟大复兴的中国梦再立新功。"中共中央政治局常委、国务院副总理张高丽于7月22日作出重要批示："国土资源部和全国地质系统干部职工要认真学习贯彻习近平总书记的重要指示要求，进一步做好地学基础研究、知识传播和科普工作，努力建设更好更有特色的中国地质博物馆，为提高全民科学素质，建设世界科技强国，实现中华民族伟大复兴的中国梦做出新的贡献！"7月23日，中国地质博物馆建馆100周年专题展开幕，国土资源部部长姜大明在开幕式上宣读了习近平的贺信。"百年历程——中国地质博物馆建馆100周年专题展"在四楼展出，分为关怀与鼓舞、科学启航、地质巨擘、先行保障和自然瑰宝五个部分，集中展示了100年来中国地质博物馆为近代中国自然科学的启航，地质科学知识的普及和地质找矿成果及国土资源成果宣传所做的贡献，并特别展示了中国地质博物馆的典藏精品标本。

近两年，中国地质博物馆通过加强展陈设计研究，创新展陈内容与形式，增强展陈吸引力、感染力，实现展陈资源作用最大化。持续打造的精品主题展览：如"中华玉雕精品展""中国矿物精品展"等几个精品展览已举办数届，反响热烈、好评如潮。每年都积极配合"全国科技活动周""世界地球日""土地日"等主题日宣传，实时更新主题展览，有效拓展科普辐射力。在第49个世界地球日，联合国家地质公园网络中心举办了"魅力地质——中国的世界地质公园"展览，展示我国地质公园的魅力，推动地球科学知识的传播，同时在山西地质博物馆、雷琼世界地质公园、乐业凤山世界地质公园、雁荡山世界地质公园、织金洞世界地质公园等单位进行联展或巡展，引起强烈社会反响。联合安徽省地质博物馆、黄山地质公园、希腊莱斯沃斯地质公园举办了"自然馈赠话黄山"专题展览，在有效承接新部职能、积极传播人与自然和谐相处理念以及多方联合办展、推进国际交往等方面做了有益尝试。策划的"守护远古的生命——海外追索及国际交流化石展""'一带一路'国家矿物宝石与邮票展"等专题展览，由于展览题材新颖，富有特色，契合了社会热点焦点，吸引了党政机关、社会团体以及全国各界数十万观众参观，反响十分热烈。

（三）社会教育与科普活动

中国地质博物馆继承发扬百年优良传统和科学精神，以提升社会教育功能建设为出发点，以提高优质服务为目标，开展了一系列品牌活动，成功培养了一支金牌讲解员队伍，屡次在全国行业大赛中获奖，展现了良好的精神面貌和出色的科普能力。

一是利用周末和寒暑假广泛开展各类科普宣传活动，积极开展对外交流，为公众更好地学习和掌握地球科学知识，理解和认知自然资源国情，发挥了重要作用。中国地质博物馆的精品活动"地博讲堂"，以其丰富的题材、生动的内容为社会公众奉献了一道道精美的科学和文化大餐，逐渐成为馆一项重要的科普品牌，北京电视台《北京晚报》《科普时报》等多家媒体还专门进行了报道。为保证质量，还邀请全国著名的科普专家做客"地博讲堂"，向观众普及地学知识，弘扬科学精神，惠及听众达4000余人次。利用寒暑假期间推出"玩转地博"系列活动，如"小小雕刻师""史前生物大比拼"等广受欢迎的史前生物的主题，深受学生群体的好评。

二是高度关注教育资源匮乏的地区和中小学校、社区。该馆专家团队作为最受欢迎的科普小分队，连续多年参加由科技部、自然资源部等12个部门联合举办的"科技列车行"活动，先后前往西藏拉萨、日喀则、那曲、云南曲靖、文山等地开展地学科普宣传，为当地近万名居民和近五千名学生带来丰富多彩的地学科普活动。针对全国重点贫困地区的留守儿童教育扶贫，先后在福建省泉州市、湖北省麻城市、四川省仪陇县近20所学校举办地学科普讲座近40余场，惠及学生约15000人。

三是以自然资源部科普基地建设为重点，着力打造科普交流平台，努力加强科普人才培养。先后完成了三批国土资源科普基地的推荐命名工作，科普基地总数已达139家，遍布31个省区市，初步形成了覆盖面广、形式多样的国土资源科普基地网络。举办科普基地业务培训班，提高科普基地工作人员业务水平，培养科普人才，并开展了科普基地补充评估工作；配合开展"世界地球日"活动，推出了《地球日活动合辑》，以图文并茂的形式报道了各科普基地在其间举办的特色科普活动，交流各科普基地地球日活动开展经验；编印《国土资源科普基地工作动态》，及时宣传了最新科普政策、通报了重要工作进展以及各科普基地的最新工作动态。

四是与亚太地质公园网络和香港联合国教科文组织世界地质公园联合在香港成功举办地学科普能力建设研讨班，来自内地、日本、菲律宾及欧洲的30多家地质公园、地学类博物馆以及国土资源科技主管部门的代表参加；在郴州国际会展中心组织召开第六届中国（湖南）国际矿物宝石博览会，举办"新时代地学类博物馆的新使命"博物馆论坛，为新时代地学类博物馆事业的建设聚才献策；与自然资源部珠宝玉石首饰管理中心、中国地质大学（北京）等单位联合举办了2018地学科普高峰论坛，邀请矿物、宝石研究领域的知名专家、学者作专题报告，普及了地球科学知识，探讨了地学科普的新方向新领域新前景；联合浙江自然博物馆、重庆自然博物馆等在深圳举办地球科学科普大会，传播地学知识；依托中国博物馆协会地质博物馆专业委员会和地质科普委员会等平台，做好沟通服务，加强学术交流。

三　学术研究

近年来，中国地质博物馆在地层古生物学、岩石矿物学、宝石学和博物馆学等方面的研究都取得了丰硕的成果。同时，也为自然资源部有关司局提供化石发掘申请评审、进出境及海关截获化石鉴定等技术支持，开展化石标本登记指导、化石管理政策研究。

几大重点科研项目成果丰硕。"国土资源知识公众化传播关键技术研究"项目历时数载，取得了一系列开创性的研究成果：获得国家专利22项；获得软件、影视著作权2项；发表学术论文12篇，出版专著3部。"地质遗迹标本采集、购置与综合研究"项目成果丰硕，一是在项目多年的执行过程中，研究制订了一套标本采集购置管理办法。形成了两个"三分离"原则和三种机制，并严格按照程序执行；二是所购置的标本不仅填补了馆藏空白，而且明显提升了藏品质量，如144.45克拉的绿色含铬钒钙铝榴石（沙弗莱石，刻面宝石）、紫锂辉石巨晶、蓝色黄玉巨晶等4件属于世界级的稀世珍宝；三是收集了一批具有重要学术意义的地质标本，如张氏登普斯基蕨等标本蕴藏着丰富的古地理古气候信息，相关研究成果已发表在相应的学术期刊上；四是所购置标本面向社会展出并取得了良好的科普成效。"典型地质矿产标本调查"制定了典型地质矿产标本采集、信息采集和信息著录描述技术要求，规范了标本采集与信息著录；提出了以地质体为单位开展系统标本可视化综合展示方式，形成了一套可用于野外数据采集的技术方案，完善了标本三维影像获取与还原技术方案；初步建立了以WEBGIS为发布平台的典型地质矿产标本数据库系统，包含了25个产地38个地质体多媒体数据、2559件标本数据，直观地展示了地质体及标本产出特征；通过数据库数据的网路发布，为社会提供了服务。"全国珍稀矿物标本资源产地调查与保护对策研究"项目建立"矿物种信息网"网站并发布成果数据，数据包括："IMA矿物种中英名称对照名录""中国现代矿物种资源""中国首次发现的新矿物""中国地质博物馆典藏矿物种资源""药用矿物资源"等，资料翔实、新颖、实用，填补了国内空白。"矿物种信息网"从2014年正式上线以来，不断完善更新矿物种数据和人性化服务，社会认可度高，在百度搜索"矿物信息"等关键词，该网站位居搜索结果首位；成果应用广泛，得到了大专院校、科研机构、公（私）立博物馆、学术团体等的普遍认可。

地层古生物学方面，中国地质博物馆承担的国家自然科学基金项目"湘西寒武纪奥斯坦型保存化石的研究"通过研究中国的奥斯坦型化石，在揭示甲壳动物、环神经动物及蜕皮动物的起源和早期演化方面展现了重要的价值；"内蒙古鄂尔多斯地区早白垩世脊椎动物群及相关地层对比"项目通过深入开展对鄂尔多斯恐龙动物群及其地层的系统调查，有利于厘清该动物群的总体组成面貌，对中国北方不同地区早白垩世陆相地层的精细对比亦具有重要价值；教育部重点实验室基金项目"黑龙江中生代矿化植物茎干解剖学研究""古生物化石科普定位与示范研究""甘肃宁夏石炭纪鱼类及昆虫化石研究"等均取得了丰硕的研究成果。

岩石矿物学方面，主要完成了"地质遗迹标本采集与购置"项目下属的"宝玉石标本购置与征集""馆藏宝玉石标本整理与综合研究""颜料矿物标本收集与研究""云南北衙超大型金多金属矿床地质标本采集与矿床成因研究"及"云南个旧锡多金属矿床含锡矿物标本采集及矿物学系统研究"5个课题研究。此外，负责"宝石类展教系统研制"课题中"宝石识别"和"宝石特殊光学效应"两套展教系统，与制作公司合作，将课题中的宝石偏光观察展项、宝石折射率测试展项和钻石热导仪测试展项等进行成果实用性推广转化。

在进行学术研究的同时，中国地质博物馆在自然资源史志研究、党史文献编纂、年鉴编纂出版、自然资源文化建设等方面也取得了丰硕成果。出版了历年《中国国土资源年鉴》，编纂完成原地矿部时期机构沿革、土地局时期机构沿革内部资料篇；编写《党的十八大以来国土资源工作大事记》，集中反映了从2012年11月至2018年3月党的十八大以来国土资源事业改革发展重要成果，成为全国自然资源系统学习党的十九大精神的辅导读物和工具书；编纂完成近百条《改革开放40周年大事记》，高度总结自然资源领域改革开放重大成果；出版发行《中国地质博物馆志》，全面总结了中国地质博物馆百年发展历程，进一步提升了中国地质博物馆的社会影响力。

中国第四纪冰川遗迹陈列馆
CHINA QUATERNARY GLACIAL VESTIGE EXHIBITION HALL

通信地址： 北京市石景山区模式口大街28号

邮政编码： 100041

电　　话： 010-88722585

传　　真： 010-88722585

电子信箱： bingchuanguan2009@126.com

微信公众号： 中国第四纪冰川遗迹陈列馆

博物馆类型： 自然科学类（自然科学）

隶　　属： 北京市石景山区文化委员会

批准建立时间： 1986年

博物馆备案登记号： 054

建筑性质： 现代建筑

占地面积： 6300平方米

建筑面积： 4200平方米

展览面积： 3300平方米

交　　通： 地铁乘1号线至苹果园地铁站下车，换乘336、597、运通116路等车在首钢小区下车，或乘527、311路在模式口东里下车。自驾路线：长安街延长线至西首钢东门后向北2千米左右；阜石路至石景山区方向，至金顶北街，直行，第四个红绿灯左转进入模式口大街，直行1000米右转上坡即到。

开放时间： 周一12:00—17:00
周二至周日8:30—17:00（16:30停止售票、停止入馆，17:00闭馆）

服务设施：

停车场	纪念品商店	餐饮	语音导览	微信导览	无障碍设施	其他
有	无	无	无	无	有	无

概　述

中国第四纪冰川遗迹陈列馆隶属石景山文化工作委员会。设馆长、副馆长；下设办公室、社教部、安保部。

模式口冰川擦痕地处京西古道模式口，背靠翠微山，前临永定河引水渠，是我国前水利部高级工程师李捷先生1952年勘探永定河引水渠时发现的，后经著名地质学家原地质部部长李四光先生与苏联科学家纳里乌金共同鉴定确认，这个擦痕的发现被苏联科学家纳里乌金称为"揭开了亚洲地质史上的光辉一页"，是国内外地质工作者和学者研究考察的必到之处。在此基础之上建立的冰川馆是我国乃至亚洲唯一一座建立在冰川擦痕遗迹上的自然科学类专题性博物馆，被命名为"全国科普教育基地"和"北京市爱国主义教育基地""北京市科普教育基地"，并被确定为北京市重点文物加以保护，并且成为研究我国第四纪冰川学和地质力学的科普知识教育基地。同时，冰川馆也是专业院校地质系课外教学场馆，为科学知识的传播和弘扬老一辈科学家的爱国热情、敬业精神，发挥了重要作用。

冰川馆占地约6300平方米，建筑面积为4200平方米，包括冰川知识展览、互动展览、场景复原区、室外地博园、一级保护区和一个多功能报告厅。通过展板介绍、标本展示、光电展示、场景再现、模拟互动等现代的展陈手段，全面地介绍第四纪冰川的形成演变与人类的关系以及京西地质构造、岩石构造等一系列自然地质知识。冰川馆集收藏、陈列、研究、普及于一体，开展形式多样的科普活动、展览展示、学术交流、知识讲座和冬夏令营活动。

为充分发挥博物馆作用，每年春节前夕，为了使在京上学的新疆学生能度过一个欢乐而有意义的寒假和春节，围绕"传承和弘扬中华民族优秀文化，增强中华民族的凝聚力和认同感"这一主题，冰川馆策划并和北京九中共同举办了春节联欢会"红红火火迎新春，冰川馆里过大年"活动，文委领导、地质专家团专家与北京九中新疆班的孩子们一起欢度春节，进一步拉近了学校与博物馆之间的距离，为多角度发挥博物馆功能起到了积极推动作用。春节期间为营造欢乐、祥和的节日气氛，给游客提供一个良好的参观环境，馆中特别悬挂了条幅、灯笼、年画、福字等具有民俗特色的装饰物，营造热烈、喜庆的节日气氛。

而另一项由冰川馆主办、区科协协办的"青少年勘探队"野外地质勘探夏令营，主要针对北京西部地区的地质、地貌，永定河河渠的形成及京西动、植物化石的分布进行实地勘测和标本采集，队员们通过搭帐篷，吃军用食品，使用测量仪器，观察测量地质、地貌，学习到了地质年代远近的区别，见识了大峡谷张裂的力量，现场挖掘采集化石标本，使同学们了解了地球亿万年的变化中动植物的进化过程。利用科普夏令营，使学生亲身体验地球在46亿年中的变化，更深刻地学习地质、自然知识，通过专题讲座，标本采集、制作，岩石、矿物、化石鉴定等各项活动，让学生们学习到在学校学不到的自然知识，在体验中提高综合素质，激发学生的科学创造和探索求知的精神，培养学生热爱科学、热爱自然的兴趣，培养他们团结互助的集体主义精神。

冰川馆利用其在自然科学的普及教育方面得天独厚的条件，充分利用博物馆资源，最大限度地发挥博物馆作用，积极宣传普及科普知识，丰富科普内容。几年来在区文委的领导和区科协的大力支持下，冰川馆"科普大篷车"一直活跃在社区、部

中国第四纪冰川遗迹陈列馆重要展览

中国第四纪冰川遗迹陈列馆2018年国际博物馆日主题活动现场

队、学校，深受广大群众的欢迎。为了进一步把科普大篷车的工作做好、做出特色、做成真正的"流动的博物馆"，冰川馆制定出多套展陈方案，并结合不同的展陈需求，适时调整更换展陈内容，充分利用"科普大篷车——流动的博物馆"这一科普惠民的形式，把中国第四纪冰川遗迹陈列馆"科普大篷车"开进更多的学校、社区、部队，使流动的博物馆成为科普教育、科普惠民的一支轻骑兵。

在国际博物馆日，冰川馆均开展"走出去，请进来"特色活动。"走出去"——冰川馆的科普大篷车满载多种古生物化石、展板走进社区、学校，吸引众多居民、学生到大篷车前参观、学习。"请进来"——博物馆日这天冰川馆免费对外开放，遗迹大厅展出了新采购的第四纪冰期大型动物化石——猛犸象、披毛犀、东北野牛等，精品矿物展厅里展出百余块珍贵矿物晶体耀人眼目，吸引了众多游客观看，惊叹不已。大篷车贴近百姓，倾听百姓的科普需求；把游客请进博物馆参观更是将博物馆作用发挥到极致，将博物馆真正做成了服务的博物馆、人民的博物馆。

冰川馆作为中国地质大学校外实践基地，每年接待百余名地质大学学生到馆内实践教学；作为校外实践基地，每年为我区中小学校培养多名"小小讲解员"；接纳古城旅游职业学校学生到该馆实习培训；接待中小学生有组织参观及中外交流。通过冰川馆工作人员对第四纪冰川知识的介绍，加强了学生们对地质专业的认知。

在全党、全国都非常重视教育的今天，学校的教学环境、教学设施和师资力量等都得到了极大的改善，而如何增加学校知识氛围和文化底蕴就摆上了议事日程。为此冰川馆提出了在学校建立生物园、地质园的设想，把地质年代表按一步百万年或一步十万年的设想，刻画在学校长廊上，年代两边刻上相应的动物、植物场景，从而体现生物进化与地质年代的关系，而在长廊的旁边则放置一些动植物化石，这样可以使学生在校园的活动中接触到科学知识，使学校更具有文化氛围。此外，为了打造一系列让老年人有回忆、中年人有意义、青少年人有兴趣的科普文化活动，冰川馆充分利用各类节日、主题日、纪念日等，一方面在开展"我们的节日"系列公益性科普文化展览展示活动上下足功夫，另一方面在支持指导基层社区开展丰富多彩的科普活动上做足功课，让群众充分感受到了传统文化的魅力，进一步丰富了群众的科普文化生活。如"赏团圆月，品传统韵，创文明城"、"冰川馆里过中秋"、"感恩有你，寄语未来"、"重阳节"敬老爱老活动等。

冰川馆对外开放后不断探索可持续发展之路，在突出科研、科教、科普功能的同时，发挥科普在实施科教兴国战略中的重要作用，以科学的发展观进行国民经济建设，为传播科学和人文精神服务，从而促进全民道德素质和全民科学素质的全面提高。

中国蜜蜂博物馆
APICULTURAL MUSEUM OF CHINA

通信地址： 北京香山卧佛寺西侧中国农业科学院蜜蜂研究所院内

邮政编码： 100093

电　　话： 010-62595735

博物馆类型： 自然科学类（自然科学）

隶　　属： 中国农业科学院蜜蜂研究所

批准建立时间： 1993年

博物馆备案登记号： 081

建筑性质： 现代建筑

建筑面积： 350平方米

展览面积： 300平方米

交　　通： 公交318、331、360、360快、550、698、运通112路北京植物园或卧佛寺站下可到，海淀区西郊地铁巴沟线至植物园站。

开放时间： 8:30—16:30（每年3月11日—11月14日开馆，冬季闭馆）

服务设施：

无障碍参观	停车场	衣帽间	餐饮	茶座	纪念品商店	语音导览	其他
无	有	无	无	无	有	有	停车需要提前预约

概　述

　　中国蜜蜂博物馆位于风景优美的香山北京市植物园内，卧佛寺西侧香山北沟一号院内，著名古刹卧佛寺西侧，周围植被茂密，景色宜人，尤以春季桃花盛开、秋季红叶烂漫的时节吸引游人无数。

　　中国蜜蜂博物馆筹建于1993年7月。新中国成立以来农业系统规模最大的一次国际学术会议——第33届国际养蜂大会在北京召开，为向世界各国与会者展示中国养蜂业的悠久历史和发展成就，在农业部、中国农业科学院和中国养蜂学会的大力支持下，由中国农业科学院蜜蜂研究所负责，在蜜蜂所内筹建了我国第一个蜜蜂博物馆。经过两个多月紧张的馆舍修建和设计布展，在9月21日大会开幕之时，80平方米的展厅如期开放。为充分发挥蜜蜂博物馆的社会效益，1994年10月起向社会试开放。1996年6月向北京市文物局申请注册登记，1997年4月经北京市文物局批准正式成立中国蜜蜂博物馆。同年，由蜜蜂研究所和蜜蜂博物馆自筹经费，将展厅扩大至150平方米，展出内容大大丰富充实，较好地适应了面向社会开展科普宣传的需要。1997年5月本馆由海淀区科协定为海淀青少年科技教育基地，1998年12月由北京市科协定为北京市科普教育基地，2004年被评为科学技术普及工作优秀组织奖，2006年被定为北京校外教育协会会员单位。2008年5月开始闭馆装修，2011年3月重新布展后开馆，2011年10月通过北京市科普教育基地重新审定。

　　中国蜜蜂博物馆的宗旨是：面向广大群众宣传普及蜜蜂发展史、蜜蜂生物学知识、人类养蜂发展史、蜂产品保健知识、蜜蜂作为农业之翼对人类的贡献以及蜜蜂文化等内容，并建成青少年生物学科技教学基地。蜜蜂是一种与人类关系密切、生物学特性有趣的昆虫，中国蜜蜂博物馆常年展出以"蜜蜂是人类的朋友"为主题的科普展览。展厅共分4个展室，展出图片和图表近600幅，标本、模型和实物800余件，包括以下内容：

1.蜜蜂的起源与演化：古蜜蜂的化石、照片、演化图、蜂巢实物、蜜蜂标本。

2.蜜蜂的分类和原产地。

3.人类养蜂史和蜂产品的利用：古农书和古医书记载，中华蜜蜂传统饲养蜂桶实物和失蜡法铸造模型。

4.中国蜜蜂和蜜源植物资源：蜜源植物分布图、标本，采自西双版纳的大蜜蜂蜂巢，蜜蜂生态环境和饲养状况的景观模型。

5.蜜蜂的外部形态和内部构造模型，蜂群中三型蜂的形成和发育，蜂群的生物学特性。

6.蜜蜂的社会性行为及其对人类社会的借鉴意义。

7.蜜蜂饲养管理技术：各种蜂产品的生产方法、育种及蜜蜂保护。

8.蜜蜂观察箱：参观者通过观察，可以看到蜂王、工蜂、雄蜂在蜂巢内的生活状态。可以看到个体最大的蜂王正在产卵，工蜂在辛勤地酿蜜，发现蜜源的工蜂在巢脾上兴奋地跳着舞，无所事事的雄蜂在巢内寻找美食等有趣的情景。

9.蜂产品保健知识：蜂蜜、蜂花粉、蜂王浆、蜂胶、蜂毒、蜂幼虫、蜂等的保健作用、服用方法、保存和质量鉴别，蜂针疗法。

10.蜜蜂对农业的贡献：蜜蜂为农作物授粉增产提质，蜜蜂在现代生态农业中的

中国蜂蜜博物馆在世界蜜蜂日举办活动现场图

作用，国家几代领导人针对养蜂业的批示。

11.蜜蜂与文化艺术：历代具有代表性的有关蜜蜂的文学、绘画、艺术作品和少数民族蜂文化。

12.我国蜂业教育事业发展成就：生产、科研、教学、影视、出版物和丰富多样的蜂产品制品。

13.国际养蜂科技交流与合作：包括多次国际养蜂会议或交流活动的相关书籍、纪念品等。

14.世界养蜂业发展概况：著名的养蜂历史文物图片，蜂文化，现代养蜂技术，国外蜂产品样品及蜜蜂邮票。

15.蜜蜂所研制的蜂产品系列展示：蜂胶、蜂蜜、蜂王浆、蜂花粉、蜂毒、日化护肤产品等。

蜜蜂由于具有严密的社会性群体结构和高度发达的生物本能而引起人们浓厚的兴趣，成为自然科学的重要研究对象；同时，蜜蜂作为自然界最主要的授粉昆虫，不但是生物链上不可缺少的重要环节，而且在现代农业中仍是不可替代的作物授粉者。养蜂业在世界各国都受到普遍重视，我国有着悠久的养蜂历史，不但拥有丰富的养蜂自然资源，而且形成了精彩纷呈的蜜蜂文化。

中国蜜蜂博物馆通过文字、图片、图表、标本、实物、景观模型、音像等手段，以生动直观的形式介绍了源远流长的养蜂发展历史，蜜蜂的生物学知识，现代养蜂科学技术和蜂产品的相关知识。同时特别着眼于建设成为中小学生、生物学科教学的课外活动场所和爱科学、学科学的园地，以蜜蜂科普带动和培养学生对生物学的兴趣，满足他们探求知识的渴望、探索蜜蜂王国的奥秘，介绍人类、蜜蜂与自然界之间的关系。伟大的爱因斯坦曾经说过"如果蜜蜂从地球上消失，人类将只能再存活四年"。点明了蜜蜂的存在对人类的重要性及人与自然和谐相处的意义，并以蜜蜂的"品格"对人类进行高尚情操的熏陶。除固定展览外，还可根据观众要求，提供各种与蜜蜂相关的咨询活动、校内科普；提供与蜜蜂相关的书籍和纪念品展卖、DIY手工制作（唇膏、十二生肖、蜡烛、蜂蜜皂）等。

中国蜜蜂博物馆开展"5·20"世界蜜蜂日活动

北京市房山世界地质公园博物馆
CHINA FANGSHAN GLOBAL GEOPARK MUSEUM

通信地址： 北京市房山区长沟镇六甲房村

邮政编码： 102407

电　　话： 010-61368202/8210（社会服务电话、参观预约电话）

传　　真： 010-61368202

电子信箱： sjdzgybwg@126.com

博物馆类型： 自然科学类（自然科学）

隶　　属： 北京市房山世界地质公园管理处

批准建立时间： 2010年1月25日

博物馆备案登记号： 158

建筑性质： 现代建筑

占地面积： 61100平方米

建筑面积： 10000平方米

展览面积： 5800平方米

交　　通： 公交：616、901（六里桥—佳仕苑）、901（六里桥—燕化东岭）良乡医院下车，转乘房山12路南甘池路口下车即到；乘公交车917、836（张坊线）路云居寺路口下车，转乘房山12路南甘池路口下车即到。

地铁：房山线苏庄站下车，房15路五侯路口下车换乘房12路，房42路闫村下车换乘房12路南甘池路口下车即到。

自驾：G4京港澳高速闫村出口出—京周路—周口店路口左转—房易路—云居寺路口右转直行三分钟即到。G4京港澳高速琉璃河出口出右转直行，经琉璃河—韩村河—房易路左转，云居寺路口右转直行约2千米即到。G5京昆高速云居寺—长沟出口出左转直行。

开放时间： 周二至周日 9:00—16:00

服务设施：

停车场	纪念品商店	餐饮	语音导览	微信导览	无障碍设施	其他
有	无	无	有	无	有	无

概　述

　　北京市房山世界地质公园博物馆于2009年3月29日开工建设，2010年5月15日完工，对外开放。占地面积91.65亩，建筑面积10000平方米，展览面积5800平方米。该馆是房山世界地质公园的核心展示区，是世界地质公园科研交流的平台，是世界上首家建在首都的世界地质公园博物馆。联合国教科文组织中国籍评委赵逊称该博物馆是"科学殿堂、启智基地"；法国评委盖伊·马提尼称中国房山世界公园博物馆是一个崭新的、杰出的、无与伦比的博物馆，代表着中国房山世界地质公园的未来与发展，是大众科普活动的最佳场所。2014年7月22日，博物馆接受了联合国教科文组织的再评估，世界地质公园网络执行局评估专家法索拉斯教授、艾丽西亚教授实地考察了房山世界地质公园博物馆。考察中，专家对博物馆展陈、展示手段、表现力度给予了高度的评价，并称赞博物馆是一个令人震撼的、现代化的、动感的博物馆。

　　博物馆本着向广大观众宣传展示地质标本、普及地学知识，"贴近生活、贴近实际、贴近群众"的三贴近原则，以"时刻关注观众需求"的办馆宗旨，充分发挥着科普教育、休闲旅游、地质研究、宣传展示、信息交流五大功能。馆内设有开篇厅、地史演化厅、八大园区厅、国内外世界地质公园展厅、实物标本厅、展望厅六大展厅，附属设施包括学术报告厅、4D影厅、多媒体教室，同时还有科研科普中心、游客服务中心等。馆外设有科普广场，有大型标本和地学名人雕塑。展览以展板、多媒体、模型、互动装置、岩石标本等为主，全面反映房山世界地质公园的地质遗迹特点和人文景观特色。

　　馆内现有地质标本和藏品3000余件。各类岩矿标本丰富、古生物化石门类齐全，其中包括岩石标本、矿物标本、古生物标本以及观赏石、宝玉石等标本。室内标本展陈主要展示北京地区在不同的固结成岩时代所形成的岩石系列、反映构造运动的岩石

第一展厅

第三展厅

标本、反映各种沉积遗迹的岩石标本。室外标本展陈主要是展示反映公园主要地质遗迹内容的具有一定观赏价值的大型标本和其他地区具有重要地质科学意义和观赏价值的大型标本。此外，还拥有李四光、翁文灏、步达生等国内外地质学家雕像，可供游客了解地质学家的伟大功绩。为了确保博物馆藏品及观众参观安全，馆内安装了红外防盗报警系统、报警感应器、监控探头，全面覆盖博物馆的各个角落，并配备消防防火墙、应急疏散门、消防栓、灭火器、消防带等。同时加强值班检查、安全隐患排查力度，保证了"展品、设施和观众"的安全，开馆至今未发生安全责任事故。

一 队伍建设及日常管理

博物馆现有干部职工96人，其中：全额拨款事业单位固定工作人员25人，合同制工作人员71人。根据文博事业发展的需要，共设立6个部室，包括办公室、社会教育部、市场开发部、财务资产部、安全保卫部、机关事务服务中心。

1.积极参加了北京市中小学生社会大课堂办公室、北京市科普基地联盟、北京教育科学研究院基础教育教学研究中心、北京市旅游委等单位举办的各类培训，不断开拓工作思路。

2.组织职工定期学习旅游法律法规，以及《旅游地学大辞典》《岩石与矿物》《化

第四展厅

石》等专业书籍，增强员工职业素养。

3.外聘教师促提升。先后聘请了北京市经贸高级技校、房山职业学校教师及云居寺著名讲解员到馆对员工开展计算机软硬件应用、日常维护，旅游职业道德，语言的运用，导游技巧，礼仪礼节等方面的培训。

4.内外部交流助提高。先后通过举办"我爱我岗"博物馆演讲比赛，带领一线员工到国子监孔庙博物馆、中国科技馆参观学习，请员工授课等不同形式，促进了员工素质的提高，提升了其社交、讲解能力的同时，促使员工查漏补缺、精益求精。

为保障博物馆正常有序运行，完成了馆内设备、电梯、空调、消防、监控、卫生间等的日常检查和维修工作，做好食品安全、环境卫生、用车等工作，加强人员培训，做到持证上岗。同时，加强日常巡逻、巡检，确保游客人身财产安全，2015年为游客找回财物1起，涉及金额2000余元。

二　业务工作

开馆以来，博物馆先后荣获国家AAA级旅游景区、北京市科普基地、北京市爱国主义教育基地、北京市青少年校外活动基地、北京市优秀科普场馆、北京市中小学生社会大课堂资源单位、市级青年汇等荣誉称号。

1.积极做好"4月22日地球日""春季北京国际长走大会""5月19日旅游日"等活动的咨询讲解工作。

2.做好"同一个世界，同一个梦想——保护地球，热爱环境，从我做起"为主题的参观互动体验活动。截至2018年底，该馆参加活动人数已达3万余人，发放各类宣传科普资料、图书3万余份。

3.开展"流动的博物馆"活动，走进社区、走进学校、走进家庭，通过讲述李四光等名人的故事，并穿插认识岩石、创意石画等互动环节，使人们热爱地质、了解地质。

北京天文馆
BEIJING PLANETARIUM

通信地址：北京市西城区西直门外大街138号

邮政编码：100044

电　　话：010-51583311　010-68312517

传　　真：010-51583312

网　　址：http://www.bjp.org.cn

电子信箱：bjtwg@126.com

微信公众号：北京天文馆

博物馆类型：自然科学类（自然科学）

隶　　属：北京市科学技术研究院

批准建立时间：1954年9月21日

开馆时间：1957年9月29日

博物馆备案登记号：019

建筑性质：现代建筑

占地面积：35000平方米

建筑面积：30000平方米

展览面积：9000平方米

交　　通：公交：7，15，16，19，45，65，102，103，334，360快，695路等动物园交通枢纽站；有：27，87，105，107，111，332，347，360，362，534，563，632，运通104，运通105，运通106路等动物园站；地铁：地铁4号线动物园站D出口。

开放时间：周三至周五9:30—15:30；周六至周日9:30—16:30，周一、二闭馆维护设备。国家法定节假日延时开放，暑寒假取消闭馆日。

服务设施：

停车场	纪念品商店	餐饮	语音导览	微信导览	无障碍设施	其他
有	有	有	有	有	有	有自助售取票厅、液压固定式升降机

概　述

北京天文馆1957年9月正式对外开放，是我国第一座天文馆。北京天文馆由位于西直门外大街的西馆和位于建国门的东馆（北京古观象台）组成。西馆现由老馆（A馆）、新馆（B馆）、130天文台等主体建筑构成，对公众开放场地近3万平方米。北京天文馆拥有科普场所包括：天象厅、宇宙剧场、4D剧场、3D剧场、天文科普展厅、130天文台、多媒体天文教室等。北京天文馆拥有先进的天文教育设施，优秀的科普工作团队，以及完善的服务保障制度，是全国人民向往的天文知识殿堂，更是青少年校外学习的重要场所。2007年9月，国际天文学联合会将第59000号小行星命名为"北京天文馆星"。2016年9月，"北京天文馆及改建工程"入选"首批中国20世纪建筑遗产"名录。

北京天文馆为国家公益一类事业单位，现行馆长（法人）负责制和全员岗位聘用制。现设有馆长1人，党总支书记1人，副馆长3人，下设办公室、党办、人力资源部、财务部、业务办公室、行政管理部、安全保卫部、展览设计部、数字工作室、展览教育部、观众服务部、天象厅、宇宙剧场、4D剧场、3D剧场、科普部、宣传车、信息中心、杂志社、古台、经营开发部、校外协会部22个部门。现有职工161人，其中具有大专以上学历或初级以上专业技术职称人员分别为129人和145人，占职工总数的80%和90%，从事开放、导览、科研、技术研发、科普宣传、教学、书刊编辑发行、节目展览设计制作等一线岗位的业务技术人员占有相当大的比例。

开馆至今，北京天文馆始终坚持以各种形式在馆内外广泛开展群众性的天文普及和宣传活动。开馆六十余年来，北京天文馆制作上演了"到宇宙去旅行""人造星空"等近200部科普节目；举办天文知识展览90多个；撰写编辑发行各类天文书刊200余种，800余万册；累计接待观众2100万人次。每年组织进行以天文爱好者和青少年学生为主体的各类科普活动达千余场（次），年均科学普及工作直接覆盖公众人数在35万以上。

2013—2018年，北京天文馆稳步发展。此间，A馆、B馆建设完备，4座科普剧场运行良好，仅对个别剧场设备和设施进行了改造。近六年，北京天文馆新布展面积合计超过5000平方米，并依靠本馆的科研力量自主创新和研发出10部具有国际水平的数字天文科普节目，为本馆剧场节目、影片完全实现国产化铺平了道路。2013—2018年，来馆参观的观众人数总计4962937人次。与此同时，在组织开展科普活动与天文教学、馆外巡展巡演、科普书刊的编辑与发行、基础研究与技术研发、对馆外中小型天文馆提供业务咨询与技术服务等其他工作方面也取得了新的进展。

北京天文馆藏品主要包括古天文仪器、天文望远镜、陨石和常规陈列展品，共800余件，馆藏我国古代天文书籍5000余卷册。其中位于北京古观象台台顶上的八架气势雄伟、铸造精湛的清代大型铜制天文仪器，堪称镇馆之宝，也是世界上独一无二的古老、完整且相互配套的巨型青铜质天文仪器群。北京天文馆自1957年建馆至今，一直非常重视陨石的收集、陈列、展览，以及国内外的陨石交流合作工作。经过几代人共同努力，本馆的陨石收藏达到了一定规模，60年来共收集国内外陨石标本375块，其中包括极其珍贵的火星陨石和月球陨石等。2016年，北京天文馆引进十八至十九世纪天文望远镜111架，丰富了本馆的藏品收藏。

一　场馆建设

北京天文馆于2013年完成了B馆宇宙剧场的改造，2014年初面向公众开放。新剧场是中国内地首家能够实现3D立体球幕播放的剧场。该剧场采用光谱分离的技术，实现左右眼立体影像的高度分离，从而实现顶级立体成像的效果。2014年，对A馆天象厅内的数字投影系统进行了设备升级。2014年2月至5月，将3D剧场改造为全新的116座阶梯型小巨幕影院，并于2014年5月1日投入运行。2015年3月至12月，完成3D剧场放映系统升级改造，升级为全新的4K分辨率、32000流明、7.1声道的立体放映系统。

2015年至2017年，北京天文馆对B馆常设展览进行了升级改造。新展览"宇宙畅游"分为三期，共计36个展项在新馆展出。展览一期在B馆一层设立"走进星空"展区，二层布置天文主题艺术性装饰、氛围营造和休闲区，整个设计紧扣天文主题，并与剧场交相辉映、融为一体。展览二期位于新馆地下一层，主题是"宇宙穿梭"。展览以"宇宙演化"雕塑为开篇，拉开穿梭宇宙的序幕。分别包括宇宙演化、宇宙尺度、系外行星、引力透镜、逃离黑洞、天体系统、时空穿梭等7个主题展区。展览三期推出主题为"宇宙探秘"的四个展区，分别为宇宙灯塔、星星相伴、多彩宇宙和巨眼观天。"宇宙畅游"展览，结合展厅的空间特征进行设计，各展区的展示互动方式多样，由浅入深，引领观众认识星空，体验宇宙尺度，了解人类认识宇宙的深度。

北京天文馆网站改版及虚拟天文馆项目2013年启动。完成二维网站功能与界面设计、三维网站建模。改版后的天文馆网站更为美观、便利，信息量加大；建成的虚拟天文馆，能使公众通过登录网站进行体验式学习，并扩大本馆科普辐射范围。北京天文馆网站访问量2013年1月到2018年底为798万，从1999年网站建立开始累计浏览量达到1398万。北京天文馆网站的微博和微信公众号也成为网站的有力补充。

此外，还增加了在线票务系统，实现了票务业务的智能化、自动化管理。2014年实现场馆无线网络全覆盖，为观众提供了更好的场馆体验。新的售票系统同年投入运行，实现了官方网站在线购票功能。

2013—2018年，北京天文馆通过局部整改创造了更开放的空间与环境，硬件设施、科普功能等综合水平得到了提升。为推出更多更好的节目和展览，北京天文馆投入大量资金，集中馆内高技术人才，先后引进和自主研发出多部天文节目、科教影片和天文展览，其中常规放映节目包括自制天文节目10部：《奇妙的星空》《迷离的星际》《UFO与外星人》《奔向月球》《撞击与生命》《天上的宫殿》《星空音乐会》《宇宙少年侦探团》《2312空间历险》《大鸟探险记》（联合）；引进节目（10部）：《行星：太阳系之旅》《古玛雅的天文》《系外行星：发现新世界》《消失的土星光环》《银河铁道之夜》《太空垃圾》《太空侠》《追逐天空的奥秘》《太空时代的曙光》《宇宙探秘》；2013年前制作并积累下来仍在播出的经典科教节目有15部：《穿越寒武纪》《小强的故事》《冰川历险》《穿越太空》《狂暴的宇宙》《太空垃圾》《太空侠》《追逐天空的奥秘》《最后的珊瑚礁》《萌猴奇遇记》《生灵飞行之谜》《海龟之旅》《变形记》《神奇的捕虫植物》《海洋中的精灵》。另外电影节放映节目28部。

2013—2018年，北京天文馆举办和引进了10余个天文展览。主要包括B馆常设展览"遨游宇宙"综合天文知识展；A馆常设展览"玩转星空"综合展；临展"陨石与小行星科普展""中国指南针发明史展""'一带一路'国际星空摄影展""中国梦·航天梦——首届中国航天员飞天摄影作品展""北京天文馆建馆60周年回顾展""'魅力北科 智能制造'科普展览""中国科学院2017科技创新年度巡展""'空间天气与人类活动'科普展"等，6年来接待展览观众数量接近500万人次。

天文科普宣传车是北京天文馆对外进行科普宣传的重要手段。2013—2018年，科普宣传车在北京市开展活动175次，涵盖了中小学科技节、市科技周、市科委科普行、市科技嘉年华等活动，地区涉及市内及房山、顺义、昌平等远郊区，普及近14.2万人次。此外，深入贵州黔南布依族苗族自治州、河南新郑市、河北平山县、内蒙古等地开展科普宣传活动，足迹遍布天津、河北、河南、山东、山西、陕西、江西、贵州、辽宁、黑龙江、内蒙古、西藏、新疆等省市自治区，惠及10.6万余人次。6年来在全国范围内总计惠及24.8万余人次。

二　科普活动

除了完成日常开放、接待任务外，长期以来，北京天文馆利用公休节假日和暑寒假组织科普讲座、报告会、天文观测、知识竞赛、知识培训、天文夏（冬）令营等各类普及与教学专项活动。2013年至2018年间举办的重点科学教育和对外交流活动如下：

（一）2014年国际天文馆学会大会

由北京天文馆主办的第22届国际天文馆学会大会（IPS2014）于2014年6月在北京成功举办。国际天文馆学会大会是由国际天文馆学会主办的每两年召开一次的国际盛会。国际天文馆学会是天文馆专家的全球性组织，包括涉及天文教育以及公众宣传的700余名个人和机构会员。IPS2014由北京天文馆主办，获得了北京市政府的大力支持，以及北京市科学技术研究院、中国自然科学博物馆协会、北京天文学会、澳门科学馆和香港太空馆的协助。IPS2014吸引了来自全球40多个国家和地区的300余名天文学家、天文馆专家和天文设备厂商参加。IPS大会的首次落地中国，体现了北京天文馆"国内领先，世界一流"的行业影响力。

（二）2017年北京天文馆建馆60周年主题科普活动

北京天文馆以馆庆为契机，以场馆的日常开放工作为基础，精心设计打造了几乎

北京天文馆藏南丹铁陨石

贯穿全年的系列科普活动。

2017年，以北京天文馆为代表的中国内地天文馆首次参与国际天文馆日的庆祝活动。由于恰逢建馆六十周年，本次活动也正式拉开了馆庆系列科普活动的序幕。

科学之夜是北京天文馆首次推出的集科普参观、讲座、讲解、演出、科学咖啡馆于一体的科普嘉年华，契合了当年全国科技活动周"科技强国、创新圆梦"的主题，并引入了以家庭为主参与科技活动的创新形式。9月29日，北京天文馆迎来了开馆六十周年纪念日。"天文馆之夜"组织了奇妙的星空、宇宙畅游、科普电影选播、动手学天文、望远镜观测、天文秀场、天文馆讲座、天文咖啡馆等活动。

（三）2018年承办第十二届国际天文与天体物理奥林匹克竞赛

11月3日至11日，"一带一路"沿线国家及地区青少年天文观测交流活动暨2018国际天文与天体物理奥林匹克竞赛（IOAA）在北京举办。此项活动由北京市科学技术研究院、北京市外办联合主办，北京天文馆承办，并由延庆区人民政府、中国科协青少年科技中心、中科院国家天文台、北京大学物理学院天文学系、北京师范大学天文系、北京天文学会等多家单位提供支持。来自38个国家和地区的300余位师生参加了竞赛。共有26名学生获得金牌，42名学生获得银牌，44名学生获得铜牌。

除IOAA外，活动还包含"一带一路"沿线国家及地区天文学家主题讲座、国际青少年天文观测活动等内容。11月18日，北京天文馆还举行了第二届"一带一路"

2016年1月15日，北京天文馆举办的"宇宙畅游"展览二期正式对公众开放

2018年11月4日，"一带一路"沿线国家及地区青少年天文观测交流活动暨2018国际天文与天体物理奥林匹克竞赛（IOAA）开幕式在北京天文馆举办

青少年创客营与教师研讨活动天文馆之夜活动。北京天文馆践行"一带一路"国家合作倡议，以助力北京"四个中心"建设为己任，为喜爱天文的青少年搭建了国际科普互动、文化交往的平台。

（四）全国中学生天文奥林匹克竞赛

全国中学生天文奥林匹克竞赛项目多年来得到国家科学自然基金委、中国科协、北京市科委、北京市科学技术研究院等单位的大力支持，得到蓬勃发展。

2013—2018年，北京天文馆每年组织全国20多个赛区进行预赛，参赛中学生2000—3000名。每年举办全国决赛和奥赛集训，在100多名选手中挑选18—32名选手组建国家集训队，经过集训后参加国际比赛。其中，在国际天文与天体物理奥林匹克竞赛（IOAA）、国际天文奥林匹克竞赛（IAO）、亚太地区天文奥林匹克竞赛（APAO）中，我国参赛选手共获得20金34银32铜的好成绩，在参赛的国家和地区中，总成绩和个人成绩均名列前茅。2018年，承办了第十二届"一带一路"沿线国家及地区青少年天文观测交流活动暨2018国际天文与天体物理奥林匹克竞赛。来自38个国家和地区的300余位师生参加了该项活动。同年，主办了第十四届亚太天文奥林匹克竞赛，共有来自4个国家的49名青少年天文爱好者参加。中国队获得2金4银2铜，同时获得高年组、低年组最佳成绩奖和两个最佳观测奖。

三 《天文爱好者》杂志

《天文爱好者》创刊于1958年，由中国科学技术协会主管，中国天文学会、北京天文馆主办，编辑和发行部门常设北京天文馆。《天文爱好者》是我国创刊最早、影响最大的天文科普期刊。杂志刊登的内容包括最新发现、天文知识、观星技巧、天文摄影、天象预告、人造卫星和空间探测等，深受广大天文爱好者和青少年的喜爱。《天文爱好者》自创刊以来，累计发行1300余万册。杂志目前为月刊，截至2018年底已发行452期。

2013年10月，《天文爱好者》入选中国科协"公众喜爱的科普作品"，成为专家向公众推荐的30种优秀期刊之一。2013年、2016年连续入选北京市科普基地"科普传媒基地"。2015年6月30日，获得中国科协第四期精品科技期刊建设工程项目资助。2015年9月1日，杂志社被中国科协命名为"全国科普教育基地"。近年来，《天文爱好者》杂志继续开发优秀稿源，相继完成"我国的月基光学天文望远镜""天文学家谈黑洞的行与踪""中国天眼窥银河""行星科学与深空探测"等亮点专题，并结合热点事件完成玉兔探月、占星与天文、引力波及、《星际穿越》电影解读等专题介绍，深度优化报道内容。在新媒体融合方面，开发了《天文爱好者》手机APP，APP测试版于2014年8月被中国科协网上票选为天文类APP推荐前3名。

北京王府井古人类文化遗址博物馆
THE WANGFUJING PALEOLITHIC MUSEUM

通信地址：北京市东城区东长安街1号东方广场W1P3

邮政编码：100738

电　　话：010-85186306

博物馆微信公众号：wangfujingmuseum

博物馆类型：自然科学类（自然科学）

隶　　属：东城区文化委员会

批准建立时间：2000年11月21日

博物馆备案登记号：115

建筑性质：现代建筑（东城区重点文物保护单位）

建筑面积：450平方米

展览面积：400平方米

交　　通：王府井东方新天地第一街进入，向地铁王府井站东方广场出口方向通道内。乘坐地铁王府井站A出口处；10、37、52、57、337、103、104、867、813、814路公交车王府井站下车。

开放时间：10:00开馆，17:00停止售票（全年无闭馆日）

服务设施：

停车场	纪念品商店	餐饮	语音导览	微信导览	无障碍设施	其他
有	无	无	无	有	有	无

概　述

　　王府井古人类文化遗址发现于1996年12月14日，中国科学院古脊椎动物与古人类研究所、北京市文物研究所和北京市东城区文物管理所对其进行了抢救性发掘，证明该地是一处重要的旧石器时代晚期考古遗址，距今2.4万—2.5万年，遗址面积约为2000平方米。从距地表11—12余米深处的河湖相地层中精心清理出2000多件遗物，主要有石制品、骨制品、动物骨骼（化石），以及人类用火遗留物。这是在北京地区继周口店之后远古人类遗存的又一重大发现，也是在世界范围内首次在首都中心商业街发现如此久远的古人类遗址。该遗址对研究北京城区史前史和古环境变迁有重要意义，是值得珍视的文化遗产。该馆属于遗址类博物馆，是区级爱国主义教育基地及市级科普教育基地。

一　博物馆陈列展览

　　该馆一直以针对观众群体自身的差异，设计因人而异的服务方式为主导思想。努力打造群众喜闻乐见的精品展览。力求不同年龄段、不同知识构成的观众群体都能在参观中有所收益。2013—2018年，该馆举办多个特色展览：

　　1.吉庆画中来——中国年画特展。此展览展品分别由山东博物馆、苏州桃花坞木刻年画博物馆、青岛市博物馆、天津博物馆提供。在加强博物馆之间交流的同时宣传了年画这一民间传统艺术表现形式及年画的历史发展。

　　2.老北京民俗画展。作者是一位退休教师，也是一个土生土长的老北京人。作者根据童年的记忆创作绘制大量老北京传统的民俗画面，配合相关传统民俗的文字介绍及图片展板，通过绘画形式展示老北京街头、胡同、庙会、小市、关厢、林野等淡出历史舞台和依然绽放光彩的传统民俗，展现了老北京积淀创造的灿烂民俗文化。该馆结合爱国主义教育基地及科普教育基地的工作，请作者本人为集体参观的学生进行讲解，为参观观众提供一个能够了解北京民俗、回味老北京百姓生活的展览及场所。

3.大学生主题绘画展览。2014年，该馆把特色展览内容转向大学校园。为大学生展示自己的才华提供了理想的平台。该馆与中央美院共同举办了三个连续展览，分别是"青春交响曲""云淡风轻""素履拾遗"。每期展览各具特色，通过不同风格的绘画作品，展现了当代青年勇于尝试，回归质朴，乐观向上的生活理念。向每一位观众传达了积极向上的人生态度。

4.北京大遗址展。大遗址是古代先民以大量人力营造，并长期从事各种活动的遗存，通过展览使观众体会到我国古代先民杰出的创造力，深刻了解我中华民族和中华文明的起源与发展。

5.考古与现代科技展。如今的古已不再是"手工"技术。现代科技的介入，使考古学者能够穿越时空，触摸历史脉动，发现消失千年的古老文明。科技考古是利用现代科技分析古代遗存，取得丰富的"潜"信息，再结合考古学方法，探索人类历史的科学。此次展览为观众普及现代科技在考古工作中的应用。

6.北京简史展。该馆与北师大历史系学生合作，用最简洁明了的语言，为观众科普北京的发展历史，使观众们对北京这座古都有更深入的了解。

二　博物馆全面改造

该馆自2001年开馆，在近14年的发展中荣获了东城区科普教育基地、北京市科普教育基地、北京市爱国主义教育基地、北京市中小学生社会大讲堂资源单位等荣誉，但博物馆的陈列、宣传、设备等无法跟上时代的脚步。在上级领导及相关部门的大力支持下，对博物馆进行了全方位的升级改造。改造后的博物馆再现了古人类生产生活场景，并配合多媒体手段，使博物馆整体极具体验性、互动性、趣味性及科普性。环境氛围改造与互动体验性项目的结合，使游客置身两万五千年前的原始社会环境之中，触手可及、切身可感地对那一段历史深入细致地了解。游览展线以游客进入序厅开始，通过形象墙初步了解博物馆。迈步走进尘封的记忆之匣，跟随古生物化石及古人类打制的石器骨器，进一步感受古人类的山洞生活。历经时代的变迁，游客穿越两万五千年前的地貌岩层带，追随古人类的步伐，向原始平原地区迈进，真实地感受古人类在永定河畔生活、狩猎、祭祀等文化印记，亲眼目睹古人类在王府井这块平原宝地的幸福生活景象。最后通过时空码头穿梭时空，穿越回现代繁荣的王府井，体悟王府井风水宝地，感受数世纪间的幸福轮回。

博物馆内部

三　社会教育

　　该馆作为爱国主义教育基地和科普教育基地，始终把教育工作放在首位，力求通过各种展览及活动为学生提供一个良好的社会大课堂。2017—2018年，该馆与校尉小学、北京师范大学建立了馆校联合模式，充分利用博物馆及大学资源，为校尉小学学生讲述北京的悠久文化和历史变迁。主要课程有"北京的史前文化、北京城的前生今世、北京四合院、传统服饰、传统礼仪、传统节日"等关于北京的历史，使孩子们能够通过这些课程对自己的故土有所了解，对养育自己的祖国充满热爱。此外，该馆利用王府井科普文化长廊进行宣传和普及人文科学知识；弘扬精神文明；倡导新的生活方式。长廊丰富多彩的展示内容，吸引着每天过往的行人驻足欣赏，认真阅读，甚至拍照留念，收到了很好的社会效益，成为王府井地区新的亮点。

四　安全保卫

　　安全工作是博物馆工作的重中之重，更是博物馆向前发展前提，不能有丝毫放松，要警钟长鸣，切实加强文物安全保护工作。该馆在工作中始终注意安全保卫工作。博物馆在2016年改造期间对馆内老旧设备进行了全面维修及更换，确保馆内良好的空气环境质量，杜绝了火灾等安全隐患。此外，该馆对遗址及特展展品加强安全防范。博物馆针对馆内及周边环境制定出各项安全应急预案。能够做到在突发事件面前全面保护好博物馆及观众安全。在日常工作中强化工作人员的安全意识，加强对各项应急预案的学习，提高员工对博物馆安全保护的快速反应能力。每日开馆前对馆内设备进行全面检查确保正常使用，闭馆后关闭全部电气设备，对博物馆进行全面安全检查后再离馆。2013—2018年博物馆未发生任何安全事故。

北京古观象台
BEIJING ANCIENT OBSERVATORY

通信地址： 北京市东城区东裱褙胡同2号

邮政编码： 100005

电　　话： 010-65242202（办公室）　010-65268705（宣教部）

传　　真： 010 65236657

网　　址： www.bjp.org.cn

博物馆类型： 自然科学类（自然科学）

隶　　属： 北京天文馆

批准建立时间： 1956年2月

博物馆备案登记号： 028

建筑性质： 古代建筑（全国重点文物保护单位）

占地面积： 12000平方米

建筑面积： 2700平方米

展览面积： 400平方米

交　　通： 地铁建国门站下车，出C口即到。乘坐途经北京站东、北京站口东或建国门南的公交车均可到达。

开放时间： 9:00—17:00（周一闭馆）。周五下午为中小学生团体（30人以上）免票参观日（需提前预约）。

服务设施：

停车场	纪念品商店	餐饮	语音导览	微信导览	无障碍参观	其他
有	有	无	无	无	无	无

概　述

　　北京古观象台是我国明清两代的皇家天文台，亦是世界上古老的天文台之一。它始建于明正统七年（1442年），距今已有570余年的历史。观象台在明代被称作观星台，清代改称观象台。

　　北京古观象台不仅历史悠久，而且建筑、院落完整，仪器配套齐全，在国内外享有巨大声誉。观象台通高17米许，台上陈列着八架国之重宝——清代皇家天文仪器，这些仪器气势雄伟、铸造精湛，虽历经战火和种种磨难仍保存完好，尚可运转。

　　台体西侧是以紫微殿、东西厢房和晷景堂为主的附属建筑群，建于1442—1446年。紫微殿内正中悬挂着匾额"观象授时"，经考证是乾隆皇帝的手书，两侧有一副对联："敬协天行所无逸，顺敷星好敕时几。"基本陈列为"中国古代天文学"展览，包括在紫微殿和东西厢房内的"中国星空""仪象神韵"和"西学东渐"主题展览。院内还陈列着浑仪、简仪、正方案、星晷、月晷、玲珑仪等天文仪器复制品及天文画像石和天文学家铜像模型等。

　　北京古观象台系北京天文馆部门之一，为国家全额拨款公益性事业单位，现行馆长（法人）负责制和全员岗位聘用制。北京古观象台设台长1名（北京天文馆馆长兼任），常务副台长1名，下设办公室、展陈研究部、宣教部，现有正式职工16名，其中陈展研究人员2名，专职讲解员7名，兼职讲解员5名。北京古观象台还是北京市爱国主义教育基地、北京市科普教育基地、北京市中小学生社会大课堂资源单位、东城区科普教育基地。多年来，北京古观象台始终秉承科学普及要"服务于社会，惠及于全民"的宗旨，坚持以各种宣传形式在馆内外广泛开展群众性的天文普及和宣传活动。

　　古台现有安防监控及消防烟感报警设施。2017年完成了古观象台基础设施改造。包括：对汤若望办公室的恢复，定制三分之一比例的浑仪、简仪，印制古台仪象画

北京古观象台台下

册，更新并增加了展区的部分展品。进行资料室扩建、安防设施改造、展区卫生间改造、展览环境综合维修、古台热力供暖房屋加固等一系列基础设施改造。2018年，对部分展览的展品进行维护更新。

一　科研工作

（一）承担中国科学院"科技知识的创造与传播"重大项目"中国古代'候气'理论、实验与传播研究"。

（二）国家级课题"清史·天文历法志"项目，王玉民参与写作，已完成全部内容并通过了一审、二审鉴定。

（三）国家级项目"天文学名词"审定，王玉民继续担任全国科学技术名词审定委员会第七届天文学名词审定委员会委员，中国天文学会第十届天文学名词审定委员会委员，为"天文学史"组组长。

（四）参加《席泽宗院士科学史文集》编写项目，王玉民基本完成席泽宗序跋集、对中国科学发展的建言等专题的编纂工作。

（五）参加天文馆项目"中国的星空"的筹划工作，分担撰写文字部分和中国星座的图片设计工作、指导美术师作中国星座形象化的设计工作。

（六）参加由中科院自然科学史研究所、湖北教育出版社策划的《中国历史上重大的科学发现与技术发明》丛书编写，本年工作是编纂目录，写出样章。

（七）与安徽教育出版社策划《清实录中的天文资料》一书申报国家古籍整理出版资助项目。

（八）2014年参加北京天文馆"启明星"项目"基于万维天文望远镜的中国星官视化及科普陈展研发初探"，负责人为万昊宜，参加者肖军、王玉民。

二　藏品信息化采集加工项目

本项目于2017年7月开始，总体分为三大任务：一是藏品二维数据采集加工；二是藏品三维数据采集加工；三是藏品金石传拓。截至2017年12月，项目共完成古台40件藏品的信息化采集加工工作，包括天体仪及石围栏、赤道经纬仪及石围栏、黄道经纬仪及石围栏、地平经仪、象限仪及石围栏、纪限仪及石围栏、地平经纬仪、玑衡抚辰仪、石围栏、石碑（雍正）、石碑（光绪）、晷面（清初日晷晷面）、石刻（观象台）、圭表底座、天文石及底座、汉代画像石（金乌羽人）、汉代画像石（白虎）等，形成二维精品照片750张，三维模型展示数据40个，金石传拓404张，古台文物数字化、信息化保护工作初见成效。

特别是对8件国宝级清代天文仪器的整体形态、分构件、天文信息、纹饰细部等要素，分别有针对性地进行了信息采集工作。在按时保质完成工作计划的同时，确保了文物的安全、工作人员的安全以及信息安全。

本项目为新中国成立以来最大规模的古观象台文物信息化工程，其成果具有形式直观多样、应用范围广泛的特点。拓印作品便于文物构件及纹饰等细部的有价值信息保存，使文物修缮、复制得以获得最大程度的还原支持；原大、高清摄影图像便于文物信息的学术考据，同时可应用于大开本文物画册的出版及专题性展陈。

项目人员：肖军、陈晓、王玉民、马燕、王晓龙、胡博。

三　藏品征集

2017年征集四川麻浩崖墓石刻拓片2张（四川麻浩崖墓伏羲女娲石刻拓、四川麻浩崖墓龙虎衔币石刻拓片），观象台老照片17张。

2018年北京古观象台征集博物馆收藏级老照片复制品10幅、明信片原件50幅、邮票原件7幅、画报原件3幅。

四　学术成果

（一）王玉民：《冬至圭表测影新探》，《中国科技史杂志》2013年第4期。

（二）王玉民：《阴燧、阳燧：中国传统科学的象征》，2014临潼举办的中国天文学会年会上所作报告。

（三）王玉民：《清代历狱学案与候气观念的衰微》，《自然科学与博物馆研究》2015年卷。

（四）王玉民：《"浑天仪"考》，《中国科技术语》2015年1期。

（五）王玉民：《宋元明时期司天机构的候气工作与候气观念的兴衰》，发表于《中国科技史杂志》2015年2月。

（六）王玉民：《观象占卜 昭示天命——"天人合一"观念下的中国古代天文星占学》，《文史知识》2015年3月。

（七）王玉民：《A comparative study of "the season by the vibration of flutes" and Houfeng Seismograph》，2015年"天文丝绸之路：中国与中亚的天文考古交流国际学术研讨会"（乌鲁木齐）上所作报告。

（八）肖军：《在新媒体中传播中国传统天文》，2016年中国天文学会学术年会（武汉）报告。

（九）王玉民：《"节气"拆分揭秘》，2016年中国天文学会学术年会（武汉）上所作报告。

（十）肖军：《清代天体仪上的星象变化》，2016年第十四届国际中国科学史会议暨首届中国古代四大发明国际学术讨论会（南京）上所作报告。

（十一）王玉民：《候气术与经验知识》，2016年第十四届国际中国科学史会议暨首届中国古代四大发明国际学术讨论会（南京）上所作报告。

（十二）王玉民：《朱载堉与"候气术"》，《纪念朱载堉论文集》2017年。

（十三）肖军：《〈黄帝内经〉三阴三阳的天文含义》，收于2018年第三届中医理论学术科技周五运六气理论学习基础培训班暨学术研讨会论文集。

（十四）肖军：《Rediscover the cultural relics of Beijing Ancient Observatory》，2018年第30届IAU会议上宣读，收于NASE kaleidoscope of experiences in cultural astronomy论文集。

（十五）肖军：《五运六气理论的天学基础》，2018年中国科学技术史学术年会上所作报告。

（十六）王玉民：《朱载堉与"候气术"》，收于《致敬乐圣——纪念朱载堉诞辰480周年国际学术研讨会论文集》（河南人民出版社2018年4月出版）。

（十七）王玉民：《历代诗人笔下的登封观星台·周公测景台》，《周公测景台与元代观星台》，河南人民出版社2018年。

（十八）邵珍珍：《Probing the 9.7μm interstellar silicate extinction profile through the Spitzer/IRS spectroscopy of OB stars》，《Monthly notices of royal astronomical society》

2018年第478期。

五 获奖

（一）古台绘画中国古星图活动，2015年获得首届北京科普基地优秀活动展评三等奖。

（二）国家自然科学基金资助项目《中国的星空》，由景海荣、詹想、王玉民合著，2016年获第四届中国科普作家协会优秀科普作品奖。

六 陈列展览

（一）"中国古代天文学"基本陈列

北京古观象台的基本陈列"中国古代天文学"由"中国星空""西学东渐""仪象神韵"三部分构成。

1.中国星空：中国是世界上天文学发展最早的国家之一，在漫长的历史长河中，中国古代天文学家勤于观测，留下了丰富的天象纪录、星表和星图，具有珍贵的历史文化价值。该展览以对各种天文现象的观测为故事线，由浅入深，从不同角度展示天文现象的奇妙。内容涵盖：（1）天象观测：日、月、五星及彗星、流星、超新星；（2）中国星象：可参与互动的古代星图；（3）观象授时：中国历法的基本要素。展示出中国古代天文学的博大精深，让观众在了解科学方法的同时学习科学的精神，从中体会独具特色的中国星空文化。

2.西学东渐：主要介绍欧洲天文学在中国的传播，内容涵盖：（1）历史上著名的中西方天文学家及西学东渐的使者；（2）文艺复兴时期的西方天文学；（3）《崇祯历书》中的西方天文学；（4）西方天文仪器传入中国；（5）《谈天》——中国天文学的近代转折。让观众了解到欧洲的近代天文学成果是如何传入我国的。

3.仪象神韵：主要介绍北京古观象台的历史，内容涵盖：（1）北京古观象台在世界天文台中的位置；（2）明朝观星台；（3）清朝的观象台；（4）灵台劫难；（5）古台新貌。展示古台十余架精美的大型青铜古代天文仪器，在介绍其科学原理的同时告诉世人，这些珍贵的历史文物曾经被外国列强瓜分掠夺，提醒国人勿忘国耻，珍惜自己的文化传统。

（二）"中国历法之二十四节气"展览

2013年，设计、制作"中国历法之二十四节气"展览。二十四节气是我国劳动人民独创的文化遗产，为配合"5·18"国际博物馆日和北京市科技周的活动，弘扬中国传统文化，我台设计、制作了专题展览"中国历法之二十四节气"，展览采取文字和图片相结合的形式，为观众讲解了二十四节气的科学知识；展示了农事活动和气候的关系；反映了季节和气候的变化。

（三）"古观象台——灵台观象500年"专题展

2014年，为配合"5·18"国际博物馆日和北京市科技周的活动，北京古观象台设计、制作了专题展览"古观象台——灵台观象500年"，展览采取文字和图片相结合的形式，该展览以古观象台的发展历史为背景，客观、全面地展现了各个历史时期古观象台风貌、状态，诠释了近五百年来古观象台的变迁、发展及成就。

（四）"中国古代计时仪器"展览

完成中国古代计时仪器展览。2016年5月18日至6月18日，在科技周及博物馆日活动期间，北京古观象台贴合"创新引领·共享发展"的主题，遵循"宣传科学思想，传播科学知识，开展科技创新"的宗旨，策划、设计、制作了"中国古代计时仪器"专题展览。

（五）参加香港"创科博览2017——中华文明与科技创新展"

赴港参加"创科博览2017——中华文明与科技创新展"。应香港团结基金邀请，陈晓、王玉民、马燕三人于2017年9月21日至10月3日赴香港执行"创科博览2017"参展任务，为香港同胞带去了浑仪复制品、简仪复制品、候风地动仪复制品、圭表复制品、敦煌星图复制品及苏州石刻天文图复制品等10余件古代天文复制展品；同时，也带去了古观象台特色天文体验活动：雕版天文图印刷体验活动、天文拓片体验活动以及组装小天文仪器活动。11万香港市民参观了该展览，近6000名观众参加了雕版天文图印刷体验活动及天文拓片体验活动。

该展览展示了我国古代在科技创新领域取得的辉煌成就，进一步提升了香港同胞对中华文明特别是古代天文领域的认知水平，尤其是培养了香港年轻一代对中国古代天文学的兴趣，提高了他们的科学素养，增强了民族自信心和国家认同感，强化了香港同胞对科技创新的兴趣和自信，激发全民族文化创新创造活力。

七 社会教育及社会服务

（一）举办天文知识培训活动

为满足天文爱好者的要求，丰富青少年寒假生活，广泛普及天文知识，培养中小学生对天文学的兴趣，北京古观象台于2013—2018年利用寒暑假共举办了八期天文知识培训活动。天文馆及古台天文教育专家针对青少年的特点，精心设置课程，在轻松的课堂氛围里，利用多媒体等手段生动呈现天文学知识，深得学员们的喜爱。在学习天文知识的同时，还组织学员参观北京天文馆，观看剧场科普节目以及现代天文学展览。活动受到了家长的肯定，学生的欢迎。

（二）举办中秋赏月活动

中秋赏月活动是古观象台传统的天文科普活动项目，自举办以来，一直受到观众热烈追捧。2013—2018年间，北京古观象台共举办了六期中秋赏月活动。活动中，观众可以通过天文望远镜观测月面环形山及月海；参观"中国古代天文学"展览及台上的清代天文仪器。我台讲解员为观众进行全程免费讲解。同时，专家也在现场与观众进行面对面的交流和观测指导。该活动六年共接待观众1773余名。

（三）举办"绘画中国古星图比赛"

北京古观象台2013—2018年间，共举办了6届"绘画中国古星图比赛"活动，1284名小学生参加了此次活动。活动根据小学生特点策划和组织，旨在丰富小学生的暑期生活，普及天文知识，认识中国传统星座。学生在讲解员的辅导下，在空白的中国古星图上用不同的颜色填画三垣、二十八宿，并将四象画在二十八宿相应的区域。通过这种绘画的形式，使学生掌握中国古代独特的星区划分方法，培养了他们动手能力，激发了小学生对天文学的兴趣。

（四）开展科普进校园活动

1. 开展"助梦阅读会"进校园活动

2013年北京古观象台辅导西总布小学天文兴趣小组开展活动20余次，活动内容涉及讲座、测试及动手活动等内容。2013年6月1日北京古观象台应邀参加西总布小学6.1游戏节，启动了"助梦悦读会"活动，向西总布小学赠送《相约星空下》《天文馆里的奥秘》《神奇的中国古天文》等70册天文科普读物，此后，又将活动延伸至东城区方家胡同小学，赠送天文科普读物105册，且定期派辅导员进行阅读辅导，帮助青少年实现探索科学、探索宇宙的梦想。

2016年3月，北京古观象台向东城区西总布小学赠送天文书籍《星座与希腊神话》《跟我一起去追星》等80册书籍。此后，又将活动延伸至东城区帽儿胡同小学，赠送天文科普读物130册，帮助青少年实现探索科学、探索宇宙的梦想。

2018年5月，开展"助梦阅读会"活动，古台先后向中国矿业大学附属中学、通州区梨园学校两所学校赠送天文科普读物135册。丰富学生课余活动，培养学生阅读的能力以及对天文的兴趣。

2.探索月球的奥秘天文科普讲座

2014年5月3日，北京古观象台应邀在首都医科大学附属中学开展探索月球的奥秘天文科普讲座，30余名师生参加。8月12日、14日在朝阳区麦子店社区开展天文科普活动，举办天文讲座，70人参加活动；还接待了南锣鼓巷社区的30余名家长及学生来北京古观象台参加体验游学活动。

3.北京市青少年科学调查体验活动的启动活动

2015年5月29日，北京古观象台应邀参加2015年北京市青少年科学调查体验活动的启动活动暨北京市朝阳区五路居第一中学首届欢乐科技节。为学生们带去了天文图雕版印刷活动，活动中为同学们讲解雕版技艺、天文知识，辅导学生动手印制雕版天文图，300余名学生参加，活动受到了老师的好评和同学们的喜爱。

4.参加创客校园绿色科技学院路学区首届科技嘉年华

2018年5月5日，北京古观象台受邀前往中国矿业大学附属中学参加创客校园绿色科技学院路学区首届科技嘉年华活动，为同学们带去了"中国古代计时仪器"专题展览以及天文小仪器制作，共3000余人参加了此次活动。

5.参加"京津携手共促科技发展"主题科普活动

2017年9月27日、28日，北京古观象台参加"京津携手共促科技发展"主题科普活动，将雕版天文图印刷活动带到了天津市武清区雍阳中学、高村中学、高村第一中心小学，1300余名学生参加了体验活动，活动使同学们开阔了视野、增长了知识，同时丰富了校园的科技文化生活，提升了同学们的科技创新意识和科学素养。

6.完成科普基地对接学校科普项目

2016年11月起，东城区二十五中700余名师生分批次参观古观象台，感受中国古代天文学成就，体验雕版印刷活动，感受古代天文科技的魅力。

（五）举办天文科技冬夏令营活动

为丰富青少年暑假生活，提高中小学生对天文和科学的兴趣，满足天文爱好者学习天文知识和观测技能的需求，北京天文馆、北京古观象台和北京天文学会联合举办了八期天文科普夏令营。活动期间，向学员介绍了中国古天文知识及天文观测基本知识，动手制作古天文小仪器，认识夏夜星空。并在此基础上，指导学员学习使用天文望远镜，做到能自己使用望远镜找到和观测夜空中比较明显的天体。活动覆盖人数达300余人，深受中小学生及家长欢迎，已成为天文馆及古台的品牌活动之一。

（六）为青年提供志愿服务平台

2013—2018年间，中央财经大学、北京四中等学校的三百余名志愿者来北京古观象台开展义务服务活动800余次，服务观众数千人。工作人员首先对志愿者进行了天文知识培训、讲解技巧培训及礼仪培训，经过考核后志愿者们走上了讲解岗位。

（七）参加北京市文物局主办的"5·18博物馆日和北京市科技周"活动

2013年至2018年，每年的5月18日至6月18日，在科技周及博物馆日活动期间，北京古观象台贴合科技创新的主题，遵循"宣传科学思想，传播科学知识，开展科技创新"的宗旨，举办天文科普展览，并在各个活动主场为公众带去了雕版天文图印刷体验活动，古观象台活动区内市民络绎不绝，各个年龄段观众对该活动都产生了浓厚的兴趣，吸引观众近万人。

（八）积极参加市、区举办的各项活动

2013年，北京古观象台参加了由东城区旅游委和北京市东城区人民政府共同举办、东城区旅游委承办的2013年皇城国际旅游文化系列活动——860年博物馆珍藏之旅活动。

2013年，建国门社区第二届彩虹文化节启动仪式在北京古观象台举行。北京天文馆党总支书记李丽，北京古观象台常务副台长肖军受邀参加仪式。

2014年4月27日，讲解员李锦熹、赵爽参加首届"科普讲解大赛"北京地区选拔赛，提升了讲解员的讲解水平。10月25日，讲解员赵爽、刘阳参加北京科普讲解大赛（专职组），提升了自身的专业素养。

2014—2018年，每年的2月份，北京古观象台与建国门街道办事处共同开展金牛送福——立春文化节及鞭打春牛活动，邀请数百名社区居民免费参加活动。立春文化节以弘扬优秀传统文化为主旨，以宣传推广历史民俗为主线，以寻春、迎春、打

北京古观象台举办志愿者培训活动现场图

春、咬春、闹春为主要内容，挖掘立春民俗，丰富其时代内涵。活动再现了历代立春习俗，我台设计制作的"中国历法之二十四节气"展览也在活动中展出，吸引了众多社区居民参观。

八　安保措施

北京古观象台现有安防、消防设备设施如下：对讲机9部、防刺服2套、盾牌2个、L型警棍8个、摄像头56个、红外报警器（包括红外对射报警器）56个、防爆罐2个、防爆毯2个；消防水带15条、消防柜5个、应急包1个、消防主机1台、电气火灾监控设备1台、烟感报警器81个、室外消火栓3个、消防战斗服2套、灭火器104具、应急疏散箱1个等。

九　基础设施改造

2014年，北京古观象台对院内摄像头进行加装，重新完善调整红外报警系统；2016年至2017年，对锅炉房、水房、淋浴间、洗手间、展室、贵宾室进行修缮改造；2018年，对西排房保安宿舍（两间）进行重新装修。

北京自然博物馆
BEIJING MUSEUM OF NATURAL HISTORY

通信地址： 北京市东城区天桥南大街 126 号

邮政编码： 100050

电　话： 010-67020641

传　真： 010-67021654

网　址： www.bmnh.org.cn

电子信箱： office@bmnh.org.cn

微信公众号： 北京自然博物馆

博物馆类型： 自然科学类（自然科学）

隶　属： 北京市科学技术研究院

批准建立时间： 1962 年

博物馆备案登记号： 018

建筑性质： 近现代建筑

占地面积： 15000 余平方米

建筑面积： 21000 余平方米

展览面积： 9900 余平方米

开放时间： 周二至周日 9：00—17：00，16：00 停止入馆（周一闭馆）。

服务设施：

停车场	纪念品商店	餐饮	语音导览	微信导览	无障碍参观	其他
有	有	无	无	无	无	母婴关爱

概　述

北京自然博物馆位于北京市东城区天桥南大街126号，背靠世界文化遗产天坛公园，面对现代化的天桥演艺区，具有特殊的文化环境。北京自然博物馆是新中国依靠自己的力量筹建的第一座大型自然历史博物馆。主要从事古生物、动物、植物和人类学等领域的标本收藏、科学研究和科学普及工作。曾先后被中央宣传部和北京市政府命名为"全国青少年科技教育基地"和"北京市爱国主义教育基地"，被联合国教科文组织中国组委会命名为"科学与和平教育基地"。

一　发展历程

1951年3月，中央文化部与中国科学院共同成立了中央自然博物馆筹备委员会。1951年4月2日，中央自然博物馆筹备处正式成立，办公地点设在故宫博物院东华门内的文华殿、传心殿和清史馆。到1952年，筹备处已初具自然博物馆的雏形。1955年，中央自然博物馆馆舍建设批准立项，确定天桥南大街为馆址，1956年10月开工。1958年5月，新馆落成，同年8月完成搬迁工作。1959年1月，新馆正式对外开放。1962年，正式命名为北京自然博物馆。1992年9月，由香港实业家田家炳捐资和北京市财政拨款的标本楼——"田家炳楼"落成。北京自然博物馆占地面积15000余平方米，建筑面积21000余平方米，展览面积9900余平方米。2008年5月，入选首批国家一级博物馆。2016年，入选"首批中国20世纪建筑遗产"名录。

中央自然博物馆筹备处成立后，从全国各地抽调业务与行政干部。当年，原文化部科普局所属的标本制作所和中央人民科学馆的全部职工并入中央自然博物馆筹备处。1979年，成立了中国自然科学博物馆协会。1984年，馆生态研究室在北京大兴南海子建立麋鹿生态实验中心，并在麋鹿引进工作结束后独立成为新的科研机构。由中央文化部和中国科学院共同发文向全国征集标本和展品。当年，接收了文化部科普局、中央人民科学馆、南京博物院、北海大众自然博物馆及河北省的大批鸟类标本、珊瑚标本和古脊椎动物等化石标本。

1977年和1978年，北京自然博物馆先后参加了中国科学院对新疆天山托木尔峰的联合科学考察，"天山托木尔峰地区的高等植物区系调查"获中国科学院重大科研成果二等奖；"中国恐龙足迹研究"完成了对中国恐龙足迹的开创性研究。北京自然博物馆获得多项国家自然科学基金资助的项目，如"山东诸城地区上白垩统的巨型山东龙的形态学、系统发育学和个体发育学研究""陕西子洲恐龙足迹化石及其古生态与古地理意义""中国东北中生代晚期古蝉多样性及其演化历程（半翅目，蝉亚目）"等；获得多项北京市自然科学基金资助项目，如"安徽东至华龙洞遗址古人类生存环境研究""湖南洞庭湖地区第四纪植被与环境演变研究""雾灵山地衣物种多样性垂直分布格局"等。主办和参加多次国际和国内学术论坛，如"中国古人类与史前文化渊源关系"国际学术讨论会、"自然科学博物馆与环境"国际学术讨论会等；发表多篇学术论文等。先后出版一批有代表性的科研专著和科普读物，如《中国恐龙足迹研究》《北京鸟类志》《北京鱼类志》《中国蝶类志》及《中国鸟类食毛目的研究》等；馆内有关专家还直接参与了《中国大百科全书》《中国植物志》等专著的编纂工作；由馆内专家集体编写的科普图书《生物史图说》，深受广大读者欢迎；《人之由来》被评为全国优秀科普读物；大型科普读物《恐龙时代》被出版社作为优秀图书推荐给读者。1980年，北京自然博物馆创刊发行专业学术刊物《北京自然博物馆研究报告》和科普杂志《大自然》，2005年2月，《北京自然博物馆研究报告》改刊为《自然科学与博物馆研究》，由北京自然博物馆、中国科学技术馆、中国地质博物馆和北京天文馆共同主办。

2018年12月31日，北京自然博物馆内设办公室、行政保卫科、财务科、人力资源部、标本部、科学研究部、科普教育部、展览策划部、编辑部、信息中心、新馆筹建办公室和经营部等12个部门；编制140人，目前在职职工115人，其中高级职称32人，中级职称37人，初级职称36人。

二　藏品概况

截至2018年12月31日，馆藏文物共317776件，包括一级文物2848件、二级文物3310件、三级文物431件。许多标本在国内、国际上都堪称孤品，包括世界闻名的古黄河象头骨、"来自中国的侏罗纪母亲"中华侏罗兽、中国唯一的鹦鹉嘴龙"木乃伊"、巨型井研马门溪龙、完成全身羽毛颜色复原的赫氏近鸟龙、保存在中国的唯一的恐鸟标本等。馆内还收藏着世界各国友好人士赠送给中国国家领导人的部分礼品标本，如早年越南胡志明主席送给毛泽东同志的标本、朱德同志转送的鳄鱼标本、科摩罗总统访华时赠送给江泽民同志的珍贵的拉蒂迈鱼标本等。

三　展陈概况

1954年至1956年，中央自然博物馆筹备处先后举办了首批大型展览："全国矿产资源展览""全国农业资源展览""解放台湾展览"和"治理黄河展览"等。

如今，北京自然博物馆基本陈列以生物进化为主线，展示了生物多样性以及与环境的关系，构筑起一个地球上生命发生发展的全景图。目前设有古生物、动物、植物和人类等基本陈列。

1."古哺乳动物"展厅详细介绍了长鼻类、奇蹄类、偶蹄类、食肉类、灵长类和被子植物的演化历程以及著名的山旺生物群。其中包括恐龙灭绝后地球上同期最大的哺乳动物阶齿兽的复原图和骨骼标本；庞大的象类家族：高4米、长8米的黄河象和铲齿象；最早的被子植物化石、世界上第一朵花——辽宁古果。

2."无脊椎动物的繁荣"展厅重点讲述了化石的形成、生命的起源、寒武纪大爆发、无脊椎动物的繁荣等重大历史事件；清晰地展示了从原核生物到真核生物，从单细胞的原生动物到多细胞的后生动物，又历经二胚层阶段、三胚层阶段最后到脊椎动物起源的生命进化历程。

3."古爬行动物"展厅展示了生物界两亿多年前的景观，并以总鳍鱼、鱼石螈、蚓螈和异齿龙为代表，演示了脊椎动物从水域向陆地发展的复杂过程。大厅中央展示了栩栩如生的恐龙骨架群，如中国人发现的第一条恐龙——许氏禄丰龙，体长达26米的井研马门溪龙，称王称霸的霸王龙，小巧玲珑的恐爪龙，背上布满剑板的沱江龙，威风凛凛的永川龙，展翅翱翔的翼龙，称霸海洋的鱼龙。

4."恐龙公园"展厅于2013年重新启用，面积700余平方米，利用先进的技术手段，使复原的恐龙更加逼真。23条活灵活现的恐龙、两只翼龙以及一只和最早恐龙生活在一起的坚喙蜥构成了不同的组合，分别代表了从三叠纪晚期到白垩纪晚期不同时期的恐龙世界的面貌。

5."动物——人类的朋友"展厅以进化论为主线，展示了动物由简单到复杂、由低等到高等的进化过程，以及在相应的生态环境下，各类动物生存的真实景观。特别值得一提的是，陈列中的这些珍贵动物标本制作水平很高，毛皮色泽光润、体态造型完美，再现了动物体生前应有的姿态和容貌。

展厅中的动物标本，不仅包括国家一、二类保护动物如：金丝猴、东北虎、大熊猫、雪豹、江豚、儒艮等，而且还有许多国外提供的部分珍贵标本，如马来熊、双角犀鸟、各种苍鹰等。

6."人之由来"展厅主要从观众所关心的"我们是谁？我们从哪里来？"两个问题来设计展览内容。为了更清晰地展示这两个问题，展览分设"认识你自己"和"现代人之由来"两个子展厅。在"认识你自己"子展厅中，展览从"作为个体的人之由来""人对自身来源的探索""人是动物""人是特殊的动物"和"作为特殊动物的人之由来"五个方面与观众进行交流与探讨；而在"现代人之由来"部分，展览则讲述了从"托曼"至现代700万年间发生的故事。

展厅中的标本数量为160余件，包括用以说明人类在自然界中位置的现生动物标本、距今一两千万年以前的人类可能的祖先——古猿代表、从地猿到现代人的700万年间曾出现过的各个阶段的人类代表以及这些代表所制作的石器和所创造的文化艺术等。在此展览中，许多著名的古人类化石将与观众见面，其中包括极为罕见保存下来的生活在距今320万年前的"露西"、160万年前的"纳里奥托姆男孩儿"和6万年前的"尼安德特人"骨架。

7."神奇的非洲"展览以世界轮椅基金会创始人、主席，中国残疾人福利基金会理事，美国肯尼斯·贝林先生捐赠的非洲珍贵动物标本为基础，还原了野生动物赖以生存的环境，并结合中英文图板和各种新奇的现代化展示技术手段，准确、科学地将非洲大陆最具代表性的野生动物栩栩如生地再现于观众面前，充分地展现了非洲大陆的神奇。展览采用360度环形全景画展示技术，地面地形与背景画自然衔接，展现无限透视的原野效果，配合开放式动物景观这一新颖的展示方法，向观众展示恢宏震撼

北京自然博物馆展厅

的非洲原野。

8."植物世界"展览面积800余平方米，内容涵盖陆地植物演化、植物功能和现代植物景观三大主题，从史前灭绝的植物类群到今天多姿多彩的植物，从植物的微观结构到植物群落和生态系统宏观景观，全方位多角度展示植物的魅力。展览运用了声、光、电和多媒体等技术，以及先进的科学仪器，将植物学知识巧妙融合在景观、动画、科学实验和游戏中，实现科学性、观赏性和趣味性的完全统一，为观众展示了一个欣赏植物、认识植物的精彩世界。

9."走进人体"展览以图文并茂的形式和大量精美的标本为依托，系统展示了人体构造的科学内容，并以朴实无华的视觉语言，向观者讲述人体各器官的结构和功能。

在常设展览之外，北京自然博物馆每年还不定期地推出各种各样的临时主题展览，例如"猛犸象""达芬奇科技""人体的奥秘""聪明的植物""达尔文"等，都产生了比较大的影响。每年不定期举办的各种临时展览及丰富多彩的科普活动，深受广大观众喜爱，年观众接待量超过百万人次。

四　宣传教育与观众服务

北京自然博物馆立足首都，面向全国，放眼世界，其精心策划的专业展览曾多次走出国门。

1."中国恐龙展"曾先后在新加坡、日本、瑞典、芬兰、美国、澳大利亚、新西兰、荷兰、意大利、新喀里多尼亚等许多国家和地区展出，博物馆的国际知名度得到了进一步的提升。

2.北京自然博物馆吸收国外一些博物馆的先进经验，于2002年建立青少年活动场所"探索角"，宗旨是打破博物馆的传统式展示，变被动的灌输为主动的探索。"探索角"分为几大活动区，都面向观众免费开放。在"报告阅读区"里，观众可以自由阅读科普书籍，还可以尽情上网检索自己感兴趣的信息。"儿童区"主要针对3—7岁的小朋友，他们在这里可以充分发挥自己的想象，画出他们在自然博物馆中的所见所闻。在"试验活动"区里定期组织专题实验；观众还可以利用显微镜自由观察微观世界。此外，"探索角"提供了各种生物学模型供观众自行拼装，还展示着精美的动物标本与知识牌，更为整个"探索角"增添了无穷乐趣。在这里，注重的是培养孩子们的科学兴趣、科学思维和探索精神，让他们在轻松、快乐中掌握知识、发现问题和培养兴趣。

3.2016年六一儿童节，北京自然博物馆和市总工会女职工委员会设立的公共场所"母婴关爱室"对外开放。"母婴关爱室"室内整洁温馨，面积16平方米，里面有两人沙发、婴儿打理台三个以及一个置物台，还有为背奶妈妈们准备的电源、储奶袋、尿不湿、清洁纸巾等，为广大哺乳母亲提供了更加周到完善的服务。

4.北京自然博物馆每年均承担国家及省部级科研课题多项。2013—2017年间，全馆共发表论文153篇，其中SCI期刊论文38篇，核心期刊论文45篇，单位获北京市科学技术一等奖、北京市科学技术三等奖各一次，在世界著名学术期刊《自然》和《科学》上发表论文6篇（第一作者或通讯作者4篇），在古生物领域发现9个新物种，与中外知名出版机构联合出版有重要影响力的学术专著2部，报道了小盗龙、近鸟龙、中华龙鸟、北票龙等几种中生代带羽毛恐龙的羽毛颜色研究成果。其中，对小盗龙羽毛的结构色研究成果，将羽毛的结构色化石记录前推了8000万年。

5.2016年底，北京自然博物馆推出首部原创4D特效科普影片《黑羽精灵》。2018年2月，又推出了第二部原创4D特效电影《小侏罗兽历险记》。这两部电影的角色依托北京自然博物馆的特色标本和重大研究成果，通过艺术的创作和美术的加工，运用特殊的技术手段，以特效影片的展示形式呈现给公众，使公众通过更加直观的观影体验，学习到远古的科普知识，从而达到寓教于乐的传播目的。上映以来，观众反响较好，产生了较好的社会效益，并且反映北京自然博物馆重大原创性科学研究成果，这也标志着北京自然博物馆在4D电影方面一次有益的尝试。

6.北京自然博物馆加大科学精神宣传力度，提升全民科学精神认识高度。北京自然博物馆一直坚持以公众服务为核心，利用自身的优势定期举办有特色的科普活动，组织了第23届北京市中小学生自然科学知识竞赛，举办了各类科普讲座、生物教师培训班、小小讲解员培训以及博物馆之夜、小军团生物夏令营、科普车、"玩转科学"等喜闻乐见的活动，帮助青少年在欢乐轻松的氛围中，探索自然，热爱科学。近五年来，北京自然博物馆举办"党员志愿者科普进社区"学习讲座服务十余个社区，惠及五百余人，不仅切实增强了党员的服务意识，还从各个方面帮助孩子们解答了科学知识方面的疑惑，从小培养了孩子们对自然科学的浓厚兴趣，并使他们在课余生活中享受到探索自然科学所带来的乐趣。北京自然博物馆将"流动科普车"开到农村、学校、西部贫困山区，涵盖约百个区县，惠及四万余中小学生，让远离城市的孩子们也享受到科学知识的魅力。

北京自然博物馆作为国家一级博物馆和全国青少年科普教育基地，一直秉承普及科学知识，服务社会公众的办馆理念，始终在做好标本收藏、科学研究、陈列展览和科学普及的基础上，努力利用自身的优势，开拓创新、锐意进取，不断把更多、更好的优秀作品呈现给观众朋友，为公益文化传播发挥积极引领作用。

北京南海子麋鹿苑博物馆
BEIJING NANHAIZI MILU PARK MUSEUM

北京麋鹿生态实验中心
Beijing Milu Ecological Research Center

北京生物多样性研究保护中心
Beijing Biodiversity Conservation Center

通信地址： 北京市大兴区旧宫镇圈乡三海子鹿苑路

邮政编码： 100076

电　　话： 010-69280687

传　　真： 010 69280671

网　　址： http://www.milupark.org.cn

电子信箱： milupark@milupark.org.cn

微信公众号： bj-milupark

博物馆类型： 自然科学类（自然科学）

隶　　属： 北京市科学技术研究院

批准建立时间： 1985年8月23日

博物馆备案登记号： 106

建筑性质： 现代建筑

占地面积： 586667平方米

建筑面积： 11379平方米

展览面积： 2400平方米（室内）320000平方米（户外）

交　　通： 公交：乘大兴区兴15路公交到麋鹿苑路口下车，步行至南海子公园后穿行南海子公园至麋鹿苑南门。

地铁：乘地铁亦庄线旧宫站下车，改乘公交953路到麋鹿苑路口下车，步行至南海子公园后穿行南海子公园至麋鹿苑南门。

开放时间： 9:00—16:00，周一闭馆（法定节假日除外）。

服务设施：

停车场	纪念品商店	餐饮	语音导览	微信导览	无障碍设施	其他
有	有	有	有	有	有	电瓶车游览及小动物饲喂服务

概 述

  北京南海子麋鹿苑博物馆（北京麋鹿生态实验中心，北京生物多样性研究保护中心，简称麋鹿苑）成立于1985年，是一座以麋鹿科学研究、生物多样性保护、生态环境教育及爱国主义教育为一体的综合型户外生态博物馆。麋鹿苑管理体制为市属事业单位，隶属于北京市科学技术研究院，内设生态研究室、麋鹿及野生动物遗传资源保护研究团队、科普部、展览部、生态体验与合作部、综合办公室、财务部、保障部8个部门，承担着国家一级保护动物——麋鹿及生物多样性的科学研究及自然科普教育双重职能。自中心成立以来，先后在全国设立38个麋鹿保护地，成功输出麋鹿近500只，其中2013—2018年，输出90只；麋鹿重引入、麋鹿人工授精等荣获北京市科学技术二等奖。科普教育工作成绩突出，先后荣获北京市爱国主义教育基地、国家级及北京市科普教育基地、北京市环境教育基地、首都生态文明宣教基地、国家级AAA景区、北京市中小学生社会大课堂资源单位等荣誉称号。

  2013—2018年，中心正值落实"十二五""十三五"规划整体部署期间，科研科普工作齐头并进，在不断拓展生态保护与环境科教模式研究及推广应用、加强北京南海子麋鹿苑博物馆建设、打造系列品牌科普活动工作、纵深推进麋鹿及生物多样性保护研究中取得了瞩目成绩。

一 拓展生态保护与环境科教模式

  近五年来，中心科教工作从开展形式、内容策划、传播渠道等方面进一步落实工作部署，向建成独具特色的博物馆、生态道德教育及环保科普示范场所的目标笃定前行。

（一）展览主题突出 形式多样

在展览展示中将麋鹿主题扩充到世界鹿类、生物多样性、生态文明，借助室内展厅与户外科普设施、标本模型与图像视频等形式，全面深入解读生态文明理论指导下的人与自然和谐共生理念。近五年内，中心以"麋鹿传奇""世界鹿类"两大常设展为依托，开设室内"鹿角大观""麋鹿回归成果展""人与自然之生物多样性生肖展""麋鹿书画摄影展"等临时展览6个，户外"生态文明思想理论知识""习近平生态文明思想十大经典论述""北京生物多样性""鹿文化"等主题科普展览及设施10套，引进临时展览1项，输出"鹿角探秘""绿色梦想·麋鹿生态摄影展"至北京自然博物馆、江西鄱阳湖国家公园展览2个，开展"麋鹿·湿地""麋鹿还家""麋鹿苑主题展"及摄影巡展进博物馆、进社区、参与科技周、全国科普日等活动10场次，形成了室内外协调统一，以生态文明理论为依据，以生态文明建设为主旨，以生态环境改善、生态文明宣传为外延的主题突出展览展示系统。在数字化博物馆工作的推进中，中心将博物馆藏品管理、展览展示、科教活动及苑区公众服务体系、麋鹿种群保护、数字化办公等相融合，提出"智慧化管理、智慧化服务、智慧化保护"宗旨，制定麋鹿苑数字化工作规划，指导数字化博物馆后续工作。

（二）博物馆管理完善规范化

近年来，随着展览展示工作的推进，藏品数量不断增加，鹿类动物及生物多样

世界鹿类展厅

性标本种类多样化。五年来，博物馆藏品种类从单一的剥制标本扩充到骨骼标本、塑化标本、浸制标本、仿真标本、切片标本及3D模型标本七大类别，数量增加1015件。藏品管理办法不断完善，初步建立藏品数据库，藏品入库登记采集等手续完善，为后续博物馆长足发展奠定牢固基础。

科教活动作为展览展示的延伸与深入，需紧扣主题，凸显特色。近年来，中心将科教活动进行归类整理，形成麋鹿文化、湿地动植物考察、湿地环境调查、小小饲养员、小小科学家五大主题，并于2018年精心打造推出"习近平生态文明思想教育""麋鹿苑自然大讲堂""麋鹿保护行"三大科普活动品牌，开展全面广泛的社会科教活动。

（三）针对少年儿童开展自然大讲堂生态文明教育活动

以麋鹿苑自然大讲堂为抓手，创新开展"绿色梦想"麋鹿守护者、夜探麋鹿苑、小小科学家实验室等活动，通过科普讲座、博物馆参观、探访保护区、科普手工创作、户外科普宣讲、自然科学调查等方式，了解麋鹿故事，体验和谐共生，感悟生态文明思想主旨。特别是近两年，生态文明教育活动受邀走进学校、社区、商场，将活动平台进一步扩大延伸，影响力逐年递增。该系列活动平均年举办100场次，覆盖公众约5万人次。

麋鹿大会

（四）针对中小学生开展麋鹿保护行活动

麋鹿保护行活动旨在通过麋鹿保护区科普教育的联动，助力麋鹿及野生动物保护事业的宣传与推广，为野生动物科学研究、生物多样性保护、生态教育普及发挥"麋鹿"的功效。2018年，麋鹿苑率先开展了京津冀三地科考行，对麋鹿苑、天津七里海湿地、承德木兰围场的麋鹿及湿地环境进行了自然科考，由动植物、野生动物学界的诸位著名专家学者带队，带领公众走进麋鹿保护区，深入了解麋鹿及其生存环境，全方位解读了麋鹿保护、生态教育的内涵主旨，为麋鹿苑生态文明特色主题活动开辟新领域。

（五）针对企事业、高校院所及党团群体开展生态宣讲与全国巡讲

麋鹿苑因拥有全国独有的世界鹿类科普知识展厅、生动形象寓意深刻的户外科普设施展示区、自然环境优美的麋鹿湿地保护区，成为北京市企事业单位、团体及个人开展生态教育的示范场所、国家林业与草原局干部管理学院现场教学基地、高校院所教学实践基地。平均年共接待社会公众团队近150个，培训党校干部、高校学生1000人次/年，覆盖公众10万人。

在全国生态巡讲中，麋鹿苑科普工作者围绕生态文明、麋鹿沧桑、自然观察三大系列组织科普讲座，策划科普手工活动，连同科普剧目表演、自然影片展示形成了内容丰富、形式多样的巡讲课程。近五年内，科教工作者赴四川、河南、湖北、广东、深圳、宁夏、贵州、山东等各省市及北京各中小学校、社区街道开展更为广泛的生态科普知识讲座及活动，年平均举办讲座活动120场次，受众超10万人。

（六）面向社会公众开展麋鹿生态保护文化传播活动

针对社会公众，麋鹿文化传播活动内容丰富，形式多样，宣传渠道广泛，收到良好社会效应。多年来，麋鹿苑以麋鹿、生态文明主题资源，制作开发周边文化相关产品，例如编写科普剧、拍摄自然电影、举办科普剧展演、麋鹿研讨会、麋鹿文化相关活动，开发麋鹿卡通形象及相关文创产品，借助传统媒体与新媒体，通过学校、社区、商场、科普基地及兄弟博物馆开展多渠道多形式的广泛宣传。截至2018年，麋鹿苑现有科普剧目《麋鹿苑夏天》《小麋鹿回家记》《鸡年说鸡》（脱口秀）等6部，其中《小麋鹿回家记》荣获2017年度科普·北京达人秀一等奖，《鸡年说鸡》（脱口秀）荣获2016年全国科学大咖秀脱口秀十佳奖项，《夜莺之歌》荣获2018年北京科普新媒体创意大赛优秀奖。中心科普剧年均展演30场次，受众超万人。中心拍摄制作完成《麋鹿苑》《鹿王争霸》《小麋鹿诞生》三部自然剧目，其中《鹿王争霸》在央视九套进行公开首播。开发制作的麋鹿卡通形象、麋鹿人偶、麋鹿折扇、马克杯等文创产品也

已广泛应用于日常科教活动。利用新媒体平台，完善中心网站及两微一博建设，2015年正式开通微信公众号。借助新浪、腾讯等多家媒体开展科教活动，麋鹿输出鄱阳湖等直播，覆盖受众超百万人次。

二 挖掘人文历史内涵，打造麋鹿国际舞台

在不断纵深全面开展麋鹿及生物多样性研究保护工作的同时，中心注重历史文化的传承与弘扬。五年来，申报完成了一系列苑区文化建设工程，如修建古大红门、鹿文化古诗亭、世界鹿类雕塑广场、仿古苑文化墙等科普设施，使得南海子皇家猎苑文化底蕴与湿地自然风光巧妙结合在一起，更彰显了麋鹿苑历史文化的深刻内涵，为科教活动及展览展示均提供了良好的素材，更为每年一次的麋鹿文化大会提供了优质的实地教学场所。2018年，中心在大兴区委宣传部、国家林草局及北京市科学技术研究院的带领下，顺利召开了纪念麋鹿回归33周年的麋鹿文化大会，引起社会及公众对麋鹿的广泛关注。作为西山永定河文化带上的璀璨明珠和生态文明教育的亮丽名片，麋鹿苑不仅为全球野生动物保护提供了中国样板，也为建设"美丽中国"提供了生物多样性起源。充分挖掘文化内涵，推进南海子麋鹿保护区申请世界自然遗产、麋鹿形象参选冬奥会吉祥物等各项工作，努力打造麋鹿科研高地、麋鹿文化传播策源地、麋鹿国际舞台，使南海子麋鹿苑成为人与自然和谐发展的新典范。近两年，中心加强与"一带一路"沿线国家的合作交流，先后派科研科普工作者赴新加坡开展交流学习，2018年受邀参加新加坡科学制汇节活动，将麋鹿文化产品、麋鹿特色科普活动带出国门，为麋鹿国际舞台打造奠定基础。

三 三方面推进科研，多方面推进科普

科研工作围绕麋鹿生物学、麋鹿基因分子研究、生物多样性调查三方面开展。麋鹿种群数量稳中有升，开辟麋鹿基因分子水平研究领域，迁地保护工作有序进行，生物多样性调查工作初具成果。中心麋鹿种群结构稳定，管理规范，麋鹿生存状态良好。在麋鹿健康体系监测研究中，引入基因分子水平，成立麋鹿遗传研究团队，建立野生动物疫源疫病监测实验室，首次发布麋鹿健康评价指标，与中国农业大学、中科院环保所、华大基金等高校、知名企业开展相关领域合作研究，以此推动麋鹿基因分子水平研究更上新台阶。在生物多样性调查工作中，对北京生物多样性开展摸底调查，配合北京市政府完成自然保护地大检查，提出生物多样性数据形成学术专著，助力西山永定河文化带及北京四个中心建设的整体工作部署。在麋鹿迁地保护工作中，近五年中心分别向江西鄱阳湖国家自然保护区、秦皇岛野生动物园、河北滦河

上游麋鹿国家自然保护区、湖南洋沙湖国家自然保护区输出麋鹿90只，在全国累积建立38个麋鹿保护地，为麋鹿野放、生态文明建设推广注入新的活力。近五年发表SCI论文7篇，EI论文1篇，中文核心期刊论文56篇，科普论文、科普文章94篇，形成调研报告5份，专利12项，获得国家自然科学基金、北京市自然基金及北京市青年基金项目各1项，竞争性项目26项，财政项目27项，出版及参与编写学术专著、科普图书15部。

五年来，中心在生态文明宣传教育、爱国主义教育、环境教育方面取得累累硕果，科普展览层出不穷，科教活动内容丰富，形式多样，科普文章、著作连年递增，文创产品活泼灵动，科教活动的方方面面都深受公众的喜爱和认可，也受到上级单位的好评。中心先后获得首都生态文明宣传教育基地、北京市首批环境宣教基地、中小学生社会大课堂资源单位、国家林业和草原局干部管理学院现场教学基地、中国自然博物馆协会年度优秀集体及个人、北京市科普先进个人等荣誉称号，在自然科普教育领域充分发挥展示着"麋鹿"的作用。未来，中心也将致力于打造成全国生态文化的传播策源地的目标而努力奋斗。

博物馆内生活的麋鹿种群

周口店北京人遗址博物馆
THE PEKING MAN SITE MUSEUM AT ZHOUKOUDIAN

通信地址： 北京市房山区周口店大街1号

邮政编码： 102405

电　　话： 010-53230035

传　　真： 010-53230035

网　　址： www.zkd.cn

电子信箱： zhoukoudian@126.com

微信公众号： 周口店北京人遗址博物馆

博物馆类型： 自然科学类（自然科学）

隶　　属： 行政隶属于房山区政府；科研隶属于中国科学院古脊椎动物与古人类研究所

批准建立时间： 2002年8月21日

博物馆备案登记号： 055

建筑性质： 现代建筑（全国重点文物保护单位）

占地面积： 38071平方米

建筑面积： 8093平方米

展览面积： 3818平方米

交　　通： 1.乘车路线：天桥乘832（原917）路公共汽车到良乡北关转乘38路到周口店遗址；天桥乘836路（阎村高速）到周口村站转乘38路到周口店遗址；西客站南广场乘616路公共汽车到良乡西门转乘38路到周口店遗址。

2.自驾车路线：京港澳高速—阎村出口—京周公路直达，沿途标识清晰。

开放时间： 每年11月1日至次年3月31日9:00—16:00

4月1日—10月31日9:00—16:30

服务设施：

	停车场	纪念品商店	餐饮	语音导览	微信导览	无障碍设施	其他
旧馆	有	有	无	有	无	有	无
新馆	有	有	有	有	无	有	无

概　述

　　周口店遗址是首批全国重点文物保护单位，首批世界文化遗产，周口店遗址博物馆是全国首批国家一级博物馆。为充分发挥政府部门的保护优势和科研部门的科研优势，2002年8月，北京市人民政府和中国科学院签署了"市院共建"周口店遗址协议，双方共同保护、管理周口店遗址。北京市人民政府责成房山区政府代为管理。

　　共建之初，2003年3月，房山区政府组建了周口店北京人遗址博物馆（周口店北京人遗址管理处）（房编办字〔2003〕10号），为区政府直属单位，正处级财政全额拨款事业单位，归口房山区文化委员会。

　　2014年12月，进行内设机构调整（房编办字〔2014〕133号），现核定事业编制50名，处级领导职数1正3副，内设机构4部2室，科级领导职数7正6副。

　　2013年以来，遗址管理处在"市院共建"体制下，紧紧围绕新中国成立65周年、中国共产党成立95周年、改革开放40周年、周口店遗址发现100周年等有利契机，坚持党建为魂、保护为基、传承为本、服务为先、创新为源、宣传为要的"六为"工作思路，圆满完成各项工作任务，接待观众量逐年递增。先后被评为首都文明风景旅游区、优秀基层科普场馆、首都学雷锋志愿服务岗、全国巾帼建功先进集体、北京市文物安全工作先进单位、北京爱国主义教育基地红色旅游景区、世界遗产青少年教育基地、2018年北京市社会科学普及基地。

一　突出遗址保护，推进猿人洞保护工程落实

　　（一）新馆顺利开馆。克服建筑结构复杂施工困难以及汛期连续性降雨等不良天气影响后，遗址管理处加强施工安全管理，狠抓工程进度，全力以赴推进新馆建设。

2014年5月18日国际博物馆日顺利开馆。

（二）完成猿人洞保护建筑工程。猿人洞保护工程是联合国教科文组织批准，国家、市区重点项目，为使方案更加科学严谨，强化实施方案的可行性，多次组织召开猿人洞保护建筑设计论证会，对保护建筑内外景观效果、基础定点地勘、保护棚结构设计、抗震性能设计、结构稳定性设计等方面内容进行了深入研讨，正在根据反馈意见进行修改、完善和深化设计。历经7年论证、3年施工，于2015年10月正式启动了猿人洞保护建筑工程，并于2018年9月21日顺利通过竣工验收，并正式面向公众开放。

（三）完成猿人洞保护性清理发掘。猿人洞保护性清理发掘工作在取得国家文物局批准的基础上，于2013年10月开始与中国科学院古脊椎动物与古人类研究所共同开展保护性清理发掘工作。此次发掘使用专业探测仪器，对地层进行连续的高精度、高分辨率技术采样。目前，发掘工作已圆满完成，共发掘出土动物骨骼、石器等可鉴定文物2013件，发现了"北京人"用火证据。

（四）加强遗址监测，夯实遗址保护屏障。进一步完善监测预警系统一期工作，逐步加强对各要素监测数据的分析能力，确保预警监测系统正常运行。完成周口店遗址动态信息及监测预警系统二期建设，并编写《猿人洞保护建筑技术监测方案》，对施工过程和建成后建筑稳定性进行全面监测。同时，在定期进行化石地点的温湿度监测、岩体位移监测、风化拍照、化石地点及周边环境的巡视检查等工作的基础上，开展了"7·21"抢险加固工程和老馆改造、猿人洞地勘的施工监测，制定了包括安防、技防、消防设备设施运行，博物馆设备设施运行等方面的管理监测方案。

（五）实现遗址本体及观众安全。遗址安全工作是遗址的生命线，为确保遗址本

周口店北京人遗址博物馆序厅

体、馆藏品及观众人身财产安全，遗址管理处加强人防、技防、物防，采取多项措施做好安全工作。一是坚持对化石地点、博物馆等重点部位进行温湿度、岩体位移风化等监测，为保护工作提供了科学依据，有效保护了遗址本体及标本安全；二是严格制度管理，明确安全责任，签订相关《安全责任协议书》《烟花爆竹禁放责任书》；三是加强检查，定期对遗址重要化石地点、博物馆等重点部位及消防器材、设备设施进行检查维护，确保正常运行；四是做好"春节"、"两会"、清明节、五一、博物馆日、文化遗产日、十一黄金周等重点时段的安全保卫工作，对重点时段及重大活动进行周密部署，制定安全预案，组织进行预案演习，确保安全稳定。

（六）《周口店国家考古遗址公园规划》编制取得新进展。深入贯彻落实国务院《大遗址保护"十三五"专项规划》，积极推进考古遗址公园建设。结合《房山新城规划》等上位规划内容，加强沟通协调和意见征集，对《周口店遗址国家考古遗址公园规划》进行了修改完善。

（七）夯实藏品保管基础工作。化石标本是遗址和博物馆重要的价值元素，为更好地保护化石标本，2014年，周口店遗址博物馆搬迁至新址，所有藏品安全搬迁至周口店遗址新馆，将所有藏品在新的库房进行入库排架，分类分号进行排列；完成了周口店遗址全部馆藏品的可移动文物普查工作。对藏品库房内标本进行编目整理核查，做好藏品数据库升级更新及信息化录入工作；对标本库房内全部藏品进行统计与核查，保养库房内标本40件；对馆内展厅展出化石标本进行全面检查并进行重点保养；加强了藏品电算化管理，完善标本数据库，对馆内现有500件展品建立电子档案，对库房内动物化石建立分类账。

二　提升科普品质，充分发挥基地作用

博物馆是传播民族文化不可替代的载体，为充分发挥爱国主义和科普教育基地作用，遗址管理处不断丰富科普内容，提升科普品质。

（一）举办国内外展览，加强国际交流。一是加强国际文化交流。为了让文化走出去，进一步挖掘深厚的民族文化资源，周口店遗址博物馆作为国内仅有的10余家参展博物馆之一，在2016年7月参加了在意大利米兰举办的国际博物馆协会第24届大会并举办了"远古与时尚的相遇——'北京人'走进米兰·周口店遗址展"；在2018年3月"北京猿人走进马来西亚——周口店遗址文物展"成功亮相马来西亚国家博物馆，吸引了近2万马来西亚民众参观。二是加强国内文化交流。围绕三贴近，推陈出新，先后举办了"北京市8家名人故居联合展览""文化名人与民族精神——纪念中国人民抗日战争胜利70周年""文明之光·圆梦'北京人'——周口店遗址主题书画展""百年记忆——纪念周口店遗址发现100周年历史回顾展"图片展等展览。同时，

加强了与世界遗产地、文保单位及博物馆间的沟通、学习。

（二）持续开展特色活动，增添参观趣味性。充分发挥基地作用，先后策划"博物馆邀您过大年"春节特别活动、"寻根溯源、传承文明"主题活动、"五一假期欢乐游"、"考古一日营"、"大手牵小手，探索历史，走进博物馆"儿童节等主题活动。启动了"开放性科学实践活动"项目和中小学校外实践活动课程项目，社会教育、科普教育工作得到了市区教委、科协的充分肯定以及广大观众的好评。

为充分发挥基地作用，创新科普形式，积极联系各资源院校，分别到首师大附中大兴南校区、北京理工大学（良乡大学城校区）、廊坊博物馆、廊坊师范学院等百余所学校进行宣讲和流动展览。

（三）丰富科普内容，发挥教育职能。为不断提升社会大课堂质量，完善科普互动项目，更好地展示远古人类文化内涵，结合青少年成长需求，制作了《龙骨山探秘》动画片并在科普体验馆内放映，推出了"多点触控——模拟发掘"、"7D远古幻境"虚拟现实眼镜等科普互动项目，寓教于乐，让青少年群体获取科普知识。通过立体投影、三维展示等科技手段，制作了数字猿人洞科普项目，用先进的科技手段丰富了观众的参观内容，做到了让沉淀的文物资源真正活起来、动起来。周口店遗址被中国科学技术协会评为"全国科普教育基地"，并获得"2013—2015年度北京市科普基地"奖牌及证书。

"服务全方位 科普知识进校园（进社区）"宣讲团先后走进北京、辽宁、江苏、山东、河北等大中专院校，走进社区、学校，举办流动展览、讲座等特色活动，共举办流动展览百余次，宣讲人数超过20万人，发放科普宣传资料5万余册。

周口店北京人遗址博物馆第一展厅

三　举办文化活动，扩大社会影响力

一是为突出遗址文化内涵，圆满完成新馆建设并顺利开馆。结合2014年"5·18"国际博物馆日的主题"博物馆藏品架起沟通的桥梁"，北京市文物局将周口店遗址博物馆作为2014北京"5·18"国际博物馆日活动的主会场，成功举办了2014北京"5·18"国际博物馆日暨周口店遗址博物馆新馆开馆活动。二是成功举办纪念周口店遗址发现100周年系列活动。活动分为四项内容：纪念周口店遗址发现100周年系列活动启动仪式暨《周口店记忆》新书发布；2018年文化和自然遗产日北京市主会场活动；"百年记忆"历史回顾展及第1地点（猿人洞）竣工开放仪式；纪念周口店遗址发现100周年暨史前文化遗产保护、研究与可持续发展国际会议。三是紧紧围绕国际博物馆日和中国文化遗产日活动主题，充分发挥科普教育和爱国主义教育基地作用，举办丰富多彩的纪念活动。通过推出模型制作、模型装架、抽取幸运观众、特色游戏大比拼等活动，提高博物馆日影响力。

四　完善基础设施，推进环境整治

（一）完善服务设施，提升服务水平。为营造良好的参观环境，按照依据国家一级博物馆、国家考古遗址公园、国家AAAAA级景区标准、ISO9001质量管理体系、ISO14001环境管理体系等各项要求，不断完善服务设施，加强对服务设施的监督、管理。自2013年以来，完成了临展厅地面铺装及展墙改造，展柜玻璃更换，楼宇自控系统建设，博物馆停车场升级改造，遗址老旧围墙、蓄水池、遗址门口及周边环境升级改造，新增30组休闲座椅；对游客咨询服务中心、星级厕所进行维护升级改造，并不断完善其服务功能；对遗址大门口、办公用房、食堂等进行改造、修缮。通过环境、服务设施的升级改造，使自然景观与人文景观相协调，给游客创造了清新、优美、整洁的参观环境。

（二）顺利通过AAAA级景区复核。根据《旅游景区质量等级的划分与评定》国家标准和2016年度北京市旅游景区质量等级复核有关要求，遗址管理处及时制定工作方案，组织开展自查，加强整改落实，按时报送材料。经过专家现场观察、材料审核以及综合评价，对周口店遗址各项工作给予肯定，认为周口店遗址硬软件环境质量突出，资源独特性强，科教意义显著，环境卫生状况佳，管理严格规范，工作人员服务态度及水平较高，安保秩序良好，各项规章管理制度健全，顺利通过年度复核工作，为创建AAAAA级景区奠定了坚实基础。

（三）改善遗址环境，提升遗址形象。遗址管理处坚持以保护为主，以实现可持续发展为目标，加速推进遗址保护生态恢复工程，大力完善旅游服务设施。拆除与遗址环境不协调的6631.24平方米建筑物；新建AAAAA级标准游客中心242平方米、星级卫生间3座，改造、新建参观步道2640.5延米；景石摆放3250多吨；增设山顶观景平台；完善公共服务设备设施、标识系统；修建景观水池750平方米（两组），增设采摘园2500余平方米；新增座椅60组、垃圾箱桶20个；种植各类绿植品种70余种，绿化面积3万余平方米。目前，遗址保护生态恢复工程已全部竣工。

五　突出服务水平，推进规范管理

（一）严格体系标准，有序开展工作。有效的管理是推动工作开展的保障，依据国家AAAAA级景区质量等级标准及国家一级博物馆、ISO9001质量管理体系、ISO14001环境管理体系标准要求，规范日常工作。各项工作的计划性、监督力度和检查力度明显增强，有效地推进了各项工作的开展。为保持体系文件的适宜性，对文件进行调整、改版。每年组织开展2次内审，2次管理评审和1次监督外审。

（二）加强队伍建设，提高全员素质。为打造高素质队伍，培养专业型人才，采取多项措施，全面提升干部职工整体素质。一是创新培训形式。采取全员培训与部室培训相结合、理论培训与专业技术培训相结合等多种形式，组织干部职工学习培训。全员培训百余次，参训累计达7000余人次。坚持组织学习、播放《正风肃纪》教育片，《为你而歌》、《服务礼仪》、《光辉历程》等光盘。百余人次参加区直机关工委组织的干部素质提升大讲堂培训班。选派干部参加意大利文化遗产保护管理与技术境外培训班、法国国家自然史陈展；理论与实践博物馆学培训研究班、国家一级博物馆馆长培训班；选派讲解员、藏品保管员、内审员参加培训班。讲解员实现日语、英语普及。二是创新培训机制，注重培训效果的转化。为推进专业人才培养，帮助具有晋升馆员职称资格的职工完成论文发表，3人通过中级职称评定。三是加大人才招聘力度。在加强自身队伍建设的同时，加快人才引进，公开招聘工作人员14名，讲解员13名，充实了讲解员队伍。

通过学习培训及管理机制的不断创新，目前，遗址博物馆大专以上学历人员达到100%，领导层全部获得了国家文物局颁发的世界遗产地管理者岗位资格证书，双语讲解员达到50%，初级以上专业技术资格人员达到在编人员的42%。

周口店北京人遗址博物馆"北京人"Ⅲ号头盖骨化石

延庆区地质博物馆
MUSEUM OF YANQING GLOBAL GEOPARK

通信地址： 北京市延庆区妫水北街72号

邮政编码： 102100

电　　话： 010-81193303

传　　真： 010-81193303

网　　址： www.yqdzgy.cn

电子信箱： yanqingsjdzgy@163.com

微信公众号： 中国延庆世界地质公园

博物馆类型： 自然科学类（自然科学）

隶　　属： 北京延庆世界地质公园管理处

批准建立时间： 2011年

博物馆备案登记号： 备字02-173

建筑性质： 现代建筑（延庆区文物保护单位）

占地面积： 3000平方米

建筑面积： 7200平方米

展览面积： 2000平方米

交　　通： 公交：13、22、38、102、124、603、808路西四站下车；7路白塔寺站下；14、55路西安门站下。

地铁：4号线西四站下。

开放时间： 夏季：周二至周五9:00—11:30，14:00—16:30
周六、日9:00—16:30
冬季：周二至周五9:00—11:30，13:30—16:00
周六、日9:00—16:00
周一闭馆

服务设施：

停车场	纪念品商店	餐饮	语音导览	微信导览	无障碍设施	其他
有	有	无	有	有	有	无

概　述

一　整体发展状况

2011年，延庆县委、县政府作出决策，申报和创建中国延庆世界地质公园，按照联合国教科文组织对世界地质公园的要求，建立了延庆地质博物馆。延庆地质博物馆为北京延庆世界地质公园管理处所属的正科级全额拨款事业单位，现有馆长1名，副馆长1名，工作人员7名，全部为本科及以上学历。主要职责为：负责地质博物馆的日常运营管理；负责标本的维护、保管、典藏、交流和展示陈列等工作；负责临时展览的组织实施；负责科普教育和信息咨询等公益性社会服务工作。发展规划为进一步完善地质博物馆展陈内容、陈列标本，扩大展出规模和数量；标本收集以本地标本为主，搜集世界其他同类型标本为补充，做到与本地标本进行对比。实施地质博物馆二期工程，进一步升级软硬件设施。

二　建设现状

延庆区地质博物馆是一座集地质科普、延庆地质遗迹、自然景观与人文风貌于一体的综合性、公益性博物馆。2012年10月动工建设，2013年7月20日正式开馆，挂牌"全国科普基地""中国古生物学会全国科普教育基地""北京市科普基地""科教旅游示范单位""市级社会大课堂资源单位""中国地质大学教学科研基地""延庆县中小学生社会大课堂实践活动基地""延庆县中小学地质科普知识师训基地"和"新时代文明实践基地"。展厅面积2000平方米，展品300余件。博物馆通过陈列延庆地质遗迹标本、文字、图片，并采用多种电子高科技手段，全面展示了地质科普知识、延庆典型地质遗迹类型以及地质与文化、社会发展的关系等内容。全馆由序厅、地球科学厅、地质遗迹厅、地质遗迹和文化遗产厅、地质遗迹国际对比厅和今日延庆厅六个展厅、服务项目及地质广场组成。

1.序厅：水幕浮雕，凸显博物馆布展主题"燕山之魂"；大型电子沙盘展现延庆区以及延庆世界地质公园的基本概况。

2.地球科学厅：展板、立体影像及体感互动系统结合展示了宇宙的起源、星系形成、太阳系及地球的相关知识，探索宇宙奥秘，认识岩石标本。

3.地质遗迹厅：博物馆精华所在，展陈与燕山运动相关的地质遗迹，包括燕山运动的地质记录、具有国际对比意义恐龙足迹和硅化木。

4.地质遗迹和文化遗产厅：延庆世界地质公园里地质遗迹与历史文化完美结合的生动实例——古崖居与八达岭长城，充分展示了古人利用自然条件创造地质奇观的智慧和能力。

5.地质遗迹国际对比厅：介绍延庆世界地质公园恐龙足迹化石、硅化木的特征及形成过程，并将其与国内外著名恐龙足迹和硅化木进行对比展示。

6.今日延庆厅：野鸭湖湿地、"妫"字内涵、萧太后故居、竹马、旱船及九曲黄河灯尽现延庆优良的生态环境、悠久的历史文化以及璀璨的民俗文化。

7.咨询服务台：位于博物馆入口处，提供宣传折页等免费资料。如果在参观途中遇到任何问题，可到咨询服务台询问。

8.3D影院：位于一层地球科学厅，播放关于恐龙的科普影片和动画片，分场次播放，此外还可承办80人以下的小型会议。

9.游戏互动区：位于二层平台，游客可以体验恐龙下蛋、和恐龙比体重、和恐龙赛跑、追捕与逃生、飞上天空的恐龙、恐龙变鸟等互动游戏，恐龙主题沙池，VR体验飞跃长城。

10.商品部：位于二层平台，专营延庆世界地质公园研发纪念品、延庆当地土特产、延庆特色手工艺品、延庆世界地质公园科普丛书，另设有咖啡角、茶室，可供游人休息。

11.地质广场：地质广场毗邻延庆地质博物馆南侧，篆刻"中国延庆世界地质公园"的主碑矗立在广场中心；蜿蜒曲折的地质科普长廊陈列了延庆不同年代的岩石标本。

三　主要工作

1.日常接待

接待散客、社会团体、政务团体及社会大课堂活动团体参观，2013年开馆至今，年均接待五万游客。

2. 基础设施

对水电暖设备进行定期维护检修；对讲解设备进行台账管理，定期充电检修；定期增加新标本、更新展板内容，进行展厅展陈升级，丰富展陈，增加大型电子设备。

3. 制度汇编

编写并印制《延庆区地质博物馆制度汇编》，依据制度开展日常工作、安全生产工作、库房管理工作等。

4. 科普工作

在节日节点积极开展科普活动。自开馆以来在地球日、端午节等节日连续开展多样的科普活动，向广大游客提供免费讲解服务，发放地质公园纪念品及宣传品。自2015年1月起，每年寒暑假招募延庆区中小学生开展"走进地质博物馆"志愿者活动，至今开展九届，培养出志愿者讲解员70名，在第二届科普基地优秀活动展评中获得优秀奖。

延庆区地质博物馆展示恐龙标本现场图

5.宣传工作

制作延庆区地质博物馆中英文版本折页；制作推介延庆世界地质公园姊妹公园折页及展板；参与制作博物馆通票。

6.培训工作

积极组织培训，并选派工作人员外出培训。组织博物馆讲解员工作坊，学习交流讲解经验；组织安全生产工作培训及防火演练；组织博物馆设备使用培训及台账记录管理牌培训；选派人员参加科普基地培训、社会大课堂资源单位培训及地质公园相关业务培训。

7.其他工作

配合其他部门做好临时性工作，如延庆区创建文明城区、创建森林城市、控烟禁烟、平安北京、改革开放四十周年展览等。

国家动物博物馆
NATIONAL ZOOLOGICAL MUSEUM

通信地址： 北辰西路1号院5号

邮政编码： 100101

电　　话： 010-64806899

电子邮箱： nzmc@ioz.ac.cn

微信公众号： nzmc_ioz

博物馆类型： 自然科学类（自然科学）

隶　　属： 中国科学院动物研究所

批准建立时间： 2008年11月

博物馆备案登记号： 148

建筑性质： 现代建筑

建筑面积： 6650平方米

展览面积： 4000平方米

交通路线： 乘81、83、85、110、328、379、425、466、484、510、518、628、630、695、751、839、851、913、949路公交车，在中科院地理所或南沟泥河站下车。

开放时间： 5月1日至8月31日9：00—17：00（16：30停止售票）

9月1日至次年4月30日9：00—16：00（15：30停止售票）

逢周一闭馆（如遇节假日或特殊情况，以本馆正式对外公布信息为准）。

服务设施：

停车场	纪念品商店	餐饮	语音导览	微信导览	无障碍设施	其他
有	有	有	有	有	有	无

概　述

　　国家动物博物馆是中国最大的动物博物馆，是中国科学院动物研究所乃至中国科学院面向社会服务大众，传播动物学知识，宣传野生动物保护的固定场馆。国家动物博物馆隶属于中国科学院动物研究所，1999年在时任中央政治局常委、国务院副总理李岚清同志的倡导和关心下，国家投入经费，于2009年开馆展示运行。国家动物博物馆是一个代表国家水平的专业博物馆，集动物标本收藏与展示、科普知识宣传与教育于一体。博物馆浓缩了动物进化和发展的历史，汇集了我国80%以上动物种类，展出动物标本6000余种，具有很高的科学价值和艺术欣赏价值，成为中国科学院动物研究所面向社会服务的一个窗口，一个生态文明教育和科学普及的基地，一个拉近科研工作者与社会大众距离的平台。

　　国家动物博物馆下设几个固定展厅、一个交流展厅和一个4D电影院和近1000平方米的公共空间，展出6000多件动物标本用于开展动物学知识的传播和野生动物保护的宣传教育。国家动物博物馆展示馆凝聚了我国几代动物学研究领域科学家的心血和集体智慧。展览区域共分为三层。运营开放9周年以来，国家动物博物馆面向社会每年开放300多天，自2009年5月开馆运营以来累计接待社会各界人士200多万人次，其中到馆参观130余万人次，巡回展览30余万人次，年均接待12万余人次。

　　国家动物博物馆每年举办科普讲堂、昆虫小博士培训班、博物馆奇妙夜、野生动物摄影展览、野生动物科学探索营和全国自然科普场馆科普人员培训班等各类活动50多场次，形成了自己的特色和品牌活动，取得了很好的社会效益和生态效益。

　　国家动物博物馆的科普宣传得到了教育部、科技部、中国科学技术协会、中国科学院、北京市科学技术委员会、北京市科学技术协会和北京市教育委员会等机构的一致肯定，荣获多项科普基地奖牌。

国家动物博物馆作为中国科学院动物研究所面向社会服务的一个窗口，一个生态文明教育和科学普及的基地，一个代表国家水平的专业博物馆，其宗旨之一就是让民众了解到科学知识，达到教育效果。依托中国科学院动物研究所一线科学家，国家动物博物馆倡导爱护动物、保护生态环境、建设和谐美好家园，尽展以科研带动科普、以科普反映科研的科普魅力。

国家动物博物馆展示馆自2009年开馆以来，逐步开展了不同层次、面向不同受众群体的系列科普活动。经过近10年的软实力建设，国家动物博物馆的科普活动已经逐步形成了一定的规模和影响力，在科普教育和社会宣传方面初步形成了自己的理念、品牌、形象和文化，也让公众充分体会到原来科学也能够如此生动有趣。

博物馆志愿者是当今博物馆社会教育工作中的一支重要力量，国家动物博物馆志愿者队伍规模已超百人，并定期通过系统化、专业化的培训，有效提高了志愿者的服务水平，满足观众的参观需求，该馆志愿者工作也得到了社会观众的一致好评。

一 大型活动

大型活动主要包括特展系列活动、中国动物标本大赛、全国自然科学类场馆（动物学科）科普培训班、全国科技周和全国科普日、爱鸟周活动等。

（一）特展系列活动

国家动物博物馆每年根据不同的主题，开办特别或临时展览。自开馆以来，已经成功举办过多个大型展览，例如"人类亲缘——灵长类多样性与人类起源""野性中国——中国濒危动物保护影像""拯救中国虎 抵制虎制品""飞羽瞬间——中国野生鸟类精品图片展""北京动物园翠鸟图片展""保护鲨鱼 拒绝鱼翅""小虫知我心——李炎才昆虫摄影展""中国边境野生生物卫士奖事迹展""世界保护故事巡展""边缘鸟类摄影展""国际生物多样性日主题展""纪念《物种起源》发表150周年暨达尔文诞辰200周年展""华绣——心灵与自然的对话""动物生态系列摄影展"，等等。"人类亲缘——灵长类多样性与人类起源"展览于2012年7月21日在国家动物博物馆交流展厅正式对外开放，迄今为止接待了参观者5万人次。"人类亲缘"于2012年12月25日在浙江自然博物馆进行为期3个月的展出，同时在北京动物园科普馆展出，奠定了国家动物博物馆巡展的基础，国家动物博物馆活动开始走向京外。

在展览的开幕式上，国家动物博物馆邀请科学家、党政领导、摄影师等与观众见面，或作特邀报告，并邀请有影响力的著名主持人主持活动。在展览期间，还邀请相关专家举办系列讲座，例如在2012年的"人类亲缘"特展期间，共举办了6场讲座，多位院士、研究员、教授为公众讲授灵长类和人类起源知识。

（二）中国动物标本大赛

中国动物标本大赛是国家动物博物馆负责策划和组织的全国性专业大型赛事活动，旨在为全国标本制作单位、标本制作技术人员、标本管理人员提供一个学习和交流的平台。大赛由中国科学院动物研究所、中国动物学会、国际动物学会等单位主办，北京动物园、北京动物学会、福建省野生动植物保护协会标本行业专业委员会等单位协办。2012年举办首届中国动物标本大赛，此后每两年举办一届。大赛的独立评委会对参赛作品进行评选，并颁发证书，优秀作品在国家动物博物馆内展出。在标本大赛举办期间，国家动物博物馆邀请标本制作、研究领域的专家学者举办研讨会、交流会，并请有关专家为公众开设讲座，介绍相关知识。

（三）全国自然科学类场馆（动物学科）科普培训班

国家动物博物馆负责策划和组织实施了科普培训班，主要面向全国自然科学类博物馆、大中小学校标本馆、科技馆、自然保护区、活动中心、教育机构、科普出版机构等单位与动物学科有关的工作人员。2011年至2013年已经成功举办了三届，每届均有百余位来自全国自然科学科普场馆、动物园、保护区和大学的教师和科普人员参加。

（四）全国科技周和全国科普日

每年5月和9月，国家动物博物馆均配合中国科学院、科技部、中国科学技术协会等单位开展相关活动。活动期间，博物馆免费或半价向公众开放。在此期间的科普活动主要包括广场系列科普互动活动和专题科普展览，以百姓喜闻乐见的形式，在本馆广场组织开展知识性、群众性和参与性相结合的主题活动，倡导全民科普，提高全社会的自然保护意识，推动我国野生动物保护事业。

（五）爱鸟周活动

每年4月份，国家动物博物馆为响应全国爱鸟周活动，会举办本馆的爱鸟周活动，邀请鸟类学家、鸟类摄影师、观鸟爱好者、鸟类保护志愿者等以讲座、沙龙、表演、外出观鸟等多种形式庆祝这个节日。

二 常规品牌活动

国家动物博物馆有许多特色的品牌活动，这些活动吸引了很多学生、青年朋友、动物爱好者、观众等群体参加。

（一）科普讲堂

国家动物博物馆科普讲堂是国家动物博物馆推出的一个科普品牌，依托中国科学院动物研究所得天独厚的科学环境。该活动自2010年4月举办以来，曾邀请多位海内外著名的专家、学者、教授等出席作嘉宾，旨在充分利用中国科学院动物研究所和社会各界的科研及科普资源，为观众搭建一个经常化、社会化的动物科学知识普及平台。同时也会定期举办学术性、专业性较强的讲座，让学识渊博的专家学者们为观众解惑，发掘知识的乐趣。让普通大众也领略到前沿科学的魅力。博物馆每月举办1—2次科普讲堂，选定与动物研究、保护有关的专题，邀请相关领域专家、学者为公众开设讲座。预约成功者可获得免费入馆参加活动和参观的机会。

（二）博物馆奇妙夜

晚上来到动物博物馆，动物学博士用手电筒带领观众在漆黑一片的博物馆内观察标本。在讲解过程中，观众可以学到很多有趣的知识，听到很多闻所未闻的故事。之后，观众可在馆内搭建帐篷，睡到你喜欢的动物身边，在专业动物学家的带领下，经历了一整夜奇妙的冒险。

（三）野生动物生态考察探索营

国家动物博物馆依托中国科学院动物研究所，有很多野外研究基地，科学家主要从事野生动物的野外生态、行为研究等。博物馆组织中学生、大学生、动物爱好者前往这些研究基地与科学家一道，开展生态考察活动，观察动物行为，识别植物，观鸟，探洞并观察蝙蝠等洞穴生物，仰望星空，进行社区调查等。目前，广西崇左白头叶猴生态考察活动已经成功举办了两届。2011年7月组织了来自北京四中、八中、中关村中学、人大附中以及广东、辽宁等大中学生和家长深入广西白头叶猴保护区，进行了为期一周的野生生态考察和科学体验。2012年7月组织了北京中关村中学180名师生赴广西白头叶猴保护区进行了为期一周的考察和体验。两期考察活动的优秀考察报告和体会分别发表在2011年和2012年《生命世界》杂志上。

（四）小小讲解员培训班

为了提高中小学生的表达能力、沟通能力、知识运用能力、自我创新能力等，博物馆开设小小讲解员培训班，邀请国家一级播音员、著名主持人、著名博物馆讲解员作为授课教师。取得证书的小小讲解员还将有机会来馆为公众讲解。这是国家动物博物馆为不断拓展服务领域和提升服务水平而进行的一次重要尝试。为了向广大青少年学生普及动物科学知识，不断提高其表达能力、应变能力等综合素质，同时为博物馆培训和储备讲解人才，有效地提高博物馆服务社会的能力和水平，更好地将博物馆社会教育与未成年人素质教育结合起来，使博物馆真正成为中小学生的第二课堂。该馆充分利用博物馆丰富的展品和高水平的讲解员、志愿者队伍，进一步积极主动地推出更多内容丰富、形式多样的未成年人社会教育活动，打造具有社会影响力的博物馆未成年人社会教育品牌，吸引更多人了解博物馆、走近博物馆，使博物馆更好地融入社会、服务社会。

（五）少年昆虫研究室

国家动物博物馆是中国动物分类学的研究中心，这里汇集了诸多动物分类学家、昆虫学家。昆虫专家为少年儿童讲授昆虫知识，在馆内讲解昆虫展厅和蝴蝶展厅，传授昆虫标本制作和养殖技术。参与者亲手制作昆虫标本，若最终通过昆虫学小博士答辩，将被授予"昆虫学小博士"学位和"小小昆虫学家"称号。通过参观、教学、动手等一系列活动，开拓孩子们的视野，孩子们在参观学习自然科学文化的同时，通过亲自动手实践，调动了他们眼、手、脑的联动学习能力，在轻松愉快的氛围中学习自然科学知识，让他们学会尊重自然、尊重生命；了解如何保护自然环境，同时学习与其他孩子平等、友爱相处，锻炼团队合作能力，更是为童年的生活增加一份美好回忆。

（六）主题研讨会

根据近期发生的、与动物有关的社会热点、焦点问题，邀请专家、学者、有关单位或组织负责人、志愿者、媒体等展开深入研讨、交流。2011年7名外国人分别通过国内的旅行社等代理机构，提出赴青海省都兰国际狩猎场采集我国重点保护野生动物标本的行政许可申请，并最终以代理旅行社撤销申请暂落帷幕，引发社会热议。针对这一社会热点问题，国家动物博物馆组织了"狩猎与野生动物保护"交流会，提供一个平台让对关心野生动物保护与狩猎问题的人士充分地发表意见，相互交流。交流会吸引了国内科研院所、大专院校、自然保护组织、新闻媒体以及关注野生动物保护的爱好者共计40多人参加。本次交流活动对国际狩猎（战利品狩猎）、人兽冲突、狩猎形式、国内外狩猎管理法律规制、未来狩猎活动发展、动物福利、生命伦理等议题进行了广泛的交流和研讨。国家动物博物馆希望通过举办这样的交流活动，进一步联系各界人士共同探讨中国野生动物保护的现状和未来发展，向公众普及动物科学知识和动物保护理念。

（七）持续进行的校馆合作计划

博物馆十分重视中小学生以及学龄前儿童、大学生走进博物馆，安排动物学博士为参观者进行讲座或现场讲解，开展趣味答题活动，让学生在馆内有目的地进行学习。博物馆积极参与到北京市"社会大课堂"计划中，与学校、教育机构合作开展教育计划书的编制和实施工作。国家动物博物馆希望与学校联手进行这一尝试，以互动的形式调动学生主动获取科学知识的积极性，以博物馆资源作为学校教学素材，在辅助学校完成教学任务的同时，让学生在参与、体验中学习科学知识，将参观与学习结合起来，为保护环境、爱护动物起到普及和促进作用。

同时，博物馆专家及工作人员等进入北京市的学校或社区，为学生或居民开设讲座，回答问题，展示实物、展板，发放保护动物的宣传材料等。博物馆也为北京市部分学校开设"动物多样性研究与保护""丰富多彩的野生动物世界"选修课，并逐渐走入到京外学校开展讲座活动。国家动物博物馆希望通过举办"走进学校"的活动，为渴望获取更多动物知识的学生们送去"爱护动物保护环境"的文化意识。

中国印刷博物馆
CHINA PRINTING MUSEUM

通信地址： 北京市大兴区黄村镇兴华北路25号

邮政编码： 102600

电　　话： 010-81282770（展厅）　010-81282860（社教）
010-81282813（办公室）

传　　真： 010-81282700（传真）

网　　址： www.printingmuseum.cn

电子信箱： printingmuseum@163.com

微信公众号： 中国印刷博物馆

博物馆类型： 自然科学类（科学技术）

隶　　属： 中共中央宣传部

批准建立时间： 1996年5月31日

博物馆备案登记号： 056

建筑性质： 现代建筑（全国重点文物保护单位）

占地面积： 5500平方米

建筑面积： 8000平方米

展览面积： 4600平方米

交　　通： 地铁：乘坐地铁4号线大兴方向至清源路地铁站，A口出站即到。
自驾车路线：沿菜户营桥往京开高速南行到五环外，在大兴城区金华寺（黄村）出口驶出，第1个红绿灯路口右转向西，至第3个红绿灯路口后直接进入辅道，即到中国印刷博物馆南门。

开放时间： 每天9:00—17:00（每周一闭馆）

服务设施：

停车场	纪念品商店	餐饮	语音导览	微信导览	无障碍设施	其他
有	有	有	有	有	有	无

概　述

一　基本情况

中国印刷博物馆是中央部委直属的国家级博物馆，是传承传播我国优秀传统文化、普及我国古代"四大发明"之印刷术、承载出版印刷文化等知识的公共文化服务机构。早在1983年，老一辈出版印刷人就呼吁建立中国印刷博物馆。1992年，在党和国家的关心支持下，在全国印刷行业的积极努力下，在两岸四地的共同参与下，中国印刷博物馆于1993年展开筹建，于1996年6月1日正式落成并对外开放，现为中共中央宣传部直属的正局级事业单位。

中国印刷博物馆建筑面积7817平方米，展陈面积5500平方米，拥有古代印刷、近现代印刷、印刷设备、数字展厅、临展区5个展厅和3个互动体验区；现有藏品近5万件，其中特级、一级、二级、三级文物达9000余件。南宋刻本的《春秋经传》和《三国志》等图书、元代刻本的《阿毗达磨俱舍释论》和《佛说大安般守意经卷上》等佛经十分珍贵。印刷设备馆是世界上印刷机械藏品最丰富、种类最齐全的展馆，保存有112台国内外印刷机器。其中一台1929年英国制造的手扳架印刷机，当年由商务印书馆引进使用，在1932年淞沪抗战中被毁，后从废墟中抢救修复，镶嵌有"国难后修复"的牌记，为"红色"一级文物，是中国印刷博物馆爱国主义教育的重要实物。中国印刷博物馆在甘肃、江苏、江西、福建等印刷历史文化遗存所在地设立有6个分馆，还在德国、奥地利、澳大利亚等相关印刷博物馆分别设有中国印刷历史文化展室。

自成立以来，中国印刷博物馆积极履行国家公益性博物馆收藏、展示、教育、研究、交流等社会职责，注重丰富更新展览内容，着力提高展示效果，努力创新社教工作，对内加强文化传统和爱国主义教育，对外促进文化交流与合作，博物馆品牌展览——"中华印刷之光"巡展足迹遍布国内外，"红色印刷展"和"中国古代出版印刷展"等专题展览均取得良好的宣传效果。中国印刷博物馆先后被确立为全国科普教育基地、北京市爱国主义教育基地、国家AAA级旅游景区。

二　2013年至2018年主要工作情况

近年来，中国印刷博物馆深入贯彻落实习近平总书记关于对优秀传统文化创造性转化、创新性发展"双创"的要求，持续强化博物馆展览展示中有意识形态属性的意识，抓住博物馆弘扬优秀传统文化的独特优势，坚持"服务中华文化传承、服务行业发展大局、服务社会大众需求"的"三个服务"理念，创新树立"专业化＋大众化、知识性＋趣味性"的"双化两性"文博思路，强内功、拓领域、求发展，着力抓好内部基础和人才队伍建设，有力提升博物馆的服务力、传播力和影响力。

（一）举办"上接天线、下接地气"的重要节点重大事件专题展

为迎接党的十九大胜利召开，贯彻落实习近平总书记关于"不忘历史才能开辟未来，善于继承才能善于创新"的要求，中国印刷博物馆于2017年7月1日至10月15日在三层临展区组织了"迎接党的十九大红色印刷展"。为学习贯彻党的十九大精神，落实习近平总书记关于传承发展我国优秀传统文化和注重家庭家教家风的要求，中国印刷博物馆于2017年10月至2018年10月，举办了"家国天下——传家训·立家规·扬家风"专题展。专题展览推出了"雕版刷誓词、活字印红诗""雕版刷孝图、活字印家训"的互动体验活动，设置开放式书架和大屏滚动播放经典视频，开辟座谈讨论区便于观众学习交流，得到了广大观众的普遍好评。中国印刷博物馆与行业及社会单位的党组织，在展区联合开展"参观体验＋党课教学"主题党日活动，成为将十九大精神生动广泛地宣传到社会、行业和更多党员群众中的新举措。专题展共接待社会各界及行业200多个单位来馆集体参观和组织党日活动。中央人民广播电台、中央电视台、中国国际广播电台、北京电视台等24家媒体对专题展览进行了多渠道全方位报道，在社会上引起了广泛反响。

为迎接改革开放40周年，2018年11月在三层临展区举办"新时代·新印刷——改革开放40周年印刷成就

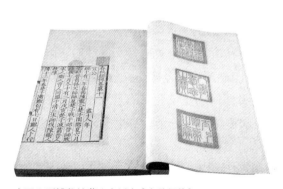

中国印刷博物馆藏南宋刻本《春秋经传》

展"。专题展以"不忘历史才能开辟未来，善于继承才能善于创新"为主题，通过近百件文件、票证、书籍、报刊等珍贵的改革历史见证品，讲述它们背后的生动故事，展现了40年来中国出版印刷业不懈奋斗、与时俱进的改革开放历程，立体呈现了印刷事业发展变化、印刷技术创造创新和出版印刷人用勤劳、勇敢、智慧书写着发展进步的故事。该展览还亮相2018中国印刷业创新大会，取得了良好反响。同时，中国印刷博物馆结合传统文化宣传和科学技术普及教育的需要，先后举办"出版文明精品展""绿色印刷技术专题展""扬州雕版技艺专题展"等12个临展。

（二）认真做好印刷文化国内外宣传展示工作

2013年以来，中国印刷博物馆先后赴美国、古巴、白俄罗斯、罗马尼亚、土耳其、塞尔维亚、阿尔及利亚、印度、斯里兰卡、阿联酋等10个国家参加国际书展中国主宾国活动，分别举办了"中华印刷之光"专题展览；参加历年来的全国书展以及部分出版印刷方面的展会等，分别举办了印刷文化专题展览。在国外展览时，专题展以汉字起源发展、造纸术和印刷术发明发展、"丝绸之路"的传播贡献、我国现代印刷业发展等为主要内容，充分展现印刷术这一古老发明所代表的中华民族伟大创造创新精神，引导国外观众进一步认识到印刷术对人类文明进步做出的巨大贡献，起到了"讲好中国故事，传播好中国声音"的积极作用，达到了良好的宣传效果。在国内展览时，宣传普及印刷历史文化知识，更新高新技术特别是绿色印刷技术展示内容，并注重突出不同省份不同城市的地域特色，展示当地红色印刷文化和历史文化。如2015年在山西太原举办的第25届全国书博会上，为庆祝抗战胜利70周年，中国印刷博物馆珍藏的抗战时期晋察冀日报"马背上的印刷机"首次出馆展览；2017年在河北廊坊举办的第27届全国书博会上，中国印刷博物馆在西柏坡分会场举办"红色印刷专题展"，契合了整个展会"喜迎十九大，走好赶考路"的主题，弘扬了主旋律。

（三）积极开展印刷文化进校园、进军营、进社区的社会教育活动

积极扩大印刷文化宣传的范围与受众，为坚定文化自信提供具体支撑。承办北京市教委和北京市文物局联合组织的2017年北京市中小学生"博物馆之春"启动仪式，活动以中国印刷博物馆建议提出的"传承中华文化，做自信中国人"为主题，部署了中小学生社会大课堂走进博物馆的工作。开展"印博进校园，课程进课堂"活动，为史家小学、北印附小等学校带去"造纸术""雕版印刷术""活字印刷术"等课程，上述课程已成为学校古代科技教学课程的固定科目，师生们反响热烈。结合驻地情况将印刷文化带到大兴消防支队黄村中队、清源路街道及相关社区等。精心组织"走进印博"，定期开展"印刷术探秘之旅"和"我在博物馆的一天"品牌亲子活动，设置雕版刷印、古法造纸、线装书制作等互动体验活动，以多种形式让印刷文化飞入百姓家、

植根中小学生心里。中国印刷博物馆还是大兴七中、北印附小等学校的校外教育实践基地，并积极为各学校开展第二课堂和"小小讲解员"培训提供支持。抓好科普基地建设，积极发挥科普基地作用，获得科技部、中宣部和中国科协授予的"全国科普工作先进集体"称号。

广泛利用电视、广播、报纸、刊物等多种媒体手段加大印刷文化宣传力度广度。自2017年以来，中国印刷博物馆各类展览展陈、宣传展示等活动在央视、央广、国广等各媒体宣传专访、嘉宾直播、读者沙龙等达20多场次，博物馆宣传片等视频在国际书展、全国书展中成为让观众驻足的亮点内容。央视《我有传家宝》栏目制作播出了"走进中国印刷博物馆"专题节目。中国印刷博物馆馆长作为《开讲啦》《国家记忆》等栏目的嘉宾宣讲印刷文化，很好地传播了印刷文化，突出并提升了印刷博物馆的影响力和美誉度。

（四）着力抓好博物馆基本展览的展陈改造和数字博物馆建设

针对博物馆基本展览布设时间较久、展示手段简单、内容需要更新的情况，在2018年底前，中国印刷博物馆有步骤地分层分区组织对一层古代部分展厅、二层近现代部分展厅、地下印刷机械部分展厅进行基本展览的展陈改造，将三层展厅改造设置成临展区。在展陈改造过程中，强化"我们的印刷术、世界的印刷术"理念，深入挖掘印刷历史文化内涵，努力用活用好馆藏文物资源，邀请行业知名专家、社会观众和院校师生代表共同论证设计方案，以更为清晰的历史脉络、更加鲜明的文化特色，讲好我国优秀印刷文化的生动故事，以丝路印迹有力展示出印刷术对世界文明的巨大贡献，突出印刷文化宣传的主旋律。注重展示效果，优化调整参观路线，通过亮点景观提高对观众的吸引力，生动展现印刷文化发展不同节点的深刻印迹，充分展示印刷术这一古老发明所体现的中华民族伟大创造创新精神，焕然一新的展陈为进一步宣传弘扬好我国优秀印刷文化奠定了更为坚实的基础。

按照智慧博物馆建设理念，致力技术更新，丰富展示手段，开展数字博物馆建设。采集馆藏文物特别是印刷机械二维三维数据，搭建数字资源管理平台，结合展线配套建设多媒体播放系统，建立智能导览系统；制作博物馆宣传片和印刷历史文化等20余部影视频，制作三维数字模型展示系统、VR动画系统、文化知识点播系统、动态场景投影系统等，制作《线装书的来世今生》3D影片，并综合集成在博物馆三层设置了数字展厅。更新升级集藏品展示、展览宣传、信息公告、在线交流、文创开发等功能于一体的博物馆官网和微信公众号，拉近观众与博物馆的距离，增强博物馆对外宣传展示的力度和广度。

（五）切实加强出版印刷文物藏品征集保护

积极拓展文物藏品的征集渠道，主动协调和征集购置印刷历史文物和数字、绿色印刷等现代印刷精品，接受印刷机械等具有历史价值的文物捐赠，收藏出版印刷老前辈捐赠的历史文献和珍贵史料，大力丰富馆藏精品。特别是注重红色印刷文物的收藏，完善博物馆红色藏品体系，填补了馆藏空白。

强化文物保护力度，统筹投入建设经费，完善文物库房配套建设，更新添置恒温恒湿柜，结合展陈改造建立展厅展品恒温恒湿保护系统。建立健全库房数字化管理系统，组织文物藏品二维、三维数据采集，构建文物藏品数字库，增设文物藏品安全管理信息系统，博物馆形成较为完善的文物藏品管理保障软硬件建设。针对出版印刷文物多为纸、木等材质的实际，依托行业科研教学机构，联合研究探索出版印刷文物修复保护技术方法，开展重点文物修复和复制工作。

广泛开展文物藏品研究，挖掘文物藏品背后的生动故事，建立库房开放研究管理制度，编辑出版《中国印刷博物馆藏品选》，文物研究成果及时转化成为博物馆展览展示和社教的内容。组织完成文物藏品普查工作，加强对现有馆藏文物的等级鉴定，制定印刷文物藏品等级鉴定标准，研究提出印刷文物修复保护技术规范要求。注重文化创意开发，借助行业资源探索合作模式，抓好印刷文化特色产品研发。

（六）努力推进印刷文化交流研究与融合共享

加强印刷文化国内外交流，坚定维护我国印刷术发明国地位。中国印刷博物馆派出专家工作组于2018年10月赴韩参加国际印刷博物协会成立会议，在大会上作了"印刷术启迪世界文明"的主旨演讲，分发中英韩德日5种语言的中国印刷文化宣传册，阐明印刷术作为中国古代四大发明之一，引领和启发了世界印刷业发展，极大地推进了人类文明进程，得到与会代表普遍赞同。协调中国国际广播电台和多家媒体进行宣传报道和刊发学术文章，广泛宣传和维护我国的文化主权。积极加强与国内外印刷行业协会的交流合作，与欧洲和德国、日本等国家的印刷博物馆建立了良好的合作关系，共同推进印刷文化的传承推广。

着力开展印刷文化学术研究活动，不断厘清我国印刷术发明发展的历史脉络，积极丰富我国优秀印刷文化内涵，为做好印刷文化展览展示和宣传教育奠定理论基础。组织举办中国印刷史研究会第九届中国印刷史学术研讨活动、古代印刷史学术研讨活动；开展"笔墨、字、纸、版、印机"等印刷文化基础课题研究；组织完成"红色印刷史""出版印刷文物定级""出版印刷史料抢救发掘""政府出版制度研究"等课题研究任务，编撰出版《第九届中国印刷史学术研讨会论文集》《文明之光——中国印刷史话》等书籍。

着力打造印刷文化合作共享机制，牵头国内16家博物馆等相关单位成立"全国印刷博物馆展示联盟"，在甘肃、江苏、江西、福建等省分别设立了中国印刷博物馆武威分馆、广陵分馆、书铺街分馆和福建建阳、连城、宁化分馆等6个分馆，对分馆设置印刷文化专题展厅和保护印刷文化历史遗存提供技术指导。加强与行业单位联合协作，已成为多个大学和出版印刷企事业单位的印刷文化教学实践基地，为相关院校开展印刷史教学及学科建设提供大力支持，为相关院校和印刷企事业单位筹建印刷文化展示场馆提供展览技术指导和支持。

（七）积极推进中国出版博物馆项目筹建

中国出版博物馆建设项目是国家"十二五"规划重大文化设施建设项目，列入新闻出版行业"十三五"发展规划。原新闻出版总署于2013年成立中国出版博物馆筹备工作领导小组，并将筹建小组办公室设在中国印刷博物馆，着手展开出版博物馆筹建工作；组织行业专家加强理论研究准备，积极征求和听取社会及行业意见，研究起草《中国出版博物馆项目建议书》，上报审批并申请立项；按照在小馆基础上改扩建大馆的思路，预先组织研究并提出展览内容框架和展陈建设需求；有计划地做好出版史料抢救和文物藏品征集，开展有针对性的文物藏品研究；积极组织出版文化方面的专题展览，做好出版文化的宣传推广工作；紧密保持与北京市规划和国土资源管理委员会的沟通，积极推进项目建设用地落实。出版博物馆的筹建得到上级部门和社会、行业的大力支持，全国政协33名委员于2017年联名向全国政协十二届五次会议提出《关于加快中国出版博物馆立项工作的提案》；作为第十三届全国政协委员的中国印刷博物馆孙宝林馆长，于2018年3月向全国政协十三届一次会议提交《关于建议北京市协助中国出版博物馆建设项目尽快落地》的提案，得到北京市人民政府书面答复推进出版博物馆项目用地需求的意见，为加快项目落地起到了积极的推进作用。

（八）注重夯实博物馆建设基础

加强内部建设，规范完善展览展示、藏品管理、学术研究、交流合作工作机制，制定博物馆五年发展规划，形成内部工作合力，坚持严格严谨的工作作风。严格按照公共文化场所的规范要求完善安全措施，加强安全保障工作，认真落实24小时值班制度，组织完成博物馆消防电路设施更新修缮，加装新风空调系统。注重博物馆服务设施建设，加装展厅观光电梯和地下展厅电梯，完善无障碍设施建设，强化文明服务、人文关怀和友爱互助意识，切实为观众提供一个安全、卫生、文明的参观环境。

着力加强员工队伍建设，认真践行工匠精神，切实将"学习型博物馆"落在实处，锻造过硬技能素质。开展"人人能当讲解员""人人成为多面手（包括：篆刻书法、古法造纸、刻版刷印、书画装裱、线装书装帧、印刷机械人机互动）""人人参与作研究""人人能做策展人"系列在职业务技能培训活动，努力把员工打造成能文能武的文化战士。持续增强全馆人员的"脚力、眼力、脑力、笔力"，强化创新开拓意识，不断提高全馆人员的文化素养和业务素质。

中国印刷博物馆一直以来就以高度的政治责任感，认真做好我国优秀传统文化宣传教育工作，始终牢牢把握宣传教育正确导向，积极发挥宣传阵地作用，倡导社会主义核心价值观，弘扬主旋律，创造性地做好我国优秀印刷文化传承传播工作，讲好印刷故事。

中国印钞造币博物馆
CHINA BANKNOTE PRINTING AND MINTING MUSEUM

通信地址： 北京市西城区西直门外大街甲143号凯旋大厦中国印钞造币总公司办公楼内
首层

邮政编码： 100044

电　　话： 010-88016311（社会服务电话、参观预约电话）

电子信箱： cbpm666@sina.com

微信公众号： 中国印钞造币

隶　　属： 中国印钞造币总公司

博物馆类型： 自然科学类（科学技术）

博物馆备案登记号： 119

展览面积： 约1500平方米

开放时间： 暂不对外开放

服务设施： 暂无

交　　通： 乘公交车27、105、111、347、360、362、601、632、716、732、
808、814、运通104、运通105路等至动物园站下车；或乘地铁四号线至
动物园站下车。

概　述

　　中国印钞造币博物馆（下称博物馆）隶属于中国印钞造币总公司，始筹建于2001年，完成并开馆于2002年10月，是以展示、宣传中国印钞造币工艺技术和人民币印制为主题，融印钞、造币、高级防伪纸张制造、电子货币、金银精炼等专业于一体的行业性博物馆。博物馆收藏着上万件珍贵藏品，陈列了从古至今的中国钞币及相关的历史文物，传承了中华民族的钞币文化，述说了人民币发展的历程与前进的步伐，以鲜明的行业特性，展现了中国印钞造币从设计、生产、制造、防伪工艺技术演变发展的历程和光辉成就，具有独特的社会影响力和感染力。博物馆以传播中国钱币与印钞造币文化为己任，致力于全方位反映中国灿烂的钱币文化，反映中国印钞造币事业的辉煌发展历程，反映行业科学技术不断发展进步的历史，尤其是人民币对新中国的成立、对社会主义经济建设、对改革开放以来中国经济的高速发展所做出的卓越贡献。

一　基本情况

　　博物馆由中国印钞造币总公司（下称总公司）全资兴建。作为总公司下属的行业性博物馆，博物馆立足企业，致力于为中国印钞造币行业的发展贡献力量。博物馆建馆宗旨之一就是宣传"厚德广行、敬业报国"的行业理念，弘扬企业价值观与行业精神，不断增强企业凝聚力、创造力和竞争力。作为企业文化的载体与传播者，博物馆通过开展藏品的收集、研究、展示工作来保存及传达印钞造币行业有形及无形的宝贵资产，并向公众传播钱币知识、弘扬印制文化。

　　由于总公司属于国家重要保密单位，故考虑到安全等多方面问题，博物馆定位为团队预约参观制。但是成立至今，秉承预约参观的原则，博物馆一直承担着较重的参观接待任务，每年都要接待几十批次的参观交流活动。参观者主要以省部级及以上领导、金融系统内领导及同人、金融银行业界外宾、大专院校、行业内干部职工、行业内新员工、社会团队等为主体，博物馆为参观者提供全面细致的专人讲解服务、针对性讲座及精美制作的参观纪念券，力求通过完善的服务及精心设计的特色陈列展览，打造轻松愉快而又印象深刻的参观体验。

二 陈列展览

博物馆设有"工艺技术"和"人民币印制"两个展厅，目前展览面积约为1500平方米。工艺技术厅（西展厅）的陈列展示按时间顺序排列，展示了中国古代铸币与印钞的传统工艺方法、近代印钞造币的相关历史、机器设备以及当代印钞造币的工艺流程和先进生产技术。展陈整体上反映了中国从古至今印钞造币工艺技术的特点、创新与发展，并综合各历史时期钞币精品的展示，展现出中国悠长灿烂的钱币与印钞造币文化的发展脉络。人民币印制厅（东展厅）的陈列展示以19世纪末开端的中国近现代百年印制历史为主线，从各个角度系统、完整地展示了中国共产党领导下的各个时期的印钞造币发展历史。展厅以人民币实物展示为重点，突出描绘了人民币从设计到印制、从第一套至第五套的历史，并以中国印钞造币总公司为依托，展示了大量印制精品。其中既包括人民币纪念钞、港澳地区纸币、港澳地区纪念钞、外汇兑换券、普通材质纪念币、贵金属纪念币等货币，也包括国库券、债券、凹印邮票、股票、支票等银行票据以及护照等证件、增值税发票等印制产品，还包括人民币素描稿、设计稿、银行机具、国际标准金锭等特色藏品的展示，集中体现了印钞造币行业自新中国成立以来从弱到强的发展与现状。

除常设展陈外，博物馆充分发挥主观能动性，积极筹划组织配合中国人民银行和各相关协作机构参加或者主办各项相关展览，如"中国名片——人民币发行70周年全国巡展"于2018年8月开始全国巡展活动，截至2018年12月底巡展共完成全国9个城市的巡展，收到了非常好的效果。在每年的11月，主办"北京国际钱币博览会"，取得了丰硕的成果，在国际上的钱币博览展览中扩大了影响力。此外，博物馆每年都会对馆内展陈进行微调，更换部分图片、照片资料，增添展示品种，并于2009年制定《中国印钞造币博物馆展品征集办法》，以便更好地与现实相结合，切实做到与时俱进。

三 藏品管理

博物馆现有展藏品10220件。为保证展馆与藏品安全，博物馆制定了一系列的

中国印钞造币博物馆"人民币展厅"

安全管理规定（如《中国印钞造币博物馆安全管理制度》），定期巡视检查，及时发现问题解决问题，并采取了极其严格的安保措施，装设了磁条防盗门、监控摄像、红外探测等先进安保设备，且每一次开馆都需要安保人员的全程陪同，切实做到防患于未然。为保证藏品管理有序、账目清楚无误，博物馆将自查、公司内部审计核查、外聘审计公司清查的盘点方式相结合，定期进行资产盘查与库房清点。

四 其他工作

博物馆现有 3 名全职从业人员（包括馆长）。2015 年 7 月完成了馆长交接工作。除完成日常参观讲解与接待、藏品保护、组织并监督展馆日常维护与保洁、机器保养等一些常规工作外，博物馆也为行业内博物馆（陈列馆）提供规范、指导及专业性建议，组织行业内展馆间的学习交流等。博物馆工作人员还怀着饱满的热情，积极参与总公司、文物部门、博物馆学会等单位组织的各项会议、培训、学术交流等活动，积极组织到国家博物馆、首都博物馆、河北省钱币博物馆等相关展馆参观学习、交流经验，积极收集、学习博物馆方向及印钞造币方向的图书文字资料，从而扩充专业知识，提高业务能力。

在今后的工作中，该馆还将不断地拓展博物馆的展示空间，丰富展示内容，进一步增强博物馆的货币文化的普及和传承，做到集展示、研究、收藏于一体，突出印钞造币特点。

中国科学技术馆
CHINA SCIENCE AND TECHNOLOGY MUSEUM

通信地址： 北京市朝阳区北辰东路5号

邮政编码： 100012

电　话： 010-59041000

传　真： 010-59041022

网　址： www.cstm.org.cn

电子信箱： xuanchuan@cstm.org.cn

微信公众号： 中国数字科技馆

博物馆类型： 自然科学类（科学技术）

隶　属： 中国科学技术协会

批准建立时间： 2005年4月1日（新馆）

建筑性质： 现代建筑

博物馆备案登记号： 014

占地面积： 4.8万平方米

建筑面积： 10.2万平方米

展览面积： 3.1万余平方米

交　通： 公交：乘坐328、379、419、484、617、628、751、913、运通110路到洼里南口站，向北步行约6分钟到达中国科学技术馆西门（最近）；乘坐328、379、419、425、484、518、628、630、695、751、617、913、949、运通110路到豹房站，向西再向北步行，约10分钟到达中国科学技术馆东门（稍近）；乘坐466、630、653、758、984、985、快速公交3线、快速公交3（区间）、快速公交3（支线）路到慧忠北里站，向北再向西步行，约10分钟到达中国科学技术馆东门（稍远）；乘坐108、124、379、415、417、419、426、518、538、653、758、984、985、特11路到大屯南站，向北再向西北步行，约13分钟到达中国科学技术馆东门（远）。

地铁：乘坐地铁8号线到奥林匹克公园站出东北口，向北再向东步行约13

分钟；乘坐地铁8号线到森林公园南门站出东南口，向南再向东步行约10分钟；乘坐地铁5号线到大屯路东站出A1口，换乘538路到北辰东路站，向北直行约12分钟到达中国科学技术馆东门。

开放时间： 周二至周日9：30—17：00

周一（国家法定节假日除外）、除夕、初一、初二闭馆。

服务设施：

停车场	纪念品商店	餐饮	语音导览	微信导览	无障碍设施	其他
无	有	有	无	无	有	有

概　述

中国科学技术馆（以下简称"中国科技馆"）是我国唯一的国家级综合性科技馆，是发挥综合科普展览、教育、研究和服务功能，实施创新驱动发展战略，提高全民科学素质的大型科普基础设施。中国科技馆的主要教育形式为展览教育，通过科学性、知识性、趣味性相结合的展览内容和参与互动的形式，反映科学原理及技术应用，鼓励公众动手探索实践，不仅普及科学知识，而且注重培养观众的科学思想、科学方法和科学精神。在开展展览教育的同时，中国科技馆还组织各种科普实践和培训实验活动，让观众通过亲身参与，加深对科学的理解和感悟，在潜移默化中提高自身科学素质。

中国科技馆是中国科协直属事业单位，实行聘用制管理，管理机构健全、职责分明。为更好发挥各部门职能作用，提高工作效率，中国科技馆通过各项重要会议实现民主决策、科学决策，包括全馆职工大会、党委会、馆长办公会、馆长专题会、采购专题会、学术委员会会议、纪检工作会议和馆周会等。

一　机构设置

根据中央编制委员会办公室批复的中国科技馆编制，经中国科协党组研究，确定中国科技馆内设机构为16个，分别是：办公室（党委办公室）、人力资源部（离退休干部办公室）、财务资产部、科研管理部、展览教育中心、展览设计中心、科普影视中心、展品技术部、影院管理部、观众服务部、资源管理部、网络科普部、后勤保障部、安全保卫部、中国科技馆发展基金会办公室、中国自然科学博物馆学会办公室。2015年筹建成立了古代科技展览部。

二 推进常设展厅更新改造

2014年自主完成"华夏之光"展厅更新改造项目方案设计，编制展览设计方案、展品设计方案、绘制展品效果图，2017年2月23日进行整厅封闭升级改造，展厅环境焕然一新，展品质量和数量大幅提高，于2017年9月26日向公众重新开放。

2015年至2016年，完成4B"太空探索"展厅更新改造，新展厅于2016年12月正式开放，展览面积2000平方米，以太空探索的梦想、重点发展领域及对未来的展望为主体架构，设置了6个主题展区，展品41件。新"太空探索"展厅获2018年中国科技馆发展基金会第五届科技馆发展奖"展览奖"排名第一。

2015年12月至2016年，完成3C"科技与生活"展厅更新改造，新展厅于2017年1月正式开放，展览面积约1500平方米，以"认识世界、沟通彼此、改变未来——无所不在的信息科学"为主题，设置展品33件，涵盖信息科学基础原理与应用、最新技术应用、信息与艺术的融合等内容。

2018年，中国科技馆设计团队首次全自主完成"儿童科学乐园"更新改造项目50%以上，约70件展品的机电设计工作，并在展品制作过程中批量使用中国科技馆全自主研制的展品通用电控板。新"儿童科学乐园"展览面积3900平方米，展品120余件，将于2019年6月1日正式对公众开放。

此外，2018年还先后完成"机器人与人工智能""地球家园""能源世界""人与健康"更新改造项目文献研究、概念设计、大纲设计工作。

三 加强科普教学活动品牌建设

中国科技馆面向广大公众开展形式多样、内容丰富的活动，以补充常设展品的不足，使公众通过活动了解科技的发展、应用，深入了解展品背后的故事，培养科学精神，激发科学思维。

2015年，开设"中科馆大讲堂"，作为一项免费科普公益活动，包括"科学脱口秀""科普看片会""科普沙龙"等系列。为落实中国科协"科技助力精准扶贫工程"，"中科馆大讲堂"项目专门面向中国科协定点扶贫的山西岚县和临县开展科普讲座。截至2018年底，讲座已成功举办299场，现场服务公众115867人次。

2015年，策划推出"华夏科技学堂"系列主题教育活动，紧扣国际国内热点话题、时事、展览等开发相应主题的具有中国古代科技特色的教育活动，实现展厅展览、展品和教育活动的有机结合。2017年以来，在保留原有活动模式的基础上，将活动范围扩大，讲述主体外延，呈现更加多元化的讲述方式。截至2018年，共举办活动165次。

2015年，《北京市初中科学类学科改进意见》提出"利用10%的课时开展社会大课堂活动""整合利用博物馆、科技馆、大学实验室和图书馆等社会资源"，中国科技馆"物体上滚"和"磁悬浮灯泡"2件展品首次出现在北京中考题中，真正实现"做中学"。为满足学生们对于展品辅导越来越旺盛的需求，中国科技馆自2016年开始推出"中考串讲"主题辅导活动，针对中考科目，将涉及重点知识的相关展品进行整理并精心设计参观路线。目前已形成"电磁之旅""运动之美""声音之律""能量与能源""经典再现"5条成熟的主题参观路线。

2016年4月底，中国科技馆推出"百门主题科学实践课"活动。活动按主题划分，将探究式学习与科技馆动手实践特点有机结合，强调多学科知识的综合运用，使参观更具针对性和实用性。为积极响应教育部关于中小学要做好"开学第一课"的要求，中国科技馆将"开学第一课"作为理想信念教育、科普教育和开学教育的重要组成部分，近年先后举办"太空探索，筑梦强国""插上科技的翅膀，飞向梦想的蓝天"等不同主题的"开学第一课"。2018年，联合中央电视台《生活圈》栏目，首次将中国科技馆的"开学第一课"带入网络直播间，吸引18万网络受众。

2016年，亚太地区科技中心协会（ASPAC）年会开幕式上，中国科技馆上演的科学音乐舞蹈剧《春江花月夜》将中国古典艺术和科学实验完美融汇，让观众感受中国传统美学与现代科技的魅力；2017年，中国科技馆打造并推出了首部大型互动科幻

中国科技馆举办的"科学之夜"活动

童话剧《皮皮的火星梦》，其兼顾科学的互动体验性和戏剧的艺术欣赏性，重点面向3—12岁儿童，时长80分钟。截至2018年底，该剧已在全国9地巡演170场，服务公众62200人次，并与全国近18家科技场馆、企业签订了《皮皮的火星梦》资源共享、落地巡演意向协议。

"小小志愿者"活动是中国科技馆重要的品牌教育活动之一。该活动让更多的孩子走进中国科技馆，培养其讲科学、爱科学、学科学、用科学的意识，积极弘扬奉献、友爱、互助、进步的志愿服务精神。2018年，创新管理方式，首次采用"挂牌上岗"，对服务信息、人员信息进行公示，公众可根据公示内容选择讲解服务，进一步强化"小小志愿者"主动服务意识。

2017年，中国科技馆与北京市部分中小学校开展深度合作，通过双方挂牌的方式，成立"馆校结合基地"，将中国科技馆丰富的场馆教育活动向学校深度推广，联合学校在青少年创新人才培养、校本课程开发、科技教师培训等方面进行深度合作，并适度将科技馆资源向中小学辐射。按照重点校、科技特色校、远郊区县校三类学校作为首批试点择校标准，截至2017年12月底，已完成201所学校签约。

2017年，中国科技馆策划创办"科学影迷亲子沙龙"和"精品天文课"2项系列活动，目前已成功举办11场亲子影迷亲子沙龙活动。活动将观影与科普报告、沙龙对话、观众互动紧密结合起来。其中，"精品天文课"利用球幕影院打造天文课校外课堂，面向中小学和天文爱好者，设计课程脚本和系统程序，系统地开发精品天文课及讲座，形成完整、可移植、可复制的课程案例。

2018年9月17日至24日中国科技馆成功举办"科学之夜"大型活动。活动以科幻为主题，分为"3D结构投影视觉秀""科幻主题探秘""角色扮演主题巡游""密室逃脱""科学嘉年华""真人VR绝地求生"六大版块内容。其中，"3D结构投影视觉秀"以中国科技馆独特的建筑结构量身打造，展示形式为国内科普场馆的首次应用，成为世界公众科学素质促进大会期间一大亮点。活动邀请25家省市科技馆的73名工作人员和10个科学表演项目共同参与，累计接待公众达10378人次。其间，共有中央电视台、《光明日报》、人民网、新华网等近70家媒体对活动进行了宣传报道。

同时，中国数字科技馆还通过打造和开展品牌O2O活动，如"全国青年科普创新实验暨作品大赛""宝贝报天气""青稞沙龙""科学连线"等扩大受众，提高影响力。

四　发展短期展览新模式

近年来，中国科技馆在短期展览领域围绕4种开发模式，积极探索，挖掘展览蕴藏潜力：一是自主研发，如由"航天展""互联网展""光展""核展"等展览组成的"中国梦·科技梦"系列，"食品安全""心理学展""虚拟现实展"等；二是采用大联合、大协作方式进行合作研发，如"盐的故事""生物质能源主题展"等；三是通过众筹的方式举办展览，如"无人的力量""嗨（HI）科技酷品展"等；四是引进国际高水平展览，如瑞士"爱因斯坦展"、德国马普学会"科学隧道3.0"展、"古希腊科技与艺术展"等。

2014年，打造"中国梦·科技梦"系列主题展，发挥科普展览对"创新驱动发展"战略的促进作用。全年推出"中国航天展""中国互联网20年展"和"核科学技术展"三大主题展览，服务公众138626人次。

2015年，"中国梦·科技梦"系列主题展览推出全新的3大展览："机器人主题展""光照未来——光及光基技术展"和"航空器及无人机展"。在平面媒体、电视媒体和社交媒体上采取灵活多样的方式加强宣传，累计服务公众279635人次。

2016年，首次探索以众筹手段开发新展览，"开启另一个世界——虚拟现实技术展"是面向大众宣传《国家创新驱动发展战略纲要》的重要举措，是"中国梦·科技梦"主题系列展览之一。展览内容涵盖虚拟现实技术在工业、能源、航空航天等众多领域，展示了国内虚拟现实技术发展的最高水平。展览获得由中国科技馆发展基金会颁发的2016年度科技馆"展览奖"；全年短期展览参观人数同比增长76.4%，实现跨越式发展。"遇见更好的你——心理学专题展览"针对"心理健康"这一社会热点问题，以"完善自我，理解他人，遇见更好的你"为主题。展览开展3个月，共服务公众140058人次，日最高观众量达5352人次；观众占全馆总参观量比例日均达16.14%，日最高占比达35.32%，皆创下短期展览新高。

2017年，以展览互换的方式，引进希腊赫拉克莱冬博物馆"古希腊科技与艺术展"，推动"中国古代科技展"在希腊巡展。"古希腊科技与艺术展"包含五大主题展区，主要展出古希腊在科学、技术及艺术方面的成就，服务公众132048人次，吸引中央电视台、《北京日报》、中国人民广播电台等52家媒体持续关注，央视《走进科学》栏目结合展览专门拍摄系列专题。2017年9月21日至2018年7月15日，"中国古代科技展"在希腊雅典的赫拉克莱冬博物馆展出，吸引了约14.6万人参观。2018年9月29日，展览转至希腊最大的科技馆——塞萨洛尼基科学中心暨技术博物馆再次隆重开启。

2017年，"我们从哪里来——宇宙与生命历程展"涵盖天文、地学与生物学，融科学性与趣味性为一体，丰富多彩的教育活动和主题科普讲座，是展览的一大亮点。该展览共服务观众80139人次，开展教育活动40次。"无人的力量——无人系统科普展"全面展示从海、陆、空全方位掀起的新兴无人科技。在"5·30"科技工作者日，举办了以"无人操控技术发展历程"为主题的科普讲座，聘请专业飞手团队进行精彩的无人机编队飞行表演。5月17日至6月11日，该展览共服务公众43527人次，在场馆同期观众总量中占比18%。"嗨（HI）科技酷品展"是在推动、落实国家创新驱动发展战略和北京国家科技创新中心建设工作方面的又一个新举措。7月8日至9月1日，展览累计服务公众量高达20万人次。开展期间共举办100余场教育活动，专题讲座20场。

2018年，以整体采购的方式，引进台湾自然科学博物馆"脑中乾坤：心智的生物学"展。展览共设6个展区36件互动展品，累计展出55天，服务公众63109人次。中国科技馆自主研发的"榫卯的魅力"主题展览于11月1日正式向公众展出，共开放61天，累计服务公众6.9万人次，约占本馆同期观众总量的18.1%。与展览同步设计开发的教育活动——木工工坊深受观众欢迎和喜爱，共举办366场日常古代木工和现代木工体验活动，参与人数672人；举办周末"华夏科技学堂——大美榫卯"教育活动6场，共计63个家庭126人参与。"爱国知识分子的杰出典范——钱学森生平事迹展"通过80余件珍贵实物展品和230余幅历史图片，生动还原了钱学森爱国奋斗的人生历程。自11月9日至12月23日，共接待嘉宾及单位专题参观17次，共计564人次。

2018年，为纪念改革开放40周年我国取得的一系列重大科技成就，中国科技馆策划实施"创新决胜未来"科普展览。展览精选改革开放以来40项代表性科研成果，涵盖航空航天、天体物理学、深海探测、工程建设等领域的展品60余件，实物及模型10余件，形成"展览+活动+讲座+科普衍生品+信息化"的新模式。7月13日至10月7日，累计服务公众137151人次，入选国家文物局2018年重点推介展览。此外，在展览基础上推出高品质虚拟现实仿真体验节目"嫦娥五号虚拟现实节目"，被纳入"伟大的变革——庆祝改革开放40周年大型展览"。

为实现资源共享，中国科技馆还针对优质短期展览进行全国巡展。2013年至2018年，共计巡展30个省、自治区和直辖市，约80个场馆，共计216站，服务公众约1009万人次。

五　探索特效影视科普工作新方式

中国科技馆设有球幕影院、巨幕影院、4D影院、动感影院4个世界一流的特效影院，拥有五套国际顶级放映演示设备。2013年至2018年，累计放映科普影片74部，服务公众近300万人次。2013年4月，第三届中国科技馆特效电影展映首次纳入北京国际电影节"科技奇观"展映单元，并在2018年升级为北京国际电影节"科技单元"。2018年，球幕影院激光数字放映系统实现升级改造，改造后，整体画面分辨率达到真8K，在天文、科学内容可视化方面具有很强的演示功能。

中国科技馆充分发挥影视科普专业优势，先后推出《月球的奥秘》《中国航天路》《探秘核电》《蛟龙探海》以及4部熊猫系列特效影片，累计在馆内及16家地方科技馆播出28部次。制作完成《科普影视秀》《辟谣之歌》等科普微视频和《探秘天眼FAST》等科学纪录片。2018年，原创制作的《大神帮帮忙》系列微视频，在中央电视台一套《生活圈》节目播出，据央视统计，平均收视率保持在0.5%，居同时段全国第一，超过《朝闻天下》和《中国新闻》等节目。与江西卫视联合策划推出《真是想不到》大型科普电视节目。积极制作发行科普电视栏目《科普大篷车》，为全国党员干部现代远程教育提供优质课件。

六　举办中国流动科技馆巡展工作

"中国流动科技馆"项目以"广覆盖、系列化、可持续"为指导方针，以"参与、互动、体验"为教育理念，以模块化设计的科技馆展品和活动为载体，以巡回展出的方式，将展览资源送到尚未建设科技馆的地区，为公众特别是青少年提供免费的科学教育服务，实现科普资源的公平和普惠。

2013年至2018年，累计配发展览资源407套（东部自筹经费制作74套），存量展览（2015—2018年）资源270套（东部存量套数38套）。累计巡展2961站，服务公众约1.06亿人次。

2013年，在前期试点工作经验基础上，流动科技馆项目在全国范围内推广，并将东部省区的流动科技馆项目纳入统一管理。6月21日，全国巡展主场启动仪式在青海省刚察县隆重举行。2014年，编制完成项目绩效评价报告，顺利完成绩效再评价工作。2015年，首次实现按图加工，实现过程监理，标准化制作水平得到提高。采取"众筹"方式，成功研发入库中国流动科技馆展品47件。2016年，尝试新的招标

临时展览——创新决胜未来

模式，创新验收模式，并进行展览自行监造，深化开展新品研发，实现流动科技馆项目创新升级。探索建立检验制度，初步建立企业科普联盟机制，标准化工作初见成效。2017年，开展中国流动科技馆项目第二轮全国巡展。9月6日，第二轮全国巡展主场启动仪式在河北省石家庄市赞皇县举行，全国东北、西北、西南、华东、华南及华中5大片区的5个主要分会场与主场联合启动，除此之外，全国共有23个省26个站点同时启动，中国流动科技馆项目在全国遍地开花，再次吸引了社会公众关注的目光。2018年，流动科技馆项目走出国门，服务"一带一路"国家科普建设。6月，首站国际巡展在缅甸首都内比都隆重开幕，实现流动科普"中国方案"首次对外输出的"开门红"。12月4日，缅甸国务资政昂山素季亲自体验流动科技馆展品，给予高度评价。12月，中国流动科技馆国际巡展在柬埔寨金边正式开幕。

七　创建科普大篷车助力精准扶贫

科普大篷车项目以服务于乡镇农村为基本定位，通过特殊改装的中型货车或中小型厢式客车，运载小型化、模块化的科普展品（20余件）、展板等科普资源，为实体科技馆和流动科技馆未能覆盖的乡镇、农村地区的公众提供免费的科学教育服务，在基层科普工作中发挥着不可替代的作用。

2013年至2018年，累计配发科普大篷车931辆，开展活动次数约12万次，行驶里程约1840万千米，服务公众约1.09亿人次。

2013年，开始优化车辆改装设计方案和车载展品设计方案，共计提出整改方案15项，补充部分科普资源。启动大篷车课题研究工作。2014年，调整车载展品设计方案，更新9件展品，增加了"生命与健康"展览主题，以及车载图书资源包。以大篷车项目为突破口，启动"全国科技馆服务平台"试点工作。开展基于北斗卫星定位技术的科普大篷车远程监控系统建设。2015年，首次开展科普资源特别配发工作，为新疆援助37辆科普大篷车，首次实现科普大篷车分区全覆盖。2016年，点面结合、重点配发，实现了内蒙古、西藏和陕西延安的广覆盖。开展精准扶贫，为75个国家级贫困县配发了大篷车。2017年，在甘肃、青海两省进行"集约配置、集中管理"的"准市场化"运行模式试点。完成《Ⅱ型大篷车改装标准》和《Ⅳ型大篷车改装标准》，形成基础设计图纸，展品实现标准化生产。开发科普大篷车北斗动态管理系统，为实现项目分级管理和考核奠定基础。2018年，为52个国家级贫困县配发科普大篷车。开展青海、甘肃、陕西社会化运行试点工作，青海、甘肃试点车辆平均活动次数是"十二五"期间车辆平均活动次数的3倍。加大展品更新力度，首次更新Ⅳ型车展品38套。

八 扩大中国数字科技馆影响

中国数字科技馆是国家认定的23个国家科技基础条件平台中唯一的科普平台，是面向公众的科普网站，是现代科技馆体系建设的枢纽，并致力于成为面向青少年的网络交互学习中心。2013年至2018年，中国数字科技馆网站资源总量从3.5T增长到12.01T，日均PV由48.7万增长到336万，ALEXA国内排名由7000名左右上升到100名以内，在科普网站中名列前茅。

2013年，中国数字科技馆新增"掌上科技馆""环宇采撷""科学乐园""小博士工作站""展品荟萃"和"微专栏"等栏目，突出与中国科协和中国科技馆重点工作的衔接，以及移动互联网的应用。加强网络直播，使科学传播从现场走向网络，极大地扩展了受众面和覆盖面。2014年，中国数字科技馆着力发展科普微平台，建成中国数字科技馆微博群与微信群，微信开通了服务号和订阅号；部分重点栏目或活动也设立了相应的公共账号。承担了网络科普联盟秘书处工作，大力开展数字科技馆共建共享工作。2015年，中国数字科技馆以原创为抓手打造精品栏目，增加网站独家科普资源量，产生了一人批优质原创科普内容。进一步加强与实体场馆结合，开发在线虚拟科技馆。2016年，加强手机场景服务功能，陆续开发完成微信WiFi、场馆信息、活动看板、二维码、ibeacon展览信息推送等功能，打通线上优质资源与实体场馆资源的链接渠道。另外，策划开发了一批虚拟现实的移动端内容，成为中国数字科技馆独特的"VR+科普"服务。2017年，完成网站的公有云迁移，通过公有云服务为数字馆提供了更便宜、稳定、高效的网站支撑服务。完成中国数字科技馆网站架构改造和页面改版，给用户呈现更丰富更易用的内容和功能。中国数字科技馆共建共享工程面向全国各地科技馆及相关科普组织机构展开建设，构建落地工作框架，打造一批资源质量优质、传播能力突出、服务水平精准的中国数字科技馆共建共享单位。2018年，中国数字科技馆以点带面，以直播形式突破交互学习中心建设，进一步通过线上线下活动加强平台的互动属性。

几年来，中国数字科技馆已经从一般意义上的科普网站跃升为集网站、移动端、线上线下活动（O2O）、科普推送、离线数字服务、远程管理平台、网络交互学习等功能为一体的综合性网络科普服务系统，成为中国特色现代科技馆体系"四位一体"建设中的重要组成部分，在网络科普领域中占据了重要的先导地位，为推动科技馆体系向信息化迈进提供有力保障。

九　持续深化科研及科普工作

2013年至2018年，中国科技馆承担、自主设立各类科研项目104项，其中国家级项目2项、省部级项目6项、自主设立项目92项。特别是针对全国科技馆事业和中国科技馆发展过程中一些重大的理论问题、实际问题开展研究，取得了一些突破性成果，部分成果被国家有关部委和中国科协制定相关政策、发展规划时采纳。期间，发表论文、科普文章500余篇，获得授权的专利36项。

近年来，陆续出版《科技馆研究报告集（2006—2015）》《科技馆研究文选（2006—2015）》《中国古代机械图文集》和科普丛书《越做越好玩的科学》《魔力的门票》、译著《探索馆展品集》，于2017年推出了研究、馆史、实践、译著、科普五大书系，分期出版。2018年，正式编著出版了"研究书系"《科学中心的展示设计》，"馆史书系"《传承与使命——中国科学技术馆开馆30周年》《中国科学技术馆展品集（一期）》《中国科学技术馆展品集（二期·壹）》《中国古代科技之光》，"实践书系"《中国科技馆教育活动案例集》《中国科技馆生物学科基础教学案例集》。

2014年，中国科技馆、中国科协—清华大学科技传播与普及研究中心联合创办"科技博物馆理论研讨会"，邀请科技馆行业及相关业界人士研讨科技馆发展中的前沿、热点、难点问题，分享实践案例，交流创新经验。截至2018年共举办10届，已成为业界学术交流的重要平台。

2016年，创办正式学术刊物——《自然科学博物馆研究》。学报以"办成博物馆和非正规科学教育领域一流学术期刊、打造具有国际影响力高水平学术期刊"为目标，致力于促进自然科学博物馆事业健康发展，传播国内外先进理论、方法、经验，搭建学术建设与交流平台。截至2018年底，学报已出版正刊12期，增刊6期，发行39000册。

2017年，全国科普服务标准化技术委员会（以下简称"科普标委会"，编号为SAC/TC568）正式成立，主要负责科普基础设施设备、科普展教品、科普服务质量与评价、数字科技馆、科学素质测评领域国家标准制修订工作。中国科协负责日常管理和业务指导，中国科技馆承担秘书处相关工作。科普标委会是科普行业成立的第一个标准化技术委员会，自成立以来，共开展标准预研项目16项；向国家标准委申报了4项推荐性国家标准项目，截至2018年底，已进入项目初核调度阶段；组织开展《科学技术馆建设标准》修订工作，完成《科学技术馆建设标准》（修订）征求意见工作，并形成送审稿初稿；启动"绿色科技馆评价标准"编制工作。

十　着力打造科普志愿服务项目品牌

中国科技馆自觉将弘扬和倡导志愿精神作为科普公益单位履行社会责任的重要内容，将科普志愿者队伍视为确保场馆高水平运行的重要力量，始终积极动员、吸引社会各类志愿群体广泛参与科普教育和科普宣传工作，向社会传递正能量。

2015年，专题研讨志愿服务管理机制和运行模式创新，从顶层设计上对志愿服务工作给予有力保障。2016年，在2009年成立"中国科技馆志愿服务队"的基础上，升级为"中国科技馆志愿服务总队"，制定《中科馆志愿服务总队章程（试行）》和《中科馆志愿者管理办法（试行）》，建成"中国科技馆志愿者管理系统"并投入使用。2016年，中国科技馆被命名为"首都学雷锋志愿服务示范站"，被中宣部遴选为"全国公共文化设施学雷锋志愿服务示范单位"，展现了中国科技馆良好的社会公益形象。

中国科技馆以"培育科普场馆志愿服务精品项目"为目标，挖掘各类志愿者的专业优势。自2017年开始，携手清华大学、中央民族大学、中科院大学、北京科技大学等院校，推出"志愿者小课堂"活动，由大学生志愿者自行设计教案、开发教具并组织实施。2018年，针对初中低年级学生特点，结合短期展厅工作需要，开发推出"短期展览定时辅导"服务；发挥专家志愿者力量，邀请中科院青年研究人员、果壳科普达人探索开展"科学阐释"活动，为科研人员与公众交流搭建平台。

十一　推动科创产品多元化、商业化运营

作为全国科技馆系统唯一的科创试点单位，中国科技馆自2017年以来，稳步推进科创试点工作。通过发布《中国科技馆科技文化创意产品开发与授权管理办法（试行）》，规范产品开发流程。2018年，面向社会发布科创产品征集通知，共收到50多家企业和个人提交的240多件科创产品申报书，最终评审通过近30家企业的130余款科创产品进行深化合作。

2018年，全年共开发记里鼓车、地动仪、公道杯、榫卯魔盒、《皮皮的火星梦》系列衍生品等45款科创产品。完成短期展览"古希腊科技与艺术展"科创产品销售试点，积极与希腊塞萨洛尼基科学中心协商，在"中国古代科技展"展览期间销售中国科技馆科创产品，为中国科技馆科创产品走出国门迈出可喜一步。积极加入中国博物馆协会文创产品专业委员会，了解行业动态。

十二 深化国际交流与合作

中国科技馆注重在发展自身业务的同时，大力拓展对外交流工作，提升在国际业界的知名度、显示度和话语权，并通过对外交流，迅速掌握业界最新资讯，广泛参与国际事务。几年来，中国科技馆积极参与国际组织工作、举办国际赛事和会议、访问国际和地区先进科普场馆和机构、参加行业培训、引进主题鲜明的国际巡展等。中国科技馆目前已加入国际博物馆协会、北美科学中心协会、亚太科技中心协会、大银幕影院协会等4个国际组织。

2016年，成功举办第十六届亚太科技中心协会年会，164名境外代表和356名内地代表参会。2017年，成功举办首届"一带一路"科普场馆发展国际研讨会，共有来自"一带一路"沿线22个国家24个科普场馆和机构的44位馆长及负责人，以及中国国内包括自然历史博物馆、科学技术馆、天文馆、国土资源博物馆等在内的8大类74家科普场馆和机构，15家科普企业的130余位馆长和负责人，围绕"协同共享、场馆互惠、共建科学传播丝绸之路"主题，共话沿线国家科普场馆间长远合作愿景，共商构建沿线国家科普场馆命运共同体大计。

2018年9月，举办"2018中国国际科普作品大赛"。共征集到来自22个国家和地区的科普作品1533个，最终评选出137个获奖作品。10月底，举办首届"国际科技馆能力建设培训班"，招收学员42人，其中国内学员26人，国外学员16人。国外学员分别来自亚非拉11个国家的14家科普场馆，包括阿根廷、巴西、智利、伊朗、菲律宾、印度、南非、塞舌尔、尼泊尔、新西兰和韩国。培训班以助力消弭世界科技馆事业发展鸿沟，增进科技馆同行交流合作为目的，以"如何开发具有时代性的启迪创新的科技馆展览——从创意到展出"为主题。

2018年，中国科技馆援助马来西亚槟城圆顶科学馆，以长期出借的方式向其输出太空模型展品6件，以支持其"太空探索"展厅建设。展厅自8月4日开幕以来至2018年底，累计服务公众62765人次。

十三 重点强调展品安全维护

中国科技馆展品均为观众能够亲身参与的互动展项，为确保观众参观安全，保障展品良好运行，在重点安全部位、人员密集区域均安装安防监控系统，开馆期间，展厅巡视人员不间断安全巡视，夜间展馆内部每2小时巡视一次，确保展品及基础设备设施完好、有效运行。馆内配备保密柜50个，恒温恒湿柜2个，航空箱300个，运输

太空展厅

设备12台，高空升降设备10台，曲臂升降设备2台，起重设备3台，破拆设备1台，各种机加工设备20台。积极建立长效机制，每天对每件展品进行晨检，发现问题及时处理，对固定类设备，如投影机、电视、电脑、视频播放机等定期除尘保养，以保证设备安全稳定运行；对于气泵类展项每天除水，定期维护保养，定期检测以确保其安全；对于电气类设备加强温度、湿度、电压、电流的检测，特别是进入夏季加大检查力度确保安全，对于各种备品备件采用独特设计，表面进行安全处理，定期检查，储备好定量的备件以备不时之需。建立安全应急处理小组，明确应急安全处理流程，确保展厅展品安全。

2018年，中国科技馆选取主展厅中二层展厅为试点进行了常设展厅展品维修维护服务社会化工作。在确保常设展厅展品运行、提高展品完好率的情况下，节约运行经费，将技术人员从简单重复劳动中解脱出来，专职从事展品改造、展品研制等展品技术工作。2018年9月，中国科技馆展品信息管理系统正式投入使用。系统以运用至上为原则，实现展品运行管理的现代化、规范化和流程化，实现跨部门业务协作高效化，实现展品维护管理精细化，实现展品运行数据实时化。

十四　全面加强安全管理

中国科技馆高度重视安全管理工作，加强人车物进出管理，做到人员凭证进出、贵重物品凭单离馆。做好4类人（参观观众、本馆职工、社会化职工、活动临时用工）出入3类区域（公共参观区域、办公区域、重点部位）的日常管理工作。2013年至2018年，共办理各类出入证、施工证5000余件次。加装车辆识别系统，实现车辆进出信息化控制，确保馆内车辆进出管理规范有序。重视防恐防暴工作，严格落实"人""物"同检的安检措施，守卫馆区第一道防线。重视防暴突击队建设，定期组织应急处突演练，购置防暴器械，防暴队员武装上岗巡逻值勤，发挥震慑作用。2013年至2018年，共安检观众约1500万人、物品约900万件。其中，查出打火机近55万件，寄存限带物品25万件，没收管制刀具、警用器械等违禁品1000余件。

加强值班值守工作，提升非开放时间安全管理水平，确保全馆7×24小时的应急值守工作。采取电子打点技术进行夜间巡更管控，每小时核查1次巡查记录，切实当好馆区"守夜人"。加强消防安全管理工作，聘请具有专业资质的公司负责消防控制室的值机，对全馆消防设备设施进行维保，做到每日进行2次巡检、每月进行1次大检、每季度进行1次全面检测。于办公区域和公共区域分设两处消防器材站，并组建业务素质过硬的义务消防队。严格监管布展、施工，消防保安现场巡检，自2013年起，共办理各类布展（施工）审批250余项、动火审批2500余次。重视安防系统基础建设，加装东西南北五樘防撞大门，升级X光安检机，增设液体安检仪等安检设备。东西门内加装激光人流量统计设备，实时显示馆内人数、来馆人数及离馆人数，测试准确率达98%，为场馆安全运行提供重要基础数据。

中国铁道博物馆
CHINA RAILWAY MUSEUM

通信地址： 北京市西城区马连道南街2号院1号楼

邮政编码： 100055

电　　话： 010-51836873（办公区） 67051638（正阳门馆）

010-64381317（东郊馆）

网　　址： http://www.china-rail.org

电子邮箱： ztbzhb@126.com

微信公众号： 中国铁道博物馆

博物馆类型： 自然科学类（科学技术）

隶　　属： 中国铁路总公司

批准建立时间： 1978年2月

博物馆备案登记号： 120

建筑性质： 正阳门展馆（近代建筑，北京市重点文物保护单位）；东郊展馆（现代建筑）

占地面积： 61934平方米

建筑面积： 29985平方米

展览面积： 25636平方米

交　　通： 正阳门展馆：乘142、8、9、20、44、301、673公交车前门东下车；或乘地铁2号线前门站B口出；东郊展馆：乘403、516路公交车到环形铁道站下车，乘402、418、688、973、851路公交车到南皋西站下车；乘地铁14号线在将台站下车转公交车；办公区：北京西站换乘89、414路到马连道西里站下车，向南走到第一个红绿灯路口，向东200米西环景苑写字楼。

开放时间： 正阳门展馆：周二至周日9:00—17:00，周一闭馆；

东郊展馆：周二至周日9:00—16:00，周一闭馆。

服务设施：

停车场	纪念品商店	餐饮	语音导览	微信导览	无障碍设施	其他
有	有	无	有	无	有	无

概　述

中国铁道博物馆的历史可以追溯到1958年成立的铁道部中央技术馆，后于"文革"期间撤销。1978年8月铁道部决定成立铁道部科学技术馆，主要开展文博、影视、展览、模型制作等业务工作，隶属铁道部。2003年9月，根据中央编制委员会办公室《关于铁道部科学技术馆更名为中国铁道博物馆的批复》（中央编办复字〔2003〕113号），铁道部科学技术馆更名为中国铁道博物馆。2009年10月，根据铁道部《关于中国铁道博物馆与北京铁路博物馆整合的通知》（铁劳卫函〔2009〕1415号）要求，中国铁道博物馆与原北京铁路博物馆整合，由原北京铁路局（今中国铁路北京局集团有限公司）代管。2014年12月，中央机构编制委员会办公室下达文件，将中国铁道博物馆划入公益二类事业单位。2017年7月，根据中国铁路总公司印发《中国铁路总公司关于明确中国铁道博物馆行政机构编制和岗位设置的通知》（铁总劳卫函〔2017〕560号），中国铁道博物馆组织机构调整为三个展馆和一个办公区。三个展馆分别是正阳门展馆、东郊展馆、詹天佑纪念馆；办公区位于西城区马连道南街2号院1号楼，内设综合管理部（党群工作部）、人力资源部（党委组织部）、计划财务部、社教部、文物部、编研部。

正阳门展馆位于天安门广场东南侧，建筑面积9485平方米，由原"京奉铁路正阳门东车站"遗址改建而成，2010年10月开馆。正阳门展馆常设展览为"中国铁路发展史"，全面展示中国铁路从无到有、从落后到先进的140年发展历程以及新时代中国铁路建设的辉煌成就和美好前景。

东郊展馆坐落于北京市朝阳区酒仙桥北路1号院北侧，占地面积60000平方米，建筑面积20500平方米，2002年11月2日对外开放。东郊展馆由机车车辆展厅和综合展厅两部分组成，机车车辆展厅展出中国铁路不同时期、不同类型及制式的机车车辆百余台，规模居国内首位。其中，中国现存最早的"0"号蒸汽机车，以革命领袖名字命名的"毛泽东号""朱德号"机车堪称中国铁路文物中的"瑰宝"。

六年来，中国铁道博物馆积极适应新时代中国博物馆行业蓬勃发展的有利形势，自觉尊重文博事业发展规律，坚持夯实基础、巩固成果、抢抓机遇、持续快速推进博物馆各项建设进程，在积极扩大服务范围的同时，注重全面提升博物馆服务社会公众的专业品质，取得可喜成绩。

一　藏品保管

中国铁道博物馆坚持将文物藏品相关工作摆在博物馆核心主业位置，持续加强铁路文物征集、保护、研究、利用工作力度，各方面均取得新的突破与发展。截至2018年12月31日，藏品总数达8122件/套，数量上首次超过万件大关，新增藏品数2783件/套。在坚持其他文物征集的同时，回应社会关注焦点，加强京张铁路沿线文物征集和保护，推进京张高铁建设沿线影像资料采集与文物征集工作，为明天收藏今天，成效显著。2013年，中国铁道博物馆完成第二批馆藏文物定级工作，共确定38件/套珍贵文物，其中一级文物6件/套、二级文物22件/套、三级文物10件/套，馆藏珍贵文物达到114件/套。全部珍贵文物均按规定报北京市文物局备案，一级文物档案报国家文物局备案，中国铁路珍贵文物正式列入国家珍贵文物系列。

积极贯彻落实《博物馆条例》。2015年，根据中国铁路总公司要求，中国铁道博物馆起草《铁路文物保护管理暂行办法》（草案），并对《铁路文物保护管理暂行办法》进行系统解读；同年编辑出版《铁路文物保护管理工作手册》，在全国铁路系统推行实施，对保护中国铁路历史文化遗产发挥根本性作用。2016年，修订完善《中国铁道博物馆文物藏品管理办法》《文物藏品库房管理办法》，进一步加强文物藏品规范化管理。

根据国家文物局要求，于2015年年末完成全国第一次可移动文物普查工作，摸清了馆藏文物家底，为科学开展文物工作奠定基础。2016年，首次建立起全国铁路文博单位和不可移动文物数据库，为铁路文物保护、研究和利用奠立基础。

二　陈列展览

中国铁道博物馆坚持以中国铁路特色文化为主题，以新时代中国铁路精神为灵魂，以基本陈列为主要阵地，以临时专题展览为重要补充，紧跟中国铁路发展动态，及时调整完善常设展览结构内容，积极应用新科技展示手段，创新策划社会关注焦点相关的主题临展，展示传播效果大幅提升。

其间，基本陈列方面先后完成东郊展馆明星机车开放、公务车场景复原及开放，展厅增设观览天桥、展示墙，室外展区新设9号餐车，新建CRH380动车组仿真模拟展示舱；完成正阳门展馆3D影院改造、正阳门展馆基本陈列改造等，馆内展览展示铁路文化主题更为鲜明突出，参观体验更为生动深刻。2013年，中国铁道博物馆正阳门展馆常设展览"中国铁路发展史陈列"获全国博物馆十大陈列展览精品奖。

临时专题展览方面，年均推出8—9个铁路专题临展。其中，2013年推出的"'激情燃烧的岁月'——蒸汽机车摄影展"先后在广东、上海等地的十多座城市展出。"抗日烽火中的中国铁路"先后在北京、沈阳、武汉等地展出，入选国家文物局2015年度全国博物馆展览季活动推介名录。"历史的回响——中国铁路机车素描展""2018年匠心筑梦——从京张铁路到京张高铁"在中华世纪坛展出。通过临时专题展览巡回展示的方式，中国铁路特色文化的传播范围成倍扩大，铁路文化生命力和影响力显著增强。

三　社会教育

中国铁道博物馆充分发挥社教职能，积极开展爱国主义和科普教育，在基地建设、志愿者队伍建设、馆校融合、社区服务、流动科技馆、科普讲解、社教理论研究等方面持续发力，取得长足发展，博物馆文化教化功能显著增强，社会服务能力大幅提高，社会效益快速增长。

探索科普场馆与学校教育合作共建的常态化模式，在将科普讲座与活动送到学校的同时将学校课堂请进博物馆，开展各类冬、夏令营及寒暑期社会实践活动等，使学习体验更丰富，让博物馆成为孩子们心之向往的学习乐园。通过承办东城区史家胡同小学蓝天工程博览课程、完成"中国铁道博物馆青少年教育课程与教具开发"项目、实施北京市中小学生综合素质提升工程等教育研究及实践，拉近了博物馆与学校的距离，助力广大中小学生成长成才。

2013年《火车探秘》科学教育项目，获全国"首届科技场馆科学教育项目评选"一等奖，2017年《铁博开讲啦》科普系列讲座获第三届北京市科普基地优秀活动展评一等奖第一名。2017年末，中国铁道博物馆被教育部评为第一批"全国中小学生研学实践教育基地"，陆续推出"铁博讲堂""火车雕板印刷""火车手工拼装"等一批科普系列套餐品牌，社会回应热烈，效果显著。2016年，中国铁道博物馆三个展馆成为"环首都首批20条游学路线"资源单位；连续参与全国文化科技卫生"三下乡"集中示范活动，国家流动科技馆进江西、陕西活动等，努力把中国铁路特色文化推向更大的展示舞台。

2013年，中国铁道博物馆被评为"全国优秀科普教育基地"，同年东郊展馆被朝阳区旅游委评为"首批朝阳区文化旅游示范单位"。六年间，多次获得"中国自然科学博物馆协会年度先进集体"，多次获得"国际科学与和平周"特别贡献奖、组织奖，"首届北京市科普基地优秀活动展评优秀奖"，"旅游扶贫贡献单位"，多次获"北京阳光少年文化节"优秀组织奖等。馆内科普工作者多人先后获得"北京市科普基地讲解员比赛"一等奖、"全国科普讲解大赛"一、二等奖以及"北京市科普基地十佳讲解员"称号和"全国十佳科普使者"称号，高素质社教人才辈出，成绩斐然。

四　学术研究

中国铁道博物馆立足馆藏文物资源和馆内专业人才，充分发挥铁路系统和博物馆行业两大领域知识与人才的优势，深入开展学术研究。通过厘清弄通文物的流传经历，将文物背后的故事传递给公众，让文物说话和鲜活起来。丰富有趣的科普社教实践更是提供了大量经验素材，使博物馆社会教育与文化传播的理论升华具备了扎实的经验准备，学术研究成果丰硕。

制定相关制度，营造浓厚学术氛围，持续强化研究能力和水平。2015年，印发《中国铁道博物馆科研项目奖励办法（试行）》，建立科研人员激励机制。加强基础研究，厚积薄发，探索源头活水。2015年4月，历时3年，中国铁道博物馆与中国科学院自然科学史研究所等研究机构联合开展的《中国近代铁路钢轨材料技术演变与文物价值研究》项目通过鉴定评审，成果达到国际先进水平。2017年，作为中国铁路总公司京张铁路文化工作组成员单位，深入挖掘京张铁路历史文化和京张高铁时代文化内

中国铁道博物馆东郊展馆"弘扬铁路精神 追逐少年梦想"活动现场

涵，参与《詹天佑历史文献汇编》编纂工作。2017年，根据中国铁路总公司要求，对中国早期铁路动车组进行实地调研，"神州号""春城号""石林号""长白山号"等一系列中国早期动车组进入研究视野，形成《中国早期铁路动车组调研报告》，对中国铁路自主发展的历史补上重要一页。2018年初，优质完成中国铁路总公司《铁路文物保护管理工作研究》课题，形成对保护全国铁路文物具有指导意义的调研报告，编辑出版《铁路文物保护管理工作手册》，出版《中国铁路不可移动文物和具有保存价值铁路建筑图册》《中国铁路可移动文物和具有保存价值铁路实物图册》，建立中国铁路文物和具有保存价值铁路实物基础信息三大数据库等四项重大成果。

加强馆藏文物研究，产生大批有学术水平和专业影响力的研究成果。其间先后出版《图说中国铁道博物馆馆藏珍贵文物（第一、二辑）》、《探寻中国铁路历史的印迹》、《中国铁路文博丛书》等。注重科普社教实践理论研究，完成《铁路科技类行业博物馆在科学教育体系中的发展策略研究》《中国铁道博物馆青少年教育课程及教具开发》等课题研究。一批学术论文公开在《社会科学论坛》《中国文物报》等学术刊物发表，或在中国科协年会学术交流会、中国自然科学博物馆协会年会等平台分享交流。深挖馆藏文物信息，在《人民铁道》报开辟"铁博鉴宝"专栏，连载刊发研究文章，形成特色文化品牌。

注重整合行业学术力量，积极搭建学术交流平台。2013年，中国铁道博物馆推动成立中国铁道学会铁路文化与博物馆工作委员会，并当选为主任委员单位。自2014年开始，每年召开该工作委员会年度工作会议暨学术研讨会，每年出版上年《中国铁道文博委员会论文集》。六年来，该工作委员会迅速发展壮大，委员单位从最初的9个扩展到32个，行业影响力不断增强。2018年，发起组建北京博物馆学会行业博物馆专业委员会，并成为北京博物馆学会副理事长单位，10月24日，与中国化工博物馆共同承办"北京博物馆学会行业博物馆专业委员会成立大会暨馆际交流会"。中国铁道博物馆馆长、北京博物馆学会副理事长李春冀兼任该专委会主任，副馆长于湘任该专委会秘书长。

五　安全保卫

中国铁道博物馆将展馆安全作为博物馆工作的政治红线和职业底线。坚持"预防为主、防治结合"的原则，做到警钟长鸣、常抓不懈，持续保持安全责任零事故的纪录。定期开展安全教育，全员树立"守土有责、安全至上、预防为先"的安全理念，演练实操讲求实效，应急预案在演练实践中日臻完备，针对性和可操作性不断增强。2016年，集中采购一批安检查危设备，全面更新装备展馆，安检硬件设施达到一流水平。与国内安检设备领先供应商开展战略合作，全面提升安全工作专业化水平。定期开展安全专项检查，修改安全管理规章制度，建立安全问题台账，构建和完善人防、物防、技防相结合的安全防控体系，实时动态监管，确保人员、文物、设备等安全，确保春节、两会、十一、APEC、十九大等重要节日或党和国家重大会议期间的安全稳定和有序运行。

六　文创开发

中国铁道博物馆积极贯彻《博物馆条例》，主动适应新常态，以馆藏特色文物为依托，创新开发系列铁路主题文化创意产品，进一步强化文化资源与市场的深度融合，不断增强博物馆持续发展能力。2016年，中国铁道博物馆被国家文物局列入全国首批92家博物馆文创产品开发试点单位，2017年又被北京市文物局、中国铁路总公司列为文创产品开发重点扶持和试点单位。截至目前，中国铁道博物馆共推出馆藏文物、京张铁路文化、铁路老建筑及其他系列共11个品类50款铁路文化创意产品，初步打通从文化元素梳理、创意形成、设计生产、展示传播、销售等各个环节，拥有一批较为固定的设计制作合作伙伴和较为稳定的经营场所。2017年，中国铁道博物馆为"京张铁路四季书签"等30款文化创意产品申请了国家外观设计专利，创新产品的形状、图案、色彩等设计得到法律保护，产品价值大幅度提升。2017年，中国铁道博物馆联合北京百创文化传播有限公司共同开发的"复兴号"多功能镇纸，获得第十四届北京礼物旅游商品大赛优秀奖。2018年，中国铁道博物馆"铁路机车系列3D纸膜""机车方向牌开瓶器"入选《全国博物馆文化创意产品目录汇编》。中国铁道博物馆开发的特色鲜明的铁路文创产品成为中国铁路文化的又一重要载体。

六年来，中国铁道博物馆在上级机关和行业主管部门的正确领导下，在提升博物馆发展专业品质方面进步显著，在普及铁路科技知识、弘扬铁路特色文化、践行新时代中国铁路精神、推动北京文博事业发展等方面做出了重要贡献。

中国航空博物馆
CHINA AVIATION MUSEUM

通信地址： 北京市昌平区小汤山镇顺沙路

邮政编码： 102211

电　　话： 010-61784882　010-66916919

传　　真： 010-61784882

电子信箱： hangbo1986@sina.com

博物馆类型： 自然科学类（科学技术）

隶　　属： 空军研究院

批准建立时间： 1986年10月筹建

博物馆备案登记号： 017

建筑性质： 现代建筑

占地面积： 3393平方米

建筑面积： 11010平方米

展览面积： 5160平方米

交　　通： 德胜门坐670路公交车到沙河转945路公交车中国航空博物馆站下即到。

天通苑坐643路公交车到中国航空博物馆站下即到。

昌平区内坐昌51路公交车到中国航空博物馆站下即到。

地铁昌平线沙河站下，转945路公交车中国航空博物馆站下即到。

地铁13号线天通苑北下，转643路公交车到中国航空博物馆站下即到。

自驾车北六环58出口（百善出口），红绿灯左转沿顺沙路前行3千米即到。

自驾车京藏高速小汤山出口，红绿灯右转沿顺沙路（向东）前行9千米即到。

开放时间： 周二至周日8:30—17:30（周一闭馆）

服务设施：

停车场	纪念品商店	餐饮	语音导览	微信导览	无障碍设施	其他
有	无	无	有	无	有	有

概　况

中国航空博物馆始建于1986年10月，1989年11月11日正式对外开放。1990年经军委总部批准，定名为空军航空博物馆，隶属于空军司令部。后经报北京市政府批准，国家文物局备案，对社会称中国航空博物馆，2008年被评为首批国家一级博物馆。

建馆30多年来，在上级机关和社会各界的大力支持和帮助下，全体航博官兵坚持"以空军军史为主线，以空军装备为实体，以建立具备收藏、存储、研究、展示、教育功能的装备实物场馆"为中心任务，通过坚持不懈的努力，目前已经建成亚洲第一、世界前五的航空类专业博物馆，成为传承空军红色基因的圣地，空军官兵的精神家园，启迪"空军梦"、凝聚"蓝天魂"的全国爱国主义教育、国防教育和科普教育基地。

中国航空博物馆主馆区位于北京市昌平区，设有洞库展厅和综合场馆2座大型展馆，拥有馆标区、"蓝天魂"广场、英雄雕塑群等多处室外人文景观。收藏各型航空飞行器148型318架，几乎涵盖了我国有代表性的各类机型。其中，国家一级文物飞机106架，二、三级文物飞机17架。同时，还收藏空军部队曾经装备过的雷达、高炮、地空导弹、空空导弹、航空炸弹等航空装备样品15000余件。

一　藏品保管与维护工作

藏品是博物馆生存的根本，对于珍贵历史文物和资料的保管维护，更是博物馆义不容辞的责任。航空博物馆始终紧盯一流博物馆建设目标，不断丰富馆藏文物、调整展陈格局，持续推进藏品保管与维护能力不断提高。近年来，在藏品保管与维护方面主要完成以下工作：

（一）科学组织文物征集。紧紧围绕新时期"强国梦、强军梦"的宏伟目标，立足航空博物馆各项职能任务，按照"完整收藏、超前预选、多种渠道、促进交流"的原则，制订《航博装备文物征集规划》，进一步提高文物征集工作的科学性、针对性、实效性和可持序性，努力打造馆藏装备样品系列化、军事文物经典化工程。赴国内外征集各型飞机文物12架、其他装备文物100余件、文献资料50多份，接收友好国家和社会捐赠飞机3架，馆藏文物更加丰富，藏品系列更加完整，主题特色更加鲜明。

（二）创新开展等级文物评定。积极协调国家文物局和邀请军内外有关专家，扎实开展航空文物等级评定，馆藏106架飞机被评为国家一级文物，17架飞机被评为国家二、三级文物，填补了空军没有国家一级文物飞机的空白，引起社会强烈共鸣。

（三）首次进行文物的数字化处理工作。引进信息化管理手段，组织研发"退役装备文物管理系统"，将文物基本特性、历史价值、图像资料及采集过程等信息录入管理系统，通过信息化手段提高文物装备的维护保管质量。

（四）扎实开展文物保护工作。航博收藏的文物主要是大型航空装备样品及相关实物资料，很难做到室内存储，大量珍贵文物存放于室外。几年来组织调整各类装备200余架（件），规范了运输机、直升机和防空装备展区秩序。有步骤、分批次完成各类装备支顶、饰新、维护和检修200余架次，使文物装备"走出泥潭、穿上新衣"。

二　陈列和展览工作

陈列和展览是博物馆的核心工作。通过一系列富有成效的建设，航空博物馆建成了包括洞库展厅、综合展馆、馆标区、伟人座机展区、运输机展区、直升机展区、轰炸机及特种用途飞机展区、地面防空装备展区、英雄大道雕塑群展区等多个展区。近年来，通过自主设计、合作创办等形式，举办了多项主题展览。

（一）"有我，祖国天更蓝——航空摄影展"。展览布设在办公楼1层大厅内，展陈面积约300平方米，累计接待游客近2万人次。展览主要以图板和文字为主，反映各类飞行活动的精美瞬间、飞行器的独特姿态、机场特效景观、空军官兵风采，以及天空、太空的美丽场景，突出表达人类对天空和飞行的向往，以及对航空航天艺术美的发现与追求。

（二）"美在航博——摄影与书法作品展"。展览布设在办公楼1层大厅内，展陈面积约300平方米，累计接待游客3万人次。展览主要以摄影和书法作品为主，通过拍摄景观美景、抓拍自然风光、摆拍文物飞机、捕捉劳动瞬间，突出表现航空博物馆雕塑景观的庄重、自然景观的优美、文物飞机的珍贵、全体官兵的勤奋场景，大力弘扬航博官兵自力更生、艰苦奋斗、热爱生活的优良传统，激发广大观众热爱空军、建设空军、献身空军的参军热情。

（三）"飞机原理结构科普展"。展览布设在新修理厂一层，展览面积约720平方米，累计接待游客近4万人次。主要以图板和实装相结合的形式，利用声光电等展示手段，详细介绍飞机的材料结构、动力装置、燃油系统、液压系统、操纵系统、航电系统、武器系统等7个部分，生动展示飞机的内部结构，充分诠释飞机的工作原理。通过展示飞机内部结构、探索飞机工作原理、揭示飞机飞行奥秘，使航空维修培训教学更加直观明了、社会公众科普讲解更加形象生动。

（四）"壮美空军蓝——空军军服展"。展览布设在大棚展厅内，展陈面积约1500平方米，累计接待游客近10万人次。主要以图板和实装相结合的形式，利用声光电等展示手段，展示空军自组建以来军服不断变革和发展的历史。展览通过展示各个时期的实物资料，形象反映空军部队的豪迈军威，生动体现空军军服在作战训练中的各种功能，科学总结空军军服的管理经验，预示空军军服未来发展的趋向和蓝图。

（五）"空军装备部法制教育图片展"。展览布设在办公楼1层大厅内，展陈面积约300平方米，累计接待游客近1万人次。主要以图板和文字的形式，利用声光电等展示手段，展示部队不同时期的法律法规建设和执行情况，展览宣传了空军系统的法制建设成果，总结了部队法制的管理经验，强化了官兵的法制观念。

（六）"方寸之间展航迹——中国航空主题邮票专题展"。展览布设在洞库展厅内，展览面积约290平方米，累计接待游客近20万人次。展览主要以图片和实物为主，分为专题展科普区和专题展邮品销售区，详细介绍了航空主题邮票、航空邮票、航空类纪念邮票、航空类特种邮票，通过展览使观众了解航空主题邮品的创新发展，提高对航空和邮政的科普认知，强化民族自豪感，推崇创新理念，激发爱国热情。

三　宣传与教育工作

中国航空博物馆担负弘扬中华民族航空文化、播撒"蓝天种子"的历史使命。近年来，先后通过中央电视台、人民网、中国军网等13家媒体，宣传报道了空军武器装备建设发展情况；在《解放军报》《空军报》《中国空军》等多家报纸、杂志上发表新闻、论文、稿件41余篇（幅）；先后保障《毛泽东三兄弟》《邓小平》《空天猎》等10余部红色题材影视拍摄，参与《真正男子汉》《爸爸去哪了》等综艺作品8部；协助《爱上旅游美丽中国》《京郊大地》等10余个旅游节目录制，赢得了良好的社会反响。

积极参与对外交流活动，国际影响力持续提升。积极谋划协调，组织人员赴全国9省市进行宣传推介，参与北京市"京津冀红色旅游巡游"活动等各类旅游咨询活动7次，社会认知范围进一步拓宽。深化拓展社教功能，普及航空和科普知识，社会大课堂、阳光少年、科普基地科普行、蓝天故事会等活动开展有声有色，累计接待98批3

万余人次，国防和爱国主义教育基地作用发挥明显。积极实施"走出去"战略，先后组织200余人次赴全国11家博物馆进行参观见学，加强宣传交流。先后选派人员参加世界性和地区性展览展示活动，有力促进了该馆与航空界、文化界的交流合作，较好地宣传了空军文化和航空文明。

坚持服务至上发展理念，努力提高服务质量，制定《航博员工管理标准》，明确118个岗位人员职责、16项预案，建立健全绩效考核、定期培训和检查评分工作机制，制定服务标准和日常行为规范，通过规范化、系统化的培训教育和考核，全面提高员工综合素质。积极完善展品解说词，新增78个、丰富47个解说词，解说内容故事性、趣味性、知识性更加突出。协调市、区旅游委，先后为该馆建成北京市首批AAA级公共卫生间1座，配置安全护栏20千米，移动座椅、垃圾桶180套，极大改善了馆区面貌和服务设施。先后接待越南总政青年军官代表团、美国退役将军代表团等其他国内外和军内重要贵宾25批1000余人次，累计接待游客突破600多万人次。

四　安全保卫工作

安全保卫工作是一切工作的基础，航空博物馆高度重视安全保卫工作，主要做好了以下几个方面：

（一）建立健全各项制度。制定《航博日常管理规范细则九项规定（试行）》《门岗突发情况处置预案》等规章制度29项，细化完善各项法规制度40项，特别是在文物

中国航空博物馆外观（卢炳广　摄）

装备管理方面，建立了文物装备日常巡查制度、文物档案管理制度、制定了《博物馆藏品管理办法》等制度，切实铸起了安全稳定工作制度堤坝。

（二）积极做好日常安全保卫工作。面对官兵较少的实际，采取聘用地方保安人员，实行双人双岗的制度，确保了营门安全；积极做好文物装备安全管控，协调上级机关建设安全监控系统，实现营区全方位、无死角监控；扎实做好游客安全提醒，在各展区安排安全员并设置安全提醒标识，及时对广大游客进行安全警示。设置专门医务室，对有需要的游客及时进行医疗服务。

（三）扎实做好自然灾害防护工作。针对馆区地形复杂，植被覆盖率高的实际，积极开展自然灾害疏散、溺水救治与消防演练，扎实做好防护工作。近年来，航空博物馆未发生一起安全责任事故。

五　科研和文创产品开发工作

中国航空博物馆担负着研究空军航空史、防空史等职能任务。近年来，围绕空军史、航空史、航空装备史、防空史等进行了深入理论研究，学术研究氛围浓厚，在各类学术杂志和期刊上发表研究文章50余篇，特别是与中国航空工业集团合作出版了《航空档案》杂志，在中宣部组织下出版了《全国爱国主义教育示范基地巡礼》等书籍，与中国邮政总公司在航博合作开办国内唯一"航空主题"邮局等，都深受广大官兵、航空爱好者的喜爱。随着军队改革调整的完成，航空博物馆将引入一大批史学研究的专业人才，届时科研成果将更加丰富。

中国化工博物馆
CHEMICAL INDUSTRY MUSEUM OF CHINA

通信地址： 北京市海淀区北四环西路62号

邮政编码： 100080

电　　话： 010-82677217　010-82677715

传　　真： 010-82035897

网　　址： www.chemmuseum.com

电子信箱： chemmuseum@chemmuseum.com

博物馆类型： 自然科学类（科学技术）

隶　　属： 中国化工集团有限公司

批准建立时间： 2008年5月9日

博物馆备案登记号： 155

建筑性质： 现代建筑

建筑面积： 一期馆为3900平方米

展览面积： 一期馆为2450平方米

交　　通： 公交：26、47、641、718、740、808、982、963、944支、运通113、
运通106、运通109路公交，海淀桥东或中关村西下车。
地铁：地铁四号线中关村A1出口，向西800米。

开放时间： 每周一至周五9:00—16:00（周六、周日及其他国家法定节假日团体参观
需提前三天预约）

服务设施：

停车场	纪念品商店	餐饮	语音导览	微信导览	无障碍设施	其他
有	无	有	有	无	无	无

概　述

中国化工博物馆是中编办批准成立的国家级行业博物馆，主管单位为中国化工集团公司。旨在展示、收藏中国化学工业的发展历程和重要成果，传播化学工业文明，普及科学知识，开展爱国主义教育。中国化工博物馆共分8个展厅，通过生动的展品及图文，辅以各种先进的展示手段，向观众详尽展示中国化学工业从古至今的发展历程，以及化工如何改变生活，让生活更加美好。通俗易懂向大众普及化工是什么，化工为什么，化工干什么。

中国化工博物馆认真履行社会责任，发挥博物馆职能，注重科普教育、藏品研究、管理提升、党建工作等，拓展博物馆成长空间，提升博物馆价值，为建设国家级行业主题博物馆奠定基础。

一　科普教育硕果累累

每年的全国科技周期间，中国化工博物馆都开展"奇妙化学之旅"活动，小学生在博物馆老师的带领下参观博物馆并进行探索实验，探索化学的奇妙。为丰富本区中小学生的假期生活，中国化工博物馆在寒暑假举办"阳光少年"社会实践活动，激发小学生学习科学的兴趣。截至2018年12月底，科技周期间接待学生1000多人次。

2013年4月，博物馆取得北京市科学技术协会颁发的"北京市科普基地"荣誉证书。中国化工博物馆积极与北京市高校联系，在科学科普宣传方面开展合作，与北京化工大学签署合作协议，成为北京化工大学校外人才培养基地。

2016年8月31日，中国化工博物馆成为北京市教委批准的初中开放性科学实践活动资源单位，依托馆内资源特色，设计开发了《探究暖宝宝的秘密》和《电池DIY》

课程，接待来自清华附中、北大附中、人大附中、八一中学、一零一中学、中关村中学等20余所学校的学生。截至2018年12月底，组织开展"探究暖宝宝的秘密"活动18次，接待初中生300多人次，科学实验课程广受同学们好评，中国文物网、今日头条、中国网、《科普时报》等多家媒体进行了报道。中国化工博物馆开发的科普课程参加了全国第四届科普场馆科学教育项目展评活动并获得二等奖，经国资委推荐，博物馆于2018年11月获得教育部全国中小学生研学实践基地称号，并取得每年专项资金支持。

中国化工博物馆将科普活动拓展到青少年夏令营中，开展主题为"分子共和国的一天"的科普活动。活动分为"化学达人秀"和"小小分子工程师"两个环节，通过化学表演秀和化学探索实验，让来自12个国家的100多名青少年感受到化学的魅力，对化学产生兴趣。

中国化工博物馆与中国化工报社、北京化工大学等6家单位发起成立中国石油和化学工业科普联盟，凝聚行业内外有志于科普的单位和个人，充分利用博物馆的公益平台，普及化学化工知识，传播化学化工贡献，推动化工的科学发展和绿色发展。与北京化工大学联合举办"爱生活、爱化工"科普竞赛，面向北京化工大学及中科院的师生，活动历时6个月，收到500余幅作品。

2016年，中国化工博物馆成为北京市海淀区爱国主义教育基地，积极向周边社区宣传博物馆，当年接待来自32家社区的居民，并举办了"七月的记忆"爱国主义百姓宣讲活动。中国化工博物馆在周边社区开展"化工创造美好生活——身边无处不在的塑料"巡展，通过科普展板和实物展品的形式，向社区居民介绍生活中的化学和化工知识，深受居民的喜爱。2018年，博物馆作为宣传教育阵地，将爱国主义教育融入到科普教育活动去中，融入到社会公众的日常接待参观中去，开展了多种形式的爱国主义教育活动，受到社会公众的广泛好评，经严格考评、综合评定，2018年11月被北京市委宣传部命名为北京市爱国主义教育基地。

二　藏品研究成果凸显

中国化工博物馆注重藏品征集与研究工作，对征集过程中的典型藏品，尤其是符合"最早""第一"标准、具有重大历史意义、反映当时科技水平、影响国计民生的重大项目的藏品，依托征集所得第一手史料，进行深入研究，先后完成《中国石化工业现代化的里程碑——毛泽东圈批引进国内首套年产30万吨乙烯装置》《从邮票了解化工》系列、《马牙碱藏品征集记》《消化创新鼎足而立——从聚苯醚"投产纪念鼎"说起》等30篇具有一定学术水准的研究成果，其中在国家级刊物上发表9篇。编写完成化学工业遗产分析报告。

中国化工博物馆与化工行业内多名专家参与编撰的《中国化工通史》印刷出版，全书包含古代卷、行业卷（上、下两卷）共3册200万字。该书记录和研究了我国化学工业的发展历史，填补了中国化学工业史志的空白，为博物馆收集藏品提供了重要线索和依据。

截至2018年12月底，征集各类藏品资料1749件/套，接受捐赠564件/套，先后对在化工、科研领域有影响的近20位专家、院士进行口述历史专访，拍摄、征集19部口述史和工业遗址影像资料。

三　展览水平稳步增强

博物馆作为接待社会公众的窗口，一方面做好日常接待工作，一方面做好展陈改造工作。经统计，2017年，中国化工博物馆接待上级领导、社会团体、各类学校学生、社会公众等19392人次；2018年接待观众20930人次。为了提高工作效率，服务好观众，2014年中国化工博物馆对馆内3D影院播放系统进行了升级改造。2015年对馆内照明灯具做了系统的更新改造，将所有灯具更换为LED光源灯具，改造后的照明系统不仅改善了参观环境，而且很大程度上节约了能源。为更好地开展针对中小学生的科普活动，2016年中国化工博物馆专门设置了用于中小学生动手实践的实验室。为了保证馆内数据信息的准确性和时效性，中国化工博物馆每年定期更新馆内50多个版块的400多组数据。并且增加"虚拟主持人"互动环节，补充各类趣味化

趣味化学实验

学科普竞赛试题，吸引了更多的观众。为使展览贴近生活，中国化工博物馆于2017年将原有的"化工与国计民生"展厅改造为"化工与生活"展厅，改造后的科普厅更加生动直观，互动性强，深受中学生、老师喜爱。2017年"5·18"国际博物馆日，精心策划推出自成立以来首次利用馆藏进行的自主策展，主题为"情系橡胶 见证传承——祁治平先生个人收藏捐赠展"。通过"工人收藏家"祁治平捐赠中国化工博物馆的254件反映我国早期轮胎工业发展中的老物件以及一系列与橡胶有关的邮票，让观众了解民族橡胶工业的历史，倡导人人参与的民间收藏理念，推动文博捐赠的公益善举。

加强志愿者队伍建设工作。目前已与北京师范大学、北京化工大学、北京交通大学形成了稳定的志愿者合作关系。对志愿者提供服务200人次，组织志愿者来馆参观及参与各类活动632人次。

四 管理能力不断提升

中国化工博物馆不断加强建设项目档案管理工作，明确存档范围、提交形式等，确保博物馆建设项目档案完整、规范。

规范内部培训管理，明确每月例会后为固定内部培训时间，由参加行业培训的馆内人员分享学习内容。派员工到相关的博物馆、科技馆实地考察学习，开拓员工视野，提高业务水平。参加博物馆行业的各类讲座、培训。

加强基础管理工作，夯实基础管理工作，修订完善本馆制度体系，建立健全各项规章制度，做到有章可循、执纪有规。截至2018年12月底，编制2015年、2016年博物馆制度汇编2本，收集博物馆行业、本馆制度60条。

加强新闻宣传，凝聚正能量，传播好声音，为博物馆发展提供有力的思想保证和舆论环境。策划了在《化工专刊》以专版形式开展博物馆接受捐赠藏品鉴赏、近代化工先驱爱国主义故事精选主题宣传活动，讲好化工故事，弘扬民族精神。在《化工专刊》《中国化工报》刊登新闻、研究稿件100余篇。2018年获得由中国石油和化学工业联合会、《中国化工报》颁发的"新闻宣传先进单位"荣誉称号。

2016年11月4日，国家文物局发布《关于公布全国博物馆文化创意产品开发试点单位名单的通知》（国家文物局文物博涵〔2016〕1799号），批准中国化工博物馆为国内92家文创产品开发试点单位之一。

中国消防博物馆
CHINA FIRE MUSEUM

通信地址： 北京市丰台区永外大红门西马场甲14号集美家具8号厅

邮政编码： 100068

电　　话： 010-67279641

传　　真： 010-67279643

网　　址： www.cfm119.com

电子信箱： fmc119@163.com

微信公众号： 中国消防博物馆

博物馆类型： 自然科学类（科学技术）

隶　　属： 应急管理部消防救援局

批准建立时间： 2007年11月

博物馆备案登记号： 159

建筑性质： 近代建筑

占地面积： 31418.3平方米

建筑面积： 20422平方米

展览面积： 9500平方米

交　　通： 可乘坐公交501，957，运通125内环、外环到公益东桥北站下车，向北走100米即到；可乘地铁至角门东站下，向南走1.5千米即到。

开放时间： 周一、周二闭馆，周三至周日9：00—16：30（目前正在闭馆升级改造）

服务设施：

停车场	纪念品商店	餐饮	语音导览	微信导览	无障碍设施	其他
有	有	无	有	有	有	无

概　述

　　中国消防博物馆，由应急管理部消防救援局（原公安部消防局）筹建和管理，是一座集消防历史文化展陈、火灾警示教育、防火防灾科普体验互动于一体的国家级行业博物馆，也是消防行业唯一的国家级主题博物馆。2007年11月，财政部、北京市政府批准以"国家防火防灾教育基地"立项建设，2010年11月试运行，2011年11月8日正式对社会开放。开馆以来，本着普及消防知识为主，传承消防历史文化为辅的原则，中国消防博物馆广泛参与和组织公众，开展科普服务和消防宣传教育工作，努力提高参观接待能力与观众服务水平，已成为提高公民消防安全意识和防灾自救能力的消防科普教育基地，中国消防历史文化收藏、展示、传播和研究基地，以及展示我国消防救援队伍良好形象的重要阵地，为提升国民消防安全综合素质做出了应有的贡献。

一　机构人员

　　2010年9月20日，公安部政治部批复中国消防博物馆编制，列为消防局机关直属单位，正师级，下设办公室、陈列策划部、展品管理部、综合保障部4个正团级部门，干部编制25人（其中馆长1人、副馆长3人），主要职责是：1.负责参观接待、宣传讲解、人员和财务管理；2.展陈研究、展厅维护、展览策划和组织实施；3.馆藏文物展品的管理、维护和社会征集，消防历史文化和展品研究；4.设备管理维护、公众服务区经营管理等工作。2018年10月，根据中共中央《深化党和国家机构改革方案》，公安消防部队、武警森林部队退出现役，成建制划归新组建的应急管理部，成立国家综合性消防救援队伍，承担防范化解重大安全风险，应对处置各类灾害事故的重要职责。截至目前，中国消防博物馆新的"三定"方案还未出台，实有人员29人，消防指战员9人，外聘人员20人。

二　陈列展览

中国消防博物馆全馆共4层，展览面积9500平方米。一层为序厅和临时展厅。序厅配置有多屏幕展项播放宣传片，陈列有6件近代水龙，并设有商品部和休闲吧。另有1000平方米的临时展厅，可以移动展板分隔出不同的展区格局开办临时性展览，开馆以来已举办各类展览百余次。二层为古代消防厅。断代展示了各历史朝代防灭火思想、立法、管理、技术等方面的见证物实物、文献和照片，其中有古猿人用火灰烬遗迹、远古建筑火灾遗留木炭、汉代"东井灭火"井栏陶器、清末灭火器具等重点展品，还有宋代潜火军兵灭火幻影成像演示、无梁殿和民间水会场景复原等。三层为近现代消防厅。主要展示近代以来的消防沿革，有近代消火栓、消防警察制服徽章、建国早期消防器材，还有近代首辆国产泵浦消防车模型、汶川地震救援多媒体展项以及消防工作情况的展示。地下为防火防灾体验馆。以体验参观为主，制作有城市消防规划、建筑消防设施、火灾体验剧场、火场应急疏散、灭火器使用、119报警、地震应急避险、地铁火灾疏散等8个多媒体展项，和消防逃生结绳、消防标识墙2个知识性互动展项。此外，还配备1辆消防宣传车、1辆地震体验车，以及可移动的疏散逃生体验帐篷和灭火器体验展项。

中国消防博物馆作为消防救援队伍的窗口单位，开馆运行近8年，部分设备老化陈旧，为更好地服务社会，紧跟改革发展步伐，适应新时代应急救援需要，更加贴近"全灾种""大应急""大救援"的消防职能定位，于2018年9月迁往集美家居大红门店8号厅作为临时性过渡展馆，目前正在施工复展中，预计2019年10月开馆运营。临时性过渡展馆除延续传统的展览内容和形式外，将广泛应用先进多媒体展陈手段，着力打造具有"知识性、实用性、互动性、趣味性"的展厅展项，增设常见灾害事故类别及相关知识技能的培训教学，充分发挥城市公共文化服务设施、行业对外宣传窗口和科普警示教育阵地作用，最大限度满足广大人民群众学习防灾减灾知识、掌握防灾减灾技能的需要，同时也将大力宣传展示新时代综合性消防救援队伍的良好形象。

三　科普宣教

2013年以来，中国消防博物馆始终把社会宣传教育作为主业，"走出去与请进来"相结合，不断创新形式，丰富内容。

（一）深化宣教品牌建设。紧抓全国中小学生安全教育日、防灾减灾日、科普日、国际博物馆日、安全生产月、119消防宣传月等重要时间节点办活动、办展览，努力创建并不断做大做强"消防安全大课堂""消防小达人""我是消防员""暑期夏令营"等一系列自主创设的特色活动品牌。6年来，举办各类社教活动150余次，推出各类陈列展览30余次，受众500余万人。

（二）利用社会资源办馆。与北京地区文博、科技、教育部门和部分专业展馆、社会单位建立长期联络机制及共建关系，争取专业资源、抢占行业制高点，扩展宣教空间。连续6年派出科普宣传团队参加科技部举办的"流动科技馆进基层"重大示范活动，先后到6省20余个地市县开展防火防灾宣传活动，受众百万余人次，得到了组委会和基层群众的一致好评。同时利用馆区这一重要平台，做好日常参观接待工作，印制宣传册、张贴海报、播放宣传视频等，通过多种形式开展宣传教育工作，6年来累计进馆观众达30余万人。同时，中国消防博物馆还加入了中国自然科学博物馆协会、北京博物馆学会、公安文联警事文物收藏专业委员会、首都科普基地和博物馆联盟，被列为"全国中小学生社会实践消防安全教育基地""全国科普教育基地""北京市科普教育基地""国家行政学院应急管理培训中心现场教学实践基地"，被评为"优秀全国科普基地"、自然博协"优秀集体"、北京市科学技术普及工作先进集体、全国科技周流动科技馆进基层突出贡献单位。中国消防博物馆基本陈列还荣获第十届全国博物馆陈列展览精品评选优秀奖。

（三）创新宣传教育形式。进一步完善网站建设，推出微信公众号，加强日常信息推送以及网上课堂和网上展厅建设。推出馆刊《既济》，编印《家庭防火自救小课

中国消防博物馆向中小学生普及消防知识现场

堂》《消防达人攻略》《中小学生消防安全教育读本》等一系列消防宣传读本，增设家庭火灾应急处置VR展区，自主创设开发了消防笔筒、鼠标垫、拼图、动漫形象等消防文创产品。

四　运行管理

在制度建设方面，制定了《消防博物馆工作管理规定》《消防博物馆讲解员工作管理规定》《藏品征集管理工作办法》等方面的各项规章制度，强化业务素质提升的日常养成，持续推行全员值班讲解、每月绩效民主测评和工作督查制度。在参观服务设施方面，在博物馆外墙设计安装了明显的馆名馆徽标志，设置、配置了前厅接待台、商品部、休闲区和安检安保设备等附属设施，开设了互联网官方网站，方便团队参观预约。在展品管理方面，有库房6间，总面积300平方米，安装有相关的保管设施设备，对藏品进行分类存放，并有严格的文物藏品目录、信息卡片和出入库登记制度。在安防管理方面，有完善的入馆安检、视频监控和消防设施，制定了消防、防爆炸物、防拥挤踩踏等突发事件应急预案，开馆期间不间断巡查，闭馆后每2小时定期巡查，并与消防局机关物业和警勤中队建立起安防联动机制。开馆至今，没有发生任何参观安全事故。

6年来，中国消防博物馆按照上级主管单位关于建设精品行业博物馆的指示要求，服务中心工作，面向社会办馆，着力创新宣教形式，拓展社教途径，增强展馆活力，做强防火防灾社教平台，做好消防工作成果展示窗口和形象宣传窗口，围绕"抓业务、强素质、转作风、促工作"的思路，做了一些卓有成效的工作。未来，中国消防博物馆将立足现状，紧跟改革发展步伐，以当代应急管理新理念为指导，对标"全灾种 大应急"要求，立足现有基本陈列，贴合观众需求，适时组织展项改造升级，继续注重创新发展，夯实运行保障基础，向一级博物馆建设标准看齐，做强社教主业，着力提高展馆专业水平和综合实力。

中国传媒大学传媒博物馆
MEDIA MUSEUM OF COMMUNICATION UNIVERSITY OF CHINA

通信地址： 北京市朝阳区定福庄东街 1 号中国传媒大学 49 号楼

邮政编码： 100024

电　　话： 010-65783696

传　　真： 010-65783703

网　　址： http://mediamuseum.cuc.edu.cn

电子信箱： cmbwg@cuc.edu.cn

微信公众号： cucmuseum

博物馆类型： 自然科学类（科学技术）

隶　　属： 中国传媒大学

批准建立时间： 2009 年 11 月 14 日

博物馆备案登记号： 164

建筑性质： 现代建筑（全国重点文物保护单位）

占地面积： 6500 平方米

建筑面积： 6500 平方米

展览面积： 3000 平方米

交　　通： 地铁八通线传媒大学站下，B 口出，往东走 20 米即为中国传媒大学南门。京通快速路方向乘 312、666 路梆子井站下，过天桥往东行 200 米即为中国传媒大学；南门：朝阳路方向乘 411、488、517、615、639、648、690、快速公交 2 线、快速公交 2 线区间、运通 111 路定福庄站下，路南从中国传媒大学北门进入。

开放时间： 9:00—16:30（寒暑假及法定节假日除外）

服务设施：

停车场	纪念品商店	餐饮	语音导览	微信导览	无障碍设施	其他
有	无	有	有	有	有	无

概　述

中国传媒大学传媒博物馆是国内首家集"传媒文物收藏、传媒实物展示、传媒史学研究、传媒文创教育、传媒体验服务"五位一体的国家级传媒类综合性博物馆。它的建立填补了我国博物馆类别和传媒行业两项空白。

中国传媒大学传媒博物馆规划建立囊括广播馆、电视馆、电影馆、传输馆、印刷馆、动漫馆、广告馆、口述历史馆、传媒体验馆、传媒教育馆等10个分馆博物馆群落。一期工程广播、电视、电影、传输四个分馆于2012年10月26日建设完成并对外开放，形成"四馆八厅一条传媒科技走廊"的展览布局，整个展览面积3000平方米。目前馆藏藏品12000余件，其中文献档案图片1000件、音视频影像资料4000件、传媒文物7000件。博物馆展览重点展现国内外广播电视电影事业从诞生、发展到崛起的重要历史节点，凸显"历史传承、底蕴深厚、史料详实、时代变迁"，办有思想的传媒博物馆的建馆理念。

2012年12月26日，中国传媒大学传媒博物馆注册登记申报获得北京市文物局批复同意，成为北京市第164家正式对社会免费开放的博物馆。2013年被北京市授予"市民学习基地"称号，2017年2月24日，传媒博物馆被授予"北京市科普基地"称号，2018年9月18日，传媒博物馆被评为"国家三级博物馆"。同时，传媒博物馆利用作为中国高校博物馆专委会副主任委员单位、北京高校博物馆专委会主任委员单位和北京博物馆学会新媒体与传播专业委员会主任委员单位的身份积极发挥自身优势，打造"中国高校博物馆馆长论坛""中国传媒大学讲堂""高校博物馆优秀讲解案例推介"三大品牌活动；发挥传媒特色资源优势，举办"中国传媒历史文化专题系列展"精品展览，为推动中国高校博物馆事业发展贡献力量。

一 以精准管理为抓手，不断提高传媒博物馆运行管理水平

2013年传媒博物馆根据博物馆相关规章条例及中国传媒大学相关规章制度编写了《传媒博物馆规章制度手册》，2014年提出"质量管理年"工作方针，2015年提出"精细化管理"工作方针，2016年提出"精准化管理"工作方针，2017年根据全国服务标准化建设情况以及文物行业与地方标准的制定情况，提出"标准化管理"方针。根据馆内实际情况完善、细化博物馆内部管理制度，规范工作流程，强化社会服务意识，增进业界交往，树立崭新的传媒博物馆形象。

基于博物馆精细化管理的理念，传媒博物馆精细化管理项目通过在馆内向部门教职工征询意见和建议，并经20余次的修改、补充和完善，制定制度汇编《传媒博物馆精细化管理手册》。

通过精细化管理体系的建设，传媒博物馆在实际工作中实现了"定岗位，定职责，定任务，定考核"，馆内上至馆长下至馆员，对每个岗位职责都进行了规范，以"有岗位就有职责，有职责就有规范，有规范就有程序，有程序就有标准"为准则，使全馆各部门、各个教职工都有明确的工作目标、工作任务和工作节点，更加高效、有序地推动传媒博物馆工作的开展落实。

二 以品牌建设为重点，不断扩大传媒博物馆社会影响力

（一）打造高校博物馆学术品牌——"中国高校博物馆馆长论坛"

"中国高校博物馆馆长论坛"是由北京市教育委员会、北京市文物局指导，北京高校博物馆联盟、北京高校博物馆专委会重点打造的中国高校文博高级别、高水准的学术交流活动。

"中国高校博物馆馆长论坛"自2014年召开第一届以来，在高校博物馆行业中产生了积极成效，进一步促进了高校博物馆行业交流与合作，推动了区域高校文博事业的发展。2016年12月15日，"第二届中国高校博物馆馆长论坛"在中国传媒大学召开，论坛主题确定为："蜕变：互联网＋时代高校博物馆"，论坛邀请北京、上海、湖北、黑龙江、陕西等全国高校博物馆及长江文明馆、北京汽车博物馆等社会博物馆馆长参与，就"互联网＋"时代高校博物馆的发展问题进行专题研讨。

"第十四届中国高校博物馆学术研讨会暨第三届中国高校博物馆馆长论坛"于2017年11月10—14日在中国传媒大学召开。故宫博物院院长单霁翔，教育部体育卫生与艺术教育司副巡视员万丽君，中国传媒大学党委书记陈文申，国际博协副主席安

来顺，北京市文物局副局长于平，中国传媒大学副校长姜绪范，北京博物馆学会秘书长崔学谙，著名主持人、朗诵艺术家陈铎先生、虹云女士，中国高校博物馆专业委员会主任杭侃、秘书长韩国军等领导和嘉宾出席论坛。来自全国近百所高校博物馆及相关领域的200余名代表参加论坛。参会领导和嘉宾围绕"高校博物馆：管理与创新、文化与传承"以及"传承发展交流共享——智慧文博时代的高校博物馆"为主旨，展开为期两天的深入探讨。

2018年10月18日，"第四届中国高校博物馆馆长论坛暨2018京津冀高校博物馆优秀讲解案例展示活动"在我校隆重开幕。开幕式由中国传媒大学校长助理王志主持。国际博物馆协会副主席、中国博物馆协会副理事长兼秘书长安来顺，北京市文物局副局长于平，北京博物馆学会理事长刘超英，秘书长祁庆国，中国传媒大学副校长张树庭，北京博物馆学会首席学术指导崔学谙，长江文明馆（武汉自然博物馆）馆长吴宏堂，中国博物馆协会高校专委会秘书长韩国军及来自全国近60家高校博物馆和地方博物馆负责人等百余名代表出席此次论坛。与会专家、学者围绕"坚守与突破——新时代中国高校博物馆发展路径"主题，从不同层面和角度对新时代中国高校博物馆发展面临的困境、发展思路和实践途径进行深入的交流。

（二）创办传媒文化艺术知识品牌——"中国传媒大讲堂"

"中国传媒大讲堂"是整合传媒高校、文博行业以及传媒行业资源重点打造的精品学术讲座，是实现博物馆公共教育功能、服务高校教学科研工作的重要思想传承阵地。"中国传媒大讲堂"的宗旨：以办有思想的博物馆为指导，为公众提供"全媒体、跨领域"思想文化交流平台，建构具有文博特色的公共文化服务体系。讲堂旨在打破传媒学科之间、学界与业界之间、传媒与文博之间的界限，邀请相关领域专家、学者和知名人士参与并发表公开演讲，分享其思想盛宴，让公众享受多元化的文化资源，从而开阔学术视野，提高思想深度，增强文化底蕴，提升文化修养。

截至2018年12月，"中国传媒大讲堂"共举办11场专题讲座。2017年4月26日邀请著名电视制片人、导演关正文做了题为《受众的核心利益与市场的文化机制》的主旨演讲。2017年9月27日，邀请AICI，CLC，大陆首批国际注册形象顾问胡春媛做了题为《传媒人形象管理必修课》的主旨演讲；2017年10月12日邀请资深媒体人、腾讯主播王猛做了题为《从传统媒体人到网络主播——融媒时代的挑战与机遇》的专题讲座；2017年11月30日，邀请百度校园品牌部主任李轩崖博士，做了题为《AI未来，由你创造》的专题报告，2017年12月19日，邀请中国著名先锋导演，冬春影业创始人王小帅做了题为《电影环境多样化的可能性和现状》的主旨演讲；2018年4月2日，邀请《朗读者》执行总导演夏欢欣做了题为《市场环境下内容导演的迭代进化论》的主旨演讲；2018年4月19日，邀请艾伯哈特·伊尔纳博士做了题为《二战时期德国的新闻广播制度分析暨纪念马克思诞辰200周年专题沙龙》的主旨演讲；2018年6月6日，邀请中国电影股份有限公司团委书记张旭做了题为《电影项目运作的一般程序和陷阱》的主旨演讲。

（三）打造高校讲解员业务交流品牌——"高校博物馆优秀案例展示推介"

为贯彻落实习近平总书记关于"让文物活起来"的重要指示精神，积极实施《全国文博人才发展中长期规划纲要（2014—2020）》，强化高校博物馆社会服务功能，助力各高校博物馆建设学习型、专业型、服务型的讲解队伍，在北京市教育委员会、北京市文物局、北京博物馆学会的指导下，传媒博物馆联合中国地质大学（北京）博物馆共同举办了"2018全国高校博物馆优秀讲解案例展示活动"。

活动于2018年9月初正式启动。活动初选阶段，共收到北京大学、南开大学、北京航空航天大学、北京中医药大学、北京林业大学、中国传媒大学、西北大学、陕西中医药大学、广东中医药大学等17所高校的40余名讲解员参会评选。经过专家评选委员会严格初评，选拔了27位选手进入终评环节。传媒博物馆作为主办方邀请国家博物馆研究员、资深讲解员齐吉祥，校播音主持学院马谛教授共同对终评选手进行专业辅导和培训。

2018年10月17日，"2018京津冀高校博物馆优秀案例展示终评会"在中国传媒大学召开，由北京市教委、北京市文物局、北京博物馆学会、中国传媒大学的专家组成终评专家委员会对参赛选手进行评选。最终评选出专业组一等奖1名，二等奖2名，三等奖3名，以及志愿者组一等奖3名，二等奖6名，三等奖11名，其中，我校播音主持学院青年教师刘鹏获得专业组一等奖，传媒博物馆志愿讲解员尹雪飞、许新路分别获得志愿者组一等奖和二等奖。京津冀高校博物馆讲解员业务交流活动，为各高校博物馆讲解员搭建起一个学习、交流以及业务培养的平台，为提升高校博物馆讲解水平，增进各馆讲解员队伍之间的业务交流、学习，提升高校博物馆的接待服务能力和水平发挥了积极贡献和作用。

（四）创建国际文博专业教育品牌——"文博管理国际硕士"

2017年，国际传媒教育学院与英国诺丁汉·特伦特大学合作开办了文博管理硕士专业。传媒博物馆基于自身专业和人才优势，与国际传媒教育学院共同承担研究生的培养工作。2017年秋季，传媒博物馆为学生开设了"博物馆与文化遗产系列讲座课"，邀请包括国际博物馆协会副主席在内的10位文博领域专家和跨领域学者为学生授课。此外，还开设了博物馆实践课，带领学生赴国家博物馆、清华大学艺术馆、北京大学赛克勒考古与艺术博物馆、今日美术馆、嘉德国际拍卖中心、法海寺、798艺术区等博物馆、文化机构、艺术中心、古代文化遗址等地调研参观，让学生实地感受博物馆与文化遗产的魅力。

2018年，传媒博物馆与国际传媒教育学院在文博管理硕士培养方面的合作不断深入，传媒博物馆基于自身专业和人才优势，于2018年春季学期，为硕士研究生开设了"博物馆理论与实践""博物馆传播学"两门课程，培养学生的基础理论素养和跨学科专业素养。此外传媒博物馆积极为学生们创造各种各样的实践机会，安排学生赴嘉德艺术中心做导览、参与重大展览项目实施、到国外参加博物馆工作坊、到省级博物馆做志愿者。通过两个学期的培养和锻炼，17级学生具备了一定的专业素质和实践能力，为下个学期赴英国继续深造打下了坚实的基础。

（五）建设传媒教育展示品牌——中国传媒大学校史馆

2016年4月，中国传媒大学校领导班了提出建设校史馆的工作思路和部署，并责成传媒博物馆负责组织实施具体建设任务。随后，传媒博物馆积极推进校史馆建设方案的论证和总体规划工作，并于2016年6月7日、7月26日将"中国传媒大学校史馆设计方案""中国传媒大学校史馆设计改造深化方案"及"中国传媒大学校史馆建设宣传推介方案"提交校党委常委会审议，设计方案最终获得党委常委会的同意。同时，传媒博物馆在馆内召开校史馆动员会、启动会，动员全馆教职工投入到"中国传媒大学校史馆"的展陈大纲撰写、藏品征集等工作中，并进行细致的工作分工与部署。2016年9月，传媒博物馆通过校园网、信息平台、微信、微博等渠道发布了《中国传媒大学校史馆征集启事》，同时还配合印刷折页，以线上线下双向发布的方式推进校史馆藏品征集工作。2017年9月18日，以学校名义组织召开了"中国传媒大学校史馆筹建工作协调会"，会后传媒博物馆按照学校要求积极开展校史馆相关建设工作，对校史展陈大纲内容进行修改、补充和完善，同时搜集实物、资料、图片、音视频资料等校史展示实物和资料，并邀请59级校友以及离退休老同志多次对展陈大纲进行研讨和交流。

（六）打造文博交流平台——北京文博新春联谊会

从2018年开始，传媒博物馆积极协助北京博物馆学会加强首都文博行业交流与合作，策划、组织、实施两届"北京文博新春联谊会"。来自文博行业领导、业界领军人物和专家、学者参会活动，进行业务交流和感情沟通。该活动为首都文博界搭建了一个共享、交流、展示、互动的合作平台，大大增进了北京地区博物馆界、博物馆与文博科技企业间的沟通与联络，打造了一支充满活力和希望的创意团队，为北京市文物局、北京博物馆学会提升影响力和凝聚力奠定重要组织基础，为新时期北京文博事业的发展，为首都打造全国文化中心和文化强国战略做出积极贡献。

（七）建立文博传播新模式——新技术"让文物活起来"

为了庆祝第42届"5·18"国际博物馆日的到来，由中国广播电影电视社会组织联合会、中央网信办网络评论工作局指导，传媒博物馆，中广联合会交通宣传委员会联合全国130余家媒体播出机构，当地省、市级博物馆携手合作于2018年5月17日共同推出交互式H5项目——"我为国宝点赞"。该项目，5月17日上线省级博物馆，5月25日上线地市博物馆，共计80余家博物馆。截至2018年5月30日，来自国内31个省市自治区以及美国、澳大利亚、日本、英国、加拿大、新加坡、韩国、泰国等80多个国家和地区的800万人次参与"我为国宝点赞"的互动活动，尤其在5月18日国际博物馆日"我为国宝点赞"单日互动人数近200万。成为阐释2018年国际博物馆日"超级连接的博物馆：新方法、新公众"主题的现象级爆款产品。这一活动的成功举办是传媒界、文博界和传媒高校进行跨界融合、资源共享、理念创新的有效尝试和成功探索。

传媒博物馆还利用学校和传媒行业的优势资源联合专业制作公司拍摄制作了北京高校博物馆专委会宣传片，积极向社会传播推介各高校博物馆特色、优势，展现首都文博行业百花齐放的繁荣景象。传媒博物馆还引进最新虚拟现实技术，与专业虚拟现实团队合作拍摄制作了传媒博物馆VR展示视频和360全景校园作品，让博物馆借助最新科学技术"活起来""动起来"，吸引更多人关注博物馆活动，提升博物馆影响力。

2018年传媒博物馆运用高科技智能魔墙展示系统，全面展现传媒博物馆馆藏珍品文物，实现与观众的互动，增强观众参与感。传媒博物馆还联合中国传媒大学校团委、校党委宣传部制作博物馆微视频产品，利用新媒体技术呈现，扩大传媒博物馆的对外影响力，不断通过技术创新发掘文物藏品的多样性和展陈方式的创意性，让文物真正活起来。

（八）探索建立高校文博基金——"田伯平文博基金"

2018年12月7日，由中国传媒大学主办，校图书馆、传媒博物馆、宣传部、国内交流与合作处、团委承办的"田伯平文博科研奖励项目捐赠仪式暨电影《琴剑之李白》首映式"在中传礼堂开幕。中国传媒大学校长助理王志、中国电视剧制作产业协会副会长兼秘书长王鹏举、原中国侨联人事司司长李杰、北京电影家协会秘书长贾伟、著名朗诵艺术家殷之光、著名画家张大华、著名书法家宋伯军、国家一级演员著名相声表演艺术家石小杰、央视著名主持人董浩等领导、嘉宾出席仪式，来自中国传媒大学附属中、附属小学学生以及各界人士近1500人参加此次活动并共同观看了电影《琴剑之李白》首映。

开幕式上举行了"田伯平文博科研奖励项目协议"签约仪式，中国传媒大学图书馆、传媒博物馆（校史馆）馆长潘力教授代表校方与校友田伯平先生共同签署《田伯平文博科研奖励项目捐赠协议书》，捐赠款50万元成立"田伯平文博基金"，并根据需要逐年递增资金捐赠额度。同时校友田伯平先生还向传媒博物馆捐赠了书法作品及《琴剑之李白》拷贝和服装道具。

三 以博物馆五大功能为支撑，努力打造中国传媒文化艺术交流平台

（一）加强藏品征集、保管工作，发挥博物馆收藏保护功能

1.加强藏品征集工作

藏品征集工作历来被视为博物馆重点业务工作，对于新建的博物馆更是如此。没有高质量的馆藏，就没有高质量的研究成果，提高展览质量也就失去根本。

目前，传媒博物馆共征集传媒类文物5000余件：图片、文献、档案等300余件；影像资料、老唱片、音带等6000余件，共计12000件。其中，不乏有重要价值的历史文物，如我国自主生产的第一台电视机——北京牌820型电视机、熊猫1502特级收音机、1928年阿特沃特肯特7电子管收音机、1892年巴黎生产的木壳拉箱式老式照相机以及1925年第一代莱卡相机等。

2.加强藏品管理、保护工作

建设藏品库房。传媒博物馆从建馆初期就注重藏品库房建设，利用学校地下空间建立较为专业的传媒类藏品库房并配备相应的设备和功能区，满足传媒藏品存储、整理、保护、修复、拍照、资料录入等工作需要，努力达到展览面积与库房面积1:1的配比标准。目前有库房4个，藏品库房面积达到近2000平方米，其中1000平方米库房配备专业设备和设施。

完善保管制度。为进一步加强馆内藏品、资料的管理保护工作，馆内制定《库房管理制度》《文物库房安全制度》《文物库房值班员守则》等相关制度，要求严格按照制度开展藏品库房的管理工作。

启动可移动文物普查工作。按照《国务院关于开展第一次全国可移动文物普查的通知》和《北京市人民政府关于开展可移动文物普查工作的通知》要求，2014年7月2日，传媒博物馆派出2名藏品保管工作人员参加全国可移动文物普查信息平台的使用培训，正式启动可移动文物普查工作。此后，传媒博物馆按照要求积极推进全馆藏品的整理、测量、拍照和数据上传工作。2015年1月传媒博物馆与中国文物信息咨询中心签订合作协议，由中国文物信息咨询中心与传媒博物馆教职工共同组成传媒文物普查工作小组。2015年寒假，集中对馆藏传媒文物进行信息采集、登记、拍照、录入、上传工作。全馆同志加班加点、冲刺会战，于2015年10月，按照国家文物局可

移动文物普查工作要求完成了9073件/套藏品的普查工作，形成了完备的藏品信息档案，并将相关数据上传至国家文物局网站数据库，比计划完成时间提前365天，获得了上级主管部门的肯定。

（二）策划举办各类主题展览，发挥博物馆展示功能

传媒博物馆自开馆以来立足行业，加大传媒藏品、历史研究力度，充分挖掘馆藏展览资源，并与相关媒体单位合作，主办专题展览；充分利用馆内专业临展场地，创新展陈引进与合作方式，把校内外优秀文化资源引入传媒博物馆，进一步盘活展览资源和文化资源，丰富校园文化生活，提升文化品位；同时也是对基本展陈长期稳定，变化不足的一种有力补充，使得博物馆整体展览能够动静结合、形式多样、内容丰富，满足观众不同层次、不同类型的审美文化需求。

主办传媒历史文化系列主题展览。包括"中国传媒大学建校60周年校史展"、"永远的怀念——温济泽生平事迹展"、"机械时代的声音展"、"科技改变生活——现代通讯一百三十周年展"、"铭记历史继往开来——纪念中国人民抗日战争胜利70周年·黑龙江人民广播电台建台70周年"展览、"赤诚中国心——刘瀚与中国广播"展览、"守护与传承——中国唱片百年留声"展览。

合办高校联合巡展活动。包括"高校藏珍——首届北京地区高校博物馆巡展"活动、"鼎天离地厚德育人——3060进高校"巡展活动、"'一带一路'VR文化遗产高校博物馆巡展"活动。

中国传媒大学传媒博物馆　基本陈列

协助各部门举办专题展览。广告学院艺术设计系2013级毕业展，2012级艺术设计专业暑期赴景德镇、安徽创作写生展——"水火相生"，"旮旯——我们遇见的生活"北京居民建筑模型展，2014级戏剧影视美术设计系毕业展，2014届艺术设计系毕业展——实践家，2014届照明艺术本科毕业设计作品展，第十届中国国际新闻摄影比赛（华赛）获奖作品，映像西部实践作品展，白求恩——从西班牙到中国展览，"澳门元素·苏沛权紫外线固化凹版画制版展览"，中国少数民族习俗摄影展，艺术学部戏剧影视美术设计专业课程汇报展之"旮旯——清华园火车站"作品展和"旮旯——我们遇见的生活"作品回顾展、2011级摄影系毕业展"0℃"、2011级照明艺术专业毕业展"光感"、"中日高校师生友好摄影联展"、"思想之光——抗日战争时期马克思主义在中国的传播展"、"潘建业书画作品展"、2016年度"华赛"获奖作品展、"中国传媒大学师生影视翻译作品展"、"2012级摄影系毕业展"、"重走长征路主题展览"、"名门之秀"北京与巴黎名门摄影展、中日高校师生友好摄影联展、为了民族的文化繁荣——文化名人与文化自信展览、中国传媒大学年度发展成功图片掠影展览、民盟先贤肖像巡回展等。

（三）开展文博科研工作，发挥博物馆研究功能

1.加强梅益日记整理研究工作

梅益（1914—2003年），原中央广播事业局局长。生前在广电系统工作长达28年，亲眼见证了共和国广播电视事业的诞生和发展，是共和国广电事业的缔造者之一。2016年、2017年，梅益同志子女又将梅益生前所有照片材料共计376套，捐赠给传媒博物馆，包括梅益从青年至逝世前的全部现存照片，是研究梅益生平事迹的重要资料。这些日记和照片资料，是研究新中国广播电视事业的开创与发展过程的重要历史资料，这些资料的收藏、整理和研究，对了解新中国广播电视事业的发展历史起到重要的作用。2016年4月，传媒博物馆组织申报的《梅益工作日记》的数字化与研究"项目获得国家新闻出版广电总局部级社科研究项目资金支持。2017年，梅益子女向传媒博物馆继续捐赠梅益生前照片83套，文件资料32套。

2.用影像记录历史，推进口述史项目工作

传媒影像口述史立项申报工作于2012年获得学校批准，得到专项资金支持。博物馆组织专业拍摄团队，开展采访摄制工作，"中国传媒重大人物、事件口述史"立项工作，经过专家论证审核，对百名传媒专家、学者、无线电工程技术人员进行跟踪拍摄和深度采访。

按照"中国传媒重要传媒历史人物、事件口述历史"项目要求，完成口述历史《岁月留声》系列7部纪录片的制作，分别是中国电子工业历史之《南京无线电厂》《北京无线电厂》《俞锡良》，北京广播学院老校长系列《周新武》《左荧》《倪正义》《温

济泽》。

另外，作为北京高校博物馆专业委员会秘书处，为了反映北京地区高校博物馆建设的成就，拍摄制作了专题片《北京高校博物馆专委会巡礼》。另外，为国家广播电视总局无线局拍摄了491台专题片《穿越一个世纪的红色电波——491台百年台史掠影》。

3.出版《传媒博物》杂志

传媒博物馆注重对外传播力的作用，打造国内第一本传媒博物类双月刊——《传媒博物》。该刊自2012年初创刊，到2017年12月已经出版20期，该刊物以电子出版的方式进行发布，在传媒博物馆网站和微信同步刊登，方便用户进行网络在线阅读。目前《传媒博物》杂志已经成为全国众多高校博物馆进行学术和信息交流的平台。

4.出版高校文博学术论文集

在北京市教育委员会、北京市文物局、北京博物馆学会的大力支持下，2017年，传媒博物馆在北京市教委专项经费支持下，将2014—2017年三届中国高校博物馆馆长论坛学术论文集结出版《智慧文博——高校博物馆理论与实践》《文博创造力——高校博物馆理论与实践》两本系列专著，该系列专著作为我国高校文博研究首本学术书籍，展现了高校博物馆对文博建设、运行、管理工作的新认知、新体验、新感悟，体现了高校博物馆在展陈设计、服务理念、运行模式、新技术推广等方面所做的一些新尝试、新做法。其中的理论、经验将对我国文博学术研究和运营实践产生积极的推动作用。

5.组织出版专著《中国广播诞生90周年》

2015年，传媒博物馆借助在学校设立的"刘瀚基金"的资助，与国内广播史专家合作策划、编辑、出版广播史学著作——《中国广播诞生90周年》一书。这本著作是广播史研究最新成果，其中一些新的资料、图片和数据在书中首次发表，对认识、研究中国广播事业发展历史提供了较为详实的史料支持。同时为博物馆展陈内容的调整提供支持，是学术研究与展陈设计相互结合、互为补充的典型实例。

（四）做好服务教学工作，完善博物馆教育功能

1.搭建教学实践平台

近年来，相关学科背景老师将传媒博物馆作为专业课程设置中的重要内容，将课堂从教室搬到了传媒博物馆，来自动画学院、电视学院、播音主持学院等教学单位的老师，多次带各专业本科生、研究生到馆内进行教学演示课程；与校培训学院的合作进一步加深，以本馆工作人员作为核心讲解力量，为来自全国各地广电系统及其他政府部门的学员提供高质量的讲解授课。

2.搭建新生教育平台

传媒博物馆成为传媒高校及各高校传媒专业的新生入学爱校教育的重要组成部分。入学教育对于新生来说具有积极作用，有助于学生认识、了解传媒行业，从而激发学生投身传媒事业的热情。传媒博物馆利用自身优势，做好新生入学教育方面的服务工作，在提升教学质量方面起到了积极作用。每年9月，各地高校特别是京津冀地区高校把传媒博物馆作为高校新生教育的基地，纷纷组织本科生、研究生新生走进传媒博物馆认识传媒科技、文化和艺术发展的历史。

3.搭建实训课程教学平台

实现传媒与文博专业的有机结合，利用校内外优势教学、实践资源，提升学生学习能力、实践能力、创新能力，传媒博物馆积极创建传媒文博实训教学平台。在校教务处的大力支持和帮助下，自2015年开展"博物馆讲解实训"课，课程内容包括："志愿精神"及"传媒博物馆基本展陈"，并邀请国家博物馆知名讲解员袁硕讲授了"博物馆讲解技巧"课程。

（五）凸显传媒博物馆社会价值和传承力，发挥公共服务功能

1.社会影响扩大，观众数量稳步提升

公共服务工作是博物馆实现自身社会价值，实现文化传承，进行社会教育的主要方式。近年来，传媒博物馆不断发展，社会影响扩大，观众接待量稳步提升，从而为传媒博物馆开展传媒历史教育、传媒素养教育等类型社会教育工作奠定良好社会基础。

开馆以来，传媒博物馆在参观人数上稳步提升，据统计数据显示，2013年传媒博物馆共接待国内外观众约9500人次，2014年参观总人数11306人次，2015年参观接待人数16950人次，2016年参观接待总人数17006人次，2017年，参观接待总人数17360人次，2018年，参观接待总人数达25506人次（以上人数不含校内师生到馆开展校内实践课程人数）。校外团体中，包括来自北京及天津、山西、河北、湖北等省市的近20所高校师生团体，以及来自教育部、全国总工会、民盟、招商局、红十字会，朝阳区科委，广电总局、各省市广播电视机构等单位团体参观。另外，有来自北师大附属嘉兴南湖中学、传媒附小、二外附小、北京市十一学校、传媒幼儿园等20多批中小学生、幼儿园学生参观，充分发挥了博物馆社会大课堂的作用。

2.加强讲解员志愿者队伍建设，志愿工作多元化

自建馆以来，传媒博物馆就十分重视学生志愿者的培养和管理工作。加强与校播音主持艺术学院、新闻传播学部等单位合作，通过学院推选、利用传媒博物馆微信公众号及学校各大公众号发布招新启事、面向校内公开招募的方式招募博物馆志愿讲解员。同时邀请校播音主持艺术学院专家、教授给志愿讲解员开展"讲解礼仪与技巧"

课程。另外，还组织志愿讲解员到传媒机构、博物馆实地参观学习。

为了更好地建设志愿者团队，逐步走入制度化、科学化管理，传媒博物馆成立了"传媒博物馆志愿者协会"，并制定了《传媒博物馆志愿者协会章程》《传媒博物馆志愿讲解工作管理条例》及《传媒博物馆讲解员基本管理规定》；建立讲解员档案，并在"志愿北京"暨北京市志愿服务联合会网站注册了"传媒博物馆志愿者协会"团体会员，并发起"传媒博物馆讲解员"项目，吸纳合格的学生志愿者以及社会志愿者作为协会会员并参与项目工作，参与者可获得"志愿北京"购买的人身意外保险，以及官方服务时长证明。

四　加强公共服务建设，取得八项重点工作成果

（一）按时完成博物馆建设并对外开放

传媒博物馆一期工程于2012年10月26日正式开馆试运行，新华社、新华网、中央人民广播电台、《人民日报》、人民网、北京电视台、北京广播电台、搜狐网等近20家新闻媒体对开馆仪式进行全面报道。这些报道在社会上产生了积极影响，提升了传媒博物馆知名度和影响力。2012年12月26日，传媒博物馆正式对外开放，并获得北京市文物局审核批复，成为北京市第164家正式对外开放的免费博物馆。2013年传媒博物馆被北京市朝阳区授予"市民学习基地"称号。

（二）努力做好博物馆建设，获得"国家三级博物馆"荣誉称号

2018年9月18日，中国博物馆协会发布《关于公布了第三批国家二级、三级博物馆名单的通知》，我校传媒博物馆通过省级博物馆行业评定，全国博物馆评估委员会专家复核，国家文物局备案等层层严格评审，被正式评定为"国家三级博物馆"，成为北京市高校博物馆中首个被列入"国家级"的高校博物馆。

（三）扎实推进科普教育工作，获得"北京市科普教育基地"荣誉称号

2017年2月24日，我校传媒博物馆经过北京市科学技术委员会、北京市科学技术协会组织的专家评审和社会公示，被授予"北京市科普基地（教育基地）"荣誉称号。

传媒博物馆借助申报"北京市科普教育基地"的契机，积极做好博物馆建设、运行工作，努力提升自身科普能力和服务水平，发挥传媒教育和传媒行业优势，开发更多、更好的科普教育项目，服务公众的文化需求，服务国家公共文化体系建设，充分发挥科普教育基地的示范作用，让更多的参观者受益。

（四）加强传媒文化传播，搭建传媒文博网络传播共享平台

建立中英文官网。2012年底，国内首家传媒博物门户网站——传媒博物官网正式上线，成为全面展示文博风貌的重要窗口，成为与受众以及受众之间互动交流的平台。传媒博物官网融合了博物馆相关资讯、信息，包括：传媒博物馆介绍、精品展示、传媒研究等内容，并以声像并茂的形式呈现，为广大参观者提供有关传媒博物馆的相关信息以及参观、业务交流等服务。2014年4月，传媒博物馆英文版官网建设工作正式启动。经过一个多月的建设和翻译，传媒博物馆英文版官网正式上线。自此，传媒博物馆以英汉双语发布相关信息，进一步扩大了对外宣传、推介的范围和程度，加强了博物馆与国内外相关机构、团体的联系和交流。2017年传媒博物馆根据实际需要进行改版，新版官网于2018年下半年正式上线。

建立官方微博平台。传媒博物馆还开设了新浪官方微博，通过微博发布传媒博物馆相关信息，吸引了一批热爱传媒文博业务的粉丝和收藏家，增强了传媒博物馆与观众的互动和交流，拓宽了传媒博物馆受众群体，引起了更多的社会关注。

建立微信公众号。2013年传媒博物馆在腾讯微信平台上开设了传媒博物馆官方公众号，受到广泛关注，通过微信平台以声像结合的方式与社会各界人上共同分享传媒博物馆以及传媒文博领域的相关知识和信息，进一步拓展了传媒博物馆的传播途径，同时也提升了传媒博物馆的社会影响力。目前微信公众号的粉丝数增至7628人，与去年同期相比，增加了近1000人，平均每条推送阅读量在2000左右。

建立微信语音导览。2014年5月18日，传媒博物馆微信语音导览系统正式上线开通服务，为参观者提供更为多样化的服务方式和信息交流渠道，借助新媒体渠道扩大博物馆信息传播的范围，获得社会关注，提升博物馆社会影响力。

（五）凝聚中国高校文博资源，推出国内首个"高校博物馆APP"

"高校博物馆APP"作为中国首个高校文博综合性信息交流服务平台，它的使用能够有效解决高校文博资源与公众之间信息不对称的问题，更好地宣传、推介和服务各高校博物馆，让更多的民众认识、了解、走进高校博物馆，更好地发挥高校博物馆科研、教育和社会服务的作用。高校博物馆客户端在于资源的整合、信息的贡献，得到全国各地高校博物馆的积极参与和支持。2016年12月15日，国内首家高校博物馆信息和服务的APP客户端——"高校博物馆APP"正式上线运行。2017年传媒博物馆联合更多高校博物馆参与到平台建设中，集聚全国高校文博资源，打造更权威、更重要、更有用、更便捷的文博与观众信息交互服务平台，助力高校文博事业的发展，目前已有50余家博物馆入驻高校博物馆客户端。

（六）服务高校文博发展，参与国家、首都文博行业重要活动

2018年6月，应教育部要求，选派传媒博物馆张涵烁同志参加国家发改委作为主办单位之一的"伟大的变革——纪念改革开放四十周年大型成就展"，具体参与社会司牵头的第四层区第四单元"共享改革成果、共建美好生活"单元布展。传媒博物馆派出人员有力协助了社会司完成该单元的展览，参与了第一组"人民生活日新月异"的大纲、脚本撰写，全单元的脚本审阅、版式稿设计以及布展工作，积极引导了本单元组的两个展览亮点——微缩模型"记忆"和老物件通柜组合，将中国传媒大学的优势学科和传媒博物馆的力量融入国家大型展览中，并为教育部提供了17件传媒文物和一组77级高考准考证、学生证等实物，借助国家大型展览平台为中国传媒大学、传媒博物馆做出有效展示和传播。

2018年5月15日上午，由国家文物局指导，北京市文物局、天津市文物局、河北省文物局、故宫博物院、中国国家博物馆、恭王府博物馆、北京鲁迅博物馆等单位主办，中国传媒大学、京津冀博物馆协同发展推进工作办公室、北京8+名人故居纪念馆、北京高校博物馆专业委员会等单位承办的"京津冀博物馆协同创新发展合作协议签约暨5·18国际博物馆日系列活动启动仪式"在中国传媒大学举行。国家文物局副局长关强，中国传媒大学党委书记陈文申，国家文物局博物馆与社会文物司（科技司）副司长金瑞国，北京市文物局局长舒小峰、副局长于平，天津市文物局局长金永伟，河北省文物局局长张立方，故宫博物院副院长任万平，中国国家博物馆副馆长白云涛，恭王府博物馆副馆长边伟，北京鲁迅博物馆（北京新文化运动纪念馆）党委书记兼副馆长李游等京津冀三地百余家博物馆的领导，以及来自北京、上海、陕西的博物馆界专家学者出席会议。会上，北京市、天津市、河北省三地文物行政部门与故宫博物院、中国国家博物馆、恭王府博物馆、北京鲁迅博物馆（北京新文化运动纪念馆）共同签署《关于共同推进京津冀博物馆协同创新发展合作协议》，并授牌由国家文物局副局长关强牵头三地文物局成立的京津冀博物馆协同发展推进办公室，同时在传媒博物馆设立"京津冀高校博物馆联盟"。京津冀博物馆协同发展进入新的时代，传媒博物馆也作为联系京津冀高校文博，促进三地文化合作、创新的枢纽，为国家京津冀协同发展战略做出自己应有贡献。

启动仪式结束后，"新方法·新公众——博物馆文化资源融合利用学术研讨会暨博物馆社教和公共文化服务工作培训班"正式召开。此次会议召开对加强学校与文博行业的交流与合作，扩大我校的社会影响，促进传媒博物馆以及为文博教育注入新的动力，为全面落实国家文化强国战略重要举措，为推进京津冀协同发展，服务国家博物馆发展战略做出积极贡献。

2018年5月19日上午，全国科技活动周暨北京科技周活动主场在中国人民革命

军事博物馆举办。中国传媒大学传媒博物馆参与了本届科技周户外体验区的"科学普及、精彩荟萃"展区，提供了"磁悬浮式磁生电""推拉式磁生电"两个磁生电互动以及"捕捉电磁波"的互动共计三项科普项目。

2017年11月23日至27日，为了配合北京市文物局举办的"2017北京·中国文物国际博览会"，传媒博物馆在博览会现场推出了"科技改变生活——我们经历的移动通讯时代"专题展览。该展览作为博览会的组成部分，是将博物馆展览与展会相结合的全新尝试。该展览用照相机、八音盒、留声机、收音机、电话、手机、多媒体、VR、机器人等蕴含着人类智慧与科技创新的实物、产品，甚至体验，向观众揭示了科技如何介入人类生活、影响人类生活乃至改变人类生活这一事实。

2015年5月18日，传媒博物馆馆长潘力应邀出席由北京市文物局、北京博物馆学会在首都博物馆举行的"5·18"国际博物馆日主会场活动，代表行业现场宣读以"传播中华文明讲好中国故事"为主题的倡议书，提出博物馆要积极贯彻落实习总书记关于传统文化和文物保护有关论述精神，为"传播中华文明，讲好中国故事"而努力。同年6月19日，传媒博物馆协助北京市文物局主持召开了"北京地区高校博物馆可移动文物普查工作协调会"，中国人民大学博物馆、北京大学赛克勒考古与艺术博物馆、北京服装学院民族服饰博物馆等13所北京地区高校博物馆负责人参加会议。会议就2015年北京地区可移动文物普查工作开展，以及做好北京高校博物馆可移动文物普查工作进行安排和部署。

（七）获得全国博物馆行业认可，并当选重要职务

近年来，传媒博物馆在博物馆行业得到了同行的广泛好评。随着知名度和行业影响力的提高，传媒博物馆今年在全国新的博物馆行业组织中得到了认可。

2018年5月，北京博物馆学会换届大会在北京孔庙与国子监博物馆举行，会议上该馆潘力馆长被选为北京博物馆学会副理事长。2018年11月25日—27日，由中国博协高校博物馆专业委员会、云南省教育厅主办的"第十五届中国高校博物馆学术研讨会"在云南中医学院举行。本次会议中，潘力馆长当选中国高校博物馆专业委员会副主任委员，并做专题报告。中国高校博物馆专业委员会是中国博物馆协会下属的二级专业委员会，成立于1992年。专委会致力于提升高校博物馆的专业化水平，增强高校博物馆的社会服务能力，加强高校博物馆之间的合作交流，不断促进高校博物馆事业的蓬勃发展。

（八）推动高校文博业务学习交流，开展跨区域业务培训

开馆以来，传媒博物馆利用北京市教委共建项目的支持，对全国高校及相关地方博物馆进行实地考察调研和业务交流工作，结合当前各地博物馆发展建设情况，建立

传媒博物馆与各地博物馆之间的联系，促进馆际之间的业务交流和学习。近五年来，分别赴江苏省、浙江省、云南省、山西省、甘肃省、四川省、河南省、海南省、甘肃省、兰州市、陕西省、上海市等地的传媒类博物馆、高校博物馆进行考察，对博物馆建设、运行和发展情况做较为全面、真实、准确的认识和了解，重点对青少年讲解员、志愿者的培训等科普工作及最新陈列技术、博物馆数字化建设等方面进行实地考察，为传媒博物馆发展建设提供经验借鉴，进一步提升教职工文博专业素养。

（九）积极配合北京市教委工作安排，获得共建项目支持

为配合北京市教委、北京市文物局做好北京市高校博物馆工作，积极发挥北京高校博物馆联盟、北京高校博物馆专业委员会两个机构的作用，先后举办各类主题展览、学术研讨会、座谈会等活动，联合各高校博物馆举办相关巡展活动，这些展览活动得到教育部、北京市教委和北京市文物局的充分肯定。自2013年起每年通过北京市教委以共建项目的形式给予传媒博物馆25万元的经费支持。

中华航天博物馆
CHINA AEROSPACE MUSEUM

通信地址： 北京市丰台区南大红门路1号

邮政编码： 100076

电　话： 010-68384455

传　真： 010-68759064

网　址： http://www.casc-spacemuseum.com

电子信箱： htbwg136@163.com

微信公众号： 航天博物馆

博物馆类型： 自然科学类（科学技术）

隶　属： 中国航天科技集团公司

批准建立时间： 1992年10月11日以中华航天博物馆（预展）剪彩开幕试展。1993年8月30日，中国航天工业总公司正式批复建立中华航天博物馆（预展馆）。

博物馆备案登记号： 012

建筑性质： 现代建筑

占地面积： 3393平方米

建筑面积： 11010平方米

展览面积： 5160平方米

馆址环境： 位于中国运载火箭技术研究院内

交　通： 地铁8号线火箭万源站

开放时间： 周一至周日全天（除春节外，团体参观需提前预约）

服务设施：

停车场	纪念品商店	餐饮	语音导览	微信导览	无障碍设施	其他
无	有	无	无	无	有	无

概　述

中华航天博物馆隶属于中国航天科技集团公司，行政管理由中国运载火箭技术研究院航天万源实业有限公司托管，业务归中国航天科技集团公司管理。根据中华航天博物馆自身运转的需要，航天博物馆下设五部一办，即：财务部、业务部、文产部、市场部、特种包装部和办公室。中华航天博物馆管理体制健全，具有一整套行之有效的管理制度。

一　社会教育

中华航天博物馆历经20多年的不断发展，借助航天领域广泛的资源背景和社会影响力，先后被授予"国家科普工作先进集体""国家国防教育示范基地""全国科普教育基地""国家首批研学教育基地""中央国家机关思想教育基地""北京市科普教育基地""北京市青少年教育基地""军工文化教育基地""国资委青年干部学习教育基地""北京市国防教育基地""航天精神教育基地"等荣誉称号。同时中华航天博物馆还是"中国自然博物馆协会理事单位"。在众多光环之下，使航天博物馆成为航天科普活动的重要载体。

中华航天博物馆发挥科普教育基地优势，积极参加北京市、丰台区"牵手工程"，与航天中学、香港高校为核心的教育集群、航天幼儿园等周边学校达成战略合作，开展研学、参观、讲座等教育活动。中华航天博物馆先后主办、承办了航天＋研学教育实践课程、全国青少年科普夏（冬）令营、航天科普大课堂、融情实践营等主题活动，使学生们在深入了解航天知识的同时，极大地丰富了课外生活。

中华航天博物馆与国家旅行总社共同推出了"航天梦·亲子游"特色科普旅游线

路，带领游客近距离观看航天实物、感受航天精神、了解航天文化。此条线路一经推出就备受香港市民青睐，在香港地区掀起了航天科普旅游热潮。目前已累计接待50多个香港学生团体，特色科普游也成为文化交流的纽带和桥梁。

为充分发挥航天品牌、技术和资源优势，中华航天博物馆以获得"首批全国中小学生研学实践教育基地"为契机，开发出全程互动式特色科普课程，并于2018年4月24日，即第三个"中国航天日"当天，进行课程发布。中华航天博物馆全新打造的"科普教室"也在活动中揭牌"亮相"，为开展各类科普活动提供更好的环境。

活动特邀"英雄航天员"张晓光，航天专家余梦伦、钱永刚、高凤林等8位专家，组成首批"航天科普研学导师团"，此次活动更邀请到国资委宣传局、北京市文物局、各博物馆、市、区教委，牵手学校领导一同出席，共同为"共筑航天新时代 航天＋研学实践教育活动"揭幕启航。

借助航天领域广泛的资源背景和社会影响力，2018年5月，美的公司在中华航天博物馆召开"航天级空气净化器"新品发布会；10月，电影《流浪地球》剧组也在航天博物馆召开了电影新闻发布会。

中华航天博物馆为充分发挥科普教育基地优势，还积极参与"科普资源牵手工程"，其中在由科技部主办的全国科技周暨北京主场活动中，航天博物馆参展的"三维滚环"展品荣获市科委颁发的"最受观众喜爱的项目"奖项，自主研制的"嫦娥二号"卫星探测月球模拟演示系统受到各界好评，在参加中国宇航协会举办的"科普超时行——航天梦之旅"活动中，参展的航天模型产品同样受到了广泛关注。

结合中国OFPU教育理念，航天博物馆组织开展"中华航天好少年"社会实践活动，将博物馆打造成青少年航天科普课程的活动基地，由以往宣讲航天科普知识的惯例改变为集专业性、趣味性和大众化的，具有可持续性的特色课程。由于具有较强的航天科普特色，目前该案例已经成功入围北京市科普基地优秀活动展评复赛。

2016年，航天博物馆两度携手阿里巴巴旗下聚划算平台，首次以航天品牌＋互联网运营模式，通过私人定制的形式推出文化衍生品；首次开展宇航任务残骸回收再利用，航天文创产业形成新思路。通过藏品展出、销售和制作航天文化产品等方式，不仅极大地提升了馆藏内涵，同时更为今后航天文化产业市场扩张注入勃勃生机。

每年5月18日国际博物馆日当天，航天博物馆都会免费对社会公众开放，同时根据不同活动的主题举办各种宣传、纪念活动，吸引全社会公众对博物馆事业的了解、参与和关注。让更多的人走进航天博物馆，了解航天事业发展历程，更好地发挥航天主题综合展示功能。

2016年，国务院正式批准每年4月24日为"中国航天日"，4月22日，航天博物馆不仅安排院相关专家到场免费为来宾宣讲航天发展历史、航天日的由来，同时还邀请中央人民广播电台少儿节目主持人"春天姐姐"与邀请前来参观的200余名学生进行互动。不仅使同学们学习到了航天知识，更让他们感受到了老一辈航天人白手起家的艰苦历程。4月24日当天，我们精心策划"航天日"主题系列活动，圆满完成我院主办的"中国梦·航天梦——2016'红色骄傲'中国航天大型系列宣讲活动"之——国旗受赠回馆交接仪式，将北京市人民政府天安门地区管理委员会当天在天安门广场悬挂使用的、带有唯一编号的国旗与证书作为"镇馆之宝"永久珍藏。

2017年，恰逢中国运载火箭技术研究院建院60周年华诞，在第二个"中国航天日"即将到来之际，航天博物馆继续开展科普社会大课堂宣讲活动，聘请航天专家、院士免费对来访宾客解读中国航天发展历史。邀请院属单位领导、职工代表以及社会公众参加"天宫二号、神舟11号飞船回收残骸入驻航天博物馆启动仪式"。邀请丰台区教委，部分学校教师、学生代表到馆开展"寄语天舟、家书载梦"系列活动，中华航天博物馆正式对外开通太空邮局业务，活动当天由教委领导投递代表学生对太空祝福的第一封信件。

二　陈列展览

中华航天博物馆与梦东方未来世界共同举办"载人航天工程长征二号F火箭发射、回收实物专展"。此次专展是国内首次举办的大型火箭发射回收实物展。展品超过50件，全部由执行"神舟十一号"发射任务的长征二号F火箭回收物组成，长度达

中华航天博物馆展示的火箭群组

43.44米，包括火箭助推器、芯级箭体、整流罩、发动机等。与此同时，中华航天博物馆还利用火箭残骸材料的稀缺性和特殊性，将其开发成系列文化衍生品，并首次参加"北京礼物"旅游商品大赛，最终荣获大赛经典系列主题类优秀奖。

中华航天博物馆代表中国运载火箭技术研究院为地铁8号线"火箭万源站"核心位置竖立了两枚1∶10的长征五号、长征八号运载火箭模型。"火箭万源站"内部同样以航天元素（火箭、中国航天历史大事件、星空背景等）为主题，突出火箭万源站特色。

中华航天博物馆作为展示航天成果和普及航天知识的专业场馆，自1992年10月开馆以来，在发挥航天科普职能作用的基础上，利用自身优势，面向社会开展了以"飞向太空""飞天壮歌""梦圆太空"为主题的航天全国科普巡展活动。航天英雄杨利伟、翟志刚；英雄航天员费俊龙、聂海胜等航天员乘组多次参加了巡展的开幕式。至今为止，航天科普巡展受众人数已超过1000万，通过展览普及了航天知识，弘扬了航天精神，激发了全国人民热爱祖国、热爱航天、热爱科技的极大热情，增强了全国人民特别是青少年学习科学、报效祖国、树立远大人生理想的信心，同时也提高了中华航天博物馆的社会和经济效益。

通过多年的市场开发实践，中华航天博物馆积累了丰富的科普展示与工程实施经验，形成了一支具有较高专业水平的展览设计、实施技术队伍。航天博物馆与总装备部工程设计院、航天运载工具总体设计部、航天遥测技术研究所等航天系统内多家研究机构形成了长期业务合作，以良性互动，资源共享的合作方式，使得航天博物馆在航天科技系统具有广泛的技术支持背景。先后承接了航天英雄杨利伟母校的杨利伟英雄事迹展馆展品制作、江苏昆山费俊龙航天科普中心工程的设计与工程实施，山西运城景海鹏科技馆的展品制作，还积极参与南宁、绍兴等国内十余家科技场馆航天展区的方案设计施工。其中最具代表性的有澳门科学馆太空科学展厅工程建设和尼日利亚国家航天局展馆规划设计项目，标志着航天博物馆在航天科技类场馆的展陈设计能力达到了全新的高度。

三　党建群团工作

航天博物馆党支部全面落实本单位党建和党风廉政工作，健全完善党建和党风廉政建设各项规章制度，用十九大精神武装头脑，指导工作。持续开展航天"三大精神"和航天优良传统教育，进一步增强职工的创新能力和服务大局的能力。组织开展"不忘初心，再次出发"活动，以全体党员干部重新撰写入党申请书，撰写思想汇报，重温入党誓词等多种形式，强化党风廉政建设，形成风清气正面貌。

群团工作做到主动服务中心、服务大众。团支部组织青年员工积极参加公司团委组织的各项活动，以"钱学森青年创新基金""一院青年创新基金""公司青年创新基金"等为契机，鼓励博物馆青年员工开展创新创业活动，不断健全促进青年成长成才的工作机制。选派优秀青年员工前往甘南夏河县九甲小学开展支教，为我院充分展示"对航天事业负责，对社会负责"的企业价值观做出了贡献。

分工会持续开展"建功立业"主题活动，组织职工参加博物馆航天+研学教育首发课程及视频宣传片拍摄录制、讲解员技能竞赛、"迎新年"春节联欢会、帮扶慰问等活动，用点滴之事聚人心，凝合力。

北京航空航天博物馆
BEIJING AIR AND SPACE MUSEUM

通信地址: 北京市海淀区学院路 37 号

邮政编码: 100191

联系电话: 010-82317513

网　　址: http://airandspacemuseum.buaa.edu.cn

博物馆类型: 自然科学类(科学技术)

隶　　属: 北京航空航天大学

批准建立时间: 1985 年成立,2012 年新馆对外开放

博物馆备案登记号: 044

建筑面积: 15000 平方米

展区面积: 8300 平方米

开放时间: 周一至周六对校内开放(9:00—16:30)

　　　　　　周二、周六上午免费对社会开放(9:00—12:00)

服务设施:

停车场	纪念品商店	餐饮	语音导览	微信导览	无障碍设施	其他
无	有	无	有	无	有	无

概　述

北京航空航天博物馆的前身为北京航空馆，成立于1985年，是在北京航空航天大学飞机结构陈列室、飞机机库的基础上扩建而成，是我国首个航空航天科学技术的综合科技馆。博物馆经近4年原址新建并扩充展品，2012年甲子校庆重新开馆并更名，集教学、科普、文化传承为一体，是航空航天国家级实验教学示范中心的重要组成部分，是航空航天科普与文化、北航精神以及青少年爱国主义、国防教育的重要基地。北京航空航天博物馆新馆分为长空逐梦、银鹰巡空、神舟问天、空天走廊4个展区。300多件国内外公认的航空航天文物精品以及相关的发动机、机载设备等珍贵实物，承载着丰富的科学原理和厚重的历史积淀，展品还通过高科技手段展示了航空航天原理以及人类飞天的历程。

一　馆内教学和科普工作

高校博物馆不具备一般博物馆的管理体制，由学校自行建设、自行管理，博物馆实行馆长负责制，内设运行管理部、技术展览部、教学科普部、网络运行部等。每年的馆内教学及科普工作仍然是该馆的主要工作，每年都要完成包括"航空航天概论""航空发动机""导弹设计""航空宇航技术"等十几门大学课程的课堂教学工作。在免费开放、社会教育方面，2013—2018年博物馆参观人数（票务系统统计）年均84000人次。其中，中小学生及幼儿园学生22000人，大学生28000人，其他各类国内参观者30000人，外宾4000人。另有参观团体350个：中小学、大学生团体、解放军、残疾人、外宾、党团组织、企业、机关等。

博物馆飞机展厅

二 其他工作

该馆作为科普教育基地、爱国主义教育基地、国防教育基地、全国中小学研学实践教育基地，该馆多次受到中国科协、北京市委宣传部、海淀区区委宣传部、海淀区科协、中国航空学会等部门的嘉奖。

该馆目前是全国高校博物馆专业委员会副主任委员兼秘书长单位、全国高校博物馆育人联盟理事单位、北京高校博物馆联盟副理事长单位、北京市高校博物馆专业委员会副主任单位、北京市博物馆学会理事单位、中国自然博物馆协会理事单位、中国工业博物馆联盟会员等。

北京中医药大学中医药博物馆
THE MUSEUM OF CHINESE MEDICINE OF BEIJING UNIVERSITY OF CHINESE MEDICINE

通信地址：北京市朝阳区北三环东路11号北京中医药大学校内

邮政编码：100029

电　　话：010-64286672

网　　址：http://www.bucm.edu.cn/bowuguan

微信公众号：北中医博物馆

博物馆类型：自然科学类（科学技术）

隶　　属：北京中医药大学

批准建立时间：1997年8月26日

博物馆备案登记号：092

建筑性质：现代建筑

占地面积：1008平方米

建筑面积：3160平方米

展览面积：1500平方米

交　　通：公交：75、95、117、300内环、328、464、547、601、607、641、847、368内环、368外环、运通104路公共汽车和平东桥站；13、119、67、684、596路公共汽车和平东桥南（北）。
地铁：5号线和平西桥站，13号线光熙门站。

开放时间：周二至周六8:30—16:30，法定节假日闭馆，寒暑假照常开馆。

服务设施：

停车场	纪念品商店	餐饮	语音导览	微信导览	无障碍设施	其他
有	无	无	无	有	有	无

概 述

北京中医药大学中医药博物馆附属于北京中医药大学，是集教学、科研、科学普及、宣传教育于一体的收藏丰富、内容系统的专业性高校博物馆。设馆长1名，下设医史部和中药部2个部门。医史部收藏历代医药文物1200余件，善本医籍200余种，中医书刊6000余册，汇集了古今中医药学书籍、杂志、图片以及中国医学史电影、录像、幻灯、图谱等。中药部收藏各类中药标本2800多种，5000余份。

一 藏品保管

2013—2018年，博物馆在各地文物市场、中药材市场征集了民国中医杂志、道教医方雕版、名医处方笺、药物仿单、医疗器具、中医牌匾等医史文物200余件及矿石、白灵芝、白木香、新疆紫草、大型肉桂、天然牛黄、马鹿、越南沉香、龙涎香、印尼新山檀、小灵猫等珍贵中药标本。

随着博物馆影响力的扩大，越来越多的企业和个人向博物馆捐赠文物和标本，如中国地质大学（北京）地质博物馆捐赠珍贵的胡氏贵州龙化石标本，山东东阿阿胶集团再次向博物馆赠送九朝贡胶，北京中医药大学中医药文化研究与传播中心毛嘉陵主任向博物馆转赠了抗战时期江浙名医的处方笺，北京潘家园古玩城的张秉坚先生向博物馆捐赠"回天再造丸"药物仿单，黄山市刘茂松医师捐赠医学文物100件（包括乳钵、药瓶、药罐、药墨、捶丸等），安徽省葛源农业科技发展有限公司捐赠巨型葛根，安徽省滁州市金玉滁菊生态科技有限公司捐赠金玉滁菊，龙泉市灵芝研究所所长叶纪沟先生捐赠大型拼栽观赏灵芝，希美重庆制药有限公司捐赠大型厚朴，九仙尊霍山石斛有限公司捐赠霍山米斛等。

2016年，博物馆参加了全国可移动文物普查工作，对藏品进行了全面的重新拍照、数据测量、账目信息整理工作，丰富了藏品数据库。

二 陈列展览

北京中医药大学中医药博物馆有两个展厅，三层为中药综合展厅，四层为中国医学史展厅，两个展厅的展出面积共约1500平方米。

（一）常设展览

长期固定展览有中国医学发展史和中药综合展览。中国医学史展厅介绍从远古时代至1949年中国传统医学形成、发展的历史，它滥觞于遥远的伏羲、神农、黄帝时代，经过历代无数医家的不断探索与创新，逐步形成一门内涵丰富、疗效卓著的传统医学科学体系，为中华民族的繁衍昌盛做出了巨大贡献。此展陈以中华文明为大背景，以中国医学发展史为主线，通过各个时期的医药文物、雕像、模型、医学古籍等，再现了包括少数民族在内的祖国医学的主要成就，概括了中医对生命、疾病、诊法、治疗、药物、方剂、针灸、养生的认知与实践等内容，馆内陈列设计主要以版书、图表、绘画、照片的方式呈现，所有版书和绘画都出自北京中医药大学美术学院老师们的手笔，彰显了中医药博物馆弘扬中国优秀传统文化的个性和特色，用历史和文物构建起一条贯通古今的长廊。

中药综合展陈包括中药综合展览和药用动物展览橱窗两部分。陈列着常用中药近600种、中药标本1500多份，另有药用动物剥制与药用植物浸制标本近300种及数百幅药用植物彩色照片。其中包括一些珍贵稀有的极品药材，如马宝、灵芝、九朝贡胶、羚羊角等。展厅布展按照《中药学》教材的分类方法分为二十大类，每一类中药又分为原植物图片、药材标本及饮片标本三个部分，有助于观众更直观地了解药材的来源、形态、性味功能、主治用法等，内容极其丰富。展览以彩色图片、文字说明、实物对照为主体，使中药综合展厅内容丰富，色彩明快，错落有致。既能系统地学习中药知识，了解中药的资源、开发、利用与保护，同时又能体会到中医药文化的博大精深。除了中药综合展厅的标本外，博物馆还存有中药药材标本2800种，中药饮片标本600余种，中成药标本近千种。另外还有镇馆之宝重达1150克的动物结石马宝，以及牛黄、西红花、三七、何首乌等珍贵药材。

（二）临时展览

在展陈空间有限的情况下，中医药博物馆还举办了多次临时展览。2013年，"高校藏珍——北京高校博物馆巡礼"北中医站在中医药博物馆四层展厅举行。此次巡展是由北京市高校博物馆联盟、北京市高校博物馆专业委员会主办，中国传媒大学传媒博物馆承办的北京高校博物馆推介展，中医药博物馆作为首都17所共同参与的高校博物馆之一，积极参与了展览的前后期工作。2016年，中医药博物馆举办了"秦伯未先生诞辰115周年纪念展""蒙医药文化特展""传统医药的历史与未来——传统医药类国家非物质文化遗产项目巡礼"。2017年，举办"民国时期中医证书专题展""博物馆进校园——'一带一路'VR文化遗产高校博物馆巡展"。2018年为李时珍诞辰500周年，博物馆与香港东方仁教育科技有限公司合作，推出了"金砖五国·花语时光"主题展。

2018年，博物馆的藏品首次出境，赴香港和澳门展出。9月21日—10月3日，参加了由团结香港基金主办、中国科学技术交流中心协办的"创科博览2018"。10月8—15日，参加了由澳门特别行政区政府科技委员会主办、中国科学技术交流中心协办的"中华文明与科技创新展"。

三　社会教育

在北京市教委的支持下，博物馆自2013年5月18日起全面免费开放。自2017年9月开始，从每周开放4天增加到每周开放5天，方便了学生及社会公众的参观与学习。博物馆日常不仅接待本校的师生、学校来宾及社会普通民众的参观，还接待了众多的海内外团体观众，如国内来自其他高校的师生、离退休干部、民主党派、政协委员、青联委员、归侨侨眷、中小学生、街道居民、幼儿园小朋友等，国外的包括驻京的各外国使节，海外留学生等。每周六有学生志愿者在馆内为观众提供义务讲解服务。

博物馆在2013—2018年经申报和专家评审，被授予全国中医药文化宣传教育基地、朝阳区爱国主义教育基地、北京市爱国主义教育基地，更有力地推动了博物馆的社会服务和科普教育工作。

（一）"博物馆文化周"

中医药博物馆每年举办的"博物馆文化周"活动深受学校师生和社会公众的欢迎，已成为博物馆的品牌文化活动。"博物馆文化周"于每年9月底在博物馆四层展厅举行，设有"猜灯谜""猜方认药""墨香书杏林""博物馆寻宝""中药创意贴画"等形式多样、互动性强的活动项目。在文化周期间，还举办讲座、文化表演等活动。如2013年，前中国国家画院副院长、文物艺术品收藏领域资深专家赵榆老师为师生们进行了题为"中国文物艺术品拍卖20年概况"的讲座。2016年，组织了太极、古琴的现场表演和耳针、推拿、手诊的互动体验活动，传统文化特色更加突出。

中国医学史展厅

（二）科普活动

中医药博物馆积极参加北京市和朝阳区科委、科协举办的大型科普活动。2013年9月12—16日，博物馆受邀参加了由北京市科协主办的第三届北京科学嘉年华主会场的活动，设置了中药谜语、中药标本辨识、中医药知识展板、中医体验和体质检测等项目，向前来参观的中小学生和社会公众宣传中医药知识和文化。同年，博物馆还参与了北京科协举办的"北京科技周"以及朝阳区科协举办的"走进科技殿堂，共享文明生活的"主题活动。2014年，参与了朝阳区科协在朝阳区新源里社区夏园广场举办的"全国科普日——科普场馆科普资源展示会"。

中医药博物馆还积极走出校园，走进社区和学校，宣传普及中医药知识。

自2013年开始，中医药博物馆便与朝阳区和平街街道联手，承担朝阳区教委的社区教育项目，每年的主题都有所变化。从"药食同源话健康""药膳及养生膏滋的制作"到2016年的"保健灸及传统艾条的制作"，再到2017年的"中华养生功法及习练"，2018年的"中医美容保健"，主题贴近生活，互动性强，融合了讲座、博物馆参观、互动体验、科普手册发放等多种活动形式，已形成体系，深受居民欢迎。

此外，博物馆还根据不同季节和居民关心的话题，推出了"日常生活中的名贵中药""中医九种体质养生保健""生病起于过用""身边中药及真伪鉴别""中医美容养颜的保养方法""有效应对雾霾""四季养生""中医话端午"等不同主题的讲座，在磨房北里社区、呼家楼街道关北社区、六里屯街道秀水园、三里屯街道、常营福第社区、农展南里社区、观音堂社区、东坝高杨树社区、小红门乡鸿博家园第三社区、朝阳区常营畅心阳光社区、平房姚村社区、建外建国里社区、平房姚家园村市民学校、孙河康营家园一社区、孙河康营家园二社区、东坝社区、管庄管西社区、金盏沙窝村、金盏黎各庄村、太阳宫芍药居社区等举办了数十场科普讲座，反响良好。

（三）馆校合作活动

中医药博物馆与东城区青少年科技馆、西城区北长街小学、和平街四小、和平里三小、史家胡同小学、丰台十二中、苹果园中学、成长营地、父母邦、中医药读书会等学校和机构建立了长期合作关系，组织博物馆参观、科普讲座、兴趣课程、互动体验、小讲解员培训等形式多样的主题活动，深受青少年的欢迎。此外，博物馆老师还前往交大附中、北京东城区体育馆路小学、北京陈经纶中学、北京第九十六中学、文汇小学、崇文小学、光明小学、汇文中学、北京十二中等数十所中小学举办讲座或课程，推出了"我是小神农——中药尝五味""身边的药用植物""青蒿素——中医药给世界的一份礼物""趣味中药知识揭秘""中华名医典故""传统养生功法史话""是真的吗——中医药趣味知识揭秘""甲骨文""趣味中药知识揭秘""武侠　中医中的穴位""神奇的中药""药用植物种植"等适合中小学生兴趣和认知特点的中医药讲座主题，开发设计了习练传统健身操、品尝中药五味、制作中药香囊等系列体验环节，让孩子们从小就接触中医药，对传统文化和中医药知识有所了解，进而培养对中医药文化的热爱。此活动互动性强，寓教于乐，家长和孩子反响热烈。

（四）多媒体传播

中医药博物馆充分利用期刊杂志、网络、新媒体等平台，多渠道多途径宣传中医药知识。

博物馆老师在科普杂志上发表了多篇科普文章，宣传中医药知识和文化。2013—2018年，分别在《家庭医药》《中华养生康复》《大众健康》《青少年科学探索》《中医健康养生》《健康报》等多种科普杂志报纸上发表中医药科普文章61篇。

博物馆二级网站也是进行中医药文化和中医药知识宣传的重要阵地。设有科普专栏，博物馆的老师轮流在其上撰写科普文章，内容涉及中医养生、中药知识、医学文物、古代医家，等等，2013—2018年在网站上发表原创科普文章189篇，发布博物馆新闻和通知公告191篇。

2015年5月18日，北京中医药大学中医药博物馆的官方微信平台"北中医博物馆"正式启动运行。这是博物馆应用新媒体手段宣传中医药文化的有益探索，进一步扩展了博物馆的社会教育功能。"北中医博物馆"微信平台向前来博物馆参观的观众提供参观须知、展厅概览、展品介绍、珍品展示、留言板、参观预约、活动预约等全方位的服务，并向关注者推送博物馆新闻、通知公告、中医药科普知识等信息，拉近了博物馆与观众之间的距离。启动至今，微信公众平台推送科普文章及通知公告共计

370篇，关注人数达5334人，阅读量达21万余人次。

（五）各种出版物

中医药博物馆自主编写、设计和制作了多本《中医药知识科普手册》，赠给社区居民和学校，并在举办和参与的科普活动中面向民众免费发放。2013年编写制作第一册《中医药知识科普手册》，将古代医家故事、医学典故、中药和养生知识以生动易懂的语言呈现，并配以彩色插图。2014年编写了《博物馆展品荟萃》，分别对博物馆医史展厅30件文物，中药展厅30件中药标本进行了较为全面的介绍，有利于中医药文化及中医药知识的传播。2015年编写印制了《药膳和养生膏滋》，2016编写印制了《保健灸及传统艾条的制作》，2017编写印制了《中华传统养生功法》，还刻录了由学校武术队演练的《八段锦》光盘。2018年编写印制了《中医美容保健》第6本中医药知识科普手册。博物馆编制的中医药知识科普手册，内容丰富，图文并茂，详实生动，通俗易懂，深受大众喜爱。

四　学术研究

2013—2018年，中医药博物馆在学术研究方面完成的工作如下。

（一）科研项目

博物馆老师主持北京中医药大学青年教师科研项目"基于营卫学说的张仲景养生思想和方法的研究""茅苍术、杭白芍、宁夏枸杞三种道地药材的市场调查"、北京中医药大学中医药文化研究基地项目"中医药文化在社区传播的理论与实践研究"和"中医药非物质文化遗产在博物馆的展示和传播研究""道教医方雕版的内容整理及药签文化研究"；参与北京市哲学、社会科学规划项目的重点项目"北京太医院医事制度研究"。

（二）科普项目

博物馆完成的科普教育及博物馆建设项目有：北京中医管理局"北京中医药文化内涵建设——博物馆馆藏精品荟萃；社区中医药文化节"项目、北京教委的"北京高校博物馆联盟建设"项目、北京朝阳教委的社区教育重点项目"了解食品中药，正确饮食养生"、北京市科委科普社会征集项目"中医药掌上数字博物馆建设"、北京朝阳教委的2014年社区教育重点项目"药食同源话健康"。

博物馆老师在《教育科学博览》《中华医史杂志》《ADVANCED SYNTHESIS & CATALYSIS》等学术刊物发表学术论文共计6篇，另有6篇会议论文收入论文集。

北京古代建筑博物馆
BEIJING ANCIENT ARCHITECTURE MUSEUM

通信地址： 北京市西城区东经路21号

邮政编码： 100050

电　　话： 010-63172150

传　　真： 010-63045608

网　　址： www.bjgjg.com

电子邮箱： xiannongtan@sina.com

微信公众号名称： 北京古代建筑博物馆

博物馆类型： 自然科学类（科学技术）

隶　　属： 北京市文物局

批准建立时间： 1990年6月

博物馆备案登记号： 023

建筑性质： 古代建筑（全国重点文物保护单位）

占地面积： 73740平方米

建筑面积： 12398平方米

展览面积： 展厅建筑面积为5000平方米，户外展示面积为20000平方米。

交　　通： 乘15路南纬路下车。乘2、20、120路到天桥百货商场向西500米即到。
乘14、106路电车到太平街向东500米即到。

开放时间： 9：00—17：00，每周一闭馆。

服务设施：

停车场	纪念品商店	餐饮	语音导览	微信导览	无障碍设施	其他
有	无	无	有	无	有	人工讲解 APP 导览

概　述

　　北京古代建筑博物馆坐落在明清皇家坛庙先农坛古建筑群内，是一座收藏、研究和展示中国古代建筑、先农坛古建筑群历史文化与营造技艺的专题性博物馆。为全国重点文物保护单位、国家二级博物馆、全国科普教育基地、北京市爱国主义教育基地。隶属于北京市文物局。

　　2016年根据第五轮岗位聘任工作要求，结合实际情况将内设机构调整为办公室、人事保卫部、文创开发部、社教信息部、陈列保管部，处级职数3人，科级职数11人。原办公室、古建园林部、计划财务部进行合并成立办公室，同时部门职能进行合并。原古建宣传部与保卫部进行合并成立人事保卫部，同时部门职能进行合并。新成立文创开发部，部门主要职能为文创产品开发与管理、文创产品库房管理及古建修缮等业务工作。

一　文物保护与修缮

　　2013年、2014年完成先农坛具服殿、神厨院落古建筑修缮工程，包括：1.神厨院正殿、西配殿、东配殿修缮；2.太岁殿院门修缮；3.宰牲亭修缮、宰牲亭院门修缮、做宰牲亭院落东侧排水；4.具服殿修缮及油饰彩画。2015年至2017年进行了"先农坛太岁殿院东、西配殿及神坛北侧地面修缮工程"。包括：1.太岁殿院东配殿：拆除后代改造室内装修、地面、墙体、室内望板、下架大木及彩画除尘。2.太岁殿西配殿：室内望板、彩画除尘。3.神坛北侧地面：拆除原有下沉、破损地砖，重做砖地面、基础。2018年进行了"北京先农坛清代耤田（一亩三分地）文物展示工程"。

二　藏品征集与保管

（一）2013年7月，博物馆邀请北京市文物鉴定委员会专家对馆藏《御制耕织图》进行鉴定，定为三级品。

（二）2017年3月，对社会捐赠的64件地契、买契等进行鉴定，全部为一般文物。10月底，对馆藏9件/套藏品进行重新鉴定和定级，其中2件/套定为二级文物、4件/套定为三级文物、3件/套列入参考品。对接收的首都博物馆移交海关查没实物进行鉴定，其中三级品1件/套、一般文物21件/套。

（三）截至2018年底，博物馆藏品总数为785件/套，其中一级品2件/套，二级品12件/套，三级品15件/套，一般文物753件/套，参考品3件/套。

（四）2018年8月对育才学校保管的原北京先农坛18件石质类实物进行抢救性征集，包括14件器座以及4件香炉座，9月完成北京古代建筑研究所院内保存的1件北京先农坛香炉座征集工作。以上2018年新征集的36件实物将于2019年统一进行鉴定后登入藏品总登记账。

三　陈列展览

北京古代建筑博物馆从建馆时起，就把中国古代建筑文化、建筑科技以及馆址所在的北京先农坛历史文化的研究展示，作为博物馆基本陈列中心内涵。由陈列保管部主抓的"先农坛历史文化展"于2014年4月12日正式开展，成为北京古代建筑博物馆

北京古代建筑博物馆藏北京隆福寺藻井

基本陈列之一，也是建馆以来第四个基本陈列。展览利用神厨院三处古建筑（神厨正殿、东西配殿）近700平方米作为展厅，其中西配殿介绍北京先农坛历史沿革，正殿介绍农耕祭典，东殿介绍农神祭祀与中国古代农业文明，以及位于神厨西北角翻建展厅的中和韶乐乐器展厅四部分。

为了满足更多观众的需求，古建馆围绕本馆的基本陈列，推出了"中华古建"系列展览。展览通过对不同类型建筑历史、文化等方面的展示，引导观众了解中国悠久的建筑历史，理解精湛的建筑技艺，体会中国优秀的建筑文化，达到普及中国传统文化的目的。2013—2018年，陆续推出了"土木中华""中华牌楼""中华古塔""中华古桥""中华古建筑彩画""中华民居——北京四合院""中华古村落——京津冀风情""中华古亭""北京四合院门墩艺术展"等多组专题展览。展览除了在馆内展出外，还分别赴福建、广东、四川、安徽、内蒙古、云南及韩国、德国、西班牙、法国、澳大利亚等多个地区和国家展出。

四 社会教育

在做好展览工作的同时，古建馆也同学校紧密配合通过进学校讲座、组织学生参观博物馆等形式，传播中国传统文化，增强文化自信。利用传统展览讲解与互动教学相结合的方式，开展丰富的科普活动。2016年，在部门工作人员的共同努力下，本馆开始面向中小学生开展"中国古代建筑技术体验课程"。课程在北京史家小学、房山区窦店中心学校、河北省邢台市河古庙中心学校等学校开展了十余次。2018年，"中国古代建筑技术体验课程"在馆内专门的活动教室开始实施，至2018年底，共为中国国旅、乐享环球有限责任公司、东城区骨干教师等单位或团体开展课程10次。

志愿者作为博物馆服务重要的补充力量，在博物馆日常服务中发挥着举足轻重的作用。2016年，古建馆开始招募志愿者，建立志愿者服务队伍，至2018年，古建馆共拥有33名志愿者，主要负责在开放时间为观众提供上下午各一次讲解服务。随着志愿者工作的开展，古建馆的观众人数有了明显的增加，也有很多观众通过预约专程前来倾听志愿者讲解。志愿者同古建馆讲解人员互相学习、交流，不断提高为观众服务的能力。

五 学术研究

2014年12月成立北京古代建筑博物馆学术委员会，邀请传统建筑（技术、艺术、文物）、北京先农坛历史文化内涵（坛庙文化）、科普等方面相关专家作为博物馆学术委员会委员，对本馆科研课题的立项，学术研究、科研工作以及科研队伍建设，展览立项、陈列大纲、形式设计等提出参考性意见。同时决定出版馆刊《北京古代建筑博物馆文丛》，拟定"中国古代建筑研究、坛庙研究、建筑文物研究、博物馆学研究"四大内容项并进行征稿，以年度为集编辑出版。截至2018年底，博物馆已成功出版文丛四辑。该文丛的编辑出版，为博物馆广大人员科研写作提供了具有可行性、务实性的重要渠道。2013年撰写出版《北京先农坛》、2015年出版《先农坛百问》、2016年出版《回眸盛典——解读清雍正帝先农坛亲祭图、亲耕图》以及《先农崇拜研究》等出版物，从先农坛建筑发展史、先农祭祀礼（典章制度）发展史、北京先农坛建筑技术、对世界文明的影响、在世界古代农业文明中的地位等方面，还原先农坛历史文化、先农文化诸内涵问题并给予解答。

2015年初出版了《北京先蚕坛》，是北京先蚕坛这座建于清代的皇家祭坛的首部研究专著，对中国古代父仪天下的先农之祭、母仪天下的先蚕之祭做出较为成功的对比性研究，初步厘清先蚕崇拜诸内涵。2020年，北京先农坛将迎来建坛600周年，作为600周年献礼之作，2016年全面启动《北京先农坛志》撰写工作，截至2018年底，坛志文稿初步完成。

科研课题方面，2005年随着北京旧城危改区建筑文物征集工作的告一段落，对田野中采集的大量文物素材进行研究成为工作发展之需，为此，向市文物局申报"北京城四区旧城范围内四合院建筑文物调查与研究"局级课题，该课题把调查中查明的属于北京四合院建筑文物概念的文物进行分类、器型描述、初步的民俗学内涵考察，并进行以河北地区为中心的田野调查，以取得形成结论的比对实例。课题所涉及的北京四合院建筑文物较为广泛，涵盖门墩、砖雕、楹联门、石敢当等田野中尚存有一定数量的文物，因此该课题被市文物局定性为"填补局系统文物研究空白课题"。课题特聘请著名四合院专家王其明教授为课题顾问。该课题的完成，一方面摸清了属于建筑类博物馆可征集的文物家底，同时形成专著，以《日下遗珍——北京旧城四合院建筑文物研究》之名于2016年5月出版，该书也被列入市文物局2016年科研出版项目之一。随着北京先农坛历史文化研究的逐步深入，坛区古建筑尚缺室外挂匾这一问题凸显重要，成为先农坛古坛区的缺憾。为此，2013年10月，向市文物局申报"北京先农坛部分匾额复原"局级课题。2014年根据专家意见最终确定太岁殿、庆成宫为描金九龙边磁蓝地子陡匾，拜殿、神仓为描金边云头磁蓝地子陡匾，具服殿室内匾为壁子匾，均进行复原设计和制作。2015年10月9日，先农坛太岁殿挂匾仪式成功揭幕。北京古代建筑博物馆已经完成清末先农之神、太岁之神祭祀原状陈列复原。2017年，申报北京市社科规划办三年课题"北京先蚕坛史料与明清先蚕祭享研究"，该课题将于2020年底结题，并将于2021至2022年以出版专著形式展现课题研究成果。2018年根据北京市文物局统一部署，"从先农坛近现代历史变迁提出其未来整体保护发展的思路"调研课题结合先农坛百年来历史变迁及目前中轴线文物保护规划，明确了先农坛保护发展思路，11月底顺利结题。

六　安全保卫

2013年完成馆外围围墙电子围栏工程；并对全馆13个消防栓进行了维护保养，新增消防栓4个；2013年11月，完成了庆成宫监控系统、避雷系统设施的安装工程；2013年完成了神厨、具服殿库房及周界技防设施升级改造工程；2014年完成了具服殿火灾自动报警恢复工程；2015年7月完成先农坛西小院及文物库房安装防范系统工程。

七　文创开发

2014年共设计开发了不同类别40余种产品，例如彩画特色行李牌、钥匙扣、穗子书签、便签本、磁性书签、荷叶墩U盘、丝巾、铅笔等产品。2015年开发文创产品15种产品，生产了12种产品。配合当年"中华古民居——北京四合院"展览以四合院为主题，开发具有民居特色的系列文创产品，分别是门鼓石转笔刀、泰山石敢当铜书签、门环冰箱贴、四合院鼠标垫等。

2016年结合"中华古亭"展览设计的有：古亭团扇，图案选自明代谢时臣的《溪亭逸思图轴》书画；苏式彩画系列的包袱便签本，选取苏式彩画中梁枋中间包袱图案的内容，设计了人物、花鸟、风景等不同的题材；从古建筑构件上选用元素，设计了四神兽瓦当报事贴，根据故宫琉璃影壁设计鼠标垫，屋顶上的鸱吻冰箱贴，仙人骑凤玩偶，古建筑彩画隔热垫等20余种。

2017年设计两种不同颜色的鎏金铜铺首作为原形的手机支架；选用唐代彩画元素设计制作彩画化妆镜2款，清代彩画便携烟灰缸1款；设计制作了清代和宋代的斗栱模型2套，此套斗栱在工艺上严格要求，确保建筑构件的准确性和美观性，是具有教学意义的科普文创产品；设计彩画雨伞两款，将彩画的特点充分发挥出来；设计帆布包1款。

2018年，以四合院为主题，选用国画风格，设计传统玉竹折扇一款；便携式折叠圆形广告扇一把。

北京自来水博物馆
BEIJING WATERWORKS MUSEUM

通信地址： 北京市东城区东直门外香河园街3号

邮政编码： 100028

电　　话： 010-64650787

传　　真： 010-64650787

网　　址： http://www.bjwatergroup.com.cn

电子信箱： pxzxf@bjwatergroup.com

微信公众号： gh_89bf02beb904

博物馆类型： 自然科学类（科学技术）

隶　　属： 北京市自来水集团有限责任公司

批准建立时间： 2001年8月14日

博物馆备案登记号： 114

建筑性质： 近代建筑及现代建筑（北京市重点文物保护单位）

占地面积： 21000平方米

建筑面积： 4013平方米

展览面积： 4000平方米

交　　通： 公交18路香河园站下车即到；44、106、107、117、123、特12路东直门站下车；

地铁东直门站下车B口出，沿路向北约300米右转至香河园路即到。

开放时间： 周三至周日9:00—16:00（15:30停止售票）

服务设施：

停车场	纪念品商店	餐饮	语音导览	微信导览	无障碍设施	其他
有	无	无	有	有	有	有

概　述

北京自来水博物馆建于2000年，是由北京市自来水集团出资兴办的企业博物馆。为了让社会各界了解北京自来水业发生、发展的历史，了解北京水资源的现状和自来水的生产过程，懂得"自来水不自来，自来水来之不易"的道理，从而珍惜、保护水资源，节约用水，全民携手共同创造和谐的供用水环境。2009年，北京市自来水集团在清末自来水厂旧址的基础上整理、完善、扩建了北京自来水博物馆，2016年3月22日正式对外开放，并于2018年3月对展览数据进行了更新。博物馆分为新馆、清末自来水厂旧址两个展区，展览分为常设展览和"足迹——北京自来水公司百十年印章展"。

通过近些年来的不懈努力，博物馆各项工作稳步发展，逐渐趋于成熟，获得了各项荣誉。2006年被命名为"北京市青少年节水宣传教育基地"，2008年被命名为"北京市科普教育基地"，2010年被命名为"全国科普教育基地"，2013年被命名为"北京市青年文明号""北京市科普教育基地"，2016年被命名为东城区"蓝天工程"资源单位，2017年被命名为"北京市旅游开放单位""东城区节水教育宣传基地"，入选"北京市第三批首都学雷锋志愿服务岗"，2018年被命名为"北京市中小学生社会大课堂资源单位"，被授予"北京市节水护水志愿服务站"称号、"全国工业博物馆联盟第一届理事会副理事长单位"等。

清末自来水厂旧址包括建于1908年的来水亭、蒸汽机房、更楼等8座建筑，2007年被列入《北京市近现代优秀建筑保护名录》；2009年被列为东城区文物保护单位；2011年被列为北京市文物保护单位；2018年被列入首批《中国工业遗产保护名录》。

北京自来水博物馆一直秉承着使社会各界了解首都供水发展历史、水资源现状和自来水制水工艺，增强市民节水用水和科学用水意识的办馆宗旨，六年来接待观众6

万余人次，观众满意率达100%。

一　管理体制

为适应新形势新发展，推动博物馆的规范化、科学化、制度化建设，提高博物馆的工作管理水平，使博物馆全体职工进一步增强工作理念，转变工作作风，改进工作方法，熟悉工作内容，熟练工作流程，提高工作效率，提升服务水平，促进创新发展，博物馆于2016年特制定《北京自来水博物馆管理制度汇编》，对博物馆全体员工实施精细化管理，完善绩效考评，促使工作高效严谨运行。

《北京自来水博物馆管理制度汇编》采取自下而上，逐级完善的方法，明确了博物馆的工作职能、岗位设置，规定了所有岗位的工作职责，梳理了各岗位的工作标准及工作流程，完善了各项规章制度，涵盖了藏品管理、社教宣传、安全服务等博物馆涉及的所有工作内容，能够清晰地反映各项工作之间的关系和衔接点，具有很强的实用性和可操作性。

同时，博物馆结合实际情况，重新修改、制定、完善各项规章制度40余项，其中包括金牌服务管理制度、藏品管理制度、讲解接待服务、讲解员礼仪规范及考核制度、安全应急预案、日常巡视管理等，进一步提升博物馆的管理水平，促进博物馆更好、更快地发展。

二　机构设置

博物馆主要业务部门包括藏品管理、社教宣传、安全服务三个部门。藏品管理组负责博物馆藏品管理业务工作年度计划的编写及组织实施，做好藏品征集、收藏、保护及历史研究工作，设有负责人1人，工作人员3人。社教宣传组负责博物馆宣传规划的制定及各项活动方案的策划及实施，加强对外联络和交流，不断提高博物馆的知名度和影响力，设有负责人1人，工作人员3人。安全服务组负责博物馆安全管理工作计划的制定和组织实施，落实安全责任制，开展职工安全教育，提升职工责任心，保证博物馆的安全稳定运营，设有负责人1人，工作人员3人。另外，配备保安员9名。

三　藏品管理和保护

（一）藏品管理

博物馆依据国家有关文物法规及北京市地方性法规，结合馆内实际，建立了一套较为完整、具有水行业流程特征，便于科学检索、存放、保护及充分利用的藏品管理系统，涵盖了藏品的征集、入藏、分类、定级、提用、库房管理、安全操作等内容。截至2018年，博物馆藏品总数1984件/套，参考品总数为1099件/套。

在藏品征集方面，博物馆不断规范藏品管理，挖掘藏品资源，对现有藏品从类别年代上进行系统的梳理，积极开展藏品征集工作，共征集藏品839件，征集内容包括供水设施、管网检测设备、水质化验仪器、文献资料、印章等。在登记入藏方面，博物馆按照藏品交接程序对征集的实物进行接收、登记、编目、建档工作；对藏品清查核对中发现的藏品进行补拍照片和尺寸测量工作，使藏品原始记录更完整，更规范；完成藏品的定级、卡片制作和档案管理工作。

博物馆开发了"北京自来水博物馆藏品管理信息系统"，通过数字化手段实现了藏品的信息化管理，使原始的人工管理用计算机来规范化、科学化，将文物藏品纸质类记录、管理人员的更替记录等存储于数据库和管理系统中，自然生成藏品档案永久地存入硬盘中，规范了管理程序，提高了博物馆的藏品管理水平。

（二）藏品保护

博物馆根据藏品管理制度，对藏品进行日常保养工作，每年度使用专业藏品消毒设备对纸质类藏品及参考品进行消毒工作，更换藏品防虫药剂，防止藏品损坏老化。博物馆配备有智能数字记录仪对馆内及库房内的温湿度进行实时监测，并配有精密湿度调控设备、空气洁净屏等设备对馆内及库房内的温湿度及空气质量进行实时调控。同时，博物馆做好专业设施设备的维护保养工作，定期检查藏品库房及藏品保管设备，坚持做到每周两次对恒温恒湿柜的日常维护、检查，确保藏品的安全保管工作，并做好相关记录，保证各项设备的良好运转。

四　陈列展览

（一）常设展览

博物馆新馆常设展览分为科普馆和通史馆两部分，展示了水资源的现状、自来水的生产过程以及北京自来水业的发生、发展的历程。

科普馆充分借助声、光、电等科技手段，运用了巨幅弧形屏幕、立体沙盘、投影动画等趣味性十足的展现方式，打造出一个动感的科普"水世界"。展馆通过全方位介绍自然界水知识、当前中国和北京水资源状况、北京自来水处理工艺、水质监测、科学用水等内容，让观众了解到自来水安全可靠，自来水不是自来的，从而达到珍惜水资源、科学用水的宣传效果。展览中最大的亮点是在一面巨大墙面上设置了一幅长达24米的弧形屏幕，并借助卡通小水人"源源"的可爱形象，演示出小水人依次通过

10道水处理工艺，最终生产出符合国家生活饮用水卫生标准的自来水，直观展现了地表水处理工艺流程，以及从源头到龙头全过程的水质监控过程，使得专业知识变得更加生动形象、通俗易懂。此外，还通过旋转地球模型和视频短片介绍了世界水资源分布情况，利用立体沙盘及投影动画展示了自然界中的水循环过程，借助水与人体关系模型演示人在不同缺水状态下的面部变化，采取动画形式表现生活中的节约用水方法等，以新颖、鲜活的形式让观众了解与水相关的各类知识。

通史馆以时间为主线，通过大量珍贵的实物、图片、场景雕像群、立体沙盘、多屏同步投影、幻影成像等手段，讲述了北京自来水业由小到大、由弱到强的百余年发展历程，反映了水厂建设、管网发展、水质检测、供水服务等城市供水重要环节取得的突出成绩，展示了集团"确保首都供水安全""水质是生命""亲情服务"等百余年优秀企业文化理念。展览中还包含着许多鲜为人知、趣味横生的小故事，如"1908年京城自来水因火而生""创办之初以招商集股的方式筹集资金""首座水厂（东直门水厂）选取孙河地表水作为水源""建国以前北京城区日供水能力仅有5万立方米""1949年公司为开国大典制作国旗旗杆""老电影《龙须沟》中反映了京城发展公用水站改善百姓生活的情景""2000年集团实施查表到户结束了50余年用户轮流收水费的历史""北京最大水厂（第九水厂）供水量占据城区供水的半壁江山""习总书记到集团第九水厂和水质监测中心视察"……这些生动形象的小故事讲述了京城供水百余年的发展变化，让人耳目一新。

（二）足迹——北京自来水公司百十年印章展

2018年，北京市自来水集团以改革开放40周年和公司成立110周年为契机，首次举办独具京水文化特色的印章主题展，追寻企业历史足迹，梳理企业发展脉络，见证北京城市的发展变化。印章展览于2018年10月17日拉开帷幕，18日起作为北京自来水博物馆的分展馆正式对外开放，地点设在清末自来水厂（东直门水厂）办公旧址，一座古朴清雅的四合院内，展览面积162平方米。

印章展览按时间脉络分为七个部分，通过展出北京自来水业不同历史时期的333枚印章，反映北京供水企业百十年发展的历史脉络和深厚的文化底蕴，记载和传承城市水文化，满足市民不断增长的精神文化需要。印章作为公司经营、管理、生产和对外交往的符号和信物，在企业各个历史发展时期发挥着重要作用。它于方寸之间，见证了公司管理机构的沿革，印证了供水企业从无到有、由小到大的发展轨迹。其中许多珍贵印章藏品难得一见，包括公司第一枚印章，也是规制最高、体量最大的印章——"奏办京师自来水有限公司之关防"，还有公司首任总理的花押印章、具有防伪标记的股票骑缝章等首次向观众露出真容，具有鲜明的时代特点和艺术价值。通过细细品味这些或方或圆，或长或短，材质不同，品相参差的印章，不仅可以体会到老印章的不凡身世，更能感受到北京自来水发展史的独特内涵及文化渊源。

五 社会教育和社会服务

北京自来水博物馆作为北京市自来水集团具有水行业特色和科普功能的博物馆，自建设之初便把科普自来水知识、宣传珍惜水资源、增强市民节水意识作为义不容辞的责任和义务，开展特色青少年教育活动已经成为了北京自来水博物馆的重要工作之一。为此博物馆充分利用自身资源，积极探索馆校合作之路，发挥科普教育职能，开展了"自来水博物馆系列科普活动"，为青少年提供了丰富多彩的校外活动，培养了一批又一批的"惜水节水好少年"，得到了广大师生的认可和好评。

（一）打造自来水品牌活动

整合历年资源，推陈出新。早在2011年博物馆就推出了小小讲解员活动，2012年推出了"小小实验室——水的特性"活动，2013年策划并推出了"自来水科普大讲堂"活动。2016年，博物馆整合历年活动资源，扩充为"自来水科普大讲堂""自来水探秘之旅""我是小小讲解员"三大品牌活动。2017年，博物馆组织专业团队，对实验课进行研发，制作新课件，并与北京市自来水集团下属的水质监测中心、第九水厂等单位联合，给同学们的实验操作课程做更专业的指导，同时结合中小学课本，经过数月精心设计，研发出"奇妙的水"实验课程。课程围绕水的特性展开，借助硬币滴水、沙盐入水等有趣的小实验，对水表面的张力、水的溶解性等内容进行分析。2018年，博物馆在此基础上不断丰富活动内容和活动形式，结合青少年学校课程，不仅对基础课件进行了更新和扩充，还根据具体的制水工艺流程，添加了有趣的化学知识，推出全新的展示课程——透明的秘密，使同学们通过亲身体验从而更好地了解到水的特性，补充了与水相关的知识，增强了节约用水意识。

（二）开展综合实践活动

自2013年至今，博物馆与西中街小学、白家庄小学、分司厅小学、八一学校、第二十四中学等多所中小学校及相关单位深度合作，开展系列科普宣传活动共222次，为1万余名中小学师生带去了自来水科普知识，取得了很好的社会反响。其中，西中街小学向博物馆赠予锦旗，称赞博物馆讲解员工作"服务重细节 讲解有故事"。

博物馆借助世界水日、中国水周、全国城市节水宣传周、"5·18国际博物馆日"等特殊节日以及寒暑假期，不断创新活动模式，增强互动性，在校内和馆内开展了丰富多彩的特色活动。一是以"珍惜水资源，坚持节水优先"为主题，组织开展了"我是小小讲解员"培训体验，小讲解员们在经过自来水知识、讲解礼仪、应变技巧等多方面培训后，为观众传播自来水科普及历史知识。二是在博物馆序厅设置了"自来水不自来 自来水来之不易""上善若水，甘泉永滋"的留言板，让大家在参观结束之后可以尽情地抒发自己的感想和收获，受到了众多观众的一致欢迎。三是开展了"节水总动员"活动，通过节水宣传画、节水宣传语的形式选出小小节水宣传员，充分调动了学生的积极性。随着科普大讲堂活动社会影响力的不断提高，越来越多的学校主动与博物馆合作。

此外，博物馆联合清水苑社区开展学雷锋日为民服务和用水节水宣传活动、携手良泉水业走进房山区拱辰街道北关东路社区，开展自来水知识公益宣传活动。

(三)探索馆校合作模式

1.创新活动教学模式

博物馆根据历年积累下的对外教学经验，逐渐改进教学方式，摸索出新颖的授课形式，打破了传统的"讲授式"教学模式，融入受欢迎的互动环节，通过PPT教学、实物观察、动画演示、课堂实验、穿越展室、体验互动等丰富多彩的环节巧妙结合，极大地促进了青少年的学习兴趣，有效地宣传了"自来水不自来 自来水来之不易"的深刻道理，充分发挥了科普教育职能，吸引了越来越多的中小学校与博物馆建立长期的合作关系。

2.全面开启选课新模式

近年来，博物馆一直致力于探索如何更好地发挥自身的教育职能，积极开展了与中小学深入合作的模式，并学习各大博物馆科普形式，扩展场馆教育及传播功能，通过"走出去"和"请进来"的方式，面向全市中小学生开展自来水科普活动，参与博物馆课程体验。2018年，博物馆将所有课程信息在北京市中小学生社会大课堂网站公示，全面开启了在线预约选课的新模式，使越来越多的人了解自来水系列科普活动。博物馆希望借助科普教育，更好地丰富广大中小学生文化生活，使孩子们从小树立节约用水、珍惜水资源的意识，增强孩子们的社会责任感，让更多的人懂得水资源的珍贵及重要性，了解北京自来水事业。

3.社教活动之后的延伸

博物馆对每次活动进行总结，为以后课程的开发和开展提供良好的基础。在对课程化资料的总结中，注重通过归纳活动的照片、视频等影像素材进行展示，从而更进一步宣传"自来水科普系列活动"。为了更好地了解学生们对活动的需求和建议，在每次活动结束后，博物馆都会分发《北京自来水科普大讲堂调查问卷》，对每一堂课课程形式、难易程度、最喜欢的课程、想了解的扩充知识等情况进行分析，进而继续完善课程内容和活动形式，提高教学和管理水平。

（四）拓宽宣传渠道

博物馆通过新闻媒体、门户网站、教育网站、微信公众号等网络平台进行参观预约、报送信息、推送活动，吸引更多市民参与活动，从而普及自来水知识。六年来，博物馆共接待50余家新闻媒体，其中包括《北京日报》《北京晚报》《劳动午报》《首都建设报》《法制晚报》《北京青年报》《新京报》、宏博网等多家报刊和网络媒体；参与了《最美北京》《北京空气质量播报》《北京您早》《中国相册》《百年金融》《文化聊吧》《生活广角》《博物馆之夜》《城市文化范》等节目的现场录制，并接待了水务宣传中心、中国新闻网到馆拍摄，北京电视台新闻频道、科教频道均播放了博物馆介绍短片，起到了良好的宣传效果。

（五）所获荣誉

博物馆不断完善社会教育和社会服务工作，得到了社会各界的一致认可。2015年获评北京市十佳企业志愿服务项目优秀奖、"第十届（2015）北京阳光少年活动"优秀组织奖、"中国品牌文化特色场馆"称号，2016年获得"第二届北京市科普基地优秀活动展评三等奖"、"第十九届中国北京国际科技产业博览会优秀组织奖"、"第十一届（2016）北京阳光少年活动"优秀组织奖，被评为"北京市校外教育先进集体"，自来水科普大讲堂入选"第二届科普基地优秀活动集录"，2017年获得"第三届北京市科普基地优秀活动展评优秀奖""第三届北京科普基地优秀教育活动展评优秀奖""第

北京自来水博物馆举办的"自来水科普大讲堂"活动

十二届（2017）北京阳光少年活动"优秀组织奖，被评为"第十二届（2017）北京阳光少年文化科普进校园活动"先进集体、"北京市校外教育先进集体"，2018年获评"第十三届（2018）北京阳光少年活动"优秀组织奖、"第十三届（2018）北京阳光少年文化科普进校园活动"先进集体，扩大了博物馆在志愿服务、社会教育等多个领域的影响力，促进了博物馆的多元化发展。

六　学术研究

（一）口述史资料整理工作

自2013年至今，博物馆通过口述历史、史料搜集的形式，对公司早期的厂房建设、售水方式、人员管理；水厂建设、企业文化、管网发展、企业发展中的重要事件和重要人物；供水营销发展历程、公司安全科建立和发展情况、20世纪60年代百口井工程、供水调度发展历程等方面不断进行研究考证，采访老职工共计20余名。整理文字材料共计3.1万字，拍摄影像资料930余分钟。完成了《从容应对外来水源》《自来水之歌》《清末自来水厂办公旧址大门的砖雕纹饰》《清末东直门水厂汽改电原因初考》《专管售水方式的发展变化》《二十世纪之初的自来水公司送水工》《来水亭建筑研究》《清末东直门水厂烟道情况》《五六十年代的蒸汽机房》《清末东直门水厂修机厂历史考证》等32篇研究文章，形成文字3万余字。2018年，博物馆以这6年开展的口述历史工作为基础，整理口述史音频，编辑采访资料，完成音频转文字15份，共计10万余字，为口述史研究提供了充分的文字材料。

（二）历史研究工作

1.史料译注。博物馆一直对纸质类藏品进行译注，译注内容仍以董事会议案为主，完成译注文字8000余字；译注董事会议案60册共计795页，约四万八千余字。内容包括修订完善公司规章制度、设施设备维修方案确定、聘请高级人才薪金方案讨论等，反映了公司严谨的工作制度和工作作风。

2.藏品研究。挑选馆藏品进行深入研究，例如井盖系列、水表系列、水费收据系列等，并完成了《照片背后的故事——毛主席纪念堂竣工合影》《天安门地区井盖》等研究文章。

3.文物建筑研究。对东直门水厂已经消失的老建筑进行研究，整理并译注《八角草亭史料》《六角玻璃亭史料》《客厅史料》《茶炉下房史料》等。

4.梳理史料故事。2018年，博物馆深入研究《北京自来水公司档案史料》，对北京自来水公司1908—1949年的发展历史进行了详细梳理，整理故事107个，共计4万余字。

（三）办好《水境界》内部刊物

博物馆不断挖掘展览背后的故事，发现不为人知的历史，博物馆充分发挥《水境界》文化建设新载体的作用，营造职工学习、研究企业文化的氛围，提升软实力建设。2013—2018年完成了第二期至第七期《水镜界》(共7期)123篇文章的征稿、选稿、编辑、排版、印刷工作，栏目包括新馆专栏、历史再现、口述历史、抛砖引玉、社教活动、藏品赏析、线索追踪、工作随笔等，向读者们讲述了博物馆工作中的点点滴滴。

七　安全保卫

博物馆始终按照集团最新的安全工作精神，重新细化、补充、完善了博物馆安全管理制度，通过自查、互查的形式对博物馆的安全隐患风险点进行了地毯式的排查，安全隐患风险点巡查记录表，对安全巡视提出了巡视必须留"痕迹"的新要求，并限期对安全隐患进行整改。博物馆多次举办涉及中小学和广大市民的大型参观活动，如"首都国企开放日"、世界水日、中国水周、"5·18"国际博物馆日、全国城市节水宣传周等，为保证活动安全顺利地进行，博物馆在各项活动举办之前都制定了详细的活动方案和安全应急预案，将安全工作落实到岗、落实到人，确保了各项活动的顺利展开。同时为了保障学生团参观的安全，制定了《北京自来水博物馆参观安全协议》，其中明确规定了学生团体参观的安全须知。为了更好地维护多媒体设备设施，博物馆与专业的多媒体设备维保公司签订了合同，维保公司定期安排专人对博物馆设施设备进行巡检维修，博物馆工作人员对巡检维修工作进行监督和检查，并做好相关记录，保证各项设备的良好运转。同时完善馆内硬件设施，制作安全疏散图，为大规模人员参观提供安全保障；制作张贴警示标牌，并在关键部位增设隔离带和警示带，保证参观人员安全参观；更换博物馆办公室插线板，全部采用新国标规定的插线板，保证办公用电使用安全；整改更换博物馆内部线路及开关装置，保证博物馆安全运行。博物馆定期开展巡视检查和安全专题培训，将安全风险点进行细化，将责任明确到人，提高职工安全防范技能，确保博物馆安全稳定的运行。在汛期时，博物馆加强对文物建筑的安全监控，对文物建筑汛期易发水患部位进行逐一排查并清理。

八　文创开发

博物馆不断深入挖掘梳理馆藏文化资源，开发了与自来水相关的文化产品（相关周边），以免费赠送的形式发放给观众。现已开发的文化产品有书签、水杯、茶杯、钥匙链、帆布包等，后续开发包括笔袋、笔筒、碳素笔、便利贴、冰箱贴、帆布包（更新版）等。

九 馆舍改扩建、维修和设施改造

为了进一步完善和拓展自来水博物馆的布展内容和功能定位，提高节约用水、科学用水的宣传效果，2009年至2015年，北京自来水集团利用6年时间，在清末自来水水厂旧址的基础上，重新规划、设计、扩建了北京自来水博物馆新馆，分为科普馆和通史馆两个展厅，面积约为2400平方米（是原有自来水博物馆的4倍）。在此过程中，博物馆对多媒体软件、硬件进行了安装调试，制作并安装了沙盘、场景雕塑、石刻壁画等；完成了新馆VIS视觉识别系统的设计工作，例如博物馆标志、标准字体、印刷字体、标准色、办公系统设计、环境系统设计、宣传系统设计等内容的设计，运用系统的、统一的识别系统，进一步规范了博物馆的对外形象信息；新馆配备了适合不同人群使用的多媒体导览机、无线团队讲解机、团队讲解器三种语音讲解设备，提高了博物馆的讲解服务质量，完成了新馆语音导览系统。

2018年，为进一步满足广大观众日益增长的文化需求，充分保证展览内容的时效性和准确性，反映近年来北京水资源紧缺的形势，博物馆按照时代发展脉络，在原有布展风格的基础上，对新馆展览内容进行了部分调整和更新，主要对有关内容的数据、文字、图片等进行一些修改、补充、更新，使内容更加时效和规范。展览更新内容涉及展板93块，其中科普馆18块，通史馆75块。科普馆更新内容包括世界水资源情况、中国水资源情况、北京水资源情况、水质监控以及建设节水型城市等。通史馆更新内容包括企业创建前期、企业文化、企业管理、科技创新、企业思想政治建设等。更新的相关数据均由国家水利部、国家统计局、南水北调宣传中心、北京市水务局、北京市自来水集团等官方公布和提供，确保了展览内容的权威性。

十 文物建筑保护与修缮

清代自来水厂保护范围内的建筑现包括有来水亭、蒸汽机房、烟囱、品字形清水池、老更楼、办公旧址四合院、聚水井、第四号井户和水塔地基。其中，蒸汽机房作为北京自来水博物馆的展厅在2000年被改造后进行展览，来水亭、聚水井、烟囱作为室外展区对外开放，2015年5月停止开放，并将展品移至博物馆新馆进行展出。品字形清水池作为第一水厂的供水配套设施至今仍在使用中。

博物馆始终积极做好文物建筑的保护工作。2016年10月，博物馆与北京市文物局展开合作，对市级文保建筑的清代自来水厂旧址进行资料收集整理工作。采用的仪器为Z+F和FARU三维激光扫描仪，运用激光反射原理对建筑物进行全方位的扫描，形成名为"点云图"的数据。此项目的实施是对自来水文物建筑进行预防性保护的一项重要举措，对实现建筑数字保护、精细化管理、安全监控具有重要意义。2018年，博物馆与北京市古代建筑研究所合作，对清末自来水厂旧址中的蒸汽机房、来水亭、聚水井、烟囱等建筑进行了建筑结构安全检测，并出具检测报告。同时，博物馆定期检查文保建筑，按照巡查要求每天做好四合院、外景区安全巡视记录，排查风险点，并留存相关照片，加强对文物建筑的安全监控。

在文物建筑修缮方面，2012年北京市自来水集团与北京市文物局、东城区文委联合对清代自来水厂的办公旧址以及老更楼进行了修缮工作，共拨款80万元。工程本着修旧如旧的原则进行，对建筑中破损糟朽的部分进行剔除更换，并根据水厂建成初期的图纸，拆除了历史发展过程中扩建的建筑，复建了办公旧址东跨院的老建筑。工程于2014年完工，并由东城区文委进行了工程验收。

北京通信电信博物馆
BEIJING COMMUNICATION MUSEUM

通信地址： 北京市西城区骡马市大街9号

邮政编码： 100052

电　话： 010-66198899

传　真： 010-63031469

电子信箱： bjtxdxbwg2008@163.com

微信公众号： bjtxdxbwg

博物馆类型： 自然科学类（科学技术）

隶　属： 中国联通北京市分公司

批准建立时间： 2007年8月17日

博物馆备案登记号： 141

建筑性质： 现代建筑

占地面积： 775平方米

建筑面积： 1600平方米

展览面积： 3300平方米

交　通： 公交5、6、48、603、715、102、105路果子巷站；地铁4号线、7号线菜市口站东行300米。

开放时间： 9:00—17:00（16:00停止入馆），双休日、节假日闭馆。只接待团体预约参观，不对社会零散观众开放。

服务设施：

停车场	纪念品商店	餐饮	语音导览	微信导览	无障碍设施	其他
无	无	有	无	无	有	无

概　述

　　北京通信电信博物馆始建于1994年，由当时的北京市内电话局筹建，作为企业内部博物馆，旨在收藏展示北京市内电话发展历史。在历次电信企业改革重组中，博物馆先后隶属于北京市电信管理局、中国网通集团北京市通信公司、中国网通（集团）有限公司北京市分公司。2007年8月在北京市文物局取得注册登记，2008年7月新建主展厅开放。

　　博物馆目前隶属于中国联通北京市分公司，是一座特色鲜明的电信专业博物馆，以收藏、保护、研究通信电信文物，展示北京地区电信的发展历史，开展文化教育和通信科普宣传为宗旨，同时兼顾企业新业务的演示。

　　北京通信电信博物馆目前有两处馆址，原注册馆址位于东城区东黄城根北街14号皇城根电话局内，展陈面积约330平方米；主展厅位于西城区骡马市大街9号北京联通综合楼内，展陈面积3000余平方米。

　　北京通信电信博物馆先后获得中国科协等单位授予的"全国科普教育基地""北京市科普基地""中国通信学会科普教育基地""北京邮电大学通信科普教育基地""北京市科技旅游示范景点""北京市青少年外事交流基地""北京市职工文化示范阵地""北京市科普之旅开放单位""西城区市民终身学习服务基地"等称号。

一　藏品管理与研究利用

　　2018年底，北京通信电信博物馆已登记藏品总数1895件/套，合3505件（藏品仍在陆续整理登记中）。其中年代最早的是清光绪二十九年（1903）中国电报总局绘制的《中国电线图》，是中国早期电报建设的重要史料。另外馆藏清代1910年北京电话东局石质门楣也是见证北京电话百年历史的珍贵文物。

目前博物馆最具特色的藏品是三套完整的步进制电话交换机和一套纵横制电话交换机。步进制交换机包括1940年投入使用的日本产A29式、1954年从捷克斯洛伐克引进的A40式、20世纪70年代国产A47式，纵横制交换机为20世纪80年代国产HJ921型。这些交换机安装在皇城根馆址内，仍可加电运行为观众演示，并可接通公众电话网。这是目前全国唯一可使用的步进制交换机，成为电话交换技术的"活化石"，也是博物馆的镇馆之宝。

博物馆藏品来源以本企业退网通信设备划拨及个人捐赠为主。2013年至2018年间，共征集藏品208件/套（合570件），其中具有代表性的有：2013年在即将销毁的390多万张纸质电话用户卡片中筛选保留有一定价值的200余张进入馆藏；2015年接受退休职工华泽永之子华兑订捐赠其父抗战期间随军支援正面战场通信使用的物品一组，填补了抗战通信藏品的空白；2015年7月接收北京联通公司档案馆移交一批解放前北平电信局纸质文书档案资料70余件；2015年征集到北京联通机动通信局一批退网海事卫星设备、便携微波通信设备（曾用于1998年长江抗洪通信）；2017—2018年征集木樨园电话局、金鱼池电话局退网程控电话交换机2组共10架，反映了北京通信网光缆化改造的里程碑意义；2018年接受水利系统退休干部戚三彦捐赠一批退网无线电通信器材和资料。

2014年7月，受北京市国资委委托，历时一年多编写完成《纸上博物馆——北京通信电信博物馆》（刘海波 郭丽编著），由同心出版社出版发行，成为"纸上博物馆"系列丛书的一种，也是博物馆近年主要研究成果之一。全书以馆藏通信文物和北京电信发展大事为线索，以一个个故事串联起北京电信事业百年历史，集通信历史文化与通信科普知识于一身，具有资料性和可读性，获得社会好评。

2015年1月，按照北京市文物局关于配合第一次全国可移动文物普查的工作要求，正式启动文物普查工作，并依此为契机，对藏品进行了重新梳理。由于建馆初期限于时间紧迫、人员业务水平不齐、认识不统一等因素，藏品鉴定登记工作粗放，未进行分类，且大量重复品、参考品、零备件、书刊资料等均列入藏品总账，甚至整套机器设备按零部件拆解登记，藏品总数超过1万件，造成藏品账目庞大冗长，且登记信息不规范，给保管利用造成很大困难。文物普查前夕，博物馆研究制定了通信藏品鉴定与分类标准，在普查中按照国家文物局《馆藏文物登录规范》重新采集数据登记上账，力求达到"鉴定准确、分类科学、信息齐全、利用方便"的目标。为弥补本馆工作人员和器材的不足，北京市文物局及国家文物信息中心给予了大力支撑，工作人员加班加点、紧锣密鼓进行数据采集登记。于4月底完成第一阶段文物普查工作，共完成1566件/套，合3103件（截至普查完成信息平台最终审核通过1291件/套，2743件），藏品的分类编号登账和数据信息采集摄影等。此后新征集入馆的藏品，及时按新标准进行登录。由于馆内人员有限，不能专职进行藏品整理工作，目前库存仍有大量藏品未进行鉴定分类登记，该工作仍在陆续进行中。对新征集入馆的藏品除及时登记入账外，及时筛选整理，补充到现有陈列中，如退网程控交换机、光传输设备、宽带接入设备、海事卫星设备等均及时完成布展，完善了原有陈列内容。

2015年受中国通信学会委托，接受"百度百科"通信词条撰写项目，依托藏品资源资料积累，共撰写词条100条，经审核采用81条，为丰富网络科普资源贡献了一定力量。

2017年6月北京电报大楼一层大厅关闭改造（改造为中宣部新闻发布厅），博物馆人员及时到现场收集具有保存价值的物品入馆收藏（如营业时间牌、电报纸、营业日戳等）。按照改造计划，编制大厅通信文物陈列方案，通过中宣部审核，并提供展品4件，于2018年8月大厅启用前完成陈列布置。

2018年12月，北京通信电信博物馆抽派核心人员参与编纂的《北京志·电信志》（第二轮）正式出版，编纂工作历时9年，本馆提供其中大量图片及文献资料，并承担志书总纂工作。

作为北京企业文博协会副理事长单位，北京通信电信博物馆六年间两次协办协会会刊《京企文博》（2013年第2期、2017年第4期）"北京联通专辑"，承担其中主要文章及一半以上篇幅的编撰供稿。其中《依托创新运营体系，提升企业文化价值——北京通信电信博物馆在创新运营方面的探索与实践》（刘海波 张婧著）一文全面回顾了博物馆近年来面对内外形势变化进行的运营探索，对企业博物馆面临的共性问题进行了探讨，为其他企业博物馆提供了参考借鉴。

二 展陈及外展情况

皇城根馆址展陈面积约330平方米，以北京市内电话历史陈列为主，设三个展厅，共有展品250余件/套。第一展厅为综合通信展厅，陈列有电报、电话、无线电通信、电信线路等小型通信设备；第二展厅为电话局测量室复原，陈列有局内总配线架、测量台等；第三展厅为自动电话交换机房复原，安装有20世纪40年代至80年代的自动交换机，其中200门1940年日伪时期安装的A29式步进制自动电话交换机，这套交换机是北京最早的自动电话交换机，在北京电话网上运行了54个年头，也是目前全国唯一保存完好可加电运行，并可接通公网的步进制电话交换机。是日本侵华的历史见证，也堪称通信"活化石"，是北京通信电信博物馆的"镇馆之宝"。

菜市口馆址展陈面积3000平方米，于2008年7月建成开放，全面展示北京电信事业130年多来的发展演变。目前共设有"北京电信事业史"基本陈列1个、专题陈列2个、业务演示区1个、多功能区1个。业务演示区及多功能区，可为观众演示北

2017年征集的退网程控电话交换机

京联通公司最新的业务产品，并可举办小型发布会、讲座、培训等。基本陈列分为两个单元共12组，涵盖了从北京最早的电报通信到当代的电报、电话、微波、短波、特种通信、数据通信、卫星通信、移动通信、电信线路、电信网等内容。北京电信事业的发展历程和各个时代使用的通信设备，突出了北京电信事业的独特性，如清朝的皇家通信、北平电信局配合解放战争的红色通信、新中国成立后北京作为首都的特种通信，等等，都得到突出展示。展览陈列实物展品900件/套，照片500余张，另有沙盘模型、互动项目和视频展示等90余项，观众可以通过虚拟技术翻阅清朝的电话号簿，观看清朝电报进北京的幻影成像话剧，体验人工电话交换机的操作方式，观看步进制交换机的工作过程，发送莫尔斯电报码，等等。

为反映企业合并重组以来的新面貌，2013年12月，"新联通扬帆起航"专题展览改造完成，共投资21万元，以多媒体和模型方式展示新联通。

2014年4月，协办中国科技馆"中国互联网20年"主题展览，提供展品12件/套、图片34张及视频、文字材料等。2015年8月，在纪念中国人民抗日战争暨世界反法西斯战争胜利70周年之际，为节约成本，策划推出了5期连载"不能忘却的记忆——日伪时期北平通信文物"微信展，从馆藏挑选出日伪时期具有代表性的24件实物、9张图片在微信订阅号刊登，反响良好。

由于菜市口展厅开馆多年未进行闭馆大修，设备老化损坏明显。2015年至2016年，在不闭馆情况下，北京联通公司出资对展陈共进行3次集中局部维修改造，共涉及数百个小项，共计38万余元。2016年5月，为丰富和改进短波通信和电报通信展区内容，对展陈进行局部调整，新增展品共计26件/套。

2015年5月和2016年5月，博物馆两次应邀参加颐和园科普游园会外展活动，推出北京联通通信科普展台，两次共接待游客2700多人次。2016年在市文物局号召下，积极响应参与"无线通信巡展"组织策划，该展览由中国传媒大学传媒博物馆主办，北京通信电信博物馆作为协办单位之一，主要提供了文案策划、资料提供等协助工作，展览于2016年12月在中国传媒大学开展。2017年11月，与中国科技馆、传媒大学博物馆等11家单位联合举办"科技改变生活——我们经历的移动通信时代"展览在"2017北京中国文物国际博览会"上开幕。

2018年5月，北京通信电信博物馆与北京联通相关部门配合完成电信日5G移动通信技术临时展览布展相关工作，同时更新业务展示内容8处，世界电信日期间开幕。同年8月，配合北京联通市场部，参展中国国际奥运博览会中国联通展区，为展览提供展品、讲解词及现场讲解培训支撑。12月协办中国联通集团公司"改革开放四十周年通信发展"专题展，在联通集团公司开幕。提供实物展品18件，图片30余张。

北京通信电信博物馆菜市口主展厅自2008年正式开放以来，未经过大规模维修改造，展陈内容和形式明显陈旧，尤其是新业务展区，已经不能反映北京联通最新的业务技术。为此经北京联通领导班子研究确定，由企业多个部门联合进行博物馆改造工程，于2018年12月25日正式开工，计划总投资800余万元。本次改造主要针对新业务展区，涉及改造面积近400平方米，按照"轻装修重装饰，减少土建工程，快速布展，灵活换展"的建设思路，采用"硬件固定+内容及展品灵活"的布展方式，实现实物与互动集中控制，方便未来灵活换展。主要展示区域规划为：城市大脑展区（智慧城市展示）、万物智联展区（物联网展示）、大数据展区、云上漫步展区（云计算展示）、行业应用展区、5G在沃展区（5G移动通信展示）、智慧冬奥展区（北京冬奥合作伙伴通信展示）等，基本涵盖了北京联通当前热点业务，将主要通过AR、VR、趣味体验、视频演示等手段进行展示。另外对历史陈列部分也进行部分升级改造，如扩充原有移动通信展区、增加通信科普内容、完善局部展陈形式等。本次升级改造计划于2019年3月具备开放演示条件。

三 社教与服务情况

作为北京地区专题展示电信技术和电信历史的博物馆，同时作为北京市和全国科普教育基地，北京通信电信博物馆努力克服人员和资金紧缺的困难，以高度的社会责任感，尽己所能在2013—2018年间承担了大量社教及外宣工作。限于种种条件，博物馆目前免费接待单位团体观众预约，未向零散社会公众全面开放。即使这种情况下，2013—2018年，接待观众总量超过2.8万人，其中学生观众近1万人。

2013年，博物馆积极参与北京市科委倡导的"百家科普基地对接百家社区"科普活动（简称"双百对接"活动，自2012年开始参与该活动）。对接博物馆所在地西城区椿树街道社区，先后共举办11期科普共建活动，共接待椿树街道的7个社区的235位来宾，为所在辖区街道的科普工作提供了重要的场地及素材。

2014年积极参与市科委举办的"科普行"系列活动，共接待椿树街道、金融街街道计26次1500余人次，积极面向所在社区，以及院校、部队等单位开展科普活动。

2015年5月和2016年5月，两次携多件互动展品应邀参加颐和园"科普游园会"。共有2700多名游客在北京通信电信博物馆通信科普展台进行咨询了解。其中"莫尔斯发报体验"和"溥仪仿古话机拨打"被北京电视台记者誉为活动中人气最旺、体验最多、吸引力最强的项目，在北京电视台《特别关注》栏目中进行了专门报道。

2013—2018年，北京通信电信博物馆共举办专场科普参观活动累计60余次，参加人数超过2000人次，其中青少年学生比例达到60%以上。应邀对象包括大中小学校、专业教育机构、共青团组织、科普志愿者组织、少年宫等学校或单位。2013年获得"北京市双百对接优秀单位"称号。2014年博物馆获得中国科协授予的"优秀全国科普教育基地"称号。

自2016年开始，北京联通公司响应北京市国资委号召，开展"首都国企开放日"活动。2016—2018年，北京通信电信博物馆作为企业主要开放参观阵地，连续三年参与该活动。另外每年5月17日世界电信日、5月18日世界博物馆日期间，组织专题开放日活动，向公众展示北京电信事业历史、普及通信科学知识、宣传北京联通企业实力等。

配合北京联通公司业务发展，北京通信电信博物馆组织了一系列面向公众的业务应用讲座活动。主讲人均由博物馆科普工作人员担任，并配合博物馆参观进行，效果甚佳。2016年馆内专家编写完成《从电缆到光网的跨越》《北京电信业发展概述》等通信科普讲义，紧密结合北京市信息化建设进程，在科普参观活动中面向中小学生进行通信知识普及教育。

2016年10月，承接协办市科委"小小科普讲解员"比赛活动共5场，取得圆满成功，获得市科委的好评。

2015年4月，北京通信电信博物馆建立了微信订阅号，以平均每月两期以上向公众推送有价值的信息与通信科普知识，同时开展互动活动，从而架设了一条通信历史文化宣传和通信科普的空中平台。截至2018年底订阅号关注量1377人，累计发布103篇订阅号文章，其中《西长安街的百年邮电之缘》（阅读量3299）、《电话局里的女神们》（阅读量3969）、《细说北京长话大楼40年》（阅读量6066）等文章获得广泛关注，在行业内外形成良好口碑。

北京通信电信博物馆每年接待在京新闻媒体如北京电视台、《北京日报》、北京晨报、新华网等媒体单位采访10余家，进行专题报道或资料收集，宣传通信历史文化及通信科普知识。尤其是2018年下半年，社会各界广泛开展纪念改革开放四十周年活动，北京通信电信博物馆作为北京地区电信历史的保存和见证者，为各类媒体，如中央电视台、北京电视台、《北京日报》、《北京晚报》、《法制晚报》、千龙网等等，提供了大量采访资料。

老爷车博物馆
CLASSIC VINTAGE CAR MUSEUM

通信地址： 北京市怀柔区杨宋镇凤翔一园 19 号

邮政编码： 101400

电　　话： 010-6167703

网　　址： www.laoyeche.org.cn/

博物馆类型： 自然科学类（科学技术）

博物馆备案登记号： 131

主管部门： 怀柔

建筑性质： 现代建筑

建筑面积： 6500 平方米

展厅面积： 3500 平方米

交　　通： 公交：1. 916 路南华市场下车，换乘 916 路支线（怀柔－棱草），中影基地站下车，十字路口红绿灯处北行 300 米。 2. 980 或 987 路庙城站下车，换乘东二路到中影基地站下车，十字路口红绿灯处北行 300 米。 自驾线路：1. 京承高速杨雁路出口直行，第一个红绿灯前行 300 米即到。 2. 101 国道杨宋路口前行，第三个红绿灯左转 300 米即到。

开放时间： 8:30-17:30（4 月 1 日—10 月 31 日 周一—周日）

9:00-16:30（11 月 1 日—次年 3 月 31 日 周一—周日）

门票价格：50 元（老年人、儿童、学生、残疾人、军人，需携带有效证件享受半价票。）

服务设施：

停车场	纪念品商店	餐饮	语音导览	微信导览	无障碍设施	其他
有	无	无	无	无	有	无

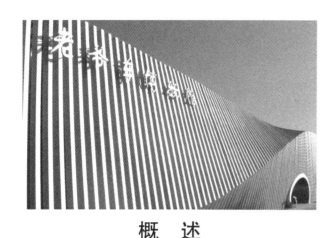

概　述

老爷车博物馆坐落在北京市怀柔区杨宋镇，是一家非国有汽车博物馆，2009年6月8日正式开馆。馆内藏有古典汽车一百六十余辆，包括几乎所有型号的早期国产汽车、部分国外车型，堪称一部实物版的中国汽车史。例如新中国成立初期汽车工业代表作：北汽生产的"东方红"牌轿车、第一代210军用越野车；上汽生产的"上海"牌检阅车、第一代上海"凤凰"牌轿车、上海58-I等上海汽车系列；一汽生产的"红旗"牌检阅车、第一代"红旗"牌轿车、红旗轿车系列，以及美国道奇、德国奔驰、法国雪铁龙、英国莫利斯、前苏联吉斯等经典车型。还有老一代革命家毛泽东、周恩来、朱德、彭真、李先念及著名抗战将领傅作义、陈纳德的坐骑等。有的馆藏品是国内乃至国际稀缺品牌、绝版品牌，堪称稀世藏品。北京老爷车博物馆是北京市级爱国主义教育基地。

一　展陈特色鲜明

展馆分两层，设5个主题，展出了上百辆老爷车。一层"曙光初照"以早期国产汽车为核心，展示了民族汽车工业的品牌，红旗、解放、北汽、上汽、一汽……凡中国轿车史上有名的车子这都能找到。最有特色的是领导专车，"名人座驾"展示了毛泽东等国家领导人乘坐的汽车，配上阅兵式的背景乐，让人肃然起敬。

镇馆之宝：东风金龙是纯手工打造出来的国产轿车，由毛主席亲笔题字。

"骄傲的红旗"展区展出了各式各样的红旗轿车，从红旗侧标看时代烙印。

一面红旗侧标：代表毛泽东思想伟大旗帜，红旗CA-770曾是贺龙元帅座驾。三面红旗侧标：总路线、大跃进、人民公社，红旗CA-72。五面红旗：工农商学兵，红旗CA-72。超长红旗：10.08米长。

一层还有北汽吉普和农用车包括东方红拖拉机等展品。

二层主题是"功勋卓著的军车"，介绍从战火硝烟中走来的各种车型；"国外名车"展区荟萃了难得一见的国外老爷车名品，都是上百年的古董级名车。值得一提的是，展出的老爷车车况都不错，九成到现在还可以开动。

二 入藏"破烂"公交车

20世纪七八十年代，经典的红白相间的"五七式"公交车是很多北京市民的记忆。中国仅存的一辆"五七式"公交车2013年入藏北京老爷车博物馆。

"五七式"公交车生产于1965年，2000年左右被逐步废弃，2007年公交迷们在青塔地区的一个建筑工地发现了这辆"五七式"公交车。但在联系的途中，这辆公交车因为工地的迁徙再次消失。直到四年多之后，公交迷们在上庄水库附近的一个工地再次发现了它。车的表面破败不堪，到处都是锈迹。车内发动机、仪表台、座椅也都不见了。但老爷车博物馆雒馆长和公交迷们看到了它的"价值"，经过多次协调，最终以一万元的价格拿下了外人认为的"破烂"。

2012年"破烂"宝贝到手之后，公交迷田健和吴戈等人雇用了专业拖车公司的拖车将"五七式"公交车拉到怀柔。2013年5月开始修复。为此，公交迷们成立了一个专业的修复组。吴戈负责采购需要的零部件；有着十几年车辆修理底子的田健当起了修理工；公交集团客二分公司的电工王辰当起了电工，修复公交车的所有电路和供电设施；老爷车博物馆的两名修理工负责施工；一位本职工作为美术教师的公交迷姚林负责喷绘车身的字；一位家住门头沟的公交迷当后勤人员，为装修队采购食物并负责修复后公交车的美容……为了复原这款公交车，吴戈大半年的时间都在通过各种途径查资料、购买零部件。由于车内的设施都已经不见，很多部件没有原来的图纸和尺寸很难恢复。"我当时真的是想尽了办法，后来竟然在国家图书馆找到了一本公交资料汇编，里面有这辆公交车的部分图纸。"

值得一提的是，除了零部件，公交车的外貌特征也是费尽心思恢复过来的。吴戈介绍："公交车上的铜牌和车身喷绘的字体在现在的电脑字库中都没有，因为当时都是人工拓出来的。后来是我们一个美术专业的公交迷用纸板做的模子，再喷绘出来的。"

车上的亮红色油漆也并非随意，他们请教了老公交师傅、生产厂家的师傅，逐步恢复了车上的面板和上面的喷漆。"当时喷漆也都是人工，并没有精准的色系色号，后来只能凭借记忆和资料尽量恢复了。"吴戈说。车辆路号也根据资料恢复为8路。

由于修复组成员都有各自的工作，修复工作只能在周末进行，加上没有先例，整个修复工作耗时将近一年。经过多位公交迷的努力，该车不仅复原了当初的外貌，还恢复了行车的功能，上路能跑到55公里/小时！

2013年初，"五七式"公交车修复成功。差不多同时，一辆生产于1972年9月的二代BK640B公交车也被修复。目前，这两辆公交车均入藏怀柔老爷车博物馆。据了解，这两辆公交车是目前中国仅存的中国自主研发的第一代客车。

三　馆舍升级改造，以崭新的面貌迎接APEC峰会

2014年老爷车博物馆为了迎接APEC峰会，在当地政府的大力支持下，开始了馆舍的升级改造工作。同年8月20日，北京市怀柔区副区长王玉山和区政协副主席杨万悦带领区旅游委、区文促中心、杨宋镇、北京建筑设计研究院等相关领导到老爷车博物馆升级改造工地现场办公，为工程建设开通快车道。由北京建工四建公司承建的老爷车博物馆升级改造工程，总工期为70天。王玉山对改造工程各相关单位做出的努力给予了充分肯定，并针对改造工程提出了几点要求：一是切实开展好安全施工，确保工程质量，抢时间，抓进度，确保老爷车博物馆在APEC峰会前顺利投入使用；二是针对内部展陈设计提出了更高要求既要充分利用好空间和灯光的搭配，更要合理布局凸显出老爷车博物馆自身的特色魅力；三是作为APEC峰会配套工程，博物馆建设要按照景区思路打造，在不断提升硬件设施的同时，着重提升软件设施，切实提高接待服务能力。届时北京老爷车博物馆以崭新的面貌迎接APEC峰会。

此后老爷车博物馆还积极配合北京博物馆学会、市教委社会大课堂、怀柔区各部门开展了多项教育活动，发挥了爱国主义教育基地应有的作用。

老爷车博物馆2017年"我看博物馆——镜头中的文物与科技"摄影大展

北京百年世界老电话博物馆
BEIJING OLD TELEPHONE MUSEUM

通信地址： 北京市顺义区李桥镇机场东路6号院10号楼218室

邮政编码： 101300

电　　话： 13801016630

电子邮箱： 2000wuwei@163.com

微信公众号： 老电话博物馆

博物馆类型： 自然科学类（科学技术）

业务主管部门： 北京市文物局

批准建立时间： 2007年2月11日

博物馆备案登记号： 132

建筑性质： 现代建筑

占地面积： 600平方米

建筑面积： 600平方米

展览面积： 600平方米

交　　通： 地铁15号线到俸伯站，出C2东南口，转乘56路湿地专线。

开放时间： 周二至周日　9:00—17:00（周一闭馆）

服务设施：

停车场	纪念品商店	餐饮	语音导览	微信导览	无障碍设施	其他
有	有	有	改建中	改建中	有	自助体验

概　述

北京百年世界老电话博物馆性质是经北京市民政局批准成立的非国有博物馆，遵守《中华人民共和国宪法》、法律、法规和国家政策，践行社会主义核心价值观，遵守社会道德风尚，以收藏世界各国电话、展示电话发展历程、挖掘电话历史价值、普及相关科学知识为己任，是中国及世界上唯一一家全面展示、介绍世界各国100多年电话发展历史的专业博物馆，馆藏品涉及世界各国老电话及相关50多个类别的藏品。研究汇编世界各国经典电话机的背景故事上百篇。

老电话博物馆还一直致力于传统智力玩具的研究、收藏及传承，多年来一直在博物馆内及学校、社区、养老机构及企事业机构传授中国传统智力玩具技艺，并结合传统非遗技艺开发智力玩具文创产品，在文化传承的同时提升国人的民族自信。目前正在筹建北京玩悟智力玩具博物馆。

一　机构设置

本博物馆设理事会，成员3人，理事会是博物馆的决策机构，实行理事会领导下的馆长负责制。博物馆下设综合业务部、财务部、展览展示部、文创开发部、科普教育宣传部。藏品保管是老电话博物馆的一项重要工作，按照藏品类别进行登账、建档，仓库有专人保管。

二　陈列展览

除百年电话发展历程的常规专业展览外，老电话博物馆还结合社会热点事件对内、对外开展不同主题的临展活动，例如灶王民俗文化展、改革开放四十年票证展、婚姻文化展，等等，展览题材内容贴近百姓生活，展品都是百姓在以往的工作、生活中见过、听过、用过的，因此展览很容易引起观众的共鸣，每次展览都会收到相关媒体的报道和主管部门领导的认可，以及观众的一致好评。

三　社会教育

在展览的同时老电话博物馆始终牢记博物馆承载着科普大众的历史使命。博物馆常年到学校、社区、养老机构及企事业单位开展灵活多样的教学活动，与部分学校、社区签订了共建特色教育项目的合作书。

老电话博物馆无论在电话还是智力玩具的收藏、研究上都处于领先地位。首先是电话、智力玩具类藏品无论在数量、广度、深度及研究价值上都较为出众；其次对于世界电话发展的历程研究深入，区别于一般行业博物馆和个人收藏者仅研究局部电话发展的现状；在中国传统智力玩具的研究方面，博物馆曾多次拜访全国名师，得到很多大师的指导并积累了宝贵的经验。

老电话博物馆展厅现场

四　安全管理

老电话博物馆认为博物馆是留给后人的最大财富，因此十分重视博物馆的安全管理，制定并落实博物馆安全管理制度，在重大节日期间启动安全应急预案，并配备有效的防火（灭火器）设备，定期组织人员参加安全生产培训，并聘请湿地公园保安人员协助博物馆做好安全保卫工作。

五　文创开发

老电话博物馆注重自身健康可持续地发展，创办十年来，通过文创产品的开发、销售，维护博物馆的经营发展。电话机方面以历史上世界各国经典老电话为原型，开发符合现代电路原理的电话机，外观高度相似，每部电话机均配有该机原型的档案资料，让使用者能够穿越时空，根据电话机的历史背景选择一部自己中意的电话机，既传承了历史，又丰富了生活。博物馆在中国古典智力玩具研究、收藏等方面尤为擅长，不断开展传统智力玩具的创新性开发，一方面结合社会经济热点现象开发相关产品、举办展览；另一方面会将景泰蓝、雕刻、木版年画、竹编等多种非遗技艺相融合并开发九连环、鲁班锁、七巧板等传统智力玩具，通过"打造爷爷玩过的玩具"的设计理念，让承载着中国非遗技艺和中国智慧的玩具走向世界。在2019年9月全国文创大赛中，"中国传统智力玩具（九连环）国际挑战赛"项目获得三等奖。

目前正在筹备成立中国第一家益智玩具博物馆（北京玩悟智力玩具博物馆）。一方面，该馆成立后会通过益智玩具文化主题展览和活动体验，引导社会关注、思考中国当前经济社会发展的转型机会，寻找出路和发展；另一方面，面对中国快速步入老龄化社会的现状，可进一步丰富老人生活内容，培养青少年多动手、多动脑的优良品质，提高综合智力水平。

北京御生堂中医药博物馆
BEIJING YUSHENGTANG MUSEUM OF TRADITIONAL CHINESE MEDICINE

通信地址： 北京市昌平区北七家镇王府公寓 2-35 号

邮政编码： 102209

电　　话： 010-81788271

传　　真： 010-81788271

网　　址： www.yst1608.com

电子信箱： yushengtang1608@126.com

微信公众号： 御生堂博物馆

博物馆类型： 自然科学类（科学技术）

业务主管部门： 北京市文物局

批准建立时间： 2003 年 10 月 23 日

博物馆备案登记号： 123

建筑性质： 现代建筑

占地面积： 3000 平方米

建筑面积： 6800 平方米

展览面积： 3000 平方米

交　　通： 公交 426、430、984、985、966 路平西府路口站下，王府公寓院内。
地铁 5 号线天通苑北站下，转 487、537、643 路平西府站下，十字路口西
行约 300 米王府公寓院内。

开放时间： 上午 9:00—11:00，下午 13:00—16:00

服务设施：

停车场	纪念品商店	餐饮	语音导览	微信导览	无障碍设施	其他
有	有	无	无	无	有	无

概　述

　　北京御生堂中医药博物馆是北京市文物局主管，北京市民政局批准成立的民办博物馆，文物库房面积260平方米。"御生堂"始创于明朝万历三十六年（1608年），原址在山西省榆次，所制丹散膏丸货真价实，童叟无欺，口碑极佳。乾隆二十年（1755年）地方官员将药铺的事迹上报，乾隆皇帝得知后御赐"御生堂"匾额，从此正式更名白氏"御生堂"老药铺。御生堂兴衰四百余年，幸逢盛世，御生堂白氏后人于1999年在北京丰台花乡创立"北京御生堂中医药博物馆"，将各地御生堂所使用及珍藏的中医药文物展示给世人。2004年，御生堂中医药博物馆自花乡迁址到北京昌平北七家王府公寓。目前御生堂中医药展文物陈列分为七部分。此外，御生堂博物馆还设有古代陶瓷玩具馆和百年老广告珍藏馆，展出一万余件中国古代陶瓷玩具和2000余幅中国历代招贴老广告。北京御生堂中医药博物馆作为中国第一家民办中医药博物馆，被业界称为是国内规模较大，藏品数量最多、藏品质量最好的中医药专题博物馆，被专家称为"中医药文化的瑰宝"和"世界的中医药百科全书"。博物馆现有文物近万件，以中医药文物为主，还有一些老广告、老玩具、老照片、老旗袍以及革命文物等。

一　博物馆办馆宗旨

弘扬中国传统文化，为中国文化研究者和中医药专业人士提供欣赏和借鉴场所。
办馆原则：
1.注重展品精美、解说新颖、布展活泼；
2.注重长期展览和短期专题展览相结合；

3.注重观众与历史文物互动；

4.注重格调高雅并面向大多数观众；

5.注重坚持社会效益至上的原则。

二 陈列展览

博物馆常设展览有"御生堂中医药陈列展""御生堂百年老广告珍藏展""古代陶瓷玩具展"。御生堂中医药陈列展分为七部分，包括清代御生堂老药铺、历代药王医圣造像、历代中医中药用具、古代中草药标本、古代中草药包装广告、历代中医药书籍报刊、近代医方医案资料。展馆按中医药历史发展顺序排列，布局合理结构完整，讲解时穿插一些历史故事，使文物更加立体生动，具有较高的参观价值；御生堂百年老广告珍藏展展出清代、民国时期彩色招贴画1000余幅；古代陶瓷玩具展展出一万件从新石器时代到清末的古代陶瓷玩具。2013年，博物馆还开办了"中国古代医方文化展"，2015年开办了"中国古代仿单文化展"，2018年又开设了"红色文物珍藏展"。红色文物珍藏展展出3000余件革命战争年代的红色文物，包括入党志愿书，烈士证书，红军、八路军时期的珍贵文物资料。整个展览文物展品丰富，涉猎知识广泛，趣味性强。

博物馆还先后在天津，河南禹州、郑州，安徽亳州等地举办中医药文物展览。

2018年6月，御生堂博物馆利用馆藏资源，举办了"红色文物珍藏展"，展出3000余件革命战争年代的红色文物，包括入党志愿书，烈士证书，红军、八路军时期的珍贵文物资料。展览引起极大反响，北京市民政局民非处的党支部集体参观调研"红色文物珍藏展"，此消息传出后，北京一大批民营社会组织都前来参观，大家对展览给予高度评价。2018年6月，北京地坛医院的医护人员及实习学生集体参观"红色文物珍藏展"；2018年6月，北京市西城区人民法院部分党员干警，集体参观红色文物珍藏展"，2018年10月，有关宣传部门组织北京部分新闻单位的人员就御生堂红色文物珍藏展举行专题研讨会。

三 社会教育与服务

党的十八大以来，党中央高度重视中医药事业，习近平总书记在全国卫生与健康大会上指出，要着力推动中医药振兴发展，推动中医药和西医药相互补充协作，努力实现中医药健康养生文化的创造性转化创新性发展。习近平总书记的指示为中医药事业的发展指明了方向，也为我们办好中医药博物馆增添了动力和希望。2013—2018年是北京御生堂中医药博物馆持续健康发展的六年，在有关部门的指导下，为弘扬推广中医药文化做了大量工作，受到了各级领导的重视与关怀。

（一）探索服务社会的新路

为更好服务社会，从2013年开始，御生堂博物馆多次邀请国家文物局、民政部、国家卫计委、国家中医药管理局和有关高校、文化单位的专家学者到御生堂中医药博物馆参观座谈，听取大家意见建议，研究交流如何更好地为社会服务。根据专家学者的意见，博物馆先后开办了御生堂健康大讲堂，开设了微信公众号。通过健康大讲堂，宣传普及中医药文化和健康知识，大力弘扬中医药文化；先后在御生堂博物馆微信公众号发表一百余篇文章，向社会提供一个可以更好了解中医药知识与文化及相关文物的平台。

2013年11月，北京市旅游委、北京市中医管理局、北京市旅游行业协会、中国国际旅行社等的有关领导参观调研御生堂博物馆，大家一致认为，御生堂博物馆馆藏丰富，应该进一步加强研究与开发，形成文化和旅游产业，会后博物馆多次与这些部门协调，最终正式将御生堂博物馆列入北京市大健康旅游和中医药教育文化游览路线。

2016年，御生堂中医药博物馆还创办了自己的微信公众号，一次让更多的人通过微信形象地了解中医药文化和中医药发展历史。2016年北京御生堂中医药博物馆经过评估审核专业委员会等评估机构从基础条件、内部治理、工作绩效、社会评价和诚信建设五方面进行的评审，博物馆连续两次被北京市评为"中国社会组织5A级单位"，国家中医药管理局授予"国家中医药文化宣传教育基地"。

2017年9月，国家文物局原副局长、中国文物保护基金会名誉会长马自树，国家文物鉴定委员会委员、中国文物学会民族民俗文物专业委员会顾问宋兆麟，中国文物学会民族民俗文物专业委员会会长朱泽玲，中国文物学会民族民俗文物专业委员会朱成杰、于洋等，就贯彻落实习近平总书记关于传承中华优秀传统文化的指示精神和国家文物局关于保护和传承中医药文化遗产，到御生堂博物馆参观调研。调研组对御生堂博物馆的工作给予高度评价，并决定全国中医药博物馆学术研讨会在御生堂博物馆举办。

2018年5—12月，御生堂博物馆按照有关部门的要求，整理并录入了藏品信息，完成了藏品备案工作，实现了馆藏文物信息化，有效提高了藏品保管工作的效率，也为文物爱好和研究者提供了从互联网上便利快捷获取文物知识的平台。

（二）落实中医药发展战略规划纲要

《中医药发展战略规划纲要（2016—2030年）》中提出，要"推动中医药进校园、进社区、进乡村、进家庭，将中医药基础知识纳入中小学传统文化卫生课程"，御生堂中医药博物馆发挥自身优势，积极开展中医药文化进校园活动，让孩子们在成长中不断接受中华传统文化，发挥传统文化的育人和启智作用，从小增强文化自信。

2013年7月，国家中医药管理局在山东聊城召开全国中医药文化宣传教育基地工作座谈会，各省级中医药管理部门文化建设工作负责人、基地所在单位的代表共90余人参加，北京御生堂中医药博物馆作为全国十四家基地之一应邀参与此次交流会。

2013年8月，北京御生堂中医药博物馆参加了全国中医药宣传教育基地工作座谈会，该馆是国家中医药管理局较早批准的全国中医药文化宣传教育基地。

2015年4月，该馆应邀参加全国中医药文化宣传教育基地经验交流会，并作了专题发言。博物馆工作人员应邀实地考察了广东省两个中医药文化宣传教育基地。

2016年9月，应北京市昌平区政府、北京市昌平区卫计委邀请，北京御生堂中医药博物馆参与了北京昌平区中医药文化进校园活动，博物馆派工作人员参与中医药文化进校园师资培训，制作中医药展板等，还参加了相关经验交流会。

2017年7月12日，在北京市奋斗小学等学校举办中医药展览，开设中医健康讲座，开展中医药文化进校园活动，让孩子们听讲解、看文物、触摸标本模型，还亲手制作中药小香囊。

2017年7月起，先后接待数十批中小学参观团，仅11月9日一天，就接待了500多名参观御生堂中医药文物展的中小学生。

2018年7月，北京中医药大学中医学院暑期实践团在御生堂博物馆举办主题活动；同期，南开大学暑期"一带一路大健康产业调研行"启动仪式在御生堂博物馆举行。

《中医药发展战略规划纲要（2016—2030年）》发布后，博物馆积极开展中医药进校园、进社区活动，多次把中医药展览办到学校、社区。博物馆还策划了国内外的巡展，2008年曾代表国家在英国伦敦举办中医药文物展，这是中医药文物第一次在国外展出。

（三）让世界了解中医药

近年来，中医药文化越来越受到国人乃至全世界的重视，御生堂博物馆2008年曾代表国家在英国伦敦举办中医药文物展，这是中医药文物第一次在国外展出；在2008年北京奥运会期间，博物馆接待了200余名奥运冠军和奥运会采访记者到该馆进行中医药体验活动。此后，御生堂博物馆始终坚持"弘扬中医药文化，不仅在国内，还要将中医文化推广到世界"。

2013年5月，联合国贸促会官员一行十三人参观了御生堂中医药文物展，了解了中医药的发展历史，并感受了中医的传统技艺。御生堂博物馆馆长白建疆与大家座谈表示愿与来宾保持联系，争取多去国外举办中医药展览，此时提议受到大家的热烈欢迎。

2013年10月，德国中医针灸研究学会一行人通过国家外交部和国家中医药管理局协调参观了北京御生堂中医药博物馆。御生堂博物馆馆长白建疆向大家讲述了中医的理论、中药的疗法以及博物馆馆藏文物背后的故事，并讨论了北京中医药旅游产业的发展。客人们表示希望御生堂去德国举办中国的中医药文化文物展览，让德国更多的民众了解中医药并受益于中医药。

2015年1月，世卫组织驻华代表施贺德博士一行十余人参观了御生堂中医药博物馆。馆长白建疆与施贺德博士有多年的交往。施贺德博士邀请白建疆馆长参加第五届中非卫生合作国际研讨会。在2015年3月举办的第五届中非卫生合作国际研讨会上，施贺德博士在大会上向与会嘉宾介绍了白建疆馆长，并建议会议代表到北京御生堂中医药博物馆参观学习。

2015年1月，美国梅奥医疗集团代表参观御生堂博物馆，博物馆馆长白建疆与梅奥集团代表签订了合作协议。随后，根据协议，御生堂博物馆向美国梅奥集团赠送一尊博物馆制作的针灸铜人，至今仍摆放在梅奥集团总部大厅。

2017年9月，马来西亚沙捞越州国际贸易与电子商务部长一行十六人代表团参观御生堂博物馆，沙捞越州盛产中药，博物馆馆长白建疆与马来西亚沙捞越州商务部长签订了中医药合作协议。

四　安全保卫

北京市御生堂中医药博物馆对于文物藏品的保护工作高度重视，设立了监控室，建立较为完善的监控系统，完善更新了馆内消防设施，还制定了防火预案等并进行演练，保证了博物馆的安全。

随着中国的进一步发展，北京作为中国的首都，影响力越发增大，身处首都的北京御生堂中医药博物馆愿在当前国家大力发展中医药事业、中医药逐渐国际化的新形势下，为弘扬中医药文化、发展中医药产业做出自己的贡献。

北京汽车博物馆（丰台区规划展览馆）
BEIJING AUTO MUSEUM

通信地址： 北京市丰台区南四环西路 126 号

邮政编码： 100071

电　　话： 社会服务电话：010-63756666

参观预约电话：010-63756666

传　　真： 010-83627899

网　　址： www.automuseum.org.cn

电子信箱： auto-m@automuseum.org.cn

微　　博： 北京汽车博物馆

微信公众号： 北京汽车博物馆

博物馆类型： 自然科学类（科学技术）

隶　　属： 北京市丰台区人民政府

批准建立时间： 2002 年 4 月 4 日

博物馆备案登记号： 152

建筑性质： 现代建筑

占地面积： 34761 平方米

建筑面积： 49059 平方米

展览面积： 10235 平方米

交　　通： 公交：740、400 快、运通 115 路到怡海花园南门站，南侧即是北京汽车博物馆。

地铁：9 号线到科怡路站 C 口出，向东 300 米过过街天桥即到。

开放时间： 9：00—17：00（周一闭馆，法定节假日除外）

服务设施：

停车场	纪念品商店	餐饮	语音导览	微信导览	无障碍设施	其他
有	有	有	有	无	有	无

概　述

北京汽车博物馆位于丰台区，建筑面积为约5万平方米，填补了国家专题博物馆的门类空白，集"博物馆、科技馆、展览馆"三位一体。博物馆2011年建成开放，连续实现全年满载开放，累计服务社会人群500万人次。践行"文化、科技、教育、旅游"等方面的融合发展，先后获得国家AAAA级旅游景区、中国汽车文化推广基地、全国博物馆行业首家国家级服务业标准化示范单位，连续4年获得"优秀全国科普教育基地"、爱国主义教育基地、北京市先进基层党组织等，2018年被中国博物馆协会评为国家二级博物馆，荣获"全国文物系统先进集体"称号。以"开门办馆，融入社会"为宗旨，构建了"传承、创新、合作、卓越、责任"的核心价值，"传承文化文明、创新驱动发展、加强多方合作、追求卓越服务、履行社会责任"的发展理念，以及"创展示一流、服务一流、效率一流的现代科技类博物馆和北京市最具活力的公益文化设施"的发展目标，倡导"人—车—生活—社会"和谐发展。

一　组织机构情况

北京汽车博物馆是由中央倡导，北京市政府立项，丰台区政府承办的项目。2002年4月4日，丰台区机构编制委员会批准成立"中国国际汽车博览会展中心建设办公室"，负责中国国际汽车博览会展中心建设事宜，机构为区属全额拨款事业单位。2006年11月北京市机构编制委员会批准丰台区政府组建成立了"北京国际汽车博览中心建设办公室（北京汽车博物馆）"作为项目主体（京编办事〔2006〕119号），机构为正处级全额拨款事业单位。2008年批复北京国际汽车博览中心建设办公室内设机构8个职能部门。2010年2月市文物局（京文物〔2010〕132号）批复备案。

2011年5月丰台区机构编制委员会（丰编函〔2011〕8号）批准北京国际汽车博览中心建设办公室加挂"丰台区规划展览馆"牌子。2014年11月丰台区机构编制委员会（丰编函〔2014〕33号）批准北京国际汽车博览中心建设办公室根据工作需要对单位内设机构及人员编制进行调整。2016年9月28日，北京市丰台区机构编制委员会（丰编函〔2016〕8号）《关于调整北京国际汽车博览中心建设办公室机构编制有关事项的批复》，更名为北京汽车博物馆（丰台区规划展览馆）。

二　运行主要职责

北京汽车博物馆的主要职责为：展品和文物的管理；汽车文化的研究、展示和教育；开展公共教育活动，传播科学与文明；展览活动的举办，开展馆际交流；汽博馆功能和运营空间的提升和拓展，公益事业多元化发展渠道的探索，开馆运营的各项管理工作，服务社会。

三　开馆后的发展情况

（一）展陈奠定国际化基础，不断提升展览展示水平

北京汽车博物馆展览面积10235平方米，按照"科学—技术—社会"选题方式，设有"三馆一区"常设展览，打破国家与品牌的界限，展现世界汽车百年发展的历史，以及中国汽车工业的起步、发展与壮大，揭示汽车工业对人类文明和社会产生的巨大影响。展览展示打破传统陈列方式，运用新媒体、机电一体等高科技手段，引导观众通过亲身体验认识汽车文化，学习汽车知识，采用声、光、图像以及互动机械等多元化的科技表现手段和展览展示方法来满足观众的需要，实现"科技馆中的博物馆，博物馆中的科技馆"，将历史价值、科技价值、文化价值转换为社会价值。

更新展陈展项，丰富展示内容。2014年"北京汽车博物馆展览展示系统技术开发及应用"项目荣获中国汽车工业科学技术三等奖。2014—2015年完成了4500平方米展区地面艺术绘画升级改造项目，其中艺术绘画30幅面积1800平方米，艺术地面内容与展区主题相呼应，丰富了常设展览内容及形式。2015年新增7项和升级改造10项互动展项，实现了观众一张门票可免费体验36项互动体验项目。2017年升级改造"广告中的汽车""汽车音乐""会跳舞的汽车"展项，新增"基于zSpace的新能源汽车虚拟展示"、发动机科普展示展项，利用丰富的展示手段，将更多汽车知识和展览研究成果向观众传播，增加展览内容的展示厚度。2018年，"北京汽车博物馆汽车科普互动模拟器开发及应用"荣获中国汽车工业科学技术进步三等奖，同年与上汽车享达成协议，策划在个性化汽车展区打造"创享体验空间"，让观众置身于集科技、文化、

创意为一体的体验环境，增强了观众对汽车文化和科学技术的兴趣和爱好。

以基本展陈为源头，结合重要时事节点和社会热点策划临时展览。推广中国自主品牌和新技术，推广中国传统文化和核心价值观，发挥以"车"为媒的国际文化交流作用。2013—2018年共计举办展览30个，其中引进展览4个，与汽车企业合办展览3个，走出国门办展2次。如2013年中国汽车工作发展60周年之际，与一汽合作举办"从1949走来 红旗的故事"专题展览，并于2014年走进法国，促进了法国阿尔萨斯大区与中国北京丰台区进行文化互动和交流，提升博物馆品牌形象和国际影响力。2014年"从上海大众汽车30年看中国汽车合资合作30年"专题展，2016年举办"车轮上的生活"中美汽车文化摄影展、"北京—巴黎 不解之缘"中法汽车文化专题展、"拉丁美洲太平洋联盟四国文化图片展"，赴意大利米兰参加国际博物馆协会第24届成员大会并参加中国展区的展览，通过"车"字的演变过程向国际观众展示了中华古代"车"文化及中华文明。2017年举办"车@城@人"专题展览、"金戈铁马话军车——纪念中国人民抗日战争暨世界反法西斯战争胜利70周年"专题展览，2018年举办"雷锋，一个汽车兵的故事"专题展、"文化的印记"图片漂流摄影展、"依标准治馆 全心服务——让博物馆更有温度"主题展览、"伟大成就 历史巨变——改革开放40周年图片展"、与上汽车享合作打造"车享·汽车科技互动体验空间""时光交汇 美美与共——中法汽车科技与艺术交流展"等16个线上、线下展览。在《国际博协》发布的"中国博物馆（展览）社会影响力2015年第4季度排行榜"位居第54名。

（二）馆藏填补领域空白，丰富馆藏深化利用

北京汽车博物馆建馆以来，通过征集、捐赠建立起丰富的馆藏，文物藏品数量持续增加，且体系完整。通过面向社会大众持续开展藏品征集工作，一方面补充了馆藏，一方面通过对藏品的合理保管及研究，形成了不同的研究成果满足实际工作的需要。目前，馆藏品按收藏的文物类别划分，包括车辆类、构成类、文献类、模型类、票牌类、杂项类共6大类21小类10229件，囊括汽车发展历程中经典车型和汽车社会进程中有重要影响的品牌和车辆，以及汽车相关或反映汽车发展史的相关藏品。

车辆类藏品维护保养自2010年全面开展后，确定了美容护理和技术保养两项核心业务，经过8年的实践摸索及总结分析，此项工作已形成较为完

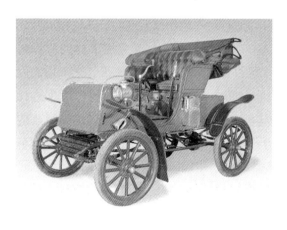

北京汽车博物馆一级藏品——杜瑞亚L型汽车（1903年）

善的保养规范及工作标准。为确保车辆类藏品的长久保存，北京汽车博物馆在2012年正式启动了车辆类藏品修复项目，还成立了国内第一个以汽车为藏品的评审定级机构，提出"修旧如故"修复理念，完成以1976年上海SH760A为代表的承载式车身、以1968年红旗CA773为代表的非承载式车身和以1987年北京BJ212L为代表的越野车型的修复，实现让"文物活起来"。制定国内首个《车辆类藏品修复工艺、技术及验收标准》，填补国内车辆类藏品修复领域空白。启动了车辆类藏品修复中心空间改造项目，实现了修复场地展示传播车辆类藏品修复研究、成果展示职能。在向广大观众讲述藏品车维护保养方面的技术和工艺的同时，结合美容护理及技术保养工作推出"汽车养生堂"项目，在展区开设了"环保洗车"课堂、藏品车美容护理展示课程。出版藏品画册，入册126件藏品。加强藏品利用，契合公众文化需求，推出"车@城@人"馆藏展，展出200余件藏品。

（三）统筹文化、教育体系，提升汽博馆文化软实力

深化汽车文化体系，推动成果创新应用。北京汽车博物馆将视角锁定在"人—车—社会"，透过汽车看历史，研究中国乃至世界的汽车文化，积极填补中国汽车文化研究领域空白。

以史为鉴，构建了国别汽车文化体系的研究方向与框架，开展9个国别11个专题的汽车文化研究，注重成果的输出与转化，出版了《从1949走来：中国汽车红旗的故事》《1891—1968法国车身造型：艺术、技术和专业成果》《一路同行中法梦》等图书，发表学术文章近20篇；参与国家级课题《中国汽车产业文化简史》教材项目的编写，现已进入学校实践教学阶段，为汽车产业记录历史，为中国培养汽车人才。同时，以车为媒，积极开展国际间汽车文化交流，促进多元文化交流互鉴。

立足业务发展深化汽车文化研究，以输出成果为导向，将国别史研究和专题性研究进行创造性转化和创新性应用。挖掘藏品背后故事，传播中华优秀传统文化蕴含的价值理念和道德规范，弘扬文化自信；根据"不忘本来、吸收外来、面向未来"的理念，传播世界汽车科学技术与人文思想。

"深度开发"常设展览和藏品资源文化内涵，应用于展览内容更新、临展策划、文化交流、课程开发、文创产品开发等领域。运用多种载体传播汽车文化，使其真正成为藏品故事、展览内容、科普课程、文创创意的输出源，让汽车文化走进人们生活。

基于展陈教育资源，深化汽车博物馆教育体系。探索互联网+教育创新模式，充分发挥汽车博物馆的公共文化平台作用，努力将汽车博物馆建设成为创新学习中心。

社会主义核心价值观教育方面，每年举办"雷锋，一个汽车兵的故事"活动，活动期间扣紧"学雷锋，志愿服务我先行"的鲜明主题，以"六个一"的活动方式，倡

导"学雷锋、讲雷锋、做雷锋"，将雷锋名片形成话题，凝聚多方力量在全社会范围内共话"雷锋"，并通过雷锋系列活动，进一步贯彻落实党的十九大精神，充分发挥博物馆在学雷锋工作中的阵地作用，弘扬和践行社会主义核心价值观。2016年"雷锋宣讲志愿服务"项目荣获第三届中国青年志愿服务项目大赛金奖，同时系列雷锋活动也被丰台区文明办列为2018年"学雷锋志愿服务月"活动。结合互联网模式为了真正做到雷锋精神永不落幕，2018年"雷锋，一个汽车兵的故事"数字展览走进全国5000余家省、市、区、县图书馆同步推广，展示雷锋崇高的道德品质和人格魅力，让雷锋精神在中华大地落地生根，开花结果。

科普教育方面，开展了"全国科技周新能源智能汽车分会场""全国科普日创客汽车城""科学之夏""科普资源牵手工程""寒假体验营""汽车大家说"等主题科普活动，在全国性的大型科普活动中体现了汽博的品牌和影响力。此外，针对农民工子弟、孤儿、退伍军人、教师、大学生等不同群体的特点和需求，提供了个性化的服务。引入上汽集团车享公司博物馆合作项目和全球知名汽车品牌——日产汽车"筑梦课堂"汽车科普教育项目优质资源，充分发挥博物馆的公共文化平台作用。"北京汽车博物馆汽车科普互动模拟器开发及应用项目"荣获2018年中国汽车工业科学技术奖三等奖。

特色文化教育方面，着力培育"我们的节日"主题教育活动，以充分发挥传统文化节日在弘扬中华民族优秀文化中的载体作用，丰富人们的精神文化需求。在春节、元宵节、清明节、端午节、六一儿童节、中秋节、重阳节以及地球日、环境日等重要节庆日，面向社区居民及来馆观众推出特色文化活动，将科技与文化融合，充分体现汽车博物馆特色，活动得到了人民网、北京时间、《北京周报》等媒体的报道，获得了良好的社会效益。

在教育形式上，初步形成了预约讲解、专题讲解、微课堂、展区活动等多元的科普服务形式。开发漫画系列学习单，提高集体参观效果；推出展区微课堂，提供多元化展区科普服务；推出创新教育项目，探索协同科普服务模式。联合社会机构推出面向中小学校、亲子家庭的"未来赛车手"锦标赛、"未来赛车手"运动会系列项目、"无动力小车公开课"课程；与中国汽车工程研究院达成合作，引入Greenpower绿色能源电动车教育项目，在全国科普日期间联合办展，展示空间达1000余平方米，互动科普成为亮点；创新科普内容，"雷锋——一个汽车兵的故事"主题活动通过邀请全国学雷锋标兵、组织中学生志愿者参演情景剧、送剧入校，通过全校视频直播，让更多的学生感受到雷锋的平凡与伟大，提升了汽博馆科普教育品质。

（四）以车为媒，提升国际交往能力，促进国际间文化交流

2014年，"从1949走来 红旗的故事"专题展览首次送出国门，同年又从法国米

卢斯国家汽车博物馆引入"1891—1968法国车身造型：艺术、技术和专业成果图片展"，在促进两馆进行古董车修复技艺学术交流的同时，促进了法国阿尔萨斯大区与中国北京丰台区进行文化互动和交流，提升了博物馆品牌形象和国际影响力。2016年继续深化中法文化交流活动，举办"北京—巴黎不解之缘"中法汽车文化专题展"以车为媒"，讲述了车与车之间，人与人之间，城与城之间，国与国之间的不解之缘，为中法两国文化交流历史增添了新的篇章，开创了汽车文化交流的新纪元。

2015年该馆受邀参加在弗莱堡举行的第15届德国世界科学日活动。与德国科学日主办单位德国科技促进协会及科学同盟网签订《合作意向书》，三方将以此为基础，在科学传播、人才培养等方面加强合作。2016年首次参加国际博物馆协会第24届成员大会，以此为交流平台与国际博物馆界交流、互鉴，用文化突破国与国之间的界限，促进文化共同进步，得到国际博协主席的肯定。受中国国际贸易促进委员会汽车行业委员会邀请，参加2016（第七届）全球汽车论坛，借此契机与美国、德国等多国代表团交流，并与国内的知名车企一汽、北汽、广汽、长安等以及跨国公司丰田、斯巴鲁、博世、大陆、海拉等跨国集团、品牌高管建立联系；与美国密歇根州代表团就与丰台区友好交往事宜进行交流，与亨利福特博物馆建立起友好交流基础。与国家行政学院、中央文化管理学院建立了良好对接关系，承接了两家学院组织的阿尔及利亚国家财政代表团、塞内加尔博物馆运行管理研修班等来馆参观交流。

2017对外交流取得新突破，在国际舞台发出中国声音。在里昂举办的第二届中法文化论坛"一带一路：中法文化交流"上，汽车博物馆与故宫博物院一起，代表中国博物馆作了题为"以车为媒，提升博物馆地区吸引力"的交流发言，并以此为契机，推进丰台区和法国里昂的友好合作；跟随区政府代表团访问了英国国家物理实验室、诺丁汉大学及西班牙Graphenea，分别签署了新一轮五年国际合作规划及石墨烯关键技术合作备忘录，为推进战略性新兴产业发展搭建了国际交流平台。

2018年进一步增强文化自信，提升区域汽车科技与艺术氛围，满足观众对共享美好生活的精神需求，策划了由区政府主办的汽车科技与艺术系列展及活动。参加了9月17—20日在西安举办的第三届中法文化论坛，围绕文化遗产、教育、旅游、艺术生活等领域展开了对话与交流。围绕"一路同行，中法梦"主题开展系列中法文化论坛的系列活动，举办"时光交汇美美与共中法汽车科技与艺术交流展"等系列展览及配套活动。汽博馆发挥文化桥梁的作用，延续丰台与法国里昂的友好交流，并继续以车为媒，站在国际舞台上，在更广范围、更深层次传播"中国声音"。

随着逐渐深化以"车"为媒的文化交流作用，汽博馆已成为区域国际文化品牌和外事交流的重要平台，与30余个国家开展了友好交流活动，并与其中的法国、俄罗斯、美国、意大利、德国、西班牙、英国等7个国家深入开展了汽车文化交流与合作。

（五）主动作为，发挥示范作用，引领行业依标准治馆

加快推进标准"通用语言"的运用，积极实践"标准化+博物馆"管理体系建设。北京汽车博物馆创先创建服务标准化，经过五年多的创建与宣贯实施，2017年"科教旅游文化服务标准化示范项目"成为国家级标准化示范项目，是全国博物馆、科技馆行业首家示范单位。在没有先例可循的情况下，坚持走标准化之路，站位博物馆行业对标准化的需求，创新管理机制，探索标准化理论与方法，持续研究标准化与博物馆、科技馆的发展关系和实践经验，建立博物馆、科技馆的标准体系和规范管理，依据标准管理运营，持续推动全国博物馆行业更加有序发展。

2017年开展"首届博物馆服务标准化培训班"，积极向行业宣传推广"依标准治馆"理念，全年接待标准化管理经验交流调研二十余次，得到社会媒体的广泛关注和报道。为了让博物馆、科技馆同行更好地了解"标准化与博物馆管理"，出版标准化图书两套。其中《北京汽车博物馆标准》系列丛书（8本）的编辑出版，为博物馆从业人员提供第一手的参考资料和执行模板；与弘博网共同编写出版的《博物馆服务标准化实践指南》一书，以北京汽车博物馆服务标准化建设为研究对象，讲述博物馆如何开展服务标准化建设。为形象展示服务标准化成果，创新工作方法，运行保障部对原有的培训教室进行升级改造，形成了折叠空间。

作为"全国科普服务标准化技术委员会"第一届委员单位，汽博馆积极参与到科普类标准的研究和建设工作中，围绕标准化创新研究基地和实践验证基地建设，由市文物局牵头，汽博馆制定北京市文博领域地方标准体系中的首部服务标准《博物馆服务规范》，于2018年4月获市质监局批准发布，并于2018年国际博物馆日正式公布实施，进一步推进了北京地区博物馆学标准，用标准规范场馆运行及观众服务，提高区域内公共文化服务质量，提升城市品质。推出"依标准治馆 全心服务 让博物馆更有温度"展览，全面展示了汽博馆从服务标准化试点到示范整体建设过程、具体成果。

（六）与时俱进，积极探索文创开发规律，实现文创产品创新

以汽博馆文化资源和科普资源为载体，深入挖掘藏品背后的历史故事，捋清文化产品开发思路，按照实现商店特许商品销售、与社会资源合作开发专属商品、与相关品牌合作开发商品的三步走策略，稳定"1+1+N"的开发模式，实现了文创产品的新突破。2017年开发了"古代车马文化"系列、"红旗"系列、"车字图"系列、"车型演变"系列、"车轮印记"系列等10个系列共84种文创产品，在第二届中法文化论坛、第六届北京国际旅游商品及旅游装备博览会、京津冀中小博物馆文化创意展、首届"一带一路"科普场馆发展研讨会上登台亮相，并获得社会各界好评。2018年引入"MINI交通乐园"项目。

以汽车文化为载体，2017年推出了汽车文化生活体验馆。这是博物馆展览功能的延续，是一个多元文化相融合的体验平台，它将文创空间、阅读空间、科普空间、休闲空间整合在一起。2018年相继开展"跨界合作 匠心传承"系列活动，与中华老字号"锦芳小吃"联合推出了"汽博馆里摇元宵"活动，结合端午节，开启"放粽心情"研学旅行，让粽子成为传承文化、传递亲情的味道；结合中秋节，开展"花好月圆 福在汽博"中秋主题系列活动，弘扬和传承中国传统文化。重新梳理和定义"让科学很好玩"的益智馆。规范益智馆整体品牌元素，调整整体店面形象，升级销售品类，以销售动态模型、益智玩具、科普教具及汽车童趣系列图书为主。配合临展设立"雷锋——汽车兵的故事""时光交汇 美美与共"中法汽车科技与艺术交流展系列衍生产品的销售专柜。"爱车就是爱生活"的模型馆，结合"车型演变史"的概念，重新梳理模型的陈列方式，引进手工车模，极大丰富了产品的销售品类。开发"车型演变"系列产品，获得了第十五届"北京礼物"旅游商品大赛优秀奖。"古代车马文化"系列文创产品获第13届中国（义乌）文化产品交易会"博物馆特色文化创意奖"。

（七）各项保障工作稳步推进，夯实开放运行基础

落实安全生产"党政同责、一岗双责"规定，实现全年重大消防事故及安全事故为"0"的工作目标。提高对隐患的预控能力，认真开展安全检查和隐患排查工作。2018年全面启动隐患排查治理"一企一标准，一岗一清单"编制工作。强化快速反应和应急演练，全面做好突发事件应对工作。结合季节、假日、重要时间节点，突出大客流、防汛、火灾、治安反恐等应急救援安全内容，适时开展综合演练、专项演练和现场演练。不断完善安全保障机制，完善汽博馆夜查工作流程，制定了夜查工作机制。

不断强化服务监管和服务提升。以服务观众为根本出发点，加强软性服务管理和硬件服务品质。完善母婴室及接待室设备设施、增设观众休息座椅、增加租借用品和环保回收机；建立首都紧急救援志愿服务站，在节假日期间开设了医疗急救课堂，宣传红十字精神和家庭医疗急救方法；结合节日和主题活动营造环境氛围；维护完善服务提示类、安全提示类、导览类及展项说明等标识牌；免费WiFi覆盖一、二层公共区域；增设自助售票管理系统项目，提高观众快速入馆效率。2018年一、二层免费开放，根据新的参观流线，游客服务中心增加售票职能。完成汽博馆第三性卫生间建设工作。

依托互联网＋，建设智慧博物馆。全面梳理汽博馆信息化及网络基础现状的同时，依托汽博馆成熟的标准化管理体系，初步完成"互联网＋汽车博物馆"的智慧博物馆整体平台规划。对汽博馆已有微信号进行改版，形成"微官网、微商城、微讲解、微导览"等一系列符合主流移动媒体面向观众的服务功能。打破时间和空间的局

限，在大数据时代探索"智慧博物馆"建设。以"智慧服务"为切入点，自行开发并推出"指尖上的汽车博物馆"自助语音导览平台，实现"零"成本的同时提高观众参观体验的趣味性；以提高参观和体验效率为目标，建设互动展项微信购票系统，实现观众满意度提升。

保障设备设施平稳运行。坚决贯彻执行"安全第一、预防为主、综合治理"的总方针，保障场馆正常稳定运行。通过安装安防设备、改造燃气排风系统、加装扶梯附加制动器、更换防火门及消防系统配件、加固一层局部吊顶等项目，对13项场馆设备设施大中修改造施工，排除了场馆安全隐患；实施游客服务、设备设施、硬件提升，完成三至五层展区台阶灯安装，对游客服务中心墙面进行装修、广场地面维修，改善了场馆展示效果及参观环境。

实践场馆节能环保新措施。对场馆二层、新闻厅、报告厅、地下停车场节能灯具改造，每年可节电约9.3万度。对两台直燃机低氮改造，实现了燃气锅炉设备运行安全和达标排放，汽博馆成为直燃机类低氮改造第一家完成单位。实施能源远程监控项目，完成现场施工改造，并进行设备上线测试。改造新风空调设备和一层吊顶空调设备，降低了进入馆内的细颗粒物。进行广场部分井盖更换项目，完成场馆部分玻璃幕墙门更换，网络机房UPS电池更换，实施循环展梯维修可行性论证及场馆设备设施大中修改造论证。2015年汽博馆运行保障部荣获"北京市模范集体"称号。2018年获得北京市节水型单位称号。

北京汽车博物馆紧跟新时代文博行业发展的步伐，以服务标准化为抓手，以办好人民满意的博物馆为目标，不断夯实业务基础，提升文化软实力，积极拓展行业资源、社会资源，挖掘博物馆展教资源、藏品资源和文化旅游资源，下功夫打造汽博特色文化产品，在文化内涵的深化，文化形式的多样，文化形象的提升，品牌价值的认可等方面均有进步，社会影响力不断扩大，观众数量逐年提升。荣获多项国家级、北京市级、区级、行业及其他荣誉，连续四年被中国自然科学博物馆协会授予年度优秀集体称号，2014年由北京市旅游委和北京市文物局联合组织的北京精品文博旅游精品资源，该馆作为北京20家博物馆之一成为亮点。2016年成为国家级服务业标准化示范单位。2018年被中国博物馆协会评为国家二级博物馆，荣获"全国文物系统先进集体"称号，成为北京市地方标准博物馆服务规范试点单位。随着逐渐深化以"车"为媒的文化交流作用，汽博馆已成为区域国际文化品牌和外事交流的重要平台，成为丰台区，乃至北京市的汽车文化名片。

北京西瓜博物馆
BEIJING WATERMELON MUSEUM

通信地址： 北京市大兴区庞各庄镇政府院内西瓜博物馆

邮政编码： 102601

电　　话： 010-89281181（社会服务电话、参观预约电话）

隶　　属： 庞各庄镇政府

批准建立时间： 2001年

博物馆备案登记号： 145

博物馆类型： 自然科学类（科学技术）

占地面积： 22000平方米

建筑面积： 4600平方米

展厅面积： 2600平方米

交　　通： 937、842、兴28、兴30、兴65、兴61、兴54路中国西瓜博物馆站下车。

开放时间： 春夏秋季9：00—16：30　冬季9：00—16：00

服务设施：

无障碍参观	停车场	衣帽间	餐饮	茶座	纪念品商店	语音导览	其他
有	有	无	无	无	无	无	无

概　述

西瓜博物馆是唯一以专项农作物命名的专题博物馆，旨在普及西瓜知识、引导促进科学技术未来发展、弘扬西瓜历史文化。

一　基本情况

北京西瓜博物馆座落在北京市大兴区庞各庄镇，是绿海甜园中一座极具时代特征和鲜明特色主题的标志性建筑物。它的外型效果主题为"飞翔的西瓜"，中间序厅圆顶气势恢宏，酷似巨型西瓜之状；两侧主展厅顶层，状似西瓜叶片，像一对振奋飞翔的翅膀。整体建筑时尚现代、舒展大方，典雅庄重而不失活力，色调协调又饶富文化底蕴。博物馆造型主题鲜明，寓意深远，展示了中国西瓜飞出国门、飞向世界的不羁的张力和震翅高飞的风姿，彰显出中国西瓜在全世界的领先地位和产业发展的辉煌。整体建筑极具视觉冲击力，不但具备现代建筑之美，又是一部极具艺术感染力的馆建文化经典！

中国西瓜博物馆于2001年8月筹建。2002年初，由全国农业展览馆装潢设计室设计师王志平、王应德及王萌、丁文博共同完成建筑造型、外观色彩设计。2002年5月，举行了奠基典礼。而后由北京建工集团承担工程施工设计、北京华都建筑集团公司进行建筑施工，2003年11月主体落成。同期开始布展大纲、布展设计创作的审定工作。2004年5月28日开馆，与第十六届北京大兴西瓜节开幕式同期举行。

中国西瓜博物馆总占地22000平方米，建筑面积4600平方米，主建筑分上下两层。一层中间序厅通高21米，高大雄伟，巨型组合吊灯华丽雍容。6米高的煅铜壁雕迎面而立，整个画面蕴育着中国西瓜文化历史的底蕴和西瓜科技快速发展的时代主题。东西两个展厅展线全长400多米，以西瓜历史、西瓜种植、西瓜科技、西瓜文化、北京大兴西瓜节为主要的陈列版块，展出图片近900幅，蜡质西瓜模型140余个，琥珀种子标本200余种，雕塑模型7组，各类图表18幅，书法美术艺术作品36件。构成了具科学性、专业性、知识性、文化性、趣味性的陈列特征。二层东侧设可容纳500人的1000平方米多功能厅，可开展电教、培训、中小型颁奖、会议、演出等活动。二层西侧1000平方米的展览大厅，可举办各类中小型临时展览。形成中国西瓜博物馆多种功能设施的建设格局。

馆前8000平方米的西瓜文化广场，门区宽24米，宽敞明亮，中间镶有中国书法家协会主席沈鹏先生题写的馆名。馆东侧10000多平方米的雕塑公园，10组青铜雕像讲述着西瓜民俗故事。中国西瓜博物馆整体馆区本着以人为本、与时俱进、尊重历史、尊重知识、崇尚科学的宗旨，构架成集参观、展示、教育、旅游等多功能为一体的京南视觉新亮点和理想的人文活动空间。

二　管理体制

馆长是博物馆的业务和行政负责人，负责全面贯彻执行国家有关博物馆的方针、政策和法令，制订长期和近期的规划、计划，组织和领导全馆的业务工作和行政管理工作。主要业务部门前勤、外联、讲解、后勤。馆内实行岗位责任制、投诉责任追究制、例会制度。根据实际需要合理分工、权责明确，发现问题及时解决，保证各项工作和活动的正常运行。

三　藏品的管理和保护

征集文物、标本时，注意搜集原始资料，认真做好科学记录，及时办理入馆手续，逐件填写入馆凭证或清册。

藏品出入库房必须办理出库、归库手续。对藏品的数量和现状，认真核对，点交清楚。藏品出库后，由接收使用部门负责保管养护，保管部门对使用情况进行监督和检查。使用部门应尊重藏品保管部门的意见，对发现的不安全因素，及时予以纠正。建立定期的安全检查制度，发现不安全因素或发生文物损伤要及时处理并报告主管部门。发生火灾、藏品失窃等案件，及时上报当地公安部门、上级领导部门。

对馆内的展品进行定期检查，做好通风、防潮、防雨、防虫措施。

禁止存放易燃物品、腐蚀性物品及其他有碍文物安全的物品，并严禁烟火。展厅内、走廊都装有消火栓、烟感报警器。

四 科研活动

温室大棚西瓜的种植、无籽西瓜的栽培、特大西瓜的栽培技术、各种造型西瓜、航天育种。

五 陈设展览

常设展厅有东、西两厅。西厅为：西瓜起源、西瓜药用价值、航天育种；东厅为：西瓜食用价值、历代有关西瓜文化艺术作品、古代西瓜故事、擂台瓜王品种展示。

博物馆以现代化高科技的声光电的再现手法及图文并茂的形式介绍了西瓜的起源和传播、西瓜品种的培育和栽培管理技术以及西瓜的开发利用和西瓜文化的发展。馆内陈列着从原始的野生西瓜到现代太空西瓜等200余个西瓜品种，囊括了中外西瓜的精华，充分展现了西瓜在世界尤其在中国发展的整体脉络。该馆古老而现代的表现手法、布局风格与源远流长的西瓜史话、牵肠挂肚的西瓜情话、博大精深的西瓜文化相映成趣，展示着西瓜文化漫长的发展历程，与整个园区珠联璧合，构成了一部极具历史底蕴与现代时尚的西瓜文化经典。

社会大课堂活动

六 教育服务设施

中国西瓜博物馆是爱国主义教育基地、科普基地，为了加强爱国主义教育，继承和发扬爱国主义传统，西瓜博物馆充分发挥爱国主义教育基地作用，举行了多项活动，对学生进行西瓜文化的宣传，同时更大范围弘扬了中国西瓜文化。

2005年中国西瓜博物馆被评为科普教育基地，以新农村的新兴科技吸引青少年对农业的兴趣，以国内独一无二的专题展示培养青少年热爱祖国、热爱农业的思想热情，以生动的展示内容教育培养青少年崇尚科学的美德，从而激发他们探索科学的勇气和决心，充分发挥社会科普资源的作用。随着新农村建设的新格局，该馆将一批农业最新的科研成果进行调整并展示，建立强有力的爱国主义教育平台，强化其科普性、文化性、教育性、旅游性的多元化功能。

七 博物馆基础设施改造

自中国西瓜博物馆建馆对外开放至今已有十四年的时间，其间，接待了上级领导、中外学者、中小学生以及观光旅游的观众数以万计。为大兴区文化教育、观光旅游等发挥了重要作用。随着社会生产生活迅速的发展，馆内及时做了更新，展示造型也做了较大调整。改造项目如下：

东厅：一进门，四个柱子中间重新设计了造型，从空间到面积设计成西瓜状元榜区域，主造型加状元人物造型，采用现代科技声光电相结合。东厅后边中心造型换新，另外四角添加了舞台旋转交换灯光，并用电子光纤围外轮廓，增加光影效果。东厅展墙调整展示内容，以及重新更换东厅大部分灯和制作照片。新增了儿童踢瓜游戏。

序厅：全部锻铜壁画抛光，修整，施保护层，上下色彩图案更换，中心前言重新制作造型并加强灯光效果，中间吊灯改为圆形层面灯，看上去更加大气又不失活力，两边展柜扯出展厅，使序厅空间感更足。

西厅：中心造型色彩改观，西瓜树全部重新制作，灯光效果加强。西瓜温室大棚模型，太空育种更换照片，背景改为灯箱效果。

民航博物馆
CIVIL AVIATION MUSEUM

通信地址： 北京市朝阳区首都机场辅路民航200号

邮政编码： 100015

电　　话： 010-84323666

传　　真： 010-84323600

网　　址： www.caacmuseum.cn

微　　博： 民航博物馆

微信公众号： caacmuseum/民航博物馆展览资讯

电子邮箱： caacgoer@163.com

博物馆类型： 自然科学类（科学技术）

隶　　属： 中国民用航空局

批准建立时间： 2008年2月

博物馆备案登记号： 160

占地面积： 189331平方千米

建筑面积： 9000平方千米

交　　通： 公交359路和平农场东站下车。

开放时间： 周二至周日9:00—16:30（16:00停止售票），每周一闭馆。

服务设施：

停车场	纪念品商店	餐饮	语音导览	微信导览	无障碍设施	其他
有	有	有	有	有	有	无

概　述

　　民航博物馆隶属于中国民用航空局，2002年筹建，2011年11月26日正式对公众开放，是中国唯一一座民航行业博物馆。民航博物馆的定位为科技类博物馆，兼顾宣传民航历史、文化，面向社会，面向青少年，受众对象以青少年为主，发展目标为特色鲜明、国际知名生态园林式航空博物馆。2013年1月，博物馆办公楼建成并投入使用。当年10月，博物馆党支部成立，内设部门组建。2014年12月，博物馆新一届领导班子成立。2013—2018年，经过全馆干部职工的努力奋斗，博物馆新增藏品2300套（5541件），藏品总数达到8252套（17664件）。与征集工作同步，开展馆藏飞机修复工作，加强飞机保护，改善参观体验。2013年7月16日，"中国民航发展简史"基本陈列开放，以后相继推出"中国民航空中乘务员风采展""中国民航飞行员专题陈列""中国民航空中交通管理专题陈列"等展览，形成了以中国民航发展简史基本陈列为主，飞行员、管制员和乘务员专题陈列为辅的，内容完备的展览格局。博物馆先后申请成为北京市科普教育基地、北京市和朝阳区中小学生社会大课堂资源单位，积极开展了形式多样的社会教育活动。自2013年以来，博物馆累计接待观众约26.60万人。为确保展品藏品、观众人身安全，博物馆着力提升安保工作，建立安全值班制度、突发事件应急处置机制，加强安检，提高安保人员职业技能。

　　2017年9月6日，民航博物馆的管理关系由民航局空管局管理调整为民航局直属管理，开启了改革发展新征程。

一　藏品管理和保护

　　2011年民航博物馆开馆时，已征集并展示各类民航飞机15架，较为完整地反映中国民航机队演化的历史。2013年以来，博物馆继续加大征集力度，征集到运十一、歼教五、初教六、"前进号"滑翔机、奖状Ⅵ型飞机等航空器各1架。其中，奖状Ⅵ型飞机于2016年10月31日从中国民航飞行校验中心征集而来。该机主要任务是执行我国新建机场的校验任务，特别是执行拉萨、邦达、九寨沟、（高原机场）香港、澳门机场的校验任务，见证了改革开放以来中国机场建设的蓬勃发展。此外，民航博物馆还征集到反映各个时期中国民航发展变化的实物，比较有代表性的藏品有反映"驼峰"空运、"两航"起义、八一开航、民航体制改革等方面的实物。

2015年，按照国家文物局、北京市文物局的要求，博物馆配合全国第一次可移动文物普查工作，开展了本馆文物普查工作。并圆满完成任务。2013—2014年，根据民航局领导指示，博物馆启动了馆藏品鉴选工作。

飞机是民航博物馆最重要的大型藏品，对飞机的维修保养一直是博物馆的重点工作。修复伊尔14型4208号毛泽东主席专机，是博物馆近几年持续时间最长、最为重要的工作。该机于20世纪50年代从苏联引进，曾执行过毛泽东、刘少奇、周恩来、邓小平等中央领导的专机任务。著名的《毛主席在飞机中工作的摄影》，真实地反映了毛主席聚精会神的工作状态，即是由侯波在4208号专机上拍摄，这也是毛泽东主席最广为流传的一张拍摄于飞机客舱的照片。4208号具有重要的历史价值。20世纪90年代初，伊尔14型飞机在国内停飞。博物馆征集到该机时，飞机已破烂不堪。舷窗多处破损，外观锈迹斑斑，遇有雨雪天气，舱内渗漏严重。2012年11月，博物馆启动了对该机的修复工作。在多方调研论证的基础上，复原了专机当年的内部陈设，修复舷窗、飞机外观，并将飞机从室外移至展厅内，专机的保管环境得到彻底改观。为了使观众更好地了解4208号的历史，博物馆制作了专题片，在陈列飞机旁循环播放。2013年7月，飞机修复工作完成并对外正式开放。

博物馆还按照修旧如旧的原则，于2013—2018年完成了对馆藏空客A310、里-2、C-46、运五、米八、运十一、三叉戟、运七、BAe146等飞机的除锈、修补、喷漆等修复，使这些老飞机重新恢复往日的风采。此外，博物馆还完成对室外雷达天线、卫星天线、民航特种车辆、机场盲降设备等的修复。

二 陈列展览

2013年7月，民航博物馆展示陈列工程竣工，基本陈列"中国民航发展简史"向社会公众开放。该展览以清末民初中国仁人志士的航空探索为起点，以一百多年来中国民航史上的重大事件为线索，用众多历史证物，讲述中国民航奋发图强，建成民航大国、建设民航强国的光辉历程。2014年10月，为反映中国民航空中乘务工作的发展变化，民航博物馆推出了"中国民航乘务员风采展"。随着人民生活水平快速提高，人们更多选择搭乘飞机的出行方式，观众希望对飞行员职业有更多的了解。2016年7月，博物馆推出了"神圣职责——中国民航飞行员专题陈列"，以专题形式展示了百余年来中国民航飞行员职业的发展变化，受到社会的广泛好评。2018年5月，民航博物馆推出了"中国民航空中交通管理专题陈列"，反映民航空管发展历程，普及空管知识，弘扬空管精神。

三　社会教育

飞机是近代工业文明的产物，航空制造业是人类高科技皇冠上璀璨的明珠，航空运输业则改变了人类的生产生活方式。开展民航科普、历史教育，激发青少年对航空的兴趣，是民航博物馆的重要使命。

设施设备方面。2013年，民航博物馆与天津华翼蓝天科技有限公司签订了民航博物馆飞行模拟机项目研制合同，设计开发了3台A320型、2台西锐飞行模拟机，从北京天际远航航空科技有限公司购置了2台梦幻飞行模拟机，从通用航空到运输航空，在专职教员的指导下，不同年龄阶层、不同专业背景观众的体验需求得到了满足。2016年，博物馆完成了对1台A320型飞行模拟机的升级改造，开发顶板控制功能，可全流程仿真模拟体验飞机的驾驶过程，进一步提升了对专业观众的服务能力。博物馆设有IMAX巨幕影厅1个、数字多功能影厅2个。2018年完成了3个影厅的检测修缮工作，将于近期投入使用。

空管展现场

科普队伍方面，博物馆有讲解员3名。2018年，博物馆招募专业科普讲师、助教64名，加强了民航科普力量。

科普工作方面，作为中国博物馆协会会员、自然科学博物馆协会会员、校外大课堂资源单位，民航博物馆积极加强与社会教育机构、社区、学校的合作，面向青少年，开展形式丰富的民航科普活动。活动内容包括飞机模型制作、飞机模型涂装、乘机安全讲座、小小飞行员等多种形式。自2013年以来，累计组织活动40次，受到了青少年的欢迎。

四　安保设施设备

民航博物馆的安全工作，主要包括藏品安全、消防安全、运行安全。藏品安全方面，2018年，博物馆在藏品库房安装了防盗窗，与库房走廊监控结合，做好防盗工作；2016年，展厅设置专职导览岗位，确保展品安全。消防安全方面，全馆均设有烟感，报警器直达中控室，遇有火情可第一时间发现并处置。全馆均配备灭火器，定期检查更换，确保处于可用状态。运行安全方面，2018年，更新了监控系统，达到馆内视频监控全覆盖、无死角。票务厅配备安检机等设备，观众登记领票，通过安检后方可入馆参观。警卫室24小时在岗，配置防爆罐等专业装备。建立安全值班制度、警卫巡查制度，确保运行安全。

2017年4月，中国民用航空局党组书记、局长冯正霖到民航博物馆调研。同年8月21日，民航局党组研究通过了《民航博物馆管理体制改革方案》《加快推进民航博物馆改革发展工作方案》2个方案。第一个方案明确了博物馆体制改革的意义、目的、思路和相关部门的责任，提出了调整管理关系、建立法人治理结构、完善运行机制等三个方面主要任务。第二个方案明确了未来五年博物馆发展的指导思想和基本原则，重点围绕"深化改革，让博物馆'火起来'""夯实基础，让博物馆'壮起来'"两个方面任务。同年9月，民航局下发《关于民航博物馆管理关系及机构编制调整等问题的通知》，将民航博物馆的管理关系由民航局空管局管理调整为民航局直属管理。未来，我们相信在中国特色社会主义新时代，民航博物馆必将有新作为。

中国海关博物馆
CHINA CUSTOMS MUSEUM

通信地址： 北京市东城区建国门内大街2号

邮政编码： 100730

电　话： 010-65184318（票务）　010-65194043（办公室）

传　真： 010-65194469

网　址： www.customsmuseum.cn

电子邮箱： chinacustomsmuseum@126.com

微信公众号： customsmuseum

博物馆类型： 自然科学类（科学技术）

隶　属： 海关总署

批准建立时间： 2012年11月21日

博物馆备案登记号： 168

建筑性质： 现代建筑

占地面积： 8000平方米

建筑面积： 34000平方米

展览面积： 8275平方米

交　通： 地铁：建国门站（1号线、2号线）C口（西南）出站，向西步行200米左转沿大羊毛胡同步行150米。

公交：北京站口东站、北京站东站。

开放时间： 周二至周日9:00—16:30（15:45停止换票，16:00停止入馆），周一闭馆。

服务设施：

停车场	纪念品商店	餐饮	语音导览	微信导览	无障碍设施	其他
无	有	无	有	无	有	独立休息区

概　述

　　中国海关博物馆位于北京市东城区建国门内大街2号，东接古观象台、西依海关总署机关大楼、北邻东长安街、南近柳罐胡同。该馆是海关总署直属的国家级行业博物馆，肩负着"文化把关""文化兴关"的战略责任，是收藏海关文物的中心、展示海关历史的平台、传播海关文化的阵地、开展爱国主义和海关职业素质教育的基地、中国海关的"金色名片"。

一　基本情况

（一）筹建与开馆

　　2002年4月，海关总署党组决定筹建中国海关博物馆。2005年3月，就选址问题，海关总署党组决定集中力量在北京建设中国海关博物馆。2006年3月，北京市规划委员会原则同意在现址建设中国海关博物馆；9月，国家发改委同意海关总署投资建设中国海关博物馆。2010年3月28日，中国海关博物馆大楼基础建设正式动工，建筑面积约3.3万平方米，2012年底大楼结构封顶。

　　2012年11月21日，中央编办批准设立中国海关博物馆。2012年12月31日，中国海关博物馆主展区陈列布展工程基础施工完工。2013年1月1日，"海关902"艇陈列用房工程项目开工；10月17日，正式启动"海关902"艇布展工作；12月31日，"海关902"艇陈列用房工程项目、陈列布展项目竣工。

　　2013年9月29日，面向海关系统开馆试运行。2014年1月28日，完成法人登记工作，中央编办国家事业单位登记管理局核发了中国海关博物馆事业单位法人证书（事证第110000005483号）；2月18日，申领了组织机构代码；3月25日，北京市文物局同意核准登记中国海关博物馆，并颁发登记证（京博登字第168号）。2014年3月30日，中国海关博物馆正式面向社会开放。

（二）职责任务、机构编制与组织建设

2012年11月21日，中央编办核定中国海关博物馆财政补助事业编制40名。2013年5月，海关总署印发中国海关博物馆"三定方案"，明确博物馆内设办公室、人事保卫部、藏品管理部、陈列展览部四个部门，干部职数为馆领导4人（1正3副），各部门中层8人；明确博物馆主要职责是：收集、整理、保管反映海关历史和建设成就的文物，举办陈列展览；开展海关文物鉴定、整理和研究工作；开展行业教育和行业宣传；归口指导海关系统关史陈列室；承办总署党组交办的其他工作。

中国海关博物馆为公益一类事业单位，经费来源为全额财政补助收入。2015年初，实现财务独立。2018年，财政预算拨款3571.08万元，其中博物馆运行维护费1833.5万元。

2018年底，中国海关博物馆有编制内员工22人，其中馆长1人，副馆长2人，有劳务派遣方式聘用人员22人。2014年底，中国海关博物馆成立了党支部、分工会，2018年底有党员20名、支委7名。

二 工作成果

2014年开馆以来，中国海关博物馆紧紧依靠海关总署的行政支持和文物主管部门的业务指导，坚持"既姓关，更姓社"的角色定位，一手抓业务发展，一手抓内部管理，迅速融入博物馆大家庭，边建设，边改进，边提高，专业化、职业化水平不断得到提升。几年来，累计接待来馆参观观众11万余人次，先后荣获2014年度全国博物馆陈列展示十大精品奖，被中央国家机关工委授予中央国家机关爱国主义教育示范基地称号，被北京市教委授予学生课外活动基地称号，是中国博物馆协会理事单位，是国际博物馆协会、国际海关博物馆协会会员。

（一）立足海关特点，举办系列特色展览

开馆以来，中国海关博物馆围绕国家大政方针、服务海关中心工作，策划组织了系列展览。一是自主策划举办展览。先后举办了"中国海关与抗战""丝绸之路上的古关""海关与知识产权""海关服务'一带一路'建设""张福运与近代中国海关""时代印迹——中外摄影家镜头下的四十年巨变暨海关人眼中的改革开放四十年"等展览，让更多的人认识海关、走近海关。2016年3月30日开馆两周年之际，举办了"我们走在大路上——中国海关博物馆建设发展历程展"，系统整理了2002年启动筹建以来的重要事件、图片、文件和实物资料，总结过去，展望未来。二是"请进来"举办展览。先后举办了"汕头对外贸易发展历程展""异趣同辉——清代海关监管的广东外销艺术精品展""必忠必信——清华大学艺术博物馆藏中国铜镜展"等展览。"异趣同辉"展聚焦"一口通商"后粤海关对中西贸易、文化交流的促进作用，是海关博物馆首次尝试借展。先后协助总署缉私局、满洲里海关、拉萨海关、中国海关摄影协会等举办临时展览。三是"走出去"举办展览。与中国地质博物馆、甲午战争博物馆、江汉关博物馆等，联合举办了"晚清海关历史图片展""中国近代海关建筑图片展""海外追索及国际交流化石展"等临时展览。连续四年代表中国海关参加俄罗斯国际海关展，宣传中国海关的使命担当。四是围绕促进"关检融合"，迅速推进基本陈列优化完善。2018年4月，原国家质量监督检验检疫总局的出入境检验检疫管理职责和队伍划入海关总署。围绕机构改单大局，分"两步走"迅速启动基本陈列优化完善项目。2018年10月底完成第一步项目，主要是补充完善了出入境检验检疫以及新时代中国特色社会主义新海关建设等内容，"第二步"项目将在2019年实施，计划对"现代海关"部分全面进行优化改版，全面反映新海关新风貌。

（二）夯实基础，藏品管理水平稳步提升

开馆以来，一是以补充藏品缺坏为方向，加强藏品征集工作。围绕海关主题，通过社会捐赠、接收其他单位拨交、开展定向征集等形式，共征集藏品2.4万余件。截至2018年底，馆藏藏品总数达到3653件/套（30214件），其中珍贵文物1485件。二是高质量完成了文物普查工作。按照国家文物局统一部署，完成了中国海关博物馆筹建时期从全国海关征集、调用的所有藏品的清点统计、数据登录等工作，并在此基础上完成了全国可移动文物普查，受到国家文物局点名表彰，并荣获"北京市第一次全国可移动文物普查先进集体"称号。三是推动藏品保护工作。相继建设了恒温恒湿专业藏品库房，防火、防盗、防霉、防虫等专项环境设计达到博物馆一流标准，对展厅展出的重要文物加装了恒温恒湿设备。建设了文保库房，能够开展书画、纸制品和其他部分藏品修复，开馆以来开展自主和委托性藏品保护工作30余次，涉及藏品390余件。四是提升藏品数字化管理水平。完成了藏品数据库建设，规范藏品账目信息查询，截至2018年底，共采集3万余件藏品信息，拍摄藏品照片近6万张，其中完成信息录入4600余条20余万项、图片2.5万余张，可供查询、复仿制、布展等使用。

（三）发挥爱国主义教育基地作用，打造特色宣教品牌

综合利用各类宣传教育资源，创建了"移动博物馆""通关小达人"等具有海关特色的宣教品牌。一是举办"移动博物馆"系列活动。2018年起，在总署定点扶贫点河南省鲁山县、拉萨海关、北京市朝阳门街道社区、清华大学附属小学昌平校区等地举办"移

中国海关博物馆基本陈列展

动博物馆"系列活动，社会反响热烈。"移动博物馆"主要是利用拆装便捷、可重复使用的展板展架及全息投影设备等，将馆内主题展览内容和重要文物资料带到观众面前，使观众不必走进博物馆，就能实地观看展览，接受国情和历史教育。二是升级"通关小达人"活动，打造课程新品牌。将依托于2017年"暑期通关体验展"举办的"通关小达人"活动，升级打造成一项"名片式"社教课程。该课程以角色扮演形式，为孩子们提供一个熟悉海关旅检业务流程、掌握旅客出入境相关规定、体验海关职业特点的平台，寓教于乐，受到欢迎和好评。三是抓住重要时间节点，积极举办各类社会教育活动。每年在"4·26"知识产权保护日、"5·18"国际博物馆日、"6·26"国际禁毒日、"双11"购物狂欢节等与海关职能相关的重要时间节点，策划举办诸如"知识产权保护互动问答活动"、文物鉴赏、缉毒犬表演活动、"双11说'海淘'——你需要了解的海关监管小常识"等形式多样的社会教育活动，向社会宣传海关职能，倡导正能量。

（四）不断深化行业交流，学术研究取得进展

开馆以来，一是坚持学术研究与陈列展览相配套。配合展览，相继出版了《烽火硝烟守国门——中国海关与抗战》《近代海关建筑图释》《雄关漫道——丝绸之路上的古关》等书籍、画册，设计制作了《我们走在大路上》《听我讲海关》宣传册。二是坚持学术研究与藏品管理相促进。依托馆藏挖掘海关文物历史文化内涵，编撰了《近代海关出版物综览》《"币海关踪"图录》等书籍。2018年8月，联合中国邮政邮票博物馆在京召开了纪念大龙邮票发行140周年系列活动，举办了学术研讨会，出版了《大龙邮票与清代海关邮政——大龙邮票诞生140周年特刊》，在天津、北京、营口、烟台、上海等地举办了系列巡回展览。三是不断加深国内外行业交流合作。连续四年参

加国际海关博物馆协会年会，建立国际交流机制，宣传中国海关形象。积极参加中国博物馆协会及其所属丝专委、海专委、艺委会等相关会议，加强行业交流，学习经验。与英国贝尔法斯特女王大学保持密切联系，邀请相关研究人员来京参加学术交流。四是加强对海关系统关史陈列室建设指导。先后指导青岛海关、海口海关、拱北海关、中国海关管理干部学院等海关单位建设关史陈列室，指导成都海关开展史志编写，参与上海海关学院"红色海关"课题研究。五是开展"海关老同志讲海关"口述历史项目。围绕"新中国海关的建立"，开展"海关老同志讲海关"和"藏品背后的海关史"的采访整理活动，以亲历者的视角讲述海关重大事件，挖掘相关藏品背后的故事，留存海关发展第一手资料。已完成采访22次，制作视频短片2个，整理文章6篇。

（五）以安全管理为导向，展区开放实现平稳有序

一是加强安全设施维护保养和升级改造力度，确保高效运维。对展区空调、加湿机、电梯等大型设备设施定期开展维护保养，定期维护、改造灯光照明系统，定期检测消防器材、维护多媒体设备，确保各项基础设施运行安全。2018年，为中控室增配了微型消防站，增设消防应急广播系统，将902艇专题展厅摄像机整体更换为高清摄像装置，在地下一层全域加装了红外监测探头。定期对大型设备设施进行巡检维护，建立《月检记录》《日常巡检记录》和《日常维修记录》台账，发现问题随时解决，不留死角。二是不断加强安全防范演练，提高应急处置能力。对一线运维人员开展安全警示教育、军事体能训练、消防设施操作培训，联合北京市东城区消防支队开展消防应急处置实战演练。对展区300余个消防点位进行全面核对，有效缩短了消防员可以精准到达处置火情的时间。三是加强内环境优化，提升文化品味。2017年，对总景观800平方米的内庭院实施优化改造，升级优化内庭院环境修整及场馆外围绿化带植被维护，进一步强化了博物馆公共服务职能，实现展厅与内庭院相互借景、相得益彰，进一步营造了海关文化主题氛围。

（六）不断健全制度体系，内部管理规范化水平不断提高

坚持以制度管人管事，注重制度建设，为博物馆规范化管理及健康有序发展提供保障。一是编制发展规划与岗位说明书。制定了两个三年发展规划（《中国海关博物馆2015—2017年发展规划》《中国海关博物馆2018—2020年发展规划》），并根据2013年总署下达的"三定方案"，编写了博物馆内设部门职责及岗位说明书。二是不断健全完善各项制度。开馆以来，在广泛调研的基础上，结合海关和博物馆实际，制定了《中国海关博物馆藏品管理办法（修订）》《中国海关博物馆财务开支管理规定（修订）》《中国海关博物馆陈列展览管理办法》《中国海关博物馆安全保卫工作管理办法》等36项制度，基本形成了覆盖综合管理及各项业务的中国海关博物馆制度体系。

北京博物馆学会

北京博物馆学会
SOCIETY OF BEIJING MUSEUM

通信地址： 北京东城区国子监街15号

邮政编码： 100007

电　　话： 010-64001628

电子邮箱： bjbwgxh85@126.com

隶　　属： 北京市文物局

性　　质： 群众性学术团体

历史沿革： 北京博物馆学会是北京地区博物馆界的群众性学术团体，1985年成立，行业主管单位是北京市文物局。下设藏品保管、陈列设计、社会教育、学术研究等16个专业委员会，工作范围涵盖：学术研究、业务交流、专业培训、服务咨询、政府智库和行业评估。

北京博物馆学会工作理念：

一个宗旨：服务广大会员、服务北京地区博物馆；

三项功能：交流的平台、联系的枢纽、沟通的桥梁；

六字方针：办实事、求实效。

多年来，北京博物馆学会努力提高学术高度、拓展服务广度、加固专业强度，开展了大量卓有成效的工作，得到了业内广泛好评和高度认可。2011年、2018年连续两次在社会组织等级评估中被北京市民政局评定为"5A"级社会组织。2017年评为全国社科联先进社会组织。

2013年大事记

1月8日　副秘书长董纪平参加"2013北京周末社区大讲堂·系列科普讲座·科普基地活动启动式"。

1月14日　第五届三次理事扩大会在首都博物馆召开。会场两侧悬挂的"回首百年文博先贤搏风击浪创伟业　瞻望前程后辈俊彦继往开来谱新篇"楹联格外醒目。来自北京地区百余座博物馆会员代表、领导及嘉宾200多人参加了会议。

会议由副秘书长刘燕玲主持，审议了常务副理事长兼秘书长崔学谙代表第五届理事会做的年度工作报告、张爱丽监事长代表监事会所作的监事工作报告、董纪平副秘书长作的增补理事及发展新会员的报告。

北京市文物局党组书记、局长孔繁峙到会并讲话。副局长张若妮、刘超英、田淑芳出席会议。

1月19日　理事长张大祯参加北京市社科联召开的北京市社科联五届七次常委会。

1月21日　秘书长崔学谙，副秘书长刘燕玲、董纪平等去孔庙和国子监博物馆调研，与馆长吴志友交流并对学会的培训、科研等方面的工作进行了沟通。

1月22日　副秘书长董纪平参加北京社科联团体会员单位2012年度工作座谈会。

1月24日　秘书长崔学谙、副秘书长刘燕玲等赴中国人民抗日战争纪念馆调研，与馆长沈强及馆领导就学会培训、科研、展览等工作进行了交流和沟通。

2月27日　秘书长崔学谙参加北京市社团办召开的社团工作会。会上为北京博物馆学会颁发"5A"级社会组织荣誉证书及奖牌。

3月6日　《中国文物报》以"五彩晚霞"为题，赞扬了学会六位老大姐的工作情况。

3月22日　在首都博物馆举办《北京博物馆年鉴（2009—2012）》第七卷编写工作培训班。北京地区123家博物馆150多人参加了培训。

为提高对年鉴编写工作的认识，规范年鉴编写，北京市社科联副主席、研究员陆奇就年鉴编写重要意义及要求做了报告；学术委员会主任宋向光，就年鉴编写的内容、格式、要求，范文示范做了介绍。

4月9—11日　北京市文物局、北京博物馆学会举办博物馆业务骨干文物知识培训班，内容为：中国书画鉴定的基本知识；明清青花瓷器的鉴定；河北四大瓷窑的主要特点等。来自北京地区的26家博物馆72人参加了培训。

培训班除从理论上对业务人员进行培训外，还组织学员赴江西景德镇考察窑址，以提高业务人员的鉴赏与辨伪能力。

5月17日　邀请首都博物馆原馆长马希桂作题为"我看台湾博物馆"的讲座。本次讲座集中介绍台湾博物馆的现状，以及台湾博物馆的人文环境、多元化的业务活动、人性化的观众服务和义工（志愿者）活动开展情况。来自北京地区博物馆和社会公众100多人听了讲座。

5月18日　为纪念"5·18"国际博物馆日，学会组织著名文物鉴定专家叶佩兰、单国强、马希桂、王春城等为前来鉴宝的藏友鉴定藏品。对来自北京、四川、天津和河北等地的500多位收藏爱好者持有的2500多件藏品进行了鉴赏。

北京电视台、北京人民广播电台、《北京晚报》等多家新闻媒体，对活动进行了现场报导。

5月22日—6月22日　学会和北京舞蹈学院联合举办"纸上的舞动——剪展山西民俗风"剪纸展览，在北京舞蹈学院举办开幕仪式。

北京市文物局副局长张若妮、北京舞蹈学院院长李续为展览揭幕。秘书长崔学谙、副秘书长董纪平出席了开幕仪式。

随后举行了学术研讨会。来自中央民族大学、清华大学美术学院、中国艺术研究院、中国民间文艺家协会、山西省民间剪纸艺术家协会等单位的专家学者以及山西剪纸艺术传人郭梅花共50多人参加了研讨。

5月24日　邀请北京师范大学教授、中国古代史教研室主任、博士研究生导师施建中作题为"隋唐文化繁荣的启示"的讲座。来自北京地区博物馆和社会人员100多人听了讲座。

5月28日—6月1日　北京市文物局、北京博物馆学会继续组织"讲解观摩培训班"。参加讲解观摩培训的有20家博物馆40人。

学员观摩了河南省博物院、安阳殷墟世界文化遗址、文字博物馆、嵩岳寺塔、嵩阳书院、观星台、洛阳龙门石窟、洛阳古代壁画博物馆等11家有代表性的文博单位，听取了河南省博物院刘玉珍主任讲授的"博物馆讲解礼仪"课。

5月31日　邀请王鹏作题为"中国古琴艺术"的讲座。来自北京地区博物馆和社区代表100多人听了讲座。

6月7日　邀请著名园林专家、研究员耿刘同作题为"中国园林文化"的讲座。来自北京地区博物馆和社区人员100多人听了讲座。

6月18日　"高校藏珍——北京高校博物馆巡礼"暨首都高校博物馆联盟网站启动仪式在中国传媒大学传媒博物馆举行。北京市文物局博物馆处处长哈骏，北京市教委高教处处长黄侃，学会秘书长崔学谙等领导以及来自首都16所高校博物馆的负责人出席启动仪式。

仪式由中国传媒大学传媒博物馆馆长潘力教授主持。会上启动了"北京高校博物馆巡展和高校博物馆联盟官方网站"。展览此后将在首都16所高校巡回展出至12月底。

7月6日　由学会志愿者专业委员会组织的"魅力北京·百场讲述——志愿者的中国梦"讲述团在浙江宁波开展宣讲。

讲述团由北京市文物局副局长刘超英带队，宣讲团成员由故宫博物院、国家博物馆、首都博物馆、中国人民抗日战争纪念馆、恭王府和北京自然博物馆选派的优秀志愿者组成，他们中有人曾获得全国博物馆讲解大赛志愿者组第一名，有人曾获得中国博物馆十佳志愿者之星。

讲述内容从青铜重器到清宫旧藏、从王府建筑到北京民俗、从奇妙的自然界到感人的抗战史，基本涵盖了北京地区不同博物馆的类型。现场150多人聆听了讲演。厦门陈嘉庚纪念馆志愿者一行16人观摩了宣讲。

7月18日　学会副秘书长董纪平荣获"2013年度北京地区全国优秀社会科学普及工作者"。

7月19日　与北京市文物局联合召开的"2014年北京地区博物馆展览策划研讨会"在首都博物馆召开。会议由北京市文物局博物馆处处长哈骏主持。来自中国国家博物馆、中国人民革命军事博物馆、中国人民抗日战争纪念馆、中国航空博物馆等13家博物馆的馆长及专家参加了研讨会。

8月6—13日　博物馆陈列高级研讨班开班。8家博物馆的16名策展人员参加了培训。该班以"博物馆展览策划"为主题，考察了北京、南京、上海、杭州四地共16家博物馆，与20余位相关领导、专家、设计师等召开12次座谈会和4次研讨会。

9月4日　"中国园林博物馆文化传承与发展论坛"在中国园林博物馆举办。博物馆及园林系统专业人员200多人参加了论坛。学会在中国园林博物馆筹备建设、陈列展览、宣传教育等方面给以了支持和帮助。

9月9日　博物馆陈列高级研讨班学员汇报会，在首都博物馆举行。内容为：博物馆使命的深入解读、博物馆展览主题的提炼、陈列内容与陈列艺术的结合、博物馆改扩建及展览流程的解读、博物馆建筑设计与展陈、展览空间利用与空间过渡和博物馆展陈设计与展览内容阐释。

秘书长崔学谙高度评价了培训班所取得的成果，并就博物馆人的使命提出了自己的看法：博物馆在社会文化的建设上要发挥"降燥"的作用，在扭转浮躁的社会风气方面，博物馆人负有不可推卸的责任。

9月20—25日　受江西省赣州市文化局、赣州市博物馆委托，对赣州市博物馆的2个基本陈列"赣江之源客家摇篮""赣州七里镇窑"的展览大纲，组织专家进行评审，指出了存在的问题，提出了修改建议。

9月24—27日　"第二届北京博物馆学会安全专业委员会2013年年会暨学术研讨会"在陕西省西安市召开。来自北京及外地从事博物馆安全工作的相关单位近50人参加了会议。

研讨会编辑出版论文集（收录了29篇论文）。

9月26—27日　受北京奥运博物馆委托，组织10位专家对该馆的展览陈列进行了详细审看，指出了存在的问题，提出了改进建议。

10月　学会志愿者张朋被北京市建设学习型城市领导小组评为"2013年首都市民学习之星"。

10月12日　"魅力北京·我的中国梦"宣讲活动在厦门集美大学举行。来自故宫博物院、中国人民抗日战争纪念馆、北京自然博物馆等六家博物馆选派的7名优秀志愿者代表，向厦门的观众讲述了一件件文物、民俗以及志愿者自己背后的故事。

此次活动还将到厦门青少年宫、陈嘉庚纪念馆、集美小学进行宣讲。

11月8日　北京市文物局、北京博物馆学会联合举办的北京地区博物馆安全工作培训班开班。北京市文物局副局长刘超英、巡视员巴爱民出席开班仪式。全市16个区县以及各博物馆相关负责人共计180多人参加了此次培训。

国家文物局安全督察处邓超处长、北京市消防局防火部李建春部长分别向与会人员讲授了当前全国博物馆安全总体情况；北京市文物局文物监察执法队赵建明队长就北京地区博物馆安全管理相关工作提出了具体的要求。

11月　"魅力北京·百场讲述"志愿者文化讲述团，被中国博物馆协会志愿者专业委员会评为第五届"中国博物馆十佳志愿者之星"。

11月15日　秘书长崔学谙出席在京举办的"2013年北京国际民间友好论坛"。并在会上作"古城文化魅力的形象表达——北京地区博物馆发展概述"主题发言。

11月16—19日　"北京博物馆学会保管专业第十三届学术研讨会"在厦门陈嘉庚纪念馆召开，来自北京及外地的51家博物馆131名业务人员参加了会议。会议收到论文30余篇。北京市文物局副局长刘超英和福建博物院书记颜克慎出席会议并向大会致辞。

本次会议主题为"发展文化产业中如何保护好藏品""专题博物馆藏品征集、分类、著录、建档规范"。围绕这两个主题，大会分别对专题博物馆藏品体系的构建、博物馆藏品的利用、文化内涵的发掘以及在发展文化产业中藏品的管理与保护存在的问题进行了探讨。

11月22日　北京市文物局成立"2014年北京博物馆展览季工作领导小组"。特聘秘书长崔学谙作为领导小组成员，参与展览季的组织领导、策划实施、联络协调等相关工作。

11月25日　秘书长崔学谙获得"第九届中国（北京）国际园林博览会突出贡献奖"。

12月3—7日　受北京市文物局委托，学会刘燕玲、张蓉华和郑智，对北京地区注册的16家民办博物馆的运营情况和规范化建设，进行了考评工作。

12月4日　"第六届博物馆教育论坛"在首都博物馆多功能厅隆重开幕，本次论坛的主题是"博物馆教育在文化增值服务中的作用",论坛分设专职讲解、志愿服务、公共教育和多媒体教育4个板块,共收到论文32篇。

崔学谙秘书长主持开幕式,故宫博物院院长单霁翔和中央电视台《中国记忆》栏目策划总监阎东作主旨发言。

出席本届论坛的正式代表来自16个省市自治区博物馆的60家博物馆,共260余人参加开幕式,是历届论坛参会人数最多的一次。

此次论坛特点:一是论坛主题与时代发展相适应;二是教育理论研究更加深入;三是活动设计更加关注社会公益服务;四是志愿服务工作研究亮点突出。

12月6日 应西藏文化博物馆邀请,学会组织10位专家,对该馆拟举办的基本陈列形式设计方案进行评审,提出了许多建设性意见。

12月11日 "博物馆非物质文化遗产保护、利用研讨班"开班仪式在高碑店村委会举行,来自北京地区13个博物馆18人参加。董纪平副秘书长主持会议,崔学谙秘书长出席会议并讲话。

12月 学会秘书长崔学谙应史家胡同博物馆、中国藏语系高级佛学院等博物馆邀请,进行博物馆筹备建设、陈列展览、咨询服务工作。

12月12日 由中央美术学院建筑学院、中国博物馆协会陈列艺术委员会、北京博物馆学会等联合主办的"博物馆及美术馆照明的新理念、新技术论坛"在中央美术学院建筑学院举办。150多位对照明设计行业感兴趣的博物馆及美术馆相关专业人员参加了论坛。

秘书长崔学谙在会上做了"新技术下的博物馆光环境是否需要突破原有观念"的发言。

2014年大事记

1月6日 秘书长崔学谙参加"中国博物馆协会2013年工作总结会"。

1月15日 学会第五届四次理事扩大会在首都博物馆召开。来自北京地区百余座博物馆会员代表、企业会员代表及相关单位的领导和嘉宾200余人出席会议。

北京市文物局、中国博物馆协会、北京市社科联、北京市社团办等有关领导及兄弟单位相关领导出席大会。

大会由副秘书长刘燕玲主持,秘书长崔学谙代表学会向大会作工作报告。

代表审议并通过了"北京博物馆学会第五届四次理事会工作报告",以及监事长张爱丽作的"北京博物馆学会监事会工作报告"、副秘书长董纪平"关于调整理事和发展会员的报告"。北京市文物局局长舒小峰最后致辞。

2月25日 秘书长崔学谙应北京市文物局党组指派接待中共中央总书记、国家主席、中央军委主席习近平参观首都博物馆，在近50分钟的参观过程中，崔学谙向总书记介绍了首都博物馆的基本陈列——"古都北京"和首都博物馆藏十件国宝级文物。

3月4—10日　受北京市社科联的委托，学会对西藏牦牛博物馆9名放弃藏历新年休假的工作人员，进行了为期7天的专业培训。

为让藏族同胞在有限的时间内尽可能多地学到博物馆的各方面知识，培训部在学习、参观、生活及安全等各方面均做了认真细致的安排，除聘请博物馆专家讲授外，还组织他们实地参观考察了国家博物馆、首都博物馆、国家大剧院、故宫博物院、孔庙和国子监博物馆、雍和宫和北京自然博物馆等。

学员在返藏后总结说：赴京参加培训学习七天，时时感受着北京社科联和北京博物馆学会对西藏牦牛博物馆建设的真情关照和帮助。

3月6日　秘书长崔学谙和陈列设计专业委员会主任朱雅娟应邀参加"宣南文化博物馆改陈专家论证会"。

3月11日　应国家体育总局体育文化发展中心邀请，秘书长崔学谙参加"中国体育博物馆新馆功能需求与展陈内容设计专家论证会"。

3月15日　副秘书长董纪平同志荣获"全国优秀社科普及先进工作者"称号。

3月27日　副秘书长刘燕玲应邀参加北京市社科联所属社会组织秘书长联席会议。

3月28日　秘书长崔学谙应邀参加"中国海关博物馆专家研讨会"，就行业博物馆的运行维护、管理与发展进行了专业研讨。

4月4日　理事长张大祯应北京市文物局邀请，参加在首都博物馆多功能厅召开的"2014年北京市文物工作会"。

4月18日　秘书长崔学谙、副秘书长刘燕玲率领秘书处一行6人，参观近日新开馆的中国海关博物馆，并与倪云馆长及馆业务干部就博物馆的展览、开放、研究等相关问题进行了交流。

4月23日　秘书长崔学谙应海淀区博物馆邀请，参加该馆新馆建设、功能定位、展览陈列等相关问题论证会。

5月8日　由学会先期牵线、联系的苏东海、王迪夫妇文物捐赠仪式在首都博物馆举行。北京市文物局副局长、首都博物馆馆长出席捐赠仪式。秘书长崔学谙向苏东海先生赠送了书法作品，以表示对其此举的敬慕之情。

5月16日　学会和中国旅游协会，启动博物馆女馆长联谊会成立仪式在中国妇女儿童博物馆举行。来自北京地区近30个博物馆的女馆长参加了会议。全国妇联书记处书记邓丽、北京市文物局副局长郝东晨等先后在成立仪式上致辞。

5月16日　"我们的博物馆——关于藏品与沟通的对话"在中国妇女儿童博物馆举办。邀请博物馆界专家宋向光、朱扬明、黄雪寅、崔波和杨应时，就今年博物馆日的主题进行解读。来自北京地区博物馆的专业人员200多人听了讲座。

5月18日　为纪念"5·18"国际博物馆日，学会组织著名文物鉴定专家张茹来、王春福、李晨、叶渡、薛杰等，在古代建筑博物馆为社会200多位收藏爱好者持的1500多件藏品进行了鉴定。

5月16—20日　北京市社科联组织首都专家学者赴西藏开展"首都社科专家边疆行活动"。"5·18"国际博物馆日，参加了西藏牦牛博物馆开馆仪式。并举办了"博物馆建设与民族地区城市发展"学术论坛。中国国家博物馆研究员姜舜源、民族文化宫博物馆馆长们发延等6位专家在论坛上发言，学会副秘书长刘燕玲，培训部张蓉华、郑智组织并参加了学术论坛活动。

5月21—22日　崔学谙秘书长参加在湖北省召开的"全国地方博物馆社团负责人工作座谈会"。在全国19个省市博物馆及博物馆协会（学会）70多人参加的会议上介绍了北京博物馆学会的工作情况。

5月23日　邀请著名中医学者、北京中医药大学教授、研究员郝万山作题为"情绪—健康—人生"的讲座。讲课深入浅出、颇受欢迎。

5月30日　邀请北京地理学会副会长、研究员朱祖希做题为"人水情未了——漫话永定河"的讲座。

6月6日　邀请正阳门管理处副研究员夏明明做题为"警钟长鸣——图说警钟文化及其启示"的讲座。讲座运用大量图像资料，叙述警钟来历、功能和警钟的启示。并从科学的视角，剖析钟声警醒、励志与陶冶性情作用的形成原理，展现钟类器物的科学价值。

6月13日　由学会和首都博物馆主办的"剪纸展览"在首都博物馆开幕。

6月　由中共北京市委宣传部主管主办的《晚晴》杂志第6期，刊登《携手耕耘生命事业第二春——记北京博物馆学会的"欢乐之家"》。文中概括介绍了学会及各专业委员会的工作思路、工作宗旨、工作状况和工作业绩。

6月25日　由学会主办、首都博物馆协办的"美国迪美博物馆管理、策展与创新的最佳做法与国际战略"讲座，在首都博物馆多功能厅举办。来自美国迪美博物馆的副馆长白杰慎先生、总策展人何琳达女士、中国与东亚部主任主策展人王伊悠博士分别从宏观角度介绍博物馆发展中的问题；策展人体系以及对展览的科学规划和评估与创新；临时展览与基本陈列的理念和运作流程；美国策展人在学术研究、设计、文字说明、出版、网站、宣传教育等方面的经验。近60多家博物馆的专业人员230多人聆听了讲座。

6月30日　为纪念中国第九个文化遗产日的到来，并结合"让文化遗产活起来"的宣传主题，中国民族器乐学会、北京博物馆学会、北京乐器学会联合在中国园林博物馆举办"琴韵故园情——文化遗产日庆典展演活动"。

30多位民乐乐师联袂上演了京胡合奏、古琴合奏、琴箫合奏、民乐合奏等11个精彩的节目。现场有北京地区博物馆及各界150多人欣赏了精彩演出。《中国文化报》、《人民政协报》等10多家新闻媒体做了专题报道。

7月3日　学会社教专业委员会邀请美国迪美博物馆教育与诠释部主任费丽叶博士为北京地区博物馆界做了"美国迪美博物馆教育的创新与最佳做法"讲座。讲座在故宫博物院举行，社教专业委员会主任阎宏斌主持会议，来自北京地区20家博物馆的100多专业人员参加了讲座，并与费丽叶博士进行了热情的交流。

7月11—17日　讲解骨干观摩讲解培训班开班。25家博物馆的37名专业人员参加了培训。此次培训内容以专家授课、示范讲解、交流座谈等形式进行。参观了甘肃省博物馆、红军长征胜利纪念馆、八路军兰州纪念馆等革命纪念地，开展了"重走长征路"登山活动，以加强革命传统教育。培训班结束后，学员提交了题为"如何做好个性化讲解服务"的答卷。

9月6日　由北京博物馆学会、中国园林博物馆和中国民族器乐学会联合主办的相聚园林祈福祖国——"月映园博馆"中秋音乐晚会在中国园林博物馆举行。此系列还有"乐在中秋——画兔爷猜灯谜"及"老北京的中秋节"公益讲座。

来自北京地区博物馆及相关单位300多人现场观看了精彩的演出。中央电视台、北京电视台等多家媒体都给予报道。

9月　在北京市首届年鉴综合质量评比中，《北京博物馆年鉴（2004—2008）》，荣获北京年鉴三等奖，并颁发荣誉证书和奖杯。

9月17—19日　由北京市文物局与北京博物馆学会联合举办的"馆长培训班"开班。来自北京地区52家博物馆53名馆长副馆长参加了培训。

故宫博物院单霁翔院长做了"博物馆管理中的辩证法"讲座；湖南省博物馆馆长陈建明做了"变革时代博物馆治理的馆长策略"讲座；北京市文物局舒晓峰局长做了"北京地区博物馆发展的思考"讲座；国家文物局博物馆司段勇司长做了"以学术研究推动博物馆事业的可持续发展"讲座；中央党校刘玉瑛教授做了"领导沟通与协调艺术"等讲座。

9月26日　由学会主办的"2015年北京博物馆通票"作为北京地区博物馆行业集中向社会提供服务，实施文化惠民工程。

10月10日　副秘书长刘燕玲参加北京市社科联举办的"2014北京社会科学普及周"主会场开幕式活动。

10月14—22日　学会举办的第二届博物馆展陈高级培训班开班。培训班采取实地考察与讲座、研讨、总结相结合的形式，重点培养各博物馆中年业务骨干，提高专业水平。

10月15—20日　学会与山西博物院合作举办"第二届博物馆非物质文化遗产保

护、利用研讨班"。研讨班邀请当地专家、教授以讲座的形式开展培训,通过互动研讨、撰写总结等方式培训博物馆的非物质文化遗产的专业人员。

10月27日 "第三届安全专业学术研讨会"在首都博物馆召开。来自北京地区及部分省市20余家博物馆、相关企业70余人出席会议。北京市文物局副局长郝东晨、北京市公安局文保总队副总队长王秀清出席会议并讲话。

此次研讨会主题为:文博安全保卫人才队伍建设、博物馆安全管理与接待服务之间的关系及博物馆反恐防暴形势分析及对策研究。会议将提交的26篇论文编辑成《第三届安全专业学术研讨会论文集》。

11月5—10日 "第二届博物馆展陈设计高级培训班"开班。来自故宫博物院、中国农业博物馆、中国妇女儿童博物馆等博物馆11名专业人员参加。

培训班教学采取实地考察与讲座、研讨、总结相结合的形式,6天时间考察重庆中国三峡博物馆、大足石刻艺术博物馆、四川博物院、四川省文物考古研究院、成都博物院新馆建设现场、三星堆博物馆等10多家博物馆,学术指导老师结合实例对学员进行现场授课。并与博物馆和陈列设计专家举办了6场座谈。

11月15—19日 由学会和湖北省博物馆联合主办的"保管专业第十四届学术研讨会"在湖北武汉召开。来自北京地区和全国18个省市60余家博物馆的170余名专业人员参加了会议,大会收到论文20余篇。北京市文物局副局长刘超英和湖北省文物局副局长王风竹、湖北省博物馆协会理事长吴宏堂、湖北省博物馆馆长方勤等出席会议并向大会致辞。

本次研讨会主要针对在文物保管工作中如何分类保护、分类管理及规范建档、文物交接过程中出现的问题与文物规范点交和可移动文物普查登记工作中遇到的问题及解决办法等问题开展。

研讨会专家及代表发言均从工作实际出发,向与会者传授本馆藏品保管与开发工作中的经验与教训,不空谈,不回避,是一次务实的会议。

11月 《北京博物馆年鉴(2009—2012)》第七卷,编辑审稿工作完成,交由北京燕山出版社排版印刷,年底正式出书。

12月2日 秘书长崔学谙应邀参加在北京会议中心召开的"北京市社会科学界联合会第六次代表大会",并当选第六届委员。

12月16日 秘书长崔学谙被中共北京市组织部聘为2014年度北京市优秀人才培养资助评审专家。

12月19日 "第二届北京地区高校博物馆馆长工作会议暨'融媒体时代高校博物馆的定位与作用'学术研讨会"在中国传媒大学博物馆召开。来自北京地区19家高校博物馆馆长参加了会议。

会议由中国传媒大学博物馆馆长潘力主持,中国高校博物馆专业委员会主任委员宋向光、学会秘书长崔学谙、中国人民大学博物馆副馆长李惠、北京航空航天大学博物馆馆长韩国军作了主旨发言。会议对北京高校博物馆专业委员会、北京高校博物馆联盟2014年的工作进行了总结，对2015年的工作进行了规划。

2015年大事记

1月18日　召开各专业委员会正副主任工作会议，对2014年工作进行总结并对2015年工作提出规划，9个专业委员会的主任20余人参加了会议。

2月2日　第五届五次理事扩大会在首都博物馆召开，来自北京地区百余座博物馆会员代表、企业会员代表及相关单位的领导和各方嘉宾200余人出席，大会由学会副秘书长刘燕玲主持，秘书长崔学谙作工作报告。

与会代表审议并通过了"北京博物馆学会第五届五次理事会工作报告""北京博物馆学会监事会工作报告"和"关于调整理事和发展会员的报告"。北京市文物局副局长刘超英最后致辞。

北京市文物局、中国博物馆协会、北京市社科联、北京市社团办等有关领导及兄弟单位相关领导出席大会。

2月5日　秘书长崔学谙参加中国博物馆协会2014年工作总结会。

3月5日　学会收到北京市文物局"关于委托北京博物馆学会承办'5·18'国际博物馆日的函"。要求学会积极做好前期工作调研，精心策划，严密组织，并尽快形成活动方案报局审定后实施。

4月10日　为推进北京地区博物馆事业的宣传力度，经北京市文物局同意，聘请资深媒体人、重要社会活动家陈铎、红云为北京地区博物馆形象大使。北京市文物局副局长刘超英、学会秘书长崔学谙在大觉寺为陈铎、虹云就相关事宜进行了商谈。

形象大使将在"5·18"国际博物馆日推出，让公众进一步了解北京地区博物馆的发展现状、展览现状，使观众走进博物馆、热爱博物馆。

4月20—30日　由北京市文物局、北京市教育委员会主办，北京博物馆学会承办的"鼎天鬲地·厚德育人——3060进高校"巡展活动在北京20所高校展开。

4月28日—5月31日　为纪念古琴申遗成功12周年暨"5·18"国际博物馆日，由学会、中国民族器乐学会和北京乐器学会联合主办的"古琴的故事"展览开幕式在首都博物馆举行。

展览展出的78张古琴分为两大类，一是首次展出承载古琴历史的12张宋、元、明、清民间藏琴；二是体现古琴最新改革创新亮点的66张古琴珍品。

5月13日　国际博物馆日主题活动"角色、责任、实践——博物馆致力于社会的可持续发展"研讨会在首都博物馆举办。会上各位专家就博物馆的社会职责、博物馆展示的人与生活的关系、博物馆社会功能多样性及孩子与博物馆的关系等有关博物馆与社会的可持续发展的多个方面进行了阐述。北京及周边省市60多家博物馆的200多名同人及博物馆爱好者、青年学生参加了研讨会。

5月18日　由北京市文物局、北京博物馆学会主办的纪念"5•18国际博物馆日——传承民族千古血脉共创祖国美好未来"主会场活动在首都博物馆礼仪大堂举行。

活动现场，北京市委宣传部领导向中央电视台节目主持人陈铎及红云颁发"北京博物馆形象大使"的聘书，两位形象大使现场朗读了散文诗《话说博物馆》。

中国传媒大学博物馆馆长潘力宣读以"传播中华文明 讲好中国故事"为主题的倡议书。

现场8家名人故居联盟，推出了"文化名人与民族精神——纪念抗日战争胜利70周年"巡回展览。展览在主会场首展后，将赴军营、社区、学校与乡村进行巡展，年内还将走出国门，北京市文物局局长舒小峰为巡回展览领队授旗。

已故蒙古族著名画家、原北京市美协副主席官布的夫人萨沄向首都博物馆捐赠包括《草原小姐妹》等156幅官布的代表作。北京市文物局副局长、首都博物馆党委书记郝东晨向萨沄女士颁发捐赠证书。

主会场活动后，在首都博物馆一层放映厅举办了由原《人民日报》国际版主编、资深国际记者王南主讲的"一带一路"专题讲座。

5月20日　"《博物馆条例》与博物馆发展——《博物馆条例》的解读专题研讨会"在首都博物馆举办，研讨会围绕博物馆条例中业界关心的亮点问题，以及《博物馆规范》的发行进行了专题对话。

国家文物局博物馆与社会文物司司长段勇、中国博物馆协会秘书长安来顺、北京大学宋向光等专家从不同角度进行了解读，北京文博主编祁庆国主持了研讨会。北京地区60多家博物馆的200多名专业人员参加了研讨会。

6月14—15日　与北京数字科普协会等单位在联合大学召开"2015年北京数字博物馆研讨会"。来自北京地区博物馆、科技馆、科普基地及上海、浙江、云南、山东等地的各领域的专家学者300多名代表出席，进行畅谈与交流。

研讨会分为三个主题：让文物活起来——博物馆的数字化创意、共享利用新常态——博物馆数字化开发与应用和走进博物馆、博物馆文化传承与服务。

8月22日　学会"展览推介交流专业委员会"成立，主任由北京文博主编、研究馆员祁庆国担任，并召开首届学术研讨会。

10月15日　与湖北省博物馆联合举办的"分析形式，探讨问题，凝聚共识——北京博物馆学会安全专业学术研讨会"在武汉召开。来自云南、山东、河北、青海、广东等省市及湖北6家博物馆共95人出席会议。

本届研讨会就博物馆安检实施规范、博物馆自身应急处置能力提升、博物馆安保制度体系建设等问题进行了研讨。

10月28—30日 "第七届博物馆教育·北京论坛"暨"博物馆资源课程化"培训研讨活动在首都博物馆举行。来自12个省市自治区的16家博物馆社会教育方面的代表参加会议。

研讨会以"博物馆资源课程化"的创新案例和有益经验，对馆校合作开展教学活动的模式进行了梳理，也对"博物馆资源课程化"的议题本身以及博物馆在馆校合作中的角色定位进行了分析和讨论。会议收到学术论文24篇。

北京市文物局局长舒小峰、中国博物馆协会副理事长兼秘书长安来顺出席会议，并先后致辞。

11月16日 学会董纪平应邀参加在首都博物馆举办的《北京文博》创刊20周年学术座谈会。

11月16—19日 学会和广西壮族自治区博物馆联合举办的"博物馆第十五届保管专业学术研讨会"在广西南宁召开。会议主题是"博物馆藏品保护与利用的再认识"。会议就可移动文物普查中遇到的文物分类、定名等问题及解决办法，文物上架排序工作规范，如何做好文物审计中的基础项目工作，藏品保护利用的难点、对策及博物馆藏品可持续发展等进行了交流。

来自北京、上海、江苏、山东、山西、西藏、内蒙古、广西等12省市50多家博物馆140多人参加了研讨。

11月18日 "2016年北京地区博物馆通票发行新闻发布会"在首都博物馆举行。北京市文物局副局长于平、博物馆处处长哈骏及新闻媒体、北京地区博物馆代表200多人出席会议。

11月23—26日 由北京市文物局主办、学会协办的北京地区博物馆管理与业务培训班开班。培训以学习《博物馆条例》、博物馆展览、社会教育工作和博物馆藏品管理工作等为内容。来自北京地区70余家博物馆100多人参加了培训。

12月16日 "纪念北京博物馆学会成立30周年"学术座谈会在中国农业博物馆隆重举办。

学会首任理事长陆禹先生之子陆奇、国家博物馆研究员苏东海先生、学会创办人原故宫博物院副院长于坚同志和远在台湾探亲的原北京博物馆学会理事长马希桂先生以音像画面表达了祝福。

中国博物馆协会副秘书长李金光、北京市文物局副局长于平等领导参加会议并致辞。30多家博物馆发来贺信、贺辞。秘书长崔学谙作"回顾与展望——纪念北京博物馆学会30年"演讲，现场播放《晚晴寄语》录像片，诗朗诵《30年时光有多长》。

在学术座谈会上10位专家就博物馆的相关问题进行了交流和研讨。来自北京地区博物馆140多人参加了会议。

12月18日　由北京市文物局、北京博物馆学会承担的北京市科学技术委员会2015年科技专项任务，"我看博物馆——镜头中的文物与科技"公益摄影大展启动仪式在首都博物馆举行。国家博物馆荣誉馆员朱宏老师主讲"中国古代科技之光——中国在世界科技史上的85项独创发明"，200多人现场聆听了讲座。

2016年大事记

1月6日　崔学谙秘书长应邀参加中国法院博物馆新馆开馆仪式。

1月20日　第五届六次理事扩大会在首都博物馆召开。百余座博物馆会员代表、企业会员代表及相关单位的领导和嘉宾200余人齐聚一堂，共同总结2015年学会工作，共谋博物馆发展盛事。北京市文物局、中国博物馆协会、北京市社科联、北京市社团办等有关领导出席大会。大会由学会刘燕玲主持，秘书长崔学谙代表学会向大会作工作报告。与会全体代表审议并通过了"北京博物馆学会第五届六次理事会工作报告""北京博物馆学会监事会工作报告"和"关于调整理事和发展会员的报告"。　北京市文物局副局长于平最后致辞。

2月5日　秘书长崔学谙参加"中国博物馆协会2015年工作总结会"。

4月14—16日　为纪念"5·18"国际博物馆日，学会与中国照明学会和雅式展览服务有限公司联合举办的"中国首届博物馆照明及智能设计高峰论坛"在国际展览中心开幕。中国工程院院士崔愷、中国博物馆协会秘书长安来顺、清华大学建筑学院张昕等20多位专家学者出席会议，北京地区、外省市博物馆及相关单位近300人参加了会议。

4月30日　受北京市文物局委托，学会开展的"博物馆多展不多得"调研课题结题，课题报告上报北京市文物局。

5月11日　为纪念"5·18"国际博物馆日北京市文物局、北京博物馆学会在首都博物馆联合举办"创造博物馆里的文化景观——通过案例谈博物馆的社会功能与发展"研讨会。中国博物馆协会秘书长安来顺、首都博物馆馆长郭小凌、中央民族大学副教授蒙曼以及三家博物馆和学校代表作了主题发言。

5月15日　参加大钟寺博物馆举办的"第十二届钟王杯大学生志愿者讲解比赛"活动。

5月17日　为纪念"5·18"国际博物馆日，由北京市文物局、北京博物馆学会、中共北京市西城区委宣传部主办，宋庆龄故居、郭沫若纪念馆等承办的"八大名人故居纪念馆系列文化活动"在郭沫若纪念馆举办。活动围绕国际博物馆协会"博物馆与文化景观"主题，采取"行走式"活动形式，体验作为文化景观的名人故居的文化内涵。

八家名人故居纪念馆的三大主题展览"文化名人与文化景观——名人·名居·名

树""红色相知——文化名人与中国共产党""文化名人与民族精神"在仪式上正式启动。

5月18日　"我看博物馆——镜头中的文物与科技"公益摄影大展活动，启动仪式在首都博物馆举行。公益摄影大展活动将在年内举办2次中国科技史讲座；并拟组织千人参观10家博物馆（市内6家，郊区4家）。

5月18日　在北京古代建筑博物馆举办面向社会公益性的文物鉴定活动。著名专家张如兰、李晨、叶渡、薛婕等为200多位收藏爱好者带来的近千件陶瓷、书画、杂项等藏品进行了鉴定。

6月11日　学会秘书长崔学谙参加中国文化遗产日"让文化遗产融入现代生活"宣传活动。

6月15日　学会正式上报北京市文物局"关于北京博物馆学会换届工作的再请示"。

6月22—23日　由北京市文物局主办、学会协办的"2016年北京地区博物馆志愿者管理工作培训会"在外研社国际会议中心举办。秘书长崔学谙参加开班仪式。来自北京地区58家博物馆近百人参加了培训。

7月5日　协助中国铁道科技研究院展览馆举办的讲解员培训班开班。培训班主要就中国铁道科技发展史、茅以升对科技事业的重大贡献、接待服务礼仪、讲解技巧、解说词的编写、吐字发音与科学发声、讲解观摩等内容进行培训。

8月24—26日　学会与陕西省博物馆协会联合主办的"2016（延安）京陕两地博物馆安全专业第五届学术研讨会"在陕西省延安开幕。来自80余家博物馆及相关单位101人参加了会议。

本次研讨会围绕：新展览形式影响下的展厅安全管理方法研究、博物馆反恐维稳形式及对策分析、博物馆消防安全管理中的新技术和新思路展开交流探讨。

9月7—11日　协助北京市文物局工会举办第一期职工（讲解员）培训班。

9月19—21日　协助北京市文物局工会举办第二期职工（讲解员）培训班。

9月17日　崔学谙秘书长参加中国博物馆协会主办的"当照明艺术遇到博物馆"研讨会，并在大会上作了"博物馆展览光环境设计的理性思考"主旨演讲。

10月24—27日　学会与湖南省博物馆学会联合举办的"博物馆第十六届保管专业学术研讨会"在湖南省博物馆召开。会议主题为：让文物活起来——博物馆如何在文物保管、保护工作中贯彻习总书记有关文博工作的系列；博物馆保管工作如何在"落实责任、加强保护、拓展利用、严格执法"中发挥作用。发言代表就在可移动文物普查中遇到的文物分类、定名等问题及解决办法，文物上架排序工作规范，如何做好文物审计中的基础项目工作，藏品保护利用的难点、对策及博物馆藏品可持续发展等专题等进行了探讨与交流。

来自北京、湖南、上海、四川、山东、山西、西藏、内蒙古等15省市的68家博物馆及12家企业会员单位代表180多人参加了研讨会。

10月26—28日　与河北省博物馆学会及天津市文物博物馆学会联合举办"让文物活起来——京津冀一体化背景下的展览交流与合作研讨会暨北京博物馆学会展览推介交流专业委员会2016年年会"在河北省博物院召开。48家博物馆近百人参加了会议。

11月15日　"2017年北京地区博物馆通票发行新闻发布会"在中国农业博物馆举行。崔学谙秘书长、博物馆处处长哈骏及新闻媒体、北京地区博物馆代表200多人出席会议。

11月15日　崔学谙秘书长参加在天津博物馆举办的"博物馆公共教育人员队伍建设和教育资源融合研讨会"。

11月17日　"让文物活起来——北京地区中小型博物馆经验交流会"在北京孔庙和国子监博物馆举办。近60家博物馆120多人参加。10家博物馆代表在会上做了交流。

11月28日　学会组织部分中小博物馆在北京市古代钱币展览馆举办现场展览专题研讨会。

12月10日　崔学谙秘书长再次恳请并请示北京市文物局党组，尽快确定换届相关事项，以保证学会的换届工作能进入实操阶段。

12月15日　"第二届高校博物馆馆长论坛——蜕变：互联网+时代高校博物馆"在中国国际交流中心召开。来自北京地区博物馆及9省市28家博物馆近百人参加。

北京市文物局副局长于平等先后致辞。15家博物馆馆长在论坛上作了发言。

12月22日　由北京市文物局、北京市教委、北京博物馆学会主办，宋庆龄故居承办的"博物馆与青少年教育"研讨会在宋庆龄故居召开。来自北京地区近50家博物馆和北京市教委20余家示范社会大讲堂的120多人参加。

2017年大事记

1月10日　召开各专业委员会正副主任工作会议。对2016年工作进行总结并对2017年工作提出规划。9个专业委员会的主任20余人参加了会议。

1月20日　第五届七次理事扩大会在首都博物馆召开。北京地区百余座博物馆会员代表、企业会员代表及相关单位的领导和嘉宾近200人出席会议。

大会由学会刘燕玲主持，常务副理事长兼秘书长崔学谙代表学会向大会作工作报告。与会全体代表审议并通过了"北京博物馆学会第五届七次理事会工作报告""北京博物馆学会监事会工作报告"和"关于调整理事和发展会员的报告"。

北京市文物局、中国博物馆协会、北京市社科联、北京市社团办等有关领导及兄弟单位相关领导出席大会。

2月5日　秘书长崔学谙参加"中国博物馆协会2016年工作总结会"，并代表各省市博物馆学（协）会就贯彻落实习总书记关于文博工作和系列指示发言。

4月21日　联合市文物局组织选拔、培训了北京地区参加全国"2017年中国故事博物馆优秀讲解员案例展示推介活动"选手。经过培训和选拔，确定了应君（首都博物馆）、尹胜楠（中国园林博物馆），志愿者组王宇（中国传媒大学博物馆），学生组张奕朗（宋庆龄故居）为参赛选手。著名社教专家齐吉祥等老师对参赛稿件进行了修改、审定并对参赛人员进行了培训。

5月18日　今年国际博物馆日主题为"超链接的博物馆"。为纪念"5·18"国际博物馆日，由北京市文物局、北京博物馆学会、中共北京市西城区委宣传部主办，宋庆龄故居、郭沫若纪念馆等承办的"八大名人故居纪念馆系列文化活动"在郭沫若纪念馆举办。

7月9—14日　培训部协助"河北第二届园林博览会"培训大学生志愿讲解员。

7月18日　北京博物馆学会被评为"全国社科联优秀社会组织"。

8月　承担并完成了一级博物馆运行评估和二、三级博物馆定级评估工作。

9月5日　成立了非国有博物馆专业委员会，使得原来分散的民办博物馆得以更好地面向社会、服务大众。

10月　指导并参与了北京市古代钱币展览馆举办的"龙行天下——钱币上的龙文化"、北京文博交流馆举办的"文博交流馆基本陈列"展览等。

10月31日—11月2日　与四川省博物院联合主办的"2017博物馆安全专业第六届学术研讨会"在成都市开幕。来自70余家博物馆及相关单位近100人参加了会议。

11月13—15日　由学会倡议与《博物院》杂志一起，联合京津冀三家省市级博物馆发起举办的"京津冀、长三角、珠三角博物馆高峰论坛"在中国园林博物馆举办。80余家博物馆及相关单位200余位代表出席会议，近80位馆级领导莅临会议。会议就"博物馆的跨界合作""博物馆的文创工作""博物馆的智慧化建设"等议题，开展了探索性的研讨。京津冀三地还签署了博物馆发展战略合作书。多家媒体进行了广泛深入的报道。会议提交论文42篇已汇编成集出版。

11月15—18日　学会与安徽省博物馆协会联合举办的"第十七届保管专业学术研讨会"在安徽省博物院召开。会议主题为"让文物活起来——加强文物保护、深化文物研究"。著名文物考古专家王亚蓉、周宝中分别就文物深入研究和利用中保护诸多问题做了学术报告。

来自全国15个省市的近百家博物馆及企业会员单位代表200多人参加了研讨会。安徽省博物馆工作会议的全体代表也参加了研讨会。

11月21日　学会与中国照明学会、中国博物馆协会陈列艺术委员会等单位联合举办"第二届中国博物馆照明及智能设计高峰论坛"在上海新国际博览中心开幕。中国博物馆协会副秘书长李金光、中国博物馆协会艺委会主任李跃进、清华大学建筑学院张昕、美国博物馆照明专家周炼等20多位专家学者出席会议，北京地区、外省市博物馆及相关单位近300人参加了会议。

12月　筹备理事扩大会暨新春联谊会、整理第五届理事会换届选举大会的相关文件。

2018年大事记

1月19日　"新时代新气象新作为——2018首都文博界新春联谊会"召开。学会12个专委会主任，北京大学、清华大学、中国传媒大学等高校博物馆馆长及相关负责人120人出席。会上，北京高校博物馆专委会主任委员潘力与北京黑油数字展览股份有限公司董事长杜鹃签订了行业与科技企业战略合作协议，并为企业颁发"文博科研与教学实践基地"牌匾。国际博物馆协会副主席安来顺、北京市文物局副局长刘超英等领导致辞。崔学谙秘书长以新春寄语作总结发言。

3月29日　学会第五届常务理事会在孔庙和国子监博物馆召开，会议审议通过了换届大会六个必备文件：《第五届理事会工作报告》《章程修改报告》《第六届理事会代表产生办法》《第六届理事会代表大会选举办法》《第六届理事会候选人和监事会候选人名单》《会费收缴管理办法》。常务理事会应到47人，实到43人，符合章程规定的人数，会议有效。拟任的第六届学会理事长刘超英和秘书长祁庆国应邀列席了会议。

会议由秘书长崔学谙主持。他向大会作了第五届理事会工作报告，秘书处刘燕玲、董纪平分别向大会报告了其余五个文件。

5月15日　"京津冀博物馆协同创新发展合作协议签约暨5·18国际博物馆日系列活动启动仪式"在中国传媒大学举行。京津冀三地百余家博物馆的领导及代表参加了活动。会上，三地文物行政部门与故宫博物院、中国国家博物馆、恭王府博物馆、北京鲁迅博物馆（北京新文化运动纪念馆）共同签署《关于共同推进京津冀博物馆协同创新发展合作协议》。

5月21日　学会第五届理事会换届选举大会在孔庙国子监博物馆彝伦堂隆重召开。出席会议的代表有：第五届理事会的理事长、副理事长、监事会成员及理事；第六届理事会候选人及监事会候选人；会员单位的会员代表；学会各专业委员会正、副主任160余人。会议审议通过了《北京博物馆学会第五届理事会工作报告》《北京博物馆学会第五届监事会工作报告》《北京博物馆学会章程修改报告》《会费收缴管理办法》《换届选举办法》，并以投票表决的方式，选举产生了92名第六届理事会成员和3

名监事会成员。召开了六届一次理事会、监事会。选举产生了第六届理事会，刘超英为理事长、祁庆国为秘书长、白云涛等16名为副理事长、张灵玲等23名为常务理事。

8月　根据中国博物馆协会发布的《国家一、二、三级博物馆运行评估规则》，学会对北京市行政区域内已定级博物馆的运行及申请博物馆定级的博物馆进行了评估工作。经过评估推荐中国园林博物馆、北京汽车博物馆为二级博物馆；中国传媒大学博物馆为三级博物馆。

9月2日　高校博物馆专业委员会讲解员业务交流品牌"高校博物馆优秀案例展示推介"正式启动。活动初选共收到北京大学、南开大学等17所高校的40余名讲解员参会评选。经过专家评选委员会严格初评，其中27位选手进入终评环节。

9月4—7日　安全专业委员会在内蒙古呼伦贝尔市举办"北京博物馆学会安全专业委员会2018年学术研讨会"，围绕文博安保热点问题展开研讨，交流各馆安保工作经验。来自全国各博物馆安保部门领导及保卫干部80余人出席了会议。

9月　陈列专业委员会参与中国装饰学会《展陈工程技术规范》及河北省住建厅《展馆类陈展工程技术规范》的编制工作课题结题。陈列专业委员会作为专家支持团队，为此标准的编制提供了有力的学术支持。

10月9日　祁庆国秘书长主持召开了《北京博物馆年鉴（2013—2018）》编写工作筹备会。学术专业委员会成员及秘书处相关工作人员参会。

确定此卷编写时间为：2013—2018年；编写体例不做大调整。工作安排：本月15日发出通知，2019年1月与各单位签署"版权协议"，2019年2月底收稿。本卷拟定专论：博物馆发展建设、博物馆数字化、安全保卫、文创工作、附录全市博物馆名录。

会上再次明确学术专委会名称为"北京博物馆学会学术委员会"，明年主要工作：①拟定基础理论与前沿理论学术课题；②以"博物馆工作规范"为蓝本，修订编写成系列讲义，为博物馆专业规范，评估作依据；③准备编写博物馆蓝皮书。

10月9日　康庆云、尤炳霞参加2018年社团评估培训会。

10月15日　《北京博物馆年鉴（2013—2018）》编写工作通知发出。

10月17日　"2018京津冀高校博物馆优秀案例展示终评会"在中国传媒大学召开，最终评选出专业组一等奖1名，二等奖2名，三等奖3名，以及志愿者组一等奖3名，二等奖6名，三等奖11名。

10月18日　学会"新媒体与传播专业委员会"成立大会在中国传媒大学召开。

10月18日　"第四届中国高校博物馆馆长论坛"在中国传媒大学隆重举行。国际博物馆协会副主席、中国博物馆协会副理事长兼秘书长安来顺等领导以及来自全国近60家高校博物馆和地方博物馆负责人等百余名代表出席此次论坛。

与会专家、学者围绕"坚守与突破——新时代中国高校博物馆发展路径"主题，从不同层面和角度对新时代中国高校发展面临的困境、发展思路和实践途径进行深入的交流。

10月30日　按要求参加今年社团评估的前期10个文件，包括自评报告等纸质版及电子扫描版评估材料，报送到评估第三方北京安全生产联合会评估组。

11月1日　"全国红色故事讲解员大赛——北京地区选拔赛"在中国人民抗日战争纪念馆举行。来自故宫博物院、北京自然博物馆、圆明园、八达岭长城等18家全国爱国主义教育基地和15家全国红色旅游经典景区的优秀讲解员参加。张蓉华同志担任选拔赛评委。

11月4日　学会启动《北京博物馆年鉴》第八卷编辑工作。

11月13日　与市文物局共同组织召开了"北京地区博物馆社会教育传播推广学习贯彻工作座谈会"。文物局副局长于平、博物馆学会秘书长祁庆国、社教专业委员会主任闫宏斌、社教专家齐吉祥先生及20多家博物馆的社会教育主任及相关人员30多人出席会议。故宫博物院、中国科学技术馆、中国人民抗日战争纪念馆、首都博物馆等博物馆代表就《意见》内容介绍了本馆的社教工作情况，交流了经验和问题。

北京市文物局副局长于平最后讲话指出，这次座谈会契合《意见》精神，体现了北京地区博物馆社教工作本着适应新形势，提高能力和接受使命，勇于担当的自觉性。今后博物馆要结合自身实际，创新发展，要有引领示范的意识，使北京博物馆的社教工作更上一个台阶。

11月18日　与京津冀博物馆协同发展推进工作办公室联合举办了"'讲好燕赵故事'——京津冀博物馆优秀志愿者讲解邀请赛"，经过多日准备京津冀20多家博物馆50多名志愿者讲解员参加了决赛。评出成年组、少年组一、二、三等奖各一名；优秀奖各2名。

11月　陈列专委会与学术委员会合作，策划了一次金秋沙龙。沙龙聚焦博物馆当前的热门话题，关注国内外博物馆最新动态，交流国内外博物馆见闻，思考中国博物馆的儿童教育等问题，邀请了多位知名学者、专家参加。

12月4日　《北京博物馆年鉴》第八卷编写培训班，在孔庙和国子监博物馆彝伦堂举行。祁庆国秘书长首先在会上讲话，宋向光老师讲解编写要求；燕山出版社编辑介绍最新写作规范并答疑解惑。78家博物馆118人参会。

12月5—7日　保管专业委员会在河北博物院成功举办了第18届年研讨会。来自全国20个省市博物馆的176位代表参会。今年研讨会的主题是"为收藏而收藏"，就保管专业问题进行研讨，共有五位专家和16位代表作了主旨发言。

12月8日　由中国国家博物馆、故宫博物院、中央美术学院、中国美术馆，中央美术学院美术馆、华辰影像等多家博物馆及专业机构发起的"历史与艺术影像专业委员会"在北京雅昌艺术中心召开成立大会。它将推动历史与艺术影像的学术研究水平的提高，公共资源与民间资源的共享，同时召开第一届学术会议。

12月14日　北京市学术性社会团体评估专家组到学会进行现场评估。评估专家经过严格的检查验收，对学会给予高度肯定和评价，同时也提出建设性建议。

12月28日　学会秘书处全体成员召开评估工作总结会，就评估专家对学会指出的相关意见作出整改措施。刘超英理事长、祁庆国秘书长、崔学谙学术高级指导参加了会议。

2018年　陈列专委会参与了"中国民族博物馆民族影响志展""石刻博物馆汉画像砖特展""清西陵博物馆展陈改造""中国妇女儿童博物馆展陈改造""中国出版博物馆新馆筹建""北京冬奥会博物馆筹建""北京中华世纪坛艺术馆家风展""国家大剧院中国古代音乐系列展"等多个项目的顾问、咨询、指导等工作。

博物馆企业会员

华协国际珍品货运服务有限公司

主管领导：汤毅嵩

法人代表：段志鹏

通信地址：北京市朝阳区陈家林路9号院华腾世纪总部公园A座501—505室

邮政编码：100025

电　　话：010-64165588

传　　真：010-64162299

网　　址：www.huaxie-china.com

电子邮箱：fineart@huaxie-china.com

公司简介

华协国际珍品货运服务有限公司是专业从事国际艺术品包装运输及配套服务的企业，为境内外各类博物馆、艺术馆、画廊、艺术家等提供高品质的服务，包括艺术品门到门的境内外运输、艺术品包装与内外包装箱制作、布撤展、艺术品海关出入境与报批等。华协公司是中国博物馆协会、国际珍品运输协会、美国博物馆联盟、中国国际货运代理协会和中国交通运输协会的会员。多年来成功完成过众多世界各大博物馆来华及中国文物艺术品出境的国际性展览运输项目，拥有独立的成熟完善的国际和国内运输网络，在国际艺术品物流领域与文博领域享有良好声誉。

央视纪录片《中国队长》第10集《文物搬家达人》（2017年10月）专门报道讲述了华协国际珍品货运服务有限公司为文物艺术品包装运输保驾护航的故事。

近年来，华协公司承运了大量国内外展览运输项目。境外来华展如："浴火重光——来自阿富汗国家博物馆的宝藏"（故宫博物院2017年3月—6月）。境内交流展如："秦汉文明展"（中国国家博物馆 2017 年 9 月—11 月）、"故宫养心殿研究性保护修复"项目"养心殿文物撤陈"（故宫博物院 2015 年 12 月）。出境展包括："凤舞紫禁：清代皇后的艺术与生活"美国展（美国波士顿迪美博物馆、美国佛利尔塞克勒博物馆 2018 年 8 月—2019 年 6 月）、"慈禧太后：颐和园文物精选展"（美国宝尔博物馆 2017 年 11 月—2018 年 3 月）、"烈烈秦风——中国秦始皇兵马俑文物展"哈萨克斯坦特展（哈萨克斯坦国家博物馆 2017 年 6 月—9 月）。

华协公司也先后为流失文物回归祖国保驾护航：796 件/套流失意大利文物回归（2019 年 3 月）；361 件/套流失美国文物回归祖国（2019 年 3 月）；美国向中国移交一批流失文物和化石，包括 16 件（组）玉器、5 件（组）青铜器、1 件陶器在内的 22 件流失文物和 1 件古生物化石（2015 年 12 月）；流失法国圆明园"鼠首兔首"回归（2013 年 6 月）等。

截至目前，华协公司为中国国家博物馆、四川博物院、广东省博物馆、辽宁省博物馆、贵州省博物馆、深圳博物馆、北京艺术博物馆等在内的 29 多家省级以上博物馆文物整体搬迁提供服务，也为故宫博物院养心殿撤陈、陕西历史博物馆基本陈列厅改造文物搬迁提供专业服务。

华协国际珍品货运服务有限公司独立运输团队

洛阳瑞宝文保设施科技有限公司

总 经 理： 马晓春
通信地址： 河南省洛阳市伊滨区庞村镇东庞村18组
生产地址： 河北省涿州市东仙坡镇西仙坡村
电　　话： 18838888079
网　　址： www.luoyangruibao.com
电子邮箱： luoyangruibao@126.com

公司简介

　　洛阳瑞宝文保设施科技有限公司成立于1999年，占地面积约27万平方米，注册资金6000万，投资金额达2亿，研发产品200余种，产品销售遍布于全国各地，公司一直以专注的态度、专业的水准致力于文保行业。目前企业拥有防震平台、智联管理、恒温恒湿、气密六防、文物储藏以及文物库区预防性保护等核心产品，形成完备的文物智联管理储藏方案。

　　公司产品覆盖国内二十八个地区和城市，在北京、天津、青海、内蒙古、成都、广州、长沙、大连、武汉、南京、呼和浩特、青岛、沈阳等常设办事机构。

　　公司与中国国家博物馆、中国人民革命军事博物馆、中国第一历史档案馆、中国共产党历史展览馆、故宫博物院、首都博物馆、湖北省博物馆、辽宁省博物馆、安徽省博物院、湖南省博物馆、云南省博物馆、广东省博物馆等均有代表性使用项目，并得到业界一致好评。

洛阳瑞宝文保设施科技有限公司

北京玻名堂玻璃有限公司

法人代表： 井长水

通信地址： 北京市通州区中关村科技园区通州园光机电一体化产业基地兴光六街5号

电　　话： 400-180-1060

网　　址： www.bomingtang.com

电子邮箱： info@bomingtang.com

公司简介

　　玻名堂，博物馆展柜玻璃生产公司，选用进口原材，是一流博物馆的标配，展示重要文物的不二之选，故宫、国博等92家国家一级馆的共同选择。

　　玻名堂公司成立于2005年，成立之初即开始为博物馆提供优质的博物馆展柜玻璃。经过了多年的沉淀与积累，玻名堂于2012年制定品牌聚焦战略，将所有的精力与人员配备都放在了博物馆展柜玻璃事业上，并首次提出"博物馆展柜玻璃"品类定义，成为国内首家专注于"博物馆展柜玻璃"的品牌。博物馆展柜玻璃品类开创之初，由于没有行业国标，也无法沿用建筑玻璃国标，玻名堂于2013年根据自身多年从业经验，制定了"博物馆展柜玻璃"企业标准。多年来，玻名堂一直是"博物馆展柜玻璃"品类技术标准制定方面的推进者与主要参与者。2014年，玻名堂首次参与了文博行业盛会，即厦门举办的第六届中国博物馆及相关产品与技术博览会（博博会），推出"低反射夹层玻璃"产品，受到参会者与博物馆界一致好评。次年，玻名堂"低反射夹层玻璃"产品荣获中国文物报社组织的首届"十大文博技术产品"奖项。2016在成都举办的第七届中国博物馆及相关产品与技术博览会（博博会）上推出"抗弯玻璃"产品。该产品荣获第三届"十大文博技术产品"奖项。同时为了更好地研究博物馆展柜玻璃各方面数据性能，玻名堂专门成立研究中心，旨在对博物馆展柜玻璃进行深入研究。

目前使用过玻名堂制造的博物馆展柜玻璃的国家一级馆已达92家，使用过玻名堂低反射夹层玻璃的博物馆已达80家。这再一次证明了，在博物馆领域，展柜专用玻璃已经从超白夹层发展到低反射夹层，低反射夹层玻璃是博物馆展柜的全新应用。故宫、国博、河北省博、苏宁等80家博物馆已投入使用。

玻名堂制造的玻璃展柜

北京博恒瑞成文化传播有限公司

法人代表： 成洪娜

通信地址： 北京市西城区前海西街18号（郭沫若纪念馆）

电　　话： 010-84018814　010-84082100

邮　　箱： 66126612@163.com

公司简介

　　北京博恒瑞成文化传播有限公司专注柜内空间文物陈列的展陈设计，文物展具深化设计、制作，文物固定一体化服务。公司始于1996年成立的北京博纳工作室，2017年再度成立北京博恒瑞成文化传播有限公司。

　　公司展陈主要技术人员师从北大赛克勒考古与艺术博物馆文物考古、修复及展陈专家杨宪伟老师，在文物展具——积木展托、亚克力展托、金属展托、各种复合展托深化设计、制作方面，处于国内领先水平，填补了文物展陈展具深化设计、制作、固定一体化的空白。利用公司技术团队对展览中文物本体保护课题的深入调查研究，有针对性地制订文物展陈方案；文物展具的设计、制作方案；文物展具的安装方案等不断改良完善，有效促进了展览中文物展陈艺术效果的完美呈现。

　　公司主持或参与完成的展陈主要有：北京大学赛克勒考古与艺术博物馆"花舞大唐春——何家村遗址展"特殊展具的制作，良渚特展特殊展具制作；首都博物馆"通史基本陈列"特殊展具制作；中国海关博物馆基本陈列的展陈设计、展具制作、布展的提升，荣获第十二届（2014年度）全国博物馆十大陈列展览精品奖；老舍纪念馆基本陈列展陈设计、展具制作、布展；奉化博物馆基本陈列展陈深化设计、展具制作、文物固定；中国国家博物馆"中国古代书画展"特殊展具设计及制作；江西省博物馆基本陈列展具深化设计及特殊展具深化设计及制作；晋商博物院展具深化设计、制作及文物固定；福建世茂海上丝绸之路博物馆临时展陈深化设计、制作及文物固定；等等。

北京博恒瑞成文化传播有限公司主持的展陈

国术建筑装饰（北京）有限公司

法人代表： 袁国术
通信地址： 北京市海淀区中关村南大街甲6号铸诚大厦A座315
电　　话： 010-51581007/1515
　　　　　　010-51581515　010-51581555
网　　址： http://www.gst.org.cn
邮　　箱： gst008@qq.com

公司简介

　　国术建筑装饰（北京）有限公司，成立于2012年，专注于为科技馆、博物馆、规划馆及各类主题场馆提供展览咨询、策划、设计和施工服务。国术建筑装饰公司具有中国展览馆协会颁发的展览陈列工程设计与施工一体化一级资质和展览工程企业一级资质，北京市建委颁发的建筑装修装饰工程专业承包贰级资质，北京市规委颁发的建筑装饰工程设计专项乙级资质，并通过了ISO9001质量管理体系、职业健康安全体系和环境管理体系等多项认证，是北京市市级行政事业单位2017—2020年度展览定点服务单位。

　　近年来，国术建筑装饰成功完成了国内数十个大中型科博场馆的展览设计与施工，并得到了业内的高度认可。参与的重要项目如下：

中国科学技术馆的"气象之旅"主题展览项目

中国非物质文化遗产博览园文化中心项目

中国测绘地理信息科技馆建设项目

贵州科技馆二、三、四层展厅更新改造布展工程项目

天津科学技术馆"人体探秘"展区改造项目

天津科学技术馆"机器人"展区改造项目

北京市古代建筑博物馆京津冀传统建筑展项目

北京西山大觉寺"中国诸天艺术展"项目

北京石刻艺术博物馆"金石走廊设计与施工项目"

北京市西周燕都遗址博物馆"北京城与中国古代都城起源"展览设计施工项目

新疆科技馆"人与健康"展区项目

贵州省毕节市科技馆布展工程项目

遵义医学院生命科学馆布展工程项目等

其中，中国科技馆"气象之旅展区布展工程"、西周燕都遗址博物馆"北京城与中国古代都城起源的展览设计与施工"、北京石刻艺术博物馆"金石走廊展厅装饰工程"等多项工程项目被北京室内装饰协会评选为优质工程。另有"朔州市科技馆概念设计方案""广西贵港市科技馆布展概念方案"等获得馆方全国方案征集优秀奖。

未来，国术建筑装饰将深耕科博场馆设计和施工服务，与科博场馆一路同行，用国际化视野，本土化创意，精细化施工和规范化管理为科博场馆提供一流的专业服务。

国术建筑装饰（北京）有限公司员工合影

北京市文物古建工程公司

法人代表： 李彦成

通信地址： 北京市朝阳区慈云寺北里205号

电　　话： 010-63038758

网　　址： www.bjwcnwugujian.com

邮　　箱： wenwugujian@126.com

公司简介

　　北京市文物古建工程公司，1991年经北京市文物局确认具文物古建修缮施工资质，2004年1月经国家文物局核准具文物建筑修缮一级资质；1999年市建委核准园林古建筑专业承包二级；2015年11月30日升级为古建筑工程专业承包壹级。2015年由北京市规划委员会及北京市住房和城乡建设委员会核准颁发的建筑装饰装修工程设计与施工贰级。业务范围：古建筑维修保护、古文化遗址古墓葬保护、近现代文物建筑维修保护、石窟寺和石刻保护、壁画彩画保护。

　　公司由办公室、总工办、技术部、质量部、安全部、管理部、研发部、财务部、材料部、劳资部、后勤部组成。

　　公司拥有取得国家文物局颁发的责任工程师：古建筑专业40人，近现代重要史迹及代表性建筑专业25人，古文化遗址古墓葬专业8人，石窟寺和石刻专业3人，壁画专业1人，文物保护工程施工技术人员23人。另外拥有大量经过北京市文物工程质量监督站及北京市古代建筑工程技术培训中心培训，并取得文物建筑施工资格证书的人员，其中包括施工管理人员360余人，技术工人800余人。

　　北京市文物古建工程公司自成立之日起，就以保护祖国的文物建筑，传承古建修缮技艺为己任。经过近三十年的磨练，成长为北京市文物建筑修缮的主力军。其中北京四合院传统营造技艺荣获北京市非物质文化遗产传承项目"传统四合院技艺"。

2015年中东铁路建筑群横道河子机车库及东正教堂抢救工程荣获国家文物局全国十佳文物保护工程。

北京市文物古建工程公司一路走来，有老先生、老师傅、老员工的"传、帮、带"，有公司全体员工的努力与付出，无论何种困难都能克服。特别是经过三个认证（质量管理体系、职业健康安全管理体系、环境管理体系认证）、安全考核、技术学习等一系列活动，公司整体业务能力得到进一步加强，我公司将要跨进"而立"之年，公司全体员工决心继续努力进取，攀登新的高峰。

北京市文物古建工程公司员工合影

北京好景东方国际文化传播有限公司

法人代表： 孙秋芳
地　　址： 北京市西城区马连道 10 号院世纪茶贸中心 10 层 A2-1143
联系电话： 010-68528585
网　　址： www.bjhjdf.cn
电子邮箱： Dongfang0331@sina.cn

公司简介

北京好景东方国际文化传播有限公司成立于 2003 年，业务范围包括组织策划执行各类文化活动，策划实施搭建各类型展览展示及文创、文博、旅游等领域的设计制作，是服务于"旅游、文化、景区、城区、博物馆"领域的专业公司。公司主营业务有：

手绘系列：

好景东方创作的"手绘地图系列"，连续两届被北京市旅游发展委员会评为"北京特色旅游纪念品类优秀奖"，荣获北京市旅游发展委员会授予的"北京礼物"称号。同时手绘产品还延伸出"手绘明信片"等形态的产品以及手绘设计在其他领域的商业应用。好景东方是目前北京地区唯一得到各旅游景区单位监制认证的正版"手绘旅游地图"创作、生产、销售单位。至今已开发《故宫》《天安门》《颐和园》《北海》《景山》《香山》《天坛》《十三陵》《长城》《什刹海》《南锣鼓巷》《陶然亭》《玉渊潭》《紫竹院》《动物园》《北京植物园》《雍和宫》《恭王府》《周口店》《北大》《清华》《老北京风情》《北京手绘地图》等北京标志性文化名胜；文化经典手绘图《天坛之祭天》《颐和园之长廊故事》《明清24帝之辉煌中国》；外省市手绘地图《承德避暑山庄》《平遥》《开封》《用直古镇》《沙湖》《泰山》等产品。

文创系列：

通过深刻挖掘公园博物馆历史文化，创意开发出极具纪念意义的"故宫龙系列产品"，旅游护照，饕餮纹丝巾，北海、颐和园、天坛丝巾，香山28景长卷丝巾，故宫书签，香山冰箱贴，国家话剧院铅笔，传统工艺陶然亭内画礼品壶等文创产品开发。

策划实施：

好景东方策划活动领域涉及公园主题活动、文化展览、新闻发布会、年会、行业峰会等。部分策划实施活动有："华北五省市博物馆非物质文化遗产展演""颐和园苏州街春节宫市""北京曹雪芹纪念馆建馆20周年庆典""香山公园红叶文化节""玉渊潭潍坊风筝展""三山五园之现代艺术展""玉渊潭公园樱花节""中国园林博物馆——历史名园书写辉煌展""北京动物园亚运熊猫馆展陈设计""北京市公园管理中心科普游园会"等。

北京好景东方国际文化传播有限公司出品文创产品设计

北京众创国际展览有限公司

法人代表： 兰 港

通信地址： 北京市朝阳区三间房东路1号懋隆文化产业创意园18栋西

电 话： 010-65468355　13601221673

网 址： www.ucc2000.com.cn

邮 箱： 1850303706@qq.com

公司简介

北京众创国际展览有限公司（UCC）成立于2004年，秉承引领中国原创设计品牌进驻世界的宏大理想，坚持专注专业，突破创新的发展理念，致力于将空间设计做到极致。多年来，众创汇集多方面资深专业人才，使品质与创意相得益彰，力求为客户创造更多价值。

公司总部位于北京市，同时在杭州等地设有分公司，且在北京专设独立设计工作室和数字内容开发公司，在唐山专设艺术品制作分公司，在杭州专设展柜制作分公司。全国化的布局不仅实现了资源的高效利用，更能以最快的速度响应客户的需求。

目前公司拥有7项甲级/一级资质，且具备消防改造、古建修复等专项资质，先后完成了中国铁道博物馆改陈、中国工艺美术大师博物馆设计施工、新疆铁路红色教育基地规划设计施工、东海岛园区党群服务中心设计施工等工程，由公司原创的哈尔滨铁路博物馆CAVE空间展项更是在首届中国展览艺术与展示技术创新大赛中拔得头筹。

十五载恰是风华正茂，十五载仍需风雨兼程。在新时代的文博行业和文化产业发展这一宏伟的命题下，众创将不忘初心、与行业共进、与产业共荣，为挖掘并传播瑰丽的中华文化不懈努力！

北京众创国际展览有限公司办公区内景

北京华尊环艺建筑设计院有限公司

法人代表：张雪峰

通信地址：北京市海淀区中关村南大街52号3号楼七层730号

电　　话：18600089960

网　　址：http://www.bjhzzs.com

邮　　箱：770169797@qq.com

公司简介

　　华尊集团旗下在册员工300余人，业务覆盖文旅规划、文化工程、数字科技、展览服务等领域，下设策划部、设计部、技术部、工程部等多个部门，提供从策划、设计、施工到运营的全流程服务。

　　华尊集团是国家AAA级信用企业，是多个国家级协会和智库的理事单位与会员单位。集团资质建设全面，同时拥有多项设计施工资质及二十项施工技术专利。

　　华尊集团以"弘扬中华文化，尊享非凡品质"为理念，近年来为国家及省部级提供优质服务30余项；为行业及各地方单位策划及实施项目近百项。集团多次斩获国家级奖项，包括鲁班奖、华鼎奖及各类国家级、省市级优质工程奖项。

　　华尊集团秉承让客户价值最大化的责任与使命，为推动中国文化产业发展而不懈努力。

北京华尊环艺建筑设计院有限公司制作的展览

天津恒达文博科技股份有限公司

法人代表： 韩国民

通信地址： 天津市华苑产业区榕苑路15号1-B-701—706

电　话： 022-58385868

网　址： www.hengdawb.com

邮　箱： tianjinhengda@hengdawb.com

公司简介

天津恒达文博科技股份有限公司是"国家级高新技术企业"、国家级专精特新"小巨人"企业、天津市企业技术中心、天津市智慧旅游游览工程技术中心、中国博物馆协会理事单位、中国电子商会数字展示专业委员会副会长单位。业务覆盖各类文博馆、景区、政府机关、企事业单位。为客户提供导览系统、无线团队讲解系统、团队智慧讲解系统、自助导览服务驿站、文物数字化保护利用、博物馆社教内容制作、数字展览、智慧博物馆系统建设等全业务流程的解决方案。承担了多项国家级和省部级科技研发项目。合作客户超过7000家。拥有二十二年的文博行业信息化建设经验，自主知识产权200多项。产品多次入选国家级示范项目库。连续五届获得"全国十佳文博技术产品及服务奖"。

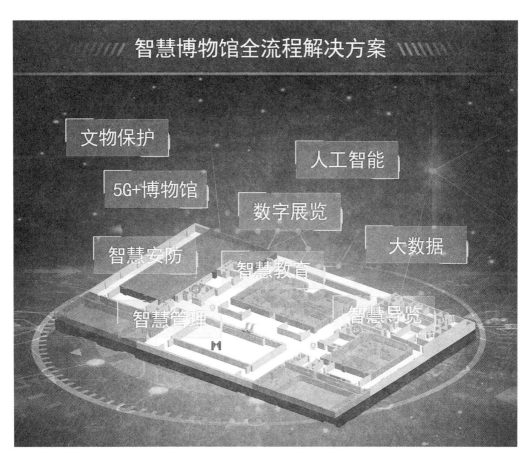

智慧博物馆全流程解决方案

文物保护

人工智能

5G+博物馆

数字展览

大数据

智慧安防

智慧教育

智慧管理

智慧导览

天津恒达文博科技股份有限公司开发的智慧博物馆全流程解决方案

武汉数文科技有限公司

法人代表: 刘守军

营销总监: 李　器

通信地址: 湖北省武汉市洪山区名族大道182号当代学生公寓国家科技企业孵化器三楼

邮政编码: 430000

电　　话: 027-87698581

网　　址: www.cncis.com.cn

邮　　箱: 7206011@qq.com

公司简介

武汉数文科技有限公司是领先的公共数字文化整体解决方案提供商和数据运营商,致力于在有创造力的创意设计和严谨的科学研究基础上,通过创新的数字信息技术推动文化生产、传播和消费领域的发展与变革,助力公共数字文化服务体系建设,探索文化大数据运营和数字文化消费产品创新。

公司现有各类创意、设计、研发、管理人才200余人,包括国家"万人计划"科技创业领军人才1人、武汉市"黄鹤英才"2人、东湖高新区3551光谷人才计划2人,拥有由十多位历史文博、图书情报、档案、艺术设计、数字媒体、计算机、测绘地理信息等学科领域专家教授构成的首席科学家团队,横跨历史、档案、图书情报、计算机、测绘地理信息、环境、建筑与规划、美术、艺术设计、教育、旅游等多个专业领域。

公司基于规划咨询、数字资源、智慧系统、数字空间、运营传播等五大产品和服务体系,为行业用户提供公共文旅云、数字文保、数字考古、智慧博物馆、智慧图书馆、智慧文化馆、智慧档案馆、智慧美术馆和智慧文化旅游整体解决方案。为实现专业化运营和本地化服务，公司控股在北京、西安、广州、郑州、重庆等地设有分支机构。

　　公司是国家高新技术企业、湖北省文化产业示范基地，具备软件能力成熟度CMMI5认证和测绘乙级资质，连续四年被认定为"瞪羚企业"，先后主持、参与承担科技部国家科技支撑计划、文化部国家文化创新工程、国家文物局"互联网+中华文明"示范项目及其他省市级重点科研课题十多项，创新成果丰富，与国际国内公共文化、科研、教育、旅游系统建立了密切的协作网络。

武汉数文科技有限公司负责的部分项目

北京华翰文化遗产博物馆研究院

法人代表： 徐俊锋
通信地址： 北京市海淀区四季青路8号 郦城工作区633室
电　　话： 010-51906751
网　　址： www.bjhuahan.net
邮　　箱： office@bjhuahan.net

公司简介

　　北京华翰文化遗产博物馆研究院是由博物馆行业专家、学者、博物馆专营企业及有志于开展博物馆研究的专业机构共同发起组建的民非组织。研究院致力于解决转型时期的文博机构专业能力不足的现状，开展问题研究、学术交流、咨询服务等，为促进文化遗产保护、博物馆行业的健康发展服务。团队由管理人员、专家学者和其他专业技术人员共同组成。

　　研究院已承接百余个博物馆及文化单位的业务委托，尤其在博物馆规划、建设、管理咨询方面的专业性得到行业普遍认同。研究院首创的"博物馆全过程咨询服务"模式，已成为品牌价值产品，并在应用中积累了大量成功案例。

　　博物馆全过程咨询服务：针对博物馆在规划、筹备、建设和运营管理过程中遇到的所有专业性问题提供方案，协助执行，塑造专业水准，实现良好运营，提升社会效益。按照博物馆建设过程前期规划—中期建设—后期管理运营，为三个不同阶段所需开展的建设事项和专业需求提供咨询服务。

　　展陈大纲编制：是博物馆展览工程的基础文本和指导方案。策划团队通过历史和行业研究，确认展馆定位、展览主题、展品资源、辅助展项，编撰形成展陈大纲初稿，经过多次专家论证和深化调整，最终形成展陈大纲定稿，并配合展陈设计推进布展工程。

展览全程配套服务：针对展览项目，在前期规划、内容策划、形式设计、制作布展等筹展环节，开展各种配套服务，包括：文创产品开发、图录编辑、社教活动策划、学术活动组织、媒体宣传推广、展览开放后评估等专业服务项目。

博物馆托管运营：承接国有、非国有博物馆的委托，负责部门管理和专业服务，承接各种区域公共文化机构的管理、开放、运营任务，在制度管理、开放服务、临时展览、社会教育、文化宣传等方面，提供专业的标准化服务。

文物修复与复仿制：具备书法、绘画，碑帖拓本，档案善本，档案文书的修复资质，有专业人员、经验丰富的修复队伍，并且修复场所设施设备齐全、各项修复条件优越。

北京华翰文化遗产博物馆研究院负责的部分项目

附录　2013—2018年相关法规目录

1.财政部关于印发《中央补助地方博物馆、纪念馆免费开放专项资金管理暂行办法》的通知（财教〔2013〕97号）

2.关于开展生态（社区）博物馆建设示范点评估工作的通知（文物博函〔2013〕1488号）

3.关于推进国有博物馆对口支援民办博物馆工作的意见（文物博函〔2013〕818号）

4.馆藏文物登录规范（WW/T 0017-2013）

5.关于印发《国家重点文物保护专项补助资金管理办法》的通知（财教〔2013〕116号）

6.关于发布《出境展览文物安全规定（试行）》的通知（文物博函〔2013〕1612号）

7.关于公布《第三批禁止出境展览文物目录》的通知（文物博函〔2013〕1320号）

8.关于民办博物馆设立的指导意见（文物博发〔2014〕21号）

9.关于发布《可移动文物修复管理办法》的通知（文物博发〔2014〕25号）

10.北京市文物局关于规范文物出、入境展览项目申报流程的通知（京文物〔2014〕639号）

11.博物馆条例（中华人民共和国国务院令第659号，2015年）

12.关于贯彻执行《博物馆条例》的实施意见（文物博发〔2015〕5号）

13.北京市文物局关于下发《北京市博物馆备案管理规定（试行）》《北京市博物馆展览备案管理规定（试行）》的通知（京文物〔2015〕1528号）

14.关于加快构建现代公共文化服务体系的意见（中办发〔2015〕2号）

15.关于提升博物馆陈列展览质量的指导意见（文物博函〔2015〕25号）

16.国家文物局、教育部关于加强文教结合、完善博物馆青少年教育功能的指导意见（文物博发〔2015〕9号）

17.关于转发《国有博物馆章程范本》的通知（文物博函〔2016〕1080号）

18.国务院关于进一步加强文物工作的指导意见（国发〔2016〕17号）

19.中华人民共和国公共文化服务保障法（2016年通过）

20.关于公共文化设施开展学雷锋志愿服务的实施意见（文明办〔2016〕22号）

21.关于公布施行《博物馆定级评估标准》等文件的决定（文物博发〔2016〕15号）

22.关于印发《非国有博物馆章程示范文本》的通知（文物博发〔2016〕29号）

23.关于加强馆藏文物展陈安全工作的通知（文物博函〔2016〕1813号）

24.关于进一步优化文化保护项目审批的通知（文物保发〔2016〕25号）

25.关于印发《文物拍卖标的审核办法》的通知（文物博发〔2016〕4号）

26.关于印发《文物拍卖管理办法》的决定（文物博发〔2016〕20号）

27.关于促进文物合理利用的若干意见（文物政发〔2016〕21号）

28.国家文物局、国家发展和改革委员会、科学技术部、工业和信息化部、财政部关于印发《"互联网＋中华文明"三年行动计划》的通知（文物博函〔2016〕1944号）

29.教育部等11部门关于推进中小学生研学旅行的意见（教基一〔2016〕8号）

30.关于推动文化文物单位文化创意产品开发的若干意见（国办发〔2016〕36号）

31.国家文物局《关于贯彻落实〈意见〉的通知》（文物博函〔2016〕1007号）

32.关于公布文化创意产品开发试点单位名单的通知（文物博函〔2016〕1799号）

33.中华人民共和国保护法（2017年修正）

34.中华人民共和国文物保护法实施条例（2017年修正）

35.国家文物事业发展"十三五"规划（2017年）

36.关于进一步推进非国有博物馆发展的意见（文物博发〔2017〕16号）

37.北京市文物局关于转发国家文物局《关于进一步优化文物保护项目审批的通知》的通知（京文物〔2017〕339号）

38.关于实施中华优秀传统文化传承发展工程的意见（2017年）

39.关于深化群众性精神文明创建活动的指导意见（文明委〔2017〕3号）

40.关于印发《陈列展览项目支出预算方案编制规范和预算编制标准试行办法》的通知（财办预〔2017〕56号）

41.中共北京市委 北京市人民政府印发《关于推进文化创意产业创新发展的意见》的通知（2018年）

42.国家文物局关于公布《国有馆藏文物退出管理暂行办法》的决定（文物博发〔2018〕9号）

43.中共中央办公厅 国务院办公厅印发《关于加强文物保护利用改革的若干意见》（2018年）

44.国家文物局关于贯彻落实中共中央办公厅 国务院办公厅《关于加强文物保护利用改革的若干意见》的通知（文物政发〔2018〕19号）

45.关于印发《文物保护装备发展纲要（2018—2025年）》的通知（文物博发〔2018〕22号）

46.财政部 国家文物局关于印发《国家文物保护专项资金管理办法》的通知（财文〔2018〕178号）

47.博物馆服务规范（DB11/T 1517-2018）

北京地区备案博物馆名录

序号	登记号	博物馆名称	隶属关系	质量等级	免费开放	藏品数量（件/套）	珍贵文物（件/套）	规模（平方米）			省（市、区）	市（区）	详细地址	是否正常开放
								占地面积	建筑面积	展厅面积				
1	001	故宫博物院	央属	一级	否	1863404	1683336	720000	170782.8	21572.95	北京市	东城区	景山前街4号	是
2	002	中国国家博物馆	央属	一级	是	1400000	302056	70000	200000	70000	北京市	东城区	东长安街16号天安门广场东侧	是
3	004	北京鲁迅博物馆	央属	一级	是	37772	35778	14800	18700	5495	北京市	西城区	阜成门内大街宫门口二条19号	是
4	005	中国美术馆	央属	未定级	是	\	\	40000	40000	8300	北京市	东城区	五四大街一号	是
5	006	毛主席纪念堂	央属	未定级	否	\	\	\	\	\	北京市	东城区	前门东大街11号	是
6	007	中国体育博物馆	央属	未定级	是	10960	\	3464.6	7399.8	\	北京市	朝阳区	安定路甲3号	是
7	008	民族文化宫博物馆	央属	未定级	是	42649	\	28766.8	45058.8	3780	北京市	西城区	复兴门内大街49号	是
8	009	中国地质博物馆	央属	一级	否	220000	\	3000.76	11570.3	7500	北京市	西城区	羊肉胡同15号	是
9	010	中国农业博物馆	央属	一级	是	139037	4384	430000	185500	12810	北京市	朝阳区	东三环北路16号	是
10	011	中国古动物馆	央属	未定级	否	1000	\	\	3400	2600	北京市	海淀区	西直门外大街142号	是
11	012	中华航天博物馆	央属	未定级	否	163	154	3393	11010	5160	北京市	丰台区	南大红门路一号	是
12	013	中国人民抗日战争纪念馆	市属	一级	是	30000	\	35600	21000	6700	北京市	丰台区	101号	是
13	014	中国科学技术馆	央属	一级	否	732	\	48000	102000	31659	北京市	朝阳区	北辰东路5号1幢	是
14	015	宋庆龄故居	央属	未定级	否	20360	96	22000	8000	1920	北京市	西城区	后海北沿46号	是

续表

序号	登记号	博物馆名称	隶属关系	质量等级	免费开放	藏品数量（件/套）	珍贵文物（件/套）	规模（平方米）			省（市、区）	市（区）	详细地址	是否正常开放
								占地面积	建筑面积	展厅面积				
15	016	中国人民革命军事博物馆	央属	一级	是	184000	1793	93700	60577	40745	北京市	海淀区	复兴路9号	是
16	017	中国航空博物馆	央属	一级	是	15800	860	3393	11010	5160	北京市	昌平区	小汤山镇大汤山村700号	是
17	018	北京自然博物馆	市属	一级	是	321829	0	15304	21446	5981	北京市	东城区	天桥南大街126号	是
18	019	北京天文馆	市属	一级	否	1116	28	35000	30000	9000	北京市	西城区	西直门外大街138号	是
19	020	首都博物馆	市属	一级	是	124808	63170	24133.7	24849	64896	北京市	西城区	复兴门外大街16号	是
20	021	大钟寺古钟博物馆	市属	二级	否	528	239	30000	6059	3388	北京市	海淀区	北三环西路甲31号	是
21	022	北京艺术博物馆	市属	未定级	否	38135	2811	33810	11368	2475	北京市	海淀区	西三环北路苏州街万寿寺内	是
22	023	北京古代建筑博物馆	市属	二级	否	806	41	73740	12398	5000	北京市	西城区	东经路21号	是
23	024	北京石刻艺术博物馆	市属	三级	否	2625	537	17500	7100	5326	北京市	海淀区	五塔寺路24号	是
24	025	徐悲鸿纪念馆	市属	未定级	是	2416	1889	\	\	\	北京市	西城区	新街口北大街5号	是
25	026	炎黄艺术馆	非国有	未定级	是	4515	0	4351.7	10471.2	1300	北京市	朝阳区	亚运村慧忠路9号	是
26	027	明十三陵博物馆	区属	二级	否	5122	1628	370000	20000	5000	北京市	昌平区	十三陵镇	是
27	028	北京古观象台	市属	未定级	否	1116	28	12000	2700	400	北京市	东城区	东裱褙胡同2号	是
28	029	郭沫若纪念馆	央属	未定级	否	9569	62	7000	2279	998	北京市	西城区	前海西街18号	是

序号	登记号	博物馆名称	隶属关系	质量等级	免费开放	藏品数量（件/套）	珍贵文物（件/套）	规模（平方米）			省（市、区）	市（区）	详细地址	是否正常开放
								占地面积	建筑面积	展厅面积				
29	030	梅兰芳纪念馆	央属	未定级	否	35000	\	1000	716	220	北京市	西城区	护国寺街9号	是
30	031	中国佛教图书文物馆	央属	未定级	是	\	\	12000	3500	3000	北京市	西城区	法源寺前街7号	是
31	032	中国长城博物馆	区属	三级	是	2502	261	10000	4000	3200	北京市	延庆区	八达岭长城景区内	是
32	033	雍和宫藏传佛教艺术博物馆	市属	未定级	否	16562	3915	66000	11188.23	658.85	北京市	东城区	雍和宫大街12号	是
33	034	北京市古代钱币展览馆	市属	未定级	否	7960	70	5326.4	2648	938.7	北京市	西城区	德胜门东大街9号德胜门箭楼下	是
34	035	北京市西周燕都遗址博物馆	市属	三级	是	254	49	19533	5601	2624	北京市	房山区	董家林村七区1号	是
35	036	北京辽金城垣博物馆	市属	三级	是	220	\	2100	2500	1400	北京市	丰台区	右安门外玉林小区甲40号	是
36	037	北京市大葆台西汉墓博物馆	市属	三级	是	1396	\	23605	4255	866	北京市	丰台区	郭公庄707号北京市大葆台西汉墓博物馆	是
37	038	北京大学赛克勒考古与艺术博物馆	央属	未定级	是	13000	\	4000	4000	2000	北京市	海淀区	颐和园路5号	是
38	039	北京市白塔寺管理处	市属	未定级	否	136	45	10000	4700	1479	北京市	西城区	阜成门内大街171号	是
39	040	李大钊烈士陵园	市属	未定级	是	1	1	2200	550	300	北京市	海淀区	香山东万安里一号	是
40	041	詹天佑纪念馆	央属	三级	否	1784	60	9340	2800	1850	北京市	延庆区	G6京藏高速58号出口	是

续表

序号	登记号	博物馆名称	隶属关系	质量等级	免费开放	藏品数量（件/套）	珍贵文物（件/套）	规模（平方米）			省（市、区）	市（区）	详细地址	是否正常开放
								占地面积	建筑面积	展厅面积				
41	042	焦庄户地道战遗址纪念馆	区属	未定级	是	260	0	48598.88	3574	3574	北京市	顺义区	龙湾屯地镇焦庄户村纪念馆路38号	是
42	043	中央民族大学民族博物馆	央属	未定级	否	50000	\	2050	4800	1600	北京市	海淀区	中关村南大街27号	是
43	044	北京航空航天博物馆	央属	未定级	是	\	\	5000	15000	8300	北京市	海淀区	学院路37号	是
44	045	中央美术学院美术馆	央属	未定级	否	18700	71	14777	1680	6000	北京市	朝阳区	花家地南街8号中央美术学院校园内	是
45	046	北京房山云居寺石经博物馆	区属	未定级	否	32502	59	77000	12000	5630	北京市	房山区	大石窝镇水头村南房山云居寺文物管理处	是
46	047	密云区博物馆	区属	未定级	是	2000	0	883	1150	800	北京市	密云区	西门外大街2号	是
47	048	昌平区博物馆	区属	未定级	是	1464	0	8845	111580	900	北京市	昌平区	昌平区府学路10号	是
48	049	通州区博物馆	区属	未定级	是	2367	\	\	\	\	北京市	通州区	西大街9号	是
49	050	山戎文化陈列馆	区属	未定级	是	0	0	9272	2100	600	北京市	延庆区	张山营镇玉皇庙村	是
50	051	北京长辛店二·七纪念馆	区属	未定级	是	900	31	\	\	\	北京市	丰台区	长辛店花园南里甲15号	是
51	052	上宅文化陈列馆	区属	未定级	是	\	\	5653	1393	1284	北京市	平谷区	金海湖镇上宅村南100米	是
52	053	郭守敬纪念馆	区属	未定级	是	0	0	800	400	288	北京市	西城区	德胜门西大街甲60号	是

续表

序号	登记号	博物馆名称	隶属关系	质量等级	免费开放	藏品数量(件/套)	珍贵文物(件/套)	规模(平方米)			省(市、区)	市(区)	详细地址	是否正常开放
								占地面积	建筑面积	展厅面积				
53	054	中国第四纪冰川遗迹陈列馆	区属	未定级	是	1172	\	6300	4300	3300	北京市	房山区	模式口大街28号	是
54	055	周口店北京人遗址博物馆	区属	一级	否	7449	182	38071	8093	3818	北京市	房山区	周口店镇周口店大街1号	是
55	056	中国印刷博物馆	央属	未定级	是	53671	8508	5500	8000	4600	北京市	大兴区	兴华北路25号	是
56	057	中国工艺美术馆	央属	未定级	否	\	\	\	\	\	北京市	西城区	复兴门立交桥东北角	是
57	059	北京红楼文化艺术博物馆	区属	未定级	否	5713	\	100000	25979	17700	北京市	西城区	南菜园街12号	是
58	060	北京文博交流馆	市属	三级	否	1445	1010	5098.77	2200.06	856.76	北京市	东城区	禄米仓胡同5号	是
59	061	北京市正阳门管理处	市属	未定级	否	0	0	5221	10056	2800	北京市	东城区	天安门广场南端正阳门城楼	是
60	062	北京市东南城角角楼文物保管所	市属	未定级	否	0	0	701	1200	1200	北京市	东城区	崇文门东大街9号	是
61	063	北京市团城演武厅管理处	市属	未定级	是	59	1	28668.77	6141.93	543.96	北京市	海淀区	香山南路红旗村甲1号	是
62	064	文天祥祠	区属	未定级	否	9	9	\	\	\	北京市	东城区	府学胡同63号	是
63	065	永定河文化博物馆	区属	未定级	是	4389	0	5553	10120	4000	北京市	门头沟区	门头沟路8号	是
64	066	北京市钟鼓楼文物保管所	区属	未定级	否	6	6	12596	4483	1718	北京市	东城区	钟楼湾胡同临字9号	是
65	067	法海寺	区属	未定级	否	40	5	14000	3500	400	北京市	石景山区	模式口大街48号	是

续表

序号	登记号	博物馆名称	隶属关系	质量等级	免费开放	藏品数量（件/套）	珍贵文物（件/套）	规模（平方米）占地面积	建筑面积	展厅面积	省（市、区）	市（区）	详细地址	是否正常开放
66	068	中国国家画院美术馆	央属	未定级	是	/	/	2000	1900	/	北京市	海淀区	西三环北路54号	是
67	069	圆明园展览馆	市属	未定级	是	241	13	/	/	/	北京市	海淀区	清华西路28号	是
68	070	北京西山大觉寺管理处	市属	未定级	否	746	0	40000	9600	800	北京市	海淀区	大觉寺路9号	是
69	071	当代美术馆	非国有	未定级	否	/	/	/	/	/	北京市	东城区	隆福寺街123号	是
70	072	茅盾故居	央属	未定级	是	5900	/	870	572	80	北京市	东城区	后圆恩寺胡同13号	是
71	073	北京中华民族博物院	非国有	未定级	否	/	/	28200	38000	36000	北京市	朝阳区	亚运村街道	是
72	074	观复博物馆	非国有	未定级	否	1602	/	5000	/	3500	北京市	朝阳区	大山子张万坟金南路18号	是
73	075	古陶文明博物馆	非国有	未定级	否	425	/	1000	800	400	北京市	西城区	右安门内西街12号大观园北门	是
74	076	何扬·吴茜现代绘画馆	非国有	未定级	否	300	1	1200	1000	500	北京市	朝阳区	长店村123	是
75	077	中国钱币博物馆	央属	未定级	是	300000	/	5735	15060.15	3000	北京市	西城区	西交民巷17号	是
76	078	中国医史博物馆	央属	未定级	否	/	/	/	/	/	北京市	东城区	南小街中国中医科学院内	是
77	079	文化和旅游部恭王府博物馆	央属	一级	否	53541	/	61120	17000	2000	北京市	西城区	前海西街17号	是
78	080	中国现代文学馆	央属	未定级	是	700000	397	/	/	/	北京市	朝阳区	芍药居文学馆路45号	是

续表

序号	登记号	博物馆名称	隶属关系	质量等级	免费开放	藏品数量（件/套）	珍贵文物（件/套）	规模（平方米）			省（市、区）	市（区）	详细地址	是否正常开放
								占地面积	建筑面积	展厅面积				
79	081	中国蜜蜂博物馆	央属	未定级	是	800	1	500	350	300	北京市	海淀区	卧佛寺西侧香山北沟一号蜜蜂所院内	是
80	084	慈悲庵	市属	未定级	是	2	0	3000	885	651	北京市	西城区	太平街19号	是
81	085	卢沟桥历史博物馆	区属	未定级	是	13	\	23000	671	402	北京市	丰台区	卢沟桥广场北侧	否
82	088	平西抗日战争纪念馆	区属	未定级	是	350	\	13000	4350	2500	北京市	房山区	十渡镇十渡村南8号	是
83	089	平北抗日战争纪念馆	区属	未定级	是	627	0	2.4万	3500	3000	北京市	延庆区	龙庆峡路口处	是
84	090	冀热察挺进军司令部旧址陈列馆	区属	未定级	是	278	\	920	240	240	北京市	门头沟区	斋堂镇马栏村	是
85	091	十三陵水库展览馆	区属	未定级	否	\	\	\	\	\	北京市	昌平区	水库路	否
86	092	北京中医药大学中医药博物馆	央属	未定级	是	6636	0	1008	3160	1500	北京市	朝阳区	北三环东路11号北京中医药大学内	是
87	093	曹雪芹纪念馆	市属	未定级	是	7163	0	20000	1500	600	北京市	海淀区	正白旗39号	是
88	094	香山双清别墅	市属	未定级	是	401	0	7861.9	457.88	457.88	北京市	海淀区	香山买卖街40号	是
89	095	中国古植物馆	央属	未定级	否	\	\	\	\	\	北京市	海淀区	香山南辛村20号中国科学院植物研究所北京植物园内	否
90	096	中国电信博物馆	央属	二级	否	6428	\	5300	12000	7000	北京市	海淀区	学院路42号	是
91	097	北京上庄纳兰性德史迹陈列馆	非国有	未定级	否	\	\	\	\	\	北京市	海淀区	皂甲屯西南三里外上庄水库岸边	否

续表

序号	登记号	博物馆名称	隶属关系	质量等级	免费开放	藏品数量（件/套）	珍贵文物（件/套）	规模（平方米）			省（市、区）	市（区）	详细地址	是否正常开放
								占地面积	建筑面积	展厅面积				
92	098	北京航空航天模型博物馆	非国有	未定级	否	/	/	/	/	/	北京市	朝阳区	庄园东路	否
93	099	老甲艺术馆	非国有	未定级	是	100	0	3000	920	460	北京市	昌平区	霍营华龙中里西门入口处	是
94	100	北京戏曲博物馆	区属	未定级	是	173	/	3600	668	150	北京市	西城区	虎坊路3号	是
95	101	老舍纪念馆	市属	未定级	是	1557	191	479	315	100	北京市	东城区	灯市口西街丰富胡同19号	是
96	102	北京民俗博物馆	区属	三级	否	7802	20	19940	8063	1700	北京市	朝阳区	朝外大街141号	是
97	104	保利艺术博物馆	央属	未定级	否	161	/	/	3000	2300	北京市	东城区	朝阳门北大街1号新保利大厦云楼9层、10层	是
98	105	北京中国紫檀博物馆	非国有	未定级	否	300	0	25000	27348.85	9569	北京市	朝阳区	建国路23号	是
99	106	北京南海子麋鹿苑博物馆	市属	未定级	是	5096	1	586667	11379	2400	北京市	大兴区	南海子麋鹿苑	是
100	107	坦克博物馆	央属	未定级	否	/	/	53000	12300	7500	北京市	昌平区	阳坊镇	否
101	109	北京工艺美术博物馆	市属	未定级	是	3044	702	550	550	550	北京市	朝阳区	天辰东路10号	是
102	110	中华世纪坛艺术馆	市属	未定级	是	/	/	45000	42000	8000	北京市	海淀区	复兴路甲9号	是
103	111	北京服装学院民族服饰博物馆	市属	未定级	是	9949	0	/	2500	2000	北京市	朝阳区	樱花东街甲2号	是
104	113	北京警察博物馆	市属	未定级	是	6677	49	1500	2500	2000	北京市	东城区	东交民巷36号	是

续表

序号	登记号	博物馆名称	隶属关系	质量等级	免费开放	藏品数量（件/套）	珍贵文物（件/套）	规模（平方米）			省（市、区）	市（区）	详细地址	是否正常开放
								占地面积	建筑面积	展厅面积				
105	114	北京自来水博物馆	市属	未定级	否	1986	0	21000	4013	4000	北京市	东城区	东直门外香河园街3号	是
106	115	北京王府井古人类文化遗址博物馆	区属	未定级	否	419	/	450	450	400	北京市	东城区	东长安街1号东方广场W1P3	是
107	116	北京金台艺术馆	非国有	未定级	是	277	/	1888	3163.00	2000	北京市	朝阳区	朝阳公园西一号门内	是
108	117	北京睦明唐古瓷标本博物馆	非国有	未定级	否	/	/	/	/	/	北京市	东城区	东花市北里东区1号	否
109	118	北京松堂斋民间雕刻博物馆	非国有	未定级	否	318	210	/	/	/	北京市	东城区	国子监街3号院	否
110	119	中国印钞造币博物馆	央属	未定级	是	20000	/	/	/	1500	北京市	西城区	西外大街甲143号	是
111	120	中国铁道博物馆	央属	二级	否	8791	114	161871	32835	27436	北京市	朝阳区	酒仙桥北路1号院北侧	是
112	121	中国马文化博物馆	非国有	未定级	否	1323	/	/	/	/	北京市	/	/	否
113	122	北京皇城艺术馆	区属	未定级	是	477	0	1150	3200	2500	北京市	东城区	菖蒲河沿9号	是
114	123	北京御生堂中医药博物馆	非国有	未定级	是	9900	0	3000	6800	3000	北京市	昌平区	北七家镇王府公寓2-35号	是
115	124	北京崔永平皮影艺术博物馆	非国有	未定级	否	/	/	250	250	250	北京市	通州区	马驹桥镇金桥花园16楼4单元413	否

续表

序号	登记号	博物馆名称	隶属关系	质量等级	免费开放	藏品数量（件/套）	珍贵文物（件/套）	规模（平方米）			省（市、区）	市（区）	详细地址	是否正常开放
								占地面积	建筑面积	展厅面积				
116	125	北京人民艺术剧院戏剧博物馆	市属	未定级	是	76000	0	1600	1400	1300	北京市	东城区	王府井大街22号	是
117	126	海淀区博物馆	区属	未定级	是	2101	507		1631	754	北京市	海淀区	中关村大街28-1号	是
118	127	居庸关长城博物馆	区属	未定级	否	237	0	521763	46703	300	北京市	昌平区	昌平区南口镇居庸关村	是
119	128	北京宣南文化博物馆	区属	未定级	是	\	0	4694	2052	1820	北京市	西城区	长椿街9号	是
120	129	北京百工博物馆	非国有	未定级	是	0	0	\	\	\	北京市	东城区	光明路乙12号	是
121	130	孔庙和国子监博物馆	市属	二级	否	1857	1067	52000	20000	8500	北京市	东城区	国子监街13-15号	是
122	131	老爷车博物馆	非国有	未定级	否	320	\	6445	3400	200	北京市	怀柔区	杨末镇凤祥一园19号	是
123	132	北京百年世界老电话博物馆	非国有	未定级	否	10000	\	600	600	600	北京市	通州区	宋庄镇疃里东区庄园G3-108	是
124	133	北京晋商博物馆	非国有	未定级	否	4180	0	30000	16808	8600	北京市	朝阳区	建国路58号	是
125	134	北京李大钊故居	区属	未定级	否	\	\	1000	504	304	北京市	西城区	文华胡同24号	是
126	135	中国电影博物馆	市属	未定级	是	32302	40	\	38000	\	北京市	朝阳区	南影路九号	是
127	136	胡同张老北京民间艺术馆	非国有	未定级	否	\	\	\	\	\	北京市	丰台区	群星路与芳古路交叉口西150米	否
128	137	北京励志堂科举匾额博物馆	非国有	未定级	否	2000	0	2800	2600	1600	北京市	朝阳区	高碑店村东街1366号	是

序号	登记号	博物馆名称	隶属关系	质量等级	免费开放	藏品数量（件/套）	珍贵文物（件/套）	规模（平方米）			省（市、区）	市（区）	详细地址	是否正常开放
								占地面积	建筑面积	展厅面积				
129	138	中国铁道博物馆正阳门馆	央属	未定级	否	8791	114	/	/	/	北京市	东城区	前门大街甲2号	是
130	139	历代帝王庙	区属	未定级	否	33	0	21500	6676	2977	北京市	东城区	阜内大街131号	是
131	140	中国邮政邮票博物馆	央属	未定级	是	300000	/	/	23708	5500	北京市	东城区	建国门内贡院西街六号D座	是
132	141	北京通信电信博物馆	市属	未定级	是	1901	0	775	1600	3300	北京市	西城区	骡马市大街9号	是
133	142	北京东韵民族艺术博物馆	非国有	未定级	否	/	/	/	/	/	北京市	朝阳区	孙河乡前苇沟村村北甲1号	否
134	143	中国法院博物馆	央属	未定级	是	6537	4860	320	3000	600	北京市	东城区	正义路4号	是
135	144	北京韩美林艺术馆	区属	未定级	是	2600	/	/	/	/	北京市	通州区	梨园镇九棵树东路68号	是
136	145	北京西瓜博物馆	区属	未定级	否	1294	/	/	/	/	北京市	大兴区	幸福路一号	是
137	147	延庆博物馆	区属	未定级	是	6400	373	2000	6100	2400	北京市	延庆区	妫水北大街24号	是
138	148	中国科学院动物研究所标本展示馆	央属	未定级	否	/	/	6650	6650	4000	北京市	朝阳区	北辰西路1号院5号	是
139	149	中国人民大学博物馆	央属	未定级	是	94000	/	5000	/	5000	北京市	海淀区	中关村大街59号	是
140	150	北京空竹博物馆	区属	未定级	是	475	23	200	200	150	北京市	西城区	小星胡同9号	是
141	151	北京市怀柔区怀柔博物馆	区属	未定级	是	1320	165	4000	2036	1800	北京市	怀柔区	府前街9号院12号楼	是

续表

序号	登记号	博物馆名称	隶属关系	质量等级	免费开放	藏品数量（件/套）	珍贵文物（件/套）	规模（平方米）			省（市、区）	市（区）	详细地址	是否正常开放
								占地面积	建筑面积	展厅面积				
142	152	北京汽车博物馆	区属	二级	否	10272	50	34761	49059	10235	北京市	丰台区	南四环西路126号	是
143	153	北京新文化运动纪念馆	央属	未定级	是	37772	35778	6683.78	11000	2200	北京市	东城区	五四大街29号	是
144	154	中国民兵武器装备陈列馆	央属	未定级	是	合并至中国人民革命军事博物馆					北京市	通州区	焦王庄陈列馆路25号	是
145	155	中国化工博物馆	央属	未定级	是	6400	\	\	\	\	北京市	海淀区	海淀区路北四环西路62号	是
146	156	北京怀柔喇叭沟门满族民俗博物馆	非国有	未定级	是	900	0	2000	1600	1200	北京市	怀柔区	喇叭沟门满族乡喇叭沟门村2号	是
147	157	中国妇女儿童博物馆	央属	未定级	是	18043	\	5944	35841	6020	北京市	东城区	北极阁路9号	是
148	158	北京市房山世界地质公园博物馆	区属	未定级	是	2165	0	61100	10000	5800	北京市	房山区	长沟镇六甲房村	是
149	159	中国消防博物馆	央属	未定级	是	4700	\	31418.3	20422	9500	北京市	丰台区	马家堡	是
150	160	民航博物馆	央属	未定级	是	5687	\	189331	9000	8000	北京市	朝阳区	首都机场辅路200号	是
151	161	北京习三鼻烟壶紫砂壶博物馆	非国有	未定级	否	\	\	\	\	\	北京市	朝阳区	高碑店	否
152	162	盛锡福博物馆	区属	未定级	是	\	\	1135	1100	260	北京市	东城区	东四北大街368号	是
153	163	西藏文化博物馆	央属	未定级	是	2500	6	8500	8500	2300	北京市	朝阳区	北四环东路131号	是

序号	登记号	博物馆名称	隶属关系	质量等级	免费开放	藏品数量（件/套）	珍贵文物（件/套）	规模（平方米）			省（市、区）	市（区）	详细地址	是否正常开放
								占地面积	建筑面积	展厅面积				
154	164	中国传媒大学传媒博物馆	央属	三级	是	9800	0	6500	6500	3000	北京市	朝阳区	定福庄东街1号中国传媒大学	是
155	165	北京奥运博物馆	市属	未定级	是	2577	0	34521	34500	19700	北京市	海淀区	国家体育场南路一号	是
156	166	铁道兵纪念馆	央属	未定级	是	8000	\	2335	4700	2590	北京市	海淀区	复兴路40号中国铁建大厦B座	是
157	167	和苑博物馆	非国有	未定级	是	2000	\	41500	3000	1500	北京市	朝阳区	霄云路18号A10	是
158	168	中国海关博物馆	央属	未定级	是	30917	1487	8000	34000	8275	北京市	东城区	建国门内大街2号	是
159	169	中国园林博物馆	市属	二级	是	4129	471	\	\	\	北京市	丰台区	射击场路15号	是
160	170	北京英杰硬石艺术博物馆	非国有	未定级	是	156	\	\	\	\	北京市	东城区	东直门外大街26号	是
161	171	北京御仙都皇家菜博物馆	非国有	未定级	是	295	0	\	\	\	北京市	海淀区	西四环北路117号	是
162	备字01-172	平谷区博物馆	区属	未定级	是	7957	78	25753	\	4800	北京市	平谷区	岳各庄大桥西200米	是
163	备字02-173	延庆区地质博物馆	区属	未定级	是	350	0	3000	\	2000	北京市	延庆区	妫水北街72号	是
164	备字03-174	北京税务博物馆	市属	未定级	是	50000	\	2500	2700	1390	北京市	朝阳区	北四环东路临1号	是
165	备字04-175	清华大学艺术博物馆	央属	未定级	否	12261	\	30000	\	9000	北京市	海淀区	清华园1号清华大学校内	是
166	备字07-176	中国人民大学家书博物馆	央属	未定级	是	50000	\	2500	5000	1000	北京市	海淀区	中关村大街59号	是

续表

序号	登记号	博物馆名称	隶属关系	质量等级	免费开放	藏品数量（件/套）	珍贵文物（件/套）	规模（平方米）			省（市、区）	市（区）	详细地址	是否正常开放
								占地面积	建筑面积	展厅面积				
167	备字08-177	中国华侨历史博物馆	央属	未定级	是	27521	0	12765	／	／	北京市	东城区	北新桥三条胡同东口	是
168	备字10-178	北京国韵百年邮票钱币博物馆	非国有	未定级	是	1804	0	1600	／	643	北京市	海淀区	阜外亮甲店1号恩济西园9号楼1层	是
169	备字2017第02号-179	北京文旺阁木作博物馆	非国有	未定级	是	50000	10000	500	／	400	北京市	通州区	东下营村南开发区147号	是
170	备字2017第05号-180	北京市姜杰熊钢琴手风琴博物馆	非国有	未定级	是	306	／	405	／	390	北京市	昌平区	回龙观镇黄土北店村时代广场四层	是
171	备字2017第06号-181	西黄寺博物馆	央属	未定级	否	2436	／	17546	／	4580	北京市	朝阳区	黄寺大街11号	是